# 娄底年鉴

# LOUDI YEARBOOK

## 2021

娄底市地方志编纂室 编

方志出版社
Publishing House of Local Records

**图书在版编目（CIP）数据**

娄底年鉴. 2021 / 娄底市地方志编纂室编.-- 北京：方志出版社，2021.12

ISBN 978-7-5144-5202-0

Ⅰ. ①娄… Ⅱ. ①娄… Ⅲ. ①娄底 -2021- 年鉴
Ⅳ. ①Z526.43

中国版本图书馆 CIP 数据核字(2022)第 051150 号

娄底年鉴（2021）

编　　者：娄底市地方志编纂室
责任编辑：张　颢

**出版者**：方志出版社
地址 北京市朝阳区潘家园东里 9 号（国家方志馆 4 层）
邮编 100021
网址 http://www.zgfzcb.cn
**发　行**：方志出版社图书营销中心
电话（010）67110500
**经　销**：各地新华书店
**印　刷**：娄底市兴发涟邵印刷有限公司

**开　本**：889×1194　　1/16
**印　张**：24
**字　数**：801 千字
**版　次**：2021 年 12 月第 1 版　2021 年 12 月第 1 次印刷
**印　数**：0001~1000 册

ISBN 978-7-5144-5202-0　　**定价**：220.00 元

# 《娄底年鉴（2021）》编辑部

主　　编　陈劲松

副 主 编　江六阳

编　　辑　梁雪梅　谭春辉

# 《娄底年鉴(2021)》组稿人员名单

| | | | | | | | |
|---|---|---|---|---|---|---|---|
| 万玉 | 马幸华 | 王旭光 | 王新淮 | 王琛 | 王威涛 | 王钰 | 王玮 |
| 王静海 | 王小平 | 孔安琪 | 邓冶 | 邓要东 | 邓姣 | 方福青 | 毛凌云 |
| 付嘉名 | 宁晶晶 | 宁谨 | 左忠伟 | 龙欣 | 龙田泗 | 艾瑟琴 | 刘琳 |
| 刘艺 | 刘群英 | 刘杰 | 刘明 | 刘俊霞 | 刘瑜 | 刘琼 | 刘兴雷 |
| 刘颖 | 刘师师 | 刘春波 | 刘瑞 | 刘让华 | 刘宏 | 刘树新 | 刘清乾 |
| 刘紫寒 | 刘智勇 | 刘慧燕 | 伍建飞 | 伍鸣 | 朱吾健 | 朱筱丹 | 向伟波 |
| 孙雄武 | 阳春树 | 伍辉用 | 杨金 | 杨郁文 | 李臻 | 李晓茜 | 李升 |
| 李祥 | 李倩 | 李敏 | 李雅静 | 李刚 | 李丽玲 | 李春饶 | 李艳红 |
| 李海军 | 李正规 | 李路 | 肖凯 | 肖瑶 | 肖治华 | 肖钠敏 | 杜东义 |
| 吴志奇 | 邱红兵 | 邵海琪 | 张馨予 | 张丽 | 张惠怡 | 张长青 | 张承程 |
| 张启东 | 张滔 | 苏璞 | 苏旺 | 苏芍 | 严天笑 | 杨晓春 | 杨军 |
| 杨泓晓 | 吴昊阳 | 吴迪江 | 吴树叶 | 陈正杰 | 陈燕 | 陈雯 | 陈亮硕 |
| 陈婷婷 | 陈天骏 | 陈新颖 | 陈瑞 | 陈丹 | 周雨陇 | 周林珠 | 周梁 |
| 周甚滨 | 周友仁 | 周鑫泉 | 周乐元 | 周逸 | 周东昱 | 罗雯 | 罗强 |
| 罗建新 | 罗云 | 罗浩 | 欧阳建华 | 欧阳婧 | 赵炜 | 赵晓晖 | 赵检群 |
| 胡军 | 胡伟 | 胡蕾 | 姚丽智 | 贺驰原 | 贵上芬 | 柳叶妮 | 钟佳汝 |
| 唐晶晶 | 唐明月 | 唐果 | 徐亚玲 | 袁益华 | 袁兴国 | 郭友梅 | 曹晓晓 |
| 曹阿乔 | 曹建杰 | 梁霜 | 梁良 | 梁巍 | 梁斌 | 黄彬 | 黄蓉 |
| 黄荣强 | 黄继红 | 黄海平 | 康森 | 彭伟 | 彭泽眉 | 彭芳 | 彭艳 |
| 彭木兰 | 彭旭军 | 彭展平 | 谢羽茜 | 谢正华 | 谢普仁 | 谢玉 | 蒋兰 |
| 蒋媛 | 曾敏 | 曾杨 | 曾舜 | 曾翠 | 曾琼阳 | 鄢婷 | 廖颖 |
| 谭江波 | 谭海 | 翟婧媛 | 颜颖 | 樊雄志 | 潘文武 | 潘新杰 | 潘震球 |
| 魏伟 | | | | | | | |

# 编辑说明

一、《娄底年鉴(2021)》是娄底市地方志编纂室编纂的年度资料性文献。本书坚持以马克思列宁主义、毛泽东思想、邓小平理论、“三个代表”重要思想、科学发展观、习近平新时代中国特色社会主义思想为指导,坚持辩证唯物主义和历史唯物主义的立场、观点和方法。

二、本年鉴围绕中共娄底市委、娄底市人民政府的决策部署,全面、客观、系统记述娄底市 2020 年的自然、政治、经济、文化、社会和生态建设等方面概貌和发展情况。记述时限为 2020 年 1 月 1 日至 12 月 31 日。

三、本年鉴采用分类编辑法,设类目、分目、条目 3 个层次,以字体、字号等版式设计区别不同层次,部分分目下设子分目,条目为记述基本层次。全书共 30 个类目,依次是:特载,大事记,娄底概览,中国共产党娄底市委员会,娄底市人民代表大会,娄底市人民政府,中国人民政治协商会议娄底市委员会,纪检监察,民主党派,群众团体,法治,军事,经济综合管理,园区,农业,工业,城乡建设·环境保护,交通,通信·邮政,金融,商贸,科技,教育,文化·体育,医疗卫生,社会生活,县(市、区)概况,人物,附录,索引。

四、本年鉴所载资料均由全市各部门专人撰写、领导审核,年鉴编辑部编辑人员加工整理后再反馈原单位核对,最后由娄底市地方志编纂室定稿。文中的基本数据以统计局公布的为准,统计局未有统计的则用部门或行业的数据。因统计口径不同等原因,部分数据不尽一致,请读者在查阅和引用时注意。

五、本年鉴中的彩图一般由撰稿单位提供,由拍摄者提供的则标明拍摄者姓名。《娄底市地图》和《娄底市城区图》由娄底市自然资源和规划局提供。《统计示意图》由娄底市统计局提供。

# 2020·娄底数字

区域面积:8109.58 平方千米
常住人口总数:382.76 万人
城镇人口总数:179.71 万人
全年新增城镇就业人员:3.48 万人

地区生产总值:1679.94 亿元
第一产业增加值:199.55 亿元
第二产业增加值:650.32 亿元
第三产业增加值:830.07 亿元

全市一般公共预算收入:144.61 亿元
地方一般公共预算收入:80.61 亿元
全市一般公共预算支出:329.52 亿元

全市农林牧渔业总产值:333.27 亿元
农业产值:158.76 亿元
林业产值:7.82 亿元
牧业产值:139.05 亿元
渔业产值:16.16 亿元
农林牧渔服务业产值:11.48 亿元
全年粮食种植面积:243.63 千公顷

全部工业增加值:522.28 亿元
规模以上工业增加值增长:5.7%
规模以上工业企业实现利润总额:130.3 亿元
建筑业增加值:128.14 亿元

全市完成社会消费品零售总额:678.85 亿元
全市进出口总额:144.29 亿元
全市实际利用外资:7.2 亿美元

全市公路(不含高速公路)线路里程:14754 千米
高速公路里程:370.35 千米

电信业务总量:308.91 亿元
邮政业务总量:15.34 亿元
5G 用户:30.51 万户

国际国内旅游总收入:424.6 亿元
全年接待国内旅游者:4769.8 万人次
全年接待入境旅游者:1.34 万人

3 所普通高校招生:1.37 万人
在校学生:4.05 万人
22 所中等职业学校招生:2.15 万人
在校学生:5.26 万人
39 所普通高中招生:3.07 万人
在校学生:8.65 万人
256 所普通初中招生:5.43 万人
在校学生:16.45 万人
726 所普通小学招生:5.82 万人
在校学生:36.3 万人
幼儿园在园幼儿:12.85 万人

全市公共图书馆:6 个
博物馆:3 个
公共体育场地:5874 个
全市卫生机构数:4083 个
医疗卫生技术人员:2.8 万人

金融机构存款余额(本外币合计):2203.65 亿元
金融机构贷款余额(本外币合计):1335.87 亿元

城镇居民年人均可支配收入:32161 元
城镇居民人均消费支出:21719 元
农村居民年人均可支配收入:14143 元
农村居民人均消费支出:12921 元

## 2016—2020年娄底市地区生产总值与增长速度

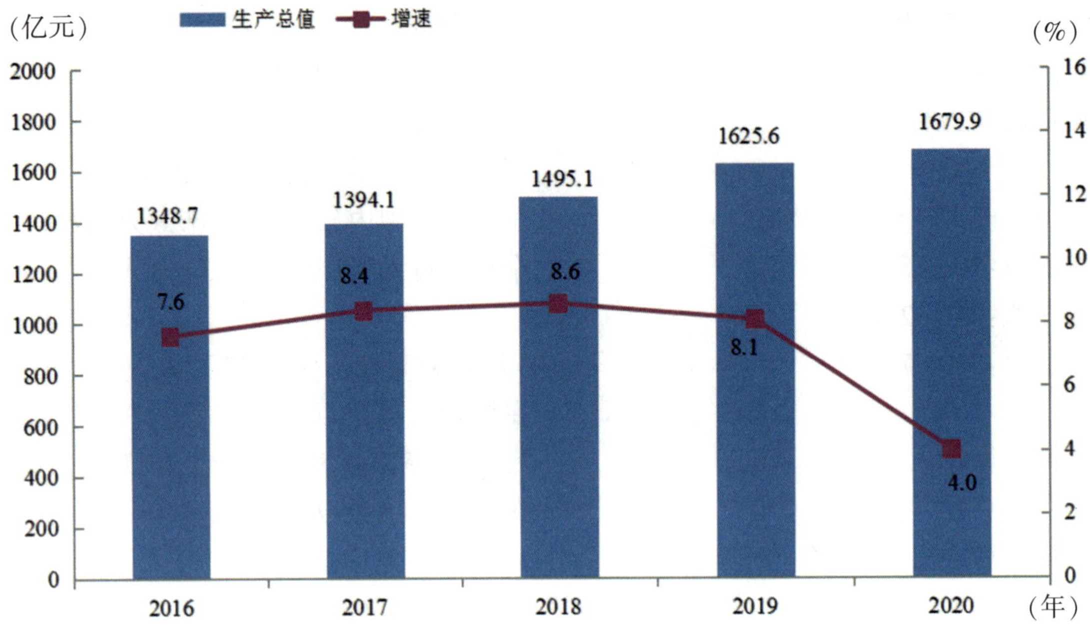


## 2016—2020年娄底市三次产业结构

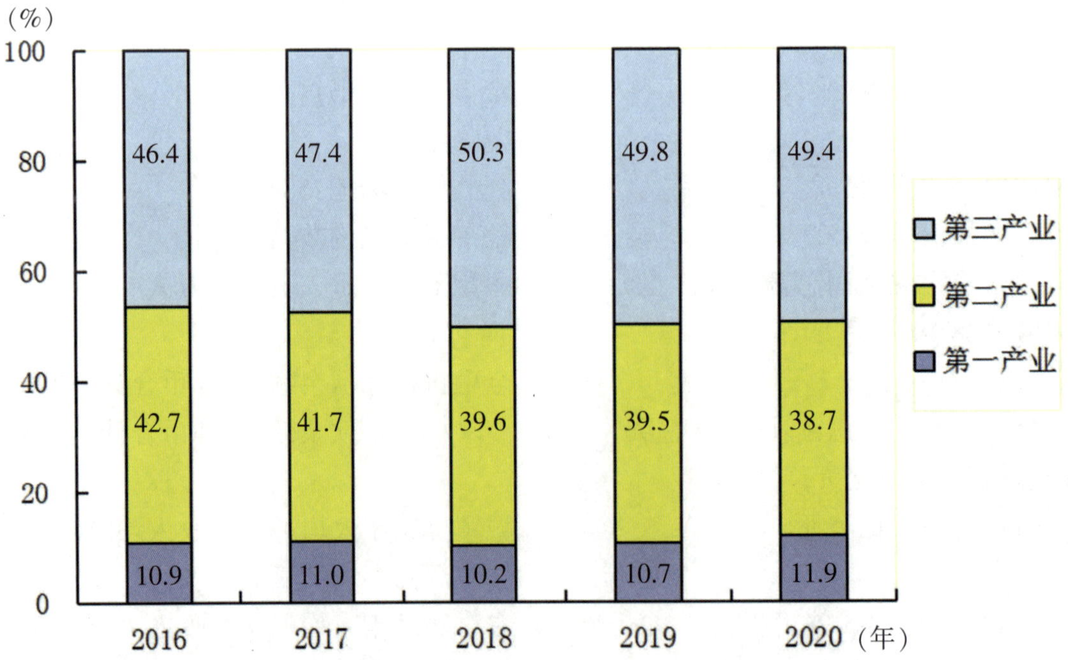

## 2016—2020 年娄底市公共财政预算收入、地方财政收入

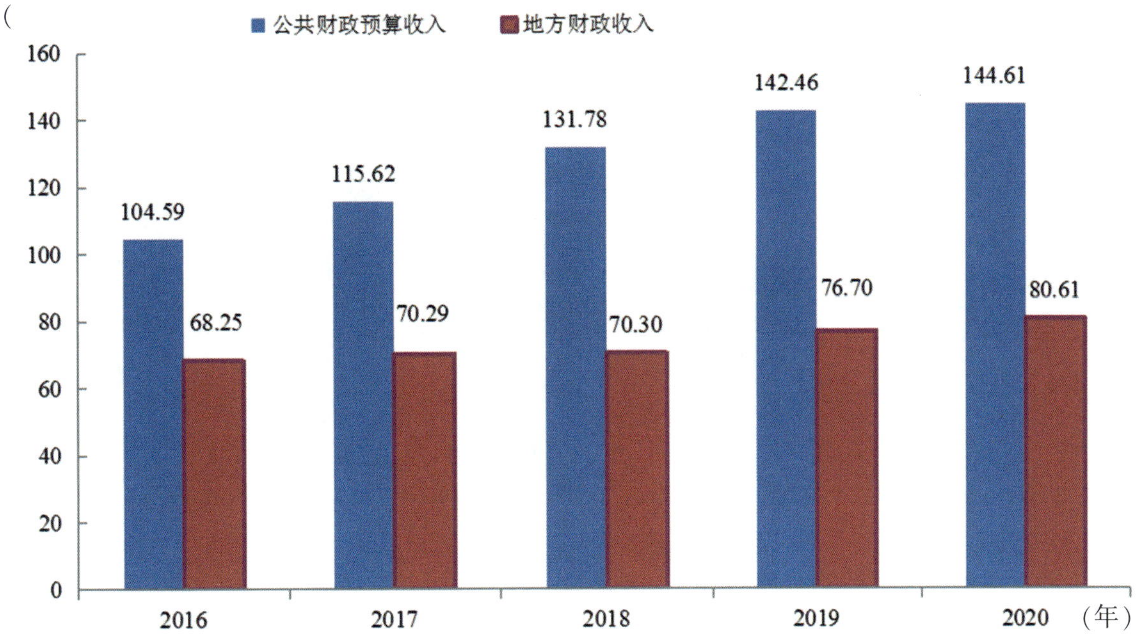


## 2016—2020 年娄底市工业增加值增长速度

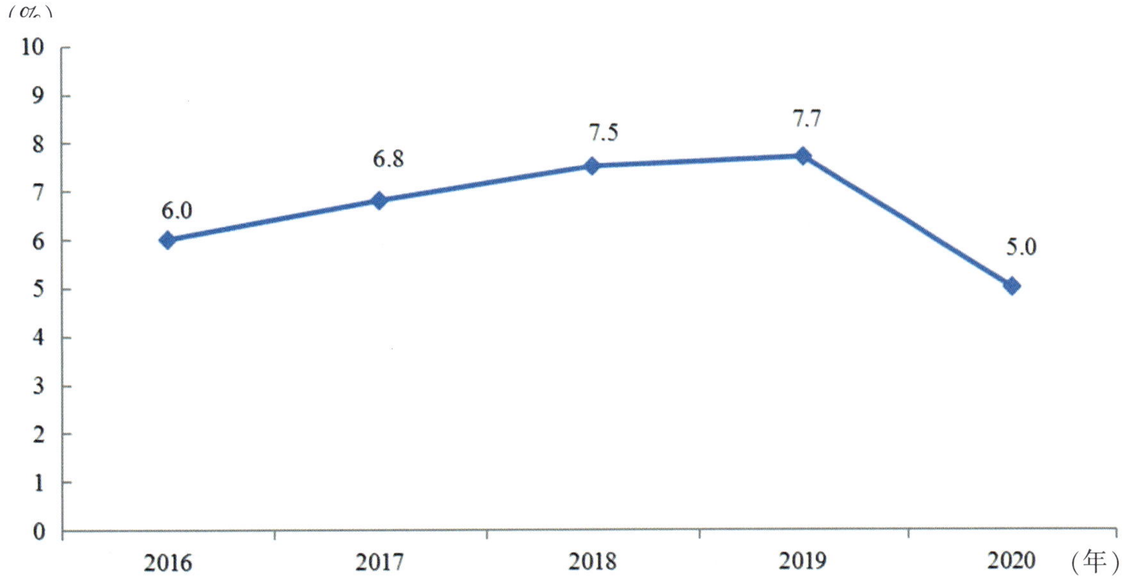

## 2016—2020 年娄底市第三产业增加值及增长速度

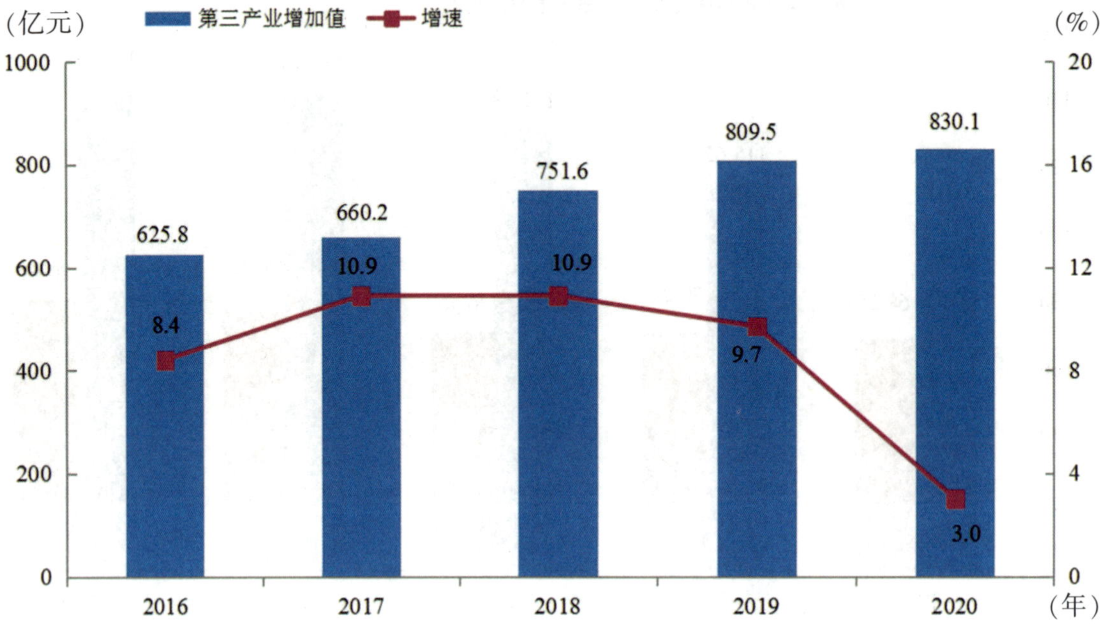


## 2016—2020 年娄底市固定资产投资增长速度

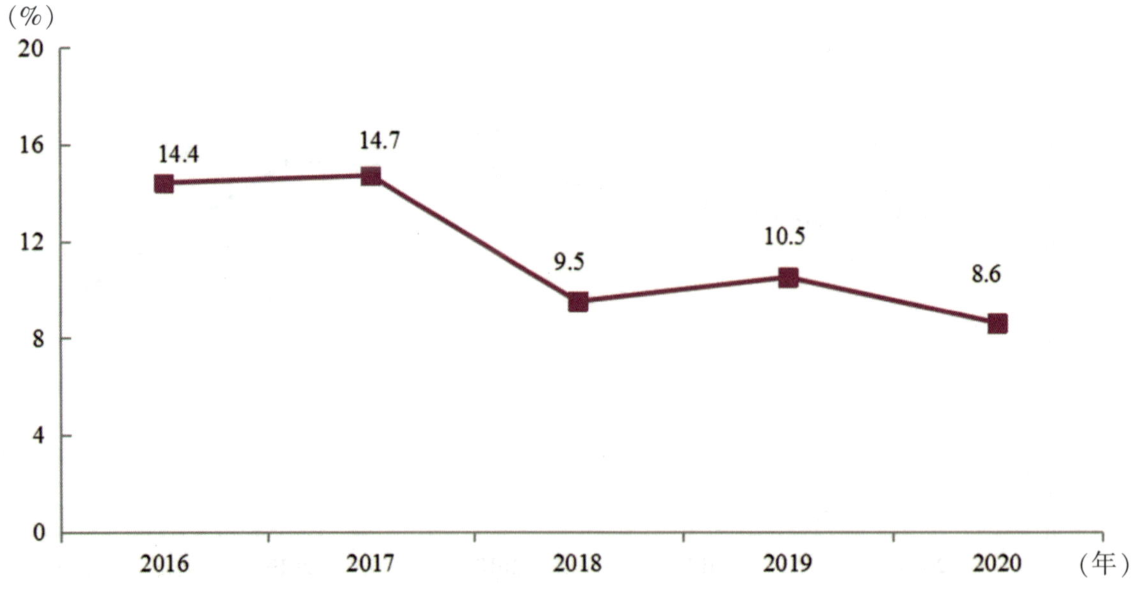

# 总　目


| 目录页码/正文页码 | 类　目 |
|---|---|
| 002/001 | 特　载 |
| 002/018 | 大事记 |
| 002/028 | 娄底概览 |
| 002/045 | 中国共产党娄底市委员会 |
| 004/071 | 娄底市人民代表大会 |
| 004/076 | 娄底市人民政府 |
| 005/092 | 中国人民政治协商会议娄底市委员会 |
| 005/096 | 纪检监察 |
| 006/100 | 民主党派 |
| 006/107 | 群众团体 |
| 007/122 | 法　治 |
| 008/133 | 军　事 |
| 008/137 | 经济综合管理 |
| 009/155 | 园　区 |
| 010/160 | 农　业 |

| 目录页码/正文页码 | 类　目 |
|---|---|
| 011/171 | 工　业 |
| 012/187 | 城乡建设·环境保护 |
| 013/205 | 交　通 |
| 014/212 | 通信·邮政 |
| 014/217 | 金　融 |
| 015/233 | 商　贸 |
| 016/241 | 科　技 |
| 016/245 | 教　育 |
| 017/261 | 文化·体育 |
| 018/272 | 医疗卫生 |
| 019/283 | 社会生活 |
| 020/292 | 县(市、区)概况 |
| 020/303 | 人　物 |
| 020/308 | 附　录 |
| 020/347 | 索　引 |

# 目　录

## 特　载

002 在市委经济工作会议上的讲话
009 政府工作报告(摘要)——在娄底市第五届人民代表大会第五次会议上

## 大事记

019 1 月
019 2 月
020 3 月
021 4 月
022 5 月
022 6 月
023 7 月
023 8 月
024 9 月
025 10 月
026 11 月
026 12 月

## 娄底概览

029 自然地理
029 地理位置
029 地质地貌
029 水文气候
030 自然资源

031 历史文化
031 史迹遗存
032 文物
032 旅游景区
032 传统文化

034 建置·区划
034 建置沿革

036 人口·民族
036 人口及基本情况
036 民族

036 经济社会发展
036 概况
037 农业
038 工业和建筑业
038 服务业
038 固定资产投资
039 贸易
039 金融
039 教育和科学技术
040 文化、卫生和体育
040 资源和环境
040 人民生活和社会保障

## 中国共产党娄底市委员会

046 综　述
046 概况
046 党的建设
046 疫情防控
046 经济发展
047 三大攻坚战
047 深化改革
047 民主政治建设

047 宣传文化工作
048 民生保障和社会治理
048 “十四五”规划

048 重要会议
048 中共娄底市委全会
048 中共娄底市委常委会会议(含市委常委扩大会议)

052 重大决策
052 全力打造钢铁新材和工程机械“双引擎”
052 扎实开展作风整治推动解决历史遗留问题
053 构建网格化管理服务社会治理新模式
053 构筑“互联网+村级小微权力监督”体系

053 市委办公室工作
053 概况
053 党的建设
054 参谋服务
055 督促检查
055 统筹协调
056 自身建设

056 组织工作
056 概况
056 加强政治建设
057 服务抗疫战贫
057 锻造干部队伍
057 基层组织建设
057 激发队伍活力

058 宣传工作
058 概况
058 思想理论建设
058 主流舆论引导
058 文明城市创建
058 文化事业产业发展
059 意识形态工作

059 统战工作
059 概况
059 同心抗疫
059 构建大统战格局
059 思想政治引领
060 助力脱贫攻坚和全面小康建设
060 民营经济统战工作
060 民族工作
060 党外知识分子和新的社会阶层人士统战工作
060 港澳台、海外统战工作和侨务工作

060 机关党建
060 概况
060 政治建设
061 思想建设
061 组织建设
061 纪律作风建设
061 压实基层党建工作责任
061 落实意识形态工作责任
062 服务中心大局

062 机构编制
062 概况
062 巩固机构改革成果
062 乡镇机构改革
062 事业单位机构改革
062 综合行政执法体制改革
062 推进机构编制法定化
063 提升机构编制管理水平
063 机构编制督查
063 事业单位登记管理
063 参与疫情防控

063 党校教育
063 概况
064 政治建校
064 学员管理
064 教学工作
064 科研工作

065 保密工作
065 概况
065 保密宣传
065 保密教育
065 保密管理
065 保密科技

065 依法行政
066 队伍建设

066 政策研究
066 概况
066 全面深化改革
067 党刊编办
067 内务建设与管理

067 接待服务工作
067 概况
067 疫情防控
068 公务接待
068 社会接待资源信息采集与利用

068 老干部工作
068 概况
068 离退休党建工作
068 管理与服务工作
069 关心下一代工作
069 “老大难”历史遗留问题处理

069 网信工作
069 概况
069 党对网信工作的领导
069 网络宣传和舆论引导
070 融媒体阵地建设
070 网评队伍建设
070 网络问政
070 网络综合治理
070 网络安全防护
070 统筹推进信息化发展
070 党的建设和队伍建设

## 娄底市人民代表大会

072 综　述
072 概况
072 经济监督
072 预算监督
072 专项工作监督
072 民生事项监督
073 司法监督
073 立法工作
073 执法检查调研
073 民生实事票决
073 代表工作

074 重要会议
074 市人民代表大会
074 市人大常委会会议

## 娄底市人民政府

077 综　述
077 概况
077 “屋场会”入选 2020 年全国创新社会治理典型案例
077 “无籍房”办证模式形成典型示范效应

077 重要会议
077 市政府常务会议
079 市长办公会议

080 市政府办工作
080 概况
080 意识形态
081 参政设谋
081 自身建设

081 政策研究
081 概况
081 综合调研
081 参政设谋

082 信　访
082 概况
082 领导接访和领办制度
082 疫情防控信访热线
082 夯实基层基础
082 信访制度改革
083 信访积案化解
083 重大风险处置

083 法治信访建设

083 退役军人事务管理
083 概况
083 服务保障体系建设
084 政策法规宣传
084 思想政治工作
084 移交安置
084 优待抚恤
084 就业创业
084 双拥共建

085 军休工作
085 概况
085 政治思想建设
085 党建工作
085 老干待遇落实

085 政务服务
085 概况
085 “一件事一次办”和“五办五公开”
086 “三集中三到位”
086 审批事项精简
086 “互联网+政务服务”
086 政务服务“好差评”和网络投票
087 政务服务优化
087 政务公开和政民互动
087 政府网站和新媒体监管
087 政务服务管理
087 电子政务网络安全责任制落实

088 无线电管理
088 概况
088 无线电监测网扩建
088 频率台站管理
088 监测检测
088 无线电安全保障

088 机关事务管理
088 概况
089 公务用车管理
089 公共机构节能管理
089 办公用房和资产管理
090 机关大院管理与维护

090 市政府驻北京联络处工作
090 概况
090 抗击疫情
090 招商引资
090 特护安保
090 联络联谊工作

090 市政府驻广州联络处工作
090 概况
091 招商引资

091 市政府驻长沙联络处工作
091 概况
091 构建大信访格局

## 中国人民政治协商会议娄底市委员会

093 综述
093 概况
093 协商议政
093 凝聚共识
093 服务大局
093 创建省级文明单位
094 社情民意信息工作
094 疫情防控
094 理论研究

094 重要会议
094 娄底市政协全体会议
095 娄底市政协常委会会议

## 纪检监察

097 综　述
097 概况
097 政治监督
097 标本兼治

098 改革创新

098 巡视巡察
098 概况
099 以政治建设统领政治巡察
099 五届市委巡察全覆盖
099 以巡代训工作
099 市县巡察上下联动改革工作
099 巡察工作规范化
099 建强巡察队伍

## 民主党派

101 中国民主同盟娄底市委员会
101 概况
101 疫情防控
101 参政议政
101 民主监督
102 政治协商
102 社会服务

102 中国民主建国会娄底市委员会
102 概况
102 组织建设
103 参政议政
103 民主监督
103 社会服务

104 中国农工民主党娄底市委员会
104 概况
104 思想建设
104 疫情防控
104 参政议政
104 社会服务
104 组织建设

105 九三学社娄底市委员会
105 概况
105 思想建设
105 参政议政
106 社会服务
106 组织建设

## 群众团体

108 娄底市总工会
108 概况
108 疫情防控
108 组织建设
108 职工思想引领
108 职工权益保障
108 困难职工解困脱困与普惠服务
109 劳动技能竞赛
109 劳模评选管理服务

109 共青团娄底市委员会
109 概况
109 青少年思想政治引领
109 典型引领
110 疫情防控
110 助力脱贫攻坚
110 青年成长成才
111 从严治团

111 娄底市妇女联合会
111 概况
111 妇女发展
111 帮扶关爱
112 家庭文明

112 娄底市科学技术协会
112 概况
112 组织建设
112 疫情防控
112 服务创新驱动发展
113 服务科技工作者
113 服务全民科学素质提升
113 建言献策
113 宣传工作

114 娄底市归国华侨侨眷联合会
114 概况

114 服务经济发展
114 依法维护侨益
114 拓展联络联谊
114 参与社会建设

115 娄底市工商业联合会
115 概况
115 思想教育
115 参政议政
115 联络服务
116 娄商返娄
116 组织建设
116 扶贫济困
116 疫情防控

116 娄底市文学艺术界联合会
116 概况
116 把牢文艺领域政治方向
117 提升机关服务水平
117 文艺抗“疫”
117 文艺惠民
117 脱贫攻坚

117 娄底市人民对外友好协会
117 概况
117 友好城市
118 对外文化交流
118 对外经济交流
118 国际防疫合作

118 中国国际贸易促进委员会娄底支会
118 概况
118 换届工作
118 助企抗疫
118 经贸交流
119 拓展职能
119 对外交流

119 娄底市残疾人联合会
119 概况
119 助力脱贫攻坚
119 残疾群体帮扶
119 残疾人就业创业
119 融合发展

120 娄底市红十字会
120 概况
120 党建和意识形态工作
120 疫情防控
120 生命健康安全教育
120 捐献工作

121 娄底市计划生育协会
121 概况
121 宣传教育
121 社会服务

## 法　治

123 政法委及综治
123 概况
123 政治建设
123 疫情防控
123 维护社会稳定
123 服务经济发展
123 扫黑除恶专项斗争
124 社会治理水平提升

124 公　安
124 概况
124 防范化解风险
124 打击违法犯罪
124 保障公共安全
124 县域警务工作
124 基层基础建设

125 钢城分局工作
125 概况
125 县域警务

125 交警工作
125 概况
125 协同共治机制

126 交通执法规范
126 车驾管理服务
126 队伍建设

126 检　察
126 概况
127 服务保障大局
127 刑事检察工作
127 民事行政检察工作
127 公益诉讼检察工作
128 职务犯罪检察工作
128 检察建议工作
128 司法体制改革
128 接受监督

128 法　院
128 概况
129 疫情防控
129 刑事审判
129 民商事审判
129 行政审判
129 执行工作
129 扫黑除恶
130 服务保障“三大攻坚战”
130 深化改革
130 队伍建设
130 接受监督

131 司法行政
131 概况
131 全面依法治市
131 法治政府建设
131 公共法律服务
132 普法工作
132 矛盾纠纷化解
132 特殊人群管控
132 戒毒工作

军　事

134 人民武装
134 概况
134 军事训练
134 国防动员
134 保障工作
134 安全保密
134 党管武装
135 从严治党

135 武警娄底支队
135 概况
135 军事训练
135 政治建设
135 后勤保障
136 基层建设管理

136 人民防空
136 概况
136 人防建设

经济综合管理

138 发展和改革
138 概况
138 “十四五”规划
138 项目建设
138 投资管理
139 基础设施
139 国家产业转型示范区建设
139 农业发展
139 园区经济
139 服务业发展
140 资源环境
140 能源发展
140 重点领域改革
140 社会信用
140 易地扶贫搬迁
141 营商环境
141 价格调控

141 重点建设项目事务管理
141 概况

141 重大项目集中开(竣)工活动
142 产业项目现场观摩讲评会
142 重点项目集中攻坚行动
142 督查督办
142 疫情防控与复工复产
142 脱贫攻坚

142 自然资源和规划
142 概况
143 国土空间规划
143 确权登记
143 资源保护
143 保障发展
144 测绘管理
144 依法行政
144 民生服务

145 市场监督管理
145 概况
145 机构改革
145 市场秩序
146 安全底线
147 高效执法
147 六稳六保
148 党的建设

148 国有资产管理
148 概况
148 “企业经营管理提升年”活动
148 “三供一业”分离移交
149 退休人员社会化管理
149 粮食库存与轮换

149 财　政
149 概况
149 服务经济
149 民生保障
150 三大攻坚战
150 乡镇财政管理
150 财政改革
150 会计管理
150 融资担保

150 税　务
150 概况
151 税收征管
151 依法治税
151 税收改革
151 税收服务

151 审　计
151 概况
151 政策措施落实情况跟踪审计
152 财政预算资金绩效审计
152 领导干部经济责任审计
152 自然资源资产离任审计
152 民生项目资金审计
152 政府投资审计

152 统　计
152 概况
153 统计服务
153 第七次全国人口普查
153 产业帮扶

153 国家统计调查
153 概况
153 脱贫攻坚普查
153 数据质量提升
154 民生服务品牌塑造

154 公共资源交易
154 概况
154 交易平台建设
154 工程建设项目招投标专项巡视

园　区

156 娄底经济技术开发区
156 概况

156 疫情防控
156 项目建设
156 产业发展
157 营商环境
157 民生保障
157 党的建设

157 开发建设投资
157 概况
157 项目建设
158 多元化经营
158 履行社会责任

158 万宝新区
158 概况
158 疫情防控
158 项目建设
159 数字经济
159 民生实事
159 营商环境
159 党的建设

## 农业

161 综　述
161 概况
161 粮食生产
161 生猪生产
161 蔬菜生产
161 乡村产业
161 项目建设
162 农村人居环境整治
162 农村改革
162 禁捕退捕
162 农业机械化

162 畜牧水产和农机管理
162 概况
162 养殖生产
163 动物疫病防控
163 质量安全监测
163 人工增殖放流
163 “一村一碾米机”配送
163 农机购置补贴
163 农机社会化服务
164 农机产业

164 林　业
164 概况
164 造林绿化
165 疫情防控
165 林业产业
165 自然保护地整合优化
165 资源管护

166 水　利
166 概况
166 水旱灾害防御
166 河湖管理
167 饮水安全
167 水利规划
167 项目建设
168 工程管理
168 水资源管理
168 水电站管理
168 水库移民
168 改革创新
168 立法工作
169 安全生产
169 扫黑除恶

169 水　文
169 概况
169 防汛抗旱
169 农饮监测
169 信息化建设
169 文化建设

169 移民事务
169 概况
169 移民民生改善
170 移民资金项目监管
170 整村推进
170 特困移民避险解困

170 移民后扶“十四五”规划
170 三峡移民专项扶持

# 工　业

172 综　述
172 概况
172 疫情防控物资保障
172 助力复工复产
172 优势产业链建设
173 高新技术产业
173 中小企业政策措施
173 中小企业科技创新
173 数字经济
174 企业融资
174 创客中国大赛
174 工业项目建设
174 工业节能减排
175 新材料工业
175 “地条钢”整治
175 化学工业
175 建材工业
175 消费品工业
175 陶瓷工业
176 电子信息
176 通信基础设施建设
176 智慧娄底建设
176 两化融合
177 减费降税和企业清欠
177 移动互联网产业
177 区块链产业
178 新型墙体材料

178 国网娄底供电公司
178 概况
178 安全生产
178 电网建设
178 经营管理
179 供电服务
179 改革创新
179 队伍建设
179 党的建设

180 湖南华菱涟源钢铁有限公司
180 概况
180 疫情防控
180 生产经营
180 科技创新
181 安全环保
181 项目建设
181 党建工作
181 精准扶贫

181 湖南省煤业集团涟邵实业有限公司
181 概况
181 项目建设
182 社会职能改革

182 湖南神斧集团一六九化工有限责任公司
182 概况
182 技术改造
182 疫情防控

182 湖南省煤业集团金竹山矿业有限公司
182 概况
182 安全生产管理
183 节支降耗
183 环保民生

183 大唐华银金竹山火力发电分公司
183 概况
183 安全环保工作
183 扭亏为盈
183 党建引领

184 锡矿山闪星锑业有限责任公司
184 概况
184 深化改革
184 科技创新

184 华达汽车空调(湖南)有限公司
184 概况
184 生产管理
184 新品开发

184 湖南省地质矿产勘查开发局四一八队
184 概况
185 地质找矿
185 地灾防治
185 环境地质
185 勘测施工
185 多种经营
185 疫情防控
186 助力扶贫
186 文明创建

## 城乡建设·环境保护

188 住房和城乡建设管理
188 概况
188 疫情防控和复工复产
188 三大攻坚战
188 民生实事
189 城乡建设
189 深化改革
189 行业治理
189 文明创建和综合治理

189 住房保障
189 概述
189 房地产市场管理和服务
190 老旧小区改造
190 物业管理

190 市政设施维护管理
190 概况
190 日常维护
190 应急处置

190 国有土地上房屋征收
190 概况
190 国有土地上房屋征收补偿
191 安置小区建设管理
191 经营类事业单位改革

191 房　改
191 概况
191 产业管理
192 重点工作

192 城市建设投资
192 概况
192 融资化债
192 项目建设
192 转型发展
193 党的建设
193 创文管卫

193 城市管理
193 概况
193 市容市貌管理
193 环境卫生管理
194 园林绿化建设
194 综合管理
194 综合执法
194 助力文明城市创建
194 项目建设
195 民生实事
195 城管文化
195 县市区亮点

196 城市管理行政执法
196 概况
196 全国文明城市创建
196 思想政治及组织建设
196 队伍建设
197 行政体制改革
197 执政为民
197 专项整治

197 环境卫生
197 概况
197 控制扬尘

198 垃圾填埋
198 项目建设

198 **园林绿化**
198 概况
198 疫情防控
199 复工复产
199 创文管卫
199 园林增绿提质

199 **供　水**
199 概况
199 安全供水
199 污水处理
199 工程建设
200 营商环境
200 管理提升

200 **公共交通**
200 概况
200 城乡公交
200 疫情防控

201 **保　安**
201 概况
201 业务发展

201 **燃气供应**
201 概况
201 党员教育
201 驻村帮扶
201 安全检查

202 **美丽乡村建设**
202 概况
202 美丽乡村示范村创建
202 全域美丽乡村创建
202 乡风文明
203 农村实用人才培训
203 乡村旅游

203 **环境保护**
203 概况
203 工作机制完善
203 产业结构优化
203 突出环境问题整改
204 污染防治攻坚
204 生态环境安全监管

## 交　通

206 **综　述**
206 概况
206 疫情防控
206 行业治理
206 平安交通建设
206 城乡公共交通

207 **交通建设质量安全监督**
207 概况
207 质量监督
207 安全监督
208 造价管理

208 **道路运输服务**
208 概况
209 运输服务
209 安全监管
209 依法治运
209 行业改革

209 **水　运**
209 概况
210 水运安全监管
210 运输航务管理
210 船舶检验
210 水运环境保护
210 水运扫黑除恶

211 **公路建设养护**
211 概况
211 公路建设
211 公路养护
211 公路治超
211 行业治理

211 国储中心建设

## 通信·邮政

213 电　信
213 概况
213 客户服务

213 移动通信
213 概况
213 全业务运营
213 网络建设
213 客户满意度
214 社会责任

214 联合通信
214 概况
214 移动网络
214 客户服务
214 农村网络建设
214 参与“智慧娄底”建设

215 铁塔建设
215 概况
215 战略合作
215 两翼业务

215 邮　政
215 概况
215 疫情防控
215 三大攻坚战
216 从业人员权益保障
216 邮政普遍服务
216 快递市场监管

## 金　融

218 综　述
218 概况
218 金融产业
218 金融改革
218 服务实体
218 企业上市
219 风险处置
219 金融扶贫

219 中国人民银行娄底市中心支行
219 概况
220 支持实体经济
220 维护金融稳定
220 提升金融管理服务水平

221 中国银保监会娄底监管分局
221 概况
221 疫情防控和复工复产
221 金融风险防控
221 普惠金融工作
221 金融基础服务
222 打击非法金融活动
222 消费者权益保护

222 中国银行娄底市分行
222 概况
222 党建工作
222 支持实体
222 国结业务
223 内控合规
223 企业文化
223 社会责任

223 中国建设银行娄底市分行
223 概况
224 履行社会责任
224 乡村金融战略
224 深耕客群经营
224 重点项目推进
224 不良资产处置

224 中国工商银行娄底市分行
224 概况

# 娄底市地图

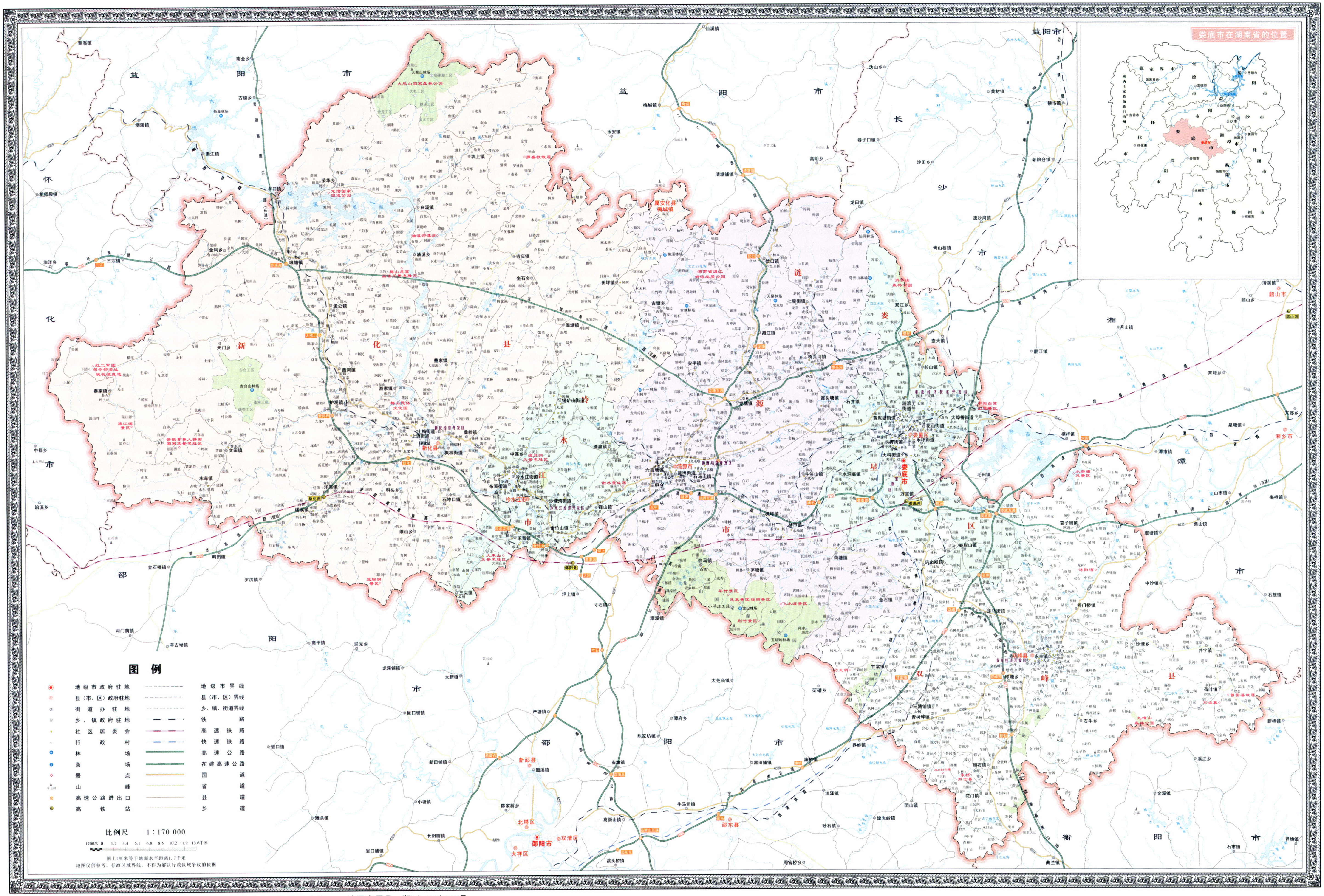


娄底市国土资源局、湖南地图出版社 联合编制　湖南省自然资源厅 监制　地图审图号：湘S（2018）227号

# 娄底市城区图

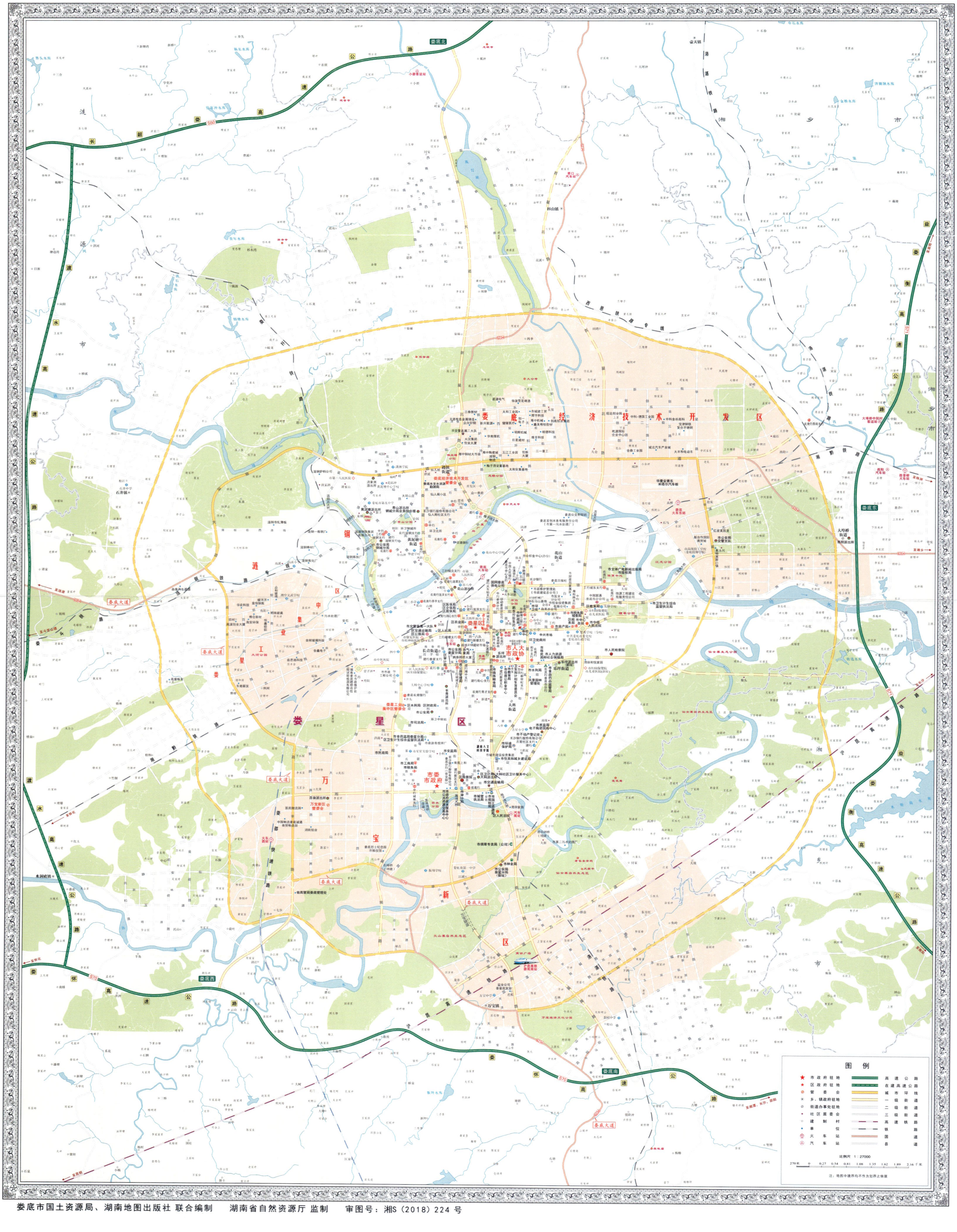


娄底市国土资源局、湖南地图出版社 联合编制　湖南省自然资源厅 监制　审图号：湘S（2018）224号

277 娄底市第二人民医院
277 概况
278 疫情防控
278 项目建设
278 业务发展
278 医院管理
278 创文管卫
278 作风建设
279 脱贫攻坚

279 卫生计生综合监督执法
279 概况
279 疫情防控
279 专项整治
280 执法效能

280 疾病预防控制
280 概况
280 疫情防控
280 疾病防控
281 卫生监测
282 职业病防治与职业卫生技术服务

282 妇幼保健
282 概况
282 妇幼健康服务
282 医疗服务
282 公益民生

## 社会生活

284 人力资源和社会保障
284 概况
284 返岗复工
284 人社扶贫
284 就业创业
284 社会保障
285 人事人才
285 劳动关系维护
285 人社服务

285 医疗保障
285 概况
285 参保登记
285 医保脱贫
286 医药服务
286 集中采购
286 基金监管
286 经办服务
286 巡察整改

286 民　政
286 概况
286 基层自治
287 社会救助
287 孤残保障
287 养老服务
287 区划地名和老区建设
287 社会组织
288 慈善公益
288 殡葬管理

288 应急管理
288 概况
288 安全生产
288 防汛抗旱和森林防灭火
288 应急值守

289 消防救援
289 概况
289 执勤训练
289 防火监督
290 政治工作
290 后勤保障

290 扶　贫
290 概况
290 就业帮扶
291 “三保障”和安全饮水
291 落实“四个不摘”
291 易地扶贫搬迁

291 住房公积金管理
291 概况
291 资金运营

291 两大攻坚战

## 县(市、区)概况

293 娄星区
293 概况
293 疫情防控
294 三大攻坚战
294 民生保障
294 城乡发展
294 为民办实事
294 改革创新
294 政务服务体系标准化
295 矛盾化解

295 冷水江市
295 概况
296 锡矿山区域综合治理
296 警务机制改革
296 乡村振兴

296 涟源市
296 概况
298 龙琅高速涟源段建成并试运营
298 “屋场会”群众工作模式获全国“创新社会治理”优秀案例
298 创建平安县市
298 推进项目建设
298 污染防治

299 双峰县
299 概况
299 疫情防控
299 产业发展
299 城乡建设
299 项目建设
300 民生保障
300 三大攻坚战
300 深化改革
300 社会稳定
301 新化县
301 概况
302 村级远程医疗体系
302 油溪桥村
302 “上梅红”楼栋“微治理”

## 人 物

304 全国劳动模范
304 李耀春
304 肖爱达

304 全国先进工作者
304 范彦江
304 谢新星

305 中国好人
305 谢瑜
306 王德楠
306 张宗南

## 附 录

309 重要文件目录
309 2020 年娄底市委重要文件(娄发)目录
309 2020 年娄底市委办重要文件(娄办发)目录
310 2020 年娄底市委办重要文件(娄办)目录
311 2020 年娄底市政府重要文件目录
312 2020 年娄底市政府办重要文件目录

313 先进集体(个人)一览表

## 索 引

# 特　　载

◎在市委经济工作会议上的讲话
◎政府工作报告(摘要)——在娄底市第五届人民代表大会第五次会议上

# 在市委经济工作会议上的讲话

（2020 年 12 月 31 日）

这次市委经济工作会议的主要任务是，全面贯彻党的十九大和十九届二中、三中、四中、五中全会精神，认真落实中央和省委经济工作会议精神、省委十一届十二次全会和市委五届十一次全会精神，总结 2020 年经济工作，部署 2021 年经济工作。

在今年中央经济工作会议上，习近平总书记发表重要讲话，全面总结了今年工作，深入分析了国内外经济形势，明确提出了明年经济工作的总体要求、政策取向和重点任务，为我们做好明年经济工作提供了根本遵循。在 12 月 24 日召开的省委经济工作会议上，达哲书记、伟明代省长就明年全省经济工作作了全面的部署安排。全市各级各部门要切实提高政治站位，把思想和行动统一到党中央、省委的决策部署上来，紧密结合实际，不折不扣贯彻落实。对于明年经济工作，讲五点意见。

## 一、回顾总结 2020 年经济发展成绩与经验，增强推动高质量发展的信心决心

今年是娄底发展历程中极不平凡的一年。面对统筹抓好疫情防控和经济社会发展的大战大考，我们深入贯彻落实党中央、省委的各项决策部署，坚持稳中求进工作总基调，坚持新发展理念，扎实做好“六稳”工作，全面落实“六保”任务，全市经济稳步回升，逐月向好，呈现高质量发展态势。预计全年 GDP 增长 4.5%左右，规模以上工业增加值增长 5.5%左右，固定资产投资增长 9%左右，地方一般公共预算收入增长 4.8%左右。一是迅速控制住突发疫情并坚定推进复工复产。第一时间启动一级应急响应，仅用 23 天实现确诊病例零新增并保持持续稳定。2 月 3 日晚，在我市处于日增 5 例左右病例的平台期，坚决贯彻党中央决策部署和省委工作要求，找准疫情防控和复工复产的平衡点，科学有序组织复工复产，未因复工复产引发一起疫情。2 月 23 日，全省统一调度管理的重点企业 96.2%实现复产，重点项目 100%实现复工，为全年经济运行企稳向好奠定基础。二是三大攻坚战取得决定性成就。用超常规举措确保打赢脱贫攻坚战。建立“双周调度会”、市级领导包联、常态化暗访督查、涉贫信访快速联动处置等“四项机制”，接续开展“百日攻坚行动”、“进村入户巩固月活动”和“脱贫质量提升行动”，一仗接着一仗打，保持攻坚态势，年初剩余的 1.7 万贫困人口全部脱贫退出，所有脱贫不稳定人口和边缘易致贫人口都能稳定住。“百日攻坚行动”期间，完成农村危房改造任务 1813 户，为全省最重，占全省任务的 21.11%，全部竣工并验收；易地扶贫搬迁拆除“应拆未拆”独栋房、连体房 4956 栋并全部复垦，无房户和需保留户的占比从 46.26%下降到 20.11%；坚决杜绝“花钱买平安”，信访案件办结率居全省第一，涉贫信访总量同比下降 69%，排名由全省第 2 位下降到第 6 位；省脱贫质量“回头看”发现的 7655 个问题全部清零。坚决打赢污染防治攻坚战。自觉扛起“守护好一江碧水”的政治责任，认真抓好 2020 年长江经济带生态环境警示片中披露问题的整改和中央、省委环保督察“回头看”反馈问题整改，扎实推进资江水域禁捕退捕工作，建立沿线视频监管长效机制，加强锡矿山区域环境综合治理，砷碱渣无害化处理生产线投料运行。全面打好蓝天、碧水、净土保卫战，污染防治攻坚战“夏季攻势”124 项任务全部完成，中心城区空气质量优良率达到国家二级标准，纳入考核的 14 个国控、省控地表水断面水质全部达标。守住不发生重大风险底线。专题研究、系统梳理全市各领域重大风险 30 项，逐一明确责任领导、责任部门，研究防范化解措施。市本级综合债务率保持在全省二类地区；积极稳妥推进民间融资风险处置，侦办非法集资案件 27 起，用 5 天时间化解“垃圾围城”重大舆情，用 2 个半月时间解决垃圾焚烧发电项目“邻避效应”，守住了不

发生重大风险底线。三是先进制造业“双引擎”建设成效明显。以“三一回家”为工作重点，带动工程机械及配套产业快速发展，工程机械及配套产业新签约和改扩建项目67个，完成投资115.68亿元。三一液压油缸智能生态工业城、三一重卡零部件产业园、三一路机灯塔工厂等5个重大项目正式落户娄底，总投资100亿元，是三一集团在地级市集中开工项目最多、金额最大的一次，总投资52亿的油缸项目是近年来少有的大项目。以涟钢结构调整为重点，做优做强钢铁新材产业，华菱涟钢棒材改造项目5个半月竣工投产，高强钢项目一期4个月建成投产，高端家电用镀锌板项目开工，VAMA二期争取在元月20日开工，无取向硅钢成功签约，全市钢铁新材技术工艺全面提升、产业结构明显优化。“双引擎”建设有力带动了全市先进制造业高质量发展，1–11月，全市规模以上工业增加值增长5.1%，增速排名全省第一。四是创新引领初现成效。国家级高新区创建工作成功进入科技部最新一批现场考察名单，液压油缸改扩建项目获中央预算内核心技术攻关专项支持，先进钢铁材料技术国家工程研究中心华中分中心落户娄底，华菱涟钢云数据中心投入使用，首家省级区块链产业园落户万宝新区。前三季度，高新技术产业增加值增速17.9%，全市全年高新技术企业增加71家。五是全力攻克了一批民生领域历史遗留难题。完成“无籍房”办证4.2万户，市老干部活动中心建设项目于12月28日开工，26个安置基地项目已交付17个，其余9个已完成大部分工程量。成功创建全国文明城市，全面建成小康社会“六个全覆盖”全部达标，12件省定民生实事和10件市定民生实事全部完成年度任务，义务教育、普通高中大班额消除化解分别完成省定任务的113.6%、131.2%。

今年是“十三五”收官之年。经过五年的接续奋斗，我市经济社会发展取得重大成就，“十三五”规划目标任务即将完成。人均GDP由3万元跨入4万元，地方一般公共预算收入总量在全省实现赶超进位，钢铁新材产值迈过千亿大关。3个贫困县全部摘帽、498个贫困村全部出列、43.42万名贫困人口全部脱贫。污染防治攻坚战取得重大进展，生态环境明显改善。政府债务、民间融资等领域风险化解取得显著成效。供给侧结构性改革成效明显，湖南中部产业转型升级示范区获批全国首批产业转型升级示范区，先进结构材料产业集群纳入国家第一批战略性新兴产业集群发展工程。“互联网+村级小微权力监督”等10余项改革案例获国家部委、省表彰或推介。“娄商返娄”成效显著，“湘博会”成果丰硕，娄底海关正式开关运行。“米”字形铁路网初显雏形，“四纵两横”高速公路骨架基本成型，区域综合交通枢纽功能更加凸显。城乡居民收入增速连续五年居全省前3位，网格化管理服务体系不断健全，社会保持和谐稳定。

以上成绩，是以习近平同志为核心的党中央坚强领导的结果，是省委、省政府科学研判、精准施策、周密部署的结果，是全市各级党组织和广大党员干部群众团结一心、拼搏奋进的结果。工作中，我们突出把握了以下几个方面：一是坚决维护习近平总书记党中央的核心、全党的核心地位。市委常委会旗帜鲜明地维护以习近平同志为核心的党中央权威，坚持把传达学习贯彻习近平总书记重要讲话和重要指示批示精神作为第一议题，三次召开市委全会就统筹疫情防控和经济社会发展、贯彻习近平总书记考察湖南重要讲话精神和十九届五中全会精神作出部署，把“两个维护”落实到经济社会发展各领域各方面各环节。二是坚持人民至上。在大疫大汛面前把人民群众的生命安全和身体健康放在第一位，把脱贫攻坚作为第一民生工程，把民生支出作为财政支出的优先领域，全力化解大班额，推进创文管卫，优先保障贫困群众就业，着力解决群众各项“急难愁盼”问题，不断满足人民对美好生活的向往。三是坚持新发展理念。今年困难多、压力大，但我们始终坚持新发展理念不动摇，深化供给侧结构性改革，集中精力抓好“六稳”“六保”，大力推进污染防治攻坚战，加快发展先进制造业，坚定不移推进产业项目建设，着力延链补链强链，不断培育发展新动能，推动全市经济保持高质量的发展态势。四是坚持紧密结合娄底实际。今年推进的先进制造业“双引擎”建设，是基于娄底的产业基础、娄商资源和区位特点；以超常规举措打赢脱贫攻坚战，是基于我市脱贫攻坚任务十分艰巨的实际；开展干部作风集中整治，是基于干部队伍建设需要。五是坚持抓作风促落实。今年各项工作能取得突破性进展，特别是一批老大难问题的化解、产业项目快速落地，根本上得益于全面从严治党，全市干部队伍作风的大转变。对于以上这些行之有效的经验做法，我们要继续坚持。

## 二、准确把握经济形势，进一步强化机遇意识，牢牢掌握经济工作主动权

谋划推进明年的经济工作，必须统筹国内国际两

个大局、统筹疫情防控和经济社会发展,全面、辩证地分析经济形势,因势而谋、应势而动、顺势而为。

娄底仍然处于重要战略机遇期。从国际看,当今世界正处于百年未有之大变局,明年全球经济有望恢复性增长,但复苏不稳定不平衡,全球疫情仍在蔓延,疫情冲击导致的各类衍生风险不容忽视,对我市产业链供应链稳定和外资外贸会带来一定程度的不确定性。从国内省内看,中央、省委相继出台了“十四五”规划和2035年远景目标建议,从产业发展、乡村振兴、民生保障、基础设施建设等各方面谋划部署了一系列重大战略和政策举措,为明年乃至今后一个时期的发展提供了强大支撑。达哲书记在省委经济工作会议上明确指出,湖南未来发展面临五大新机遇:一是党中央、习近平总书记关心关爱湖南带来的新机遇,二是国家宏观政策总体稳定带来的新机遇,三是经济社会总体预期稳定向好带来的新机遇,四是构建新发展格局带来的新机遇,五是产业新动能进一步集聚带来的新机遇。从我市来看,明年和“十四五”的经济发展,具有诸多机遇和有利条件:一是省委部署实施“三高四新”战略,省“十四五”规划明确提出加快“3+5”环长株潭城市群联动发展,打造长韶娄经济走廊,要把娄底建设成为长株潭都市圈的拓展区和辐射区,这为我市发展带来前所未有的宝贵机遇和战略支撑。二是我市经济复苏走在全省前列,多项主要经济指标增幅排名全省靠前,抗疫战贫、保供稳企、产业链建设、风险防范化解等方面工作成效进一步鼓舞了人心、提振了信心。三是我市先进制造业“双引擎”加速形成,钢铁新材和工程机械明年有一大批重大项目要落地投产,可带来400多亿元的新增产值,将为经济增长注入强劲动力。四是明年我们将在新基建、综合交通、新型城镇化等领域全面发力,娄底海关开关、“放管服”改革、对接湖南自贸区等举措也将进一步激发市场主体活力。五是广大党员干部在大战大考中锤炼了作风,在作风集中整治中提高了落实能力,全市上下干事创业的氛围更加浓厚。这些,都是我们干好明年工作的信心所在、底气所在。

当然,我们也要清醒看到,全市发展还存在不少困难和挑战,主要包括:一是经济总量仍然偏小。2019年,全市GDP仅占全省的4.1%,全市人均GDP为全国、全省的58.8%、72.4%。二是发展的质量效益有待提高。全市制造业增加值率低于全省平均水平,除“双引擎”外,其它8条工业新兴优势产业链的大企业少、链条不长。高新技术产业增加值占GDP的比重偏低,科技创新对产业发展的引领作用不强。发展的开放度不够,2019年外贸依存度仅为7.74%。三是营商环境有待进一步优化。思想观念不够解放,“中梗阻”、不担当、不作为等问题时有发生,要素成本竞争力不强。四是财政收支不平衡。总体上我们还是“吃饭财政”,“三保”、债务付息等刚性支出占全市可用财力比重大。五是生态承载能力不足。作为全省的重要能源原材料产业基地,历史积累的矿山、尾矿库、重金属污染等生态治理和修复任务非常繁重。同时,我市还处于工业化中后期和城镇化加速期,能源消耗需求量大和节能减排的矛盾同时并存,资源环境约束日益突出。六是安全生产、民生保障、信访等方面还有一些难题需要解决。

对此,我们既要强化机遇意识,充分把握一切积极因素和潜在机遇,主动作为,又要强化底线思维,积极做好应对各种复杂状况和风险挑战的充分准备,化压力为动力,努力在危机中育先机,于变局中开新局。

## 三、明年经济工作总体要求

2021年是全面开启现代化建设新征程的第一年,是“十四五”开局之年,也是中国共产党建党100周年,做好明年经济工作具有特殊重要意义。总体要求是:以习近平新时代中国特色社会主义思想为指导,全面贯彻党的十九大和十九届二中、三中、四中、五中全会精神,坚决落实习近平总书记关于湖南工作系列重要讲话指示精神和中央、省委经济工作会议精神,坚持稳中求进工作总基调,立足新发展阶段,贯彻新发展理念,构建新发展格局,以推动高质量发展为主题,以深化供给侧结构性改革为主线,以改革创新为根本动力,以满足人民日益增长的美好生活需要为根本目的,大力实施“三高四新”战略,坚持创新引领开放崛起,坚持扩大内需战略基点,坚持系统观念和底线思维,更好统筹发展和安全,坚持精准施策,扎实做好“六稳”工作、全面落实“六保”任务,巩固拓展疫情防控和经济社会发展成果,推动经济平稳健康运行、社会和谐稳定,确保“十四五”开好局,以优异成绩庆祝建党100周年。

做好明年经济工作,要围绕构建新发展格局来展开,大力实施“三高四新”战略来推进,坚持系统观念,把握好省委提出的“十大关系”。把握当前与长远的关系，既要立足当前稳增长，又要着眼“十四五”和2035年增后劲；把握战略与战术的关系，加快把“三高四新”战略转化为行动方案、具体项目、重大工程等战术安排；把握供给与需求的关系，深化供给侧结构性改革，加强需求侧管理，努力形成需求牵引供给、供给创造需求的更高水平动态平衡；把握质量与规模的关系，既努力把“蛋糕”做大，更注重提高发展质量和效益；把握政府与市场的关系，充分发挥市场在资源配置中的决定性作用，更好发挥政府作用，不断激发市场主体活力；把握发展与安全的关系，坚持国家总体安全观，下好先手棋，有效防范和化解各类风险挑战；把握抓项目与抓环境的关系，既坚定不移抓项目兴产业强实体，又加强软硬环境建设；把握重点与全面的关系，既要全面推进，更要重点抓好总书记强调的事、党中央关心的事、老百姓揪心的事、关系发展全局的事；把握全局与一域的关系，对国之大者心中有数，自觉把娄底的工作放在全国全省的发展大局中来谋划推进；把握抓大与保小的关系，既要做强大企业，又呵护好中小微企业，营造大中小微企业共生共荣的发展氛围。

## 四、扎实抓好明年经济工作的重点任务

明年的经济工作要重点抓好以下几个方面：

**第一，着力打造“三个高地”。**深入对接实施全省“八大工程”“七大计划”“四大改革行动”和“五大开放行动”，坚决把各项工作落实到位。打造国家重要先进制造业高地，要着力实现“五大跨越”，努力在全省制造业版图中占据更重要的位置。重点建设三一产业园、薄板深加工产业园、三一重卡配套产业园，加快推动VAMA二期、高端家电用镀锌板、高强钢等22个重点项目尽快投产达产，确保三一路机灯塔工厂、三一重卡零部件产业园、油缸智能生态工业城分别在2月、7月、10月竣工投产。要推动产业向园区集聚，提高园区产业集中度。要推进工业化与信息化融合，以产业数字化为重点，打造智能车间、智能工厂；推进制造业与现代服务业融合，大力发展生产性服务业，推动制造业服务化。要以产品品牌建设为重点，支持涟钢、三一等龙头企业提升产品品质，支持制造业单项冠军企业深耕细作，培育科技型成长型的高技术企业，做强大企业，培育小巨人。打造具有核心竞争力的科技创新高地，要着力实现“五大进展”，坚持“四个面向”和战略性需求导向，建好用好现有国家级检验检测中心、企业技术研究中心，建立市级工程技术研发平台，培育发展更多国省平台。力争明年成功创建国家级高新区。加快构建产业技术创新联盟，聚焦钢铁新材、工程机械等优势产业，以涟钢、VAMA、三一等龙头企业为核心，整合市内外院校各类创新资源，滚动列出技术创新重点清单，明确任务，建立专班，集中力量攻坚，重点突破一批产业核心技术。推动电子陶瓷企业与市内学校联合攻坚产业共性技术。打造内陆地区改革开放高地，要着力实现“五大突破”，深入推进国资国企、要素市场化配置、投融资体制等重点领域改革，充分激活发展动力。娄商是现阶段娄底发展的重要依靠，要大力开展精准招商，持续改善营商环境，吸引更多娄商回乡创业。要积极复制运用湖南自贸区建设制度创新成果，用好自贸区创新平台，推动电力安装、农业机械、现代文印等企业积极开拓非洲、东南亚及其他海外市场，深度融入“一带一路”。

打造“三个高地”，关键在人才。我市人力资源丰富，但人才队伍结构性矛盾明显，尤其是高端人才紧缺。要围绕打造“三个高地”强化引才引智，深化娄底人才行动计划，建立靶向引才、柔性引才、专家荐才机制，充分发挥娄底籍院士专家学者的作用，培养引进一批科技领军人才、创新团队和青年科技人才，聚天下英才而用之。落实好国家知识更新工程、技能提升行动，加强创新型、应用型、技能型人才培养，进一步壮大高水平工程师和高技能人才队伍。

**第二，坚持扩大内需这个战略基点。**把实施扩大内需战略同深化供给侧结构性改革、改善人民生活品质有机结合起来，加大政策协同力度，进一步挖掘内需潜力。要充分发挥消费的基础性作用，提档升级汽车、家电、家居等实物消费，提质扩容信息、健康、家政、养老等服务消费，推动电商、冷链物流等下乡带动农村消费，培育体验消费、网络消费，千方百计挖掘消费潜力。做好文旅融合的文章，加快红色旅游景点提质升级，发挥好文旅激发消费动能的积极作用。

有效投资仍然是当前全市稳增长的压舱石。要以“十四五”规划编制为契机，在产业、“两新一重”、生态环保、乡村振兴、公共安全与应急能力提升等领域，大力实施扩投资专项行动。要完善和落实民间投资政策措施，支持民企参与交通、水利、市政公用事业和医疗、教育、养老等领域建设运营，激发民间投资活力。大力推进以人为核心的新型城镇化，实施城市更

新行动，发挥棚改、旧改等领域稳投资、促消费拉动作用。要用好专项债券，尽快形成有效投资和实物工作量，同时，谋划好明年争取债券项目，尤其要做实前期工作。

**第三，持续激发市场主体活力。**要加大政策支持和跟踪问效，落实好减税降费、援企稳岗等各项纾困惠企政策，强化普惠金融服务，充分释放政策效应，让更多金融活水流向实体经济。坚持问题导向，对中小微企业生产经营困难的要加强精准帮扶，帮助降本增效、渡过难关。构建亲清政商关系，党员干部要光明磊落同企业交往，及时回应企业的合理诉求，主动为企业发展排忧解难。深化“放管服”改革，推进“互联网+政务服务”和“一件事一次办”，努力营造市场化、法治化、国际化营商环境。大力弘扬企业家精神，支持企业家以恒心办恒业，依法依规经营，扎根娄底、深耕娄底。

**第四，推进农业农村现代化。**牢牢守住耕地红线，加强对土地流转造成农地“非粮化”“非农化”等风险的防范，坚决遏制农村乱占耕地建房问题，规范耕地占补平衡，绝不允许搞占优补劣、占水田补旱地。关于耕地的问题，习近平总书记在今年中央经济工作会议上作了重点强调，全市上下必须高度重视，耕地的红线，不管什么原因，坚决不能突破，这是政治问题。积极发展精细农业，对接全省农业农村“百千万”工程，优化“一县一特”“一特一片”布局，大力发展精深加工业，做大做强优势特色产业，把农产品的附加值和产值搞上去。切实抓好高标准农田建设，加强农村小水利建设，夯实农业发展基础。加快培养新型职业农民，通过发展合作社等形式把农民有效组织起来。统筹抓好乡村建设、农村改革、城乡融合发展等工作，激发农村发展内生动力。加大国产种子使用推广力度，抓好生猪品种繁育体系建设，培育壮大种业经济。科学谋划推进全面脱贫与乡村振兴有效衔接，统筹做好继续帮扶、宣传总结、舆论引导等工作，保持帮扶政策总体稳定，留足政策过渡期，不断巩固拓展脱贫攻坚成果。

**第五，大力保障和改善民生。**坚持把人民对美好生活的向往作为奋斗目标，统筹抓好教育、医疗、卫生、社保等各项民生事业，扎实推动共同富裕，使改革发展成果更多更公平惠及全市人民。要尽力而为、量力而行，每年集中财力办一批民生实事，着力解决好群众各项“急难愁盼”问题。坚持就业优先，完善就业创业政策，强化就业服务，做好高校毕业生、农民工、退役军人和城镇困难人员等重点群体就业，实现更多的就地就业。坚持“房住不炒”定位，大力化解“无籍房”办证难题，促进房地产市场平稳健康发展。

**第六，持续加强生态文明建设。**要按照国家2030年前碳达峰行动要求，加快调整优化产业结构、能源结构，大力发展清洁能源，开展大规模国土绿化行动，提升生态系统碳汇能力。坚决把修复长江生态环境任务摆在压倒性位置，扛起“守护好一江碧水”的政治责任，认真落实河长制，推进“四水三库”系统联治，扎实推进资江水域禁捕退捕和锡矿山区域环境综合治理。继续打好蓝天碧水净土保卫战，深化大气污染联防联控，加快推动矿业转型绿色发展。要坚持问题导向，继续开展污染防治“夏季攻势”，抓好中央环保督察反馈问题整改，切实解决百姓关心的环境污染问题。深化农村人居环境整治，扎实开展农村厕所革命、生活垃圾和污水治理。全面推行重点行业领域清洁生产、绿色化改造，推动生产生活方式绿色转型。

**第七，坚决守住安全发展底线。**要坚持总体国家安全观，持续打好防范化解重大风险攻坚战，严防“灰犀牛”“黑天鹅”事件，切实抓好各种存量风险化解和增量风险的防范。完善政府债务风险常态化监控机制，稳妥处置民间融资风险，加快平台公司市场化转型。严格落实安全生产责任制，健全安全生产和消防安全管理体系，深入推进安全生产专项整治三年行动，努力实现“三个坚决、两个确保”目标。加快完善能源产供销体系，加强煤油电气保供，确保能源安全稳定供应。不断健全网格化管理服务体系，严厉打击各类违法犯罪活动，深化扫黑除恶，持续推进信访“三无”创建，不断提升基层治理水平。牢牢把握意识形态工作主动权，凝聚正能量，守住主阵地，努力营造建设现代化新娄底的良好舆论氛围。

有几个重点问题，我再强调一下：

**一是关于打造先进制造业“双引擎”的推进机制。**先进制造业“双引擎”建设是娄底实施“三高四新”战略的主要抓手，延续今年项目建设的好势头，对实现跨越至关重要。为此，要继续坚持高位推动，建立由市委书记、市长任“双组长”的推进机制，制定“双引擎”建设的年度目标、重点招商项目、建设项目、政策支持体系，定期调度，研究解决重大问题，把项目逐一落到实处。

**二是关于区域协调发展的问题。**要提高中心城区的首位度，突出规划引领，选择高水平规划单位编制高质量的城市发展规划，指导好未来15年乃至更长时间的城市建设。娄星区要巩固全国文明城市创建成果，加快城乡融合，大力发展服务业，壮大城市经济，加强城市精细化管理。涟源市委要启动融城战略，加快推动路机产业集群建设。要加快推进县城、中心镇和特色小镇建设，坚持产业兴城，增强集聚和服务功能，形成服务农民的区域中心。冷水江要加快工业经济转型升级，培育新的增长点；新化要加快发展现代文印、先进电子陶瓷等产业，大力发展职业教育，不断壮大特色农业、村级集体经济，加快提升全域旅游发展品质；双峰要加快发展精细农业、现代农机、农产品加工、建材等产业，打造蔡和森故居等文化旅游品牌。以上就是重点要抓的一些工作，各县（市、区）还要在市政府的指导下，根据自身的实际，培育自己的特色经济、县域经济。

三是关于加快发展职业教育的问题。大力发展职业教育，是实施“三高四新”战略、建设产教融合城市的具体要求。要加强校地合作，将职业教育纳入地方经济社会发展规划，建立健全校地共建共享机制，大力支持职业院校提高教育教学水平，扩大职业教育规模，紧扣先进制造业、战略性新兴产业、社会服务业等产业领域优化专业设置，为地方经济发展培养适用人才和产业工人。促进校企合作，支持涟钢、三一等龙头企业与职业院校开设订单班、共建产教融合实验实训基地，大力培养技能型人才。依托职业院校大力培养乡村振兴领头人，持续实施村干部定向培养工程、农民大学生培养计划，基本实现幼儿教师、乡村护理、现代农艺、旅游服务等专业人才本地培养。要着力建设好楚怡职业教育新化传承基地，重点打造一批高水平的中、高职专业，不断擦亮楚怡职教品牌。

四是关于规范房地产市场管理的问题。房地产领域是我市历史遗留问题最集中的领域，我们在着力解决房地产民间融资、办证难、安置基地久拖不建等问题的同时，还应反思这些问题的成因，不能解决老问题，还不断出现新问题。房地产领域的规范管理，既涉及到发展又涉及到稳定，从某种意义上讲也是个政治问题。当前，对干部参与集资建房问题，由市打非办牵头把情况摸排清楚，然后一项目一策进行处理。凡组织集资建房的市管干部要作为个人重大事项，在明年1月11日之前向市纪委监委报告。各县市区各市直单位党委（党组）主要负责人要组织对本地本部门的集资建房情况进行系统摸排处理，切实把问题解决在萌芽状态。市自然资源和规划、住建等部门要着手研究制定娄底市房地产市场规范管理办法。同时，要开展严厉打击房地产领域非法行为专项行动。在制度完善、制度执行、行业不正之风整治等方面加快建立长效机制，做到源头严控、过程严管、后果严惩。规范房地产市场管理是明年经济工作的重点任务之一，一定要抓出实效。

五是关于做好纪念建党100周年相关工作。要从讲政治的高度做经济工作，保持经济平稳健康发展，以优异成绩献礼建党100周年。要加强正面宣传和舆论引导，加强各类风险矛盾化解，切实维护政治安全、社会安定、人民安宁、网络安靖，为建党100周年营造良好环境。要结合系列庆祝活动开展，组织深入学习“四史”，大力弘扬红色基因和优良传统，开展走访慰问“五老”活动，从党的百年光辉历史中汲取不忘初心、砥砺奋进的精神力量。

## 五、加强党对经济工作的全面领导，进一步提高适应新发展阶段、贯彻新发展理念、构建新发展格局的能力水平

做好明年经济工作，必须加强党的全面领导，坚持和完善党领导经济社会发展的体制机制，切实把“两个维护”落实到全市经济工作具体实践中。这里，对各级领导干部提几点要求。

一要提高用政治眼光观察和分析经济社会问题的能力。全市各级领导干部要提高政治站位，增强政治敏锐性和政治鉴别力，善于用政治眼光观察和分析经济社会问题，善于从讲政治的高度思考和推进经济社会发展工作。学会从一般事务中发现政治问题，从倾向性、苗头性问题中发现政治端倪，从错综复杂的矛盾关系中把握政治逻辑，善于洞察经济活动的政治后果，把牢经济发展正确方向。

二要成为构建新发展格局的行家里手。当前，科技变革速度很快，经济社会活动复杂性全面上升，如果对科技变化趋势不掌握，对新兴领域情况不了解，对新发展格局没有感觉，就无法驾驭好经济工作，也无法领导现代化建设。全市各级领导干部要深刻认识在新发展阶段加快构建以国内大循环为主体、国内国际双循环相互促进的新发展格局的重要意义，增强补课充电的紧迫感，带头学经济、懂经济、抓经济，坚持干什么学什么、缺什么补什么，尤其要学深悟透习近平新

时代中国特色社会主义经济思想，不断强化专业思维、专业素养、专业方法，不断提高战略性、系统性、前瞻性研究和谋划经济发展的能力，努力成为领导构建新发展格局的行家里手。

**三要提高治理能力。**面对复杂形势和艰巨任务，全市各级领导干部要切实提高政治能力、调查研究能力、科学决策能力、改革攻坚能力、应急处突能力、群众工作能力、抓落实能力，不断解决问题、破解难题。要坚持精准施策，把握好工作时度效，出台政策要抓住关键点精准发力，定目标、下任务要实事求是，风险化解要精准拆弹。要有见微知著的敏感，见事早、行动快，不要等问题出了才想到去补救，不要做事后诸葛亮。抓经济要结合一地一域的实际，找准优势、精准发力，创造性执行，不要人云亦云、盲目跟风。

**四要狠抓工作落实。**不断巩固拓展干部作风集中整治的成果，大兴抓落实之风。对党中央、省委的决策部署和市委的工作安排，要扭住不放、狠抓落地，开展必要的督查、督导、指导，尤其要规范各类年度考核。优秀是干出来的，不是评出来的。要强化责任落实，全面梳理经济社会发展重点工作，细化分解任务，明确时间表、路线图、责任人，确保事事有人管、人人有专责。要树立重实干、重实绩的用人导向，褒奖和重用那些真心干事、善于干事、干净干事的干部，教育和调整那些只会空谈、不干实事的干部，问责和惩处那些弄虚作假、失职渎职、造成重大损失和严重后果的干部。

岁末年初，要抓紧抓实各项工作，确保收好尾、开好局。要毫不放松抓好“外防输入、内防反弹”工作，严防死守，确保不出现规模性输入和反弹。对市里“两节”期间的大型活动要严格审批报备，如非必须则不搞，市防控指挥部要对此作出具体安排。要关心关爱困难群众，保障节日市场供应，保障群众平安有序出行。尤其要汲取12月29日包茂高速湘西凤凰段发生的交通事故教训，将道路交通安全作为重点工作领域，特别是节假日期间，外地回娄人多，必须做好交通保障，包括过路车辆，要严格管控，该分流的分流、该停运的停运，至少要慢下来。要扎实抓好安全生产，全力维护社会稳定，倡导勤俭节约文明过节，丰富群众精神文化生活，确保广大人民群众度过欢乐祥和的节日。要严格落实中央八项规定及其实施细则精神和省委实施办法，遵守廉洁过节的各项纪律要求，清清爽爽过节，营造风清气正的节日氛围。各级领导干部要带头落实岗位职责，认真做好应急值守工作，确保节日期间各项工作正常有序运转。

同志们，做好明年经济工作任务艰巨、责任重大。让我们更加紧密地团结在以习近平同志为核心的党中央周围，坚定信心、迎难而上，锐意进取、真抓实干，大力实施“三高四新”战略，奋力建设现代化新娄底，以优异的成绩迎接建党100周年。

# 政府工作报告(摘要)

## ——在娄底市第五届人民代表大会第五次会议上

(2021年1月18日)

### 一、2020年和"十三五"时期工作回顾

2020年,是极不平凡、极为不易的一年。面对新冠肺炎疫情防控、决战脱贫攻坚、决胜全面建成小康社会、"十三五"规划收官等大战大考,全市上下在市委的坚强领导下,坚持以习近平新时代中国特色社会主义思想为指导,深入贯彻落实党中央国务院和省委省政府的决策部署,保持定力,精准研判,奋力夺取疫情防控和经济社会发展的双胜利。预计全年地区生产总值增长4.5%,地方一般公共预算收入增长5.1%,规模以上工业增加值增长5.5%,固定资产投资增长8.6%,城乡居民人均可支配收入分别增长5.4%、9.4%,经济总体稳步回升、逐月向好,呈现高质量发展态势。"十三五"规划主要目标任务基本完成,疫情防控取得重大成果,决战脱贫攻坚取得决定性成就,全面建成小康社会胜利在望。

一年来,主要抓了以下六个方面的工作:

**(一)全力以赴抗击新冠肺炎疫情。**面对突如其来的疫情,我们坚决扛起疫情防控重大责任,以战时思维果断决策,第一时间启动一级应急响应,构建"党委领导、政府主导、部门各司其职、县市区守土有责"的责任体系,1.01万个基层党组织、21.6万名党员积极投身一线,打响疫情防控人民战争、总体战、阻击战。坚持把人民生命安全和身体健康放在第一位,全力加强医疗救治和物资保障,在全省率先推行电子健康码,强力推进网格化管理,严格落实"四早""四集中"要求,3天时间将杉山卫生院改建成市中心医院第二医疗区,23天实现确诊病例零新增,48天实现确诊病例全部治愈出院,医用口罩日产能力达到1800万个,核酸检测日检测能力达到5.2万人份,我市是全省确诊病例50例以上最早控制住疫情的市州,也是率先实现县级疾控中心核酸检测全覆盖的市州。我们坚决服从全国抗疫大局,选派30名医务人员驰援黄冈市,筹措医疗、生活物资支援湖北,向国际友好意向城市捐赠防疫物资,展现了非常时期的娄底担当。疫情进入常态化防控阶段,制定落实"18条措施",对境外来娄人员实行点对点转运和全程闭环管理,持续巩固防疫成果。在这场抗疫斗争中,全市人民风雨同舟、守望相助,凝聚了万众一心、攻坚克难的强大合力。

**(二)全面落实"六稳""六保"任务。**找准疫情防控和复工复产的平衡点,科学有序组织复工复产。在全省率先出台稳就业举措,点对点安排专列专车帮助人员返岗,第一时间向企业派驻1342名驻企防疫联络员,深入实施"保就业促创业五大行动",城镇调查失业率低于全省平均水平。抓好产业链协调发展和原材料保供工作,向复工复产企业免费发放预防中药饮剂31.8万剂,用心用情帮扶重点行业和企业,华菱涟钢等35家重点工业企业疫情期间实现稳产增产,稳住了经济基本盘。全面落实助企惠民政策,新增减税降费14.28亿元,新发放企业贷款95亿元。新增市场主体4.35万家,增长18.07%,增速居全省第一。强抓项目稳投资,先后三次开展项目集中开工竣工活动,13个省"五个100"项目、30个省重点项目、227个市重点项目,分别完成年度投资计划的125.89%、164.67%、135.52%,产业投资占全部投资的65.4%。成功争取抗疫特别国债10.5亿元、地方政府专项债券54.28亿元、一般债券13.89亿元、中央省预算内投资14.19亿元、国开行"稳投资补短板强动能"专项授信32.3亿元。实施"娄商返娄"行动,成功举办第十一届"湘博会",签约重大项目82个,引进三类

"500强"项目8个，内联引资、实际利用外资、进出口总额分别增长22.5%、16.7%、15%。激发活力扩内需，发放稳岗补贴4500万元、双倍标准临时价格补贴7498.9万元，开展"乐享娄底·幸福生活"、汽车展销会等系列活动，举办首届中国黄精产业发展研讨会、首届"娄底电商节"。冷水江市获评"全国电子商务进农村示范县(市)"。省定粮食生产收储、生猪稳产保供任务全面完成，建设高标准农田13.5万亩，水稻综合机械化水平达到75%，天柱山禽业获批国家级农业产业化龙头企业，湘村黑猪获评省长质量奖提名奖。

**(三)坚决打好打赢三大攻坚战。**持续开展脱贫攻坚"百日攻坚行动""进村入户巩固月活动"和"脱贫质量提升行动"，建立"双周调度会"、市级领导包联、常态化暗访督查、涉贫信访舆情快速联动处置"四项机制"，全力攻克脱贫领域重点难点问题，2847户农村危改房全部竣工验收，新建扶贫车间209个，1.73万名未脱贫人口全部脱贫。4956栋易地扶贫搬迁"应拆未拆"独栋房、连体房全部拆除并复垦，突出问题整改动态清零，经验做法被国家发改委在全国推介。自觉扛起"守护好一江碧水"政治责任，污染防治攻坚战33项任务、"夏季攻势"124项任务全面完成，建成重点镇污水处理厂13个，清理整改小水电150座，第二次全国污染源普查工作获国务院通报表扬，河长制工作获全省先进。完成禁捕退捕年度任务，在全省率先建成资江视频监控系统。全力打好锡矿山区域环境综合治理攻坚战，锑煤矿区生态保护修复试点工程验收销号，砷碱渣无害化处理线投入运行。国家森林城市建设总体规划通过国家评审。积极防范化解政府债务风险，加强国有资产规范管理，加快平台公司市场化转型，政府债务风险保持在全省二类等级地区。加大"打处非"力度，侦办非法集资案件27起，加快九龙等重点个案资产处置，民间融资风险逐步化解。

**(四)着力打造先进制造业"双引擎"。**以"三一回家"为重点，强力推进工程机械产业建设，新签约和改扩建项目67个，完成投资115.68亿元，实现主营收入110.38亿元，增长12.6%，其中三一液压油缸智能生态工业城、三一重卡零部件产业园、三一路机灯塔工厂等5个重点项目，总投资达100亿元。以结构调整为重点，做优做强钢铁新材产业，华菱涟钢棒材改造项目、高强钢一期项目竣工投产，高端家电用镀锌板项目开工建设，VAMA二期即将启动建设，无取向硅钢项目成功签约，涟钢钢产量迈上1000万吨台阶。坚持"一链一策"高位推动产业链发展，10条工业新兴优势产业链增加值增长10.3%，高于规模工业增速4.8个百分点。

**(五)坚定不移推进改革创新。**大力推进"一件事一次办"和"五办五公开"改革，48个部门1574个政务服务事项，进入"互联网+政务服务"一体化平台，193项"一件事"实现可查可办和跨域通办；精简23个单位198个审批事项，精简率26.8%；企业登记实现"37证合一"，开办时间压缩至5.5小时。涟源市"互联网+村级小微权力监督"、新化县油溪桥村"两山转化"、双峰县农村承包地确权登记颁证、娄星区农村集体产权制度改革、冷水江市政务服务"三零"体系等10余项改革案例获国省表彰推介。41家国有企业退休人员社会化管理移交改革全面完成。国家高新区创建成功进入科技部最新一批现场考察名单。新增高新技术企业71家，高新技术产业增加值增长9.3%。申请专利2737件，增长338%，增速居全省第一。加强科技创新平台建设，先进钢铁材料技术国家工程研究中心华中分中心落户娄底，华菱涟钢云数据中心投入使用，首家省级区块链产业园落户万宝新区。液压油缸改扩建项目获中央预算内核心技术攻关专项支持。全力推进企业上市工作，文昌科技在湖南证监局成功报备辅导。

**(六)切实兜牢基本民生底线。**12件省定民生实事、10件市定民生实事完成年度任务。公办幼儿园在园幼儿占比、普惠性幼儿园覆盖率分别达到47.73%、86.02%，义务教育、普通高中大班额化解分别完成省定任务的113.6%、131.2%。在全省率先把远程医疗延伸到村卫生室，全面实现基本医疗保险、生育保险、工伤保险市级统筹。新建居住小区养老服务设施"四同步"落地实施，村级儿童之家实现全覆盖。入选全国第二批社会足球场地建设试点城市，"足球+英语" 直播公益课堂获"全国体育事业突出贡献奖"。老旧小区改造6786户，26个安置基地项目建成交付17个。居家和社区养老服务改革试点通过财政部、民政部验收。启动市域社会治理现代化试点工作，积极化解信访积案，赴省进京非正常上访大幅下降。严厉打击电信网络诈骗违法犯罪，深入推进扫黑除恶专项斗争，审理办结"4·17"等一批涉黑涉恶大案。深入开展安全生产专项整治三年行动，安全生产事故起数、死亡人数分别下降24%、15.7%。落实食品安全"四个最严"，确保人民群众舌尖上的安全。市本级一般性支出压减

20%,“三公经费”压缩30%,基层运转、基本民生得到有力保障。

一年来,我们着力加强政府自身建设,坚持市政府党组理论学习中心组集体学习制度,巩固深化“不忘初心、牢记使命”主题教育成果,认真抓好经济责任审计发现问题整改,积极推动“三表率一模范”机关创建,执行力和落实力有效提升。扎实开展干部作风集中整治,聚焦“工作”和“作风”两个维度,有力推动解决了一批历史遗留问题。加强宪法、民法典等普法宣传教育,实施孙水河保护条例等5部法规。主动接受人大法律监督和工作监督,自觉接受政协民主监督,办结人大代表议案建议109件、政协委员提案128件。严格落实中央八项规定及其实施细则精神,坚决整治形式主义、官僚主义,查处问题143起,处理236人。坚持“零容忍”惩治腐败,立案1417件,党纪政务处分1458人。全市上下真抓实干、狠抓落实的氛围逐步形成。

一年来,我们对标先进,主动作为,创造性开展工作,在推动经济社会高质量发展的进程中,涌现了一批特色和亮点:一是省委、省政府在“十四五”规划纲要中明确娄底为长株潭都市圈的拓展区和辐射区。二是成功创建全国文明城市。三是地方一般公共预算收入迈上80亿元台阶,增速排全省第一,纳税过亿元企业达到15家。四是钢铁新材和工程机械产业集聚项目183个,先进制造业“双引擎”基本成型。五是脱贫攻坚完成既定任务,在全省成绩优异。六是全市政府性债务化解成效突出,获省财政厅2.5亿元奖励。七是娄底海关建成开关,万宝公用型保税仓正式开仓。八是强力推进“无籍房”办证,已完成5.04万户。九是垃圾焚烧发电项目、市老干部活动中心建设等一批“老大难”问题得到妥善化解。十是“村民议事会”“屋场会”“楼栋网格化”等基层治理创新,成为全国全省推介典型。

2020年,是“十三五”的收官之年。经过五年接续奋斗,我市经济社会发展取得新的历史性成就。一是经济实力迈上新台阶。“十三五”期间,地区生产总值年均增长7.4%,人均GDP由3万元迈上4万元。市场主体达到27.5万家,“四上”企业、规模工业企业分别净增895家、320家,地方财政收入总量实现进位目标。金融机构存贷款分别达到2203.64亿元、1335.87亿元,贷存比为60.62%。研发投入年均增长22.5%,科技进步贡献率达到60%。二是产业转型实现新突破。湖南中部(株洲—湘潭—娄底)国家产业转型升级示范区获批建设,连续两年被评为全国优秀;先进结构材料产业集群纳入国家第一批战略性新兴产业集群发展工程;娄底移动互联网产业园获批省移动互联网产业园。钢铁新材产值迈过千亿大关,十条工业新兴优势产业链产值占规模工业的比重达到78.7%。强力出清不安全落后产能,煤矿总数从108家减少至24家。第一产业增加值增速有望连续五年居全省第一,互联网经济、赛事经济、跨境电商等新经济新业态异军突起。三是三大攻坚战取得新成效。43.42万贫困人口全部脱贫,498个贫困村全部出列,3个贫困县全部“摘帽”,2017年、2019年被评为全省先进。完成易地扶贫搬迁任务,改造农村危房5万户,建成农村集中供水工程3454处,资助困难学生203.17万人次,贫困人口和边缘人口全部纳入医保,9.8万贫困人口纳入低保或特困供养范围。全力抓好中央和省环保督察反馈问题整改,锡矿山、涟钢周边等重点区域环境综合治理取得实质性进展,中心城区空气质量达到国家二级标准,国省考核评价断面水质达到或优于Ⅲ类标准,污染地块安全利用率达到90%。启动零碳区域创建,在全国地级城市率先完成碳普查和碳规划。民间融资和政府债务风险得到有效化解,安全生产形势持续好转,平安娄底建设卓有成效。四是城乡格局展现新气象。沪昆高铁、娄邵铁路完成扩能改造,二广、娄益衡高速建成通车,龙琅、官新高速稳步推进,娄底大道总体贯通,自然村通水泥(沥青)路基本实现“组组通”,春田机场、桥头河通用机场前期进展顺利,立体大交通格局初步形成。新建改建供水管网590千米,智能电网建设三年投入50亿元,涟源—冷水江—新化天然气管线建成使用,4G网络实现城乡全覆盖、5G应用场景加快布局,城乡水、电、气、信息等网络逐步完善。在全省率先对采(碎)石场进行全面清理整顿、完成农村墙体广告清零、整市推进农村生活垃圾分类处理,城乡环境大为改观。成功创建AAAA级景区2个、省级以上美丽乡村示范村33个。五是改革开放催生新活力。

按时序要求完成1105项改革任务。“放管服”改革“五办五公开”成效明显,一次办、网上办事项达到1423项,营商便利指数全省排名第五。基层公共服务(一门式)实现全覆盖。“三供一业”改造分离移交,受惠家庭近10万户。“湘博会”已连续举办11届,成为重要开放平台。新设市政府驻长三角地区、粤港澳大湾区商务联络处，与广州市黄埔区结为友好市区，与美国拉姆西市恢复友城交往，与坦桑尼亚基隆多尼市结为友好城市，与菲律宾潘迪市签署友好城市意向书，成功举办首届中非少年足球友谊赛。六是民生改善取得新进展。每年办好10件民生实事，民生支出占财政支出比重达到74.13%。新增城镇就业18.7万人、农村劳动力转移就业19.38万人，城乡居民人均可支配收入分别达到32160元、14143元。新增学位13.9万个，化解义务教育大班额2891个，农村薄弱学校改造全面完成，5个县（市、区）全部通过全国义务教育基本均衡县市区验收。低保、特困、残疾人两项补贴等社会救助标准逐年提高。在全国首创全科医生驻村全覆盖，注册全科医生达到1670人，卫生室空白村全面消除。村级综合文化服务中心、旅游厕所建设超额完成省定任务，涟源湘剧入选第五批国家级非物质文化遗产代表性项目名录。“七五”普法圆满收官，在全省率先建成覆盖城乡的公共法律服务体系。

国防动员和后备力量建设卓有成效，履行使命任务能力持续提升，全民国防教育深入开展，军民融合务实推进，退役军人服务保障体系建设成效明显，成功创建全国双拥模范城。全市第七次全国人口普查登记阶段各项工作圆满完成。党史、住房公积金、人民防空、档案、保密、邮政、气象、外事、侨务、民族宗教、对台、工商联、贸促、工会、共青团、妇联、关工委、老龄、科协、社科联、文联、红十字会、计生协、慈善、残联等各项工作均取得新的进步。

这些成绩的取得来之不易，是市委坚强领导、总揽全局的结果，是市人大、市政协、娄底军分区精诚协作、鼎力支持的结果，是全市上下攻坚克难、创先争优的结果。在此，我代表市人民政府，向全市人民、各民主党派、各人民团体，向广大基层党员干部，向抗疫斗争中舍生忘死、向险而行、做出重大贡献的广大医护工作者，向驻娄人民解放军指战员和武警官兵、政法干警、消防救援队伍指战员和民兵预备役人员，向中央、省驻娄单位，向所有关心支持娄底发展的各界人士，表示衷心的感谢！

回顾“十三五”，我们也清醒地认识到发展中还存在不少困难和问题：一是与先进市州相比，我市经济总量、人平均量、发展质量还存在差距，转型发展、赶超进位的任务还很重。二是区域协调发展还不均衡、不充分，城镇化率较低，县域经济不强，中心城区首位度不高，发展基础还比较薄弱。三是财政收支平衡压力大，民生保障水平与群众期盼仍有差距。四是各类风险隐患仍未完全化解，生态环境保护和污染治理任务繁重，安全生产基础薄弱，基层社会治理还需进一步加强。五是政府效能有待进一步提升，协同发展的合力不够强，改革创新意识不够浓，干部作风不够实，营商环境还需进一步优化，等等。对此，我们将以只争朝夕、夙夜在公的责任和担当，逐个加以解决。

## 二、“十四五”时期主要目标任务

“十四五”是开启全面建设社会主义现代化国家新征程、向第二个百年奋斗目标进军的第一个五年。立足娄底，纵观全省、全国、全球，当前和今后一个时期，我市发展既面临外部环境深刻变化、发展不平衡不充分带来的新挑战，也拥有基础设施日趋完善、产业基础进一步夯实、新型城镇化加快推进，以及对接国省重大战略带来的新机遇，综合判断，我市发展仍处于重要战略机遇期。全市上下要胸怀“两个大局”，准确识变、科学应变、主动求变，善于在危机中育先机、于变局中开新局，为全面建设社会主义现代化开好局、起好步。

“十四五”时期，我们要围绕到二〇三五年，人均地区生产总值达到中等发达国家水平，基本建成先进制造业强市、产教融合城市、综合交通枢纽城市、文明幸福城市，基本实现社会主义现代化的远景目标，坚持党的全面领导，坚持以人民为中心，坚持新发展理念，坚持深化改革开放，坚持系统观念，坚持目标引领，实施“三高四新”战略，实现经济发展全面提质、创新能力显著增强、改革开放不断深化、文明程度明显提高、生态环境持续改善、民生福祉更有保障、治理效能全面提升，奋力谱写新时代坚持和发展中国特色社会主义娄底新篇章。

实现上述目标，重点要把握好六个方面：

（一）倾力打造“三个高地”。着眼构建现代化产业体系，坚持把发展经济的着力点放在实体经济上。深入落实全省“八大工程”“七大计划”“四大改革行动”和“五大开放行动”，制定实施娄底打造“三个高地”的具体规划，确保实现“五大跨越”、“五大进展”、“五大突破”。强力打造先进制造业“双引擎”、中部崛起“材料谷”，力争“十四五”期间，钢铁新材和工程机械两大产业总产值迈上2000亿元台阶。

（二）加快融入新发展格局。着眼推动需求牵引供给、供给创造需求的更高水平动态平衡,积极参与国内市场建设,主动服务国家开放战略,更加有效地利用国际国内两个市场。加快构建综合交通运输枢纽体系,打通阻碍内循环的"堵点"。大力促进消费升级,改善消费环境,提升传统消费,培育新型消费,合理增加公共消费。持续扩大有效投资,统筹推进传统和新型基础设施建设,加快补齐市政工程、农业农村、公共安全、生态环保、物资储备、民生保障等领域短板,实现经济循环流转和产业关联畅通。

(三)全面推进乡村振兴。着眼推进农业农村现代化,以乡村振兴为统揽,以深化农业供给侧结构性改革为主线,强化以工补农、以城带乡,加强城乡要素双向流动,积极创建国家城乡融合发展试验区。抓实保耕稳粮工作,推进高标准农田和水利基础设施建设,推广农业机械应用。大力发展精细农业,实施产业兴村强县行动,加快培育优势特色产业和龙头企业。实施乡村建设行动,持续整治农村人居环境。提升农民科技文化素质,推动乡村人才振兴。健全防止返贫监测和帮扶机制,实现巩固拓展脱贫成果同乡村振兴有效衔接。

(四)统筹区域协调发展。着眼构建国土空间开发保护新格局,科学划定空间管控边界,优化重大基础设施、重大生产能力和公共资源布局。积极对接全省"一核两副三带四区"区域发展格局,将娄底建设成为长株潭都市圈的拓展区和辐射区、先进制造配套区、现代物流服务区。构建"一核一廊"市域经济格局,打造娄星涟源高质量融合发展的核心区和以娄底大道为中轴联通各县市区、各主要产业园区协调发展的先进制造业走廊、新型城镇化走廊。推进中心城区扩容提质,积极稳妥推进涟源撤市设区,促进品质城市、秀美县城和中心城镇、特色小镇梯次发展。

(五)奋力建设美丽娄底。着眼促进经济社会发展全面绿色转型,持续抓好长江生态环境保护修复,扎实推进资江水域禁捕退捕。坚持山水林田湖草系统治理,强化河长制,推进河库综合治理,加快创建国家森林城市。深入打好污染防治攻坚战,加快锡矿山等重点区域环境综合治理,确保地表水断面全部达标、中心城区空气质量稳定达到国家二级标准。完善生态环境治理体系,持续淘汰落后产能,全面推行重点领域绿色化改造,抓好碳达峰、碳中和工作,构建绿色低碳生产生活方式。

(六)坚持保障改善民生。着眼提升人民生活品质,把稳就业摆在突出位置,完善重点群体就业与创业支持保障制度,建立健全多层次社会保障体系,多渠道提高人民收入水平。推动各类教育优质均衡发展,加快产教融合,办好新时代人民满意教育。深化医药卫生体制改革,优化市域医疗资源布局,全面推进健康娄底建设。积极应对人口老龄化,提高优生优育服务水平,推动养老事业和养老产业协同发展。巩固和深化全国文明城市创建成果,大力发展公共文化体育事业,培育壮大现代文旅产业。统筹发展和安全,夯实基层基础,建设更高水平的平安娄底。

## 三、2021 年工作

今年工作的总体要求是:以习近平新时代中国特色社会主义思想为指导,全面贯彻党的十九大和十九届二中、三中、四中、五中全会精神,坚决落实习近平总书记关于湖南工作系列重要讲话指示精神和中央、省委、市委经济工作会议精神,坚持稳中求进工作总基调,立足新发展阶段,贯彻新发展理念,构建新发展格局,以推动高质量发展为主题,以深化供给侧结构性改革为主线,以改革创新为根本动力,以满足人民日益增长的美好生活需要为根本目的,大力实施"三高四新"战略,坚持创新引领开放崛起,坚持扩大内需战略基点,坚持系统观念和底线思维,更好统筹发展和安全,坚持精准施策,扎实做好"六稳"工作、全面落实"六保"任务,巩固拓展疫情防控和经济社会发展成果,推动经济平稳健康运行、社会和谐稳定,确保"十四五"开好局,以优异成绩庆祝建党 100 周年。

今年的主要预期目标是:经济增长 7.5%以上,地方一般公共预算收入增长 5%,城镇新增就业 3.4 万人左右,城镇调查失业率与全国全省一致,居民消费价格涨幅 3%左右。居民收入稳步增长。生态环境质量进一步改善,节能减排完成省下达目标任务。确保粮食播种面积和产量稳定。重点抓好七个方面的工作:

### (一)聚焦打造"三个高地",提升产业链供应链现代化水平

推动制造业高质量发展。培育壮大先进制造业"双引擎",确保三一路机灯塔工厂、三一重卡零部件产业园、油缸智能生态工业城分别在 2 月、7 月、10 月竣工投产,加快推进 VAMA 二期、高端家电用镀锌板、高强钢二期、无取向硅钢等项目建设。深入推进工

业新兴优势产业链建设，打造产业龙头，促进产业配套，推动集群集约发展。加快推进产业数字化、数字产业化，完善数字化基础设施，引导广大中小企业“上云”“上平台”，建设更多智能车间和智能工厂，大力发展大数据、区块链、视频直播等数字产业。以品牌建设为重点，做强大企业，培育“小巨人”，支持涟钢、冷钢、三一等龙头企业提升产品品质，推动中小企业转型发展，培育更多科技型、成长型高技术企业。推动园区错位发展，加快产城融合，提高产业集聚度，充分发挥园区经济建设主战场作用。确保新增规模工业企业100家以上，规模工业增加值、制造业增加值、数字经济增加值分别增长8.5%左右、8.5%以上、15%。

深化重点领域科技创新。围绕“卡链处”“断点处”，列出科技创新重点清单，集中攻克一批产业关键共性技术瓶颈，推动产业产品向高端化、数字化、智能化迈进。支持涟钢、冷钢、三一、VAMA等领军企业牵头开展科技攻关，带动全产业链创新水平大幅提升。深化产学研合作，探索构建“长沙研发+娄底孵化生产”的科研创新成果转化新机制，加强知识产权保护，促进更多科研成果在娄底转化落地。深化娄底人才行动计划，建立靶向引才、专家荐才机制，充分发挥娄底籍院士专家学者和本土人才作用，精准培养引进一批高端紧缺人才。落实企业研发财政奖补、技改税收增量奖补等政策，鼓励企业加大研发投入，确保全社会研发投入增长20%以上。用好现有科技创新平台，新建一批省级以上重点实验室、工程技术研究中心、企业技术中心，力争成功创建国家高新区。

推动更深层次改革开放。持续推进国资国企、投融资体制、预算管理体制、文化管理体制、要素市场化配置等重点领域改革，落实好减税降费、援企稳岗等纾困惠企政策，持续激发市场主体活力。深化融资担保体系改革，强化普惠金融服务，支持和推进企业上市融资。大力实施“娄商返娄”行动，组建粤港澳大湾区招商工作站，抢抓疫情窗口期，加快把国外的先进产业、技术和优秀人才“引进来”。办好第十二届“湘博会”。发挥娄底海关、公共保税仓作用，加快保税物流中心建设和布局，用好湖南自贸区制度创新成果，推动电力安装、农业机械、现代文印等产业产品“走出去”。加快对外开放步伐，主动融入长三角区域一体化、粤港澳大湾区建设，精准对接海南自由贸易港，积极开拓非洲、东盟及其他海外市场，深度融入“一带一路”。确保内联引资、外商直接投资、进出口总额分别增长14%、12%、10%以上。

### （二）聚焦有效扩大内需，促进需求与供给更高水平动态平衡

发挥投资关键作用。推进省、市重点项目220个以上，完成投资400亿元以上，确保产业投资增长12%以上、固定资产投资增长9.5%。补齐基础设施短板，确保龙琅高速建成通车，加快推进官新高速、醴娄高速扩容工程建设，推动春田机场、桥头河通用机场、娄底西货站场、新化—新宁高速开工建设；加快城市防洪保护圈闭合，抓好中型灌区续建配套与节水改造、病险水库除险加固，全面推进农村饮水“三化”进程，统筹抓好资江流域综合治理；完善能源产供储销体系，提升新能源消纳和存储能力；加快5G基站、数据中心、工业互联网、充电桩等新型基础设施建设；加快推进公交都市创建。抓好呼南高铁、引资济涟、涟水复航等重大项目前期工作。强力推进“月清三地”工作，盘活闲置土地和低效工业用地。加强债券资金的争取与使用。支持民企参与交通、水利、市政公用事业和医疗、教育、养老等领域建设运营。

全面激发消费潜力。把扩大消费同改善人民生活品质结合起来，提高教育、医疗、养老、育幼等公共服务支出效率，引导研发设计、现代物流、法律服务、教育培训等生产性服务业专业化发展，推动餐饮住宿、文化体育、旅游休闲、家政服务等消费服务提质提档，持续推进总部经济、赛事经济、网红经济等新业态新模式健康发展。开展“乐享湘中·幸福娄底”等促进消费活动，实施农村消费市场提质升级行动，大力激活城乡消费市场。推进物流配送中心、冷链仓储物流建设，加快打造跨境电商产业集聚区，促进线上线下融合发展。加强市场监管，倡导诚信经营，营造安全放心的市场消费环境。确保社会消费品零售总额增长10%。

深入推进新型城镇化。积极对接融入长株潭都市圈、沪昆高铁经济带、长韶娄经济走廊区域发展布局，加快打造长株潭先进制造配套区和现代物流服务区。立足“一核一廊”市域经济格局，编制完成全市国土空间总体规划，以及各项专项规划、控制性详细规划，确保产业的合理布局和城镇开发项目的用地保障，积极稳妥推进涟源撤市设区各项工作，努力实现融合发展、协同发展。着眼提升中心城区首位度和带动力，对标国内一流标准，优化建筑标识设计，增添城市特有元素，完善城市产业功能，力求“精心设计、精心建设、

精心管理、精美呈现”。深入实施城市生态修复、功能完善工程，推进片区滚动开发，加快智慧娄底建设，重点抓好外环线、储气调峰站、雨污分流改造、建筑垃圾资源化利用、生活垃圾焚烧发电、餐厨垃圾处置、公厕垃圾站提质等项目建设，提升中心城区综合承载力。深化户籍制度改革，促进农业转移人口市民化，推动基本公共服务逐步覆盖未落户常住人口。实施特色县域经济强县工程，以园区为载体，引导产业转移项目在县域合理布局，深化扩权强县改革，提升县城综合服务能力。深入推进永丰农机小镇、洋溪文印小镇、水车文旅小镇、桥头河蔬菜小镇等省级示范型特色产业小镇建设。

### （三）聚焦农业农村现代化，全面推进乡村振兴

大力发展现代农业。扛稳粮食安全责任，实施耕地保护专项行动，探索建立田长制。提升高标准农田建设质量，加大小型农田水利设施建设力度。推广高档优质稻，持续提高优质双季稻比重。深入治理耕地抛荒，鼓励土地流转和规模经营，关心支持种粮大户。抓实动物防疫，做好生猪稳产保供及转型升级工作，延伸产业链条。大力开展特色产业建设三年行动，以品牌建设为抓手，推动一、二、三产业融合发展。深耕特色品牌，壮大种业经济。推动竹加工产业发展。继续加快专业合作社公司化进程。大力发展智慧农业，推动区块链技术更大范围应用，扶持电商直播、休闲体验、观光旅游等新兴业态。

持续改善农村人居环境。统筹县域城镇和村庄规划建设，试点开展“多规合一”实用性村庄规划编制，落实市农村住房建设管理条例，规范农村住房建设行为。推进农业面源污染防治，持续开展空心房治理、农村改厕、生活垃圾处理和污水治理，巩固“一拆二改三清四化”村庄清洁行动成果。广泛开展美丽乡村、特色村镇、传统村落示范创建，新增省级以上美丽乡村示范村、省级美丽乡村建设精品示范村各3个。

深化农业农村改革。稳妥推进第二轮土地承包到期后再延长30年试点，巩固土地经营权流转登记颁证成果。持续深化农村集体产权制度、供销社综合改革，大力发展新型农村集体经济。探索农村宅基地“三权分置”实现形式，促进闲置宅基地和闲置农房盘活利用。出台鼓励措施，推动项目、资本、技术、人才下乡。健全农业金融服务体系，落实金融支农各项政策，推动农业保险扩面增品提标。

巩固脱贫攻坚成果。保持5年过渡期内主要帮扶政策总体稳定，推动脱贫攻坚与乡村振兴有效衔接。持续健全防止返贫监测、重点帮扶、利益联结机制，及时跟进易返贫致贫人口增收和“两不愁三保障”巩固情况，坚决防止发生规模性返贫。持续提高扶贫产业质量，推动扶贫车间向振兴车间转化，多渠道促进就业。做好易地扶贫搬迁后续帮扶。

### （四）聚焦绿色低碳发展，持续保护和治理生态环境

深入打好污染防治攻坚战。抓好中央、省环保督察反馈问题、长江经济带生态环境警示片披露问题整改，开展污染防治“夏季攻势”，完成湘江保护与治理第三个“三年行动计划”。加强工业园区水环境管理，推进关闭煤矿废水、黑臭水体污染治理，抓好乡镇“百吨千人”集中式饮用水源保护。强力推进钢铁、水泥企业超低排放改造，突出抓好城市扬尘、餐饮油烟、垃圾焚烧、机动车排放污染治理，持续改善大气环境质量。深入推进锡矿山、涟钢周边等重点区域综合治理，加强危险废物收集处理、受污染地块安全利用，持续推进垃圾分类处理，加强娄底大道环境整治。

加强生态环境保护与修复。把修复长江生态环境任务摆在压倒性位置，推进“四水三库”系统联治，加大河长制工作力度，强化县乡两级河长及部门责任，落实“五长共治”工作机制，加强问题交办整改“一单五制”管理，创建示范河湖。推行林长制，开展国土绿化行动，加强天然林保护修复，推进生态廊道建设，抓好林业灾害防控，积极创建国家森林城市。深化资江水域10年禁捕退捕工作。管控、禁食野生动物。

构建绿色生产生活方式。按照国家2030年前碳达峰行动要求，深入推进零碳区域创建，提升生态系统碳汇能力，努力探索娄底经验。抓好绿色矿山建设，加快调整优化产业结构、能源结构、交通结构，大力发展绿色制造业、现代服务业、生态环保产业，从源头上减少污染排放。落实节能减排任务，全面建立资源高效利用制度，实行能源和水资源消耗、建设用地等总量与强度双控。倡导简约适度、绿色低碳的生活方式，引导群众绿色出行、绿色消费。

### （五）聚焦提升文化软实力，繁荣发展文化事业和文化产业

深化文明城市建设。深入践行社会主义核心价值观，加强党史、新中国史、改革开放史、社会主义发展史教育，牢牢把握意识形态工作主动权。深入推进公民道德、网络文明、家教家风建设，深化群众性精神文明全域创建和新时代文明实践。落实立德树人根本任

务，推动理想信念教育常态化制度化，培养德智体美劳全面发展的时代新人。推动文明行为促进条例立法，持续巩固创文管卫成果。评选表彰道德模范、身边好人。

繁荣公共文化事业。用好红色资源，讲好红色故事，以蔡和森纪念馆为龙头，打造湘中党性教育示范线路，筹划建设蔡和森干部学院。深入挖掘湖湘文化丰富内涵与时代价值，更加重视保护传承地域文化。打造市级融媒体中心，建强用好县级融媒体中心，全面繁荣新闻出版、广播影视、文学艺术事业。聚焦建党100周年和省第七届艺术节，推出一批具有娄底地域特色的文艺精品。推进文物平安工程。常态化开展乡村文化艺术节、社区文化节等群众文化活动。实施文体惠民工程，做好市图书馆开馆、乡镇综合文化站整治、村级综合文化服务中心和健身步道建设等工作。

培育壮大现代文旅产业。实施文化创新“五名”工程，推动文化和旅游、科技、金融、农业、体育、互联网等产业融合发展，推进网络视听文化创意创业园、现代文印产业园、文体装备智造产业园建设，提升文旅产业集约化、规模化、专业化水平。加快推进全域旅游基础设施建设，支持曾国藩故居、紫鹊界梯田创建AAAAA级景区。大力发展赛事经济，举办第二届中非少年足球友谊赛、高铁直达城市等品牌赛事，将娄底打造成为极具地方特色的区域性赛事活动中心。

## （六）聚焦群众难点痛点，全力解决“急难愁盼”民生问题

持续办好民生实事。全力完成省定民生实事。继续抓好市定民生实事，续推五件：公办幼儿园占比达到50%以上，中小学义务教育大班额动态清零；新生儿遗传性耳聋基因筛查1.8万例以上；完成村级电商站点全覆盖；山塘清淤4000口；老旧小区改造26526户。新增7件：完成农村中小学教师周转房建设1470套；完成政府补贴性职业技能培训3.8万人次；完成8000颗年轻恒磨牙窝沟封闭；完成农村公路提质改造307千米、安防工程建设900千米；完成2016年以前的“无籍房”办证；完成中心城区二水厂改扩建主体工程和水源地环境综合整治；中心城区新增业主委员会、物业管理小区各100个。

全面发展社会事业。坚持就业优先，完善稳岗、扩就业支持性措施，加大职业技能培训力度，做好高校毕业生、农民工、退役军人和城镇困难人员等重点群体就业工作，确保居民人均可支配收入与经济增长基本同步。深化教育督导体制机制、教育评价改革，做好新高考改革落地工作。抓好中小学幼儿园配套建设，加强农村小规模学校和乡镇寄宿制学校建设，推进娄底幼儿师范学校成功升专，支持湖南人文科技学院创建硕士学位授予单位、国家“双一流”高水平应用特色学院。做好产教融合城市专项规划，建立健全校地共建共享机制，增加职业教育学位供给，建设职业教育专业教师队伍，扩大职业教育规模，重点打造一批高水平的中职、高职专业，擦亮楚怡职业教育品牌，支持娄底职业技术学院争创全国乡村振兴人才培养优质校和产教融合实训基地。支持涟钢、三一等龙头企业，与职业院校开展校企合作，聚焦十大工业新兴优势产业链技能型人才需求，共建产教融合实验实训基地。依托职业院校大力培养乡村振兴领头人，持续实施村干部定向培养工程、农民大学生培养计划，基本实现幼儿教师、乡村护理、现代农艺、旅游服务等专业人才本地培养。加强县级医院综合能力、村卫生室和社区卫生机构建设，推进乡镇卫生院提质扩容，充分发挥医共体、医联体、全科医生（助理全科医生）作用，落实药品和医用耗材集中采购政策。

切实加强民生保障。大力实施全民参保行动，推进社保转移接续，深化医保支付方式改革，健全养老保险、工伤保险、失业保险制度，落实工伤保险省级统筹。改革完善社会救助制度，逐步建立分层分类社会救助体系。巩固居家和社区养老服务改革试点成效，推进智慧养老服务平台搭建、生活服务设施建设、社区基础设施适老化无障碍化改造。完善农村“三留守”关爱保护制度，保障特困人员、城乡孤儿、事实无人抚养儿童基本权益。增强残疾人制度化保障能力，健全残疾人托养照料和康复服务体系。坚持“房住不炒”定位，落实长租房政策，规范住房公积金管理，稳步推进新开发项目交房即交证改革，严厉打击扰乱房地产市场的各种违法行为，促进房地产市场平稳健康发展。加快安置小区建设，完成棚户区改造2561套。启动市第二福利院建设，开展特困人员供养机构升级改造，完成市殡仪馆提质扩容建设。

## （七）聚焦夯实基层基础，努力建设更高水平平安娄底

防范化解重大风险。加强政府债务管理，压减债务总量，化解隐性债务，严控新增债务，加快平台公司市场化转型，牢牢守住不新增隐性债务红线、不发生资金断链底线。稳妥处置民间融资风险，加大陈案办

理力度，抓好涉案资产处置。健全完善地方金融风险监测预警机制，持续开展“一非三贷”和金融领域涉黑涉恶专项整治，确保金融基本面稳定。

牢牢守住安全底线。慎终如始抓好常态化疫情防控，毫不放松抓好“外防输入、内防反弹”各项工作，不断提升重大公共卫生事件应急处置能力，巩固来之不易的防控成果。全面落实安全责任，深入推进安全生产“强执法防事故”行动、专项整治三年行动，努力实现“四个坚决、两个确保”目标。加强应急救援队伍和基层应急能力建设，建立区域性应急救援中心和应急救援物资储备中心，加快推进消防基础设施建设。强化全过程监管，确保食品药品安全。

持续深化社会治理。推进“全国市域社会治理现代化城市”试点，强化乡镇政府服务功能，抓好村（社区）软硬件优化提升，加强网格化管理和服务，壮大“娄底红”网格志愿服务队伍，推动社会治理和服务重心下移。持续推进信访“三无”创建，依法处理信访诉求，推广村民议事会、屋场会、村级事务管理积分制，把问题和矛盾化解在基层和萌芽状态。建立扫黑除恶常态化工作机制，纵深推进县域警务工作，深入推进新一轮禁毒人民战争，深化打击治理电信网络新型违法犯罪，充分发挥“一村一辅警”作用，确保社会大局和谐稳定。

坚决贯彻习近平强军思想，深化国防后备力量建设，推动军民融合深度发展，巩固全国双拥模范城建设和国防教育成果，推动烈士纪念设施与国防教育基地建设融合发展，加强民兵建设，做好退役军人就业创业和安置工作，促进经济建设和国防建设协调发展。

## 四、加强政府自身建设

坚持党对政府工作的全面领导，加强政治建设，站稳人民立场，勇于攻坚克难，不断提高贯彻新发展理念、构建新发展格局的能力和水平。

狠抓工作落实。巩固拓展干部作风集中整治成果，强化责任意识，大兴落实之风，多干少说，实干快干，真正做到知责于心、担责于身、履责于行。对党中央、省委和市委决策部署的事，对企业、客商和人民群众关心期盼的事，要紧紧扭住、狠抓落地。

全力优化环境。深化“放管服”改革，以群众需求为导向，进一步精简事项、优化流程，真正放出活力、管出水平、服务出效果。把营商环境作为娄底形象来打造，坚决打击索拿卡要和“三强”等不法行为。大力弘扬企业家精神，构建亲清政商关系，推进社会诚信体系建设，切实降低企业生产成本，着力打造投资洼地，让企业安心经营、放心发展。

严格依法行政。深入推进法治政府建设，规范行政决策程序，健全重大决策事前评估事后评价制度，提高决策科学化、民主化、法治化水平。认真执行人大及其常委会决议决定，依法接受人大法律监督和工作监督，自觉接受政协民主监督，主动接受社会和舆论监督，强化审计监督和统计监督。严格落实行政执法“三项制度”，积极推进行政复议体制改革，有序开展“八五”普法，切实提升公共法律服务有效供给能力。

大胆创新创造。旗帜鲜明为善打硬仗、勇于担当的干部撑腰鼓劲，鼓励大胆闯、大胆试，允许试错，宽容失败，让创新精神贯彻到落实“三高四新”战略和高质量发展的全过程，努力形成培育单项冠军的机制和土壤，奋力推动更多工作走在全国全省前列。

坚守清廉底线。强化对权力运行的制约和监督，坚持用制度管权管人管事，突出整治群众身边腐败和不正之风，持续整治“打牌子”“提篮子”、围标串标、涉矿涉砂涉金融等突出问题。锲而不舍落实中央八项规定及其实施细则精神，坚决整治形式主义、官僚主义。牢固树立过紧日子思想，坚决压减一般性支出，确保有限财力用在民生改善和经济发展上。

站在历史的新起点，让我们更加紧密地团结在以习近平同志为核心的党中央周围，在省委省政府和市委的坚强领导下，开拓进取，乘势而上，为全面建设现代化新娄底而努力奋斗。

# 大事记

## 1月

3日

△ 省发改委、省文旅厅公布首批湖南省乡村旅游重点村,娄星区双江乡洪山村入选。

3—6日

△娄底市政协召开五届四次会议。

5—7日

△娄底市第五届人民代表大会第四次会议召开。

7日

△省政协主席李微微率队到双峰县调研基层政协工作。

△娄底市召开安全生产暨“十大战役”攻坚会议。

△湖南德方智链科技有限公司、湖南链城私募股权基金管理有限公司和娄底市区块链产业发展领导小组办公室揭牌仪式在娄底市区块链产业园举行。

9日

△娄底市“不忘初心、牢记使命”主题教育总结会议召开。

10日

△娄底市第一期“‘非遗’大讲坛”在海文非遗馆开讲。标志娄底市“‘非遗’过大年·文化进万家”“非遗”展览、展演、“非遗”大讲坛、交流等“非遗”宣传教育系列活动开始。

14日

△娄底市媒体融合发展和县级融媒体中心建设推进会在冷水江市召开。

16日

△湖南省首届“十佳”村规民约(居民公约)名单公示,娄星区万宝镇石塘村村规民约名列其中。

17日

△第八届中国·新化文印产业博览会在新化县洋溪镇文印市场开幕。

18日

△中国人民银行娄底市中心支行完成二代征信系统切换工作。19日,娄底市辖内各信用报告查询网点正式对外提供二代信用报告查询服务。

19日

△娄底市国营九四八厂 (工厂代号)“十三五”专项安全技术改造项目开工建设。11月11日,通过湖南省国防科工局在娄底市主持召开的国营九四八厂“十三五”专项安全技术改造建设项目初步设计评审会。

△省委常委、省军区政治委员冯毅,副省长隋忠诚到娄底市娄星区万宝镇,走访慰问部分困难群众。

21日

△娄底市万宝新区与恩梯梯数据(中国)信息技术有限公司签订战略合作协议。

23日

△市委、市政府主要负责人会见华菱集团党委书记、董事长曹志强一行。双方就做强做优做大涟钢,加快娄底钢铁新城建设进行深入交谈。

24日

△娄底市启动重大突发公共卫生事件一级响应。市新冠肺炎疫情防控工作领导小组调整为市新冠肺炎疫情防控工作指挥部。同日,娄底市报告第一例确诊病例。

26日

△省委常委、省纪委书记、省监委主任傅奎到娄底市娄星区大科街道方石村、长青街道办事处甘子冲社区等地督导检查新冠肺炎疫情防控工作,组织召开座谈会,听取疫情防控工作汇报。

27日

△娄底市发出《关于在坚决打赢疫情防控阻击战中践行初心使命充分发挥全市基层党组织战斗堡垒和共产党员先锋模范作用的号召书》,全市1.01万个基层党组织、21.65万名党员干部分别以请战书、志愿书等形式投身到防疫一线。

31日

△娄底市首例新冠肺炎确诊患者治愈出院。

## 2月

4日

△副省长陈飞督查娄底高铁南站及公交站点的疫情防控工作。

10日

△新化县被认定为湖南省第六批“教育强县”。

△娄底市工程建设项目审批制度改革工作领导小组办公室印发《关于转发湖南省全面实行工程建设项目“一网通办”“不见面审批”的通知》,推行“一网通办”“不见面审批”。

△娄底市中级人民法院“云间”法庭首次上线,民

事审判第三庭在第五科技审判法庭通过“云间网上庭审系统”线上审理一起租赁合同纠纷案件。

12 日

△娄底市被确定成为全国居家和社区养老服务改革试点地区。

△娄底市人社局会同市财政局、市教育局联合出台《关于印发〈抗疫情渡难关稳就业支持企业复工复产若干措施〉的通知》,在全省率先定制 24 条惠民惠企政策支持企业复工复产。

15 日

△省委副书记、省长许达哲到娄底市中心医院看望慰问一线医务人员，督查该院新冠肺炎疫情救治工作。

19 日

△副省长陈飞到双峰县督导检查疫情防控和复工复产、安全生产工作。

24 日

△湖南省首趟始发赴粤农民工返岗“点对点”直达高铁专列——G9628 次高铁从娄底南站发出,双峰县 456 名农民工返岗复工。

25 日

△湖南省第一批跨省(安徽)集中输出农民工返岗大巴车队在涟源市出发。

26 日

△娄底市娄星区在湖南省委农村工作会议上获评 2019 年度农村人居环境整治先进县(市、区)。

27 日

△娄底市依托万宝新区设立湖南省区块链产业园,标志着湖南省第一家省级区块链产业园正式入驻娄底市万宝新区,也是全国首家获得省级批文的区块链产业园。

28 日

湖南省第一趟贫困劳动力返岗专列从新化县开出,输送建档立卡贫困劳动力 625 人返岗复工。娄底市“三个全省第一”获中央电视台《新闻联播》等主流媒体报道。

29 日

△副省长吴桂英到娄底市检查新冠肺炎医疗救治工作,看望慰问救治专家组成员和一线医务人员。

△湖南省人民政府官宣涟源市、新化县如期脱贫。

## 3月

2 日

△ 中国共产党娄底市第五届纪律检查委员会第五次全体会议召开。

△娄底市长青街与吉星路交叉口交通环岛改造项目正式通车。

4 日

△省委副书记乌兰到娄底市新化县调研春耕生产、脱贫攻坚等工作。

7 日

△娄底市 2020 年产业项目建设暨第一批重大产业项目集中开工,集中开工 41 个重大产业项目,竣工 9 个项目,总投资 137.99 亿元。

10 日

△娄底市调整为重大突发公共卫生事件二级响应。

11 日

△省委常委、省委统战部部长黄兰香到娄底市新化县督导脱贫攻坚、复工复产等工作。

△副省长陈文浩到冷水江市调研锑煤矿区山水林田湖草生态保护修复试点工程建设情况。

13 日

△娄底市机构改革总结会议召开。

△娄底市脱贫攻坚“百日攻坚行动”双周调度会第一次会议召开,专题调度各县(市、区)和市直相关单位脱贫攻坚“百日攻坚行动”工作部署情况。

16 日

△省委副书记乌兰到娄底涟源市回春堂药业有限公司、白马镇易地扶贫搬迁集中安置点和龙塘镇井边村,考察产业扶贫工作和扶贫车间。

17 日

△娄底市脱贫攻坚挂牌督战村党组织第一书记动员培训会召开。在市县机关中选派 66 名优秀中青年党员干部，担任 61 个挂牌督战村党组织第一书记和队员。

20 日

△上午 9 点 30 分，娄底市的湖南省美程陶瓷科技有限公司(简称美程陶瓷,代码 100018HN)在湖南股权交易所科技创新专板成功挂牌,成为湖南省首批

16 家科创专板挂牌企业之一。

21 日

△副省长隋忠诚到娄底市双峰县调研脱贫攻坚、春耕备耕及农机产业发展等工作。

24 日

△省委副书记、省长许达哲到新化县调研脱贫攻坚工作。到太平水厂了解建设运营管理、水质监测和太平水库水源地生态保护情况，到炉观镇、琅塘镇太平村、琅塘镇光明村调研脱贫攻坚省级挂牌督战重点县相关工作。

28 日

△娄底市碧桂园豪园一期现场交房交证仪式举行，标志着娄底市实现新建商品房"交房即交证"。

30 日

△省委常委、省纪委书记、省监委主任傅奎到娄星区调研党风廉政建设和反腐败工作。

31 日

△娄底市委召开县（市、区）和市直行业系统党（工）委书记抓基层党建暨落实意识形态工作责任制述职评议会议。

## 4 月

1 日

△娄底市实现地面气象观测自动化业务运行。

2 日

△娄底市举办第二届生命文化节。主题为"弘扬家国情怀·致敬抗疫英烈·文明节俭殡葬'云上清明·文明祭扫'"。

8 日

△"徒步洪家山 放飞新梦想"2020 年娄底市旅行主题活动暨文旅消费季在娄星区双江乡洪家山启动。活动以"旅游+体育+生态"为着力点，增强文旅消费市场信心，助推文旅产业复苏发展，助力旅游扶贫。

10 日

△省委常委、常务副省长谢建辉到娄底督导突出生态环境问题整改。

△G6044 次娄底南至深圳北列车从娄底正式出发，该列车为娄底始发的首趟高铁列车。

△娄底市第二福利院项目建设启动。该项目为娄底民生重点项目，是集儿童福利、康复养老、精神卫生、残疾人康复等众多功能于一体的综合性福利机构，规划床位 661 张，占地 3.33 公顷，投资 2.05 亿元。

13 日

△全省春耕生产暨耕地抛荒专项治理现场推进会在娄底召开，副省长隋忠诚讲话。

14 日

△省委书记、省人大常委会主任杜家毫到双峰县考察农机装备制造企业，提出"加快农业机械化水平，引导更多农民从粮食生产者向经营者转变，更好促进农业现代化"。

16 日

△娄底市召开第十三届省运会总结表彰暨第十四届省运会动员部署工作会议。会议对在省运会上为娄底市争得荣誉的优秀运动员、教练员及有关人员进行表彰和奖励，获市委、市政府个人二等功奖励 14 人、个人三等功奖励 10 人、嘉奖 11 人。

18 日

△娄底市供销社现代农业投资有限责任公司正式挂牌。市供销社 1.47 亿元社有资产（经中介评估）为股本金注册成立，其经营范围定位于重点支持农业产业融合、农产品加工、农副产品批发市场建设、农业社会化服务、再生资源回收、健康养老服务等。

21 日

△省委常委、省国资委党委书记姚来英一行到涟源钢铁集团有限公司调研。

23 日

△娄底市万名乡村干部基层建设能力提升培训班开班，全市约 1.5 万名乡村干部参加培训。

△娄底市下发《关于调整市分类推进事业单位改革工作领导小组组成人员等有关事项的通知》，全市生产经营类事业单位改革正式启动。截至 10 月底，全市 52 家涉改单位改革方案全部批复，事业单位建制全部撤销。

24 日

△娄底公交 115 路（高铁南站至梨子村）、116 路（大树村至仙女寨）公交线路正式开通，标志着娄星区、万宝新区所有乡镇实现公共交通出行全覆盖。

27 日

△娄底职业技术学院被评为湖南省智能制造公共实训基地。

28 日

△娄底市 2020 年第二批重大项目集中开工仪式

在娄星工业集中区举行。33个重大项目集中开工,总投资125.48亿元。

29日

△娄底市举行国有企业退休人员社会化管理第一批移交协议签订仪式。

## 5月

9日

△省委副书记乌兰到娄底市检查防汛工作。

10日

△娄底市2020年全国第29届城市节约用水宣传周活动正式启动,主题为“养好节水好习惯,树立绿色新风尚”。

12日

△全国政协常委、民进湖南省委会主委、省生态环境厅副厅长潘碧灵一行到新化县开展脱贫攻坚民主监督工作。

14日

△娄底市举行就业扶贫车间集中授牌仪式,对新获得审核认定的108家就业扶贫车间进行授牌。市委书记、市长分别在新化、涟源出席授牌仪式。

15日

△全国政协委员、省卫生健康委副主任易露茜率省联防联控机制督查组到娄底市督查常态化防控工作部署情况和社区、学校、医疗卫生机构核酸检测、复工复产复学等方面防控措施落实情况。

16日

△省委常委、常务副省长谢建辉到娄底市移动互联网产业园调研,了解湘谷科技、浪潮、九晨、叶家军等线上企业运营情况。

20—21日

△省人大常委会党组副书记、副主任黄关春带队到娄底调研精细农业发展工作。实地察看湘村高科农业股份有限公司。

28日

△娄底市2020年“最美科技工作者”暨娄底市第十届“青年科技奖”发布仪式在娄底华天大酒店召开。活动评选出15名“最美科技工作者”和13名“青年科技奖”获得者。

29日

△娄底市第七次全国人口普查综合试点工作动员大会在娄星区召开,标志着全市第七次全国人口普查综合试点工作全面启动。娄星区花山街道办事处清潭社区承担市级综合试点任务,试点标准时点为2020年6月21日零时。

## 6月

4日

△ 省人大常委会副主任、省总工会主席周农率调研组到大唐华银金竹山火力发电分公司、湖南兵器长城机械有限公司调研。

5日

△ 娄底市新时代县域警务工作会议召开,会议对《2020年娄底市乡镇街道政治安全和社会稳定风险报告》进行了解读说明。

16日

△娄底市2020年中心城区建筑业工资集体协商会议在市住建局(人防办)召开,标志着娄底市建筑行业农民工工资协商机制正式运行。

17日

△娄底召开市文明委全会暨创文管卫领导小组会议。会议传达学习中央文明委第三次全体会议、全国文明办主任会议、省文明委第二十七次全体会议精神,听取娄底创文管卫工作情况汇报,审议通过拟表彰的2019年娄底市文明村镇、文明单位(文明标兵单位)、文明校园(文明标兵校园)名单和《2020年娄底市创建全国文明城市和国家卫生城市管理工作测评方案》等相关文件。

18日

△涟源钢铁集团有限公司棒材改造项目(棒三线)正式投产。

20日

△ 娄底市人民政府办公室印发《关于实施基本医疗保险和生育保险市级统筹的通知》,启动全市基本医疗保险和生育保险市级统筹。

22日

△娄星区博通彩印有限公司选送的参赛作品《曾国藩信札》套装和源容开农业有限公司选送的参赛作品《小麦辣酱》在湖南(国际)文化旅游产业博览会暨文化和旅游装备展上分别获金奖和铜奖。

# 7月

1日

△娄底市工伤保险基金市级统收统支改革全面实施,在全省率先完成工伤保险省级统筹改革任务。

2日

△娄底市召开全市脱贫攻坚"百日攻坚"行动总结暨开展"进村入户巩固月"活动动员会议,对全市脱贫攻坚"百日攻坚"行动工作进行全面总结,对开展"进村入户巩固月"活动进行动员部署。

5日

△娄星工业集中区古溪街建成完工,古溪街全长2.71千米,设计宽30米,双向4车道,是连通丹阳路和高丰路这两条城市主路的东西向次干道,也是园区近年重点开发建设区域的主要发展轴。

7日

△省射箭队入驻娄底市射击中心,娄底市射击中心成为省射箭队长期驻训基地。

7—8日

△省委常委、省委统战部部长黄兰香到娄底了解金龙工区脱贫质量"回头看"问题整改和"一超过两不愁三保障"等情况。

8—9日

△副省长朱忠明到娄底调研社会救助、养老、革命老区、基层建设等工作。

9日

△"春雷计划"2020阿里巴巴国际站数字化出海峰会(娄底站)召开,67家电商和中小微外贸企业管理者参加。

9-10日

△副省长何报翔到娄底调研开放型经济和医药产业发展情况。

14日

△副省长、省公安厅厅长许显辉到娄底调研新时代县域警务工作。

△湖南链城私募股权基金管理有限公司首期基金产品——湖南链城壹号私募股权基金企业(有限合伙)顺利通过中国证券投资基金业协会备案,标志着娄底市首只专注于投资区块链产业的基金正式成立。

15日

△三一重工总裁向文波一行到娄底考察。

18日

△娄底市生活垃圾填埋场周边民生实事项目在蛇形山镇泉塘村正式动工,项目涵盖安全饮水、交通建设、水利建设、学校建设、美丽乡村建设等多个方面。

20日

△湖南卫视《走向我们的小康生活栏目》发布《娄星区尊重村民意愿 共建共享美丽家园》报道,宣传推介娄星区美丽乡村建设经验做法。

22日

△副省长吴桂英到娄底调研文旅行业复工复产、基础教育、基层卫生服务能力建设等工作。

△娄底职业技术学院被湖南省商务厅认定为湖南省第一批对外劳务特色培训基地。

29日

△副省长陈飞参加省十三届人大代表娄底市第三小组主题活动,到涟源钢铁集团有限公司就推动重大产业项目和基础设施建设、提升工业竞争力进行调研。

△娄底市"巾帼心向党 建功新时代"最美家庭最美女性颁奖会在华天大酒店举行。会议表彰全市"最美家庭"10个、"最美女性"21人、"抗疫最美家庭"8个、"最美家书"作者12人、女性业余美术作品获奖作者16人。

31日

△娄底市生态环境保护综合行政执法支队及娄底市生态环境事务中心举行挂牌仪式,标志着娄底市生态环境执法与业务服务工作进入新阶段。

# 8月

8日

△娄底市在市体育公园举行"推动全民健身 助力全面小康"全民健身日活动,在娄星广场、石马公园设分会场同步开展科学健身项目展示。

12日

△省委副书记乌兰到涟源钢铁集团有限公司考察调研。主要考察公司新投入的棒材改造项目(棒三

线)和热处理板厂。

15 日

△娄底市城管执法支队乐坪大队执法人员对长青街市邮政局段一辆违法停放在人行道上的车辆开具罚单,这是娄底城管履行娄底市中心城区人行道静态停车执法职能后开出的首张违停处罚单。

17 日

△省委常委、省委政法委书记李殿勋到冷水江市就深化新时期平安创建和警务改革工作进行调研。

20 日

△娄底召开全市干部作风集中整治动员会议。

25 日

△娄底市举行产业项目建设观摩会。市委、市政府主要负责人率领观摩团对娄星区重点产业项目建设进行观摩。观摩团先后观摩湖南利钢金属制品有限公司年产 50 万吨镀锌带钢及镀锌管材生产线项目、娄星工业集中区创新创业基地等项目。

## 9 月

1 日

△ 湖南省政府采购电子卖场在娄底市市直单位上线运行,规范政府采购限额标准以下的小额采购行为,提高采购公开透明度和采购效率。

2 日

△省委常委、组织部部长王少峰到娄底调研有关工作。

3 日

△市委、市政府主要负责人分别会见太平洋建设集团有限公司董事局主席严昊一行,双方就项目投资进行友好交流。

△娄底市农村合作经济组织联合会成立大会暨第一次会员大会在娄底华天大酒店举行。

8—9 日

△省高院院长田立文一行到娄底公开宣判“4·17”专案。

9 日

△首届中国黄精产业发展研讨会暨第三届湖南黄精论坛在新化县举行。

15 日

△ 娄底市首届电商节在娄底市移动互联网产业园顺德造直播小镇开幕，副省长何报翔到现场指导。电商节以“云享娄底,品味湖南”为主题,40 余位国内一、二线主播现场免费直播带货,全省 14 个市州 500 余家企业参加。

15—17 日

△湖南省第十一届农业机械、矿山机械、电子陶瓷产品博览会(简称“湘博会”)在娄底新合作湘中国际物流园举行。“湘博会” 布展面积 40000 平方米(折合标准展位 1958 个)，设置展位 561 个，参展企业 698 家,签订招商引资项目 20 个,签约合同金额 114 亿元(其中 10 亿元以上的项目 4 个,冷轧无取向硅钢生产项目投资 30 亿元),签订贸易合同 114 个,贸易合同签约额 22.66 亿元;农机千人订货会上签约合同 15 个,签约金额 3.01 亿元。

16 日

△娄底市与中国电信湖南分公司、中国移动湖南分公司、中国联通湖南分公司、中国铁塔湖南分公司举行共同推进 5G 建设洽谈会,并签订五方战略合作协议。

18 日

△ “决战决胜 全面小康·精准脱贫在三湘”全国网络媒体湖南行采访团走进娄底,推荐娄底扶贫特色经验,“脱贫在三湘 全面奔小康”新浪话题阅读量 3.2 亿,讨论量 53.3 万。

20 日

△2020 年全国科普日湖南主场活动,以“决胜全面小康,践行科技为民——走进华菱涟钢,体验智能智造”为主题,在涟源钢铁集团有限公司云数据中心多功能报告厅正式开幕。300 余人参加启动仪式。

21 日

△娄底市保密教育实训平台授牌仪式暨网络信息安全专题论坛在娄底市万宝新区移动互联网产业园举行。

△娄底市第十一届“中国统计开放日”暨第七次全国人口普查宣传月启动仪式在市中心娄星广场举行。

22 日

△娄底市“脉动九峰山,致敬丰收节”大型扶贫公益直播活动在双峰县石牛乡举行。通过现场签约和线上推广等形式,为当地农户销售产品 230 余万元。

23 日

△娄底市与坦桑尼亚基隆多尼市通过函签形式

正式缔结友好城市关系。

△娄底市现代服务业投资贸易洽谈会在上海举办。现场集中签约项目 12 个,总投资约 27.1 亿元。

24 号

△娄底市完成 742 座水库名录复核。其中大型水库 2 座,中型水库水库 11 座,小(1)型水库 113 座,小(2)型水库 616 座。

28 日

△《娄底市区块链产业发展规划》发布。

29 日

△娄底市举行 2020 年第三批重大项目集中开竣工仪式。

## 10 月

1—9 日

△全国青少年校园足球夏令营第三营区活动在娄底举行。

2—5 日

△ 2020 年第六届 “高铁城市·直达娄底”CEFA 体育舞蹈全国公开大奖赛在娄底市全民健身服务中心体育馆举行。

7 日

△ 副省长隋忠诚到娄底调研督导秋粮生产工作。

9 日

△ 娄底市与三一集团有限公司、湖南师范大学举行项目签约仪式。三一液压油缸智能生态工业城、三一重卡零部件产业园、三一路机灯塔工厂和湖南师大附属学校(春元学校、涟源三一学校)5 个重大项目正式入驻三一娄底产业园。

10 日

△娄底市首个政府专职单编消防救援站新合作政府专职消防救援站挂牌成立并正式开始执勤。

13 日

△娄底市政府与省农信联社举行“深化金融服务推进经济社会高质量发展合作协议”签约仪式。

△2020 年中国中学生跆拳道联赛(南部赛区)暨 2020 年世界中学生运动会跆拳道项目选拔赛在娄星区开幕。中国南部 15 个省、直辖市、自治区,90 余支队伍,约 1000 名运动员参加比赛。

15 日

△娄底市学习贯彻习近平总书记考察湖南重要讲话精神省委宣讲团首场报告会在娄底群星剧场举行。省委常委、省委宣传部部长张宏森作宣讲报告。

△娄底举行“娄底市决战决胜脱贫攻坚”专场新闻发布会,围绕“决战决胜脱贫攻坚娄底答卷”主题,介绍全年娄底市脱贫攻坚工作的有关情况。

△娄底市组织实施新建居住(小)区养老服务设施配建“四同步”(同步规划、同步建设、同步验收、同步交付)政策。

17 日

△娄底市首次市直事业单位 2020 年集中招聘工作人员笔试在娄底技师学院开考,1838 人报名,招考招录 36 人。

19 日

△娄底市“决战脱贫攻坚·决胜全面小康”主题摄影展在孙水公园举行,展出作品 1000 余幅。

20 日

△全国双拥模范城(县)命名暨双拥模范单位和个人表彰大会在北京召开。娄底市首次被命名为第十一届“全国双拥模范城”。

21—23 日

△娄底市委书记带领小分队赴广州、佛山、东莞、深圳等地,围绕钢铁新材料产业链和扶贫产业,开展点对点精准招商,签约项目 1 个,投资 32 亿元;达成意向项目 11 个,投资 39.3 亿元;洽谈项目 12 个,意向投资 95.3 亿元。

22 日

△娄底市甘桂公园开工建设。甘桂公园位于甘桂路西侧,总投资约 800 万元,面积 321611.41 平方米,一期规划总面积为 25945.98 平方米,二期总面积为 6665.43 平方米。

23 日

△娄底市举办“大美湘中”即开型福利彩票全国首发式。该彩票将娄底湄江、龙山、大熊山、三联峒、梅山龙宫、曾国藩故居、紫鹊界梯田、波月洞等特色景点收入其中,面向全国发行。

24—25 日

△2020 年全国乡镇农民足球赛(湖南赛区)在娄底市举行。湖南省各市(州)乡镇 16 支队伍 300 余名运动员参加比赛。株洲市田心村代表队获得冠军,怀化鹤城区石门乡代表队获得亚军,新化上渡街办事处代表队获得季军。

28 日

△省委常委、省委秘书长、涟水河省级河长张剑飞巡查涟水河，并召开涟水流域省级河长会议。

29 日

△省人大党组书记刘莲玉带领部分全国人大代表和省人大代表到娄底进行"积极对接'十四五'规划纲要，全力推进创新型省份建设"专题调研。

△湖南省电子陶瓷等行业企业标准 "领跑者"发布会在娄底举行，发布全省首批电陶"领跑者"。

△娄底市委组织部率全市基层党建工作重点任务推进会全体与会人员到娄星区现场观摩。实地参观娄星区政务服务中心，杉山镇、大科街道政务服务中心，长青街道甘子冲社区服务中心，富厚名城等地，了解娄星区"一门式"服务、村级综合服务平台、网格党组织建设、小区党建、智慧党建系统等工作情况。

是月，挪度医疗器械(杭州)有限公司 AHA 生命支持培训中心娄底培训基地" 在娄底市中心医院挂牌，这是挪度医疗器械(杭州)有限公司在娄底市成立的首个培训基地，也是娄底市唯一的 AHA 生命支持培训机构。

## 11 月

1 日

△娄底市企业职工社会保险费和机关事业单位职业年金征收职责划转至税务部门。

3 日

△娄底市召开 2020 年"百名最美扶贫人物"表彰暨"脱贫质量提升行动"推进会议，表彰刘初君等 100 名同志为娄底市 2020 年"百名最美扶贫人物"。

5 日

△娄底市国家综合档案馆开馆启用，接收档案资料 30 余万卷。

11 日

△ 娄底市创新创业青年代表座谈会召开，全市各行各业的 50 名青年代表参加会议。

14 日

△2020 年全民健身挑战(娄底站)活动暨健康湖南动起来活动在娄底市体育中心举行。比赛设置个人挑战项目和团队挑战项目，活动首次开通线上比赛，3000 余人参加。

17 日

△ 娄底市经营类事业单位改革工作通过省督导组考核验收，全市 52 家经营类事业单位完成改革任务。

18 日

△全国十大 5G 智慧小区标杆项目、湖南首个"5G+智慧社区"示范小区建设项目入驻娄底吉大汉·珠山府。

20 日

△在全国精神文明建设表彰大会上，娄底市获"第六届全国文明城市"称号。

20—22 日

△在第四届中国(长沙)果品产业博览会、第四届全国果业扶贫大会暨第三届全国冷链运营大会上，娄底市供销社、娄底市农村合作经济组织联合会组织企业参会参展。娄底市鑫瀚农业发展股份有限公司获"湖南省 2020 十大水果基地"称号，与红星全球农批中心进行战略合作签约，推动"湘果出湘"。

24 日

△娄底市网络作家协会在娄底市万宝新区成立。

25 日

△湖南省第十届双拥模范城(县)命名暨双拥模范单位和个人表彰大会在长沙召开，娄底市委书记参加表彰大会，并领取"全国双拥模范城"奖牌。

25—27 日

△娄底市新化县举办 2020 年湖南茶业科技创新论坛会。

28 日

△娄底市 557 个银行网点 (含离行自助网点)在中国人民银行娄底市中心支行的组织下，在规定时点同步启用存款保险标识。

是月，共青团娄底市委新媒体中心获"网聚'政'能量 共筑同心圆"2020 年各地走好网上群众路线典型案例征集展示活动优秀机构案例，湖南省唯一一个获得该奖项。

## 12 月

1 日

△娄底市短视频协会在娄底万宝新区移动互联网产业园成立。

△教育部首批乡村温馨校园建设典型案例评选结果揭晓,冷水江市第五中学被确定为全国首批乡村温馨校园典型案例学校。

2 日

△ 娄底市召开全市返乡农民工稳就业促创业推进会,湖南人文科技学院、娄底职业技术学院、娄底技师学院分别与县(市、区)签订农民工技能和创业培训合作协议。截至 12 月底,全市完成补贴性职业技能培训 7.02 万人次,娄底市职业培训"吃点菜"、办"农民工夜校"等工作经验获人社部推介。

3 日

△娄底市委、市政府召开劳动模范和先进工作者表彰大会,授予涂春林等 58 人娄底市劳动模范称号、李慧红等 48 人娄底市先进工作者称号。

4 日

△中共娄底市委、娄底市人民政府在娄底日报对娄底市第十二届哲学社会科学优秀成果进行表彰通报。特别奖 4 项,一等奖 3 项,二等奖 8 项,三等奖 15 项。

△娄底市村(社区)换届工作视频部署会议召开,标志着全市村(社区)"两委"换届选举工作正式开始。

△ 娄底市"12·4"国家宪法日集中法治宣传活动在娄星广场举行。

5 日

△全国政协常委、湖南省人大常委会副主任、民盟湖南省委会主委杨维刚,到娄底调研盟务工作。

9 日

△娄底市人民政府与大唐华银金竹山火力发电分公司签订能源合作框架协议。

15 日

△娄底市 2020 年建设工程质量管理标准化现场观摩交流活动在碧桂园·翘楚棠一期项目、娄底市纪检监察办案管理中心二期建设项目、娄底市宁邦商业中心项目、娄星工业集中区产学研创新创业平台 EPC 工程项目举行。

△娄底市涟水流域水资源保护与水生态修复工程建设任务完成。该工程完成生态驳岸 14.6 千米、滨水生态廊道 10 千米、水系连通河道生态治理工程建设 12 千米、河道清淤疏浚 8 千米,修复 2 处水源地 14.66 公顷湿地。历时 50 天,完成投资 1.06 亿元。

22 日

△副省长谢卫江到娄底调研旅游产业和维稳工作。

24 日

△娄底市政府组织召开城市管理综合行政执法职责职能移交会。会议主要研究讨论城市管理综合行政执法职能移交事项以及城管执法体制改革涉及的人员转隶事项。

25 日

△娄底市被评为"2018—2019 年度全国无偿献血"先进市。

26 日

△省委副书记、代省长毛伟明到涟源钢铁集团有限公司调研。

△娄底市万宝公用型保税仓库揭牌仪式举行,标志着娄底首个保税仓正式开仓运营。

△娄底海关开关揭牌仪式举行,标志着娄底海关正式开关运行。

28 日

△ 娄底市中医医院心血管内科通过省级中医重点专科验收,成功创建"十三五"省级中医重点专科。

29 日

△娄底市最大工矿棚改项目一六九星城棚户区改造工程竣工验收,并全面开展交房及不动产权证办理工作。

31 日

△娄底市委经济工作会议召开。

△ S50 长芷高速公路涟源龙塘至新化琅塘段主线 60 千米和湄江连接线 9.22 千米建成通车。

# 娄底概览

◎自然地理
◎历史文化
◎建置·区划
◎人口·民族
◎经济社会发展

## 自然地理

【地理位置】娄底市位于北纬 27°12′31″~28°14′27″，东经 110°45′40″~112°31′07″。北接益阳市，南接邵阳市，西临怀化市，东临湘潭市。全市东、西宽 160 千米，南、北长 102 千米，辖区面积 8109.58 平方千米。

【地质地貌】娄底市境内地势西高东低，呈阶梯状倾斜。在大地貌格局中，新化县、冷水江市、涟源市的西南部属湘西山地区，涟源市的中、东部和娄星区、双峰县属湘中丘陵区。属于云贵高原向江浙丘陵递降的过渡带。南起双峰县猪婆山，至涟源市龙山(海拔 1513.6 米)，再到冷水江市的狮子岭(海拔 591 米)、癞子岭(海拔 994 米)、锡矿山(海拔 825 米)，北至涟源市的参机山、红军寨(海拔 893 米)，将区境分割成东、西二大地域。西部山势雄厚，大多为侵蚀、构造、溶蚀地貌，地势险峻，海拔较高；东部地势逐步降低，地形起伏平缓，丘冈延绵、平地宽敞，海拔较低。唯双峰县东部大多为溶蚀堆积的丘冈平地貌。因下古生代印支期和中生代燕山期地壳运动，花岗岩侵入体局部隆起，形成一线九峰山脉(属衡山山系)。

西部有新化、禾青盆地。其东部盆缘是金竹山、锡矿山至鹰嘴岩一线中低山地貌；西部及北部盆缘是由雪峰山所围成的孤形屏障，海拔高度平均在 1000 米以上，高于 1500 米的山峰有九龙池等 10 座；西南部盆缘由雪峰山余脉天龙山，板子山等组成，平均海拔 800~1000 米，资江在盆地内由南向北蜿蜒流过。中部北有伏口、四古至红军寨的中低山石灰岩地貌，南有龙山至猪婆山的中山地貌与之对峙，桥头河、娄底、杨家滩盆地，雷峰低山夹在其中，形成涟源、娄底向东敞开的“E”字形地貌。东部有双峰盆地，盆东以九峰山脉为缘，南有花门丘陵群体，北有洪山殿丘陵带，西有山斗石灰岩低山，宽敞的龙田、吴湾、杏子平原冈地展布其中。

北有九龙池—大熊山—癞子岭—红军寨横亘的雄厚山体，组成以山地为主的山地地貌。南部有天龙山—大乘山—龙山—五脑岭—猪婆山—江大山并列的山体，同样以山地地貌为主，与北部山体对峙。西部由雪峰山脉封闭。中部地势低凹，堆积平原广布，溶蚀残丘成串，剥蚀冈地如波，以平丘冈地貌为主。从新化县的琅塘起，南下横阳、炉观、洋溪、燎原，至冷水江市的潘桥、禾青，穿透金竹山鼻梁东折至涟源市的六亩塘、杨家滩、桥头河，再到娄底市的涟滨、西阳、万宝，再转向双峰县的洪山、龙田、吴湾、杏子，呈“S”形带状盆地分布，是湘中盆地的重要部分。

娄底境内山脉纵横，群峰起伏，矗立大小山峰数百座。西部雪峰山脉从新化西部风车巷蜿蜒入境，斜亘西北，主要支脉有天龙山、桐凤山、奉家山、古台山、凤凰山、大熊山和冷水江境内的祖师岭等；东南部有坐落在双峰县的九峰山，是南岳七十二峰之一，为双峰、衡阳两县的天然分界线；西北部是雪峰山余脉，向涟源伸入，西起白竹山，东至洪家大山，逶迤起伏，峰峦重叠，最高峰寨子山为涟源与宁乡的天然界山；中部龙山山脉横亘，主要山峰有龙山、石坪山、杨材山、仙女寨等，延续 40 余千米。

【水文气候】娄底市境内溪水纵横，河库密布，水系完整，主要河流有东部涟水和西部资水。东部涟水为湘江中游一大支流，源于新邵观音山，自西向东，流经涟源市、娄星区、双峰县，经湘乡至湘潭县河口入湘江，境内全长 108 千米，沿途纳湄江、孙水、侧水等 1~4 级 10 平方千米以上的支流 120 条，控制面积 3897 平方千米，涓水 10 平方千米以上的支流 4 条，控制面积 200 平方千米，蒸水支流余田桥河 9 平方千米。西部资水，由南向北，流经冷水江、新化，经安化柘溪，过益阳注入洞庭湖，贯穿境内西半部，区内流程 112 千米，有 1~4 级 10 平方千米以上的支流 128 条，控制流域面积 4011 平方千米。

2020 年，娄底市年平均气温 17.8℃，较常年正常略偏高 0.6℃，较 2019 年偏高 0.2℃。全市平均年总降水量 1887.1 毫米，较常年偏多 33.0%，较 2019 年偏多 21.4%，居历史同期第二高位。降水季节分配不均，其中冬季平均总降水量 346.7 毫米，较常年同期显著偏多 70.2%，较 2019 年偏多 53.7%，位居历史同期第二高值；夏季平均总降水量 744.2 毫米，较常年同期偏多 49.7%，较 2019 年偏多 10%，位居历史同期第三高值。全市平均总日照时数为 1192.6 小时，较常年偏少较 306.4 小时，较 2019 年偏少 130.5 小时，居历史同期第四低值，秋季较常年同期异常偏少 187.2 小时，较 2019 年同期偏少 256.2 小时，创同期第一低位。

2020年气候特点主要表现为：全市年平均气温偏高，冬季偏高，达暖冬标准，居历史同期第三高值，春、夏季连续偏高，秋季偏低。降水量较常年偏多，空间分布不均，年内除4月、8月11月和12月较历年偏少，其他各月均偏多，上半年平均总降水量居历史同期第四高位，属于异常偏多年份。雨日较常年偏多，出现暴雨日31站次、大暴雨日6站次。年日照时数偏少，下半年平均月日照总数居历史同期第三低位。年内极端降水多发，1—9月全市平均累计降水量刷新历史排位，居历史同期第一高位；冷空气影响频繁，寒潮次数多；春季出现倒春寒；9月阴雨连绵，出现罕见的阴雨寡照和寒露风。

2020年娄底市灾害性天气具有明显的气候特征，年内极端降水事件天气多发。主要出现的暴雨洪涝、重度寒露风、倒春寒、寒潮、连阴雨、大风冰雹、轻度低温雨雪冰冻、高温热害、气象干旱、雾、霾等灾害性天气对人们生产、生活、交通和农业有一定不利影响，气象灾害为中等年景。主要气候事件：

暴雨洪涝。6月7日至6月15日，全市降雨多发，其中6月10日全市出现暴雨、大暴雨，涟水支流出现洪峰，孙水石安水文站于14时左右超警戒水位1.43米。截至6月15日，受灾约14万人、因灾受伤3人、紧急转移安置6174人；倒塌房屋数326间、损坏房屋数1545间；农作物受灾面积6451公顷、成灾面积4657公顷、绝收面积861公顷，直接经济损失2.186亿元。7月27日全市普降暴雨和大暴雨，为全市2020年以来最强的一次区域性暴雨过程，涟水干流娄底城区段出现了洪峰水位101.09米的洪水，超警戒水位0.59米，超警戒水位持续时间6小时45分。

罕见的寒露风、阴雨寡照。9月上旬中后期以来，全市出现罕见的长期低温连阴雨寡照和寒露风天气，严重影响粮食生产。受寒露风影响全市晚稻受灾面积3.63万公顷，其中，双峰县因寒露风受灾晚稻面积1.79万公顷，成灾面积0.7万公顷，绝收面积约66.67公顷，新化县晚稻因寒露风成灾面积0.1万公顷，约266.67公顷绝收。

（翟婧媛）

【自然资源】土地资源。娄底境内土地811.69千公顷，占全省土地总面积3.8%，人均0.2153公顷，比全省人均0.3713公顷少0.1560公顷。土地利用构成为：耕地207.4千公顷，占总土地25.5%；园地17.28千公顷，占2.12%；林地219.42千公顷，占27.03%；牧草地（含宜林地）128.96千公顷，占15.88%；城乡居民及工矿用地41.65千公顷，占5.13%；交通用地8.03千公顷，占1.0%；水域56.67千公顷，占6.98%，合计利用土地626.65千公顷，占77.2%。未利用地185.04千公顷，占22.79%。有待开发土地77.53千公顷，其中荒坡隙地73.92千公顷，农村废弃地490.93公顷，工矿废弃地195.53公顷，河洲滩地793.33公顷，荒芜水面2133.33公顷。按照自然条件可开发成耕地4.93千公顷，可开发成园地7.57千公顷，可开发为林地48.79千公顷，可开发为牧草地1.39千公顷，可开发为养殖水面2.05千公顷。

矿产资源。全市发现矿种56种，探明资源储量矿种28种，其中新能源矿产1种，金属矿产11种，非金属矿产16种，是湖南矿种较齐全地区之一。探明储量的矿产地58处，其中大中型矿床36个，以煤炭、建材、有色金属为主。保有储量占中国、全世界第一位的有锑，占湖南省第一位的有煤、白云石、石灰岩和大理石，占湖南省第二位的有石墨等，占湖南省第三位的有石膏和黄铁矿，其它如金、铅、锌、锰、钨等矿种的探明储量也在湖南省占有重要地位。钒、硅石等矿种，虽然尚未探明储量，但潜在远景较大。煤炭：娄底市内煤矿资源丰富，品种齐全，有无烟煤、贫煤、瘦煤、肥煤、焦煤等，品质好，发热量一般都在4000~5000大卡。铁：市内共有铁矿点58处，其中中型矿床2处，分沉积型、风化型和热液型3种类型，探明储量4307.6万吨，保有储量2946.5万吨，主要分布于涟源田湖，新化洪水坪、圳上，双峰钟岭、测水，冷水江锡矿山、潘桥等地。石灰石：分布极广，几乎随处可见，不仅储量大，而且质量好、品种齐，为全国少有。锑：境内有锑矿点25处，其中大型矿床2处、中型矿床2处，集中在冷水江锡矿山。境内锰矿、铁锰矿、钒矿、石膏矿等金属和非金属矿的储量也很丰富。

水资源。娄底各河流水质较好，氢离子浓度指数在正常范围内，离子总量不高，中等矿化度，适合于工农业生产和人们生活之用。西部山区多于东部丘陵平地，直接形成地表水资源38.87亿立方米。外来水资源丰富，有133.42亿立方米，主要在西部，控制利用少；东部入境水虽不多，但利用较好。地下水年平均为21.6亿立方米，年径流量平均达21.35亿立方米，主要公布在北、东、南部地区、水能理论蕴藏量32.5万千瓦，其中可开发利用的14.26万千瓦。

动物资源。娄底境内适宜动物的栖息、生存和繁殖。属华南区系典型种类的动物有穿山甲、豪猪、花面狸、苦恶鸟(白胸秧鸡)、画眉、八哥、饰纹姬蛙、稻瘦蚊、红薯小象甲、橘吹绵蚧等,而属北方区系的代表性种类有狐、刺猬、蝮蛇、灰喜鹊、苜括盲蝽、潜叶蝇等。林栖鸟兽已少见,具有狩猎意义的仅有斑鸠、环颈雉、家雀、黄鼬、野兔、狐、獾和小鹿等中、小型动物。生活在水域、农田中的昆虫、鼠类和两栖类、爬行类等动物,种多量大。境内农户与少数城镇居民素有饲养家畜家禽的习惯。家畜中数量最大的是猪,双峰县是全国瘦肉型生猪基地。牛(含水牛、黄牛)以役用为主。但性状逐渐退化,亟待提纯复壮。马、骡、驴虽有饲养,但数量不多,主要用来拖拉板车。20 世纪 90 年代曾在农村出现过养兔热(长毛兔、肉兔、猿兔等)。农村养狗、猫曾很普遍,后因预防狂犬病,狗数量有所减少。家禽中以养鸡为主,多由农户散养。80 年代办有机械化养鸡场和规模较大的集中鸡场。鹅极少。养鸭除少数农户散养外,多为牧养。曾先后引进过樱桃鸭、康贝尔鸭等国外优良品种,但均未推广。近年来,在城镇郊区有些农户和居民以饲养鹌鹑、肉鸽(含信鸽)、乌骨鸡等为业,有的还引进了牛蛙、火鸡、珍珠鸡、美国七彩野鸡等新类。原是野生的乌龟、甲鱼、黄鳝、泥鳅,也改为人工养殖,以满足消费。

娄底市野生脊椎动物有 412 种,其中哺乳动物有 46 种鸟类有 168 种, 爬行动物 54 种, 两栖动物 43 种,鱼类 101 种。饲养动物有牛、马、驴、骡、山羊、猪、兔、鸡、鸭、鹅、鸽、蜂等 25 种 160 多个品种。水产品有鱼类、贝类、甲壳类等 32 种 150 多个品种。国家Ⅰ、Ⅱ级重点保护野生动物 18 种。境内分布有湘中地区少见的国家Ⅰ级重点保护野生动物云豹;国家Ⅱ级重点保护野生动物虎纹蛙、鸢、赤腹鹰、雀鹰、松雀鹰、普通鵟、红隼、燕隼、草鸮、红角鸮、领角鸮、斑头鸺鹠、穿山甲、小灵猫、水獭、凹甲陆龟、大鲵(娃娃鱼)等 17 种;湖南省重点保护的有益的或者有重要经济、科学研究价值的陆生野生动物(简称“三有”动物)39 种,如环颈雉(野鸡)、华南兔(野兔)、青鼬、黄鼬、红嘴相思鸟、啄木鸟、杜鹃、画眉、喜鹊、八哥、赤链蛇、中国水蛇、沼水蛙、泽陆蛙、黑斑侧褶蛙等,其中鸟类种类最多、分布最广。

植物资源。娄底市农作物和果树资源常见有 78 科,168 属 2500 多个品种。水稻常规品种 370 多个,杂交水稻 21 个组合以及大小麦、高粱、玉米、粟、䅟子、红薯、马铃薯、豆类等 30 多种作物,有 340 多个品种,油料作物有油菜、花生、芝麻、蓖麻、向日葵、油沙豆等 8 个科 70 多个品种;经济作物有茶叶、西瓜、百合、烤烟、黄花等 30 多个科 360 多个品种;蔬菜有瓜类、豆角、辣椒、茄子、白菜、萝卜、葱、蒜等 58 个科 180 多个品种;饲料作物有水浮莲、水花生、聚合草、葳菜、苏丹草等 20 多个品种;绿肥有兰花苕子、红花草子、回青、红萍等 30 多个品种;药材有丹皮、白芍、生地、尾参等 150 多个品种;树有柑橘、桐柚、桃、李、梨、葡萄、枣、柿、板栗、杨梅、枇杷、猕猴桃等 30 多个科 20 多个品种。地方传统名牌特产有新化的苡米、板栗、烤烟、天麻、魔芋等。新化是唐宋贡品蒙洱茶的主产区,盛产玉竹、柑橘、金银花等。

娄底境内林地主要由两大山脉组成,西北部为雪峰山及其余脉,东南部为衡山山脉。根据地域差异、森林分布及林业发展方向,将娄底市林地划分为 4 个林业区:西北部中山商品用材林区,北部中低山坑木林经济林区,中部丘岗盆经济防护风景林区,南部东部中低山楠竹用材、水土保持林区。截至 2020 年年末,全市林地总面积 412.32 千公顷。按地类划分:有林地 348.09 公顷,疏林地 0.927 千公顷,灌木林地 34.33 千公顷,未成林地 14.86 千公顷,苗圃地 0.11 千公顷,无林地 13.99 公顷,非林地 398.44 千公顷。按有林地类型构成: 乔木林地 277.38 千公顷, 竹林地 58.3 千公顷,毛竹总株数 15583.65 万株,经济林地 12.39 千公顷。按树种:杉木林 96.17 千公顷,马尾松林 104.22 千公顷,天然阔叶林 52.54 千公顷,柏木林 2.06 千公顷;全市森林覆盖率 50.91%,活立木蓄积量 1769.92 万立方米,林地保持在 412 千公顷。娄底市有新化大熊山、涟源龙山 2 个国家级森林公园;省级森林公园有涟源市包围山、冷水江市紫云峰、双峰县九峰山及娄星区洪家山省级森林公园。树龄上百年、胸径在 100 厘米以上的珍稀大树有 36 种、192 株。 (李丽文)

## 历史文化

【史迹遗存】娄底市经第三次全国文物普查正式登记录入各类不可移动文物点 505 处。其中,全国重点文物保护单位 4 处,省级文物保护单位 30 处,市级文物保护单位 35 处;县级文物保护单位 38 处,其他不可移动文物点 398 处。

## 娄底市全国重点文物保护单位一览表

表 1

| 序号 | 文保单位名称 | 级 别 | 年 代 | 地 点 |
|---|---|---|---|---|
| 1 | 富厚堂(曾国藩故居) | 国家级 | 清 | 双峰县荷叶镇富托村 |
| 2 | 新化北塔 | 国家级 | 清 | 新化县北塔村 |
| 3 | 红二军团长征司令部旧址 | 国家级 | 中华民国 | 新化县奉家镇上团村 |
| 4 | 蔡和森、蔡畅故居 | 国家级 | 清 | 双峰县井字镇 |

**【文物】** 娄底市馆藏文物总数 8502 件/套，其中一级文物 11 件、二级文物 65 件、三级文物 423 件、一般 8003 件。

**【旅游景区】** 2020 年,娄底市 A 级旅游景区 22 家,其中 AAAA 级 5 家、AAA 级 16 家、AA 级 1 家。

**【传统文化】** 娄底市非物质文化遗产代表性项目 66 个,其中国家级 4 个、省级 7 个、市级 55 个。非物质文化遗产代表性传承人 61 位,其中国家级 3 位、省级 6 位、市级 52 位。

## 娄底市各级非物质文化遗产代表性项目一览表

表 2

| 序号 | 名称 | 级 别 | 申报县(市、区) | 评定时间 |
|---|---|---|---|---|
| 1 | 新化山歌 | 国家级 | 新化县 | 2008 年 |
| 2 | 傩戏(梅山傩戏) | 国家级 | 冷水江市 | 2010 年 |
| 3 | 抬阁(珠梅抬故事) | 国家级 | 涟源市 | 2014 年 |
| 4 | 梅山武术 | 国家级 | 新化县 | 2014 年 |
| 5 | 枫坪傩狮舞 | 省级 | 涟源市 | 2008 年 |
| 6 | 湘剧(湘剧) | 省级 | 涟源市 | 2012 年 |
| 7 | 永丰辣酱制作工艺 | 省级 | 双峰县 | 2012 年 |
| 8 | 溪砚制作工艺 | 省级 | 双峰县 | 2012 年 |
| 9 | 花鼓戏(长沙花鼓戏) | 省级 | 娄底市地域文化传承保护中心 | 2012 年 |
| 10 | 水府席习俗 | 省级 | 娄星区 | 2016 年 |
| 11 | 木偶戏(双峰杖头木偶戏) | 省级 | 双峰县 | 2016 年 |
| 12 | 娄底老街故事系列 | 市级 | 娄星区 | 2007 年 |
| 13 | 骨牌灯 | 市级 | 涟源市 | 2007 年 |
| 14 | 手狮舞 | 市级 | 双峰县 | 2007 年 |
| 15 | 走马街农民书画 | 市级 | 双峰县 | 2007 年 |

续表 2

| 序号 | 名称 | 级　别 | 申报县(市、区) | 评定时间 |
| --- | --- | --- | --- | --- |
| 16 | 蚩尤传说 | 市级 | 新化县 | 2007 年 |
| 17 | 罗犸重“血性”教育故事 | 市级 | 娄底经济开发区 | 2007 年 |
| 18 | 涟源杖头木偶戏 | 市级 | 涟源市 | 2010 年 |
| 19 | 舞春牛 | 市级 | 冷水江市 | 2011 年 |
| 20 | 烙画 | 市级 | 娄星区 | 2011 年 |
| 21 | 双峰民间剪纸 | 市级 | 双峰县 | 2011 年 |
| 22 | 蒋峰岭庙会 | 市级 | 双峰县 | 2011 年 |
| 23 | 长沙花鼓戏双峰特色 | 市级 | 双峰县 | 2011 年 |
| 24 | 龙灯故事 | 市级 | 双峰县 | 2011 年 |
| 25 | 杖头木偶戏 | 市级 | 新化县 | 2011 年 |
| 26 | 梅山拳 | 市级 | 市直 | 2014 年 |
| 27 | 梅山水师接骨疗法 | 市级 | 新化县 | 2014 年 |
| 28 | 划喜船 | 市级 | 娄星区 | 2016 年 |
| 29 | 青云阁湘笔制作技艺 | 市级 | 娄星区 | 2016 年 |
| 30 | 米酒酿制技艺 | 市级 | 冷水江市 | 2016 年 |
| 31 | 冷水江杖头木偶戏 | 市级 | 冷水江市 | 2016 年 |
| 32 | 扶王传说 | 市级 | 涟源市 | 2016 年 |
| 33 | 涟源龙山药王传说 | 市级 | 涟源市 | 2016 年 |
| 34 | 富田桥曾氏游浆豆腐制作技艺 | 市级 | 涟源市 | 2016 年 |
| 35 | 梅山棕编技艺 | 市级 | 涟源市 | 2016 年 |
| 36 | 梅山水火席礼仪 | 市级 | 涟源市 | 2016 年 |
| 37 | 药王三祭礼仪 | 市级 | 涟源市 | 2016 年 |
| 38 | 花鼓戏(桥头河花鼓戏) | 市级 | 涟源市 | 2016 年 |
| 39 | 纸扎 | 市级 | 涟源市 | 2016 年 |
| 40 | 湘中剪纸 | 市级 | 涟源市 | 2016 年 |
| 41 | 紫鹊界傩狮 | 市级 | 新化县 | 2016 年 |
| 42 | 捉猫公 | 市级 | 新化县 | 2016 年 |
| 43 | 陶澍的传说 | 市级 | 涟源市 | 2018 年 |

续表 2

| 序号 | 名称 | 级 别 | 申报县(市、区) | 评定时间 |
| --- | --- | --- | --- | --- |
| 44 | 富田桥秆龙灯会 | 市级 | 涟源市 | 2018 年 |
| 45 | 涟源龙山过冬至 | 市级 | 涟源市 | 2018 年 |
| 46 | 梅山呷新节 | 市级 | 涟源市 | 2018 年 |
| 47 | 光厚堂点浆豆腐 | 市级 | 涟源市 | 2018 年 |
| 48 | 梅山传统木版画 | 市级 | 新化县 | 2018 年 |
| 49 | 松山水酒制作技艺 | 市级 | 新化县 | 2018 年 |
| 50 | 梅山九州舞 | 市级 | 新化县 | 2018 年 |
| 51 | 毛泽东游学到伏口的故事(湘安古道上的红色故事) | 市级 | 涟源市 | 2020 年 |
| 52 | 蔡和森一家的革命故事 | 市级 | 双峰县 | 2020 年 |
| 53 | 湘中一支队在凤凰仑围歼尹立言匪部的故事 | 市级 | 涟源市 | 2020 年 |
| 54 | 卢天放的革命故事 | 市级 | 涟源市 | 2020 年 |
| 55 | 红军长征在新化系列红色故事 | 市级 | 新化县 | 2020 年 |
| 56 | 世界锑都锡矿山的红色故事 | 市级 | 冷水江市 | 2020 年 |
| 57 | 铜鼓耍锣 | 市级 | 新化县 | 2020 年 |
| 58 | 泥塑 | 市级 | 涟源市 | 2020 年 |
| 59 | 白溪豆腐制作技艺 | 市级 | 新化县 | 2020 年 |
| 60 | 梅山傩面具制作技艺 | 市级 | 冷水江 | 2020 年 |
| 61 | 古塘竹编 | 市级 | 涟源市 | 2020 年 |
| 62 | 肖氏手工旗袍制作技艺 | 市级 | 冷水江市 | 2020 年 |
| 63 | 楚拓 | 市级 | 娄星区 | 2020 年 |
| 64 | 石氏疱疹疗法 | 市级 | 涟源市 | 2020 年 |
| 65 | 颈肩腰腿痛舒氏疗法 | 市级 | 新化县 | 2020 年 |
| 66 | 舞干龙船 | 市级 | 新化县 | 2020 年 |

## 建置·区划

**【建置沿革】**娄底境域春秋战国时属楚国。秦置湘南县，辖双峰、涟源部分地域，隶属长沙郡。西汉时属长沙国。汉高祖五年(前 202)，置连道，辖双峰县测水以西至涟源市蓝田等地。西汉建平四年(前 3)，析湘南县置湘乡县，连双峰、涟源大部分和娄底等县市，属长沙郡。三国时分属衡阳郡、昭陵郡。三国吴宝鼎元年(266)，析昭陵郡置高平县，今新化县西部属之。西晋、东晋、南朝(宋、齐、梁、陈)分属邵陵郡。隋属长沙郡。唐、五代、宋朝分属潭州、邵州。北宋熙宁五年(1072),建置新化县。元代,分属天临路、宝庆路。明分属长沙府、宝庆府。清同明属。

新化县成为娄底境内最早的建制县,在北宋隶属邵阳郡,元代属宝庆路,明清属宝庆府。娄底境内的其他县市,双峰一带,秦时属长沙郡的湘南县,汉代以后长期属湘乡县地。涟源一带,秦至东晋时大部分地域分属湘南、连道、湘乡、昭陵等县。北宋以后,其全部地域便长期分属湘乡、邵阳、安化、新化4县。娄星区一带从汉代开始,就一直为湘乡辖地。冷水江一带在宋以前属"梅山蛮"地,宋以后长期属新化县地。

民国元年(1912),属长宝道。民国3年(1914年),改为湘江道。民国11年(1922),取消道制直属湖南省。民国29年(1940),分属湖南省第五、第六行政督察区。

1949年,中华人民共和国成立初期,境域隶属益阳专区和邵阳专区。1950年6月,设立锡矿山矿区(县级),直属邵阳专区。1951年8月,筹建涟源县、双峰县。1952年2月,经政务院批准,湘乡、安化、邵阳、新化4县部分行政区域置双峰县、蓝田县(7月更名涟源县)。11月,两县划属邵阳专区。同年8月,撤销锡矿山矿区,划归新化县管辖。1960年2月,设立娄底市和冷水江市,隶属邵阳专区。1962年10月,撤销冷水江市和娄底市,分别并入新化县和涟源县。1969年10月,国务院批准恢复冷水江市。

1977年9月,经国务院批准,将邵阳地区析置涟源、邵阳两个地区。涟源地区辖新化、新邵、邵东、双峰、涟源5县和冷水江市,地区机关驻涟源县娄底镇。同年11月,成立涟源地区。1980年7月,国务院批准恢复娄底市,将涟源县的娄底镇和杉山公社的东风、民福大队及西阳公社的方石、水洋大队,百亩公社的思塘大队划入该市行政区域。1982年12月,涟源地区更名为娄底地区。

1983年2月8日,国务院批复,撤销娄底地区的娄底市,改设为湘潭市娄底区(县级),双峰县、涟源县划归湘潭市管辖;撤销冷水江市,改设为邵阳市冷水江区(县级),邵东县、新邵县、新化县回归邵阳市管辖,但并未实施,娄底地区名撤实存。同年7月13日,国务院批准,恢复娄底地区及其行政公署,娄底市、冷水江市、双峰县、涟源县、新化县归娄底地区管辖,原所辖邵东、新邵两县划归邵阳市管辖。

1987年6月,国务院批准,撤销涟源县,设立涟源市,所辖行政区域不变。

1999年1月,经国务院批准,娄底撤地设市,原县级娄底市改名为娄星区。所辖娄星区、涟源市、冷水江市、双峰县、新化县行政区划不变。

2017年2月,娄底市调整行政区划,双峰县蛇形山镇、涟源市水洞底镇调整至娄星区。

2020年娄底市行政区划一览表

表3

| 地区 | 面积(平方千米) | 乡(个) | 镇(个) | 街道办(个) | 邮政编码 | 行政代码 | 政府驻地 |
|---|---|---|---|---|---|---|---|
| 娄底市 | 8109.58 | 14 | 55 | 17 | 417000 | 431300 | 娄星区 |
| 娄星区 | 628.23 | 1 | 5 | 7 | 417000 | 431302 | 长青街道 |
| 冷水江市 | 437.89 | 1 | 5 | 4 | 417500 | 431381 | 沙塘湾街道 |
| 涟源市 | 1830.06 | 2 | 16 | 1 | 417100 | 431382 | 蓝田街道 |
| 双峰县 | 1593.45 | 3 | 11 | 2 | 417700 | 431321 | 永丰街道 |
| 新化县 | 3619.95 | 7 | 18 | 3 | 417600 | 431322 | 上渡街道 |

# 人口·民族

【人口及基本情况】根据第七次全国人口普查结果，娄底市常住人口为3826996人，居住在城镇的人口为1796776人，占46.95%；居住在乡村的人口为2030220人，占53.05%。5个县(市、区)中，常住人口超过100万人的为新化县；50万人至100万人之间的分别为涟源市、娄星区、双峰县；50万人以下的为冷水江市。

娄底市及各县(市、区)常住人口一览表

表4

| 地区 | 人口数 | 比重(%) | |
|---|---|---|---|
| | | 2020年 | 2010年 |
| 娄底市 | 3826996 | 100.00 | 100.00 |
| 娄星区 | 752530 | 19.66 | 13.13 |
| 冷水江市 | 329912 | 8.62 | 8.64 |
| 涟源市 | 862099 | 22.53 | 26.30 |
| 双峰县 | 685917 | 17.92 | 22.57 |
| 新化县 | 1196538 | 31.27 | 29.36 |

全市常住人口中，男性人口为1960551人，占51.23%；女性人口为1866445人，占48.77%；总人口性别比（以女性为100，男性对女性的比例）为105.04。0~14岁人口为861343人，占22.51%；15~59岁人口为2226697人，占58.18%；60岁及以上人口为738956人，占19.31%，其中65岁及以上人口为565860人，占14.79%。

【民族】娄底是少数民族散居地区，境内居民以汉族为主，2020年，全市散居有苗族、土家族、侗族、瑶族、壮族、藏族、彝族、回族、布依族、满族、蒙古族、仡佬族、维吾尔族、黎族等45个少数民族。常居少数民族人口约4万人，其中超过1000人的有苗族、土家族、侗族、瑶族；超过200人的有壮族、藏族、彝族、回族、布依族、白族。 （付嘉名 彭彬）

娄底市及各县(市、区)人口性别构成一览表

表5 单位：%

| 地区 | 占总人口比重 | | 性别比 |
|---|---|---|---|
| | 男 | 女 | |
| 全市 | 51.23 | 48.77 | 105.04 |
| 娄星区 | 50.18 | 49.82 | 100.72 |
| 冷水江市 | 50.45 | 49.55 | 101.83 |
| 涟源市 | 52.15 | 47.85 | 108.97 |
| 双峰县 | 51.09 | 48.91 | 104.46 |
| 新化县 | 51.52 | 48.48 | 106.29 |

娄底市及各县(市、区)人口年龄构成一览表

表6 单位：%

| 地区 | 占总人口比重 | | | |
|---|---|---|---|---|
| | 0~14岁 | 15~59岁 | 60岁及以上 | 其中：65岁及以上 |
| 全市 | 22.51 | 58.18 | 19.31 | 14.79 |
| 娄星区 | 20.60 | 63.77 | 15.64 | 11.78 |
| 双峰县 | 21.16 | 56.63 | 22.21 | 17.69 |
| 新化县 | 25.80 | 55.55 | 18.65 | 14.13 |
| 冷水江市 | 23.02 | 58.56 | 18.42 | 13.68 |
| 涟源市 | 20.48 | 58.06 | 21.46 | 16.43 |

# 经济社会发展

【概况】2020年，娄底市实现地区生产总值1679.94亿元，同比增长4.0%。其中：第一产业增加值199.55亿元，同比增长4.4%；第二产业增加值650.32亿元，同比增长5.1%；第三产业增加值830.07亿元，同比增长3.0%。全市三次产业结构由上年的10.7:39.5:49.8调整为11.9:38.7:49.4，第三产业占比下降0.4个百分

点，三次产业对全市经济增长贡献率分别为 10.5%、54.8%和 34.7%，分别拉动全市 GDP 增长 0.4 个、2.2 个和 1.4 个百分点。

全市公共财政预算收入 144.61 亿元，同比增长 1.5%，其中地方财政收入 80.61 亿元，增长 5.1%。全市公共财政预算支出 329.52 亿元，增长 2.7%，其中，教育、科技、文化、交通、医疗卫生、节能环保、社会保障与就业、城乡社区事务、农林水、住房保障等民生支出 236.91 亿元，占全市财政支出的比重 71.9%。

全年居民消费价格指数比上年上涨 2.4%，其中食品烟酒类上涨 8.7%，衣着类上涨 0.2%，居住类下降 1.3%，生活用品及服务类上涨 0.1%，交通和通信类下降 2.8%，教育文化和娱乐类上涨 0.3%，医疗保健类上涨 0.3%，其他用品和服务类上涨 5.5%。

**2020 年娄底市财政收入和支出一览表**

表 7

| 指标 | 绝对数(万元) | 比上年增长(%) |
|---|---|---|
| 公共财政预算收入 | 1446099 | 1.5 |
| 地方财政收入 | 806121 | 5.1 |
| 其中：税收收入 | 551943 | 5.6 |
| 非税收入 | 254178 | 4.1 |
| 上划中央级税收 | 517724 | −2.8 |
| 上划省级税收 | 122254 | −2.2 |
| 公共财政预算支出 | 3295235 | 2.7 |
| 其中：一般公共服务支出 | 445058 | 7.5 |
| 教育支出 | 624136 | 9.0 |
| 科学技术支出 | 52018 | 40.9 |
| 文化体育与传媒支出 | 39465 | −19.2 |
| 社会保障和就业支出 | 456751 | 2.2 |
| 医疗卫生与计划生育支出 | 350352 | 11.2 |
| 节能环保支出 | 55039 | 5.2 |
| 城乡社区事务支出 | 130194 | −44.1 |
| 农林水事务支出 | 457653 | 5.2 |
| 住房保障支出 | 91016 | −6.0 |

**2020 年娄底市居民消费价格和商品零售价格指数一览表**

表 8　　单位：人、%

| 指标名称 | 上年=100 |
|---|---|
| 居民消费价格指数 | 102.4 |
| 一、食品烟酒 | 108.7 |
| 二、衣着 | 100.2 |
| 三、居住 | 98.7 |
| 四、生活用品及服务 | 100.1 |
| 五、交通和通信 | 97.2 |
| 六、教育文化和娱乐 | 100.3 |
| 七、医疗保健 | 100.3 |
| 八、其他用品和服务 | 105.5 |
| 商品零售价格指数 | 101.2 |

【农业】2020 年，娄底市农林牧渔业总产值 333.27 亿元，同比增长 4.5%。其中，农业产值 158.76 亿元，增长 2.4%；林业产值 7.82 亿元，增长 8.5%；牧业产值 139.05 亿元，增长 7.9%；渔业产值 16.16 亿元，增长 0.1%，农林牧渔专业及辅助性活动产值 11.48 亿元，增长 6.5%。

全年全市粮食种植面积 243.63 千公顷，同比增长 3.1%，粮食总产量 156 万吨，增产 1.9%；蔬菜种植面积 41.9 千公顷，增长 3.7%，蔬菜产量 162.97 万吨，增产 4.4%；油料种植面积 40.4 千公顷，增长 9.3%，油料产量 7.23 万吨，增产 16.6%；猪牛羊肉产量 25.46 万吨，增长 2.4%，其中猪肉产量 22.23 万吨，下降 0.1%；禽蛋产量 3.29 万吨，增长 5.8%；生猪出栏 305.63 万头，比上年下降 0.2%，年末生猪存栏 259.64 万头，增长 38.3%；水产品产量 9.06 万吨，增长 2.8%。

全市 2450 家农产品加工企业实现销售收入 627.1 亿元(统计口径调整，与上年数据不可比)，同比增长 11.5%，其中国家级及省级龙头企业 57 家；全市 1828 个休闲农业经营主体实现经营收入 31.21 亿元，增长 8.0%。全市农民专业合作社 7246 个，增长 2.0%，农民专业合作社成员 14.08 万户，增长 1.3%；家庭农场 2407 个，增长 19.3%；“二品一标”农产品认证个数 177 个，其中绿色食品 173 个，有机食品 2 个，农产品地理标志2个；年末农业机械总动力362.2万千瓦，全年化肥施用量(折纯)8.0万吨。

全市财政资金中农林水事务支出45.77亿元，占全市公共财政预算支出的13.9%。全年开工水利建设工程3.58万处，投入资金11.25亿元，完成土石方5350万立方米，新增农田有效灌溉面积6933.33公顷，治理水土流失面积65.2平方千米。完成自然村通水泥（沥青）公路237.1千米，提质改造农村公路134.8千米，巩固和新增农村自来水人口7.89万人，农村及城镇低保适龄妇女“两癌”免费检查9.53万人，改(新)建农村户用厕所1.6万个。

【工业和建筑业】2020年，娄底市实现全部工业增加值522.28亿元，同比增长5.0%。规模以上工业增加值增长5.7%，其中非公有制规模以上工业增加值增长5.0%。在规模以上工业中，按经济类型分，国有企业增长1.2%；集体企业下降35.6%，股份制企业增长5.8%，外商及港澳台投资企业增长16.2%。按企业规模分，大中型企业增长6.5%，小微型企业增长5.0%。按行业分，煤炭开采及洗选业下降10.8%，农副食品加工业下降1.2%，医药制造业增长10.9%，非金属矿物制品业增长5.9%，石油、煤炭及其他燃料加工业增长7.3%，黑色金属及压延加工业增长8.7%，有色金属及压延加工业增长2.5%，通用设备制造业下降5.1%，专用设备制造业增长24.4%，汽车制造业增长13.7%，计算机、通信和其他电子设备制造业增长120.3%。

全市省级及以上园区规模工业增加值同比增长6.1%，占全市规模工业增加值的比重为70.2%。全市高技术产业增加值增长64.9%，装备制造业增加值增长15.8%。全市六大高耗能行业增加值增长5.5%，占规模工业增加值比重的45.0%。

全市重点监测的10种主要工业产品中(规模工业企业)，原煤产量420.11万吨，同比下降13.6%；生铁1091.7万吨，增长3.6%；粗钢1335.6万吨，增长6.5%；钢材1472.8万吨，增长6.5%；氮肥(折纯)5.26万吨，增长1.1%；发电量133.68亿千瓦时，下降7.1%；焦炭370.6万吨，增长4.9%；纯碱19.01万吨，增长1.4%；锑品7.75万吨，增长6.9%；水泥1131.6万吨，下降8.3%。

全市规模以上工业企业实现利润总额130.3亿元，同比下降1.3%。分经济类型看，国有企业亏损245万元，集体企业盈利759万元，股份制企业盈利106.92亿元，外商及港澳台投资企业盈利22.3亿元。全市规模以上工业企业资产负债率为46.3%，每100元主营业务收入中营业成本为86元。

全市建筑业增加值128.14亿元，同比增长5.6%；全市具有建筑资质等级的总承包和专业承包建筑业企业150家，完成建筑业总产值455.66亿元，增长10.5%。房屋建筑施工面积1370.16万平方米，增长6.4%；房屋建筑竣工面积881.19万平方米，增长7.5%。

【服务业】2020年，娄底市批发和零售业增加值155.85亿元，同比增长0.3%；交通运输、仓储和邮政业增加值90.3亿元，下降3.5%；住宿和餐饮业增加值31.94亿元，下降13.4%；金融业增加值68.24亿元，增长6.2%；房地产业增加值90.85亿元，增长5.0%；营利性服务业增加值150.03亿元，增长8.2%；非营利性服务业增加值236.74亿元，增长3.7%。全市规模以上服务业企业营业收入129.75亿元，增长2.8%，利润总额12.56亿元，增长12.9%。

年末全市公路(不含高速公路)线路里程14745千米，高速公路里程370.35千米。全市民用汽车保有量46.12万辆，增长11.6%，其中私人汽车保有量43.74万辆，增长11.7%。全市完成电信业务总量308.91亿元，增长33.8%，邮政业务总量15.34亿元，增长32.4%。

全年旅游总人数4771.1万人次，同比下降9.8%，其中国内游客4769.8万人次，入境游客1.34万人；实现旅游总收入424.6亿元，下降6.2%，其中国内旅游收入424.4亿元，旅游外汇收入238.6万美元。

【固定资产投资】2020年，娄底市固定资产投资同比增长8.6%，分类型看，国有投资增长6.1%，非国有投资增长9.7%，其中民间投资增长2.5%。分产业看，第一产业投资下降28.0%，第二产业投资增长18.4%，第三产业投资增长4.1%，三次产业投资占全市投资的比重分别为3.6%、47.6%、48.8%，第三产业投资占比高于第二产业占比1.2个百分点。

全市采矿业投资同比增长21.7%，制造业投资增长7.1%，工业投资增长18.8%，工业技改投资增长15.8%，基础设施投资下降7.6%，高新技术产业投资增长38.2%，生态环境投资增长11.0%，民生工程投资增长4.1%。

全市房地产开发投资133.67亿元，同比增长16.0%。其中住宅投资104.02亿元，增长19.3%，办公楼投资1.76亿元，增长51.7%，商业营业用房投资18.98亿元，增长27.8%。商品房销售面积353.52万平方米，增长8.0%；商品房销售额191.63亿元，增长10.5%；商品房待售面积71.11万平方米，下降0.8%。

【贸易】2020年，娄底市完成社会消费品零售总额678.85亿元，下降2.4%。按经营地分，城镇消费品零售额571.03亿元，下降2.5%，乡村消费品零售额107.82亿元，下降1.8%。按消费类型分，商品零售额626.77亿元，下降1.9%，餐饮收入额52.08亿元，下降7.9%。按限额类别分，限额以上单位零售额295.77亿元，增长14.5%；限额以下零售额383.07亿元，下降12.4%。限额以上单位商品零售额中，粮油、食品类38.16亿元，增长10.5%；服装鞋帽针纺织品类12.01亿元，增长10.8%；化妆品类3.64亿元，增长12.6%；金银珠宝类3.48亿元，增长14.0%；日用品类10.34亿元，增长29.2%；家用电器和音像器材类22.43亿元，下降0.9%；五金电料类13.02亿元，下降3.1%；石油及制品类49.44亿元，下降1.9%；汽车类81.67亿元，增长6.5%。

全市实现进出口总额144.29亿元，同比增长14.9%，其中，出口额40.9亿元，下降14.0%，进口额103.38亿元，增长32.4%。全市实际利用外资7.20亿美元，同比增长18.1%，全市实际引进省外境内资金454.04亿元，增长22.9%。

【金融】2020年末，娄底市金融机构本外币各项存款余额2203.65亿元，比年初增加235.95亿元，其中住户存款余额1643.96亿元，比年初增加179.86亿元，非金融企业存款余额250.94亿元，比年初增加17.31亿元；年末金融机构本外币各项贷款余额1335.87亿元，比年初增加163.33亿元，其中住户贷款549.44亿元，比年初增加106.47亿元，非金融企业及机关团体贷款786.42亿元，比年初增加56.87亿元。

**2020年娄底市金融机构本外币存贷款余额及增速一览表**

表9

| 指标 | 年末余额(万元) | 同比增长(%) |
|---|---|---|
| 金融机构本外币各项存款余额 | 22036465 | 12.0 |
| 其中：住户存款 | 16439649 | 123 |
| 非金融企业存款 | 2509386 | 7.4 |
| 广义政府存款 | 3081185 | 14.4 |
| 非银行业金融机构存款 | 2092 | -10.8 |
| 境外存款 | 4153 | 8.7 |
| 全年新增本外币各项存款 | 2359478 | 308.1 |
| 金融机构本外币各项贷款余额 | 13358719 | 13.9 |
| 其中：住户贷款 | 5494447 | 24.0 |
| 非金融企业及机关团体贷款 | 7864166 | 7.8 |
| 境外贷款 | 107 | -39.6 |
| 个人住房消费贷款 | 2545518 | 35.4 |
| 中小微企业贷款 | 4144844 | 14.4 |
| 农、林、牧、渔业贷款 | 46671 | -2.0 |
| 制造业贷款 | 875963 | -14.0 |
| 全年新增本外币各项贷款 | 1633301 | -4.8 |
| 金融机构人民币各项存款余额 | 22011733 | 12.0 |
| 金融机构人民币各项贷款余额 | 13344985 | 14.2 |

【教育和科学技术】2020年，娄底市普通高等教育招生1.37万人，在校生4.05万人，毕业生0.88万人；各类中等职业教育招生2.15万人，在校生5.26万人，毕业生1.24万人；39所普通高中招生3.07万人，在校生8.65万人，毕业生2.59万人；256所初中学校招生5.43万人，在校生16.45万人，毕业生5.06万人；726所普通小学招生5.82万人，在校生36.3万人，毕业生5.35万人；特殊教育招生490人，在校生3159人，毕业生379人；幼儿园在园幼儿12.85万人；各类民办学校570所，在校学生11.45万人。发放中职国家助学金3950.5万元，资助中职学生3.94万人次；发放高校国家奖学金、助学金2100.2万元，资助高校学生0.96万人次；发放普通高中国家助学金4148万元。全市公办幼儿园在园幼儿占比47.8%，普惠性幼儿园覆

盖率 86.08%。

全市完成高新技术产业总产值 1478.4 亿元，同比增长 8.6%；高新技术产业增加值 347.1 亿元，增长 9.5%，高新技术产业增加值占地区生产总值的比重提升到 20.7%。全市申请专利 5588 件，增长 79.8%，其中发明专利申请 2725 件，增长 335.3%；全市专利授权 2571 件，增长 44.4%，其中发明专利授权 137 件，增长 73.4%。

【文化、卫生和体育】2020 年末，娄底市有艺术表演团体 5 个，群众艺术馆、文化馆 6 个，博物馆、纪念馆 3 个，公共图书馆 6 个，国家级非物质文化遗产保护目录 4 个，省级非物质文化遗产保护目录 7 个。全市共有广播电台 5 座，电视台 5 座，有线电视用户 43.65 万户，电视综合人口覆盖率 99.86%，广播综合人口覆盖率 99.16%。

年末有医疗卫生机构 4083 个，其中医院 116 个，乡镇卫生院 72 个，社区卫生服务中心 18 个，村卫生室 3094 个，诊所、卫生室、医务室 751 个，妇幼保健机构 6 个，疾病预防控制中心 6 个；卫生技术人员 2.8 万人，其中执业医师及执业助理医师 1.28 万人，注册护士 1.43 万人；医院床位数 1.81 万张，乡镇卫生院床位数 0.55 万张。

全市各类体育场地 5874 个，其中运动场 392 个，游泳池 42 个，各种训练房 302 个。开展全民健身项目 125 项次，经常参加体育锻炼人数 182.8 万人，新建农民体育健身工程的行政村 244 个。

【资源和环境】2020 年，娄底市发现矿种 56 种，探明资源储量的矿种 28 种，其中新能源矿产 1 种，金属矿产 11 种，非金属矿产 16 种。实施地质勘查项目(含续作项目)5 个。

全年完成造林面积 0.6 万公顷，全市活立木蓄积量 1769 万立方米，森林覆盖率为 50.91%。实际监测的地表水断面中，满足Ⅲ类标准及以上的断面比例 100%；全年中心城区环境空气质量优良天数达到 351 天，优良率为 95.9%；中心城区污水处理率达 98.7%，城市生活垃圾无害化处理率 100%。中心城区建成区面积 53.5 平方千米，城市人均公园绿地面积 9.59 平方米。

【人民生活和社会保障】2020 年，娄底市居民人均可支配收入 21993 元，比上年增长 7.0%。按收入来源分，工资性收入 11641 元，经营净收入 3048 元，财产净收入 922 元，转移净收入 6382 元。城镇居民人均可支配收入 32161 元，增长 5.4%；农村居民人均可支配收入 14143 元，增长 9.4%。城乡居民收入比由上年的 2.36:1 缩小为 2.27:1。

全年全市居民人均消费支出 16754 元，比上年增长 1.4%。城镇居民人均消费支出 21719 元，增长 0.3%；农村居民人均消费支出 12921 元，增长 2.6%。全市居民恩格尔系数为 30.9%，比上年上升 1.7 个百分点。城镇居民恩格尔系数为 30.0%，农村居民恩格尔系数为 32.0%。

全市居民人均现住房建筑面积为 66.04 平方米。按常住地分，城镇居民人均现住房建筑面积为 44.86 平方米，农村居民人均现住房建筑面积为 82.38 平方米。

全市新增城镇就业人员 3.48 万人，帮助失业人员实现再就业 1.75 万人，城镇登记失业率为 2.3%。年末参加企业职工基本养老保险人数 68.21 万人，参加机关事业单位基本养老保险人数 14.61 万人，参加城乡居民基本养老保险人数 197.12 万人；参加基本医疗保险人数 389.32 万人，其中城乡居民基本医疗保险 350.96 万人，城镇职工基本医疗保险 38.36 万人；参加失业保险职工人数 35.0 万人，全年领取失业保险金职工人次为 1.68 万人次。参加工伤保险职工人数 39.06 万人。参加生育保险职工人数 21.61 万人。全市有 2.06 万人享受城镇居民最低生活保障，发放城镇居民最低生活保障经费 1.03 亿元；10.57 万人享受农村居民最低生活保障，发放农村居民最低生活保障经费 2.92 亿元。年末各类收养性社会福利单位床位数 530 张，各类收养性社会福利单位收养人员数 251 人。全年销售社会福利彩票 2.2 亿元，筹集福彩公益金 0.69 亿元。新改建公办养老机构 5 所，公办养老机构新增床位 680 张。

**说明**：1.本分目的所有数据来自《娄底市 2020 年国民经济和社会发展统计公报》。

2.地区生产总值(GDP)、各产业增加值绝对数按照现价计算，增长速度按可比价计算。

3.部分数据因四舍五入的原因，存在与分项合计不等的情况。

## 2020年娄底市各县(市、区)主要经济指标情况表

表10

| 指　标 | 单位 | 1—12月累计 | 累计同比增长(%) |
|---|---|---|---|
| 1.地区生产总值 | 万元 | 16799353 | 4.0 |
| 娄星区 | 万元 | 5857953 | 4.4 |
| 双峰县 | 万元 | 2660030 | 4.3 |
| 新化县 | 万元 | 2869461 | 4.0 |
| 冷水江市 | 万元 | 2382743 | 3.8 |
| 涟源市 | 万元 | 3029166 | 4.3 |
| 2.第一产业增加值 | 万元 | 1995504 | 4.4 |
| 娄星区 | 万元 | 226061 | 4.2 |
| 双峰县 | 万元 | 571039 | 4.2 |
| 新化县 | 万元 | 571190 | 4.2 |
| 冷水江市 | 万元 | 123271 | 4.3 |
| 涟源市 | 万元 | 503943 | 5.4 |
| 3.第二产业增加值 | 万元 | 6503187 | 5.1 |
| 娄星区 | 万元 | 2743548 | 5.4 |
| 双峰县 | 万元 | 823723 | 4.9 |
| 新化县 | 万元 | 831115 | 5.3 |
| 冷水江市 | 万元 | 1064365 | 5.0 |
| 涟源市 | 万元 | 1040436 | 5.1 |
| 4.工业增加值 | 万元 | 5222808 | 5.0 |
| 娄星区 | 万元 | 2121454 | 5.3 |
| 双峰县 | 万元 | 669708 | 4.3 |
| 新化县 | 万元 | 656039 | 5.1 |
| 冷水江市 | 万元 | 921773 | 5.4 |
| 涟源市 | 万元 | 853834 | 5.0 |
| 5.建筑业增加值 | 万元 | 1281417 | 5.6 |
| 娄星区 | 万元 | 622602 | 6.0 |
| 双峰县 | 万元 | 154094 | 8.1 |
| 新化县 | 万元 | 175527 | 6.0 |
| 冷水江市 | 万元 | 142592 | 1.8 |

续表 10

| 指　标 | 单位 | 1—12 月累计 | 累计同比增长(%) |
|---|---|---|---|
| 涟源市 | 万元 | 186602 | 6.0 |
| 6.第三产业增加值 | 万元 | 8300662 | 3.0 |
| 娄星区 | 万元 | 2888345 | 3.4 |
| 双峰县 | 万元 | 1265268 | 3.8 |
| 新化县 | 万元 | 1467156 | 3.2 |
| 冷水江市 | 万元 | 1195107 | 2.5 |
| 涟源市 | 万元 | 1484786 | 3.4 |
| 7.农林牧渔业总产值 | 万元 | 3332666 | 4.5 |
| 娄星区 | 万元 | 364129 | 4.2 |
| 双峰县 | 万元 | 943613 | 4.2 |
| 新化县 | 万元 | 955821 | 4.2 |
| 冷水江市 | 万元 | 214998 | 4.4 |
| 涟源市 | 万元 | 854106 | 5.4 |
| 8.规模以上工业增加值 | 万元 | — | 5.7 |
| 娄星区 | 万元 | — | 5.3 |
| 开发区 | 万元 | — | 6.8 |
| 双峰县 | 万元 | — | 5.2 |
| 新化县 | 万元 | — | 5.3 |
| 冷水江市 | 万元 | — | 5.4 |
| 涟源市 | 万元 | — | 5.4 |
| 9.规模以上工业产销率 | % | 99.51 | 0.08 |
| 娄星区 | % | 97.38 | -0.40 |
| 开发区 | % | 100.33 | 0.92 |
| 双峰县 | % | 99.72 | -0.98 |
| 新化县 | % | 99.08 | -0.05 |
| 冷水江市 | % | 99.18 | -0.83 |
| 涟源市 | % | 99.63 | 0.06 |
| 10.固定资产投资 | 万元 | — | 8.60 |
| 娄星区 | 万元 | — | 8.40 |

续表 10

| 指 标 | 单位 | 1—12 月累计 | 累计同比增长(%) |
|---|---|---|---|
| 万宝新区 | 万元 | — | 8.6 |
| 开发区 | 万元 | — | 8.7 |
| 双峰县 | 万元 | — | 8.4 |
| 新化县 | 万元 | — | 8.6 |
| 冷水江市 | 万元 | — | 8.6 |
| 涟源市 | 万元 | — | 8.7 |
| 11.社会消费品零售总额 | 万元 | 6788485 | -2.4 |
| 娄星区 | 万元 | 2026160 | -2.5 |
| 其中:万宝新区 | 万元 | 185416 | -5.0 |
| 双峰县 | 万元 | 1060049 | -2.4 |
| 新化县 | 万元 | 1563261 | -2.4 |
| 冷水江市 | 万元 | 723258 | -2.5 |
| 涟源市 | 万元 | 1415757 | -2.5 |
| 12.地方一般公共预算收入 | 万元 | 806121 | 5.1 |
| 市本级 | 万元 | 304362 | 5.5 |
| 娄星区 | 万元 | 83275 | 10.6 |
| 双峰县 | 万元 | 79402 | 5.7 |
| 新化县 | 万元 | 119114 | 9.4 |
| 冷水江市 | 万元 | 86672 | -8.0 |
| 涟源市 | 万元 | 78703 | 5.1 |
| 开发区 | 万元 | 54593 | 9.0 |
| 13.公共财政预算支出 | 万元 | — | — |
| 市本级 | 万元 | — | — |
| 娄星区 | 万元 | — | — |
| 双峰县 | 万元 | — | — |
| 新化县 | 万元 | — | — |
| 冷水江市 | 万元 | — | — |
| 涟源市 | 万元 | — | — |
| 开发区 | 万元 | — | — |

续表 10

| 指 标 | 单位 | 1—12 月累计 | 累计同比增长(%) |
| --- | --- | --- | --- |
| 14.城镇居民人均可支配收入 | 元 | 32161 | 5.4 |
| 娄星区 | 元 | 37167 | 5.7 |
| 双峰县 | 元 | 24499 | 5.6 |
| 新化县 | 元 | 24197 | 5.4 |
| 冷水江市 | 元 | 39376 | 5.2 |
| 涟源市 | 元 | 25735 | 5.3 |
| 15.农村居民人均可支配收入 | 元 | 14143 | 9.4 |
| 娄星区 | 元 | 22564 | 9.6 |
| 双峰县 | 元 | 14728 | 9.7 |
| 新化县 | 元 | 10753 | 9.3 |
| 冷水江市 | 元 | 23114 | 9.4 |
| 涟源市 | 元 | 12285 | 9.5 |
| 16.金融机构本外币各项存款余额 | 万元 | 2359478 | 12.0 |
| 市辖区 | 万元 | 1038144 | 14.0 |
| 双峰县 | 万元 | 353790 | 11.6 |
| 新化县 | 万元 | 485534 | 11.7 |
| 冷水江市 | 万元 | 173625 | 7.8 |
| 涟源市 | 万元 | 308386 | 10.8 |
| 17.金融机构本外币各项贷款余额 | 万元 | 1633301 | 13.9 |
| 市辖区 | 万元 | 584493 | 11.9 |
| 双峰县 | 万元 | 153901 | 11.4 |
| 新化县 | 万元 | 557603 | 25.0 |
| 冷水江市 | 万元 | 35272 | 2.2 |
| 涟源市 | 万元 | 302032 | 18.3 |

# 中国共产党娄底市委员会

◎综述
◎重要会议
◎重大决策
◎市委办公室工作
◎组织工作
◎宣传工作
◎统战工作
◎机关党建
◎机构编制
◎党校教育
◎保密工作
◎政策研究
◎接待服务工作
◎老干部工作
◎网信工作

# 综　述

【概况】2020年,中共娄底市委坚持以习近平新时代中国特色社会主义思想为指导,深入贯彻党的十九大及十九届二中、三中、四中、五中全会精神和习近平总书记考察湖南重要讲话精神,坚持稳中求进工作总基调,统筹推进"五位一体"总体布局、协调推进"四个全面"战略布局,坚持新发展理念,扎实做好"六稳"工作,全面落实"六保"任务,深入开展干部作风集中整治,坚定不移推进决胜全面建成小康社会、决战脱贫攻坚,全市各项事业取得新进展。

【党的建设】2020年,中共娄底市委坚持不懈抓好党的创新理论武装,市委常委会会议坚持把学习传达贯彻习近平总书记重要讲话和重要指示批示精神作为第一议题,将贯彻落实习近平总书记重要讲话和重要指示批示精神的情况纳入政治建设考核、巡视巡察、绩效评估、日常监督、干部作风集中整治的重要内容,以抓好落实践行"两个维护"。开展市委理论学习中心组集体学习14次,召开市委五届十次全会审议通过《中共娄底市委关于深入学习贯彻习近平总书记考察湖南重要讲话精神为谱写新时代坚持和发展中国特色社会主义湖南新篇章贡献娄底力量的实施意见》,及时组织传达学习党的十九届五中全会精神,掀起学习贯彻热潮。3次专题调度市委常委班子"不忘初心、牢记使命"主题教育检视问题整改情况,不断巩固主题教育成果。开展《半条棉被》集中观影微党课,传承红色基因。制定市委落实全面从严治党主体责任清单、市委常委会成员履行全面从严治党责任清单,坚决扛起全面从严治党的政治责任。坚决落实省委"1+5"文件精神,实施"村干部定向培养工程",强力整顿一批软弱涣散基层党组织,稳步推进村(社区)"两委"换届工作。积极推进"三表率一模范"机关创建工作,市直机关"五化"建设达标率100%。坚定不移推进正风肃纪反腐,在全市部署开展为期4个月的干部作风集中整治,推动化解了一大批"老大难"问题、历史遗留问题。认真贯彻执行中央八项规定精神,持续整治形式主义官僚主义。坚持一体推进不敢腐、不能腐、不想腐,坚决查处脱贫攻坚、基层治理、涉黑涉恶保护伞、欺诈骗取医保基金等重点领域的违纪违法问题,推动审计工作全覆盖,坚决纠治损害群众利益的不正之风和腐败问题,持续深化村级小微权力风险防控工作。发挥巡察利剑作用,对35家单位部署开展政治巡察,实现市本级本届党委任期内巡察全覆盖。

【疫情防控】2020年1月24日,娄底市第一时间启动重大突发公共卫生事件一级响应。成立市委疫情防控工作领导小组,建成13187个网格组成的覆盖全市的网格化防控体系,选派9818名干部担任网格联络员,构建"党委领导、政府主导、部门各司其职、县(市、区)守土有责"的责任体系,先后动员1.01万个基层党组织、21.6万名党员投入疫情防控,仅用23天实现确诊病例零新增,是全省确诊病例50例以上最早控制住疫情的市州。抗疫期间,研究出台《关于深化社会治理网格化服务管理的指导意见》,用3天时间建成市中心医院第二医疗区,率先在全省实现县级疾控中心核酸检测全覆盖,紧急组织市内企业转产医用口罩、消毒水、医用酒精等急需防疫物资。2月3日,向企业派驻1342名驻企防疫联络员,科学有序组织复工复产。2月23日,全省统一调度管理的重点企业96.2%实现复产,居全省第一,重点项目100%实现复工。

【经济发展】2020年,娄底市贯彻新发展理念,坚持以供给侧结构性改革为主线,集中精力抓好"六稳""六保",主动融入新发展格局,不断加强党对经济工作的全面领导。突出稳就业,双峰县发出全省首趟农民工返岗直达高铁专列,涟源市发出全省首批跨省农民工返岗大巴车队,新化县发出全省首趟建档立卡贫困户务工专列。坚持把保市场主体作为重要任务,积极研究落实解难纾困、援企稳岗、减税降费等政策措施,稳住经济基本盘。成功争取抗疫特别国债10.5亿元,申报发行3批次地方政府专项债券54.28亿元。先后三次开展项目集中开工竣工活动,13个省"五个100"项目、30个省重点项目、227个市重点项目,分别完成年度投资计划的125.89%、164.67%、135.52%。开展"乐享娄底幸福生活"、汽车展销会等系列活动,促进消费复苏回暖。充分发挥金融支持疫情防控、服务实体经济的积极作用。"一对一"帮扶重点外贸企业,稳住外贸基本盘。市本级一般性支出压减20%,“三公经费”压缩30%,牢牢兜住“三保”底线。着力打造先进制造业“双引擎”,强力推进工程机械产业建设,新签约和改扩建项目67个,完成投资115.68亿元,实现主营收入110.38亿元,增长12.6%,其中三一液压油缸智能生态工业城、三一重卡零部件产业园、三一路机灯塔工厂等5个重点项目,总投资达100亿元。做优做强钢铁新材产业,华菱涟钢棒材改造项目、高强钢一期项目竣工投产,高端家电用镀锌板项目开工建设,涟钢钢产量迈上1000万吨台阶。坚持“一链一策”高位推动产业链发展,10条工业新兴优势产业链增加值增长10.3%,高于规模工业增速4.8个百分点。坚持创新引领,突出抓好国家级高新区创建工作,进入科技部最新一批现场考察名单。着力加强科技创新平台建设,先进钢铁材料技术国家工程研究中心华中分中心落户娄底,华菱涟钢云数据中心投入使用。首家省级区块链产业园落户万宝新区。自觉扛牢粮食安全重任,推动粮食作物扩面增产,在全省率先完成收储任务。“一村一碾米机”实现全覆盖,水稻综合机械化水平达75%。生猪生产持续恢复,蔬菜产业稳步发展。全面完成农村集体产权制度改革和农村土地承包经营权确权登记颁证“回头看”工作。

【三大攻坚战】2020年,娄底市持续开展“百日攻坚行动”“进村入户巩固月活动” 和 “脱贫质量提升行动”,建立“双周调度会”、市级领导包联、常态化暗访督查、涉贫信访舆情快速联动处置“四项机制”,全力攻克脱贫领域重点难点问题,2847户农村危改房全部竣工验收,新建扶贫车间209个,1.73万名未脱贫人口全部脱贫。4956栋易地扶贫搬迁“应拆未拆”独栋房、连体房全部拆除并复垦,突出问题整改动态清零,经验做法被国家发改委在全国推介。自觉扛起“守护好一江碧水”的政治责任,污染防治攻坚战33项任务、“夏季攻势”124项任务全面完成,建成重点镇污水处理厂13个,清理整改小水电150座,第二次全国污染源普查工作获国务院通报表扬,河长制工作获全省先进。完成禁捕退捕年度任务,在全省率先建成资江视频监控系统。全力打好锡矿山区域环境综合治理攻坚战,锑煤矿区生态保护修复试点工程验收销号,砷碱渣无害化处理线投入运行。涟钢周边环境整治、关闭煤矿废水污染治理工程、城乡污水处理设施建设、农村人居环境整治等重点工作有序推进。积极防范化解政府债务风险,加强国有资产规范管理,加快平台公司市场化转型,政府债务风险保持在全省二类等级地区。加大“打处非”力度,侦办非法集资案件27起,加快九龙等重点个案资产处置,民间融资风险逐步化解。果断处置化解“垃圾围城”舆情事件,积极解决“邻避效应”问题,守住不发生重大风险底线。

【深化改革】2020年,娄底市抓实全面深化改革工作,制定实施2020年工作要点,部署推进114项重点改革任务。落实《中国共产党机构编制工作条例》,巩固深化党政机构改革成果。深化“放管服”改革,推进审批服务“一站式”办理和“五办五公开”“一件事一次办”,实现企业开办5.5小时办结。新化县村级远程医疗和油溪桥村“两山典型”、涟源市“屋场会群众工作法”、双峰县农村承包地确权登记颁证、娄星区农村集体产权制度改革、冷水江市“三零”服务体系、“互联网+村级小微权力监督”等10余项改革案例获国家部委、省里表彰或推介。举办第十一届“湘博会”、首届“娄底电商节”、跨境电商高峰论坛、三一重卡及汽车零部件企业到娄底市考察活动,参加“沪洽周”等经贸活动。娄底海关于12月26日开关运行。创新招商引资方式,开展线上对接交流、线下合作洽谈,组织专业招商队伍点对点招商、精准招商,借助亲情乡情以企引企、以商引商。开展对台、港、澳工作。开展友城工作,与坦桑尼亚基隆多尼市缔结友好城市关系。

【民主政治建设】2020年,中共娄底市委常委会听取市人大常委会、市政府、市政协、市中院、市检察院党组工作汇报,支持和保证同级国家机关和其他组织依法依章程履行职能。坚持和完善人民代表大会制度,推进大熊山森林公园、农村住房建设管理条例等立法工作。出台《关于新时代加强和改进政协工作的实施意见》,发挥政协专门协商机构作用。落实统战工作主体责任,履行党管武装职责,成功创建全国双拥模范城。学习领会中央全面依法治国工作会议精神和习近平法治思想,抓好政法工作条例的贯彻落实,组建党委法治建设议事协调机构及办公室。认真落实法治政府建设与责任落实督察工作规定,建立党政机关法律顾问制度。深化司法体制综合配套改革和政法领域各项改革,加强《中华人民共和国民法典》等普法宣传教育。

【宣传文化工作】2020年,中共娄底市委加强党对意识形态工作的领导,落实意识形态主体责任,推行意识形态工作述职评议、专项检查,建立意识形态领域重大风险隐患监测预警体系,推进意识形态工作队伍专业化建设工程,筑牢意识形态安全屏障。加强阵地建设,推进市直媒体融合发展,5个县级融媒体中心建成运营,推进新时代文明实践中心建设。健全网络综合治理体系,加强网上舆论引导和管控。坚持团结稳定鼓劲、正面宣传为主,围绕疫情防控、脱贫攻坚、项目建设、创文管卫、干部作风集中整治等主题开展宣传。成功创建全国文明城市。贯彻落实《新时代公民道德建设实施纲要》,培育和践行社会主义核心价值观,加快《娄底市文明行为促进条例》立法进程,开展志愿服务活动,推进大中小学校思政课一体化建设。建设贺国中故居等一批爱国主义教育基地。发展文化事业和文化产业,开展"乡村(社区)文化艺术节""欢乐潇湘·文化娄底"等群众文化活动,推动文化和旅游、体育、互联网等产业融合发展。

**【民生保障和社会治理】**2020年,娄底市推动"六个全覆盖"全部达标。12件省定民生实事和10件市定民生实事完成年度任务。做好高校毕业生、退役军人、农民工、城镇困难人员等重点群体就业工作,全市就业形势总体稳定。公办幼儿园学位建设和义务教育、普通高中大班额消除化解超额完成省定任务。推进芙蓉学校建设,加快娄底幼儿师范学校升专进程,落实教师待遇。建立县、乡、村三级远程医疗体系,在全省率先探索把远程医疗延伸到村卫生室。城乡居民养老保险实现全覆盖,基本医疗保险和生育保险全面实现市级统筹。全力攻克历史遗留问题,"无籍房"办证完成5.04万户,市老干部活动中心建设项目取得突破性进展,全面动工,列入清零专项行动的26个安置基地项目全部启动建设,建成交付17个。加强和创新社会治理,启动市域社会治理现代化试点工作,深化信访工作"三无"创建,化解信访积案。打击电信网络诈骗违法犯罪,推进扫黑除恶专项斗争,开展"六清"行动,审理办结中央扫黑办督办的"4·17"案等一批涉黑涉恶大案。开展安全生产专项整治三年行动,落实食品安全"四个最严"标准。

**【"十四五"规划】**2020年,娄底市坚持开门问策、集思广益,把强化顶层设计和坚持问计于民相统一,先后召开民营企业家、基层代表、文教卫体领域专家、工业产业链发展、乡村振兴、科技专家、党外人士等10个座谈会、调度会,赴华菱涟钢、国网娄底供电公司对接"十四五"规划,开展网上意见征求活动。将实施"三高四新"战略写进建议稿、纳入指导思想,提出抓落实的载体和措施。召开市委五届十一次全会,审议通过《中共娄底市委关于制定国民经济和社会发展第十四个五年规划和二〇三五年远景目标的建议》。

## 重要会议

**【中共娄底市委全会】**2020年,中共娄底市委召开市委全会3次。

7月29日,市委五届九次全会召开。审议通过《中共娄底市委关于进一步加强作风建设的若干意见》《中国共产党娄底市第五届委员会第九次全体会议决议》,会议替补王美成为中共娄底市委第五届委员会委员。

10月16日,市委五届十次全会召开。深入学习贯彻落实习近平总书记考察湖南时的系列重要讲话精神,审议通过《中共娄底市委关于深入学习贯彻习近平总书记考察湖南重要讲话精神为奋力谱写新时代坚持和发展中国特色社会主义湖南新篇章贡献娄底力量的实施意见》《中国共产党娄底市第五届委员会第十次全体会议决议》。

12月21—22日,市委五届十一次全会召开。深入学习贯彻习近平新时代中国特色社会主义思想、习近平总书记考察湖南重要讲话精神和党的十九届五中全会精神以及省委十一届十二次全体会议精神,科学谋划娄底市国民经济和社会发展第十四个五年规划和二〇三五年远景目标,听取市委常委会的工作报告;审议通过《中共娄底市委关于制定娄底市国民经济和社会发展第十四个五年规划和二〇三五年远景目标的建议》《中国共产党娄底市第五届委员会第十一次全体会议公报》。

**【中共娄底市委常委会会议(含市委常委扩大会议)】**2020年,中共娄底市委常委会会议(含市委常委扩大会议)召开47次。

1月3日,市委常委会会议召开。学习贯彻中央政治局"不忘初心、牢记使命"专题民主生活会精神,《中共中央国务院关于营造更好发展环境支持民营企业改革发展的意见》及全省发展民营经济和中小企业工作暨表彰大会精神，省委办公厅关于贯彻落实习近平总书记重要指示批示有关文件精神，市州和省直行业系统党(工)委书记抓基层党建暨落实意识形态工作责任制述职评议会议精神以及全省市州人大地方立法工作座谈会议精神，听取市人大常委会2020年立法计划(草案)情况汇报。

1月21日，市委常委会会议召开。学习国家主席习近平发表的2020年新年贺词，传达学习贯彻习近平总书记关于新型冠状病毒感染的肺炎疫情的重要指示和李克强总理批示及国务院新型冠状病毒感染的肺炎疫情防控工作电视电话会议精神，中央、省委“不忘初心、牢记使命”主题教育总结会议精神，十九届中央纪委四次全会和省第十一届纪委第五次全会精神，全国市域社会治理现代化工作会议和全省社会治理创新工作推进会议精神，军分区(警备区)党委第一书记党管武装工作述职会议和省军区党委全会精神，省委副书记、省长许达哲在省“两会”期间参加娄底代表团讨论时的讲话精神，研究全市2019年度贯彻落实习近平总书记重要指示批示情况“回头看”、脱贫攻坚、产业项目建设、娄商大会等工作，安排部署春节期间重点工作，审议贯彻落实习近平总书记重要指示批示的相关工作制度等。

2月1日，市委常委会会议召开。传达学习《中共中央关于加强党的领导、为打赢疫情防控阻击战提供坚强政治保证的通知》《中共湖南省委关于加强党的领导、坚决打赢疫情防控阻击战的通知》，听取全市疫情防控工作情况汇报，审议通过《中共娄底市委关于加强党的领导、坚决打赢疫情防控阻击战的通知》《关于做好市直机关、事业单位工作人员返岗疫情防控工作的通知》。

2月4日，市委常委会会议召开。传达学习贯彻习近平总书记在中央政治局常委会会议上的重要讲话精神和全省市州委书记视频会议精神，听取疫情防控有关工作和锡矿山区域砷碱渣治理项目进展情况汇报。

2月11日，市委常委会会议召开。学习贯彻习近平总书记在北京市调研指导新型冠状病毒肺炎疫情防控工作时的重要讲话精神，传达《省委新冠肺炎疫情防控工作领导小组关于对双峰县委新冠肺炎疫情防控工作领导小组给予批评的通报》，研究娄底市疫情防控有关工作，审议市委新冠肺炎疫情防控工作领导小组关于下阶段重点工作的建议。

2月13日，市委常委会会议召开。学习贯彻习近平总书记在中央政治局常委会会议、中央全面依法治国委员会第三次会议上的重要讲话精神，传达省委书记、省人大常委会主任杜家毫在省委新冠肺炎疫情防控工作领导小组会议上的讲话精神，对全市新冠肺炎疫情防控工作再研究、再部署、再加强，研究援企稳岗促复工促就业工作等。

2月16日，市委常委会会议召开。学习贯彻习近平总书记在中央全面深化改革委员会第十二次会议上重要讲话精神，传达贯彻省委书记、省人大常委会主任杜家毫在双峰县委新冠肺炎疫情防控工作领导小组有关报告上的批示精神，省委副书记、省长许达哲在娄督导检查新冠肺炎疫情防控工作时的讲话精神及全省纪检监察系统决战脱贫攻坚、防控新冠肺炎暨信访维稳工作视频会议精神，研究全市疾控系统PCR实验室建设、工业企业和重点在建项目开工复工有关工作，审议《娄底市复工复产企业疫情防控操作规程》和2020年常委会工作要点。

2月21日，市委常委会会议召开。传达学习全国、全省组织部部长会议，中央、省委政法工作会议和全省公安局长会议精神，听取全市经济运行情况汇报，研究部署进一步做好疫情分区分级精准防控、全市经济社会发展和劳模评选表彰有关工作。

2月24日，市委常委会会议召开。传达学习习近平总书记在2月21日中央政治局会议、2月23日统筹推进新冠肺炎疫情防控和经济社会发展工作部署会议上的重要讲话精神，以及省委疫情防控督查反馈意见和有关通报精神，学习新冠肺炎诊疗方案(第六版)和新冠肺炎防控方案(第五版)，研究统筹推进疫情防控和经济社会发展、防范化解和妥善处置全市重大群体性事件有关工作。

2月28日，市委常委会会议召开。传达学习贯彻习近平总书记在2月26日中央政治局常委会会议上的重要讲话精神，听取防疫网格联络员工作、有关部门履行重点场所防疫职责工作汇报；听取市委2019年贯彻执行中央八项规定精神情况和全市形式主义官僚主义突出问题专项整治工作情况汇报；传达贯彻全国、全省宣传部部长会议精神，研究宣传思想工作；审议全市“全面小康决胜年”行动方案。

3月5日，市委常委会会议召开。学习贯彻习近平总书记在3月4日中央政治局常委会会议上的重要讲话精神以及全国、全省统战部部长会议精神、省委副书记乌兰到娄调研时的讲话精神，研究当前新冠肺炎疫情防控和稳定经济社会运行重点工作，听取全市统战工作情况汇报。

3月7日，市委常委会会议召开。学习贯彻习近平总书记在决战决胜脱贫攻坚座谈会上的重要讲话精神，传达3月6日省委有关会议精神，全省积极应对新冠肺炎疫情决战脱贫攻坚工作部署会议精神；传达学习《中共中央国务院关于抓好“三农”领域重点工作确保如期实现全面小康的意见》(2020年中央一号文件)和中央、省委农村工作会议精神；传达中央、省委对台工作会议精神和全省机构改革总结会议精神，研究娄底市贯彻落实意见。

3月19日，市委常委会会议召开。学习贯彻习近平总书记在3月18日中央政治局常委会会议上的重要讲话精神，省委十一届十次全体会议精神，全国、全省网信工作会议精神，省委副书记乌兰，省委常委、统战部长黄兰香在娄调研时的讲话精神。

3月25日，市委常委会会议召开。听取全市教育工作情况汇报，审议通过《娄底市推进教育现代化办人民满意教育的若干措施》等。

3月30日，市委常委会会议召开。传达学习习近平总书记在二十国集团领导人应对新冠肺炎特别峰会上的重要讲话精神，研究开学复课、党建、信访等工作。

4月3日，市委常委会会议召开。传达学习习近平总书记在浙江考察时的重要讲话和对四川西昌市经久乡森林火灾作出的重要指示精神，传达3月27日召开的中央政治局会议精神，研究部署疫情防控和经济社会发展、安全生产、突出环境问题整改、扫黑除恶等工作。

4月10日，市委常委会会议召开。传达学习习近平总书记在4月8日中央政治局常委会会议上的重要讲话精神和近日对安全生产工作作出的重要批示精神，以及全国党政领导班子建设规划纲要的有关精神，研究部署二季度经济运行、新冠肺炎疫情常态化防控举措和安全生产等工作，审议通过《娄底市新冠肺炎疫情控制应急预案》(试行)和《关于抓党建促决战决胜脱贫攻坚的实施意见》。

4月15日，市委常委会会议召开。传达学习习近平总书记重要批示精神，听取市人大常委会党组关于调整市人大常委会2020年立法工作计划的汇报；传达省委书记、省人大常委会主任杜家毫在娄底调研时的讲话精神，研究贯彻落实举措等。

4月21日，市委常委会(扩大)会议召开。学习贯彻习近平总书记在4月17日中央政治局会议上的重要讲话精神，传达全省市州委书记座谈会精神，研究部署常态化疫情防控和当前经济运行工作。

4月27日，市委常委会会议召开。学习贯彻习近平总书记在陕西考察时的重要讲话精神，传达学习全省维护社会稳定电视电话会议精神，审议《中央、省脱贫攻坚工作考核反馈问题整改方案》，听取市人大常委会党组关于《娄底市大熊山国家森林公园条例（草案)》的情况汇报。

5月9日，市委常委会会议召开。传达学习贯彻习近平总书记在4月29日和5月6日中共中央政治局常委会会议、中央全面深化改革委员会第十三次会议上的重要讲话以及对全国各族青年的五四寄语精神，听取市委常委班子“不忘初心、牢记使命”主题教育检视问题整改进展情况汇报，研究保密工作。

5月15日，市委常委会会议召开。传达学习贯彻习近平总书记在5月14日中共中央政治局常委会会议上的重要讲话精神，听取娄底市疫情防控工作有关情况汇报，研究部署抓好常态化疫情防控和产业发展工作。

5月18日，市委常委会会议召开。学习贯彻习近平总书记在山西考察时的重要讲话精神，传达学习全省扫黑除恶专项斗争推进会精神，研究扫黑除恶、安全生产、稳就业等工作，审议通过《娄底市安全生产委员会成员单位安全生产工作职责规定》《娄底市应对新冠肺炎疫情影响实施保就业促创业五大行动的意见》。

6月12日，市委常委会会议召开。传达学习贯彻习近平总书记在中央政治局第二十次集体学习、在宁夏考察和在专家学者座谈会上的重要讲话精神，传达全省安全生产专项整治三年行动动员部署电视电话会议精神，研究安全生产、推动社会治理现代化等有关工作，审议《2019年度全市全面建成小康社会推进工作考核结果》。

7月3日，市委常委会会议召开。传达学习贯彻习近平总书记近期有关指示批示精神，传达全省市州委书记视频会议精神，调度“三保”、禁捕退捕、脱贫攻坚普查、高考、政协工作和扫黑除恶等工作。

7月27日，市委常委会会议召开。传达学习习近平总书记在企业家座谈会上和在吉林考察时的重要讲话精神，学习贯彻全省产业项目建设推进现场观摩会、省政府第六次全会、全省纪检监察领导干部座谈会精神，研究市委五届九次全会有关事项，听取关于《娄底市2019年市级财政决算(草案)和2020年上半年市级财政预算执行情况的报告》《娄底市人民政府关于2019年市级财政预算绩效管理情况的报告》情况汇报。

7月31日，市委常委会会议召开。传达学习贯彻习近平总书记7月28日在党外人士座谈会上的重要讲话精神和7月30日中共中央政治局会议精神，传达贯彻国务院联防联控机制严防聚集性疫情做好秋冬防控工作电视电话会议精神，审议通过2019年度绩效评估结果和2020年度绩效评估方案，研究未成年人思想道德建设等工作。

8月19日，市委常委会会议召开。传达学习贯彻习近平总书记关于“十四五”规划编制工作、制止餐饮浪费行为的重要指示精神，研究干部作风集中整治、重点水域禁捕退捕、污染防治攻坚战、民间融资风险处置等有关工作。

9月1日，市委常委会会议召开。传达学习贯彻习近平总书记在安徽考察时和在扎实推进长三角一体化发展座谈会、经济社会领域专家座谈会上的重要讲话精神，传达学习贯彻8月31日中央政治局会议精神，审议有关文件，研究全市自然保护地整合优化工作、“坚持政治建警全面从严治警”教育整顿、全市集中化解房地产办证信访突出问题专项行动、全市信创工程、专项债申报、疫情防控等工作。

9月7日，市委常委会会议召开。研究干部工作。

9月11日，市委常委会会议召开。传达学习贯彻习近平总书记在中国人民警察警旗授旗仪式、中央第七次西藏工作座谈会、中央全面深化改革委员会第十五次会议、纪念中国人民抗日战争暨世界反法西斯战争胜利75周年座谈会、全国抗击新冠肺炎疫情表彰大会和中央财经委员会第八次会议上的重要讲话精神，研究河长制、党校建设、网格化服务管理体系等工作。

9月20日，市委常委会(扩大)会议召开。专题传达学习习近平总书记在湖南考察时的重要讲话精神，研究贯彻落实意见。

9月22日，市委常委会会议召开。传达学习习近平总书记在中国农民丰收节前夕向全国广大农民和工作在“三农”战线上的同志们致以的节日祝愿、在科学家座谈会上的重要讲话精神以及对做好新时代民营经济统战工作作出的重要指示精神，研究干部作风集中整治、公共卫生防治体系建设、市级预算调整、市老干部活动中心项目建设等工作。

10月12日，市委常委会会议召开。传达学习省委十一届十一次全体会议精神，研究决定加开一次市委全会并审议有关事项，分析研究前三季度全市经济运行情况，安排部署下阶段工作，听取娄底市长江流域重点水域禁捕退捕工作进展情况汇报，审定2019年度市管领导班子和领导干部政治建设年度综合考核结果等。

10月15日，市委常委会会议召开。传达学习贯彻习近平总书记在教育文化卫生体育领域专家代表座谈会、2020年秋季学期中央党校（国家行政学院）中青年干部培训班开班式、中央政治局第二十三次集体学习、第三次中央新疆工作座谈会、联合国生物多样性峰会、联合国大会纪念北京世界妇女大会25周年高级别会议上的重要讲话精神和对供销合作社工作作出的重要指示精神、向“摆脱贫困与政党的责任”国际理论研讨会致的贺信与9月28日中央政治局会议精神，审议市委五届十次全会有关文件，听取关于政府债务化解有关工作情况汇报。

10月19日，市委常委会会议召开。听取全年全市基层党建重点任务推进情况和国有企业党建工作情况汇报，审议《娄底市贯彻落实〈中国共产党国有企业基层组织工作条例(试行)〉实施方案》《市委落实全面从严治党主体责任清单》《市委常委会成员履行全面从严治党责任清单》《关于调整市委党建工作领导小组组成人员名单》等文件。

10月28日，市委常委会会议召开。传达学习贯彻习近平总书记在广东考察期间、深圳经济特区建立40周年庆祝大会、中央政治局第二十四次集体学习、10月22日中央政治局常委会会议、纪念中国人民志愿军抗美援朝出国作战70周年大会上的重要讲话精神，给四川省革命伤残军人休养院全体人员、中国戏曲学院师生回信精神，对脱贫攻坚工作作出的重要指示精神和10月16日中央政治局会议精神，研究脱贫攻坚、安全生产、信访、扫黑除恶、平安建设等工作。

11月4日，市委常委会会议召开。传达学习党的十九届五中全会精神以及省委传达学习会议精神，学习贯彻习近平总书记8月25日在党外人士座谈会上的重要讲话精神，审议《娄底市党政主要负责人履行推进法治建设第一责任人职责情况报告》，研究全市干部作风集中整治工作、全市进度滞后的重点民生实事项目建设等。

11月24日，市委常委会会议召开。传达学习贯彻习近平总书记在中央全面依法治国工作会议、上海合作组织成员国元首理事会第二十次会议、金砖国家领导人第十二次会晤、二十国集团领导人第十五次峰会第一阶段会议上的重要讲话精神和向中国法治国际论坛(2020)的致信、在第三届巴黎和平论坛的致辞，传达全省领导干部会议精神，传达全国、全省卫健系统新冠肺炎疫情防控工作电视电话会议精神，研究部署全市秋冬季疫情防控工作。

12月3日，市委常委会(扩大)会议召开。传达学习省委十一届十二次全体会议精神。

12月4日，市委常委会会议召开。传达学习贯彻习近平总书记在全面推动长江经济带发展座谈会、浦东开发开放30周年庆祝大会、考察江苏、全国劳动模范和先进工作者表彰大会、中央政治局第二十五次集体学习时的重要讲话精神，关于平安中国建设、推进农村土地制度改革和做好农村承包地管理工作、第七次人口普查工作的重要指示精神，11月30日中央政治局会议精神，听取市人大常委会党组、市政协党组、市关工委工作汇报，研究全市2020年度国民经济和社会发展主要指标调整、巩固深化“不忘初心、牢记使命”主题教育成果、发展党员、人才、食品安全、扫黑除恶等工作。

12月11日，市委常委会会议召开。传达学习贯彻习近平总书记在中央政治局常委会会议上听取脱贫攻坚总结评估汇报时的重要讲话精神和致首届全国职业技能大赛的贺信精神，研究市委五届十一次全会、村(社区)“两委”换届、党管武装工作和国防后备力量建设等工作。

12月18日，市委常委会会议召开。传达贯彻12月11日中央政治局会议精神，习近平总书记在党外人士座谈会、中央政治局第二十六次集体学习、气候雄心峰会上的重要讲话精神和向人类减贫经验国际论坛致贺信精神，听取关于“十四五”时期优化空间布局课题研究有关情况汇报，审议《全市村(社区)党组织和村(居)民委员会换届工作实施方案》《中共娄底市委关于制定娄底市国民经济和社会发展第十四个五年规划和二〇三五年远景目标的建议》等有关文件。

12月21日，市委常委会会议召开。听取市委五届十一次全会分组讨论情况、全省“十四五”规划纲要征求娄底市意见有关情况汇报，审定参加全国脱贫攻坚总结表彰娄底先进个人和集体推荐名单等。

12月25日，市委常委会会议召开。传达学习中央经济工作会议、省委经济工作会议精神，研究娄底市贯彻落实意见，听取2020年全市安全生产、平安建设、市直有关单位党组(党委)设置情况汇报，审议通过市委常委班子民主生活会方案等。

12月27日，市委常委会会议召开。传达学习贯彻习近平总书记在中央政治局民主生活会上的重要讲话精神，传达学习省委副书记、代省长毛伟明在娄考察调研时的讲话精神，研究质量强市相关工作。

12月31日，市委常委会会议召开。传达学习习近平总书记在中央农村工作会议、中央全面深化改革委员会第十七次会议上的重要讲话精神，传达学习全省中医药大会精神等。

## 重大决策

**【全力打造钢铁新材和工程机械“双引擎”】**2020年，市委加快发展工程机械及配套产业，建设三一娄底产业园，新签约和改扩建项目67个，完成投资115.68亿元。10月9日，三一液压油缸智能生态工业城、三一重卡零部件产业园、三一路机灯塔工厂等5个重大项目落户三一娄底产业园，总投资100亿元。做优做强钢铁新材产业，华菱涟钢棒材改造项目竣工投产，VAMA二期、高强钢项目、高端家电用镀锌板项目启动建设，无取向硅钢成功签约，先进钢铁材料技术国家工程研究中心华中分中心落户娄底，全市钢铁新材技术工艺全面升级、产业结构明显优化，涟钢钢产量迈上1000万吨台阶，销售收入超过600亿元，“双引擎”格局初步形成。坚持“一链一策”高位推动产业链发展，10条工业新兴优势产业链增加值增长10.3%，高于规模工业增速4.8个百分点。

**【扎实开展作风整治推动解决历史遗留问题】**2020年，市委开展干部作风集中整治，引领全市广大党员干部“透过工作查作风、整改作风促工作”，把思想和精力集中到干事创业、争先创优上，推动历史遗留问题、“老大难”问题有效化解。“无籍房”办证完成

50400户。5月，市垃圾焚烧发电项目发生群众阻工事件，导致中心城区“垃圾围城”并引发网络舆情，市、区两级党委政府从解决民生问题入手，1400余名党员干部进村入户做实做细群众工作，妥善化解周边村群众矛盾，有效解决“邻避效应”，使项目得以推进。历时8年的市老干部活动中心项目取得进展，房屋拆迁、报批报建工作有序进行。安置基地建设、老旧小区改造、信访积案化解等工作取得成效。全市各级领导班子查找问题1464个，整改到位1418个，整改到位率96.9%。领导班子成员查找问题3145个，整改到位3092个，整改到位率98.3%。

【构建网格化管理服务社会治理新模式】2020年，市委在疫情防控实战检验的基础上，完善平战结合、常态长效的社会治理网格化管理服务体系，成立书记任组长的领导小组，市委专门出台文件予以规范，设立网格化服务管理指挥中心和智能化信息平台。全市建立覆盖全域的13187个网格，逐一配备网格长、网格员，从市县乡机关选派9818名干部担任网格联络员，明确“五员”“四个专员”职责，落实“五必知”“六必做”要求，全市“无疫网格”率99.54%。整合基层服务管理资源和力量，每个网格组建一支“娄底红”志愿服务队伍，“祥和娄底”微信群实现全覆盖。鼓励基层创新，出现“油溪桥积分制”“屋场会”“上梅红”“乐坪乐”等基层治理新模式。社会矛盾得到有效化解，全市群众到市、赴省、进京越级访、进京非访登记同比下降24.5%、19.4%、72.5%、88.5%；娄星、冷江、涟源和新化全部退出省信访工作重点调度范围。“积分制”“屋场会”“上梅红”获评全国优秀案例，工作经验在全国推介。

【构筑“互联网+村级小微权力监督”体系】2020年，娄底市构筑以“规范权力运行、打造特色版块”为主要内容的村级小微权力线上线下立体监督网，明确专人专抓专管，对村级财务实行月报账、季公开、年通报制度。对村级工程建设实行“四议两公开”年度决议和预结算评审工作法，对项目决策、发包程序等工程建设环节进行全过程监管。对群众关注的农村党员发展、低保审批等村级事务以及村级资产资源进行动态公开。10月，省纪委在娄底市召开全省现场观摩会；11月，省纪委《纪检监察动态》专题推介娄底经验。

（市委办供稿）

## 市委办公室工作

【概况】2020年，中共娄底市委办公室（以下简称市委办）立足参谋、协调、保障的职能职责，聚焦服务发展、服务决策、服务落实，为推动娄底经济社会高质量发展提供有力保障。以“清单式”管理推动市委常委会会议“第一议题”落实落地和牵头统筹全市疫情防控网格化管理服务体系建设与督导的做法在全省党委秘书长会议上被肯定表扬。是年，市委办成功创建“省级文明标兵单位”。

【党的建设】2020年，市委办扛牢政治责任，把党的建设摆在首位，树牢“抓机关党建是本职、不抓机关党建是失职、抓不好机关党建是渎职”的理念，把党建工作与中心工作和业务工作同谋划、同部署、同检查、同考核，市委秘书长班子2次召开机关党建工作专题会议。强化理论武装，把学懂弄通做实习近平新时代中国特色社会主义思想作为首要政治任务，坚持走在理

2020年9月6日，中共娄底市委办公室在建设局路口参加文明劝导活动　　（市委办 供图）

论学习的前列，规范执行学习计划量化规定、刚性要求，市委秘书长班子理论学习中心组坚持“一月一专题”，对党的十九届五中全会精神、习近平总书记考察湖南重要讲话精神和《习近平谈治国理政》第三卷等分专题学习，开展集中学习12次，邀请专家授课5场次，集中宣讲十九届五中全会精神和习近平总书记考

察湖南重要讲话精神4场次。抓实支部建设,坚持“一切工作到支部”党建理念,抓好党支部“五化”建设,发挥党支部战斗堡垒作用,打造模范党支部。落实以“三会一课”为核心的组织生活,开展“寻初心、守初心、践初心”等系列主题党日活动,将机关5个在职党支部合并成3个,完成7个支部换届选举,开展“四级谈心谈话”626次。带头落实脱贫攻坚“百日攻坚”行动、“进村入户巩固月”和“脱贫质量提升行动”等工作要求,推进新化县吉庆镇张家岭村驻村帮扶工作,组织全办党员干部开展常态化结对帮扶,投入40余万元改造水利设施等基础设施,为贫困群众销售农产品7万元,捐献助学资金1万余元、书籍40套,结对帮扶的贫困户全部实现脱贫。

【参谋服务】2020年,市委办把文稿服务作为参谋辅政重要载体,落实“政治性要强、逻辑要清晰、文字要干净、站位要高”的工作要求,增强文稿思想性、针对性和实效性,起草市委重要文稿400余篇,同比增加约60%,审改市委主要领导新闻稿件230余篇,同比增加约440%,编发《市委通报》9期、《工作情况交流》4期。协助市委做好向省委请示报告工作,起草报送贯彻落实习近平总书记重要讲话和重要指示批示精神等专题报告41篇,专报质量得到省委办公厅有关处室多次肯定。办理县(市、区)和市直单位专题报告295个,对迟报、漏报、错情和落实有差距的18家单位进行业务通报。制定下发《娄底市党委信息工作考核细则》等,压实各县(市、区)及市直有关部门工作责任。组织召开全市党委信息工作会议,赴各县(市、区)开展专题调研7次。推行信息工作月通报制,制发《关于全市党委信息工作情况的通报》12期。编辑《重要信息摘报》37期。全市各级向中办报送信息198期、向省委办公厅报送信息698期2058篇(条),向省委报送贯彻落实习近平总书记重要讲话和重要指示批示精神等专题报告41篇,12篇经验文稿获省级刊物采用推介。《娄底市精准施策推动企业复工复产》等多篇被专刊推介,《娄底市强化网格化防控体系把每个防控要求落实到最末端》等多篇被单篇刊发。推介娄底典型经验,围绕娄底重点工作、亮点工作和特色工作,归纳提炼典型经验和做法,《以“百日攻坚”为抓手决胜脱贫攻坚收官战》《以基层党建引领农村基层治理》《娄星区以“五美”为抓手 全域推进美丽乡村建设》3篇典型经验材料分别被省委《工作情况交流》第5期、第10期、第19期刊发。《娄底南·联创小镇抢抓机遇 化危为机》刊发于省《要情汇报》。《奋力跑好党办推动落实“第一棒”》专版刊发于《湖南日报》。协助推动重点工作,准确把握和研判中央、省委和市委重大决策部署,担负起协调推进贯彻落实习近平总书记考察湖南重要讲话精神、“三大攻坚战”、复工复产、全面小康、重大项目建设、党的建设、作风集中整治等重点工作的职责。协助市委制定出台《关于深入学习贯彻习近平总书记考察湖南重要讲话精神为谱写新时代坚持和发展中国特色社会主义湖南新篇章贡献娄底力量的实施意见》及责任分工方案,推动全市各地各部门抓好落实。协助市委制定出台《关于抓实“三农”领域重点工作确保全面建成小康社会的实施意见》《关于抓党建促决战决胜脱贫攻坚的实施意见》等文件,协调解决疫情防控和经济社会发展中遇到的问题和难题。协助市委部署开展脱贫攻坚“百日攻坚”行动,牵头组织双周调度会等有关会议16次、调研10次,起草、审核材料200余篇,安排专人专职参与暗访督查。协助市委部署开展全市干部作风集中整治活动,制定下发《关于开展干部作风集中整治的实施方案》,牵头制定市委常委班子重点问题清单,确保干部作风集中整治见行见效。分类梳理30个全市重大风险,制定下发全市重大风险责任清单,筑牢防范化解重大风险“防火墙”。协助市委推动主题教育检视问题整改,对整改进度情况进行2次调度和梳理。担负起协调推进“形式主义、官僚主义”整治责任,对“省委10条措施”进行任务分解并落实到市直相关部门,防止“文山会海”反弹回潮,全市召开到县级的全市性重要会议同比减少5%,以市委(含市委办公室)或市

2020年12月24日,中共娄底市委办公室在涟源市杨市镇龙潭希望小学开展志愿服务活动

(市委办 供图)

委、市政府(含两办)名义发文同比减少11.9%。强化日常服务保障,坚持“严、实、细”工作要求,高标准高要求做好市委领导重要会议活动等日常事务服务,确保做到超前谋划、系统谋划、周密谋划。组织市委五届九次、十次、十一次全会,全市决战脱贫攻坚暨防控新冠肺炎阻击战会议、全国文明城市奖牌传递接力、重大项目集中开竣工仪式等全市性重要会议活动35次,承办市委书记专题会和办公会44次、议事协调会25次、专题调研71次、走访慰问18次,组织市委常委会会议47次,办理领导干部外出报备383人次。严格执行24小时值班值守和值班带班制度,统筹做好重大节假日、特防期的应急值班值守工作,确保全市值班值守畅通有序。出台《关于进一步加强对呈报市委主要领导文件把关工作的几点注意事项》,从严规范、从严把关文件呈报程序、内容、时限。优化领导批示件办理流程,建立市委书记批示件台账,确保即收即转、事不过夜,办理市委书记批示件1128件。

【督促检查】2020年,市委办制定贯彻落实习近平总书记重要指示批示的有关制度,对习近平总书记重要批示件实行分级督办、专人盯办、跟踪问效。对学习贯彻落实习近平总书记考察湖南重要讲话精神情况进行专项督查,形成《关于深入学习贯彻习近平总书记在湖南调研时重要讲话指示精神情况的督查专报》。对2019年贯彻落实习近平总书记重要指示批示精神情况系统开展“回头看”,对进展情况和落实成效进行评估检视。对省委和市委领导批示交办事项实行“一账四清单”管理,确保“件件有着落、事事有回音”。办理省领导及省委督查室批示交办事项23件、市委主要领导批示事项248件,发出督查公函和工作提示300件。坚持把全市各级党组织推进习近平新时代中国特色社会主义思想、党的十九大和十九届四中、五中全会精神,全国“两会”精神,以及中央和省委决策部署在娄底贯彻执行作为首要政治任务,紧盯疫情防控、“三大攻坚战”等领域突出问题,聚焦重点、一督到底。全年组织开展决策督查和专项督查200余次,形成督查专报和相关情况报告86个。对市委常委会会议议定事项开展重点督查,做到“一周一梳理、一月一督查、一月一汇总”,督查议定事项174个,形成督查专报8个。

【统筹协调】2020年,市委办优化统筹机制,建立完善党委工作预安排机制,常态化实行党委、人大、政府、政协“四大家”工作月统筹,持续推动全市党办系统上下统筹,及时对全市党办系统统筹联动工作进行综合评价和通报。年初制定全年工作要点,明确5个方面25项具体工作任务,确保重点工作按要求统筹、按节点推进。统筹抓好办文办会,全面梳理和优化再造办文办会、调研活动、值班接待等各项工作流程,严格执行年度发文计划和临时性发文立项制度,制定《市委文件前置审核办法》《关于做好市委文件发文办理工作的几点要求》,进一步严格审核时限、优化办文流程,文件起草质量和流转效率实现双提升,以市委(含市委办公室)或市委、市政府(含“两办”)名义发文96个(不含疫情类文件11个)。制定2020年度全市性重要会议计划清单和重要活动计划清单,加大对市直机关和县(市、区)重大会议活动指导力度。慎重、稳妥组织协调(参与)省领导到娄调研考察等重宾接待服务56批次。统筹做好绩效评估、全面小康工作,制定印发《2020年度省对市州重点工作绩效评估指标责任清单》和全市绩效评估方案,在省市加分权重等方面进行修改完善,发出《绩效评估提示预警函》2批18份,实行季、月调度机制,持续推动全市各级各部门争先创优。牵头制定《全面小康决胜年工作方案》《2020年度娄底市全面建成小康社会推进工作考核办法》,分3批向各县(市、区)和市直有关单位下发《提醒函》,推动补齐全面小康建设短板。召开市委外事委员会会议,指导各县(市、区)成立外事工作委员会,推动形成党委总揽全局、协调各方的对外工作大协同格局。主动融入国家外交战略,有效克服疫情影响,进一步拓展同日本、韩国、坦桑尼亚、美国、菲律宾、尼泊尔、加纳等国家的国际交流合作,娄底市与坦桑尼亚基隆多尼市结为国际友城,与美国明尼苏达州拉姆西市恢复友城交往。制定2020—2024年娄港澳青少年文化交流活动实施方案,发动港澳娄底籍同胞捐赠防疫物资2500万元,对接完成香港相关基金与娄底市6所学校设施改造捐赠项目、110万元捐赠资金和50名特困生助学计划,申报2021年娄底200名特困高中生助学计划。积极推动中央“31条”“26条”、十部委“11条”和湘版“59条”惠台措施在娄底市落实,为台资企业减免各方面费用500余万元,帮助台企招工812人。承办或主办“娄台湖湘文化探索之旅”“共襄复兴梦”台胞台属中秋茶话会等交流活动,邀请5个台湾考察团组50余人到娄底考察。组织开展全市台情普查工作，受理办结涉台信访案件和纠纷8起。统筹做好机要保密档案等工作，坚持24小时坚守机要阵地，确保机要密码绝对安全、机要渠道绝对畅通。调整完善市委保密委工作机制，成立11个市直机关单位保密工作协作组，建成湖南省首家市级保密教育实训平台，组织各级各单位有关人员在保密实训平台培训27批次800余人次，在第二届全国网络保密技术检查监管技能大赛选拔比赛中1名选手获全省第一。党政专用通信二级网建设有力推进，保障各类电视电话会议124场。积极推进档案法制宣传、档案业务指导和执法检查工作，组织全市1100余家立档单位完成2019年度档案统计工作。

【自身建设】2020年，市委办坚持树高标、强素质、争一流，提升"三服务"能力和水平。着眼"工作"和"作风"两个维度，带头开展干部作风集中整治活动。制定《深入开展干部作风集中整治打造让市委放心让人民群众满意的模范机关实施方案》，成立干部作风集中整治工作专班，以"三个一"活动为抓手，扎实推进全办干部作风集中整治。聚焦工作短板和作风问题，征集基层、部门单位、企业和群众建议意见113条，制定《市委秘书长班子作风集中整治重点问题清单》，对10个方面作风问题、14个工作表现，一一明确整改措施、整改责任人、责任部门和整改期限，整改工作取得阶段性成效。优化党办工作制度，坚持执行《市委办公室工作定期总结报告制度》，实行"周计划、月报告、季讲评、半年总结、年终考评"，强化日常和业务工作管理。统筹推进"大科室协同作战"，压牢以牵头科室为核心、关联科室相互配合的工作业务链条。坦诚接受和全力支持市委巡察整改督查，制定《市委第十轮巡察整改督查反馈意见整改方案》，形成11个问题整改清单，优化落实《市委秘书长会集体决策"三重一大"事项清单》《市委主要领导批示件办理工作制度》《娄底市委办公室财务管理规定》《娄底市委办公室公务用车管理制度》《关于进一步精简文件的具体措施》等系列制度，推动形成用制度管人、按制度办事的有效机制，确保党办运转机制规范有序。持续推动"三表率一模范"主题活动，激发全市党办干部职工干事创业热情，在各领域、各环节、各方面作表率。举办全市党委办公室系统业务素质提升培训班，邀请省委办公厅有关业务处室领导到娄授课，全面提升全市党办干部专业素养和"三服务"水平。继续推行市委办"老把式"传帮带，召开4次专题座谈会，就提升文稿和服务质效进行阶段性总结和集中指导，着力培养"开口能讲、提笔能写、问策能对、遇事能办"的年轻党办干部。激发队伍活力，严把选人用人关口，突出重实干、重实践、重实绩的选人用人导向，全年职级晋升1人(二巡)、交流2人、转任2人、提拔2人、进一步使用3人、明确职务1人，其中提拔与进一步使用的干部均为80后，全办干部平均年龄从两年前的50.8岁下降到40岁，队伍干事创业活力得到激发。(市委办供稿)

## 组织工作

【概况】2020年，娄底市各级党组织和组织部门坚定贯彻落实新时代党的建设总要求和新时代党的组织路线，认真贯彻落实市委工作部署，在服务大局大势中履职尽责，在应对重大风险挑战中担当作为，为全市经济社会高质量发展提供坚强组织保证。截至12月31日，全市有基层党组织10269个，其中党委418个、总支部1288个、支部8563个；党员219246名，其中女党员48956名，少数民族党员688名。

【加强政治建设】2020年，娄底市委组织部巩固深化"不忘初心、牢记使命"主题教育成果，坚持把习近平新时代中国特色社会主义思想作为各级各类干部教育培训的首要任务和必修课程，在市委党校举办各类主体班12个班次，结合常态化疫情防控全领域推进党员领导干部十九届四中、五中全会精神线上学习培

2020年8月，娄底市村干部定向培养生在新化县油溪桥村开展跟班学习和挂职锻炼

(市委组织部 供图)

训,56万人次线上线下互动参学。组织1800余人参加领导干部任职资格考试,及格率95%。建立健全以政治建设年度综合考核为抓手的政治建设考察办法,探索形成比较务实管用的"一个考核体系、六项工作机制"。5月,启动市直机关内设机构领导干部政治建设考察试点。9月,在全省率先启动对全市2098个村(社区)班子运行及成员履职情况进行"政治体检",推动换届人选县级常委会"四审四通过"。全省组织部长会议推介娄底经验,相关做法编入《全省组织工作典型事例汇编》。

【服务抗疫战贫】2020年,娄底市委组织部精准有效服务疫情防控,第一时间动员1.01万个基层党组织、21.6万名党员投入疫情防控,选派9818名干部担任网格联络员,紧急拨付各级党费416.05万元,全程跟进在防控一线考察班子、识别干部,火线考察发展党员44名,及时挖掘、宣传"战疫先锋"28人次,提拔重用32名表现突出的优秀干部,追授4人为"娄底市优秀共产党员",6人被评为全省优秀共产党员,2人被评为全国抗疫先进个人。全面助力企业复工复产,组织选派1342名驻企防疫联络员,精心制定"17条操作规程",为企业解决实际困难和问题1648个。强化党建引领,出台"抓党建促决战决胜脱贫攻坚22条",增派66名干部担任脱贫攻坚挂牌督战村党组织第一书记,选派400名城区教师、458名医技人才到基层一线服务,有关做法被中组部推介。

【锻造干部队伍】2020年,娄底市委组织部按照市委要求,组织5个调研组,集中3个月时间,对全市98个市管单位开展专题调研,全面掌握领导干部综合表现和年轻干部队伍建设情况。培养储备骨干力量,全年招录283名公务员、33名选调生,提拔19名1978年1月以后出生的干部,选派百余名年轻干部到重点项目建设和重点工作一线"墩苗"。坚持择优晋升,注重实干实绩,分批次对在疫情防控、复工复产、三大攻坚战中表现突出,或在正处职、副处职岗位上工作时间较长且业绩突出、社会反响好的干部晋升职级。分级分类举办领导班子成员保健培训,安排乡镇党政正职进行个性化体检。夯实基础、规范流程,公务员管理基础工作在全省推介,公务员工资福利和考核工作被省委组织部通报表彰。有序推进"六大领域"综合行政执法机构人员转隶工作,转隶在职人员606人,退休人员22人。在全省率先启动《中国共产党重大事项请示报告条例》执行情况专项检查,结合选人用人日常巡视同步对选人用人巡察反馈问题整改情况进行专项检查。

【基层组织建设】2020年,娄底市坚持大抓基层鲜明导向,推进"1+5"文件精神落地落实。投入4.9亿元新建、改扩建851个村级综合服务中心,将73项便民服务事项受理权限下放至村(社区),推进"智慧党建"系统建设,推动服务中心、"一站式"便民服务厅、电子政务外网实现基本覆盖。采取自查评估和抽样评估相结合的方式,分层分级对全市9075个党支部进行全面评估,形成《娄底市党支部"五化"建设评估报告》,系全省首创。在全省率先探索基层网格党组织建设,依托全市经过疫情防控检验的10041个网格,建立网格党组织9494个,实现"乡镇(街道)党(工)委—村(社区)党总支—网格党支部—网格党小组"四级组织建构。加强村级带头人队伍建设,出台《2020—2025年娄底市村干部队伍建设规划纲要》,继续实施村干部定向培养工程,全年招录275名学员,储备村级后备干部,公开招考35周岁以下、大专以上学历的村级年轻干部1579人。"基地跟班学习+村(社区)挂职实践计划"的做法在全省组织系统电视电话会议上予以推介。村级运转经费提高20%,乡镇工作人员收入高于县直机关同职级水平的13%,村级集体经济总额增长18.8%。高质量推进村(社区)"两委"换届,选举产生"两委"班子成员12645名,女性4419人,占比34.94%。平均年龄47.2岁,较上届下降6.1岁。大专以上学历5581人,占比44.13%,较上届提高18.21%。

【激发队伍活力】2020年,娄底市委组织部以打造钢铁新材和工程机械"双引擎"为重点引才聚才,设立人才引进周转编制专户,引入先进钢铁材料国家工程研究中心华中分中心,引进浙江大学院士陈纯团队、菌草国家工程技术研究中心教授林占熺团队等,与相关企业签订项目合作协议,搭建产学研融合平台,成立电子陶瓷产业学院,推动产业链发展与人才链建设融合推进。疫情稳定后,在全省率先开展招才引智活动,引进985、211、"双一流"毕业生219人。组建27个专家服务团、选派467名科技特派员服务一线,推动脱贫攻坚与乡村振兴有效衔接。（彭　伟）

# 宣传工作

【概况】2020年，娄底市宣传思想文化战线深入学习宣传贯彻习近平新时代中国特色社会主义思想，围绕抗击新冠肺炎疫情、决战脱贫攻坚、习近平总书记考察湖南、党的十九届五中全会等系列重大事件节点，强化理论武装，推进习近平新时代中国特色社会主义思想入脑入心；服务中心大局，成功创建第六届全国文明城市；聚焦群众文化需求，着力推进文化事业和文化产业高质量发展及文旅深度融合；压紧压实工作责任，防范和化解意识形态领域风险隐患。各项工作取得新进展、新成效。

【思想理论建设】2020年，娄底市宣传工作发挥"关键少数"作用，全年服务市委理论中心组集中学习14次。对全市92个县处级以上党委(党组)理论学习中心组开展巡听督导，提高全市中心组学习制度化、规范化水平。管好用好"学习强国"平台，全市党员覆盖率56.6%，日参与率逾43.6%。围绕习近平总书记考察湖南重要讲话精神和党的十九届五中全会等重大主题，部署开展集中宣讲32场次。聚焦"战疫密码：中国之治""决战决胜脱贫攻坚"等主题，利用"两中心一平台""屋场会"等新载体，开展微宣讲1万余场次，4个微宣讲视频被"学习强国"平台推送。组织开展社科普及活动周系列活动，录播"社科之光"社科普及节目38期。组织开展2020年度"新思想进基层"理论课题研究，确定10个重点理论课题，委托市直有关单位和社科专家开展专题研究，纳入理论宣传宣讲资料库。

【主流舆论引导】2020年，娄底市委宣传部把握正确政治方向，全年在省级以上主流媒体上稿6000余篇，其中《人民日报》报道141篇，新华社发稿64篇，中央电视台报道124条(篇)。其中《钢铁新城有你更精彩》城市形象宣传片24小时线上浏览量突破300万人次。围绕宣传阐释习近平新时代中国特色社会主义思想，设置"在习近平新时代中国特色社会主义思想指引下"专题专栏，学习宣传贯彻习近平总书记考察湖南重要讲话精神，开设"牢记嘱托、砥砺奋进"等3个专题专栏，刊登稿件500余篇。启动应对疫情宣传引导一级响应机制，派出400余名新闻记者赶赴一线开展正面深度报道和防疫知识宣传。组织策划复工复产主题宣传，2月24日娄底市开出全省首趟始发返岗复工专列，被当日《新闻联播》及10余家中央媒体重点专题报道。实行脱贫攻坚宣传报道双周调度。采取"集中+蹲点"采访模式，派出50名记者进驻基层"接地气""抓活鱼"。推出全面建成小康社会全媒体主题宣传"幸福者说"，浏览量500余万。举办8场"决战决胜脱贫攻坚"专题新闻发布会，组织开展"直播(涟源)古仙界""脉动(双峰)九峰山"等新闻扶贫工作。全市5个县(市、区)融媒体中心建成运营，通过省里评估验收。组建成立娄底市新闻中心，完成市新闻工作者协会换届工作，举办"娄底市首届媒体精英定向越野挑战赛"。主动回应社会关切，累计编发全市疫情防控信息通报37期，举办各类专题新闻发布会60场次，对接相关部门拍摄中英双语宣传片。

【文明城市创建】2020年，娄底市成功创建第六届全国文明城市。全市5个县(市、区)新时代文明实践中心建成使用。组织开展群众性精神文明创建活动，推出全国文明村镇5个、文明单位4个、文明家庭2户、文明校园2个，产生"中国好人"3人，"湖南好人"27人，湖南省"新时代好少年"3人，全省新冠肺炎疫情防控学雷锋志愿服务先进典型7个。朱建勋等5名志愿者和市文明办等2家单位获全国疫情防控学雷锋志愿服务先进典型，长青街道小花社区获全国"四个100"最美志愿服务社区。营造崇德向善氛围，培育省级社会主义核心价值观建设示范点2个，省级公民道德建设创新案例1个，新建公民道德建设宣传长廊2处，布展主题宣传街道16条，新增十字路口公益宣传便民遮阳棚30个。开展"公勺公筷进万家活动""3.5学雷锋日"等公益宣传，印发20多万册娄底市民文明手册。推出省级爱国主义教育基地1个，新命名市级爱国主义教育基地6个。

【文化事业产业发展】2020年，娄底市委宣传部开展"文艺抗疫"活动，发动书画名家等创作、捐赠抗疫主题文艺作品2500余件，总价值400余万元。其中，向"艺抗疫情　云游湖南"主题活动推送306件，总浏览数450万次，人气奖排名全省第一。摄影作品《我们递交入党申请书请战》、歌曲《我来守护你》分别入选2020年元宵特别节目舞台背景、省文旅厅创作精品奖。投资2600万元完成市图书馆配套建设,投资600余万元建设市艺术馆数字文化馆,新建合格基层综合性文化服务中心138个。组织全市85支乡村文艺宣传队到行政村巡回演出600余场。完成第八批“中国梦”主题歌曲评选申报等工作,《乡里妹子来直播》获省文联第六届“潇湘好歌”征集活动银奖。成立娄底市网络作家协会。开展“光影铸魂”“湘观影”系列活动,拨付补贴资金101.5万元,推动电影行业平稳发展。打造“文旅优选”线上消费平台,开展“百企百日联盟亿元惠民让利”消费升级行动等系列活动。成立文化旅游产业融合发展促进会,建立健全文旅融合发展推进机制。构建落实文化改革发展联席会议制度。启动“十四五”文化改革发展规划编制。

【意识形态工作】2020年,娄底市委宣传部落实常态化意识形态分析研判、专项巡察、述职评议、绩效考评工作机制,全年召开12次协调机构责任单位会议、2次联席会议。结合市委第十轮、第十一轮巡察,完成对32个单位的意识形态工作专项检查。做好社科领域论坛平台阵地备案审查和日常监管工作。联动开展非法出版物市场专项检查,全年查办“打黄扫非”案件28起,查处违规寄递非法出版物18起,网络传播淫秽物品牟利案1起,停业整顿网吧139家次,查处违规电影院10家。坚持问题导向,根据省年初述职点评意见,梳理出6个方面14个问题,明确43项具体整改措施,完成整改任务。结合市委第八轮、第九轮巡察交办的重点突出问题,按要求整改到位。 (杨 全)

## 统战工作

【概况】2020年,娄底统一战线工作紧扣中心大局,广泛凝心聚力,引导统一战线投身疫情防控,服务经济社会发展。出台落实年度政党协商计划,支持民主党派加强自身建设,推进多党合作事业发展。促进“两个健康”,服务民营经济发展。丰富党外知识分子工作组织载体,提升新的社会阶层人士组织化程度。完善制度机制,民族宗教领域保持和谐稳定。加强联络联谊,凝聚侨心侨力侨智。是年,3项工作获全省统战理论政策研究创新成果,推荐湘村高科获全国“万企帮万村”精准扶贫行动先进民营企业称号,成功申报冷水江市84号书城为首批省级新的社会阶层人士统战工作实践创新基地,双峰县黄马洲村等3个村(项目)获评省级同心美丽乡村(项目),支持娄底市基督教“两会”完成换届,娄星区振翩学校、双峰县曾国藩故里成功申报“湖南省华侨文化交流基地”。

【同心抗疫】2020年,娄底市统一战线积极投身抗疫,统战系统及所有宗教活动场所实现“零疫情”。截至年底,各领域统战成员捐赠现金1646.83万元,物资折合人民币2700余万元,党外代表人士(医护工作者)投身防控救治一线140余名。党外人士围绕疫情防控、经济恢复发展等问题提出意见建议20条。开展“同心赢‘疫’战”主题宣传,推出专刊36期。印发《关于全力支持和推动民营企业复工复产的通知》,组织市、县两级党委统战部、工商联对全市不同行业、产业、规模、区域、经营状况的400余家民营企业和商协会进行走访,帮助企业稳步复工复产。

【构建大统战格局】2020年,中共娄底市委召开6次常委会会议、1次统战工作领导小组会议、1次民主党派工作调研座谈会,8次对统战工作做出文件批示,研究解决统战工作相关具体问题。调整中共娄底市委统一战线工作领导小组成员,将统战工作纳入全市所有正处以上党委政府领导班子、领导干部政治建设量化考核的范围,压实各级党委(组)统战工作责任,增强统战工作意识。是年,向湖南省委统战部报送理论调研文章6篇,1篇成功立项。申报统战工作实践创新成果4项、统战理论创新成果4项,3项工作获全省统战理论政策研究创新成果。

【思想政治引领】2020年,中共娄底市委统战部通过联合学习、主题教育、专题培训等途径,组织各级统战干部和广大统战成员深入学习习近平新时代中国特色社会主义思想,做好对党外代表人士的政治引领工作。出台《2020年统一战线调训计划》,市本级举办培训班5期230人。落实联谊交友、对口联系、暑期谈心等制度,组织引导各民主党派、无党派代表人士开展“不忘合作初心,继续携手前进”主题教育。根据实际及时调整《党员市级领导与党外代表人士联谊交友名单》,全市四大家16名党员市级领导与32名党外代表人士开展结对联谊,围绕“四个一”开展活动。建立完善全市统一战线舆情研判机制,组建统一战线网络评论员队伍，加强网络舆论正面引导。

【助力脱贫攻坚和全面小康建设】2020年，中共娄底市委统战部开展“引老乡、回故乡、建家乡”“民企联村”等品牌活动和“万企帮万村”精准扶贫行动。截至年底，发动170家企业参与精准扶贫，结对帮扶244个村，投入资金3.3亿余元帮扶3.2万余人。支持各民主党派开展烛光行动、明眸工程、同心义诊等医疗扶贫项目，开展“立珊光明行动”，为1000例贫困白内障患者免费实施复明手术。坚持把脱贫攻坚作为参政议政、民主监督的重要内容，引导各民主党派、工商联和无党派人士，开展联合调研、重点调研，积极参与全市脱贫攻坚民主监督、特约监督工作，完成九三学社省委会对口娄底开展脱贫攻坚民主监督的联络服务工作。

【民营经济统战工作】2020年，中共娄底市委办公室、娄底市人民政府办公室印发《关于做好市级领导挂点联系重点娄商工作的通知》，明确35名市级领导对具有较大规模和影响的重点娄商进行挂点联系，截至年底，挂点联系115名娄商和48个商协会。开展专题调研和工商联界别协商会，向市委、市政府递交问题清单和情况汇报，优化营商环境，助力民营经济高质量发展。举办娄商大讲堂第四期之《中华人民共和国民法典》专题培训班，参训300人。成功申报“万企联村、共同发展”活动省级示范项目2个，为2家企业争取上级奖补资金90万元，推荐湘村高科获全国“万企帮万村”精准扶贫行动先进民营企业称号。

【民族工作】2020年，中共娄底市委统战部推动民族团结进步创建工作“进机关、进乡镇、进企业、进学校、进宗教活动场所、进连队、进社区”，在城区设立宣传橱窗13处，举办宣讲课2场，发放宣传资料5000份，组织赴“全省民族团结进步教育基地”娄底市职业技术学院参观学习1000人次，与新疆驻湘工作组联合举办全省第一期新疆籍人员民族团结进步教育暨国语培训班。重新梳理民族事务行政审批项目，实现“互联网+政务服务”一体化平台业务办理。对接冷水江木瓜村和涟源市天柱山禽业公司，开展民族团结示范点结对帮扶活动。

【党外知识分子和新的社会阶层人士统战工作】2020年，中共娄底市委统战部加强党外知识分子和新的社会阶层人士的团结引领。出台《娄底市关于加强和改进新时代党外知识分子思想政治工作的实施办法》，提升党外知识分子思想政治工作水平。《做好三篇“文章”推动国企党外知识分子思想政治工作转型升级》在《湖南统一战线》杂志刊发。组织实施“知识力量·建功立业新娄底”行动计划，创新党外知识分子工作活动载体，引导广大党外知识分子参与“同心美丽乡村”创建活动，助力乡村振兴战略实施。加强新的社会阶层人士实践创新基地和联谊组织建设，出台《娄底市新的社会阶层人士统战工作实践创新基地建设指导意见》《娄底市关于推进新的社会阶层人士统战工作实践创新基地建设的7条举措》，是年，成功创建1家省级、3家市级新的社会阶层人士统战工作实践创新基地。

【港澳台、海外统战工作和侨务工作】2020年，中共娄底市委统战部加强同港澳台等地的联络联谊，开展调查摸底，建立起港企港人基本台账，走访慰问在娄底港人及亲属，协助省黄埔同学会和省台联会完成换届人选推荐工作，完成定居台胞的户籍更改登记报送。组建归国留学生微信联络群，参与境外疫情防控工作。组织侨务调查对象填写好“娄底市侨情调查登记表”“娄底市侨资企业调查登记表”“娄底市归国留学生企业调查登记表”，分类编印成册。走访部分台港澳侨资企业、侨领眷属、归国留学生代表。（付嘉名）

## 机关党建

【概况】2020年，娄底市直机关工作紧扣“围绕中心、建设队伍、服务群众”核心任务，推进市直机关党建等各项工作高质量发展，市直党支部“五化”建设率100%，《关于“三表率一模范”机关建设路径的调查与思考》获评省级一等奖，娄底市直机关党支部书记轮训暨党员教育示范培训经验、“五式”工作法助推机关党建“灯下黑”“两张皮”问题有效整改两项工作得到湖南省直机关工委的表彰推介。组织动员保障市直党员干部投身常态化疫情防控和复工复产一线。

【政治建设】2020年，娄底市直机关工作把深入学习贯彻习近平新时代中国特色社会主义思想作为首要政治任务，引导市直单位落实“第一议题”制度。执行中央、省委和市委决策部署，引导市直基层党组织把“两个维护”落实到行动上，推动政治建设要求细化硬化到每个支部。创新提出“把突出政治标准作为统领路径、把抓实支部建设作为落地路径、把抓好融入融合作为提质路径、把坚持示范引领作为辐射路径、把严格考核考评作为激励路径”5条路径，推进“三表率一模范”机关创建，明确建设“政治引领型”“基础夯实型”“改革创新型”“风清正气型”“融合服务型”五型机关的细化目标，持续开展机关党建“灯下黑”“两张皮”问题整治，推动市直基层党组织全面进步、全面过硬。

【思想建设】2020年，娄底市直机关工委举办党的十九届五中全会精神、习近平总书记考察湖南重要讲话精神宣讲会57场，市直正处级以上单位全覆盖。发动市直机关党员干部热议习近平总书记最新重要讲话精神和党的十九届五中全会精神，刊发微心得50余篇。巩固拓展“不忘初心、牢记使命”主题教育成果，引导市直基层党组织依托红色资源开展革命传统教育。抓好理论学习中心组学习、“三会一课”等制度落实，工委班子成员送党课下基层120余场(次)，市直机关上党课2400余场，“娄底机关党建网”刊发学习文章100余篇。

【组织建设】2020年，娄底市直机关工委举办市直党支部“五化”建设达标提质推进会，市直单位“五化”建设达标率100%。及时批复基层党组织机构设置和人员调整事项，实施新任党务干部任前谈话，支部按期换届率100%，组织生活会优秀率95%。落实《中国共产党党员教育管理工作条例》，举办2期党支部书记轮训暨党员教育示范培训班，完成市直机关党支部书记2018—2020年轮训全覆盖目标。举办入党积极分子培训班1期(2批)、党员发展对象培训班1期、党员道德教育培训班1期，累计培训730余人。

【纪律作风建设】2020年，娄底市直机关工委履行党风廉政建设“一岗双责”，出台实施班子和班子成员落实管党治党责任“两个清单”。落实中央八项规定及其实施细则精神，纠“四风”树新风，整治形式主义官僚主义，工委发文数量同比减少40%。推进干部作风集中整治，开展市直机关作风督导3次，通报问题24起。召开市直机关纪委工作推进会，选优配强机关纪委队伍，22名政治过硬、本领过硬的同志新任机关纪委书记、专职副书记或纪检专干。开展廉政宣传教育“五个一”活动，组织市直基层党组织上廉政党课455

2020年2月16日，娄底市直机关工委领导看望慰问驻企防疫联络员，了解企业疫情防控工作

(市直机关工委　供图)

堂，围绕《身边的警钟》开展讨论550余场次，1.1万余名在职党员干部全覆盖参与。全年审结案件55起，给予党纪政务处分62人、诫勉2人。

【压实基层党建工作责任】2020年，娄底市直机关工委按季下发《党建工作重点任务提示》，督促市直机关落实好党内政治生活制度。建立党建工作分片联系制度，班子成员带队开展党建工作调研核实2次，反馈问题358个，跟踪抓好整改。召开市直机关党的工作会议和市直单位党组(党委)书记履行基层党建工作责任述职评议会议，部署谋划全年党建工作，压紧压实“四级”书记抓党建责任。组织对9个党建工作后进单位的党组织书记开展集中提醒谈话。

【落实意识形态工作责任】2020年，娄底市建立完善市直机关调查、研判、培训、考核等制度，把“四同”“四纳入”要求细化为“硬杠杠”，列入党建述职评议、评先评优等考评指标。推进中心组学习等常态化工作，班子成员带头学理论、讲理论。市直正处级以上单位组织中心组学习1100场次。做好疫情防控中的网络意识形态工作，编发专报12期，严防“信息疫情”。举办通联工作会议暨党建通讯员培训班，表彰优秀通讯员21名、优秀通讯稿12件。开展市直机关“战疫密码：

中国之治”暨全国两会精神主题微宣讲活动,《白衣勇士》《“疫” 路有你 风雨同舟》《人民至上 中国力量》3个视频作品在“学习强国”平台上展播。

【服务中心大局】2020 年,娄底市直机关工委第一时间发号召、作动员、强保障,安排志愿报名党员干部831 名投身抗疫一线, 组织 86 名驻企联络员指导 50家企业开展防疫和复工复产工作,选派 314 名党员干部担任社区网格防疫联络员,指导成立防控一线临时党支部 47 个,火线发展党员 11 名,下拨抗疫党费 58万元, 组织有序推动电影行业复工复映的电影党课510 余场,发动捐款 416 万余元。在创文管卫中开展常态化督导 11 次,协调解决难点问题 300 余个,动员8000 余名市直党员参与文明交通劝导,创建评选“文明院落”102 个。在脱贫攻坚中开展“党建促脱贫”主题党日活动近 600 次,市直机关开展“三送”下乡 200余次。 (刘 艺)

## 机构编制

【概况】2020 年, 娄底市机构编制系统推进机构改革,优化机构编制资源配置和规范管理,开展“三学三转”和干部作风集中整治活动,为全市经济社会高质量发展提供强有力的体制机制保障。是年,中共娄底市委机构编制委员会办公室(简称市委编办)在不突破市本级事业单位总量基数的前提下, 挖掘编制资源,盘活编制存量,出台《市直事业单位人才引进编制专户管理办法(试行)》,调剂 150 名事业编制,设立人才编制管理专户,集中管理人才专项编制,确保统一调剂使用, 为高层次人才引进畅通通道。全年下达4500 名编制使用计划,其中为军转安置下达 60 名编制使用计划,向各县(市、区)公办幼儿园教职工下达325 名编制。

【巩固机构改革成果】2020 年,市委编办为跟进研究改革后机构运转情况、部门间的职责关系是否理顺等,对各县(市、区)和市直单位开展机构改革评估,及时了解解决运行中的体制机制问题,对职能职责分工进行科学合理的调整补充,促进部门间职能优化协同高效,催生“化学反应”,实现 “1+1>2”的改革成效,保持机构职能体系基本稳定。进一步理顺市区管理体制,合理划分自然资源等 6 个领域事权,完善国安、网络安全、林业、森林防灭火、行政审批服务等方面的体制机制。按照全省统一安排部署,对全市森林公安机关管理体制进行调整,市县森林公安机关按照属地化原则,划归同级地方公安机关直接领导管理,林业部门不再领导管理。

【乡镇机构改革】2020 年, 市委编办印发全市 86 个乡镇(街道)“三定”规定,各乡镇(街道)统一设置 6 个党政内设机构,1 个综合执法队伍,4 个事业单位,理顺县(市、区)直部门与乡镇(街道)的关系。以群众需求为导向,按照“应放尽放”“能放全放”原则,积极推动审批服务事项下沉乡镇(街道)。通过探索建立县级“人才编制池”、试行乡镇行政编制周转制度等举措,科学配置基层编制资源, 调优基层工作队伍年龄梯次,提升工作活力。

【事业单位机构改革】2020 年,娄底市推进公益类事业单位优化调整。根据中央和省有关文件精神,对市自然资源和规划局等 8 个系统 127 家事业单位进行优化调整。推进经营类事业单位改革,全市纳入经营类事业单位改革范围的单位有 52 家 (其中市直 12家,县市区 40 家),涉改编制 908 名,涉改人员 714人。通过从编办、人社、财政、自然资源和规划、审计、国资委等单位抽调业务骨干组成工作专班,安排专门办公场地开展集中办公, 按专班成员所在部门职能,实行责任划分到人、任务落实到人,加快推进速度,改革进程比省里规定节点时间提前 1 个月完成。

【综合行政执法体制改革】2020 年,娄底市按照优化协同高效的原则,将分散在多部门、多层级的“5+1”所涉执法职责进行整合, 组建市县综合行政执法队伍。按照厘清执法权限,合理设置执法层级,严格锁定人员编制、科学制定“三定”规定、稳妥推进人员转隶的工作步骤有序推进改革。市县两级综合行政执法队伍“三定”规定已印发,人员转隶工作基本到位。

【推进机构编制法定化】2020 年,市委编办将《中国共产党机构编制工作条例》纳入全市各级各部门中心组和党校主体班学习内容,组织对市直正处级以上单位以及县(市、区)委组织、编制部门进行集中培训,订购下发学习资料，抽调专门人员牵头组建宣讲队伍，精心编制学习课件，分赴各市直单位、县（市、区）开展宣讲。开展全市学习《中国共产党机构编制工作条例》知识竞赛，承办全省A组的初赛，组队参加全省系统内知识竞赛，取得优异成绩。出台《关于规范县市区申报机构编制事项的意见》《关于规范市直机关事业单位申报机构编制事项的意见》等一系列规范机构编制事项申报的配套制度，将《中国共产党机构编制工作条例》对机构编制工作在动议、论证、审议决定、组织实施等关键环节做出的规定贯穿到实际工作中。

【提升机构编制管理水平】2020年，市委编办开展机构编制和人员信息核查。组织县（市、区）和各市直单位对机构编制和人员信息进行自查，在机构编制实名制管理系统数据进行同步更新完善的基础上，组织专门人员对市县两级核查工作进行集中评估验收，实现市县两级机构编制综合管理平台中的机构、编制、领导职数、人员信息等数据指标完整、真实、准确，推动机构编制信息化。对机构编制信息化工作提出具体规划，在办公自动化系统建设、机构编制档案信息化建设、机构编制实名制管理等方面明确8项重点工作，推进机构编制管理规范化、高效化，提升管理水平。出台《关于抓好〈湖南省机构编制综合管理平台运行管理办法（试行）〉落实的通知》，建立机构编制常态化督查督导机制，树立机构编制工作的权威性和严肃性，提升服务水平。加强中小学教职工编制管理。出台《关于进一步挖潜创新加强中小学教职工管理的实施意见》，从优先保障中小学教育用编需要、严格按标准配备中小学教职工编制、"五个"严禁、积极探索县管校聘改革、优化教育资源等方面入手，加强对中小学教职工编制的管理。同时，对各县（市、区）在编不在岗等违规行为进行专项清理整治，纠正在编不在岗等违规行为人数192人。

【机构编制督查】2020年，娄底市开展超审批权限设置机构等问题自查自纠。开展全面排查，建立问题台账，积极开展整改，将自查自纠工作和建立县（市、区）科级领导职数台账结合起来。开展全市机构编制督导，坚持查问题、抓整改、促规范，派出督导工作组对5个县（市、区）和娄底经开区的机构编制管理情况进行督导，及时发现问题，整理形成各地机构编制问题整改台账，逐一明确整改要求和整改时限，紧盯整改落实进度，做到对账销号、全面规范。开展市直编外聘用人员清查。成立由组织、编办、财政、人社等部门组成的专项清查工作协调小组，组织对市直单位编外聘用人员情况进行自查摸底，在汇总统计的基础上进行初步分类，起草《娄底市市直机关事业单位编外聘用人员管理暂行办法（初稿）》。

【事业单位登记管理】2020年，娄底市坚持规范登记，强化制度管理，全面总结事业单位登记管理便利化改革经验，出台实施"审批不见面、审批不过夜、审批不打烊"的15条具体举措。做好事业单位法人登记工作，全年市本级事业单位法人设立登记11家、变更登记71家、注销登记17家，办理补领证书2家，办理机关、群团等机构的统一社会信用代码证书603家，实现100%"不见面"办理。以"首问负责制"和"限时办结制"为原则，市本级完成245家市直事业单位法人的年度报告公示工作，年检率92%，各县（市、区）年检完成率86%以上。

【参与疫情防控】2020年新冠肺炎疫情期间，市委编办发挥党组织战斗堡垒作用和党员先锋模范作用，单位"一把手"带头报名，全办人员踊跃参与，组织一支16人的志愿者突击队投身战"疫"，党员"请战率"100%，符合条件的人员"参战率"100%。获得社区居民、所在居委会的充分认可，实现防控责任区新冠肺炎"零感染"。先后向支援防控工作的社区和党组织开展爱心捐款，协调爱心企业向对口帮扶的贫困村捐献抗疫物资，为疫情防控提供支持。（肖　凯）

## 党校教育

【概况】2020年，中共娄底市委党校（市行政学院、市社会主义学院）举办主体班16期，培训各级各类干部992人，主体班到训率96.08%；举办计外培训班5个，培训人数470人。组织教师外出宣讲110余场，受众11000余人次。全年科研成果汇总105项。公开发表论文44篇，其中中文核心期刊3篇。课题开发16个，其中省委党校行政学院系统社科规划课题3个，省科技计划项目1个。获奖论文25篇，决策咨询报告11篇。

2020年10月26日，娄底市委党校（市行政学院）组织主体班学员开展“静下心来读好书”——读《习近平谈治国理政》第三卷主题论坛活动现场

（曾海超　摄）

【政治建校】2020年，中共娄底市委党校（市行政学院、市社会主义学院）抓实“不忘初心、牢记使命”主题教育常态化，制订年度政治理论学习计划并狠抓落实，坚持周一下午政治学习制度。抓实作风集中整治，校（院）委班子和班子成员检视、征集问题36个，全部如期整改到位。组织中心组学习11次，政治学习17次，组织理论学习应知应会知识考试2次。健全和完善《校（院）委会议议事规则》，坚持民主集中制，开展3次全校性谈心谈话。班子成员全年上党课7次，完成在职机关党支部和工会换届选举。落实校（院）委领导班子对意识形态工作主体责任和“一岗双责”要求，掌控意识形态主导权，把握正确舆论导向。坚持“好干部”标准，先后组织四批14人次干部职务晋级晋升和调整。落实中央八项规定精神，召开校（院）委会议18次，正式发文22份，全年接待经费1.7万元，公务用车运行费用2.2万元。

【学员管理】2020年，中共娄底市委党校（市行政学院、市社会主义学院）落实班主任管理制度，根据培训班次需要选取经验丰富、责任心强的人员担任班主任，对照《主体班班主任工作职责》开展班级管理工作。落实《关于落实从严治校要求全面加强学员管理的暂行规定》《关于加强主体班学员校（院）外教学活动管理的暂行规定》《主体班临时党支部与班委会工作职责》，坚持考勤登记，从严控制学员请假，执行上课手机离身制度，严格学员就餐管理，规范学员校（院）外教学活动，规范主体班班费收取、使用，做到因需收取、合理开支并及时公布。

【教学工作】2020年，中共娄底市委党校（市行政学院、市社会主义学院）坚持把习近平新时代中国特色社会主义思想作为主体班学习的首要任务和中心内容，开设“习近平新时代中国特色社会主义思想与党的理论”教学单元，开发《深入学习习近平新时代中国特色社会主义思想总论》等1+8堂专题课程，开展以读《习近平谈治国理政》第三卷为主要内容的“静下心来读好书”活动。坚持新专题开发指南制度，实现从“教师想讲什么就讲什么”到“需要教师讲什么就讲什么”的转变，开发新专题24个，专题更新率47.83%。组织教师参加湖南省社会主义学院教学比赛，获二等奖、三等奖各1个。在主体班开展拓展训练、趣味运动会、各类体育比赛、课前学唱经典歌曲、辩论赛、诗词朗诵等班级活动。对全市范围内确定的首批16个现场教学基地进行授牌，按照定时间、定线路、定学习主题、定交通工具、定吃住地点、定经费支出、定联络员的“七定”要求，规范现场教学组织程序。开展党性教育，探索党性教育规律，创新党性教育方式，形成“五个一”（唱一路经典歌曲、看一处革命圣地、听一堂当地特色党课、写一篇现场教学心得体会、开展一次班级主题讨论）党性教育现场教学模式。

2020年10月21日，娄底市党校（行政学院）校（院）长会议召开　（曾海超　摄）

【科研工作】2020年，中共娄底市委党校（市行政学院、市社会主义学院）按照“强化理论素养、坚持教研互动、服务咨政决策、力求精品力作”要求，推进科研工作上台阶。全年发布科研信息14期，做好相关材料的初审、整理。落实《科研管理制度》，对专业技术人员进行科研任务考核，落实查重规定，严查学术不端行为。健全完善科研课题及经费管理制度，对科研成果进行科学量化打分，建立科研选题发布机制、课题招标机制、科研约束机制、成果评审机制，实施科研激励机制，科研提质工程稳步推进。（王旭光）

## 保密工作

【概况】2020 年，中共娄底市委保密委员会办公室（简称娄底市委保密办）以习近平新时代中国特色社会主义思想为指导，深入开展市委第十轮巡察整改工作，严格执行中央的“八项规定”，坚持党管保密的根本原则，突出保密工作“三大管理”，狠抓宣传教育、检查监管和基础设施建设，保密教育实训平台顺利建成，保密“大宣教”格局建设初显成效，保密工作迈上新台阶。

【保密宣传】2020 年，娄底市委保密办利用新修订的保密法颁布十周年契机，开展“保密法治宣传月”活动。发动全市上下各类媒体、政府机关、社会企业因地制宜，充分运用现代信息渠道和载体宣传播放保密工作公益广告片，播放范围实现全市覆盖；发挥《保密工作》《保密科学技术》等保密书刊的宣传教育阵地作用，抓好《保密工作》等书刊征订；利用新媒体开展保密宣传，在娄底市保密局网站、微信工作群等及时推送保密知识点。发放《中华人民共和国保密法》读本 3000 余册，《“五法”普法资料汇编》500 余本，保密箴言书签 3000 余盒，保密提醒鼠标垫 6000 余个，《公民日常生活保密防范知识》宣传单、《十二种严重违规行为解读及案例警示》宣传折页各 10000 余张，保密观、潇湘密语微信公众号宣传彩页 10000 余张；组织市、县两级机关单位观看保密警示教育专题片，观看总人数 10900 余人。

【保密教育】2020 年，娄底市以政企合作模式建成湖南省首家市级保密教育实训平台，免费向娄底市各级党政机关事业单位提供保密教育实训，全年市、县两级机关单位组织到保密实训平台培训 27 期、800 余人次。安排相关人员到各单位和企业进行专项授课和保密工作现场指导，全年市直单位开展保密工作培训班 96 场次，专家授课培训 31 场次。举办全市涉密资质单位保密业务培训班，对娄底市 6 家涉密资质单位相关涉密人员集中培训。

【保密管理】2020 年，娄底市委保密办聚焦“定密管理、涉密人员管理、网络保密管理”三大管理，加强对全市机关单位的保密指导；完善定密责任人备案制度，做好全市基础数据统计报送工作；落实涉密人员管理制度，重点强化涉密人员离职离岗保密管理，加强对保密资质（资格）单位、关键技术岗位涉密人员和临聘人员保密管理；履行保密行政管理部门职能职责，严把机关单位涉密网络投入使用审查关口，落实涉密网络风险评估审查要求；规范和加强工作秘密保护与管理，部署开展工作秘密事项清单制定工作，督促全市机关单位压实工作秘密管理主体责任；加强新冠肺炎疫情期间保密工作的指导和监督，确保疫情防控期间党和国家秘密安全；在高考、研究生考试、公务员考试、司法考试等国家统一考试方面，抓好试卷押运、考点监管、考务巡查各环节的保密监管工作；成立 11 个娄底市直机关单位保密工作协作组，明确综合协调单位为协作组组长单位。

2020 年 5 月 20 日，娄底市委保密委员会全体会议暨全市保密工作会议召开　　（市委保密办 供图）

【保密科技】2020 年，娄底市委保密办推进保密监管平台升级改造，娄底市 5 个县（市、区）、经开区完成互联网接入口检测器升级；市、县两级全部接入全国保密综合业务网，实现电子邮件收发、电子公文传输等功能。推动信创工程，确保年内目标任务完成。落实 1000 余平方米的保密技术服务中心涉密载体销毁生产用房，保密技术服务中心全年收销 218 次，销毁中心运行安全、规范、高效。保密环境监测服务不断推进，对领导办公室、保密要害部位等场所进行保密环境监测服务。

【依法行政】2020 年，娄底市委保密办坚持问题导向开展保密检查，全年重点检查 30 余家机关单位。坚持检查与指导相结合，指导机关单位建立完善保密工作机构、保密制度和确定保密要害部门部位。对存在文件失控、计算机违规外联等现象的单位，发出保密检查查处整改通知书,要求限期整改,定期复查情况。配合湖南省国家保密局开展涉密资质(资格)现场审查,参与娄底市军工企业周边环境安全保密问题隐患整治。

【队伍建设】2020年,娄底市委保密办坚持以党的政治建设为统领,紧抓机构改革契机,完善市委保密办工作职责职能,充实一批年轻党员干部到保密队伍。坚持把政治教育、忠诚教育、保密教育作为全办重点工作,每月召开例会集中学习,加强保密队伍的政治能力建设。在全市保密部门开展"老把式"传帮带活动,提升"新保密人"各方面综合能力,先后选送两名年轻干部到国家保密局轮训。组织参加第二届全国网络保密技术检查监管技能大赛,一名同志在湖南省选拔比赛中获得全省第一名,代表湖南省参加全国的技能大赛,娄底市委保密办获湖南省保密技能大赛"优秀组织奖"。 (李 臻)

## 政策研究

【概况】2020年,娄底市委政研室(改革办、财经办)(简称市委政研室)撰写各类文稿(定稿)356篇170万字,较好发挥以文辅政的职能。起草全市"不忘初心、牢记使命"主题教育总结会议、决战脱贫攻坚暨防控新冠肺炎阻击战会议、统筹推进新冠肺炎疫情防控和经济社会发展部署会议、干部作风集中整治动员会议、深入推进全国文明城市建设工作动员会、市委五届九次、十次、十一次全会等全市性的重要会议讲话稿。完成娄底市向杜家毫、许达哲、乌兰等省领导到娄考察调研的综合汇报等材料,娄底市抗击新冠肺炎疫情防控工作综述,被收录于《湖南抗击新冠肺炎疫情实录》一书。推进全市财经工作,围绕全市经济社会发展重大问题,及时分析研判,为市委财经工作提供参谋服务。完成《关于行政区划调整的几个问题》调研报告,承担"娄底市'十四五'经济社会发展规划编制建议研究"课题,起草《中共娄底市委关于制定娄底市国民经济和社会发展第十四个五年规划和二〇三五年远景目标的建议》及《建议》起草说明等重要文件。及时总结经济运行情况的好经验好做法,撰写的《多措并举回"补"损失 推动娄底经济运行趋于正常》在省委财经办《财经专报》刊发,向全省推介。推动市委干部作风集中整治,牵头起草《中共娄底市委关于进一步加强作风建设的若干意见》《中共娄底市委印发〈关于开展干部作风集中整治的实施方案〉的通知》等重要文件,承担市委干部作风集中整治领导小组办公室综合协调组的工作职责,负责市委干部作风集中整治领导小组办公室的日常工作。以领导小组及其办公室名义下发文件7个,下发工作简报10期,制定下发《关于从工作差距查摆作风问题的提示》《关于推进作风集中整治的几点注意事项》等工作提示。截至12月,全市各级领导班子查找问题1464个,整改到位1418个,整改到位率96.9%;领导班子成员查找问题3145个,整改到位3092个,整改到位率98.3%。推进"无籍房"办证、征地拆迁安置、老干部活动中心、垃圾焚烧填埋场等一批历史遗留问题、"老大难"问题有效化解和全年目标任务完成。完成市委党建工作领导小组办公室相关工作,按照2020年第36次市委常委会会议精神,参照省委做法,在市委政研室增设党建科,负责市委党建工作领导小组办公室的日常工作。是年,精心组织筹备市委党建工作领导小组第三次(扩大)会议,起草送审《市委落实全面从严治党主体责任清单》和《市委常委会成员履行全面从严治党责任清单》,起草下发《市委常委会暨市委党建工作领导小组第三次(扩大)会会议纪要》,确保市委党建工作领导小组各项工作有力有序。是年,成功创建省级文明标兵单位,被评为全市绩效优秀单位,继续保留市级"平安单位",获评全市安全生产先进单位、信访工作先进单位。

【全面深化改革】2020年,市委政研室对标对表中央省委全面深化改革工作要求,结合娄底实际,部署114项改革任务,除因省里尚未启动的5项和从《中共娄底市委全面深化改革委员会2020年工作要点》中调出的1项外,全部完成年度目标。召开3次市委深改委会议,部署、研究、推动一批改革事项,审议出台9个改革方案。开展全面深化改革半年工作督察,督促指导各项改革稳步推进,评选出娄底市2019年度"十佳改革案例"11个、"优秀改革案例"11个。加大改革经验提炼和对外宣传推介力度,编发市委《改革简报》12期,多项基层改革经验被省委《改革简报》采用刊发;30余项改革经验被《人民日报》《湖南日报》等中央、省级媒体报道;市人民检察院检察建议工作经验在全省推广,被高级人民检察院转发全国学习;娄星区农村集体产权制度改革试点经验获省农业农村厅推介;涟源"屋场会"基层治理在人民网和中央党校联合举办的“2020年全国创新社会治理典型案例”征集活动中被评为“优秀案例”；新化县油溪桥“注重生态先行、探索两山转化新路子”典型案例作为全省唯一案例，参评生态环境部组织的“绿水青山就是金山银山”优秀典型案例评选活动；村级远程医疗被国家卫健委评选为全国“互联网+医疗健康”创新案例；专门组织人员力量到改革一线调研，选送12个基层改革创新案例参评省委深改委“湖南基层改革探索100例”征集活动。

【党刊编办】2020年，《娄底工作》围绕市委、市政府中心工作，先后策划聚焦两会、产业项目建设、文明城市创建等12个主题报道，90余篇文章，以生动的事实、翔实的案例展现共和国建立以来湘中大地的沧桑巨变。在疫情防控最严峻期间，组织、动员一批文艺工作爱好者，创作一系列文艺作品，为打赢疫情防控战提供精神动力。在10月举办的全国城市党刊联席会上，《娄底工作》再次获“全国城市十佳党刊”称号。全年编审稿件500余篇，遴选刊发照片300余帧，高质量出刊《娄底工作》12期4万余册，《娄底工作简报(学习版)》10期2000余册，同时出刊《娄底工作》电子版12期。《娄底工作》主动加强与其他城市党刊的交流，交流杂志6000余份，其中《娄底工作》第4期刊载的市委书记的《提升乡村干部的能力素质 争做基层工作行家里手》一文被中央政策研究室《学习与研究》刊物选中刊登。

【内务建设与管理】2020年，市委政研室坚持把党的政治建设摆在首位，以机关党支部“五化”建设为统领，落实“三会一课”制度，开展民主生活会和组织生活会，抓好机关党建工作。配合五届市委第四巡察组巡察工作，开展自查自纠，对近年的各项工作进行“回头看”，主动查摆自身存在的问题，如实向巡察组报告。对巡察组指出的问题照单全收，不打折扣，举一反三，认真整改。开展干部作风集中整治，召开班子会议，传达学习市委书记在全市干部作风集中整治动员大会上的讲话精神和相关文件要求，研究制定《市委政研室(改革办、财经办)关于开展干部作风集中整治的实施方案》，成立室(办)干部作风集中整治领导小组及工作专班，召开全体工作人员会议进行动员部署，推动单位干部作风集中整治有序开展。按照“透过工作查作风、整改作风促工作”的要求，开展“三个一”活动，通过上级点、自己找、群众提、公开征等方式，收集意见建议69条，归纳形成单位问题清单和班子成员个人问题清单，包括4方面8大类作风问题10项具体工作表现。是年，所有问题整改到位。助力脱贫攻坚，开展入村慰问和扶贫消费资助，在行政经费中挤出4万元支持村里项目建设。完成人事管理工作，配合完成1人提任副厅级领导的相关考察手续，完成1人提任副处级领导和2人提任副科长的报批手续，完成5人的职级晋升。完善财务制度，严肃财经纪律，严格审批程序，规范财务管理，厉行节约，确保单位经费开支依法依规。 (王新隆)

## 接待服务工作

【概况】2020年，娄底市接待服务工作坚决落实“八项规定”及其实施细则精神，承办重大公务接待198批次，其中公务接待135批次，商务和外事接待63批次。是年，湖南省委办公厅接待服务中心下发《关于表彰2020年度娄底市接待服务中心圆满完成接待工作任务的函》，对市接待服务中心举办全省米粉大擂台活动、做好优质农副产品供应、推行公务简餐(自助餐)标准化改革制止餐饮浪费等工作予以高度评价，并专函表彰。

【疫情防控】2020年疫情期间，娄底市接待服务中心抽派人员组建三支工作队，其中办公室专项服务黄泥塘办事处市场社区，接待一部专项服务定点接待酒店娄底华天大酒店，接待二部专项服务湖南典卡姆信息技术公司。3名部室负责人常驻帮扶点，协调、指导、督促疫情防控，帮助企业复工复产。落实市新冠肺炎疫情防控工作指挥部各项防控措施，制定出台《关于加强公务接待定点酒店新冠肺炎疫情防控“九个严格”的工作指引》，指导定点接待酒店做好疫情期间公务接待。1月30日至6月18日，完成6支省级驻娄医疗专家组(36人次)近5个月的后勤保障任务。抓好疫情常态化防控，督促干部职工做好个人防护，多次赴娄星区花山街道办事处山塘社区、新化县张家岭村开展疫情防控相关知识宣讲，帮助解决实际困难。统筹推进疫情防控和接待工作的做法受到市委、市政府主要领导和省级专家组的充分肯定，有关经验被《接待与交际》等媒体报道推介。

【公务接待】2020年，娄底市接待服务工作根据疫情情况转变接待理念，调整服务方式，实行分餐制。重要会议和重大活动接待规范有序，完成中央和省委脱贫攻坚检查组、省委省政府环保督查组、扫黑除恶专项督导组和三一集团投资洽谈活动、湘博会、省级驻娄医疗专家团队等重大接待任务。坚决执行中央“八项规定”及其实施细则精神，落实《关于进一步规范市接待服务中心接待工作的有关规定》，严格接待范围、程序、标准和经费管理，9月17日，市委办、市政府办制定出台《关于全市党政机关食堂和公务接待带头制止餐饮浪费行为的九条措施》。9月30日，市接待服务中心制定出台《关于带头制止公务接待餐饮浪费行为的实施方案》(以下简称《方案》)，明确采用简餐(自助餐)形式、落实“四菜一汤”要求、实行定点接待、执行规范化操作、制定本地“四季菜谱”、提供精细化服务6条具体措施，将《方案》下发至各定点接待酒店(食堂)，在全市接待活动中推行简餐(自助餐)标准化用餐改革试点，带头制止餐饮浪费行为。是年，市本级公务接待费用同比下降20%。公务简餐(自助餐)标准化改革试点，受到市委、市政府主要领导的高度肯定。在全市范围推广做好重宾接待服务工作，所有接待活动没有发生任何纰漏，娄底市在全省重宾接待考核工作上，没有发生违纪违规违程序等扣分事项。

【社会接待资源信息采集与利用】2020年，娄底市接待服务中心根据湖南省委关于企业复工复产、拉动消费的要求，4月13—24日，组织娄底市2种特色米粉和4种地方特色小吃生产经营主体，参加省委办公厅牵头组织的“湖南米粉大擂台”比赛活动。活动筹备过程中，围绕“湖南米粉·娄底味道”这一主题主线，延伸拓展提升活动内涵，动员餐饮行业协会、各县(市、区)接待部门、10余家特色产品生产经营主体等参与。协调市委宣传部安排市内6家新闻媒体，专题采集素材进行深度报道。在省委办公厅接待服务中心的指导下，市接待服务中心探索并找到一条整合利用社会接待资源服务全市中心工作的重要渠道。(廖　颖)

## 老干部工作

【概况】2020年，娄底市老干部主动融入全市中心工作，开展疫情防控、助力脱贫攻坚和创文管卫。选派党员到娄星区朝阳社区、街心社区开展志愿者服务，下拨党费3万元慰问抗疫一线医护人员。3次召集市红十字协会、市药检所、光大银行娄底分行等单位研究精准扶贫工作，增派分管领导和办公室主任到新化县金凤乡铁炉村驻点，局领导带头入户走访6次，帮扶改善村水利、交通等基础设施，协调投入20万元建成饮水工程和水果冷库，投入2.5万元建成农家书屋，慰问特困群众19人2.7万元，120个建档立卡贫困户全部脱贫摘帽。

【离退休党建工作】2020年，中共娄底市委老干部局将离退休党建工作纳入娄底市大党建范畴，与在职党员党建工作同谋划、同部署、同考核；开展离退休党支部“五化”建设和示范创建工作，创建湖南省示范党支部4个、娄底市示范党支部22个。推进“美在金秋”老党员之家建设，先后2次召开会议部署工作，组织相关人员到长沙、株洲两地调研考察，到各县(市、区)和部分市直单位调研，督促市审计局、市水利局、市供销社等有条件的单位解决老干支部办公场地和老干部活动场地。是年，全市建成“美在金秋”老党员之家42家，建成数量和质量位居湖南省前列。

2020年11月26日，娄底市委老干部局机关党支部组织机关全体党员到郴州市汝城县沙洲村开展主题党日活动　　(市委老干局　供图)

【管理与服务工作】2020年，中共娄底市委老干部局印发并实施《关于开展离休干部精准服务工作的实施方案》，设计市直单位离休干部精准服务网格卡。与市住建局、市商粮局、市经信局衔接破产企业离休干部服务管理问题，发放企业离休干部、无固定收入配偶及遗孀津补贴42.3万元。落实建国初期参加革命工作部分退休干部政策，发放机关事业单位人员补贴48万元506人，协调保障医疗补贴40万元。督促离休干部医疗保障机制平稳运行，组织离休干部及地厅级退休干部体检，全年离休干部住院120余人次，统支费用300余万元。春节期间慰问离休干部、处以上退休干部、离休干部遗孀1643人，发放慰问金57.8万元。疫情期间帮扶慰问市直困难离休干部13名，发放慰问金3.3万元。全年帮扶特困离退休干部及离休干部遗孀108人，发放帮扶资金26万余元。开展抗战75周年慰问活动，走访慰问抗战离休干部5人。结合抗美援朝70周年，组织全市慰问志愿军老战士、老干部、烈士遗属597人。组织老年大学原学员参加湖南省老干部开放大学线上学习，组织老干部参加“线上抗疫书画作品征集活动”，展出作品49幅，3幅作品获奖。与市妇联共同举办娄底市女性“巾帼心向党·礼赞新中国”业余美术比赛，选送作品14幅。与市人大办公室等4个部门联合举办李淑南“画语我心”国画作品展，展出作品120幅。

【关心下一代工作】2020年，娄底市关心下一代工作委员会加强关工基金建设，基金总额2亿元，总额居全国地级市第一名。开展“十百千万”扶贫助学活动，帮扶金额1812万元18500人次，入选中国关工委“全国关心下一代帮扶工作十大品牌”，被评为“全国关心下一代工作先进集体”；坚持育人为本，推选中小学生参与教育部组织的全国青少年演讲征文比赛，6名学生获奖，1080篇作品在中学生主题教育征文中获奖。

【“老大难”历史遗留问题处理】2020年7月15日，市人民政府第14次常务会议专题研究市老干部活动中心及安置楼项目建设。9月18日，市长办公会议专题研究市老干部活动中心及安置楼项目建设有关事项。9月22日，中共娄底市委第33次常委会对市老干部活动中心及安置楼项目建设进行研究。12月28日，市老干部活动中心及安置楼项目建设开工。

（宁晶晶）

## 网信工作

【概况】2020年，娄底市委网信办按照省委、市委关于网信工作的决策部署，以“宣传工作创新年”“网评员队伍建设年”为契机，着力推进网上宣传引导、网络意识形态、网络舆情管控、网络综合治理、网络安全和信息化等各项工作，为全面建成小康社会、推进娄底高质量发展提供强大的网上舆论支持、可靠的网络安全保障、有力的信息化支撑。

（谭江波）

【党对网信工作的领导】2020年，娄底市先后召开市委常委会会议、市委网信委第二次会议，认真分析全市网络意识形态工作存在的突出问题，推进加强网上舆论引导和互联网管理、完善市县两级网信机构、加强网信工作保障等重点工作；组织市委理论学习中心组（扩大）会议，专题学习习近平总书记关于网络强国的重要思想，全市领导干部“识网”“知网”“触网”“治网”的意识和能力提升；成立市委网信委舆情应急处置小组、市委网信委公共事件大数据应用推进小组，互联网领导管理体系不断健全完善；将网络意识形态工作责任和网络安全工作责任落实情况纳入政治建设年度综合考核、年度绩效考评、平安建设考核和市委巡察工作重要内容，全面推进“两个责任”落实落地；更名设立市网络安全应急指挥中心，增加全市网信战线人员编制。

（谭江波）

2020年9月14日，“娄底市2020年国家网络安全宣传周启动仪式”活动现场　（谭江波　摄）

【网络宣传和舆论引导】2020年，娄底市委网信办组织习近平新时代中国特色社会主义思想、习近平总书记在湖南考察工作重要讲话精神等网上宣传。围绕决胜脱贫攻坚、决胜全面小康、抗击新冠肺炎疫情全国文明城市创建等重要会议、重大事件、重大主题开展主题宣传。组织策划“全民战疫·我在这里坚守！”短视频征集活动，征集相关作品上百部，推出40余部作品在全网展播。组织大型网络宣传活动“‘世界锑都’重现绿水青山”，推出600余篇新闻稿件和文章，“世界锑都人间新绿”微博话题阅读量2.5亿人次，以小见大讲好实施创新引领开放崛起战略、加快推进高质量发展、建设美丽湖南的生动故事。组织“决战决胜 全面小康·准脱贫在三湘”全国网络媒体湖南行走进娄底，对新化县槎溪镇黄精种植示范基地、琅塘镇易扶安置点进行采访，通过拼多多平台对新化农特产品直播带货助力扶贫，充分发挥网络传播优势，多角度、立体化展示新化扶贫特色经验。“脱贫在三湘 全面奔小康”新浪话题阅读量3.2亿人次，讨论量53.3万人次。（易 伟）

2020年12月1日，娄底市短视频协会成立大会在万宝新区举行（肖劲斐 摄）

【融媒体阵地建设】2020年，娄底市委网信办不断加强网络阵地建设，5个县（市、区）成立融媒体中心并全部获得互联网新闻服务许可证，统筹运营管理电视、电台、报纸、移动客户端、微信公众号、手机报、新闻网站等10个新闻和政务发布平台，打造全媒体传播新格局。加强融媒体作品策划组织，各类产品异彩纷呈。（谭江波）

【网络问政】2020年，娄底市委网信办创新建立即时交办、准时接收、限时办理、及时反馈、定期通报“五位一体”的线上处置流程和网络问政办理机制，积极回应网民关切、解答网民疑惑，打通网上服务群众的“快车道”，走好网上群众工作路线。全年全市办理问政留言4468条，累计回复4263条，回复率达95.4%，同比2019年回复率提升22%。（易 伟）

【网络综合治理】2020年，娄底市委网信办开展“清朗”“清网”等22项网络综合治理专项行动，处置网上不良有害信息5000余条。突出重点、主动出击，加大执法力度，针对未履行违法有害信息处置义务、侵犯公民个人信息等违法行为开展重点打击。指导成立娄底市短视频协会，引导全市短视频、直播行业健康有序发展。（肖劲斐）

【网络安全防护】2020年，娄底市开展全市网络安全大检查，对各县（市、区）和35家重点单位进行现场抽查，对41个机房、133个信息系统、395台服务器、14家涉疫情重点单位进行现场检测，组织全市20家单位参与“网安2020”全省关键信息基础设施网络安全攻防演练；通过短视频征集、发放宣传品、咨询服务、发送短信、宣传展板等形式，高标准、全方位开展2020年国家网络安全宣传周活动；建成具备实战能力的网络安全态势感知与预警通报平台。（肖劲斐）

【统筹推进信息化发展】2020年，娄底市委网信办依托专业力量，发动全社会参与，组织编制《娄底市“十四五”信息化发展规划》《娄底市“十四五”网络安全规划》，加强网信领域顶层设计；运用信息技术助力社会治理和经济民生，疫情期间对高风险人群开展大数据分析，开展“信息化助农行动”“网约湘游”“E路筑梦”等网络公益活动。（肖劲斐）

【党的建设和队伍建设】2020年5月，娄底市委网信办成立机关党支部。接受市委第十一轮巡察，全方位开展“综合会诊”和“政治体检”，深入查找并整改在学深悟透习近平新时代中国特色社会主义思想、贯彻落实上级党委决策部署、全面从严治党、解决群众急难愁盼等问题13个；扎实开展干部作风集中整治活动，围绕“政治建设、宗旨意识、真抓实干、自身建设”等4个方面12项具体问题抓机关作风建设；坚持党建指导与行业监管双向发力，开展“两个覆盖”摸底排查，选派党建工作指导员对38家重点互联网企业联系指导。是年，新成立企业党支部4家。（谭江波）

# 娄底市人民代表大会

◎综述
◎重要会议

# 综　述

【概况】2020年，娄底市人大常委会组织召开常委会会议8次、党组会议23次、主任会议16次，听取和审议"一府两院"工作报告21项。修订《娄底市人大常委会人事任免办法》，出台《关于市中级人民法院和人民检察院提请任命人员任前公示的意见》，任免国家机关工作人员54人次。新冠肺炎疫情发生后，第一时间向全市人大代表和人大机关发出倡议书，主任会议成员带头落实疫情防控和复工复产各项措施。围绕脱贫攻坚督战、文明城市创建、重点项目建设、重大信访问题处理、驻村帮扶等中心工作，主任会议成员带领相关委室工作人员，到基层调研，开展指导督查，人均下基层天数78天，完成市五届人大四次会议确定的各项任务。抓实机关干部的集中学习活动，开设文明讲堂，组织集中政治学习12次，围绕民法典、代表法、组织法、监督法、立法法、乡镇人大工作条例等法律法规开展履职培训6次，组织机关党员干部到韶山、李聚奎故居、陈树湘烈士纪念园等地开展党性教育，传承红色基因。

【经济监督】2020年，娄底市人大常委会听取政府半年政情通报，审议国民经济和社会发展计划半年执行情况报告，建议政府持续优化营商环境，突出抓好产业转型升级，着力补齐民生短板。多次组织代表视察，开展专题调研，督促政府认真编制"十四五"规划。紧盯政府投资计划，防控政府债务风险，听取和审议市本级政府投资计划报告，敦促政府科学铺排建设项目，依法加强项目管理。加强国有资产管理情况监督，听取和审议2019年度国有资产管理情况综合报告、行政事业性国有资产管理情况专项报告、华达汽车空调（湖南）有限公司部分股权转让有关情况等报告。

【预算监督】2020年，娄底市人大常委会审查和批准2019年市级财政决算和2020年预算调整方案，督促娄底经开区首次提交财政预算决算草案。对政府40个财政专项支出和228家部门支出绩效目标与预算草案同步进行审查。支持审计部门依法履行审计监督职责，听取和审议审计工作报告和审计查出问题整改情况的报告，进行满意度测评，督促政府采取举措出台改革制度48项，上解入库、追缴扣回资金4367万元，督促有序推进编外聘请人员规范管理、行政事业单位国有资产集中统管等事关财政增收节支的重点改革。

【专项工作监督】2020年，娄底市人大常委会按照专项工作评议的总体部署，对赵应良、何锋2名副市长分管工作及人力资源和社会保障、商务粮食、卫生健康、应急管理、统计、城市管理和综合执法、金融7项工作进行专项评议，实现该届对政府工作进行专项评议的"全覆盖"。通过9个评议调查组调查，确定18个重点问题，提交评议对象限期整改。跟踪督办2019年度评议意见整改工作，听取情况汇报并就整改工作进行满意度测评，交办的孙水河保护、农村垃圾分类处置、普惠性幼儿园建设、市场监管执法、养老服务保障、债务风险防范等重点问题，取得明显整改成效。听取和审议全市脱贫攻坚工作情况的报告，提出全面查漏补缺、攻克最后堡垒、谋划巩固拓展脱贫攻坚成果同乡村振兴有效衔接等工作建议。听取和审议全市生态环境质量状况和生态环境保护目标完成情况的报告，建议政府进一步强化环保意识、注重标本兼治、健全体制机制、压紧压实责任。

【民生事项监督】2020年，娄底市人大常委会聚焦全市医保基金管理使用，听取政府情况报告，分赴5个县（市、区）进行调研，要求有关部门研透政策，强化监管，做好"规范""安全""化解"3篇文章。听取和审议市人民政府关于全市退役军人服务保障体系建设情况的报告，督促政府提高政治站位，坚持高位推动，加强阵地建设，构建合作格局，增强退役军人的获得感和幸福感。通过专题调研、听取汇报，建议政府抢抓发展机遇，在中医药文化传承创新上求突破，在产业升级上出实招，增进人民健康。选择食品安全、城乡规划、物业管理、消防安全、限摩禁摩、类案监督、人民调解、科技创新、特色农业、侨企发展、万宝新区基础设施建设等课题进行专题调研，提出意见建议，全省人大社会建设工作现场会和全省人大司法监督工作座谈会相继在娄底召开。开展民族团结进步行系列活动。重视人民群众来信来访工作，受理来信50件次，接待来访267批985人次。通过交办、转办、督办，群众反映强烈的一批信访问题得到妥善解决，"常委会领导+信访工作人员+人大代表”的“娄底模式”在全省人大信访工作座谈会上作典型发言。

【司法监督】2020 年，娄底市人大常委会听取和审议人民政府关于“七五”普法工作情况的报告，要求政府进一步落实普法责任，丰富普法形式，增强普法实效。常委会对全市检察机关检察建议工作组织专题调研，听取情况汇报，要求各级检察机关完善工作机制，监督落实情况，提高检察建议质效。

【立法工作】2020 年，娄底市人大常委会贯彻中央、省委决策，及时向市委汇报，调整年度立法计划，将《娄底市农村住房建设管理条例》作为重点立法项目。采取双组长制、专班制、全覆盖蹲点式调研等形式，坚持开门立法，通过基层走访、民意调查、征求意见、立法协商、专家咨询等多种方式查问题、听意见、谋对策。条例草案出台后，通过《娄底日报》、娄底新闻网、娄底人大网等主流媒体进行公示，向全社会有奖征集意见建议。由主任会议成员带队，组成 5 个调研组，分赴 5 个县(市、区)，听取县、乡、村、组多层面干部群众的意见。市、县两级人大、政府召开立法调研座谈会 45 场次，收集意见建议 4500 余条。条例经省十三届人大常委会第二十一次会议全票表决批准(2021 年 3 月 1 日起施行)完成《娄底市大熊山国家森林公园条例》立法任务，推进《娄底市文明行为促进条例》立法工作。探索与邵阳市、益阳市人大常委会开展协同立法，推进《娄底市资江保护条例》立法调研。市五届人大四次会议通过的《娄底市人民代表大会及其常务委员会制定地方性法规条例》于 2020 年 3 月 31 日经省十三届人大常委会第十六次会议批准。完成基层立法联系点和立法咨询专家库换届工作，地方立法活动进一步规范。坚持“有件必备、有备必审、有错必纠”的原则，发挥备案审查平台作用，接受报备规范性文件 15 件，依法纠正不合法的规范性文件 1 件，切实维护法治统一。

【执法检查调研】2020 年，娄底市新冠肺炎疫情进入常态化防控阶段后，市人大常委会组织开展野生动物保护“一法一决定”执法检查，革除滥食野生动物陋习。常委会成员带队，对《湖南省中小学校幼儿园规划建设条例》贯彻落实情况进行检查，就规划执行不到位、学校配建不理想、教育发展不均衡等问题向市人民政府进行交办。紧盯《娄底市孙水河保护条例》和全国、省、市人大常委会水污染防治“一法两条例”执法检查交办问题的整改工作，其中针对孙水河保护交办的 10 个主要问题，7 个问题整改效果明显，3 个问题的整改有序推进，“河长+监督长+督察长+检察长+警长”的“五长共治”模式在全国首创。配合上级人大对土壤污染防治法、突发事件应对法、人民调解法、慈善法、红十字会法、公共文化服务保障法、反恐怖主义法、宗教事务条例、家庭教育促进条例、现场救护条例等法律法规开展执法检查和立法调研，提出意见建议。

【民生实事票决】2020 年，娄底市人大常委会首次将民生实事人大代表票决制工作列入常委会年度工作要点，出台《关于在乡镇开展民生实事项目人大代表票决制工作的指导意见》，实行主任会议成员挂点联系县(市、区)制度，召开试点工作现场推进会，全市 62%的乡镇开展民生实事项目人大代表票决制工作，双峰县青树坪镇民生实事项目人大代表票决制工作在全省乡镇人大工作和建设推进会上作经验交流。

【代表工作】2020 年，娄底市人大常委会主任会议成员带队进行调研，出台《关于进一步加强人大代表联系群众工作站建设的指导意见》，各级代表进站 18302 人次，收集意见建议 11265 条。开展“双联”活动，常委会组成人员进基层、社区和选举单位进行大走访、大调研。组织部分全国、省、市人大代表围绕科技创新、“十四五”规划、疫情防控与复工复产、竹产业发展、“放管服”等课题开展 11 次专题调研，形成代表建议 5 件、调研报告 6 份。建立市级统筹、部门协调、整体联动、线上线下融通的建议办理体系。实行分类交办督办，对市五届人大四次会议以来收到的 118 件建议科学分类，确定 6 类 6 件为重点处理建议。创新督办方式，首次对重点处理建议办理情况进行满意度测评，6 个被评议单位的测评结果均为“满意”等次，关于加快娄底幼儿师范学校升专建设、加大涟钢周边环境污染治理力度、发展楠竹产业、实行医保基金市级统筹等建议办理，都取得实在效果。坚持和完善代表履职登记、报告、评价制度，推进代表述职活动。邀请 193 名代表列席常委会会议或参加常委会组织的执法检查、视察调研、工作评议等活动。强化责任担当教育，组织代表投身脱贫攻坚、疫情防控等工作，全市

4829名各级人大代表立足本职岗位，奋战在疫情防控一线，捐赠大批防疫物资，组织捐款2946万元。

（谭　勇）

## 重要会议

**【市人民代表大会】**1月5—7日，娄底市第五届人民代表大会第四次会议召开，会议依法听取和审议各项工作报告。补选刘非为市五届人大常委会主任，石艳萍、朱鸿宾为副主任，接受谢志雄、肖有胜辞去市五届人大常委会副主任职务，补选毛健刚为市监察委员会主任；补选毛抚敏、卢鸿福、成灿、肖静、欧云飞、彭一伶、颜继红为市五届人大常委会委员。表决通过刘熙明为市人大监察和司法委员会主任委员、毛抚敏为市人大环境与资源保护委员会主任委员。表决通过《娄底市人民代表大会及其常务委员会制定地方性法规条例》。

**【市人大常委会会议】**3月9日，娄底市第五届人大常委会举行第二十六次会议。会议听取和审议政府关于2019年市本级政府投资计划执行情况和2020年市本级政府投资计划（草案）的报告、关于2019年全市生态环境质量状况和生态环境保护目标完成情况及2020年生态环境保护目标计划安排的报告；审议通过《娄底市人大常委会2020年工作要点（草案）》；听取关于部分代表的代表资格审查报告；会议任命易刚为市人大社会建设委员会副主任委员，接受陈澎辞去市人民政府副市长职务，免去杨忠平的市人民检察院副检察长、监察委员会委员职务，免去刘新朝的市人民检察院检察委员会委员、检察员职务。

5月9日，娄底市第五届人大常委会举行第二十七次会议。会议听取和审议《娄底市大熊山国家森林公园条例（草案·三次审议稿）》，听取和审议关于副市长整改落实2019年分管工作评议意见情况、整改落实2019年专项工作评议意见情况、全市脱贫攻坚工作情况的报告；免去谢雄雅的市中级人民法院审判委员会委员、民事审判第一庭庭长、审判员职务，谢向军的市中级人民法院审判员职务，赵永安的市中级人民法院民事审判第四庭副庭长、审判员职务；表决通过《娄底市大熊山国家森林公园条例（草案·表决稿）》。

7月23日，娄底市第五届人大常委会举行第二十八次会议。会议听取2020年上半年工作情况通报，审议关于2020年上半年国民经济和社会发展计划执行情况的报告（书面）；听取和审议关于2019年市级财政决算草案和2020年上半年市级财政预算执行情况的报告；审查和批准2019年市级财政决算；听取和审议关于2019年财政资金绩效管理情况的报告（书面），关于2019年度市级财政预算执行和其他财政收支情况的审计工作报告，关于《娄底市孙水河保护条例》执法检查发现问题整改情况的报告；接受李荐国辞去湖南省第十三届人民代表大会代表职务。

9月10日，娄底市第五届人大常委会举行第二十九次会议。会议听取和审议双峰县公安局关于提请许可对市五届人大代表付鸿志采取刑事强制措施的报告，许可双峰县公安局对付鸿志采取刑事强制措施。

9月21日，娄底市第五届人大常委会举行第三十次会议。会议听取关于个别代表的代表资格审查报告。接受梁立坚辞去市人民政府副市长职务，决定任命谢君毅为市人民政府副市长；任命詹道斌为市监委副主任；任命成灿为市人大法制委委员，免去刘熙明的市人大法制委委员职务；任命杨文模为市中级人民法院民事审判第二庭庭长；任命张朝华为市中级人民法院执行局副局长，免去其刑事审判第一庭庭长职务；任命黄德雄为市中级人民法院刑事审判第一庭庭长，免去其刑事审判第一庭副庭长职务；任命陈友红为市中级人民法院民事审判第一庭庭长，免去其民事审判第一庭副庭长职务；任命彭旦为市中级人民法院执行局副局长，免去其民事审判第三庭副庭长职务；免去刘湘林的市中级人民法院刑事审判第二庭副庭长职务，免去陈和发的市中级人民法院民事审判第二庭副庭长、审判员职务。听取和审议关于2020年市级预算调整方案（草案）的报告，审查和批准2020年市级预算调整方案；听取和审议关于2019年度行政事业性国有资产管理情况的报告，审议关于2019年度全市国有资产管理情况的综合报告；听取和审议关于华达汽车空调（湖南）有限公司股权转让有关情况、“七五”普法工作情况的报告、《湖南省中小学校幼儿园规划建设条例》落实情况、退役军人服务保障体系建设情况的报告；听取和审议《娄底市农村住房建设管理条例（草案）》。

11月9—10日，娄底市第五届人大常委会举行第三十一次会议。会议听取关于个别代表的代表资格审查报告；审议《娄底市农村住房建设管理条例（草案·二次审议稿）》；评议市人民政府赵应良、何锋2位副市长分管工作，评议政府人力资源和社会保障、商务粮食、卫生健康、应急管理、统计、城市管理和综合执法、政府金融工作，结果均为“满意”；听取和审议市人民检察院关于检察建议工作专项报告；审议《娄底市人民代表大会常务委员会人事任免办法（修正案·草案）》；表决通过《娄底市农村住房建设管理条例（草案·表决稿）》。

12月30日，娄底市第五届人大常委会举行第三十二次会议。会议听取关于个别代表的代表资格审查报告，听取和审议市人民政府及被审计单位关于2019年度市级财政预算执行和其他财政收支审计查出问题整改情况的报告、市人民政府及市中级人民法院关于娄底市第五届人民代表大会第四次会议以来代表提出建议办理情况的报告。听取市人大常委会法工委关于2020年规范性文件备案审查工作情况的报告。审议《娄底市人民代表大会常务委员会关于召开娄底市第五届人民代表大会第五次会议的决定（草案）》《娄底市人民代表大会常务委员会工作报告》《娄底市第五届人民代表大会第五次会议主席团和秘书长名单（草案）》。审议决定《娄底市第五届人民代表大会第五次会议列席人员名单（草案）》。任命童丁玲、刘八竹、俞永清、戴竹叶、谭琛、彭祁琏为市中级人民法院审判员；任命晏鹏为市中级人民法院审判员、刑事审判第三庭副庭长职务；任命黄益臻为市中级人民法院刑事审判第二庭副庭长；任命周怡为市中级人民法院民事审判第二庭副庭长，免去其民事审判第三庭副庭长职务；任命袁米娜为市中级人民法院审判监督庭副庭长，免去其刑事审判第三庭副庭长职务；任命刘黎平为市中级人民法院刑事审判第三庭副庭长，免去其刑事审判第一庭副庭长职务；任命李连春为市中级人民法院未成年人案件综合审判庭副庭长，免去其立案信访局立案二庭庭长职务；任命李琛为市中级人民法院民事审判第四庭副庭长；免去范林的市中级人民法院副院长、审判委员会委员、审判员职务；免去谢丽、朱卫煌的市中级人民法院审判员职务；免去李红菱的市中级人民法院行政审判庭庭长职务；免去邓永新的市中级人民法院审判监督庭副庭长、审判员职务；免去姜燕的市中级人民法院未成年人案件综合审判庭副庭长、审判员职务；免去谢回力的市中级人民法院审判监督庭副庭长、审判员职务；就陈建新、夏自卫、王小娥、李连春、王晶晶入额法官进行报备；任命贺志宏、王飚、康镇泓为市人民检察院检察员，就谭慧入额检察员进行报备；免去李建军的市人大常委会研究室主任职务；接受谢学龙辞去市五届人大常委会委员职务。

（谭　勇）

# 娄底市人民政府


◎综述
◎重要会议
◎市政府办工作
◎政策研究
◎信访
◎退役军人事务管理
◎军休工作
◎政务服务
◎无线电管理
◎机关事务管理
◎市政府驻北京联络处工作
◎市政府驻广州办事处工作
◎市政府驻长沙办事处工作

## 综　述

【概况】2020年，娄底市贯彻落实习近平新时代中国特色社会主义思想、党的十九大和十九届二中、三中、四中、五中全会精神及习近平总书记考察湖南重要讲话精神，执行党中央国务院和省委省政府及市委的决策部署，牢固树立新发展理念，按照高质量发展要求，推进供给侧结构性改革，做好“六稳”工作，落实“六保”任务，统筹推进疫情防控和经济社会发展，决胜全面建成小康社会、决战脱贫攻坚，政府各项工作取得新进步。全年地区生产总值增长4%，地方财政收入增长5.1%，省政府统计口径的地方级税收收入增长5.16%，地方财政收入税占比68.5%，规模以上工业增加值增长5.7%，社会消费总额下降2.4%，建筑业增加值增长5.6%，城乡居民收入分别增长5.4%、9.4%，固定资产投资增长8.6%，主要经济指标增幅位居全省前列，有4项经济指标增速排名全省第一，另有3项经济指标增速排名全省前三，全市经济总体稳步回升，呈现高质量发展态势。地方一般公共预算收入逾80亿元，增速排全省第一。纳税过亿元企业15家。钢铁新材和工程机械产业集聚项目183个，先进制造业“双引擎”基本成型。脱贫攻坚完成既定任务，43.42万贫困人口全部脱贫，498个贫困村全部出列，3个贫困县全部“摘帽”。娄底海关建成开关，万宝公用型保税仓开仓。垃圾焚烧发电项目、殡仪馆提质扩容改造、市老干部活动中心建设等一批“老大难”问题得到妥善化解。娄底成功创建第六届全国文明城市。

【“屋场会”入选2020年全国创新社会治理典型案例】2020年，娄底市2056个村(社区)召开“屋场会”2.1万余场，化解各类矛盾纠纷1.1万余起，帮群众解决问题1.5万余个。是年，群众到市上访、赴省上访、进京非接待场所登记数比上年分别下降24.1%、22.7%、93.3%;新化县、涟源市、娄星区和冷水江市全部退出省信访重点调度县，双峰县、娄底经开区获评省级信访“三无”县(市、区)。娄底“屋场会”入选2020年全国创新社会治理典型案例。

【“无籍房”办证模式形成典型示范效应】2020年，娄底瞄准群众“急难愁盼”开展干部作风集中整治，本着“依法依规、民生优先、分类施策、标本兼治、高位推动”原则，成立以市委书记任第一组长，市长任组长的专项行动领导小组，下设办公室、规划条件核实和办证、税费清缴等6个专项工作组，构建书记市长、分管领导、各部门和区县联动的格局。同时推出办证、房企“全生命周期管控”，通过容缺机制、领导包案等手段，全年办理不动产权证50478本，涉证信访量大幅下降，办证数、办结率、清缴税费额居全省前列。

## 重要会议

【市政府常务会议】2020年，娄底市人民政府召开24次市政府常务会议。

1月2日，第1次市政府常务会议召开。传达学习贯彻有关文件会议精神，研究娄底市贯彻落实意见;安排部署“两节”期间相关工作;研究废钢项目有关工作。

1月20日，第2次市政府常务会议召开。传达学习贯彻有关会议精神，研究脱贫攻坚、娄商大会、2020年产业项目建设活动推进、园区高质量发展及“十四五”规划项目谋划有关工作，听取2019年全市政务督查工作情况汇报、审议《娄底市人民政府关于对2019年度真抓实干成效明显单位予以表扬激励的通报》。

2月14日，第3次市政府常务会议召开。传达学习贯彻中央、省有关新冠肺炎疫情防控工作会议精神，研究新冠肺炎疫情防控、安全生产及企业复工复产工作，确保“六稳”。

2月20日，第4次市政府常务会议召开。传达学习贯彻有关文件会议精神，研究梁巨伟、邱林海等同志职务任免事项;学习重温省委新型冠状病毒感染的肺炎疫情防控工作领导小组关于一手抓防控一手抓复工复产有关文件精神，研究调度1—2月全市经济运行情况。

2月27日，第5次市政府常务会议召开。传达学习贯彻有关文件会议精神，安排部署近期疫情防控工作，研究免去彭谊贵等同志职务事项;研究全市农村宅基地和集体建设用地房地一体确权登记、教育工作，审议《娄底市装配式建筑发展规划(2019—2025)》《关于加强“四上”企业培育工作的实施意见》《娄底市贯彻落实中央生态环境保护督察“回头看”反馈意见整改方案》《娄底市突发环境事件应急预案》《娄底市推进教育现代化办人民满意教育的若干措施》。

3月9日，第6次市政府常务会议召开。传达学习贯彻有关文件会议精神；研究全市“三农”、信访、大气污染防治、防范化解政府性债务风险等工作；审议《中共娄底市委娄底市人民政府关于抓实“三农”领域重点工作确保全面建成小康社会的实施意见》《2019年度信访工作责任目标管理考核和“三无”乡镇（街道）创建验收情况》《娄底市人民政府关于划定禁止使用高排放非道路移动机械区域的通告》。

3月26日，第7次市政府常务会议召开。传达学习贯彻有关文件会议精神；研究立法、市场监管、审计工作。

4月9日，第8次市政府常务会议召开。传达学习贯彻有关文件会议精神；研究林业有关工作，审议《娄底市人民政府关于印发〈贯彻执行《娄底市仙女寨区域生态环境保护条例》实施方案〉的通知》，分析研判一季度经济形势，安排部署二季度经济工作。

4月23日，第9次市政府常务会议召开。传达学习贯彻有关文件会议精神；审议《湖南娄底高新技术产业开发区发展战略规划（2019—2025年）》《湖南娄底高新技术产业开发区产业发展规划（2019—2025年）》，研究重点群体稳就业和根治拖欠农民工工资、行政审批服务有关工作。

5月14日，第10次市政府常务会议召开。传达学习贯彻有关文件会议精神；研究安全生产、娄底市第七次全国人口普查工作及大科城中村改造、娄底南·联创小镇北片区开发、娄底市全域旅游景观道路（仙女寨—水府庙—曾国藩故居）建设等三个招商引资项目，审议《娄底市安全生产委员会成员单位安全生产工作职责规定》《娄底市基本医疗保险和生育保险市级统筹实施方案》《娄底市加快5G网络建设和应用的工作意见》《娄底春田民用机场预可行性研究报告》和《市本级平台公司转型发展实施方案》。

6月4日，第11次市政府常务会议召开。传达学习贯彻有关文件会议精神；研究“12345”市长热线整合、加快推进桥头河通用机场项目、工伤保险基金市级统收统支改革、关于终止娄底市人民政府与中国石化湖南石油分公司《娄底成品油管道（湘潭—娄底双涟）及配套站场、油库、加油站项目投资合作协议》等有关工作。

6月11日，第12次市政府常务会议召开。安排部署近期工作；传达学习全省安全生产专项整治三年行动动员部署电视电话会议精神，研究安全生产工作，审议《娄底市安全生产专项整治三年行动实施方案》；调度上半年全市经济运行情况，对照任务指标找差距，部署下阶段工作。

7月2日，第13次市政府常务会议召开。传达学习贯彻有关讲话、文件会议精神。研究王澍和袁送荣同志任职事项、河长制工作、华达汽车空调（湖南）有限公司股权转让有关问题，审议《娄底市2020年争政策争资金争项目工作考核奖励办法（代拟稿）》《中共娄底市委办公室娄底市人民政府办公室关于印发〈娄底市民间融资风险资产处置攻坚年（2020年）行动方案〉的通知》《娄底市人民政府办公室关于印发〈娄底市加快推进区块链产业发展若干措施〉的通知（审议稿）》，审定“十四五”市级专项规划目录及有关事项。

7月15日，第14次市政府常务会议召开。传达学习贯彻有关讲话、文件精神；审议《中共娄底市委办公室娄底市人民政府办公室关于印发〈娄底市2020年度法治政府建设考核方案〉的通知》《关于娄底市2020年上半年国民经济和社会发展计划执行情况的报告》《娄底市2019年市级财政决算（草案）和2020年上半年预算执行情况的报告》《娄底市人民政府关于2019年市级财政预算绩效管理情况的报告》《娄底市本级2019年度财政预算执行和其他财政收支的审计结果报告》《关于增补2020年度审计项目计划的报告》，研究娄底市老干部活动中心项目建设思路和方案及有关事项、经营类事业单位改革工作。

8月20日，第15次市政府常务会议召开。学习《习近平谈治国理政》（第三卷）、《习近平新时代中国特色社会主义思想三十讲》、《习近平新时代中国特色社会主义思想学习纲要》，传达学习贯彻有关讲话、文件、会议精神；研究娄底市集中化解房地产办证信访突出问题专项行动有关工作、娄底中心城区征迁安置遗留问题处理有关情况，审议《娄底市农村住房建设管理条例（草案·审查稿）》，审定市本级第三批专项债券项目及抗疫特别国债基础设施项目申报方案。

8月26日，第16次市政府常务会议召开。传达学习贯彻有关讲话、文件会议精神；审议《娄底市区块链产业发展规划（审议稿）》，研究全市禁毒、娄底市“智慧交通”（TOCC）项目、娄底市安可替代工程等有关工作。

9月10日，第17次市政府常务会议召开。传达学习贯彻有关讲话、文件、会议精神；明确市政府党组成员、副市长提名人选谢君毅负责民政、农业农村、水利、扶贫、供销、移民工作；传达农村乱占耕地建房问题整治工作电视电话会议精神，研究生态保护红线评估调整、邵东—双峰输气管道工程项目双峰段境内建设用地补偿有关工作、九龙民间融资风险处置相关问题，审议《关于深化娄底市市直行政事业单位国有资产管理体制改革的意见》《娄底市市直行政事业单位国有资产管理办法》《关于2020年市级预算调整方案（草案）的报告》《关于进一步加强全市公共卫生防治体系建设的若干意见（审议稿）》《娄底市开展“杜绝餐饮浪费、养成节约习惯”行动实施方案（审议稿）》。

9月24日，第18次市政府常务会议召开。传达学习贯彻有关讲话、会议精神；研究部署中秋、国庆期间工作及政府债务管理有关工作。

10月19日，第19次市政府常务会议召开。传达学习贯彻有关讲话、文件、会议精神；研究全国居家和社区养老服务改革试点、“公交都市”创建工作，审议《关于集中化解房地产办证信访突出问题专项行动的实施意见》《娄底市集中化解房地产办证信访突出问题专项行动税费清缴政策措施》《娄底市2020年度县市区平安建设（综治工作）考评办法（送审稿）》《娄底市2020年度市直和省属驻娄单位平安建设（综治工作）考评办法（送审稿）》《娄底市人民政府办公室关于印发〈娄底市公共汽车乘车管理规定〉的通知》《娄底市人民政府办公室关于加快推进企业上市的若干意见》。

10月22日，第20次市政府常务会议召开。传达学习贯彻有关讲话、文件、会议精神；审议《娄底市人民政府关于印发〈贯彻落实《娄底市大熊山国家森林公园条例》实施方案〉的通知》《娄底市人民政府办公室关于印发〈关于促进首台首套首批次重大技术装备及新材料推广应用的实施意见〉的通知（试行）》《娄底市人民政府办公室关于转发市工业和信息化局等单位〈娄底市预拌砂浆管理办法〉的通知》《关于打非及破产企业资产处置的若干意见》。

11月12日，第21次市政府常务会议召开。传达学习贯彻有关讲话、文件、会议精神；听取全市“断卡”专项行动工作情况汇报；研究生态廊道建设、食品安全工作，审议《娄底市人民政府关于废止、修改和重新公布部分规范性文件的通知》《〈娄底市生态廊道建设总体规划〉编制工作方案》《关于推进生态廊道建设的实施意见》《娄底市优化行政审批服务（第一批事项）实施方案》《娄底市行政权力事项调整目录》《关于印发〈娄底市深化改革加强食品安全工作的实施方案〉的通知》《关于进一步加强和规范农村住房建设管理工作的意见（试行）》。

11月25日，第22次市政府常务会议召开。传达学习贯彻有关讲话、文件、会议精神；研究教育、建设公安巡特警营房及训练场馆有关工作。

12月10日，第23次市政府常务会议召开。传达学习贯彻有关讲话、文件、会议精神；研究加快质量发展、促进质量强市工作，审议《娄底市人民政府办公室关于印发〈娄底市中心城区生活垃圾分类工作实施方案〉的通知》《娄底市人民政府关于娄底市本级2019年度财政预算执行和其他财政收支审计发现问题整改情况的报告》。

12月25日，第24次市政府常务会议召开。传达学习贯彻中央、省委经济工作会议精神，听取今年经济工作情况汇报，研究明年经济形势及经济工作思路和重点，研究2020年度全市平安建设（综治工作）、安全生产工作考评结果，审议《娄底市文明行为促进条例（草案·审查稿）》《娄底市中心城区声环境功能区划分方案》《长江经济带战略环境评价娄底市“三线一单”生态环境管控基本要求暨环境管控单元生态环境准入清单》。

**【市长办公会议】** 2020年，娄底市人民政府召开39次市长办公会议。

1月8日，会议专题研究区块链技术应用有关工作。1月10日，会议专题研究支持三一集团发展有关工作。1月31日，会议专题研究调度新型冠状病毒感染的肺炎疫情与重大动物疫病防控、复工复产复学相关准备工作和生活物资市场供应保障工作。2月22日，会议专题研究市生活垃圾填埋场（简称“垃圾场”）项目建设有关问题。2月21日，会议专题研究娄底技师学院（简称“学院”）债务化解及政府专项债项目推进有关工作。2月27日，会议专题研究社会治理网格化服务管理工作。3月9日，会议专题调度解决影响华菱安赛乐米塔尔汽车板铁路专用线（简称“铁路专用线”）项目建设进度有关问题。3月11日，会议专题研究行政事业单位国有资产管理体制改革有关工作。3月19日，会议专题研究锑金所项目有关问题。3月

20日,会议专题研究全市公办幼儿园建设有关工作。3月26日,召开全市春耕备耕农业生产工作会议暨娄底市粮食生产工作、“菜篮子”工程领导小组会议。4月2日,会议专题研究国有资产划转推进有关工作。4月13日,召开推进娄底市普速铁路安全环境整治工作视频会议暨娄底市铁路安全环境整治领导小组会议。4月15日,会议专题研究仙女寨经水府庙至曾国藩故居全域旅游景观道路项目建设有关工作。4月16日,会议专题研究潇湘职业学院发展有关工作。4月26日,召开全市公办幼儿园建设和娄底幼儿师范学校升专有关工作会议暨市委教育工作领导小组和娄底幼儿师范学校升专工作领导小组会议。5月12日和6月1日,会议专题研究湖南省第十一届农业机械、矿山机械、电子陶瓷产品博览会(简称第十一届“湘博会”)有关筹备工作。5月25日,会议专题研究全市医疗保障工作。6月9日,会议专题研究市生活垃圾填埋场周边群众上访阻工事件和一六九公司棚改项目有关工作。7月1日,会议专题调度民生实事工作推进情况。7月3日,会议专题调度社会足球场地建设有关工作。7月1日,召开全市电商平台负责人座谈会议。7月7日,为落实中共湖南省委督查公函要求,会议专题研究原大建煤矿遗留问题处理和关闭退出有关工作。7月29日,会议专题研究三一娄底产业园建设项目筹融资有关工作。7月28日,会议专题调度处理涉军问题有关工作。8月10日,会议专题研究推进运用区块链技术打击电信网络诈骗犯罪有关工作。8月12日,会议分别调度审计发现问题整改落实情况、污染防治攻坚战暨“夏季攻势”、脱贫攻坚涉贫信访舆情处置等三项工作。8月17日,召开全市网络文学和短视频产业发展座谈会。8月27日,召开娄底市尘肺病防治攻坚工作推进会暨尘肺病防治领导小组会议。9月3日,会议专题研究支持VAMA(华菱安赛乐米塔尔汽车板有限公司)高质量发展有关工作。9月9日,会议专题研究支持湖南三迅新能源科技有限公司(简称“湖南三迅”)产业发展和促进娄底市储能电站建设有关问题。9月14日,会议专题调度市生活垃圾焚烧发电项目推进有关工作。9月18日,会议专题研究市老干部活动中心项目建设有关工作。9月22日,会议专题研究村级综合服务平台建设工作。9月23日,会议专题研究娄底中心城区乐坪110千伏输变电工程(简称“乐坪变”)项目建设推进有关工作。9月21日,会议专题调度“公交都市”创建有关工作。11月16日,会议专题研究娄底珠山公园天气雷达搬迁和新一代天气雷达建设有关工作。12月15日,会议专题研究《政府工作报告》起草、民生实事、全市主要经济指标调度等有关工作。 (伍建飞)

## 市政府办工作

【概况】2020年,娄底市人民政府办公室(以下简称市政府办)以打造“三表率一模范机关”为目标,强化执行力、提升创新力、增强凝聚力,推动解决殡仪馆提质扩容、加油站历史遗留问题、中心城区停车位建设、中兴农贸综合体建设、交通问题顽瘴痼疾集中整治、采石场非法生产污染环境等“老大难”问题,抓住工业产业、财源培植、综合交通和民生实事等重点工作,完成各项工作任务。是年获湖南省文明标兵单位、湖南省建议提案办理先进单位、娄底市绩效考核优秀单位、娄底市书香机关、全市优化经济发展环境社会满意度综合测评优胜单位等称号。社会管理综合治理、安全生产、“12345”市长热线、创文管卫、驻村帮扶、食品安全、信访、法治政府建设、全民义务植树与联村建绿、党报党刊发行、保密、优化营商环境、维护稳定、机关工会等工作获全市先进单位称号。

【意识形态】2020年,市政府办把意识形态工作摆在极为重要的位置,掌握意识形态工作领导权和主动权。落实意识形态工作责任制。主要负责人落实第一责任人职责,其他班子成员按照落实意识形态“一岗双责”要求,对分管领域的意识形态工作经常督促提醒。做好疫情防控网络舆情相关工作,发挥市政府总值班室、政务宣传科总调度和综合协调作用,与市委办信息科密切配合,对全市的负面信息和舆情进行把关,第一时间公布有关信息、消除误解,网络、报刊杂志没有出现任何负面新闻。加强意识形态工作队伍建设,对外成立网络评论员和信息员队伍,签署保密责任状,开展网上“亮身份”活动,在政府网站、微信、微博等载体上传播宣传全市重点工作,搜集、研判处置可能引发群体性事件和社会动荡的言论,积极引导,凝聚共识。对内加强全体干部职工自身队伍建设,强化专业知识培训,提高意识形态领域舆情预判、分析、处理等能力,无违法违纪案件、无行政责任事故、无

"黄、赌、毒"等丑恶现象。巩固省级文明单位成效,创建省级文明标兵单位。

【参政设谋】2020年,市政府办围绕中心、服务大局,参与疫情防控和经济社会发展各项工作,提升参政设谋服务能力和水平。围绕疫情防控、转型发展、新型城镇化等重点领域和群众关心的热点难点问题开展专题调研14次,多个调研成果得到市委市政府主要领导批示。对市政府发文、全市性的会议进行计划清单管理,全市性发文实现"只减不增"目标,全市性会议同比减少41.2%。围绕疫情防控、三大攻坚战、真抓实干、历史遗留问题处理等开展综合协调、督查督办,发出督查通报21期,督查专报6期。围绕《政府工作报告》重点工作和市政府常务会、市长办公会等议定事项,坚持每季度一督查一通报。对全市经济社会发展主要指标完成情况、十大民生实事,坚持一月一督查一通报。全年专项督查同比减少50%以上。坚持24小时值班制度,做好信息处置、及时报送重要信息,没有发生误报、迟报、漏报、谎报事件。承办"人民网"地方领导留言板的网民留言事项13件。承办省政府办公厅交办的省人大代表建议及政协委员提案4件、市本级人大代表建议109件、政协提案128件,满意率100%。完成政务服务热线整合改革,实现"一号对外、接诉即办"。全年接听市民来电81044个,同比增长116%,登记受理有效诉求82102件次,办结率为99.66%,群众满意率98.4%,获"服务之星奖"。

【自身建设】2020年,市政府办内强管理,外树形象,以纪律规矩为底线,坚持好干部标准,狠抓干部队伍建设。开展作风集中整治。把"两个问题清单"的整改落实作为整治的关键,紧盯问题不放,创新活动载体,突出目标导向,领导班子查摆的11个问题,以及班子成员和党员干部查摆的个人问题,全部按要求整改到位。坚持正确选人用人标准。按照《党政领导干部选拔任用工作条例》《党委(党组)讨论决定干部任免事项守则》和"八个严禁"的要求,按照组织、人事等部门的有关规定对干部职工的录用、调动、职称评定、选拔任用等工作报批、审批。加强党风廉政建设,强化制度建设和风险防控,加强对关键区域、关键环节、关键岗位的监督,严防违规违纪问题发生。 (伍建飞)

## 政策研究

【概况】2020年,在市委、市政府的坚强领导下,市政府研究室深入践行习近平总书记提出的"五个坚持"根本要求,以政治建设为统领,以干部作风集中整治为抓手,充分发挥好研究室"参谋部""智囊团"作用,高质量、高效率、高标准地完成各项任务。

【综合调研】2020年,娄底市政府研究室围绕经济社会发展重点难点问题,组织专项调研50次,综合调研30次,承担市社科联重点课题2个,组织撰写《关于应对疫情大考的几点思考》《贫困户收入增长机制分析研究》《对我市扶贫车间建设的调研》《疫情对旅游业发展的影响》《GDP核算制度改革研究》等调研报告7篇,其中《关于应对疫情大考的几点思考》《贫困户收入增长机制分析研究》《对我市扶贫车间建设的调研》等调研报告,经有关市委、市政府领导批示后,正逐步转化为推动工作落实的具体举措。牵头起草全国人大代表娄底小组调研课题《脱贫攻坚与乡村振兴有效衔接调研报告》,作为主要成员参与课题《优化娄底行政区划的研究》调研。

【参政设谋】2020年,娄底市政府研究室组织撰写政府工作报告、领导讲话、工作汇报、典型发言、领导署名文章、综合调研报告等各类综合材料235篇68万字,《在打造国家重要先进制造业高地上贡献娄底力量》理论文章在省《城市经济论坛》刊发。高质量编辑《内部参阅》33期、《娄底经济》(娄底政报)12期、《民生要情》43期、《信息摘要》4期,有效搭建全市各级各部门和社会各界加强经济研究、工作交流的平台。连续3个月对全市推进应对疫情助企惠民政策落实情况进行综合调度汇总,形成专刊11期,及时通报助企惠民政策落实情况。参与市委全会材料和会务工作,提高精准执行的能力,圆满完成办文、办会、督促协调各项任务,得到领导肯定。全国"两会"期间,积极服务娄底市代表参政议政工作,部分访谈材料在红网、时刻新闻、湖南新闻联播等主流媒体刊发,湖南经视《竞步大湖南》节目专门介绍娄底市新旧动能转换取得的成就两期,推介娄底形象、传播娄底声音。 (刘 杰)

# 信　访

【概况】2020年，娄底市信访工作坚持事要解决但决不花钱买平安的工作理念，强化底线思维，提升解决信访问题、化解突出矛盾的社会治理效能，维护群众合法权益，确保社会大局持续稳定。市信访局全年接待群众到市上访894批5651人次，受理群众来信及网上信访件12286件。按期办结国家信访局、省信访局交(督)办信访事项284件，办结中央、省“四重攻坚”交办件30件。群众到市上访、赴省上访、进京非访较上年同期分别下降24.1%、22.7%、93.3%；群众满意度由年初的53.12%提升至12月的71.22%。全年没有发生大规模进京集访、没有发生重大群体性上访事件、没有发生极端恶性滋事事件。娄底市信访工作获评湖南省先进市州，全国“两会”期间信访保障工作获评全省先进市州。新化县、涟源市、娄星区和冷水江市全部退出全省信访工作重点县，双峰县、娄底经开区获评省级信访工作“三无”县(市、区)。市信访局被评为湖南省文明单位、全省信访系统“人民满意窗口”示范单位、娄底市文明标兵单位、娄底市绩效评估优秀单位、娄底市平安建设优秀单位、娄底市安全生产优秀单位和法治政府建设优秀单位；市信访局领导班子获评全市优秀班子。非法集资陈案化解和民间融资风险处置、信访工作“三无”创建、扫黑除恶3项工作获市政府真抓实干表扬激励。

【领导接访和领办制度】2020年，娄底市坚持市、县、乡三级领导干部定期到信访接待场所接待来访群众，制定《关于切实做好市级领导定期接访工作的通知》《市级领导接访及项目化规定》等文件，18位市级领导到信访局值班接访，接待来访群众32批121人次。全国“两会”等特护期间，实行每日市级领导接待日和带案下访制度，12位领导值班接访，接待来访群众16批38人次。落实市级领导带头领办信访突出问题机制，34位市级领导领办包案信访事项35件，夯实信访工作责任，示范带动各县(市、区)、市直单位党政主要领导主动靠前，推动信访工作开展，构建“四级书记抓信访”的大信访格局。

2020年4月22日，娄底市信访局在新化县曹家镇召开涉贫重点信访问题分析会　(市信访局　供图)

【疫情防控信访热线】2020年，娄底市信访局主动服务市委、市政府中心工作大局。1月26日开通24小时疫情防控信访热线，明确对“四类人员”和有发热症状病人的管理、聚会聚餐等事项在4小时之内反馈处理意见，其他事项在8小时之内反馈，接听办理处置群众来电4000余个，编发简报56期，收集社情民意170余条，提出工作建议120余条。娄底市疫情防控信访热线主要做法在省委办公厅《要情汇报》上交流推介。

【夯实基层基础】2020年，娄底市信访工作突出“党建引领、网格融合、以村为主”，探索和推广“互联网+信访”，连续4年在全市开展“三无”创建，11月3日，召开全市信访工作“三无”创建现场推进会，对全市30个信访工作“三无”乡镇(街道)进行通报表彰。全市“三无”乡镇(街道)达标48个，创建率53.3%。“三无”村(社区)达标1310个，创建率62.4%。双峰县、娄底经开区获评省级信访工作“三无”县(市、区)。建设娄底市“阳光信访”平台，上线使用后，录入市直单位66个、区县单位328个。建立完善信访事项回访核实工作机制，出台《娄底市信访事项回访核实工作实施方案》，对中央、省交办信访事项100%电话回访，对县、乡信访事项办理情况进行抽查回访，比例不低于50%，推动信访问题实体解决，信访事项办理第三方回访核实群众满意度由年初的53.12%提升至12月份的71.22%。

【信访制度改革】2020年，娄底市信访工作结合“网格化”管理，全面推进“屋场会”工作法，化解普通的邻里纠纷和矛盾隐患。对一些执意重复越级上访的疑难信访问题，建立“村(居)民议事会”机制，由群众公开

2020年11月3日，娄底市信访工作"三无"创建暨平安建设推进会议召开　　（市信访局 供图）

评议终结。"屋场会"工作方法获湖南省委副书记乌兰批示，"村民议事会"评议信访事项做法得到国家信访局、省信访局领导充分肯定，被省信访联席办作为湖南"枫桥经验"本土化的娄底范本予以推介。省政府办公厅《政务要情与交流》《湖南日报》专题推介娄底"屋场会""村民议事会"典型经验。聚焦涉贫信访舆情处置，建立涉贫信访舆情快速联动处置机制，落实涉贫信访舆情"双周调度会"等制度，每月进行考评通报，确保涉贫信访问题第一时间处理。全年办理中央、省、市涉贫信访事项173件，到期办结率100%，涉贫信访总量从全省第二位下降至第七位。主要做法在省政府办公厅《政务要情与交流》上推介。

【信访积案化解】2020年，娄底市推进房地产办证、征地拆迁安置、民间融资等重点领域信访突出问题专项治理。接待房地产领域群众来访83批，涉及1.6万余户，处置集访6批580余人次，推动办证登记5.4万余户，办证率全省第一。接待民间融资群体集访710余人次，推动民间融资资产处置到位96起，兑付人数1.4万人，兑付金额23.42亿元。开展中心城区征地拆迁安置扫尾清零行动，27个基地建设完成并交付到位，86个已建成使用的安置基地小区全部移交社区管理，办理不动产权证1200余户，每年减少过渡安置费6000余万元。开展集中治理重复信访、化解信访积案专项工作，结案上报中央信访联席办交办信访积案388件，审核办结率24.71%，排全省第三。做好省委巡视组移交3批675件信访件的办理。

【重大风险处置】2020年，娄底市信访工作致力健全防范化解重大风险分析研判机制，定期对重点领域、重点群体、重点问题等突出信访矛盾隐患开展排查摸底，对8类63个重点群体性风险事件，落实属事、属地责任，把握平安稳定底线。全年接待集访111批4750人次，调度处置到省、市政府大门集访53批2581人次，妥善处理娄底中心城区垃圾填埋场"避邻"、东方豪苑排水管塌陷等突发事件，九龙债权人、夕阳红老年公寓等集融资问题，169棚户区、广圆怡郅园、大同沁园等房地产突出问题，长青商业街、时尚春天商场等涉疫访情。按期办结国家局、省局交（督）办信访事项284件，办结中央、省"四重攻坚"交办件30件。坚持每日点对点调度通报全市访情，完成市、省和全国"两会"信访安保任务，全国"两会"特护期信访工作获评省先进市州。

【法治信访建设】2020年，娄底市信访局坚持畅通依法化解信访问题渠道，做好诉访分离和依法分类处理工作，印发《关于进一步规范行政机关依法分类和信访事项复查复核工作的通知》《娄底市信访局复查复核日常业务分类处理规则（试行）》等文件，对依法终结、信访人承诺息访息诉或通过信访三级终结、公开评议的信访积案，经审核备案后，不通报、不考核，推动信访工作制度化、规范化、法治化。全年指导县（市、区）、市直单位录入复查复核事项85件，录入依法分类事项46件。　　（杜东义）

## 退役军人事务管理

【概况】2020年，娄底市退役军人事务局贯彻落实全国、全省退役军人工作会议精神，以"思想政治工作年""信访攻坚年""基层基础基本建设年"活动为抓手，不忘初心，牢记使命，退役军人事务工作水平稳步提升。是年获评市级信访工作先进单位、文明卫生单位、安全生产先进单位，常态化联系退役军人工作经验在全省推广。作为主创单位，推进娄底市首次赢得"全国双拥模范城"称号。11月20日，娄底市政务服务中心娄底市退役军人事务局分中心挂牌。

【服务保障体系建设】2020年，娄底市退役军人事务局启动"示范站创建"工作，组织3次现场观摩示范，学习先行经验，下发《娄底市退役军人服务中心（站）

建设与业务规范》，对服务中心(站)场地建设、制度建设、业务建设进行全面细致规范。区分县、乡、村三级建设标准，省、市、县、乡四级投入1800余万元，建成一批服务中心(站)。落实编制342个，到位329人，人员到位率97%。5个模范标杆型乡镇(街道)服务站、54个示范型乡镇（街道）服务站和178个示范型村(社区)服务站达标，形成横向到边、纵向到底、上下贯通、全面覆盖的退役军人服务保障体系。

【政策法规宣传】2020年，娄底市退役军人事务局制订年度法治政府建设计划，健全学法用法制度，落实谁执法谁普法责任机制，制作政策法规宣传册，开展退役军人相关法律政策的普法宣传活动。清理规范行政权力及公共服务事项，制定权力责任清单，梳理和编制政务信息资源目录。8月18日，政策法规科加挂行政审批服务科牌子。

【思想政治工作】2020年，娄底市退役军人事务局坚持党建引领，凝聚广大退役军人正能量。在抗美援朝胜利70周年和决战决胜脱贫攻坚年之际，通过采访娄底15名功勋参战老兵，拍摄6集《伟大的胜利——老兵记忆》讲述娄底红色故事，组织开展第二届“最美退役军人”评选活动并拍摄13集最美退役军人纪录片，在娄底市各权威媒体和公共传媒上播放。疫情期间，全市退役军人志愿者积极响应号召，奋战在疫情防控第一线。退役军人赵美艳获评全省最美退役军人提名奖。开展“信访攻坚年”和“大排查、大化解、大管控”活动，借鉴运用新时代“枫桥经验”，立足基层、综合施策，将“问题清单”转化为“成绩清单”，落实常态化联系制度，建立“一人一策、一案一册”详细台账，在双峰县组织现场观摩会推广常态化联系落实举措，全市退役军人信息台账逐步建立健全。1月，在全省退役军人事务局局长会议上，娄底市做信访工作专题经验发言。是年接待来访1276批1738人次，电话解答优抚、安置、转业等政策问题630余次，召开重点对象座谈会13次，化解部分历史遗留问题。

【移交安置】2020年，娄底市退役军人事务局对标湖南省委成立娄底市委退役军人安置工作领导小组，按照考试分+考核分综合排名选岗的“阳光安置”模式，会同相关部门严密组织档案审查、文化考试、成绩公示和公开选岗。

【优待抚恤】2020年，娄底市退役军人事务局落实抚恤补助政策，按规定标准足额发放各类优抚对象抚恤补助资金和农村义务兵家庭优待金等，组织优抚对象赴省短期疗养3次，市本级组织短期疗养9次，送医送药下乡4次，按政策完成全市退役军人、公务员、人民警察残情评定工作和烈士评定工作。落实常态化联系退役军人制度，走访慰问退役军人。加强优抚事业单位建设管理，娄底市康复医院等基础设施建设不断加强。

【就业创业】2020年，娄底市退役军人事务局出实招，搭平台，扶持退役军人就业创业。全市组织退役军人参与网上跨境电商培训、职业技能培训和适应性培训。5月，市本级组织退役军人在娄底职业技术学院开展为期3个月的职业技能培训。9月，组织退役士兵在娄底中心城区开展为期6天的适应性培训，为2020年返乡的退役军人提供就业创业指导。会同人社、军分区组织300余家企业进行6场线上线下招聘活动，为退役军人提供专属岗位。组织娄底市首届退役军人创业创新大赛，全市43家退役军人企业参加比赛，3家企业获省级复赛1金1银1优胜，“梅山棕编”获全国决赛三等奖。

【双拥共建】2020年5月18日，娄底市召开双拥工作领导小组全会，成立以市委书记、市长为“双组长”的双拥工作领导小组，双拥工作纳入绩效考核内容，军地双方将“拥军优属、拥政爱民”作为“一把手”工程摆在突出位置，形成党、政、军三位一体，群团组织广

2020年11月25日上午，娄底市领取“全国双拥模范城”奖牌（市退役军人事务局 供图）

泛参与，全方位、广覆盖的双拥工作新格局。在春节、“八一”期间，市领导带队开展走访慰问驻娄部队、优抚事业单位和部分退役军人代表；“八一”前后通过移动平台向市本级现役军人、退役军人发送慰问短信90万余条，印发《关于调整在校大学生参军入伍一次性奖励金标准的通知》，提高在校大学生参军入伍一次性奖励金标准。8月18日，娄底市、涟源市被命名为“全省双拥模范城(县)”。10月20日，娄底市首次被命名为“全国双拥模范城”。 （赵晓晖）

## 军休工作

【概况】2020年，娄底市军休所紧紧围绕军休人员最关心、最直接、最现实的利益问题开展工作，不断深化服务意识，改善服务方法，提高军休服务水平，落实军休干部政治待遇和生活待遇。不断完善基础设施建设，采取多种形式开展文体活动，丰富老干部精神生活，全年组织开展老干活动22次，其中门球赛6次，钓鱼活动6次，“迎新春·送对联·贺新春”为主题的卡拉OK活动1次，新春灯谜会1次，春游1次，疗养1次，棋牌比赛1次，消防安全知识讲座1次，健康知识讲座2次。

【政治思想建设】2020年，娄底市军休所采取集中学和自学相结合的方式，每月一次集中学习，重点学习中共十九大精神和习近平新时代中国特色社会主义思想，全年组织集中学习12次。落实定岗位、定职责、定任务、定奖惩的“四定”责任制，做到人人担责任、事事有人做。将各科室职能和工作人员职责重新编印成册，让老干部能够第一时间找到相关负责人，提高办事效率。

【党建工作】2020年，娄底市军休所党支部有党员58名(其中工作人员党员12名、离退休党员46名)。规范党支部建设标准，建立党支部书记主抓、党支部委员分头抓、具体人员落实执行的工作机制，推进党组织标准化建设。按照有关要求落实“三会一课”、民主生活会、民主评议党员等制度。年初制定“三会一课”计划，坚持支部书记上党课，每月至少召开一次支委会、党小组会。开展“不忘初心 牢记使命”主题教育活动，组织在职党员集中学习并开展讨论、撰写心得体会，领导班子成员之间、班子成员与党员之间、党员与党员之间开展经常性谈心谈话。

【老干待遇落实】2020年，娄底市军休所保障军休干部的退休生活费按时、按标准发放。每月组织军休干部开展一些有益于健康又力所能及的活动，充实他们的休养生活。定期组织军休干部学习文件，传达各级各部门相关文件精神。对参加老年大学的军休干部报销一门课程的学费。对于身患重病、家庭经济困难的军休干部及遗属给予医疗困难补助。11月，组织军休干部和无军籍职工人员进行一次健康体检。(周雨陇)

## 政务服务

【概况】2020年，娄底市行政审批服务以“放管服”改革为抓手，推进“一件事一次办”和互联网+政务服务“五办五公开”改革，行政审批服务效能明显提高，企业和群众的获得感、满意度明显提升。湖南省政府办公厅、省政务管理服务局多次推介娄底市改革成效和经验；《人民日报》、《湖南日报》、湖南电视台、红网等多家省以上主流媒体50余次专题报道。是年，娄底市行政审批服务局获评2019年度娄底市文明单位、书香机关称号和2020年度平安建设(综治)、保密、信访和法治政府建设工作优秀单位称号；“深化‘放管服’改革，积极推进互联网+政务服务‘五办五公开’‘三集中三到位’改革工作”和积极落实保市场主体任务两项工作获市政府真抓实干督查激励表彰通报。

【“一件事一次办”和“五办五公开”】2020年，娄底市行政审批服务局继续深化“一件事一次办”和“五办五公开”改革。疫情期间，娄底市行政审批服务局全面落实复工复产政策兑现“一件事一次办”。组织全市行政审批服务系统开展预约办、网上办、一窗办、帮代办、上门办和自助办服务，确保各级政务大厅在2月3日正常开放，做到“防疫”“办事”两不误。及时开设专栏，在市政府门户网站专栏上线“助力抗疫和企业复工复产——小微企业和个体工商户服务”专栏，发布国家、省、市的复工复产、稳企稳岗、金融财税等各类惠企政策。梳理改造政策兑现“一件事”，编制“一事一指南”，设立复工复产政策兑现“一件事一次办”专窗（后改为“六稳”“六保”政策兑现专窗），最大限度方便企业群众办事。全市办理340941件“一件事一次办”事项，惠及企业15261家，涉及人数658458人；减免税费8530.65万元，缓缴公积金3589.38万元，缓缴社保68876.01万元，减免租金3193.21万元。截至11月底，湖南省政府部署安排的200件“一件事一次办”全部实现跨域通办，审批服务事项与上年同比办理时限缩短55.5%，提交材料减少40.3%。企业开办（包括企业设立、公章刻制、发票申领、银行开户4个环节）压缩至“5.5小时办结”。1—12月，全市新增市场主体43455户，增长率全省第一。产业项目“帮代办”，对纳入政务服务范围的所有服务对象实行无偿帮代办，变“企业群众办”为“政府帮代办”，截至12月底，办结帮代办业务205笔。高频事项“一网通办”，“娄政通”APP可查事项269个，比2019年增加112个。不动产登记信息查询，公交扫码乘车，在线缴纳水、电费等数十个政务服务事项实现“掌上办”。百姓事项“门口办”，落实基层公共服务一门式全覆盖工作。出台“就近办”事项清单指导目录，涉及乡镇（街道）173项、村（社区）111项，截至是年年底，乡镇（街道）可办结事项91项，村（社区）可办结事项35项。是年，娄星区投资3.2亿余元，升级、改造区、乡、村三级综合服务平台，下沉乡、村目录事项42项，村级通过“互联网+政务服务”一体化平台可办结事项35项。事项办理材料平均减少26.7%，办理时限压缩53%。实现五公开，按照国务院、省、市、县、乡“五级四同”政务服务标准化的工作目标，对标国家政务服务平台标准要求填报政务服务基本目录及实施清单，对权责清单的名称、编码、类型、行使层级等要素进行规范，实现同一事项名称、编码、依据、类型等基本要素市、县、乡、村统一。截至12月底，通过市政府门户网站旗舰店公示市本级53家单位5482项政务服务事项（其中包含49家单位的1586项依申请类审批服务事项）及其依据、所需申报材料清单、审批时限、流程、经办机构及电话，利用省“互联网+政务服务”一体化平台事项管理系统对事项实行动态管理。

**【“三集中三到位”】** 2020年，娄底市行政审批服务局推动出台《娄底市市直部门审批服务“三集中三到位”改革实施方案》，推进部门审批服务“三集中三到位”。截至12月底，市政务中心进驻单位33家，进驻政务服务事项486项，比2018年（237项）增加249项，进驻率85.41%；授权审批办结事项283项，授权率58.23%，比2018年（39项）增加244项，增加626%。是年，市政务服务中心（含吉星路分中心）办件320230件，较上年增加39267件。

**【审批事项精简】** 2020年，娄底市行政审批服务局根据市政府常务会议提出的行政审批事项2020年要精简30%以上的要求，按照“能减则减、能合则合、该下放则下放”的原则，推进审批事项精简。调整23家单位198个行政审批事项，精简率26.8%，印发《娄底市行政权力事项调整目录》进行公示。梳理出赋权至国家级园区事项243项，省级园区29项。取消6项事项，承接国家、省要求下放的23项事项、调整97项事项的名称、实施主体、设立依据等内容。清理行政权力中介服务事项，保留89项，取消4项。出台涉及市民政局等16个单位20个事项的优化审批服务的实施方案，落实“减材料、减流程、减环节、减时限”的“四减”要求，实行“一窗”受理，实现“一次申请、一张表单、一次办好”。

**【“互联网+政务服务”】** 2020年，娄底市开展互联网+政务服务“一网通办”“11·15”和“12·30”两轮集中攻坚，推进政务数据共享、系统对接。汇集805个目录的政务数据1亿条，通过省平台下放自然人法人相关信息要素783项。实现193件“一件事”在一体化平台上可查可办；编制事项清单，实现48家单位1574项依申请事项进“一网”，权责清单填报率99.91%，权责清单发布率99.61%；实施清单填报率99.29%、发布率99%；办理深度三级以上（含三级）事项1311个，三级以上事项比例83.3%；法定提速率和承诺提速率95%以上。全年市一体化平台办件（含县、市、区）289064件，比上年增加131690件。

**【政务服务“好差评”和网络投票】** 2020年，娄底市行政审批服务局持续开展一体化平台红黄牌监管，提醒县（市、区）和市直相关单位处理红黄牌预警事项，规范政务服务行为。组织实施政务服务“好差评”和网络投票，倒逼行政审批服务提质增效。开展对全市35家市直单位委托第三方（市国调队）进行两次集中测评和一次“大众点评”。7月和12月，完成两次政务服务“好差评”电话回访，各单位平均成绩80分以上。12

月1日，开启涉及11个市(县)政务服务大厅和27个市直部门服务窗口的2020年度政务服务能力社会满意度测评网络投票活动。截至12月14日，访问量68万余人次，6万余人次参与投票。

【政务服务优化】2020年，娄底市根据企业群众办事需求，增设"一件事一次办"跨域通办专窗、公共服务缴费窗口(主要提供水、电、气、手机费等现金缴费)，让服务更精准。全面梳理进驻市政务服务中心单位的办事服务指南，对480个办理事项的办事指南进行"二维码"化，办事企业群众用手机就能一扫即查、一看即知，提升窗口服务的数字化、便利化。市政务服务大厅设立"娄底市工程建设项目审批综合服务专窗"，实行工程建设项目立项用地规划许可、工程建设许可、施工许可、竣工验收4个阶段并联审批，房屋和市政工程建设项目审批事项由改革前的71项压减至47项，审批时长由230个工作日压减至100~40个工作日以内，精简审批环节和手续，为项目单位提供一站式服务。整合涉及新建商品房的预告登记、预抵登记、分户登记、在建工程抵押、预告抵押注销登记等业务，进驻至市政务服务中心吉星路分中心，实行前台综合受理，后室分类审批，实现新建商品房业务"只进一扇门"。截至12月底，受理不动产登记业务238152笔。

【政务公开和政民互动】2020年，娄底市行政审批服务局印发《娄底市2020年政务公开工作要点》，完善市政府门户网站信息公开专栏建设，在市政府门户网站开设政务工作要点专栏，更新法定主动公开内容；督促各县(市、区)、市直各部门及时调整信息公开指南。是年，市政府门户网站群发布各类政务信息78173条(其中娄底市政府门户网站7121条)，转载国家、省政府各类重要政务信息2415条。对市直各单位对规范性文件的解读情况进行检查清理，组织政策解读材料补录，做到规范性政策文件件件有解读。出台《娄底市全面推进基层政务公开标准化规范化工作实施方案》和《基层政务公开专区建设管理标准》。梳理编制26个领域基层政务公开标准目录，督促各县(市、区)编制发布本级政府26个领域基层政务公开标准目录，在市政府门户网站建设推进基层政务公开标准化规范化工作专栏。做好网络问政工作，坚持办理情况月度统计分析，办理结果通报到各单位，形成专报报告市领导，市委、市政府主要领导先后4次给予肯定性批示和指示。收到市政府门户网站书记市长信箱来信和红网市长留言1510件，办理回复1510件，办结率100%；开展58期调查征集，组织嘉宾访谈20期。

【政府网站和新媒体监管】2020年，娄底市行政审批服务局落实日常监测、定期核查、情况反馈和印发通报相结合的常态化监管制度。对全市纳入国省监管的政府网站和市直部门政务新媒体实行100%比例按月检查，对市直部门下属单位和县(市、区)政务新媒体每月进行抽查。印发12期全市政府网站和政务新媒体检查通报，通报网站(网页)问题24个、政务新媒体问题128个，注销政府网站域名4个，关停长期未更新网站2个，关停注销政务新媒体账号33个，清理出无法注销政务新媒体账号25个。全市政府网站连续4个季度100%合格。

【政务服务管理】2020年，市行政审批服务局完成人员转隶，在编在岗13人，下属市政务中心在编在岗17人。建立健全政务服务管理机制，修订出台《娄底市政务服务中心工作规范》，对进驻窗口单位和工作人员实施严格考核，实行末位淘汰机制。组织开展政务服务大比武。评选表彰优秀政务服务单位3个，示范政务服务大厅2个，优质政务服务窗口10个，优秀政务服务标兵20个。

【电子政务网络安全责任制落实】2020年，娄底市行政审批服务局建立安全工作责任制，科学、规范管理政务大厅和数据中心机房安全，保障大厅、机房设备安全和电子政务外网的稳定运行。截至12月底，全市222条电子政务外网线路，覆盖6个县(市、区)和182家市直单位。做好网络安全应急管理，建立节假日和重要时段值班制度，落实敏感时期安全防护措施要求，制定《娄底市政府门户网站安全应急预案》。参加2020年"湖湘杯"网络安全应急演练，完成演练任务。开展网络安全等级保护工作，委托中国信息安全测评中心华中测评中心(湖南省信息安全测评中心)进行等保2.0三级的测评工作，提升市政府门户网站和集约化平台安全保护，完成等保2.0三级备案。

(曹晓晓)

## 无线电管理

【概况】2020 年，娄底市无线电管理处落实省、市各项决策部署，严格履行“三管理、三服务、一突出”的无线电管理核心职能，扎实推进娄底市 C 级无线电监测网扩建项目建设，圆满承办湖南省无线电监测技术湘中片区演练竞赛，管理好频率台站，做好日常监测和专项监测，保障重大活动和重要考试的无线电安全，推动全市无线电管理事业健康发展。

【无线电监测网扩建】2020 年，娄底市无线电管理处推进娄底市 C 级无线电监测网扩建项目，成立领导小组，制定实施方案，争取省市主管部门和相关部门的重视和支持，按照依法依规依程序、公开公平公正的原则进行，完成项目前期工作，技术业务用房和设备采购的公开招投标于 12 月 18 日顺利开标。

【频率台站管理】2020 年，娄底市无线电管理处安排专人参加全省公众移动通信基站数据电子交互系统操作使用培训班，学习搭建与安装，熟悉操作与使用，做到线上受理基站设置、使用申请，配合通信运营企业完成基站数据的报送工作。完善频率台站的审批模式，优化审批程序，加大事中事后监管力度，按照自查与抽查、核查与复查相结合的方法，对无线电台站进行现场核查。加强与设台单位沟通，明确工作标准要求，为设台单位提供优质服务。

2020 年 10 月 28 日，2020 年湖南省无线电监测技术湘中片区演练竞赛开幕式在娄底市孙水公园启动

（市无线电管理处 供图）

【监测检测】2020 年，娄底市无线电管理处加强对 88~108 兆赫广播频段、223~235 兆赫无线数传频段、470~510 兆赫无线电传声频段日常监测，查处移动通信干扰 4 起，航空干扰 2 起，出具频谱监测统计报告 12 份，全年开展日常监测 5900 小时，专项监测 2100 小时，累计监测 8000 小时。开展打击“伪基站”“黑广播”专项行动，启用监测定位设备 72 台次，出动监测人员 56 人次、无线电监测车 43 车次，侦查监测 321 小时，开展专项督查 6 次，绕城巡查 15 次，查处“黑广播”案件 3 起。完成无线电发射设备检测工作，规范检测流程，保证设备安全，出具检测报告，检测在用无线电发射设备 13 套，出具检测报告 39 本。

【无线电安全保障】2020 年，娄底市无线电管理处参加教育、卫生、司法、人社、财政等部门组织的各类考试无线电安全保障 18 次，出动监测设备 96 台次，出

2020 年 7 月 7 日，娄底市无线电管理处开展全国高考无线电安全保障，图为娄底一中考点

（市无线电管理处 供图）

动人员 140 人次，压制作弊信号 26 起。保障元旦、春节、“两会”、国庆等重要时节以及抢险救灾等重要时期的无线电安全，坚持 24 小时值班制度，加强监管监测，实现全年零事故。（罗 雯）

## 机关事务管理

【概 况】2020 年，娄底市机关事务管理工作以“强管理、优服务、精保障、促发展、创品牌”为主线，完成公务用车制度改革，建成公务用车智能化平台，清查核实全市行政事业单位国有资产，推进国有资产体制改

革，规范办公用房管理，保障优质高效公务出行用车，建设美丽庭院、品质机关。市机关事务管理局修订完善管理制度5项，定期组织开展岗位技能比武，加强车辆日常安全检查和隐患整改，全年服务185家，出车5978次，安全行驶976762千米，保障疫情防控、脱贫攻坚等全市中心工作。开展安全隐患大排查大整改，对消防设施和设备进行维护检修，在市人大市政协机关大院办公楼和市委、市政府机关大院9号、10号楼新增消防安全指示牌、应急灯，为“两个中心”大院新装监控系统。协助处理信访204起，其中10人以上的103批次。强化易地交流厅级领导干部周转住房安全管理、食品监管，实施绿化提质，整改安全隐患，优质精细做好服务。“凝心聚力、助力扶贫”等工会活动有声有色。健康服务中心完成健康咨询5000人次，保障老干部外出活动16次，中心医院代售药品40万余元。是年，市机关事务管理局获“国家公共机构能效领跑者”“湖南省省级节水载体”“全市平安建设(综治工作)优秀单位”“维护稳定工作优秀单位”“保密工作优秀单位”“信访工作三无创建和目标管理考核优秀单位”“安全生产优秀单位”“文明标兵单位”荣誉，保留“平安单位”称号。

2020年4月26日，娄底市公务用车信息化管理平台试运行　　（李耀煌　摄）

【公务用车管理】2020年，娄底市公务用车信息化管理平台投入使用，市直568台公务用车通过平台进行调度、监督，全市所有公务用车统一安装北斗智能定位终端并实施手机APP智能派车。对市本级实施公车改革的330家事业单位车改情况开展清查，车改方案全部批复，处置车辆156辆，司勤人员安置到位，车辆编制初核完成。通过明察暗访等方式加强公务用车使用监管，查处违规用车案例4起，移交市纪委监委处理。组织全市公职人员参与“让汽车为2020提速”团购活动，公职人员购车510余辆，销售金额9000余万元。

【公共机构节能管理】2020年，娄底市机关事务管理局组织开展湖南省公共机构节能改造项目补助资金申报，申报金额16万元。对市军队供应站等14家高能耗单位用能情况开展核查并指导整改。指导冷水江市机关事务服务中心、双峰县机关事务服务中心创建“国家节约型公共机构示范单位”，指导冷水江市市场监督管理局、双峰县应急管理局、新化县古台山国有林场等15家单位创建“湖南省节约型公共机构示范单位”。

【办公用房和资产管理】2020年，娄底市机关事务管理局建立横向到边、纵向到底督查机制，全年抽查市直单位50余家。对市医保局、团市委、市广播电视台、市保密服务中心、市机关社保中心、市市场监管局执法大队、市畜牧研究所7家单位办公场所进行调整，对市应急管理局、市市场监督管理局、市扶贫办、市农业农村局等30余家单位部分办公用房进行安排、调整。完善、更新办公用房管理台账，收集各单位所在办公楼栋产权办理情况，推进办公用房权属登记。编制全市党政机关办公用房维修规划，配合做好机关大院维修监管工作。

在全市开展市直行政事业单位国有资产清查核实调研，建立市国有资产管理体制改革联席会议制度。起草《关于深化娄底市市直行政事业单位国有资

2020年5月18日，娄底市组织召开经营性国有资产移交会议，市机关事务管理局将经营性国有资产移交市国资委管理　　（市机关事务管理局　供图）

产管理体制改革的意见》《娄底市市直行政事业单位国有资产管理办法》，办理办公用房权属统一登记3起，办理市委老家属院33栋、42栋、41栋部分"无籍房"房产证48户，审批市直单位特种设备购置42起。

【机关大院管理与维护】2020年，娄底市机关事务管理局巩固"全国绿化模范单位"成果，完成市人大市政协机关大院楼道粉刷、卫生间改造、3号楼瓦屋面维修更换项目。规范市委、市政府、市人大、市政协、市信访局、市行政审批局、市公共资源交易中心机关院落的车辆行驶、停放秩序，新增车位80余个，重新划定行车线路，提醒处理违规行驶、乱停乱放车辆上千台次。市委、市政府、市人大、市政协机关大院智能门禁系统完成升级，安装人脸识别系统。与农业银行合作共建"智慧食堂"投入使用，核查150余家单位9000余人餐卡信息，并重新制发餐卡。按程序完成市人大市政协机关食堂组建。（颜 颖）

## 市政府驻北京联络处工作

【概况】2020年，娄底市人民政府驻北京联络处继续加强与党中央、国务院各部委、驻地政府和娄底籍在京人士的联系、沟通，向市委、市政府提供全面、及时、准确、安全的信息。协助做好经济技术合作项目和央企对接招商引资工作，为娄底市在京开展的重大经济技术合作项目和央企对接招商引资活动牵线搭桥、提供服务。推介娄底，统筹兼顾新冠肺炎疫情防控和经济社会发展，圆满完成市委、市政府安排的各项目标任务。

【抗击疫情】2020年，娄底市人民政府驻北京联络处响应上级号召，严格实施新冠肺炎防疫措施，积极参加防疫一线工作。下发通知，明确防控工作措施。发动募捐行动支援家乡人民抗疫，三天时间募捐防疫资金2.3万元，2月20日全部上缴市红十字会。3月11日，北京市宣布在新国展设立入境人员集散点，实行24小时分流转送，根据省政府驻京办的要求，联络处先后派三人奔赴新国展，参加省里组织的相关工作，他们因表现突出，受到省驻京单位党委的通报表彰。

【招商引资】2020年，娄底市人民政府驻北京联络处继续推动北京娄底企业商会和各县市分会加强与娄底的联系沟通。促进北京陌陌科技有限公司将新增业务平台稳定在万宝新区落户纳税。介绍浙江晨光电缆以及北京、东莞天红精密以及北京、天津娄底商会多家企业到娄进行投资考察洽谈。开展联络联谊活动。组织召开各界人士参加的多层次多形式的联谊活动或座谈会，最大限度地把热心公益事业、关注支持娄底发展的老干部、企业家、专业技术人才、青年才俊等团结在周围，助力家乡发展。

【特护安保】2020年，娄底市人民政府驻北京联络处全体驻京工作人员以大局为重，通力协作，克服困难，实行京娄联动，精准发力，守住"最后一道防线"，实现驻京维稳劝返工作的好转。进京上访人数从2016年的1809人次下降至158人次，其中非接待场所登记2人，同比下降93%，依法治访，接离送返快速有效，稳控劝返措施得力，情报信息主动作为，队伍管理规范有序。驻京信访工作平安(综治)建设考核和绩效考核取得满分，均列全省第一。全国"两会"特护期信访工作和年度驻京维稳劝返工作均被评为全省先进。

【联络联谊工作】2020年，娄底市人民政府驻北京联络处加强联络联谊工作，宣传推介娄底，助力娄底经济社会发展，积极对接北京近民公益基金会、北京新四军暨华中抗日根据地研究会等单位，参与"关爱帮扶、助老助残公益保险慈善活动"，为娄底市退役军人老兵捐赠公益保险1500份总金额1.5亿元。协助第二届北京娄底企业商会开展换届选举工作、重阳节敬老爱老活动和"情系桑梓赤子心 感恩家乡书为媒"捐书活动。（刘群英）

## 市政府驻广州联络处工作

【概况】2020年，娄底市人民政府驻广州办事处正式成为参公正处级事业单位，由市政府办管理，下设综合科和联络科，编制5名。是年，充分发挥窗口作用，向广东各界宣传娄底经济社会、民俗文化、风土人情、旅游景观等优势资源和投资环境、优惠政策。协助做好娄底市的招商引资工作，促进娄底与珠三角地区间的经济技术合作。联络珠三角地区娄底籍党政军、机关和娄底广东经促会各界人士，接待在珠三角地区开展公务活动的市领导。为市直部门在珠三角地区的公务活动提供便利。年初，在新冠肺炎防疫物资十分紧缺的情况下，多方组织资金，多渠道采购防疫物资，发动娄底广东经促会捐款30余万元，采购60000个口罩、2000套防护服、2000瓶消毒液捐赠到娄底慈善总会和红十字会；发动深圳娄底商会、东莞娄底商会、珠海娄底商会、佛山湖南商会捐款捐物价值约600万余元。

**【招商引资】** 2020年5月，娄底市人民政府驻广州办事处引进广东鑫兴工程技术有限公司到娄底投资，入驻万宝新区，年创税收6000万余元。10月，市委主要领导率队赴广州、佛山、东莞、深圳等地，围绕钢铁新材料产业链和扶贫产业开展点对点精准招商，全程参与行程方案的制定，统一协调考察方案和路线，精准完成该次招商活动。（赵　炜）

## 市政府驻长沙联络处工作

**【概况】** 2020年，娄底市人民政府驻长沙办事处（简称市驻长办）加大服务力度，提升招商引资人文环境。加强同民主党派、无党派人士的交流，特别是重点联络服务非公经济人士。加强对长沙市各县（市、区）经促会、商会的沟通走访和服务指导，了解他们的运行现状、会员数量、行业构成、发展计划、困难瓶颈等。分片区召开娄商代表座谈会，摸清在长娄底籍企业的基本信息，分别两次组织银企对接，为企业和银行的合作搭台牵线。坚持科学规划、招商选资，确保招商项目的针对性和可操作性。发挥政府的大型洽谈会和签约会的主导作用，加强区域协作，联系各地商会、协会等载体，构建“引进来，走出去”的工作模式。坚持整合理念，勤联多访，始终把如何服务在长的娄底籍老乡作为工作的着重点，打造一个为娄底籍老乡在长沙合作交流、互帮互助的优质服务平台，推动长沙和娄底的经贸互动。多次牵头组织长沙企业红星实业集团到娄星工业集中园区、万宝新区实地考察，9月，红星集团与万宝投集团冷链物流农产品批发综合性合作项目入驻娄底万宝新区，第一期供地23.33公顷，第二期16.67公顷。

**【构建大信访格局】** 2020年，娄底市委、市政府专题会议明确驻长信访工作目标和责任机制，市驻长办统一管理、调度、考核娄底市驻长接访劝返工作。市驻长办工作人员分别负责总指挥、总协调、总调度和省政府工作组现场值班工作、信息联络及省委门口、省信访局工作组现场值班工作，各县（市、区）选派2名工作人员到长开展接劝返工作，工作经费由原来的每人每年6万元调整到每人每年8万元，娄底经开区每人每年10万元。租房设定固定值班点，确保能第一时间赶到指定场所处访。统筹部署驻长接劝返干部的值班安排，明确每一个干部的值班点、职责任务，严格按照规定按时签到、签退。制定严格的时间表，做到横向到边纵向到底，保证接劝返工作不留死角。强化信息通报和反馈，加强与市联席办、市维稳联席办的信息沟通。疫情期间，市、县、乡同步设立24小时疫情防控信访热线，对越级上访重点人员，按照“一人一专班、一人一方案”要求，落实动态管控措施，督促责任单位及时妥善处理信访问题，实现“小事不出村、大事不出镇、矛盾不上交”，对失控人员全力配合做好在长的接劝返工作，严防滋事事件发生，防止负面舆情炒作。是年，娄底市赴省上访登记批次同比减少9%，人次减少7%。（刘建军　胡　军）

# 中国人民政治协商会议娄底市委员会


◎综述

◎重要会议

# 综　述

【概况】2020年,中国人民政治协商会议娄底市委员会(以下简称娄底市政协)坚持以习近平新时代中国特色社会主义思想为指导,在中共娄底市委的坚强领导下,始终坚持团结和民主两大主题,积极建言资政,广泛汇智聚力,为决胜全面建成小康社会、奋力夺取疫情防控和经济社会发展"双胜利"作出积极贡献。全年组织常委会会议专题学习2次,21个委员学习活动小组分头开展4次以上学习活动,政协党组、主席会议、机关党组、机关各支部坚持每月一学习,常态化学习党的创新理论。坚持每半年向市委汇报一次全面工作,重要事项、重点工作、重大问题及时请示报告。提请市委召开政协工作会议,制定出台《关于新时代加强和改进人民政协工作的实施意见》。探索以界别为基础,成立12个委员界别学习活动小组党支部,建立党员委员联系党外委员工作机制。执行《市政协委员履职管理办法》,教育引导机关干部职工参与文明劝导,争当文明市民,市政协机关成功创建省级文明单位。编纂《娄底非遗》一书,编著的《涟水湘山多豪杰——〈清史稿〉中的娄底人》获省政协"走过60年我们的文史资料"评审活动最具文化价值奖,获娄底市第十二届哲学社会科学优秀成果特别奖。

【协商议政】2020年,娄底市政协发挥专门协商机构作用,全年完成2次专题协商、7次对口协商、6次界别协商。市委、市政府相关领导先后参加科学编制市"十四五"规划纲要专题议政性常委会会议、重大突发公共卫生事件应急体系建设主席会议专题协商会议。全年收到提案149件,经审查立案141件,所立提案均由市委办公室、市政府办公室转交相关部门办结并回复。围绕市政协坚决打赢脱贫攻坚战、打好污染防治攻坚战两个建议案的吸纳落实情况,分别派出8个民主监督组,进驻相关单位,持续开展监督。围绕三一娄底产业园、跨境电商产业集聚区建设,组织开展主席会议专项视察。

2020年8月28日,娄底市政协举行五届十九次常委会暨"科学编制市'十四五'规划纲要"专题协商会议　　　　(市政协　供图)

【凝聚共识】2020年,娄底市政协鼓励和保障各民主党派、工商联、无党派人士在政协平台协商建言、参政议政。在市政协五届四次全会开幕大会发言的12名委员中,有8名委员是民主党派、工商联、无党派人士。组织和引导4个民主党派、工商联、无党派人士界别,分别开展1次界别协商活动。运用政协云走好网上群众路线,围绕"十四五"规划、打造先进制造业高地等议题,引导委员"云"上建言献策,收集意见建议500余条。利用政协云收集微建议110条,通过"书记信箱""市长信箱"及时办复108条,办复率居全省第二位。指导市县两级政协建立委员工作室32个,市政协妇联界别委员工作室等3个工作室获评全省政协系统示范性委员工作室。组织开展市政协主席会议成员走访市政协常委、市政协常委走访市政协委员活动。指导推进异地娄底商会建设,成立异地娄底商会19家;市政协主席会议成员集中走访在外创业娄商和娄底籍知名人士。

【服务大局】2020年,娄底市政协动员引导全市各级政协组织、广大政协委员积极参与建言献策、捐款捐物、医疗救治、网格管理、驻企帮扶等工作。组织开展政协委员助力脱贫攻坚"三个一"扶贫行动,1700余名省市县三级政协委员、机关干部组成570个帮扶小组,集中帮扶570个脱贫监测户。市政协主席会议成员挂牌督查10个乡镇(街道)、25个村。做好市政协机关驻西河镇三新村扶贫工作,159个贫困户全部脱贫摘帽。按照市委、市政府部署,市政协主席会议成员挂点联系物流产业链和重点企业(项目)13个,参与企业帮扶、创文管卫、信访、化解民间融资风险等工作,推动解决一批矛盾和问题。

【创建省级文明单位】2020年,娄底市政协成立创建省级文明单位工作专班，细化创建责任，按月推进创文工作。对机关大院进行绿化、美化、亮化提质改造，规范停车位管理，翻新机关办公楼内部楼道墙面，改造机关公厕，优化机关形象。建好机关阅览室，新购图书1000余册，新建机关健身房、乒乓球室，加强文史室管理使用，完成机关文化走廊建设。教育引导机关干部职工参与文明劝导，争当文明市民，为娄底成功创建全国文明城市贡献力量。通过组织开展政务礼仪培训、读书分享、义务献血、交通文明劝导、“学雷锋”志愿服务、平安单位建设、“党员进社区·情暖微心愿”“书香家庭”评选、文明交通知识竞赛、篮球赛、乒乓球赛等系列活动，实现机关文明创建与工作履职相结合、与加强作风建设相结合、与提升服务相结合，成功创建省级文明单位。

【社情民意信息工作】2020年，娄底市政协紧扣中央、省委、市委重大决策部署和政协重大履职活动，聚焦全市经济社会高质量发展，开展一系列专题信息报送工作。全年编报《社情民意专报》39期，获市委、市政府领导批示23人次，其中党政主要领导分别批示10次、9次。全年获上级采用22篇，其中《基层政协推动政协建言落地的情况反映》《清理农民工欠薪应构建全方位常态化机制》2篇获全国政协采用，《关于做好基层疫情防控工作的建议》等20篇获省政协采用。市政协连续6年获全省政协系统社情民意信息工作先进单位。

2020年9月28日，娄底市政协举行重大突发公共卫生事件应急体系建设专题协商会议

（市政协 供图）

【疫情防控】2020年，娄底市政协根据疫情发展变化，先后6次专题调度助力新冠肺炎疫情防控工作，2次发出倡议书，动员引导全市各级政协组织、广大政协委员参与建言献策、捐款捐物、医疗救治、网格管理、驻企帮扶等工作。市政协委员企业——健缘医疗组织员工提前结束春节休假，购置设备抓紧生产医用口罩等抗疫物资。医卫界委员牺牲节假日时间，连续两个多月奋战在疫情检测、医疗救治第一线。全市政协系统及各民主党派、工商联、无党派人士界别累计为抗疫捐款捐物折合人民币4980余万元。市政协机关21名年轻同志组成志愿者服务队，到社区参与网格管理；2名机关干部驻扎三泰新材，指导疫情防控与复工复产工作。

【理论研究】2020年，娄底市政协围绕习近平总书记考察湖南时强调的“政协委员要更好联系和服务所在界别的群众”重要指示精神，开展理论研究，撰写《政协委员更好联系服务界别群众的制度机制研究》理论文章获省政协评审组专家高度评价，获新华社《湖南领导参考》《湘声报》等刊物推介，作为14个市州政协的唯一代表在省政协理论研究会上作理论成果交流发言。围绕强化委员责任担当、在防范化解重大风险工作中担当政协责任等2个课题开展研究，相关研究成果分别获《人民政协报》《中国政协》采用。（刘明）

## 重要会议

【娄底市政协全体会议】1月3—6日，市政协召开五届四次会议。3日召开预备会议，会后省政协副秘书长江涌为委员作业务辅导。4日上午，举行开幕式，市政协主席代表五届市政协常委会向大会作工作报告，市委常委、常务副市长代表市委、市政府通报市政协五届三次会议委员大会发言办理情况，委员分别作口头发言或书面发言，市委书记、市人大常委会主任提名人选讲话。下午，各组委员开展分组讨论。5日，全体委员通过列席市人大五届四次会议开幕大会、分组讨论等，协商讨论政府工作报告及其他报告，审议大会政治决议及其他决议。6日上午，朱鸿宾等4人自行卸免市政协常务委员职务，龚为民、龚洵胜、罗永中当选为政协娄底市第五届委员会常务委员会委员。会议审议通过《中国人民政治协商会议娄底市第五届委员会第四次会议政治决议》《中国人民政治协商会议娄底市第五届委员会关于常务委员会工作报告的决议》《中国人民政治协商会议娄底市第五届委员会关

2020年1月4日，中国人民政治协商会议娄底市第五届委员会第四次会议开幕　（市政协 供图）

于常务委员会提案工作情况报告的决议》。

【娄底市政协常委会会议】1月4日，市政协五届十六次常委会会议召开。会议听取有关人事事项的说明；协商候选人建议名单；审议选举办法（草案）；协商总监票人、监票人建议名单；通报大会秘书长指定的总计票人、计票人名单。

1月6日，市政协五届十七次常委会会议召开。听取各组协商意见；审议通过候选人名单；审议通过选举办法（草案）；协商通过总监票人、监票人建议名单；审议通过政协娄底市第五届委员会关于常务委员会工作报告的决议（草案）；审议通过政协娄底市第五届委员会关于常务委员会提案工作情况报告的决议（草案）；审议通过政协娄底市第五届委员会第四次会议政治决议（草案）。

3月9日，市政协五届十八次常委会会议召开。专题学习观看全国政协关于中央政协工作会议精神的宣讲视频；审议通过《政协娄底市第五届委员会第四次会议提案审查情况的报告》；审议市政协各工作机构2019年度工作述职报告（书面）；协商通过增补李志雄等2人为政协娄底市第五届委员会委员；协商通过关于李志雄等3人任职的决定。

8月28日，市政协五届十九次常委会会议暨“科学编制‘十四五’规划纲要”专题协商会议召开。会议围绕“科学编制市‘十四五’规划纲要”开展专题协商，审议通过《政协娄底市委员会常务委员会关于“科学编制市‘十四五’规划纲要”建议案（草案）》。

10月21日，市政协五届二十次常委会会议召开。听取省委宣传部理论处杨潇荃作《学习领会习近平总书记考察湖南重要讲话精神》专题学习辅导报告。

# 纪检监察

◎综述

◎巡视巡察

## 综 述

【概况】2020 年，娄底市纪委监委按照市委部署，督察问责，持续纠治“四风”。坚持“工作”和“作风”两个维度，全面参与干部作风集中整治督导考评工作，推进干部作风持续优化。严查违规发放福利、违规收受红包礼金、违规操办婚丧喜庆事宜等“四风”问题和表态多落实差、搞形式走过场等形式主义、官僚主义问题。全市查处享乐主义、奢靡之风问题 113 起 184 人，其中党纪政务处分 128 人；查处形式主义、官僚主义问题 143 起 236 人，其中党纪政务处分 64 人。全面开展工程建设项目招投标突出问题专项整治，立案 62 起，处理 81 人，收缴处罚扣押违纪违规资金 5079.76 万元。联合市公安局办理水利工程项目串标案，抓获犯罪嫌疑人 26 人，涉案资金 200 余亿元。对 23 家招投标代理机构，19 名评标专家的违规问题进行通报曝光，将 2 家严重违规的代理公司纳入黑名单，2 名评标专家被除名。市、县两级制定完善制度 27 个。住建、交通、水利系统工程建设全流程电子招标系统正式上线运行。牵头开展“洞庭清波”专项行动，督促做好资江水域污染防治和禁捕退捕工作，立案 3 起，党纪政务处分 10 人，解聘 6 人，履职约谈 23 人，通报典型案例 2 起。开展整治欺诈骗取医保基金专项行动，退缴违规资金 1.32 亿元。开展人防系统腐败问题专项整治，追缴防空地下室易地建设资金 8775.4 万元。驻教育局纪检监察组巩固拓展学校食堂、教辅资料、职称评定等专项整治成果，扭转教育领域专项整治落后局面，迈入全省先进行列。落实“一案双查”，对作风建设、行业监管、专项治理等工作中履行“两个责任”不力的党组织和党员领导干部，精准规范运用“四种形态”进行问责，有效激发责任担当。党纪政务处分 13 人，组织处理 115 人，问责党组织 17 个。严肃查处并全市通报市住建局（人防办）原党组成员、总工程师彭某如在项目建设审批过程中存在严重官僚主义问题的典型案例。

2020 年 3 月 2 日上午，中国共产党娄底市第五届纪律检查委员会第五次全体会议召开

（市纪委监委 供图）

【政治监督】2020 年，娄底市纪检监察机关自觉担负起“两个维护”重大责任，在防控疫情斗争、决胜全面建成小康社会、决战脱贫攻坚中忠诚履职尽责，确保政令畅通、令行禁止。全力保障打赢疫情防控阻击战。在市委的统一领导下，市纪委监委闻令而动，全员停止春节休假，第一时间进入“战时”状态。市纪委机关驻企防疫联络员督促落实防疫措施、助力企业复产达效工作被新华社报道。驻市卫健委纪检监察组开展“嵌入式”监督，确保抗疫急采物资设备实现全省最低价。驻市检察院纪检监察组督促驻在单位开展疫情联防联控的经验做法，被国家一类新闻网站“民主与法制”推介。牺牲在防疫一线的双峰县荷叶镇时任纪委书记向卫煌被授予“全国抗击新冠肺炎疫情先进个人”称号，被追认为省、市、县三级“优秀共产党员”，其事迹列入全省“抗疫群英谱”，在全市召开 9 场先进事迹报告会，累计 3000 余人参加。深化扶贫领域腐败和作风问题专项治理，全市立案查处典型问题 746 件，党纪政务处分 573 人，追缴资金 1949.4 万元，退还群众资金 947.9 万元。推进扶贫领域纪检监察信访清零攻坚，对工作滞后、办信质量偏低的 13 个乡镇的党委书记、纪委书记进行约谈。围绕全市扶贫工作“百日攻坚”“脱贫质量提升”等重点任务，开展常态化联点督查，组织 630 名纪检监察干部进村入户，实地察看扶贫项目、工程现场 3836 处，督促整改问题 1425 个，推动解决群众具体困难问题 712 个，相关做法先后三次被省纪委监委《党风政风监督工作简报》推介。在 2020 年全省专项治理考核中，娄底市和 5 个县（市、区）全部进入一类单位，在全省予以通报表扬。驻发改委纪检监察组联合县（市、区）派驻机构开展联动监督，助力娄底市易地扶贫搬迁工作连续 4 年全省排名第一。

【标本兼治】2020 年，娄底市纪检监察机关处置问题线索 4341 件，立案 1417 件（其中县处级 16 人），采取留置措施 29 人，党纪政务处分 1458 人，移送司法机关 36 人，挽回经济损失 9815.7 万元。重点查办省纪委监委指定管辖的原湖南省信托有限责任公司总裁刘某辉涉嫌职务违法犯罪系列案，新化县政协原副主席马某雄贪腐案，新化县住建局燃气办集体充当“气霸”保护伞腐败窝案，冷水江市水利局原党组书记、局长吴某三涉嫌严重违纪违法案，配合省纪委监委查办株洲市攸县原县长苏某严重违纪违法案等。扫黑除恶打伞破网，受理问题线索112件，立案64人，查处“保护伞”11人，党纪政务处分75人，移送司法机关2人。重点查办涟源市公安局刑侦大队原大队长刘某阳、涟源市纪委监委四室原主任梁某涉嫌充当涉黑组织“保护伞”等案件。持续深化村级小微权力风险防控工作，提高“互联网+村级小微权力监督”子系统运行质量，平台关注人数48.2万人，点击量7493万次，采集子系统数据260余万条，接到投诉举报121条，查处26人，追缴资金332.36万元。全市农村纪检监察信访总量、重复信访量、越级信访量，分别同比下降10.47%、62.59%、12.69%。全省“互联网+监督”特色子系统(村级小微权力监督)现场观摩会在娄底市召开。湖南日报、湖南卫视、红网等主流媒体持续报道娄底经验，涟源市的探索实践成功入选“湖南基层改革探索100例”。积极建设“祥和娄底”监督服务微信群，按照“一村(社区)一群、一户一人”的目标，建群8400余个，入群人数147万余人，发现、收集、研判、分流、处置、反馈群众反映的各类问题诉求11.93万个，及时有效化解基层矛盾。强化警示教育，面向全市县处级领导干部发放《警示录》《叩问初心》，编印《不担当不作为典型案例》印发至全市所有乡科级单位。市直纪检监察工委创新廉政教育方式，以“五个一”活动为载体，编印《身边的警钟》发至全体市直党员干部。驻市公安局纪检监察组报送的警示教育片《不该响起的枪声》在全省公安机关优秀警示教育片评选中获一等奖，报送的“冒某安、刘某华违纪案”被评为第三届全省公安纪检监察十大精品案件。推进廉政文化“六进”活动，全市10处廉洁文化基地纳入“湖湘廉洁地图”。驻市委政法委纪检监察组培育廉政主题演讲品牌，营造崇廉倡廉的浓厚氛围。

【改革创新】2020年，娄底市纪委监委组织开展两轮巡察，巡察党组织32个，发现问题1311个，对23个党组织开展巡察整改督查。聚焦重点工作、突出问题进行专项巡察。开展房地产办证信访突出问题专项巡察，推动中心城区两批次103个小区的“无籍房”办证。推进“以巡代训”，强化工作力量，提升巡察专业化水平，娄底市做法被中央巡视办在全国推广。对县(市、区)巡察工作全方位、全流程、全要素现场跟进和指导督导，反馈问题101个，推动市县巡察工作高质量发展。《湖南巡视巡察》多次推介巡察工作经验做法。派驻机构改革稳步推进，出台《关于深化市纪委监委派驻机构改革的实施意见》《市纪委监委派驻监督工作一体化管理办法》等一系列制度，对市本级22个派驻机构实现人财物事统一管理。开展派驻监督工作专题调研，调研报告和特色亮点材料在省内主流媒体刊发。监察监督“触角”全面延伸，督促指导各县(市、区)监委对全市86个乡镇街道派出监察办公室，打通监察监督的“最后一公里”。对4家市管正处级国有企业进行纪检监察体制改革，设立监察专员办公室，纪委书记兼监察专员。（陈正杰）

2020年9月30日，“祥和娄底”监督服务微信群开通（市纪委监委　供图）

## 巡视巡察

【概况】2020年，娄底市委巡察办(组)开展五届市委第十轮、第十一轮两轮巡察。上半年对市工商联、市医疗保障局、市红十字会等12个单位开展常规巡察；下半年对市供销社、团市委、市残联等20个单位开展常规巡察；对房地产办证信访突出问题开展专项巡察；对5个县(市、区)委宣传部、统战部、政法委同步开展提级交叉巡察。在《湖南日报》先后刊发《敲到实处 锤出钢火——娄底深化巡察整改督查“疗效”》《发挥巡察监督“探头”作用》《省委巡视带巡察拓展娄底监督新篇章》3篇文章。《湖南巡视巡察》先后以《坚持政治巡察定位 靶向开展专项巡察》《娄底市巡察推动解决一起控拆专项经费管理不规范的问题》《对标复盘 上下联动 推动巡察工作指导督导实效长效》《探索开展质量评估 强化巡察成果运用》为题4次向全省推介“娄底模式”。

【以政治建设统领政治巡察】2020年,娄底市委巡察办(组)以深化政治巡察为抓手,将上级党委关于加强党的政治建设系列文件要求作为每个被巡察党组织的必检内容,确保党的路线方针政策不折不扣贯彻落实。强化政治对标,将习近平总书记考察湖南重要讲话精神和中央明确“纳入巡视巡察监督”新部署新要求落实到正在开展的每轮巡察工作中,作为首要监督检查内容。坚持问题导向,围绕“三个聚焦”(聚焦党的理论路线方针政策和党中央重大决策部署在基层贯彻落实情况、聚焦群众身边腐败和不正之风问题,和群众反映强烈的问题、聚焦基层党组织建设)监督检查中央、省委重大决策部署和市委、市政府中心工作的落实情况,持续推动问题整改落地见效。

【五届市委巡察全覆盖】2020年,娄底市委巡察办(组)落实市委要求,对32个单位党组织进行巡察,发现问题1396个,问题线索35件。应巡的市直82个单位全部巡察完毕,五届市委巡察覆盖率100%。聚焦群众痛点难点堵点,对房地产办证信访突出问题开展专项巡察,对娄底中心城区103个楼盘和15个棚户区改造项目开展调查走访,推动娄底市中心城区“无籍房”项目办证36858本、追缴税费1.0228亿元;对各县(市、区)委宣传部、统战部、政法委15个单位同步开展提级交叉巡察,发现问题513个,移交问题线索14件,推动解决县(市、区)共性问题4个;开展两轮巡察整改督查,发现问题134个,问题线索2件,推动立行立改134个。各县(市、区)完成对402个直属单位的巡察任务,覆盖率90.5%,巡察村(社区)党组织1855个,覆盖率89.7%。

【以巡代训工作】2020年,娄底市委巡察办(组)将市纪委监委派驻纪检监察组和市直机关、事业单位、群团组织、国有企业中从事党建、组织人事、宣传网信、会计审计等工作的人员以及优秀年轻干部纳入到抽调参训的范围,打造六大板块,按照“五年必须参加一轮巡察”的要求,分期分批开展“以巡代训”。“以巡代训”人员首次建库692人,是年充实更新121人。强化正向激励,市本级参加巡察人员中提拔或重用处级干部4人、科级干部6人。根据市委巡察办书面意见,市直单位抽调参加6个月以上巡察人员中有13人确定为年度优秀等次,抽调参加3个月的有3人在单位年度考核中确定为优秀等次,评出市委巡察工作能手14人。娄底市“以巡代训”做法由中央巡视办作为典型经验在全国推广,省委巡视办指导解决市县巡察工作“抽人难”问题时要求各地学习“娄底模式”。

【市县巡察上下联动改革工作】2020年,娄底市委巡察办(组)按照《关于建立巡察上下联动机制的实施意见》要求,抓好市、县两级巡察对象同定、巡察标准同严、巡察干部同训和巡察成果同用,定期开展指导督导工作。5月下旬到6月中下旬,采用“四不两直”的方式听取市委常规巡察组、交叉巡察组巡察中期情况汇报;对5个县(市、区)和娄底经开区党委巡察办开展巡察工作专项检查,以问题清单的形式向县(市、区)委巡察办和娄底经开区党委巡察办书面交办,进一步传导压力,推动巡察规范化建设。对标省委巡视办巡察工作指导督导组对双峰县委巡察工作的指导督导情况,10月下旬,市委巡察办组织15人采取异地交叉的方式,对其余4个县(市、区)的巡察工作情况同步开展现场指导督导,列出问题清单101个,强化立行立改、限期整改。省委第一巡视组巡视3个县(市、区)时抓好联动工作。组织3个提级交叉巡察组,召开7次上下联动调动会。

【巡察工作规范化】2020年,娄底市委巡察工作领导小组确定为“制度建设年”,梳理完善《中共娄底市委巡察工作文件和巡察机构内部管理制度汇编》《中共娄底市委巡察操作手册》相关文件制度26项,对标中央巡视办对市县巡察“三个聚焦”的工作要求,立项全市社科重点课题《娄底市巡察监督检查规范化操作》并结题。

【建强巡察队伍】2020年,娄底市委巡察办(组)突出党建引领,带头抓作风。发挥各巡察组临时党支部“巡察+党建”功能和战斗堡垒作用,组织市委巡察机构临时党支部前往湘西州花垣县“精准扶贫首倡地”十八洞村开展主题党建活动,将党组织战斗堡垒作用和党员先锋模范作用,转化为高质量开展巡察工作的动力。厘清岗位职责,推动办组融合。统筹市委巡察办、市委巡察组人员力量,完善巡察机构3个内设科室综合科、督导科、巡察指导科的职责分工和巡察干部配备。

(谢羽茜)

# 民主党派

◎中国民主同盟娄底市委员会

◎中国民主建国会娄底市委员会

◎中国农工民主党娄底市委员会

◎九三学社娄底市委员会

## 中国民主同盟娄底市委员会

【概况】2020 年,中国民主同盟娄底市委员会(简称民盟娄底市委会)坚持“人才强盟”战略,加强基层组织建设,认真履行参政党职能。是年,全市盟员 583 人,发展新盟员 22 人,发展率 3.89%。其中博士研究生 1 人,硕士研究生 6 人,正高职称 1 人,副高职称 4 人,市政协委员 1 人。完成民盟娄星区委会、民盟涟源市委会换届,成立民盟娄底市委会监督委员会。

【疫情防控】2020 年疫情期间,民盟娄底市委会组织全市盟员参与全市抗击新冠疫情工作。民盟娄底市委会副主委、娄底市中心医院院长李红辉,担任娄底市抗击新冠肺炎疫情救治工作领导小组副组长,工作在防控救治一线;重症救治组组长谢瑜、卿艳华,刘姣艳、李文华、梁剑奇等 70 余名盟员医生,奋战救治一线 2 个多月;朱飞跃等盟员,通过网络接诊答疑 1 万余人次。全市盟员捐款 58.52 万元,捐赠防疫物质折合人民币 528.81 万元。上报助力抗疫社情民意信息 16 篇, 其中 2 篇被省政协采用,3 篇被市政协选用并获市领导批示,中共娄底市委书记、市人大常委会主任刘非,就主委邵瑛反映的《让雷神山医疗垃圾气化裂解焚烧之“火”催化我市环保产业链》信息,带领有关部门负责人,到陈庆平创办的湖南薪火传环保科技有限公司进行实地调研考察; 盟员谢斌筹资 10 余万元,带领志愿者每天上门给孤寡老人赠送食物,给一线医护人员赠送水果;文艺界盟员创作、录制、演唱抗疫歌曲和文艺作品助力抗疫,3 篇作品被学习强国平台采用,5 位盟员的 6 篇作品获娄底市抗疫优秀作品奖。推介谢瑜、陈庆平抗击疫情先进事迹入编民盟中央《典型在身边——民盟盟员抗击新冠肺炎疫情先进事迹选编》(湖南民盟仅 2 人入编)。

【参政议政】2020 年,民盟娄底市委会围绕中共娄底市委、市政府中心工作,积极建言献策。组织建议提案,各级盟员人大代表、政协委员在省、市两会上围绕经济社会发展和民生保障等方面建言献策,提交建议提案 50 余份。在省政协十二届三次会议上,邵瑛代表民盟湖南省委提交《加强农田水利建设,助力农业供给侧结构性改革》的书面发言,在民盟、教育、特邀第 27 组联组讨论会上代表民盟界别做《加强农田水利建设,助力脱贫后农业产业稳固发展》的发言,获得中共湖南省委常委、省国资委主任姚来英的肯定和重点点评。省政协委员肖鹏就民办教育等接受湖南卫视等媒体采访。在十三届省人大三次会议娄底代表团讨论时,省人大代表李红辉关于“加强顶层设计,建立全省医疗急救体系”的建议,周钟鸣关于“促进地方戏曲发展,保护传承非遗文化”的发言引发代表热议。在市政协五届四次大会上,委员王红贵代表民盟娄底市委会所作的大会口头发言《加大非遗保护传承,让传统文

2020 年 5 月 20 日,娄底民盟生猪产业发展调研组赴涟源市开展调研　　(民盟娄底市委会 供图)

化绽放时代之花》得到市长批示,被列为市政协五届四次大会重点提案。开展专题调研,形成《打造农田水利绿色链,连通乡村振兴致富路》《市州盟员培训体系建设初探》《“十四五” 规划深化湖南企业高校产教融合实施问题与对策研究》《乡村振兴战略背景下新乡贤统战工作在人才引进中的作用研究——以新化油溪桥为例》《多措并举,推进我市生猪产业持续健康高质量发展》《娄底市产业扶贫民主监督调研报告》6 个专题调研报告。全年报送社情民意信息 53 篇,其中 1 篇被民盟中央采用,4 篇被省政协采用,11 篇被市政协采用,6 篇得到娄底市领导批示。

【民主监督】2020 年,娄底市政协民盟界别驻市农业农村局民主监督小组, 对全市产业扶贫开展民主监督。邵瑛带队开展民主监督调研,完成民主监督调研报告,向市农业农村局发出民主监督意见函。民盟涟源市委会开展脱贫攻坚产业扶贫工作民主监督,报送的民主监督工作报告得到中共涟源市委主要领导肯定和批示。

【政治协商】2020年，民盟娄底市委会和盟员省市人大代表、政协委员、相关领域盟员专家等，参加省市政协界别协商、政党协商、“十四五”规划专题协商等政治协商，代表民盟界别发言20余人次。参加政党协商，在全市召开的2020年度各民主党派工商联和无党派人士参政议政调研成果汇报会上，邵瑛代表民盟娄底市委会作《打造农田水利绿色链，连通乡村振兴致富路》汇报，报告中所提关于“进一步加大农村山塘清淤整修”等建议，列入娄底市政府2021年为民办实事内容。开展界别协商，组织民盟界别政协委员，开展娄底市生猪产业发展调研，组织召开市政协民盟界别“推进我市生猪产业持续健康高质量发展”协商会议，朱宏志作《多措并举，推进我市生猪产业持续健康高质量发展》主题报告。相关部门充分吸纳民盟界别协商意见建议，将其运用到娄底市“十四五”农业农村规划中。邵瑛代表娄底市政协参加省政协“推进我省生猪产业持续稳定高质量发展”界别协商调研，在界别协商会上作“关于加强我省基层动物防疫体系建设的建议”专题发言，获省政协副主席赖明勇充分肯定，相关建议被省直有关单位采纳。建言“十四五”规划编制，在娄底市“十四五”规划党外代表人士座谈会上，邵瑛代表民盟娄底市委会发言，建议“引资济涟”落地实施，将农田水利建设工作列入“十四五”规划“坚持农业农村优先发展，全面推进乡村振兴”内容；李红辉提交《坚持公益属性，优化资源配置，加快“十四五”医疗卫生体系建设》的书面建议。在市政府《娄底市“十四五”规划纲要》征求意见建议座谈会上，邵瑛代表民盟市委会提出，“十四五”时期娄底市要建立湘中植物园等建议，朱宏志提出要加大园区基础设施建设的建议。在市政协召开的五届十九次常委会暨“科学编制‘十四五’规划纲要”“重大突发公共卫生事件应急体系建设”专题协商会议上，朱宏志、凌会海、李红辉、刘敏、刘姣艳等作专题发言。在娄底市“十四五”规划教育文化卫生体育领域专家座谈会上，刘敏、刘兆梅、李晓容等作专题发言。上述建议意见，分别被采纳到《中共娄底市委关于制定娄底市国民经济和社会发展第十四个五年规划和二〇三五年远景目标的建议》和《娄底市“十四五”规划纲要》中。

2020年9月29日，娄底市政协民盟界别协商会议召开现场　(民盟娄底市委会 供图)

【社会服务】2020年，民盟娄底市委会发挥娄底民盟文化教育和医卫界别人才优势，做实社会服务活动品牌。开展“烛光行动”，组织民盟娄底市第一人民医院支部，到民盟市委“烛光行动”定点扶持单位——惠民学校，开展免费体检和健康知识讲座，发放健康小礼包，为学校教师发放健康体检卡。开展“明眸工程”，民盟娄底眼科医院支部牵头，完成白内障免费复明手术2500例，为贫困患者减免医疗费375万元。开展“守护天使工程”，经民盟湖南省委会和民盟娄底市委会牵线，双峰县人民医院、双峰县妇幼保健院和西门子公司达成合作协议。与娄底市残联联合开展“站立行动”，为贫困群众实施髋关节、膝关节置换手术61例，减免医药费67.22万元。　(吴志奇)

## 中国民主建国会娄底市委员会

【概况】2020年，中国民主建国会娄底市委员会(简称民建娄底市委会)坚持组织发展原则，突出经济界特色，重点发展政治素质好，参政议政能力强的经济界人士和专家学者入会。全年发展新会员12人，研究生学历4人，中级以上职称3人，经济界7人。截至是年年底，有会员219名，下辖1个基层委员会、9个支部。是年，获民建省委先进单位、参政议政工作先进集体、社会服务工作先进集体、组织管理信息系统建设工作先进集体、新闻宣传工作先进集体、全省脱贫攻坚先进集体、全省抗击新冠肺炎疫情先进集体等多个奖项。

【组织建设】2020年，民建娄底市委会深入学习教育，凝聚思想共识，开展“不忘合作初心 继续携手前进”主题教育活动。承办民建省委会主题教育巡回宣讲活动，组织60余人参加《紧跟时代步伐，适应形势发展，加强中国特色社会主义参政党能力建设》主题宣讲。加强会内学习培训，制定具体学习计划。组织市委班子成员开展集中学习，传达民建中央、省委会全会精神，深入学习中共十九届四中、五中全会精神和习近平总书记在湖南考察调研时的重要讲话精神。加强骨干会员教育学习，推荐50余名会员参加民建中央、省委会、市委统战部、市政协举办的各类学习培训10余次。5月26日，民建湖南省委专职副主委段安娜一行到娄底市调研组织换届工作并召开座谈会。9月18日，市直一支部完成换届工作。11月26日，民建娄底市委第一届委员会第十三次全体会议召开，补选熊海燕为民建娄底市第一届委员会委员、专职副主任委员。12月23日，组织新会员召开座谈培训。

【参政议政】2020年，民建娄底市委会完成集体调研课题3个，其中课题《实施产能储备，完善公共卫生应急物资储备体制机制》在娄底市各民主党派，工商联和无党派人士参政议政成果汇报会上发言。课题《提升中心城区饮用水安全与质量》在娄底市政协五届五次大会上发言。围绕转型升级、乡村振兴、“十四五”规划建言献策，全年提交提案、建议20余件。在市政协五届四次会议上的发言《推进老旧小区和背街小巷改造，努力改善市民居住环境》获优秀调研报告。撰写的《关于“十四五规划”编制的两点建议》被市委、市政府采纳并编入“十四五规划”。全年向民建省委、市政协、市委统战部报送社情民意信息10余条。11月5日，召开市政协民建界别《推动民间资本参与老旧小区改造》界别协商会议，对课题调研组以及各相关单位对老旧小区改造工作所做的努力进行充分肯定。

2020年5月26日，民建湖南省委会到娄底市调研组织换届工作　　（民建娄底市委会　供图）

【民主监督】2020年，民建娄底市委会发挥会内人大代表、政协委员、特约人士民主监督的作用。对口新化县开展脱贫攻坚民主监督；会内市政协委员民主监督小组，以“贫困户医保政策落实情况和2020年提案办理情况”为重点开展民主监督，对发现的新情况新问题，提出意见建议上报市委市政府；会内9名特约人员分别对应市国土局、市人民法院、市卫计委等9家单位开展监督。

【社会服务】2020年，民建娄底市委会整合会内资源，开展社会服务。抗疫期间，组织引导会内成员围绕疫情防控建言献策。医疗卫生行业的会员发挥模范带头作用，投身防控一线开展工作。涉及疫情防控物资生产的会员企业全速生产防控物资，助力防控物资保障。湖南大乘医药化工有限公司保证防疫物资调配供应，湖南众昊药业有限公司保证口罩、消毒剂等货源供应等等，会员和会员企业家捐款捐物100余万元。市委会机关组织参加街心社区开展网格化管理志愿服务活动。市委会参与1个省级“同心社区”，2个市级“同心美丽乡村”，3个“同心项目”创建工作及1个省级“同心美丽乡村”申报、创建工作，组织开展帮扶社区、慈善志愿服务活动、服务会员及会员企业等一系列活动，对口长青街道办事处小花社区开展帮扶活动，组织会员参加娄底市庆祝第五个“中华慈善日”公益慈善志愿服务活动周启动式，慰问抗战老兵，组织企业家会员与建行开展银企对接活动。企业支部在新化县开展民族团结进步行活动，捐赠书籍186册。各基层支部组织开展“金秋助学”等10余次活动。冷水江基层委员会组织在金竹山镇麻溪村、渣渡镇滴水村、冷水江市84书城、冷水江市回汉枇杷现代种植地开展政策宣讲、政治学习、支部活动、产业扶贫、消费扶贫、清洁卫生等活动。娄星支部启动“家庭教育进家庭”同心项目，在乐坪街道蜜蜂社区、乐坪街道童家社区开展教育讲座等系列活动。　（熊海燕　刘俊霞）

# 中国农工民主党娄底市委员会

【概况】2020 年,中国农工民主党娄底市委员会(简称农工党娄底市委会)贯彻落实中共十九大和农工党十六大精神,团结和带领全市各级组织和广大党员,紧扣“健康中国”和“美丽中国”两条主线,凝聚共识和咨政建言,抗击新冠肺炎疫情,各项工作取得较好成绩。是年,被农工党省委会评为“纪念农工党成立 90 周年”先进市级组织、参政议政先进市级组织。辖农工党双峰县委会,综合、娄星区、娄底市中心医院、湖南人文科技学院、娄底职业技术学院 5 个市直支部,截至年底,全市有党员 199 人。

【思想建设】2020 年,农工党娄底市委会通过专题学习、座谈会、培训班、报告会等多种形式,学习贯彻中共十九大,十九届二中、三中、四中、五中全会精神和习近平总书记考察湖南重要讲话指示精神。纪念农工党成立 90 周年,举办党史知识讲座,参加农工党省委会举办的文艺会演、党史党章知识竞赛、理论征文活动,激励党员铭记历史,弘扬优良传统。王开健版画作品、龚向阳摄影作品入选农工党中央美术、摄影作品展。《新媒体时代加强和改进民主党派新闻宣传工作的思考》获农工党中央征文活动三等奖。开展主题宣传、政策宣传、成就宣传、典型宣传,全年在市级以上媒体刊发稿件 60 余篇。选送机关干部和党员参加各类宣传骨干培训班。

【疫情防控】2020 年,农工党娄底市委会 80 余名党员战斗在抗击新冠肺炎疫情一线,捐款捐物 4 万余元。医卫界党员递交抗疫请战书,为疑似病例会诊,进村入户监测体温,连续值守科室,参与社区网格化管理。主委郭细军获农工党中央抗击新冠肺炎疫情先进个人称号;王开健、王祥玉等 9 名党员获农工党省委会抗击疫情先进个人称号。全市各级组织和党员围绕疫情防控、抗疫物资供应保障、复工复产复学等问题建言献策,编报社情民意、微建议 17 件,其中 1 件被湖南省政协采用,6 件被娄底市政协采用,3 件得到中共娄底市委、市人民政府主要领导批示。在中共湖南省委、娄底市委统战部,农工党湖南省委会网站、公微等媒体编发抗疫报道 20 余篇。

【参政议政】2020 年,农工党娄底市委会参加中国共产党领导的政治协商,围绕经济形势、政府工作报告、疫情防控、“十四五”规划等议题建言献策。党员中的人大代表、政协委员在市、县两级两会上积极建言献策,提交提案、建议 20 余件;提交的《深入推进全科医生驻村工作 全面建设健康娄底》得到市委主要领导阅批;《夯实公共法律服务体系 助力法治娄底建设》被评为优秀集体提案,《打通交通压力点 助推文明城市创建》《加强村级档案管理 助力美丽乡村建设》被评为优秀个人提案。在各民主党派、工商联参政议政调研成果汇报会上,进一步盘活利用闲置国有资产的建议得到肯定并采纳。完成娄底市政协《培育发展社区社会组织 促进基层治理体系建设》界别协商课题,相关建议被市民政局等部门采纳;《加强基层应急管理能力建设》的调研报告被确定为娄底市政协五届五次全会口头发言。全年编报社情民意信息 24 件,湖南省政协采用 1 件,娄底市政协采用 7 件,4 件得到中共娄底市委、市政府主要领导批示。入驻市教育局开展教育扶贫政策落实民主监督,前往新化县、涟源市部分中小学校开展调研并提交整改意见函。7 名党员被聘为市监委、市发改委、市卫健委、市医保局等单位特约人员。

【社会服务】2020 年,农工党娄底市委会按照全市统一部署,连续 4 年对口帮扶涟源市桥头河镇新塘村,助推新塘村巩固拓展脱贫攻坚成果。助力文明创建,帮扶火车站社区,解决创文管卫资金 2 万元。助力健康扶贫,组织娄底市中心医院党员医疗专家赴新塘村开展同心义诊活动,现场诊治、咨询,发放药品;全市各级组织开展送医药、送文化、送科技“三送下乡”“关爱眼健康 义诊进社区”“文明健康 有你有我”等义诊活动;刘冰雪积极参与中国红十字会博爱校医室建设,助力提高青少年儿童卫生健康水平;张颖对口帮扶麻阳县人民医院建设,为筑牢基层卫生人才网底贡献力量。助力教育扶贫,组织党员开展送教下乡,为娄星区双江乡义坪学校、双峰县杏子镇中心小学送去优质课程和图书。

【组织建设】2020 年,农工党娄底市委会发展新党员 8 人。在农工党娄底市委会一届十五次全体(扩大)会上，李燕当选专职副主委。推荐36人次骨干党员参加农工党省委会、中共娄底市委统战部等单位举办的进修班、培训班；成立农工党娄底市监督委员会，制定《农工党娄底市委会党内监督工作规则》；落实干部作风集中整治方案要求，开展“三个一”活动，逐级进行谈心谈话，深入基层支部走访，召开座谈会，广泛征求意见，深入剖析，力行整改。7月，农工党双峰县委会完成换届。9月，双峰县委会、市直综合支部“党员之家”授牌成立。12月，与农工党自贡市委会召开党务工作交流会。是年，娄底市中心医院支部获农工党中央“农工党成立90周年”组织建设先进单位；双峰县委会获农工党省委会“农工党成立90周年”组织建设先进县级组织；市直综合支部、湖南人文科技学院支部获农工党省委会“农工党成立90周年”先进基层组织。李燕获农工党中央“农工党成立90周年”优秀党务工作者，罗利英获娄底市“2020年百名最美扶贫人物”。 （李晓茜）

## 九三学社娄底市委员会

【概况】2020年，九三学社娄底市委员会按照“注重政治素质，发展与巩固相结合，有计划稳步发展”的方针，全年发展新社员21名，平均年龄37.9岁，其中博士2人、硕士3人，中高级职称5人，党派的科技特色日益明显。

【思想建设】2020年，九三学社娄底市委员会强化政治学习，按照年初有计划、年中有督查、年末有总结的要求，多次召开主委会、民主生活会、市委(扩大)会、市政协九三学社界别小组学习会，专题学习十九届五中全会精神、习近平总书记在湖南考察时的重要讲话精神、习近平关于新型政党制度的相关论述等。召开社市委领导班子专题民主生活会，摆问题、析根源、做整改，将加强中国特色社会主义参政党建设的要求落地落实。开展多形式、分层次、全覆盖的社员培训，召开全国“两会”精神传达学习会，组织收看社中央政治辅导讲座，搭建“辅导讲座+网络课堂”学习平台。传承信念情怀，举行庆祝九三学社创建75周年暨社市委成立20周年大会。会议表彰一批先进集体和个人，颁发特殊贡献奖。《踏遍青山不言悔 归来仍是那少年》一文获社中央征文三等奖。在全省表彰中，社市委被评为组织工作先进单位，2个组织被评为优秀基层组织，11人被评为优秀社员。在社省委“传承精神迎社庆”脱贫攻坚演讲比赛中，选送的《行我所行，无问西东》《一枝一叶总关情》2个作品分别获三等奖、优秀奖。深化主题教育成果，按照习近平总书记“四新三好”的总要求，深化“不忘合作初心，继续携手前进”主题教育活动，推动学习教育善作善成。引导各基层社组织创新学习形式，讲求学习实效。树立先进典型，传播正能量。讲好多党合作的故事，用先进典型示范人，用动人事迹鼓舞人，用高尚精神塑造人。社员中，先后有多人次获得社中央及省市各级的各类表彰奖励。社市委通过党派、政协、统战部等平台推介正面典型，传播正能量，弘扬九三精神；开启 “九三大讲堂”，传播爱国、民主、科学理念，反响良好。

【参政议政】2020年，九三学社娄底市委员会被评为政协社情民意工作先进单位、优秀界别委员学习活动小组、优秀民主监督小组；6人被评为全市优秀政协委员，1人获评优秀新闻宣传工作者，1人获政协云应用工作先进个人；获优秀集体提案1篇，获个人优秀提案4篇，获优秀理论文章三等奖1篇。在政协娄底市第五届四次会议上，社市委作《建设高产竹林 打造高效竹加工园 大力发展竹产业链》大会发言，助推动市委、市政府对竹产业高质量发展的高度重视与全面部署。在界别联组会议上，围绕力推娄底实体产业、先进陶瓷产业、钢铁产业高质量发展，推动“引资济涟”工程，搭建法律维权服务平台护航民营企业健康发展等方面建言，得到娄底市主要领导的充分肯定和高度评价。参与娄底“十四五”规划的编制，提交建议意见，5人次参加规划征求意见座谈会，多条建议意见被采纳吸收进规划稿。围绕“三高四新”战略，形成《打造关键工序的开放国有高端制造平台 带动娄底三大主导产业融通创新发展》《抓住战略机遇期 大力发展我市多花黄精产业》《明确分类处理方式引导投放、收集与运输——中心城区垃圾分类的思考》《娄底市工业旅游产业发展现状报告》《5G时代娄底自媒体的建设与发展探究》等几个重点调研报告。围绕“农村贫困户危房改造情况”工作，九三学社民主监督小组坚持问题导向和结果导向相结合，以工作进度、工程质量、资金管理、问题整改情况为监督内容，推动脱贫攻坚中危房改造领域工作按时完成。围绕娄底中心城区垃圾分类工作开展政协九三界别协商，与政府职能部门进行交流。

【社会服务】2020年，九三学社娄底市委员会开展新冠肺炎疫情防控、精准扶贫、科普宣传、科技下乡、义诊咨询等活动。1人被社中央评为“2016—2020年社会服务先进个人”，1人被社中央评为“九三学社抗击新冠肺炎疫情先进个人”，1人被评为娄底市2020年“最美扶贫人物”。5人被评为全市政协扶贫行动先进个人。在新冠疫情狙击战中及时组织，广泛动员，利用微信公众号第一时间传达决策部署，发布倡议、下达通知、推载科普文章10余篇；提交社情民意9篇，6篇被采纳并被转化为措施；广大社员战斗在救治防控第一线，以科技助力“防疫”、为企业复工复产提供服务，下沉社区助力基层防控；通过各种方式、多种途径，积极捐款捐物，筹集捐赠资金、物资90余万元。社市委作为牵头后盾单位，围绕“一个确保、两个基本完善”和脱贫摘帽主要指标，为新化县白溪镇大溪村争取项目，争取立项108万元修建2处蓄水100吨的水池和主要管网，实现全村安全饮水免费入户。启动8座过水公路桥建设。支持恢复春耕生产，出资为全体农户赠送8万株辣椒苗、为贫困户赠送1.5吨生姜种，产销辣椒10万千克、生姜1万千克；组织开展“双月调研慰问”“五个一”、消费扶贫、以购代捐、情暖微心愿等活动，牵头召开“感恩奋进、爱我家园”院落会。担当社省委开展对娄底脱贫攻坚民主监督工作的联络者、服务者和执行者。与县、市“两办”及扶贫部门对接协同，落实社省委对口娄底市开展脱贫攻坚民主监督调研座谈会相关工作。多次与调研组前往双峰县、新化县等地开展实地调研，与当地乡镇村、企业、贫困户代表等进行座谈交流，详细了解兜底保障、贫困户稳岗就业等情况。在纪念抗战胜利75周年之际，联合市慈善志愿者协会，开展慰问抗战老兵活动。省市联动，参与落实“一家一”助学就业同心温暖工程，争取帮扶资金10万元定向帮助新化县贫困学生。围绕“助力产业升级 共谋乡村振兴”主题，开展系列帮扶活动，社市委联合市委统战部，赴冷水江为农业企业转型升级、乡村民宿提质升档提供帮助支持。社娄星区委持续实施“扶贫助学五年行动”。

【组织建设】2020年，九三学社娄底市委员会以“人才强社”战略为指导，吸纳各领域有发展潜力的高层次人才、中青年人才，优化社组织的专业结构和年龄结构。2名社员被评为娄底市2020年“最美科技工作者”，3名社员获娄底市第十届“青年科技奖”。完成社娄星区委、社冷水江市委、同兴支社的换届工作；组建娄底经开支社。在2020年中共娄底市委经济工作会议上，3家社员企业获邀出席会议。加大对社员的培养与推荐，采取“线上+线下”学习模式，组织社员参加社中央线上全国新闻宣传骨干网络培训班，全年先后选送10余人次赴中共娄底市委党校、省市各级社会主义学院、西南政法大学等地参加培训与学习。

（姚丽智）

# 群众团体

◎娄底市总工会
◎共青团娄底市委员会
◎娄底市妇女联合会
◎娄底市科学技术协会
◎娄底市归国华侨侨眷联合会
◎娄底市工商业联合会
◎娄底市文学艺术界联合会
◎娄底市人民对外友好协会
◎中国国际贸易促进委员会娄底支会
◎娄底市残疾人联合会
◎娄底市红十字会
◎娄底市计划生育协会

# 娄底市总工会

【概况】2020年，娄底市总工会统筹推进疫情防控和经济社会发展工作，深化“不忘初心、牢记使命”主题教育，构建联系广泛、服务职工的工会工作体系。继续开展劳动技能竞赛，推进宣传教育阵地建设、产业工人队伍建设，启动网上工会建设，工会组织覆盖面持续扩大，全市新建基层工会组织290个，新增会员37760人。“双联”帮扶机制和平台优势持续发挥，城市困难职工解困脱困目标完成。

【疫情防控】2020年，娄底市总工会引导职工消费，助力消费市场复苏，联合6部门共同下发《关于关心关爱职工、引导积极消费 促进经济发展的通知》，细化刺激消费市场举措，县(市、区)总工会发放特别慰问消费券经费补助434万元，基层工会特别慰问券发放金额1500万元。开展“防疫抗疫，我们在一起——公益职工心理关爱行动”，为奋战疫情防控一线职工及其家属提供一对一的免费在线心理咨询服务。加大关爱力度，开展走访慰问，市县两级工会投入防疫资金116万元，使用省总防疫专项拨款80万元，慰问一线参与防控人员1245人，拨付使用央财抗疫保障资金178.1万元。

【组织建设】2020年，娄底市总工会推进农民工入会和非公企业建会。工会会员实名录入32万余人。规范工会选举制度，严格把控候选人产生程序和选举过程。坚持和完善基层工会民主制度，建立健全企业职代会制度，实现“建会、建家、建制”三同步。推动工会改革向纵深推进，理顺组织体制，规范园区工会建设。强化典型引领，推荐双峰县总工会成功申报湖南省先进县级工会，推荐全国模范职工之家2家、省级模范职工之家4家、市级模范职工之家22家，推荐申报全国厂务公开民主管理先进单位1家，市物流行业工会联合会在全省“小三级”工会规范化建设现场经验交流会上作经验介绍。

【职工思想引领】2020年，娄底市总工会做好新冠肺炎疫情防控的宣传教育和舆论引导工作，在全市规模以上重点企业开展以积极扩大消费、落实常态防控、促进复工复产、服务人民群众、树立新风正气为主题的理论宣讲。制定出台《娄底市总工会“四季同行·雷锋家乡学雷锋”职工志愿服务活动实施方案》，创职工志愿服务品牌。开展“女职工素质教育大讲堂”送课下基层活动，参与女职工3000余人次。开展“书香娄底”全民阅读活动、“湘悦读·工力量”职工主题阅读活动，创建学习型企业、学习型机关、学习型家庭。推进职工书屋建设，推荐申报全国职工书屋1个、便利型站点5个、劳模书架8个。开展形式多样的职工文体活动，联合市委宣传部开展“湘观影”职工观影活动，全市247家单位参加湘观影活动，购票金额300余万元。与市文旅广体局等单位联合举办市直单位气排球赛、全市职工羽毛球选拔赛、全市工会系统趣味运动会等一系列体育赛事及活动，参与职工1万余人次。

【职工权益保障】2020年，娄底市总工会坚持“法治宣传、法律服务、法律援助”同步推进，联合市司法局、市律协开展“尊法守法·携手筑梦”服务农民工公益法律服务行动。4月，与市人社局在双峰县启动全市工资集体协商“春季要约行动”。对全市2019年度工资集体协商工作实地考核，推进工资集体协商标准化建设。探索家政、快递、外卖、物流等新业态领域行业集体协商模式,新化县电子陶瓷水暖卫浴行业开展工资集体协商(《工人日报》二版头条、《湖南工人报》头版头条对此进行了报道)，娄底中心城区建筑行业开展第九轮工资集体协商，娄底市家政服务行业和新化县枫林办事处工会首次开展行业、区域性工资集体协商。加强工会联系引导劳动关系领域社会组织工作，动态监测劳资矛盾变化。全市集体协商动态建制率85%以上，百人以上企业动态建制率93%以上。10—11月，4支法律服务分队到各县(市、区)企业及工地，现场讲解法律法规，发放宣讲手册500余册，参与职工和农民工1000余人。

【困难职工解困脱困与普惠服务】2020年，娄底市总工会组织参联单位与被联企业结对帮扶，解决企业和职工生产生活困难，元旦、春节“两节”期间，市直参联单位安排慰问资金和物资37.15 万元，走访慰问困难职工261 户。推进“一户一产业工人”培养工程，分类开展线上线下培训，投入经费80余万元，培训1200余人次。开展职工普惠服务，职工医疗互助参加人数连年增长,第七期135189人参加住院项目、59539人参加女职工特殊疾病保障项目,支出住院项目费用8457728元、女职工特殊疾病保障项目费用50万元。开展“防疫抗疫·工会在你身边”困难帮扶系列活动,对参加职工医疗互助活动且疫情期间因病住院自付医疗费用达1万元以上的困难职工,除给予正常的职工医疗互助补助外,再给予1000~3000元不等的二次补助。12月,开展职工大病关爱活动,对住院个人自付部分5万元以上的困难职工,给予10000~30000元不等的帮扶,补助67人,金额84万元。高温期间,到36个重点建设项目和高温行业企业开展“送清凉一夏、关爱同行”慰问活动,市本级投入经费20余万元,慰问高温作业职工690人。“金秋助学”活动,市、县两级工会共资助困难学子640人,资助资金239.68万元。

【劳动技能竞赛】2020年,娄底市总工会加快产业工人队伍建设,以创建“工人先锋号”为载体,开展服务企业生产经营劳动竞赛和群众性经济技术创新活动,全年全市4864家企业(其中非公企业3553家)、19.47万职工参与劳动竞赛,竞赛覆盖面和职工参与率分别达78%、83%。开展“项目高质量 勇夺双胜利”重点工程劳动竞赛,28个省重点项目、221个市重点项目参与。围绕娄底市千名工匠培养工程开展职工技能竞赛,深化培训、练兵、比武“三位一体”的职工职业技能发展模式,叫响“娄底工匠”品牌。开展“安康杯”竞赛活动,3504个企业、16288个班组、29万余名职工参加,参加企业和参赛职工较2019年分别增长20.1%和23.6%。

2020年12月3日,娄底市2020年劳动模范和先进工作者表彰大会召开。图为颁奖现场

(刘则宇 摄)

【劳模评选管理服务】2020年,娄底市总工会面向一线、严格程序,抓好三级劳模评选推荐工作,承办2020年娄底市劳动模范和先进工作者表彰大会,推荐全国劳模4人、省级劳模26人,评选市级劳模106人。结合“工人阶级宣传月”活动,推介劳动模范先进事迹,组织劳模宣讲活动20余场。加强劳模信息动态化管理,申报劳模低收入生活困难补助和特殊困难补助金。“两节”期间,发放“劳模慰问金”“低收入补助金”“困难劳模补助金”230余万元。 (刘 瑜)

## 共青团娄底市委

【概况】2020年,共青团娄底市委组织青年参与疫情防控阻击战,开展各类志愿服务1万余人次,募捐抗疫款物230万元,牵头成立“抗击疫情 心理护航”心理援助中心,组建青年讲师团,与青少年开展面对面宣讲7次。打造“陌上花开·情溢娄底”大型湘中青年公益联谊活动和向阳生长——共青团助力脱贫攻坚”两项品牌活动。开展“青年大学习”,全年组织38期网上主题团课,150余万人次参加。出台《关于做好党的十九届五中全会精神和习近平总书记考察湖南重要讲话精神宣传贯彻的实施方案》,将两项精神落实到每一个团支部,覆盖到每一个团员青年。是年,完成改革任务27项。学校共青团、少先队改革及各项工作取得新进展。市本级和5个县级团委全部完成换届。

【青少年思想政治引领】2020年,共青团娄底市委聚焦主责主业,推动红色文化进校园,在全市各中小学校组织开展“星星火炬,代代相传”“祖国发展我成长”“红领巾心向党”等主题团队日活动,100余所小学举行入队仪式,4000余个少先队中队举行主题队会,覆盖少先队员20万余名。组建市县两级青年讲师团,开展抗疫典型宣讲7场。加强团属新媒体矩阵建设,官方账号全年发布微信272期,微博4687条。获全国“网聚政能量、共筑同心圆”优秀机构案例奖、2020年湖南省“青媒奖”。

【典型引领】2020年,共青团娄底市委开展2019年度娄底市“双红双优”“争做新时代向上向善好青年”评选表彰活动。将典型选树向抗疫一线青年倾斜。推

2020年3月,共青团娄底市委为复工复产捐赠防护物资（团市委 供图）

荐获评全国优秀团干1名、全国优秀团员1名、全国五四红旗团委1个,推荐2人获评省级“向上向善好青年”。推荐2人获评“湖湘青年英才”。开展2020年湘中青年英才评选,评选湘中青年英才9人。开展青年文明号和青年岗位能手评选认定工作,对符合创建条件且表现突出的13个创建集体、19名优秀青年进行命名和颁证。开展2019年度“娄底市优秀少先队员”“娄底市优秀少先队辅导员”“娄底市优秀少先队集体”“娄底市关心少先队工作奖”评选活动。

**【疫情防控】**2020年,共青团娄底市委组织青年成立青年突击队,指导全市各级团组织和广大团员青年投身抗疫一线。全市各条战线组建青年突击队58支,队员1423人,开展各类志愿服务1万余人次。做好网上发声和舆论引导工作。多篇官微文章获得广泛关注,阅读量过万。其间,推出微博信息674条、微信34期,推荐青年典型28人、先进集体13个。据统计,全市共青团系统筹集捐赠善款及物资230余万元。心理咨询服务覆盖全市13187个网格,提供咨询服务1500余人次,解决危机干预事件8起。招募志愿者结对帮扶61户一线医务工作人员家属,开展“五个一”服务。积极助力企业复工复产,通过微信公众号及时发布239条招聘信息,联合有关部门举办跨境电子商务网上培训班,在颐高娄底双创基地举办约2000人参加的线上直播免费培训班。

**【助力脱贫攻坚】**2020年,共青团娄底市委推进“向阳生长——共青团助力脱贫攻坚”品牌活动。向上级争取“茅台学子”等助学资金52.5万元资助全市145名建档立卡及贫困家庭学生。组织团员青年参与“9·9”公益日活动,筹得35万余元用于关爱留守儿童。通过希望工程“一元捐”活动,募集款项83.61万余元。联合市卫健等部门携手湖南省儿童医院开展“向阳生长——共青团助力脱贫攻坚暨湖南省儿童医院名医下基层大型义诊手术活动”,累计为全市约200名青少年骨病患者进行义诊,减免相关诊疗费用200余万元,免除手术费用100余万元。开展青少年先天性心脏病救治和眼科疾病诊断60余例,减免相关治疗费用50余万元。7月,联合市残联开展“青力扶贫·爱心助残”直播带货活动,通过线上线下帮助残疾青年销售各类产品100余万元。开展“向阳生长·快乐运动”系列活动,为农村中小学捐赠价值25万余元的体育器材。

**【青年成长成才】**2020年,共青团娄底市委坚持以青年为中心,市、县两级全面落实青年发展联席会议制度,编制《娄底市青年发展规划(2021—2025)》初稿。坚持在脱贫攻坚、创文管卫、项目建设等市委中心工作一线工作中培养和推荐团干部,团市委宣传部部长彭雅被评为全国优秀共青团干部,团市委青少年服务中心主任肖鸿杰被评为娄底市先进工作者,双峰团县委书记刘振恒、新化团县委副书记邹玖霖被评为娄底市最美扶贫人物。常态化开展“湘中青年英才”评选、“创青春”娄底市青年创新创业大赛,举办娄底青年创新创业工作座谈会。开展“陌上花开·情溢娄底”大型湘中青年公益联谊活动。举办娄底市第七届少儿才艺大赛。开展普法宣传、安全自护教育等宣传100余场。

2020年8月22日,共青团娄底市委在新化渠江源开展第二季“陌上花开·情溢娄底”大型湘中青年联谊活动（团市委 供图）

【从严治团】2020年,共青团娄底市委以政治建设为统领,提升各级团的领导机关党的建设质量。抓好智慧团建工作,严肃"推优入党"程序。加强廉政风险隐患排查和防控,严格执行请示报告制度,持续净化团内政治生态。开展机关干部作风集中整治工作,完成4个方面10项整改任务。完成市委巡视组巡察和派驻纪检组驻点办公交办问题的整改工作。(周林珠)

## 娄底市妇女联合会

【概况】2020年,娄底市妇联工作按照湖南省妇联的具体工作要求,面向广大妇女群众广泛开展"巾帼心向党·百万巾帼大宣讲",传播党的声音和主张,引领妇女在思想上、政治上、行动上始终同党中央保持一致。以妇女发展、关爱帮扶、家庭建设、脱贫攻坚、疫情防控等工作为重点,强化责任、创新载体,推动全市妇女事业发展。

【妇女发展】2020年,娄底市妇儿工委办在总结"十三五"妇女儿童发展规划的基础上编制"十四五"规划。就新时期妇女健康需求、促进妇女全面发展政策、女童权益保护等重点热点问题进行调研,在官方公众号"娄底女声"开设"十四五"规划建言专栏,向广大网民征求意见。是年年底,"十四五"妇女儿童发展规划初稿完成。与市人社局、市财政局联合开展2020年娄底市"巾帼创新创业脱贫示范基地"评选活动,评选巾帼脱贫示范基地13个,奖励每个示范基地3万元。选送10名女性创业创新项目制作人参加"奋斗吧,姐姐"湖南省第二届巾帼创业创新大赛,9人获奖,娄底市获"优秀组织奖"。组织女性专场招聘会15场,为5302人提供免费服务,介绍女性就业人数580人,参加创业培训女性人数487人,自主创业成功女性42人。开展2020年度湖南省城乡妇女岗位建功先进集体(个人)推荐活动,全市推选出省级巾帼文明岗9个、巾帼建功标兵2名、巾帼建功先进集体1个。推荐家政服务人员参加全国家政风采大赛湖南选拔赛,1名参赛选手获家政经理人员项目全省一等奖,代表湖南省参加国家总决赛,获全国家政风采大赛优秀奖。

【帮扶关爱】2020年,娄底市妇联关爱困境妇女儿童,落实省、市重点民生实事项目"两癌"免费检查,全年完成农村和城镇适龄妇女"两癌"免费检查96824人,完成率110.27%。救助"两癌"患者207人,发放救助资金207万元。联合中国人寿娄底分公司对贫困妇女开展健康关爱活动,为4000名建档立卡贫困妇女捐赠"两癌"救助公益保险20万元。开展PAC"三进""粉红馨爱·重塑美丽——湖南行"等妇女关爱活动和"把爱带回家""春蕾计划""科学育儿 孕育新生"等帮扶贫困、留守儿童公益活动,全年举办各类关爱主题活动700余场,慰问困境儿童13000余名,发放慰问资金600万元。疫情期间,市妇联组织动员各级妇联组织和全市广大妇女姐妹积极投身疫情防控阻击战,开展抗疫志愿服务,市、县、乡、村四级妇联干部争当疫情宣传员、防控员、战斗员。全市妇联组织为抗疫一线争取、捐助物资237万余元。组织巾帼志愿者开展"你们守护生命,我们守护你家"关心关爱抗疫一线医务工作者及其家属活动,"一对一"关爱服务一线医护人员家中老年亲属和未成年子女,为一线医护家庭送去慰问金及物资11.2万元。开展疫情期间孕产

2020年6月30日,湖南妇联系统"出手吧 姐姐""七一"扶贫活动娄底直播现场 (市妇联 供图)

妇、"一老一小"、单亲困难母亲等特殊群体关爱帮扶。成立"湘中战疫医心社"为定点隔离人员等开展免费线上心理咨询服务,争当"最美贴心人"。推选王星星等8个家庭为全市"最美抗疫家庭",李爱珍等6个家庭获评湖南省"最美抗疫家庭",黄复员家庭获评全国"最美抗疫家庭"。市妇联被评为"娄底市新冠疫情防控学雷锋志愿服务工作先进单位"。完善维权机制,争取相关部门支持,出台《娄底市关于妇女儿童合法权益工作司法执法意见》,强化妇女儿童维权责任,为部门协调联动提供执法指导。完善信访接待制度、妇女

信访应急预案，全年全市妇联系统接信访案件700件，登记率、满意率为100%，结案率95%。完善婚姻家庭纠纷调解工作机制，全年市县两级婚调委调解婚姻家庭纠纷516件，为670名妇女儿童提供法律援助。以“平安家庭”创建为载体，坚持抗疫与普法同行，深化“建设法治娄底 巾帼在行动”维权服务“进社区、进家庭、到身边”活动。联合各职能部门开展女童权益保护“百场三年”行动，组建儿童安全性教育公益宣讲团，举办讲师培训班，开展专题讲座110余场，3万余人参加。深化儿童安全“五防”教育进校园、预防儿童意外伤害公益巡讲活动。全年开展各类维权普法讲座121场、安全教育讲座100余场、面对面普法活动137场，发放《法治娄底 平安家庭》等宣传手册10万余份，覆盖妇女、家长、学生等群体10万余人。

【家庭文明】2020年，娄底市妇联深化“传承好家风 建设新娄底”百场现代家庭教育公益巡讲系列活动，举办娄底市第二期家风(家庭教育)指导师培训班，建立家风指导师与社区联点制度，开展家庭教育课堂讲座、亲子关系与家庭教育讲座、家庭个性化辅导以及心理咨询等公益服务。全年举办家庭教育公益讲座129场，受益群众10万余人次。以创建全国文明城市为契机，加强社区(村)家长学校规范化建设，全市82.9%的社区(村)、83.4%的学校建立家长学校。全市创建省级示范家庭教育社区(村)6个、省级儿童之家11个、市级家风家教示范基地9个、市级家校共育示范学校5所，构建政府主导、社会协同、公众参与的普惠性家庭教育公共服务模式。实施“家庭文明”“美家美妇”行动，选树群众身边优秀家庭典型。召开“巾帼心向党 建功新时代”娄底市最美家庭、最美女性表彰大会，表彰娄底市“最美家庭”10个、娄底市“最美女性”21位、娄底市“最美抗疫家庭”8个、“最美家书”及“女性业余美术大赛”获奖作品12篇。联合市委宣传部评选表彰全市“书香家庭”100个。全市推报获评全国及省级“最美家庭”“五好家庭”12个。

（何晓琳　唐晶晶）

## 娄底市科学技术协会

【概况】2020年，娄底市科学技术协会坚持为科技工作者服务、为创新驱动发展服务、为提高全民科学素质服务、为党和政府科学决策服务的职责定位，从着力加强政治引领、扎实开展疫情防控、认真履行职责职能、突出做好宣传工作等方面做好各项工作，团结引领广大科技工作者，围绕全市工作大局，履职尽责、砥砺前进，为娄底经济社会高质量发展贡献科协力量。

【组织建设】2020年，娄底市科协召开市科协三届八次、九次常委会和三届五次全委会议，调整市科协三届委员会委员、常委、副主席7人。推进机关党支部五化建设，完善党建带群建机制，安排党组成员指导学会党建工作。生态学会党支部被评为市级标杆支部，成立土壤肥料协会党支部等3个学会党支部。成立市中医药学会脑心同治专业委员会。推进乡镇(街道）科协实现全覆盖，村（社区）科协组织覆盖率94%，吸纳卫生院院长、农技站站长、学校校长充实到乡镇(街道)、村(社区)科协班子担任兼职副主席。启动农类学会联合体建设工作，新发展吸收一批娄底市自然科学研究会、娄底市企事业科协研究会会员，85%的规模以上企业和科技类、高新技术类企业建立企业科协或加入企业科协联合会。

【疫情防控】2020年，娄底市科协印发疫情防控实施方案，成立市科协疫情防控工作领导小组，部署、落实疫情防控工作。安排3名工作人员到娄星区井头社区、金谷社区开展疫情防控工作。开展抗击疫情募捐活动，捐款24730元，口罩1200余个。在市科协网站、娄底科普公众微信号发布疫情防控信息200余条，在广播电视频道推出专题报道2期、短视频15条，在娄底日报推出科学技术小常识专栏24期，在湘中大道公交车站台设置宣传栏10个，制作宣传标语7条、疫情防控心理疏导手册，发送疫情防控短信5万余条，向全市10所学校的705个中小学班级赠送宣传手册和光盘，开展“预防新冠肺炎科普知识有奖竞答”网上活动，吸引45199人参与，答题次数达到68万余次。组建“抗疫情、促春耕、促生产”专家在线服务团队，为1.5万余名群众提供线上技术咨询和就近就地技术指导。

【服务创新驱动发展】2020年，娄底市科协召开“科技助力乡村振兴——助农行动”工作推进会，指导双

2020 年 8 月 17 日，娄底市科协牵头组织院士专家园区行活动，中国工程院院士陈纯等 13 名专家参加 （市科协 供图）

峰、新化等 5 个县市区科协成立农产品协会，搭建农产品销售渠道，销售大米、食用油等 142 个农产品 3.2 亿元。开展“科技助力乡村振兴精准扶贫——首届娄底土特产线上展销会”直播带货活动 11 场，销售农产品 300 余万元。邀请院士陈纯、廖湘科、印遇龙的专家团队为万宝新区科技企业、娄星区农业发展“把脉问诊”，提供技术支持和帮助。在潇湘职院成立廖湘科院士服务站，搭建院士、学校共同参与的科技成果转化平台。举办市级学会服务站签约仪式，成立学会服务站 6 个，组织 20 余名科技专家在科技服务、技术培训、农产品加工和销售方面开展科技攻关指导。

【服务科技工作者】2020 年，娄底市科协开展娄底市最美科技工作者宣传学习活动，评选出 15 名“最美科技工作者”，47 名优秀科技工作者获得表彰。2 人获评湖南省科协“五美”科技工作者，5 人获评湖南省企业“创新达人”。开展“科学家精神报告团‘传承 2020’湘赣行”活动。在娄底日报、市科协网站和微信公众号刊

2020 年 5 月 28 日，科技的力量——娄底市 2020 年“最美科技工作者”暨娄底市第十届“青年科技奖”发布仪式举行 （市科协 供图）

发专版，宣传在科技创新、科学普及等方面作出贡献的优秀科技工作者。春节期间，走访慰问娄底籍院士及科技工作者 20 余人。印发《娄底市科学技术协会科技人才库建库工作方案》和《娄底市科学技术协会关于建立科技人才库的实施方案》，采集娄底高层次人才、优秀人才、特色人才信息，完善人才库建设，采集整理数据 1800 余条。

【服务全民科学素质提升】2020 年，娄底市科协推动“科普中国”“科普湖南”嵌入基层党群服务平台，促进内容快捷应用落地。投入资金 50 万元，推动科普信息化建设，全市注册科普信息员 48000 余人，转发传播信息 123 万余次，超额完成省科协下发目标任务。举办 2020 年娄底市青少年科技创新大赛，开展“知识改变命运，科技创造未来”娄底市青少年机器人大赛，评出奖项 415 个。组织参加第 41 届湖南省青少年科技创新大赛和五项学科竞赛中的四项学科竞赛，获得奖项 277 个。组织 52 名科技教师参加湖南省青少年机器人骨干教练员培训班。承办全国科普日（湖南）主场活动，以“决胜全面小康，践行科技为民——走进华菱涟钢，体验智能智造”为主题，开展宣讲报告会、科普大讲堂、科技志愿服务活动和科普进校园活动等一系列科普活动。开展 2020 年娄底市“基层科普行动计划”，评选 4 家先进单位，3 个先进个人，给予奖补资金 41 万元。

【建言献策】2020 年，娄底市科协召开科技助力乡村振兴座谈会，推荐科技工作者参加科技专家座谈会，为娄底经济社会高质量发展以及“十四五”规划编制建言献策。开展第十一届自然科学“优秀学术论文”评审，评出优秀论文 33 篇。召开 2020 年度学会工作会议、自然科学学会工作研究会年会暨第十一届自然科学“优秀学术论文”交流表彰会议。

【宣传工作】2020 年，娄底市科协出台《娄底市科学技术协会宣传工作实施方案》，建立 25 人的科协系统信息员队伍，先后举办全市科协系统信息工作培训班，安排 2 名工作人员到市委办信息科跟班学习。在娄底日报推出科学技术小常识专栏 24 期；推送科普信息 5 万余条；开展户外科普宣传 2 期，开展网络有奖竞赛 1 次。利用“9·5”中华慈善日、“12·4”宪法日等时机，搭建宣传台，发放宣传资料 1 万余份。向基层科

2020年9月20日，全国科普日(湖南)主场活动在娄底华菱涟钢举行　　（市科协 供图）

协组织赠送科普书籍6万余本。在娄底广播电视台推出《科技的力量》系列报道7期和《决胜全面小康，践行科技为民》系列报道5期。网络直播“科技的力量——娄底市2020年‘最美科技工作者’暨娄底市第十届‘青年科技奖’发布仪式”，并通过中国科协云平台进行展播，成为全国唯一的市州展播节目。“钢铁是怎样炼成的——青少年科学实践体验活动”通过科普湖南进行网络直播。　　（李　升）

## 娄底市归国华侨侨眷联合会

【概况】2020年，娄底市侨联服务经济发展、积极参与社会建设，响应党委政府号召，倡议引导侨界抗疫，争取侨界捐赠款物约1000万元，争取1269个“爱心健康包”支援海外侨胞，派员参加“疫情防控专班”和社区网格员工作，协助党委、政府做好外防输入工作和海外侨胞的稳定工作。印发《支持侨企发展政策汇编》助推复工复产，走访侨企46家，收集建议50余条，提出指导性意见7条，主动联系市建设银行为受疫灾冲击的中小微侨企提供融资服务。组织发动500余侨界群众参加中国侨联举办的、纪念《中华人民共和国归侨侨眷权益保护法》颁布30周年的“侨商杯”法律知识竞赛，9人获得奖励。各项工作扎实开展，是年，获得全国侨联系统脱贫攻坚先进集体、全市平安建设先进单位、市级文明单位等称号。

【服务经济发展】2020年，娄底市侨联结合调研走访做强侨务经济服务工作，帮助澳门君天集团投资的“涟源君天广场”城市综合体项目顺利推进，助推云传工业技术有限责任公司的经开区工业园项目扩大投资2.7亿元、征地5.86公顷，助推湖南省云传供应链管理有限公司在蛇形山镇的混泥土干粉砂浆项目扩大投资3亿元、占地66.66公顷。

【依法维护侨益】2020年，娄底市侨联以“互联网+侨联”模式普法，以法治专栏、宣传展板、座谈会、上街头、进校园、宣传册等方式宣传侨务政策和侨法知识，助力法治建设，营造知侨、爱侨、护侨氛围。先后开展纪念《中华人民共和国归侨侨眷权益保护法》颁布30周年、“12·4”全国宪法日等宣传活动3次，全年3次下基层宣讲侨法，协调维权案件2件(次)，接待信访10余人(次)，帮扶侨企13家，提供政策咨询50起(次)，发放侨法宣传资料5000余份，委托移动公司短信推送侨法宣传3万余条。

2020年1月20日，娄底市侨联走访慰问侨眷家庭　　（赵检群 摄）

【拓展联络联谊】2020年，娄底市侨联通过“互联网+侨联”模式凝聚侨力促发展，建立“四联”工作制度，以微信公众号、微信群、QQ群、网站等平台为载体，搭建海内外侨界人士交流空间，增强侨联的凝聚力、号召力；以座谈会、联谊会、文艺演出、文化交流、商务考察等形式为手段加强思想引领，夯实共同基础；成功申报曾国藩故居、振翩学校为湖南省华侨文化交流基地。全年接待海内外客人10批次60余人次，保持与50余名侨胞的联系，向海内外侨界人士发慰问电函1000余封，联系重点海外侨社团20余个。

【参与社会建设】2020年，娄底市侨联开展“察侨情送温暖”活动，走访80余户侨眷家庭，发放慰问金12

万余元;推进"千侨帮千户"工程,支持侨企湖南天柱山禽业综合开发有限公司以"合作社+基地+农户"的方式助力脱贫攻坚,联结1500余户贫困户养鸡脱贫,实现每户年增收2000余元,年帮扶效益300余万元;对口帮扶新塘村28户贫困家庭,投入帮扶资金4万余元。争取省侨联资金5万元帮扶4户特困侨眷家庭,党组成员刘超驻被抽调到新塘村脱产扶贫,整合扶贫资金100万元改善基础设施建设。全年侨界人大代表和政协委员提交议案8起,提案26件。 (赵检群)

## 娄底市工商业联合会

【概况】2020年,娄底市工商业联合会(简称娄底市工商联)坚持政治建会、团结立会、服务兴会、改革强会,着力构建"亲""清"政商关系,优化娄商联络服务机制,深入实施"娄商返娄"战略,促进"两个健康"协调发展。截至12月,全市工商联会员11992个,比上年年底(11096个)增加896个,增幅8.07%。其中,市工商联直属会员1672个,比上年年底增加107个;商会组织会员10320个,比上年年底增加788个。全市市级工商联会员3772个,县及县以下会员为8220个,分别占全市会员总数的31.45%和68.54%。

【思想教育】2020年,娄底市工商联推广企业云课堂活动,组织非公经济人士参加"两会解读与经济走势分析""新冠肺炎疫情下民营企业法律风险防范及建议"等网络直播课程培训。与市委统战部联合举办全市年轻一代非公经济代表人士培训班,开展专题讲座、现场教学和企业家经验分享会。组织50余名企业家开展年轻一代民营企业家培训,组织200余家会员企业参加娄商大讲堂第四期之《中华人民共和国民法典》专题培训。组织机关全体党员和商协会党员赴南昌、郴州、浏阳等地开展"传承红色基因 不忘初心使命"革命传统教育党建活动。组织商协会党委及商协会党员到南昌八一起义纪念馆、秋收起义纪念馆和胡耀邦故居开展主题党建活动。成立商协会党员义务服务队,开展"党员先锋行"活动。

【参政议政】2020年,娄底市工商联配合全国工商联第六联系调研组第六小分队开展调研工作,组织会员企业参与民企复工复产情况调查、疫情防控期间民营企业劳动用工情况调查。围绕"以'湘博会'为龙头推动我市会展业发展"组织市政协工商联界别委员开展协商,先后撰写《关于进一步将小微企业和个体工商户租金减免政策落实落地的建议》《新冠疫情下对民营企业复工复产的几点建议》《以"湘博会"为龙头推动我市会展业发展》《关于我市小店经济发展情况的调研报告》《加大力度打造国家先进制造业基地》等调研报告。《加强商业元素建设,提升娄底市场活跃度》《强化政策落实,提振发展信心,促进我市民营经济高质量发展》被列为娄底市政协五届四次大会发言材料。

【联络服务】2020年,娄底市工商联配合组织召开全市民营企业家座谈会,草拟《娄底市政企常态化沟通联系制度》,提出建立"市级领导挂点联系重点娄商制度""政企定期面对面沟通制度""涉企政策信息发布制度""企业诉求直达办理制度""营商环境测评和评估制度"5个常态化制度。深化与人民银行娄底中心支行战略合作,加强与长沙银行、邮储银行、建设银行等的联系对接,提供金融帮扶。组织开展民营企业金融服务需求、用工需求调查,组织企业赴长沙参加"检企同堂"培训班和"检察职能与企业法治环境优化"高层对话。与市人社局、市总工会、市企业联合会联合举办全市集体协商"春季要约行动"和金秋招聘月,组织10名企业家代表参加检察开放日活动,组织企业参加"文化润疆,富民兴疆"招商项目推介活动暨湖南援疆红石榴品牌推广会,湖南博长控股集团有限公司、湖南五江轻化集团有限公司、湖南鹏泰控股集团有限公司入围2020年湖南省民营企业100强。

2020年12月8日,韶关市湖南娄底商会成立
(市工商联 供图)

【娄商返娄】2020年,娄底市工商联推进“娄商返娄”战略,扩大娄商合作交流,组织草拟并推动市委出台《关于做好市级领导挂点联系重点娄商工作的通知》。

2020年1月13日,娄底市工商联与广州市黄埔区工商联签订缔结友好合作商会协议书

（市工商联 供图）

指导成立株洲娄底商会、韶关娄底商会,力促娄商返娄。三一集团投资100亿元在娄底建设5个项目,怀化、韶关会长企业加大对家乡的投资,福建湖南商会会长、太仓湖南商会会长等异地娄商到娄底经开区、娄星工业集中区、娄底高新区考察,就到娄底投资事宜进行前期洽谈。

【组织建设】2020年,娄底市工商联与市委统战部组织起草《娄底市关于促进工商联所属商会协会改革和发展的实施意见》,培育发展特色商协会组织。组织召开2020年娄底市工商联商协会会长、党组织书记、秘书长会议,开展“树品牌 强示范 促提升”活动,创建全国“四好商会”1家、省级“四好商会”4家,发展新生代企业和年轻一代企业家,吸纳创新型成长型企业入会。对省工商联十二届执委会娄底成员进行届中人事调整,推荐10人为娄底市新的社会阶层人士联合会会员代表,推荐3人申报娄底市“湘中青年英才”。指导成立娄底市安徽商会、娄底经开区电力企业商会,新增吸纳娄星区企业家协会为团体会员。

【扶贫济困】2020年,娄底市工商联发动民营企业、商协会、工商联界别政协委员等参与扶贫开发事业、社会公益事业,发动每个商协会对口一个贫困村开展一对一帮扶。举行湖南省消费扶贫公共服务平台“百企入驻 千品上架”活动娄底启动仪式,发出全市民营企业消费扶贫、就业扶贫倡议书,组织工商联界别政协委员先后赴涟源三甲、新化上梅镇开展消费扶贫。截至12月底,发动170家企业参与精准扶贫活动,结对帮扶244个村,投入资金3.3亿余元帮扶3.2万余人。是年被评为市州工商联重要专项工作评价精准扶贫工作先进单位,湘村高科农业股份有限公司获全国“万企帮万村”精准扶贫行动先进民营企业称号。

【疫情防控】2020年,娄底市工商联在疫情爆发后,向广大会员企业、商会组织和海内外娄商发出倡议书,动员商会组织和广大娄商踊跃投身抗疫斗争。各地娄底商会、娄商企业家累计捐款1547.7万元,捐物价值2700余万元。主动为30余家企业、商协会协调解决复工复产防护物资,推介一批防护物资生产销售企业对接购销渠道,为企业复工复产做好防疫物资保障。与市委统战部联合开展“万企大走访 同心促发展”活动,编印《中央、省、市疫情防控惠企利民政策精神汇编》。娄底市女企业家联合会获评全国工商联系统抗疫先进商会组织,星城建筑公司获评全国工商联系统抗疫先进民营企业,中兴液压公司被省委、省政府授予抗疫先进集体,湘村高科董事长杨文莲被省委、省政府授予抗疫先进个人,博长控股等12家会员企业和汽车服务业协会等3个商协会获评全省工商联系统抗疫先进单位。 (孔安琪)

## 娄底市文学艺术界联合会

【概况】2020年,娄底市文学艺术界联合会(简称娄底市文联)组织开展对外文学艺术交流、人才培训、学术研讨、文艺展览、展赛、展演等活动,编辑出版《时代文艺》杂志,宣传推介全市文艺家及文艺作品,为全市文艺家及文联所辖各文艺团体会员间的交流合作提供平台与基本服务保障。

【把牢文艺领域政治方向】2020年,娄底市文联制订《2020年度市文联党组理论学习中心组专题学习计划》,组织中心组干部职工集中学习,通过集中讨论、撰写心得体会、交流研讨等形式巩固学习成果;组织全体干部职工开展《中国共产党宣传工作条例》应知应会理论知识考试;组织市属各文艺家协会主席团成员学习培训交流;组织文艺工作者参加省文联举办的《中华人民共和国著作权法》为主要内容的文艺维权知识竞赛，获得优秀组织工作奖，11 名文艺工作者获奖。

【提升机关服务水平】2020 年，娄底市文联持续抓好抓实机关党建工作，4 月，文联机关党支部的换届工作完成。全年组织到洪源社区、李聚奎故居、龙凤村、贺国中故居等地开展主题党日活动与文艺志愿服务活动 10 余次。开展干部作风集中整治，组织“三个一”活动（一次下基层走访、进行一轮谈心谈话、召开一次征求意见座谈会），做到“三个及时”（及时成立领导小组、及时制定实施方案、及时召开动员部署会议），深挖细查作风问题。

【文艺抗“疫”】2020 年 1 月 28 日，娄底市文联按省文联《关于开展阻击新型冠状肺炎主题文艺有奖创作的通知》，号召全市文艺工作者开展主题文艺创作，收集主题创作文艺作品 1000 余件，优秀作品分别被《人民日报》、共产党员网、学习强国、中国文艺网、红网文艺频道、湖南文艺网、湖南文联微信公众号选用刊发。推出专刊 8 期，市民协、市紫藤文学学会、娄星区文联、涟源市文联、双峰县文联、新化县文联均推出主题创作诗歌专刊 3~5 期。2 月 3 日，向全市广大文艺工作者发出积极参加书画作品义拍等捐献活动助力抗击疫情的倡议，全市广大文艺工作者募捐 21 万元。2 月 21 日，在中心医院开展义捐活动，向中心医院捐赠 15 幅书画作品、89660 元爱心善款。2 月 28 日至 3 月 5 日，将 110 余位书画艺术家捐赠的 200 余幅义拍作品进行网上拍卖，获得义拍资金 10 万余元，所有义拍款全部捐献给娄底援鄂医疗队。指导开展“艺”“医”携手赞“医”战“疫”书画作品公益捐赠活动，捐赠娄星区人民医院 120 余幅书画作品。4 月 2 日，组织召开娄底文联工作暨文艺战“疫”系列活动表彰会议，对 2019 年度全市文联系统先进单位、先进个人、文艺战“疫”系列活动先进单位和先进个人进行表彰。6 月 23 日，市文联发出《关于进一步做好疫情防控常态化有关工作的通知》，鼓励广大文艺工作者提高防范风险意识，做好宣传工作，开展文艺助力精准扶贫，文艺助力复工复产，文艺助力创全国文明城市等推进经济社会发展的文艺活动。

【文艺惠民】2020 年 1 月 10 日，娄底市文联开展“祖国新春好·幸福进万家”——娄底文艺惠民活动，组织 100 余名文艺志愿者在万豪城市广场、永丰镇、索桥社区、市公安局、琅塘镇龙凤村等地开展送“福”送春联活动，现场书写春联和“福”字 5000 余幅（个）。组织市书协、美协、戏剧曲艺家协会参加全市“三下乡”大型文艺活动，送去慰问金 1 万元。9 月 28 日，主办“圆梦中秋·喜迎国庆”娄底市 2020 年“我们的节日”文艺晚会。

【脱贫攻坚】2020 年，9 月 29 日至 10 月 8 日，娄底市文联牵头主办 2020 年“决胜脱贫攻坚·丹青共绘娄底”主题美术作品展。10 月 19 日主办“决战脱贫攻坚·决胜全面小康”主题摄影作品展，展出讴歌先进事迹和先进人物、唱响时代主旋律的摄影作品 1000 余幅，涵盖产业扶贫、易地搬迁、基础设施建设、社会扶贫、村庄整治、脱贫典型人物等各方面。主办“脱贫致富奔小康”主题书法作品网络展，展出书法作品 92 件，分三期在娄底文艺微信公众号展出，用书法创作形式弘扬“决战脱贫攻坚，决胜全面小康”的主旋律。组织干部职工到帮扶村龙凤村进行走访慰问，投入龙凤村扶贫工作经费 3 万元；组织市作家协会、市美术家协会、市民间文艺家协会、市根石协会、市红颜雅韵旗袍协会等协会开展扶贫走访慰问，送去各文艺家协会自筹慰问金及慰问物资价值 2 万余元；组织 50 余人次文艺志愿者到农村开展文艺创作。（张永红）

## 娄底市人民对外友好协会

【概况】2020 年，娄底市人民对外友好协会以全面贯彻习近平外交思想为根本，以中央关于民间外交工作精神以及省对外友协工作要求为主线，按照市委外事委部署，发展国际友好城市关系，开辟对外交往新渠道，推动娄底对外经济、文化等领域的合作交流，积极参与国际防疫合作。全年缔结友好城市 1 个，向意向友城捐赠防疫物资总价值达 26 万元。

【友好城市】2020 年，娄底市积极发展对外友好城市关系。9 月 21 日，娄底与菲律宾布拉干省潘迪市互致贺信，庆祝两市签署友城意向协议一周年，表达两市对未来交往合作成果的期待。9 月 23 日，经坦桑尼亚驻中国大使馆及坦桑尼亚湖南商会牵线对接，娄底市与坦桑尼亚基隆多尼市通过函签形式正式缔结友好城市关系。11月17日,娄底向美国明尼苏达州拉姆西市互致贺信,庆祝两市缔结友好城市关系15周年并对拉姆西市疫情表示关切和慰问。11月24日,娄底—加纳农机产销线上交流会上,娄底与加纳加中市相互表达建立友好城市关系意愿。

【对外文化交流】2020年,娄底市积极参与省里组织的各项活动,促进对外民间文化、教育等方面的友好交流与合作。9月,组织新化县三所学校学生参加第八届东北亚地区地方政府联合会(NEAR)青少年艺术比赛,湖南省选送参赛作品26幅,获奖13幅,其中娄底5幅,是全省获奖作品最多的市(州)。让更多的青少年了解和关心东北亚地区的社会、经济、文化,促进东北亚地区共同发展,为世界和平做贡献。

【对外经济交流】2020年,娄底市推动与国外地方政府和民间的经贸交流与合作。1月15日,韩国茶美家株式会社代表安施垠一行到娄底访问,与娄底文化旅游、医疗等企业间友好合作进行交流洽谈。9月2—5日,菲律宾湖南商会副会长陈珂巍一行5人到娄考察企业,助力娄底企业开拓东南亚市场。10月22日,湖南省国际友好交流特别代表乐杰(尼泊尔籍)一行三人到娄考察农机企业,与湖南农友机械集团有限公司、湖南劲松机械有限公司进行座谈交流,并表示愿为娄底在尼泊尔寻求友城对象。12月8日,乐杰推荐尼泊尔博卡拉和巴内帕作为友城交往对象。

【国际防疫合作】2020年,新冠肺炎疫情突袭而至,娄底市开展对外捐赠,加强国际防疫合作。与相关国家城市书信往来,表达慰问和感谢。2月20日、2月25日,尼日利亚埃努古州艾泽亚古市人民对外友好协会、尼日利亚青年和体育发展部先后分别向娄底发出慰问函。3月17日,菲律宾布拉干省潘迪市向娄底发出求援信。随后,市政府分别向上述城市和部门发去感谢信和慰问信,同时还向日本三好市和韩国务安郡发去慰问信,分享娄底抗疫经验。向相关意向友城捐赠抗疫物资,3月25日,娄底分别向3个国际意向友城(菲律宾潘迪市、日本三好市、韩国务安郡)各捐赠一次性医用口罩21600只,总价值16万余元。3月28日,新化县也积极向其意向友城意大利波利尼亚诺阿马雷市捐赠防护物资,总价值10万余元。

(邱红兵)

## 中国国际贸易促进委员会娄底支会

【概况】2020年,中国国际贸易促进委员会娄底支会(以下简称娄底市贸促会)以党的政治建设为统领,夯实党建基础,加强党的组织建设,配齐班子成员,选举产生市贸促会机关第一届党支部。推进全面从严治党,出台《娄底市贸促会党组落实全面从严治党主体责任工作方案》和《娄底市贸促会党风廉政建设工作方案》,加强党员干部教育管理,开展经常性警示教育,查找党风廉政建设风险点,推进不敢腐、不能腐、不想腐的风险防控机制。加强党建阵地宣传建设,突出"党支部五化"建设和"三表率,一模范"机关建设。是年,通过征求意见、拟定初稿、法制审核、专项小组审核等程序,印发《娄底市贸促会深化改革方案》。

【换届工作】2020年8月6日,中国国际贸易促进委员会娄底支会第二届委员会议暨中国国际商会娄底商会第二次会员代表大会召开,大会表决通过97人任市贸促会委员。同日,中国国际商会娄底商会进行换届选举,选举会员单位160余家、副会长单位30家、理事单位38家。

【助企抗疫】2020年新冠肺炎疫情期间,娄底市贸促会扎实做好"六稳"工作,全面落实"六保"任务,入园区,下企业,进厂房,通过座谈会、设咨询台、开培训班等形式,走访70家代表性企业,对企业的基本情况、生产销售情况、资金情况、以及疫情对企业生产经营所造成的影响进行全方位了解,针对不同区域、不同企业、不同问题,通过互联网开展线上培训20余起,助力企业复工复产,实现降本增效。

【经贸交流】2020年7月3—7日,娄底市贸促会率美程陶瓷、鑫星电陶等企业参加"2020上海慕尼黑电子展",举办2020年上海慕尼黑电子展湖南娄底先进电子陶瓷客商座谈暨签约仪式,参展企业收获订单及意向合同金额1000万元。7月20—26日,娄底经贸代表团赴佛山、珠海开展经贸交流活动,组织企业参加2020年佛山(潭洲)国际陶瓷展,与佛山市贸促会、珠海市贸促会、佛山市湖南省商会、珠海市娄底商会、珠海市外经协会签订战略合作协议,宣传推介娄底投资环境,寻求合作商机。10月16—20日,娄底经贸代表团赴广西开展经贸活动,参加第18届广西—东盟食品糖酒博览会,与防城港市贸促会签订战略合作协议。

【拓展职能】2020年7月,中国贸促会商事认证中心授权娄底市贸促会开展商事证明业务,成为全省首家授权办理该项业务的地级市贸促会。9月,娄底市贸促会与娄底市中级人民法院、娄底市司法局共同制定《关于推进商事纠纷诉调对接工作的意见》,成立商事纠纷调解中心,充分发挥调解在预防和化解商事纠纷方面的积极作用。

【对外交流】2020年11月,娄底市贸促会组织召开2020中国娄底—加纳农机产销线上对接交流会,以视频会议形式分别在北京远大国际展览有限公司、湖南农友机械集团和非洲加纳同步举行,就加纳加中市与娄底市结为友好城市达成初步意向。加纳客商和中方10余家企业线上产销对接,达成意向合同500万元。 (贺驰原)

## 娄底市残疾人联合会

【概述】2020年,娄底市残疾人事业投入近9000万元,累计服务残疾人85万余人次。市残联为19231人次提供康复服务,基本康复服务率92.03%,为12562人次提供辅具适配服务,辅具适配服务率96.39%。“站立计划”“光明行动”连续开展5年,投入资金约720万元,累计6000余人受益。湖南省重点民生实事工程残疾儿童康复救助项目,投入922.8万元为854名儿童开展康复服务,完成(进度)197.2%,验收评分全省第一,被评为“优秀”等次。

【助力脱贫攻坚】2020年,娄底市残联做好脱贫攻坚普查、省检、国检工作,全市43279名建档立卡残疾人全部脱贫。全年累计为77147名符合条件的残疾人发放困难残疾人生活补贴、重度残疾人护理补贴(湖南省重点民生事实项目)5735万元。为45014名符合条件的重度残疾人代缴基本医疗保险,为32839名符合条件的重度残疾人代缴基本养老保险。为1436名残疾大学生、高中生及贫困残疾人家庭子女大学生、高中生发放助学金287.63万元。投入254.6万元为865名残疾人提供托养服务。组织16支工作队对全市2038个行政村开展4轮以上上门评残,便民服务9750人,办理残疾人证8003个(其中建档立卡贫困户5271个),减免残疾评定费56.1万元。为1360名贫困智力、精神和重度残疾人发放残疾评定补贴20.4万元。对全市建档立卡贫困残疾人政策享受情况进行精准核对和落实,建档立卡贫困残疾人政策享受情况位于全省前列。全市培育扶持27个市级残疾人就业扶贫示范基地,其中1家被评为全国盲人按摩实训基地,6家被评为省级残疾人集中就业示范基地和阳光扶贫示范基地,全市残疾人基地企业年产值超5800万元。

【残疾群体帮扶】2020年,娄底市残联在全国率先制作《防疫手语微课堂》系列视频,通过网站、微信、QQ等在聋哑人中普及防疫知识,新华网、学习强国、《湖南日报》等媒体平台纷纷报道,阅读量超150万。联合出台《关于加强对全市空巢、独居老人、困难儿童、残疾人、散居特困人员等特殊困难群体疫情防控期间基本生活保障的通知》等文件,开展帮扶活动,累计争取和下拨88万元帮助受疫情影响的残疾人和残疾人企业纾困解难,中国残联两次对娄底市抗疫经验进行推介。针对疫情期间残疾人企业产品积压严重问题,打造线上线下联动助残模式,发动全市100余家企事业单位销售残疾人产品约150万元。

【残疾人就业创业】2020年,娄底市出台各类惠残政策37个。全市征收残疾人就业保障金4145万元,超过年初3900万元征收计划,市本级征收入库1055万元。投入188万元扶持940户农村贫困残疾人家庭发展生产,累计投入192.58万元扶持154户贫困残疾人家庭开展自主创业。就业年龄段就业残疾人数为22737人,就业率39%,其中农村残疾人就业17832人,城镇残疾人就业4905人,新增就业771名,城乡新增残疾人就业培训1018名。

【融合发展】2020年,娄底市残联疫情防控、残疾人脱贫攻坚工作、脱贫典型事迹及娄底市残联三十周年文章《阳光洒满心田》等在《人民日报》、新华网、人民网、《湖南日报》等媒体上稿80余篇次。推进全省残疾人信息化管理大数据综合服务平台改革试点市相关工作,打造“云上娄底·智慧残联”,精准精细服务残疾人,系统进入试运行阶段。参加省技能大赛·第三届残疾人岗位能手职业竞赛获全省团体第二名, 参加省残疾人事业好新闻评选、省文化周比赛成绩优异获组织奖。连续6年获市绩效考核优秀单位,6次获全市综治工作先进单位,3次获好班子。是年,王杰峰被授予“湖南省技术能手”称号,李红卫、龚光辉等残疾人就业创业基地负责人被授予省劳动模范称号,杨文彪加入中书协并获“感动湖南”人物,奉湘波获娄底市劳动模范称号,刘晓菊获“娄底工匠”和“巾帼创业者”称号。 (李 祥)

## 娄底市红十字会

【概况】2020年,娄底市红十字会参与创建全国文明城市,开展各类志愿服务及干部下基层结对帮扶脱贫活动。针对群众需求的热点、政府关心的重点、社会关注的焦点,建设红十字博爱送万家、“光明行”公益活动、小天使(天使阳光)基金活动及红十字人道救助金等救助平台。开展形式多样的红十字博爱送万家活动和救灾工作,筹集价值30余万元的仪器、棉被、衣服、药品、家电等物资,到各县(市、区)和部分市红十字会理事单位联系点慰问受灾户、孤寡老人和特困群众,受益人数650余人。助力精准扶贫,在全市各贫困村进行摸底调查与申报,为全市特殊困难家庭向省红十字会申请人道救助金。是年,各项业务工作稳步推进,重点工作有较大突破,在全省红十字会系统均排名前列,被湖南省人社厅、省红十字会授予“湖南省红十字系统先进集体”称号。

【党建和意识形态工作】2020年,娄底市红十字会党组重视党建和意识形态工作,坚持业务工作与党建工作同步抓,把党建工作和意识形态工作摆上重要议事日程,党组书记亲自抓,建立健全党建和意识形态领域情况研究机制,定期召开会议分析党建和意识形态领域的动态动向,正确判断意识形态领域形势。召开廉政专题会议,学习相关规定,研究新情况、解决新问题。开展思想教育,加强统一战线工作,学习贯彻统战政策。强化党员干部的政治意识、大局意识、核心意识和看齐意识, 提升党组发现和解决自身问题的能力。完成市委第二巡察组的监督检查和整改工作,把巡察工作与红十字事业发展结合起来,与抗击新冠肺炎疫情阶段性工作结合起来,注重巡察问题整改,对巡察组提出的问题全部做出整改。配合审计部门完成党组书记、常务副会长任期内经济责任审计工作,通过审计,促进内部管理,加强内部风险防控。

【疫情防控】2020年, 娄底市红十字会系统按照市委、市政府、市防控指挥部和上级红十字会的决策部署,履行《中华人民共和国红十字会法》赋予的职责,组织开展社会募捐、志愿服务、防控宣传等工作,发挥政府人道领域助手作用。发挥红十字会法定职能,组织国(境)外防疫物资捐赠到市,确保医护人员需要。是年,市红十字会系统收到海内外总计3494.63万元的爱心捐赠款物,其中市本级707.14万元,将所捐款物按捐赠人意愿和法定要求,发放到抗疫医疗单位和一线医护人员、基层(乡镇、办事处、村、社区)抗疫工作者及疫情易损群体。组织市红十字蓝天救援队等3支志愿服务队伍、86名志愿者开展消毒杀菌、防疫物资运送、无偿献血和社区志愿服务。在城区机关、车站、企业、社区和学校,连续进行消杀作业,出动车辆85台次,出动人员262天次,消杀消毒1241.12万平方米。11月,联合市工商联、市侨联、娄底日报社开展“众志成城共克时艰”娄底市抗击新冠肺炎疫情“社会责任感企业、企业家”宣传展示活动。

【生命健康安全教育】2020年,娄底市红十字会开展初级卫生救护培训,普及群众性自救、急救、互救知识。依托红十字生命健康安全教育项目和省红十字会救护培训经费,救护师资库扩大到近110人。全年培训初级救护员320人,普及培训6500余人,开展应急讲座、老年人防跌倒讲座等宣传。结合红十字生命健康安全教育项目的经验,打造红十字特色高校,把应急救护知识引进课堂,在湖南人文科技学院体育学院和商学院分别开设红十字应急救护知识选修课,每学期8堂课16学时。

【捐献工作】2020年6月14日, 娄底市在城区和各县(市、区),采取多种形式宣传无偿献血知识。11月1日,在孙水公园举办“‘生命之约·大爱传递’娄底市2020年人体器官捐献志愿登记宣传活动”启动仪式。无偿献血、造血干细胞捐献、器官捐献工作稳步推进,作为器官捐献第三方的见证方, 参与协调见证工作,15名志愿者捐献器官组织。造血干细胞捐献者资料库入库935例,成功捐献3例(娄底市第15~17例)。

向新冠肺炎康复者发出捐献血浆的倡议，采集新冠肺炎康复者血浆7人次，总计2800毫升。　（樊雄志）

## 娄底市计划生育协会

【概况】2020年，娄底市计划生育协会（简称市计生协）围绕优生优育指导、生殖健康咨询、生育关怀等方面开展工作。是年，娄底市被评为全省计生协重点工作优秀单位，计生特殊家庭志愿服务和青春健康教育工作分别在全国、全省计生协会议上作典型发言。

开展优生优育指导，在《娄底广播电视报》开辟《优生优育与生殖健康》专栏，引导各级计生协采取制作发放优生优育宣传折页、优生优育科普知识U盘等各种形式普及优生优育知识。以全市党员干部作风集中整治、市委巡察整改为契机，开展优生优育专项督查，了解全市优生优育工作开展情况，直面问题，分析原因，制定整改方案。将同级医疗卫生机构和卫生健康部门的有关负责人发展为计生协理事。推进“亲子小屋”建设，开展0~3岁婴幼儿早期照护服务工作，举办新婚夫妇优生优育培训班，开展出生缺陷干预免费检测指导工作。双峰县优生优育指导中心挂牌成立。

开展青春健康进校园、进企业、进社区活动，向广大青少年传播生殖健康知识，预防抑郁、性病、艾滋病等疾病。印制青春健康知识折页、手册等21000份发放到社区、企业和学校。与湖南人文科技学院联合开展2020年世界避孕日“科学避孕　她和他共同的责任”主题宣传活动，邀请专家以“生殖健康与避孕”为题上青春健康教育课。组织专家下基层开展生殖保健讲座，全年全市以男女性生殖保健常识和避孕节育为主要内容，组织生殖保健讲座230余场，4.5万余名群众参加。

开展生育关怀，对计生困难家庭开展计生系列保险帮扶，新化县为独生子女和两女结扎户等计生家庭赠送一份计生家庭意外伤害保险。在春节和“5·29”期间对计生困难家庭尤其是计生特殊家庭开展走访慰问，市领导走访计生特殊家庭，市计生协、市人寿保险公司出资15万元，全市各级计生协系统发放慰问物资约190万元，慰问计生家庭4000余户。加大对计生特殊家庭的帮扶力度，动员计生协工作人员、会员和志愿者，开展心灵慰藉和生活帮扶、生产帮扶、健康帮扶，在全市范围内，实行计生特殊家庭免费健康体检，开通就医绿色通道“爱心一卡通”，对家庭困难的，实行就医兜底保障。

【宣传教育】2020年，市计生协开展“5·29”会员活动日主题宣传，联合市教育局在娄底市特殊教育学校开展以“关爱计生家庭学子，助力健康娄底发展”为主题的宣传服务活动，120余人参加活动，对特教学校27名独生子女学子进行生育关怀慰问。组织开展“壮阔四十年　奋斗新时代——纪念中国计生协成立40周年”征文活动，对各级计生协筛选出的33篇征文进行表彰。“5·29”期间，各级计生协通过走访慰问、优生优育指导、健康义诊、发放宣传册等方式开展宣传服务活动，为计生群众传授健康知识。开展舆论宣传，向上级媒体投稿，宣传先进人物事迹、典型工作经验。加强与市级主流媒体合作，报道协会转型发展新成就。建设市计生协网站，打造市计生协工作宣传平台，讲好协会故事，传播协会声音。双峰县、新化县等地在电视台设置专栏，每周播放计生协工作新闻或传播优生优育等科普知识。扩大阵地宣传。推进基层计生协会员之家规范化建设，打造16个“会员之家”示范点。加强计生文化宣传长廊、人口文化大院建设。学好用好《人生》杂志。

【社会服务】2020年，市计生协采取“党支部+计生协”“商会+计生协”等形式加强流动人口计生协的建设，新化县新建流动人口计生协组织2个。开展“6+1”流动人口健康服务活动，推进流动人口健康服务进园区、进社区，实现流动人口关爱服务工作由点到面的拓展。开展关爱留守儿童、老人、妇女工作。9月22日，与市委宣传部、市委网信办、市农业农村局、市扶贫开发办、湖南第一师范学院和双峰县人民政府等单位共同主办“脉动九峰山，致敬丰收节”公益扶贫直播活动，开启计生协服务乡村振兴、促进家庭健康行动。发展志愿服务组织，开展结对帮扶和优秀志愿者团队、个人的评先表彰活动，娄星区“馨美聚爱服务中心”、新化县“阳光志愿者协会”等志愿服务组织的工作受到计生群众的喜爱。双峰县组建志愿服务队伍，为计划生育特殊家庭成员提供生活帮扶、健康关怀、心理疏导等常态化服务8000余人次。开展娄星区暖心家园项目试点工作。　（李　倩）

# 法 治

◎政法委及综治
◎公安
◎检察
◎法院
◎司法行政

# 政法委及综治

【概况】2020年，娄底市政法系统坚决贯彻落实中央、省委和市委决策部署，系统实施《中国共产党政法工作条例》，忠诚履职、攻坚克难，全力做好保安全、护稳定、促发展等各项工作，平安娄底、法治娄底建设取得新的积极成效，为全市统筹推进疫情防控和经济社会发展创造安全稳定的社会环境，提供坚强有力的法治保障。

【政治建设】2020年，娄底市委政法委始终坚持党对政法工作的绝对领导，把学习贯彻习近平新时代中国特色社会主义思想特别是习近平法治思想和系列重要指示精神，作为政法系统的首要政治任务和根本遵循。娄底市委常委会13次专题研究政法领域各项工作，推动《中国共产党政法工作条例》落地落实。出台《市委政法委员会全体会议制度》《市委政法委政治督察办法(试行)》《市委政法委纪律作风督查巡查办法》《市委政法委协助市纪委做好监督检查审查调查工作办法》等文件，落实全体会议、重大事项请示报告、政治督察、日常巡查制度。

【疫情防控】2020年疫情期间，娄底市委政法委进入战时状态，组织开展"大数据分析+网格化排查"，筛查易感人群82468人，其中境外旅居史人员277人、非法入境7人、高中风险地区旅居史人员542人。落实"日报告""零报告"制度、"四个一律"要求，确保全市监管场所疫情事故"零发生"。出台《关于严格遵守新冠肺炎防控规定、依法惩治违法犯罪的通告》《关于进一步做好疫情防控期间依法严厉打击妨害疫情防控违法犯罪行为的通知》系列指导性文件，依法严厉打击涉疫情违法犯罪行为和办理涉疫民商事案件。

【维护社会稳定】2020年，娄底市委政法委深入贯彻总体国家安全观，紧紧抓住影响国家安全和社会稳定的风险点，出台《娄底市群体性事件风险事项化解攻坚行动方案》，146项风险事项全部落实化解责任人和措施，最大限度化解一批"老大难"问题，全年未发生大的群体性事件。抓实重要节点和重大活动安保维稳措施，集中化解房地产办证难等突出问题，延伸治理房地产领域信访突出问题，推动78个项目5.7万余本房产证办理，惠及19万人。

【服务经济发展】2020年，娄底市委政法委做好"六稳"(稳就业、稳金融、稳外贸、稳外资、稳投资、稳预期)工作，落实"六保"(保居民就业、保基本民生、保市场主体、保粮食能源安全、保产业链供应链稳定、保基层运转)任务，严厉打击影响经济发展的刑事案件，对强迫交易、破坏生产经营等犯罪批捕147人，起诉411人，对电信网络新型违法犯罪和"PS"敲诈勒索犯罪起诉223件530人。出台《娄底市政法机关促进民营经济高质量发展的十条举措》《关于为民营经济提供有力司法服务和保障的意见》。召开市法学会第六次会员代表大会，开展"百名法学家百场报告会"法治宣传活动和案件评查工作。围绕"资产处置攻坚"和"陈案化解"为重点精心部署打处非工作，审结非法集资案件44件，处置到位金额5.15亿元。

2020年10月21日，娄底市法学会召开第六次会员代表大会 (市委政法委 供图)

【扫黑除恶专项斗争】2020年，娄底市聚焦扫黑除恶专项斗争决战决胜要求，掀起"六清"行动强大攻势，同步探索建立长效机制。群众对扫黑除恶成效民调满意度得分为91.74分，比2019年上升2.68分，高于全省平均分0.4分。协调督办的曾某波等人涉恶犯罪集团案件，被写入最高人民法院院长周强的人大工作报告。"4·17"涉黑案办理情况，被列入湖南省委常委、省委政法委书记李殿勋在全国扫黑办新闻发布会上的典型经验发言。开展砂石运输领域专项整治行动，河南货车司机遭殴打逼迫一案的判决，为全国类案提供参考。

【社会治理水平提升】2020年，娄底市推进市域社会治理现代化试点，构建党委领导、政府负责、政法主抓、群团助推、社会协同、公众参与的工作机制。深化社会治理网格化服务管理工作，整合资源力量，实现“多网合一”、全域覆盖，全市2097个村(社区)设置网格9773个，配备网格员9815名，与娄底市纪委共同组建覆盖市、县、乡、村、网格五级8443个网格服务微信群，每户至少一人入群。创新和发展“枫桥经验”，探索建立以党建为统领、以群众自治为基础的基层社会治理新格局，“娄底红”“屋场会”群众自治、村民自治“积分制”管理获评全国优秀典型案例。推进“雪亮乡村”建设及应用，娄底联通为363个村免费新安装1700余个视频监控摄像头。推进“一村一辅警”“城市快警”“四小”活动，聚焦解决群众“急难愁盼”的身边事。（贺　恺　邵海琪）

## 公　安

【概况】2020年，娄底市公安机关把防范政治安全风险置于首位，统筹推进疫情防控和经济社会发展，落实“四个大抓”，打赢“六大战役”，推进“四大建设”，公安工作和队伍建设再上台阶，维护全市政治安全和社会大局持续稳定。疫情防控、安保维稳、扫黑除恶、打电诈、县域警务、交通问题顽瘴痼疾集中整治等多项工作进入全国全省前列，获部、省、市表彰荣誉57项。

【防范化解风险】2020年，娄底市公安局维稳专班与指挥中心深度融合，核查反馈部省线索56条，稳控涉众型风险重点人员289人次。强化信访突出问题专项治理，全市63起非法集资积案全部化解，化解涉疫矛盾纠纷165起，公安部、省厅和市信访部门交办案件办结率90%以上。移送起诉“12·11”九龙专案肖某滔等150余名犯罪嫌疑人，稳控涉及省内外的2万余名九龙集团集资参与人，娄底市在全省公安机关涉众型经济风险防控大会上作典型发言，获公安部贺电表扬。稳妥查处垃圾焚烧发电站建设过程中的刑事治安案件，协助化解矛盾纠纷，防止事件演化升级，获得省委书记点赞。

【打击违法犯罪】2020年，娄底市打掉黑社会性质犯罪组织8个，恶势力犯罪集团17个，恶势力团伙63个，部省交办黑恶线索全部清零，9名部、省督捕黑恶逃犯到位清零，8起涉黑案件判决清结。“4·17”涉黑案被评为全省十大精品案件之一。破获电诈案件135起，刑事拘留涉诈犯罪嫌疑人371名，成绩排名全省第二，被评为全省公安机关打击治理电信网络诈骗犯罪工作突出单位。侦破命案积案13起，抓获命案逃犯9名，命案积案攻坚排名全省第四。侦办非法集资案件27起，抓获犯罪嫌疑人159人，移送审查起诉220人。侦破“三强”刑事案件68起，刑事拘留85人，行政拘留113人。查处涉黄赌毒违法犯罪嫌疑人1455人，侦办部督涉毒案件5起，破获涉滇涉缅毒品案件4起，“净边”行动结果得到公安部表扬。

【保障公共安全】2020年，娄底市公安局贯彻落实上级新冠肺炎疫情防控工作部署，抓好重点人员查控、社会面防控、交通保畅、涉疫违法犯罪打击、涉疫医院宾馆安保以及舆情管控等工作。防输入、防扩散、防反弹，服务“六稳”“六保”，得到省市领导充分肯定和表扬。推进交通问题顽瘴痼疾集中整治工作，整改风险隐患路段1022处，取缔马路市场281个，道路交通事故数、死亡人数、受伤人员数、财产损失数4项指数同比持续下降。以全市快警平台为阵地，“点线面”相呼应，“步摩巡”相结合，94.6%以上警情3分钟内达到现场。聚焦“缉枪”“治爆”“净网”三条主线，坚持严管严控枪爆物品，打击涉枪涉爆违法犯罪，消除打响、炸响隐患。网络安全持续巩固，警示散布有害信息网民714余次。

【县域警务工作】2020年，娄底市公安局围绕推进县域治理体系和治理能力现代化目标，推进风险防控和公安工作现代化两项重点任务，县域警务各项工作全省领跑。娄底市在全省率先全部召开市、县、乡三级会议，出台县域警务现代化实施意见，创新性地将县域警务融入网格管理。配套研发的“互联网+网格”县域风险管控平台上线运行，手机端“娄底红”微信小程序全面推广，市委书记带头注册，网格志愿者积极参与。

【基层基础建设】2020年，娄底市公安机关12个“十三五”中央投资项目全部完成。派出所建设开工率、竣工率均为70%以上。全省一流警犬训练基地竣工并投入使用。建成启用交警情报指挥中心，交管情指一体，精准高效运行。拘留所局部改造工程提前峻工，看守所“智慧磐石”项目启动。娄底市女子看守所、监所医院、警犬训练基地等 63 个项目申报“十四五”规划建设。治安、禁毒等相关业务数据全部归集到“政务服务一体化平台”，“一网通办”落实，群众足不出户即可办理 400 余项公安政务服务事项。改造接入“雪亮乡村”视频监控 1500 路，智慧社区监控 139 路，建设天网预留点位 465 处。（聂和生）

## 钢城分局工作

【概况】2020 年，娄底市公安局钢城分局统筹疫情防控和公安主业，忠实践行“四个大抓”总部署，打赢“六大战役”，推进 “四大建设”。疫情防控快速反应，听从指挥，服从大局，贯彻落实上级疫情防控工作部署，实现辖区疫情“零发生、零感染”；分局严格落实各项安保举措，有效稳控非法融资债权人等上访群体，妥善处置各类维稳事件，确保社会大局的持续稳定；“扫黑除恶”“严打突出违法犯罪”“禁毒人民战争”等工作都取得较好成绩；社会治安防控体系实现优化升级，辖区刑事案件发案率连续 9 年下降，是年下降 11.2%，累计降幅 69.5%；优化经济发展环境，落实“零距离”服务、“零容忍”整治、“零干扰”自律的“三零”工作机制；法治建设明确科所队领导主抓、法制员监督、民警具体负责的工作流程，完善从现场处警、案件受理到办理总结的“闭环式”工作机制，整治执法顽瘴固疾，下发执法问题通报 13 期，通报考核民警 37 人次，及时整改执法问题 98 个，清查退还扣押款 200 余万元，全局刑事案件公诉率、行政案件快办率、绝对不捕不诉率排名全市公安机关前列，获 2020 年度全市公安机关执法质量考评优秀单位；队伍管理坚持严管厚爱，查找队伍和民警在执法执勤和纪律作风方面存在的突出问题和薄弱环节。落实民警福利待遇，开展表彰奖励，对洪家洲派出所、黄泥塘派出所办公楼区域及分局家属院进行路面白改黑改造，改善办公和居住环境。

【县域警务】2020 年，娄底市公安局钢城分局对辖区 15 个社区、5 个行政村涉政治安全、社会稳定、社会治安、公共安全、网络安全“五大领域”风险底数进行全面摸排，制作详细的台账，为精准防控风险、差异化分配警务资源、推进公安工作现代化提供依据。主动联系辖区涟钢集团有限公司等地方企业和黄泥塘街道办事处各社区，建立健全联系对接通道，将县域警务与社区网格化管理进行深度融合。钢城辖区民调成绩在娄底中心城区位列第一。（邓　冶）

## 交警工作

【概况】2020 年，娄底市公安局交通警察支队按照“压事故、保畅通、强能力、严问责”的总要求，全力打好顽瘴痼疾整治、创文交通安保、农村安全守护“三大硬仗”，全市交通安全形势总体稳定。全年整改风险隐患路段 1022 处，取缔马路市场 281 个，“两客一危”年检率、报废率均达 100%，查处超限超载 1813 起、非法营运 960 起，在全省率先完成电动自行车登记工作任务。全年查处各类违法行为 110 万余起，查处涉牌涉证 22313 起，酒驾 3904 起、醉驾 452 起、客车超员 1525 起、“三乱”40.13 万起、“两闯”3.06 万起、违法载人 10524 起、违法停车 14.57 万起。全市道路交通事故“四项指数”持续下降，事故发生、死亡、人员受伤、财产损失等四项指数同比分别下降为 26.67%、6.67%、26.67%、100.74%，未发生重特大道路交通事故。指挥中心年底投入使用。

2020 年 7 月 16 日，娄底市交警支队与中华联合财产保险股份有限公司娄底中心支公司举行“警保联动”签约仪式（市交警支队　供图）

【协同共治机制】2020 年，娄底市公安局交通警察支队通过健全和完善协同共治机制，推进交通问题顽瘴痼疾集中整治工作，压实集中整治工作责任。市整治办综合运用日常调度、问题交办、调研督导、考核通报等手段，抓好重点路段、重点车辆和重点违法的集中整治工作。加大酒驾醉驾、假牌套牌、无证驾驶等违法查处力度,强化城市交通秩序管理。推进“122”“120”联动接警机制建设,实现警医联合接警、统一布警、同步出警,提升事故伤员救治成功率。推进中心城区交通基础设施建设、停车基础设施管理、文明驾驶习惯养成和路口安全通行秩序“四规范”工作。推进文明交通“五个一”(设立一个交通安全宣传教育阵地或基地、讲好一堂文明交通法治课、播放一部交通安全警示教育片、组织一次文明交通志愿服务、举行一场文明守法驾驶宣誓仪式)进驾校活动,加强驾驶人源头教育。开展经常性的交通安全宣传教育,普及交通安全常识。强化警媒联动,组织开展“满城都开文明车”和推行网上学习免分活动。

2020年11月18日,娄底市“美丽乡村”交通安全巡回宣传在娄星区万宝镇石塘村启动

(市交警支队 供图)

【交通执法规范】2020年,娄底市公安局交通警察支队推进县域警务工作。相继建立市级道路交通风险评估制度和县域道路交通安全风险报告制度。成立县域交通安全风险防控和公安交管工作现代化两个工作专班,建立健全六大工作机制,发布《2020年娄底市乡镇街道道路交通安全风险评估报告》。开展法制和交通事故处理培训,提高一线执法民警的业务素质。组织开展现场执法评估和非现场执法监督抽查,建立全方位执法监督体系。全面规范执法记录仪使用、信息管理和监督考核,执法记录仪使用率100%,视频匹配率90%。完善非现场交通违法免记分操作流程和审批制度,提高非现场交通违法免记分的准确率。改进勤务模式,采取路面巡查和布控查结合的方式,严查各类交通违法行为。整合全市“110”、“119”、“120”、“122”、清障施救等报警平台,统一协调联动。建立由公安交警、消防救援、卫生健康、银保监等部门组成的“四位一体”联动工作机制。市、县两级先后组织开展交通事故“四位一体”联合救援演习。

【车驾管理服务】2020年,娄底市公安局交通警察支队推动申请材料四个减免、“点对点”车检、驾考预约服务等便民措施落地见效,实现简单业务一证即办、普通业务一窗通办、个性服务自助快办。推进县级车管所、社会服务网点“放管服”措施改革,娄底城区城西车管分所、吉祥驾校、新化铭扬驾校和凯旋大车科目三考场投入使用。深化警保、警邮、警银、警医合作。全年办理车驾管业务43.5万余笔,差错率为“零”。支队从规范队伍管理、考风考纪和窗口服务入手,全力推进规范驾考“春风行动”。重新制定和完善20余条驾考管理制度,考试员交流轮岗88人次,定期开展廉政教育讲座和警示教育,督促各考场完善监考设备,理论考场启用人像比对。查处考试异常数据30余起,对4个违纪考场实施科目停考措施,约谈考试员10余人次。落实考场科目三政府购买服务。优化“道安监管云”系统功能,数据归集率85%。接入“道安监管云”平台,现场处罚率提高。

【队伍建设】2020年,娄底市公安局交通警察支队认真学习贯彻十九届五中全会精神、习近平总书记重要训词和考察湖南重要讲话精神。开展“坚持政治建警全面从严治警”教育整顿,加强队伍纪律作风建设。建立车管科党支部、直属二大队党支部等党建工作示范点。实施精细化管理,按月综合评定党员民警等级。建立火线记功、火线入党、火线提拔等战时奖励机制。全年有9个集体、85名个人立功受奖,支队获创建全国文明城市成绩突出先进集体,被评为“湖南省园林式单位”“市直机关阅览室示范单位”,支队工会被评为“湖南省职工之家”,支队团支部被评为“湖南省红旗团支部”。涌现“湖南省巾帼建功标兵”陈玲等一批先进典型。

(张馨予)

## 检　察

【概况】2020年,娄底市检察机关坚持高质量办案、高标准司法,强化法律监督,深化检察改革,各项工作取得新进步。全年两级检察机关办理各类案件16648

件，有 6 个案件被湖南省检察院评为典型案例、优秀案件，88 人次获得市级以上表彰。冷水江市检察院被授予"全国先进基层检察院"称号，娄星区检察院被评为全国检察宣传先进单位。

【服务保障大局】2020，娄底市检察机关坚持自身防疫与依法履职两手抓，从快从严办理一批哄抬物价、制假售假、编造虚假信息、防疫物资诈骗等犯罪案件，起诉 28 人，其中王某某诈骗案、谢某某非法狩猎案入选湖南省检察机关典型案例。立足公益诉讼加强源头防控，办理防疫物资监管、野生动物保护等领域公益诉讼案件 12 件。全市 76 名检察干警争当"逆行者"，在兼顾办案的同时投入防疫一线，协助做好疫情防控和复工复产工作。服务"六稳""六保"，加大平等保护民营经济力度，严厉打击扰乱市场秩序、破坏生产经营等影响经济发展犯罪，批捕 201 人，起诉 527 人，对犯罪情节轻微的涉案企业负责人依法不批捕 14 人，不起诉 21 人。对涉黑涉恶案件统一审核把关，开展专项斗争，批捕 320 件 610 人，起诉 264 件 782 人，追加认定涉黑涉恶案件 33 件，依法不认定 62 件，摸排移送"保护伞"线索 59 条，起诉 11 人，提出财产刑量刑建议 65 件，配合追缴涉案财产上亿元。办理非法集资案件 64 件 265 人，打击电信网络新型违法犯罪和"PS"敲诈勒索犯罪，起诉 530 人；起诉扶贫领域"蝇贪"12 人，开展司法救助 18 件，发放救助金 37 万余元；起诉破坏生态环境犯罪 89 人。严惩严重暴力犯罪 787 人，严厉打击毒品犯罪 799 人，惩治酒驾、醉驾等交通肇事、危险驾驶犯罪 585 人。落实群众来信件件有回复制度，回复来信来访 397 件，主动邀请律师参与化解信访矛盾、代理申诉案件 55 件。呵护未成年人

2020 年 5 月 28 日，娄底市检察机关未检检察官们在新化县游家镇歇凉村完全小学上"防性侵害"法治教育课　　（谢特波　摄）

成长，严惩侵害未成年人权益犯罪 353 人，对误入歧途的"熊孩子"不起诉 68 人。坚持包容但不纵容，对涉嫌严重犯罪又屡教不改的未成年人起诉 184 人。以检察官法治副校长包校督导、法治宣讲团巡回宣讲相结合的方式，落实最高检预防性侵未成年人犯罪的"一号检察建议"，在 35 所学校开展宣讲 38 场，受众 5000 余人。

【刑事检察工作】2020 年，娄底市检察机关持续做优刑事检察工作，对不构成犯罪和构罪证据不足的案件不批捕 263 人，不起诉 167 人，监督侦查机关立案、撤案 165 件，纠正漏捕、漏诉 154 人。娄底市"两项监督"（刑事立案监督和侦查活动监督）工作在湖南省检察长研讨班上作经验介绍。在办理曾某某等人涉黑案时，发现另一团伙涉嫌黑社会性质组织犯罪，经持续跟踪监督，最终起诉该组织成员 30 人，其中 11 人被判处无期徒刑以上刑罚。对刑事裁判提出抗诉 9 件，其中法院改判 5 件、发回重审 3 件。监督纠正减刑、假释、暂予监外执行不当 392 人，核查财产刑执行 606 人。

【民事行政检察工作】2020 年，娄底市检察机关受理审查民事诉讼监督案件 246 件，办理民事生效裁判监督、执行监督案件 129 件。维护弱势群体合法权益，办理支持起诉案件 95 件。办理的陈某某等 10 人追索劳动报酬纠纷案，双峰县检察院主动向农民工提供法律帮助，调查核实后，发出支持起诉意见书，法院判决被告支付被拖欠工资 26 万余元。办理行政生效裁判监督案件 14 件，化解行政争议 13 件。针对娱乐场所违规接待未成年人消费等问题，娄星区检察院向市区两级文化主管部门、公安机关制发检察建议督促履职，4 家单位分别成立整治工作组，检查娱乐场所 200 余家，下达整改通知书 27 份，责令停业整顿 21 家，行政处罚 10 家，该案被评为湖南省行政检察典型案例。

【公益诉讼检察工作】2020 年，娄底市检察机关围绕生态环境和资源保护、食品药品安全、国有资产保护、国有土地使用权出让、英烈权益保护以及"等外"领域（指除《中华人民共和国民事诉讼法》和《中华人民共和国行政诉讼法》确定的检察公益诉讼案件范围以外，其他需要同等保护公共利益的领域）开展公益诉讼检察工作。针对校园周边食品安全、自助售货机和售水机监管、生态环境治理等方面问题，立案公益诉

讼案件710件。涟源市检察院对群众反映强烈的县道X071乱倒乱倾垃圾问题，向4家单位制发检察建议督促履职，清运垃圾，畅通道路。依法拓展公益诉讼范围，维护公共利益，针对部分幼儿园管理不规范问题，娄星区检察院向娄星区教育局制发诉前检察建议，该局开展专项整治行动，取缔4家，整改10家，整合2家。

【职务犯罪检察工作】2020年，娄底市检察机关推进检察环节反腐败工作，立案侦查司法工作人员职务犯罪案件2件8人。受理监察委等移送审查案件28件45人，起诉27件44人，依法对芷江县委原书记曾某某受贿案等案件提起公诉。

【检察建议工作】2020年，娄底市检察机关发挥检察建议在推动社会治理方面的积极作用，推进检察建议刚性化建设，提升检察建议质效。全年娄底检察机关制发各类检察建议859份。其中娄底市检察院就娄底市禁毒工作存在的问题向娄底市禁毒委员会制发的检察建议，被湖南省检察院作为正面典型检察建议转发全省学习，由湖南省检察院推荐，被最高人民检察院转发全国学习。创新检察建议送达方式，增强检察建议的公开性、规范性和权威性，娄星区检察院制订《检察建议宣告送达工作方案》，组织开展宣告送达6次，通过公开宣告送达检察建议，变“闭门监督”为“开放监督”，变“单一监督”为“合力监督”。

【司法体制改革】2020年，娄底市检察机关完成内设机构改革任务，实现扁平化管理与专业化建设有机融合，市检察院设置内设机构16个，基层检察院设置8个。实行“捕诉一体”(即一个刑事案件的批捕、起诉、诉讼监督以及补充侦查、刑事申诉等，全部由一名检察官或一个办案组负责)工作模式，“四大检察”(刑事检察、民事检察、行政检察、公益诉讼检察)总体布局迈出关键一步。推进派驻公安执法办案中心检察工作，3个基层检察院设立派驻检察室。履行检察主导责任，适用认罪认罚从宽制度办理案件2891件4199人，量刑建议采纳率97.21%。娄底市检察院制定《简化认罪认罚案件办理程序指引(试行)》，解决办理认罪认罚案件“程序从简”问题，保证案件质量和提高诉讼效率，并被湖南省检察院转发。

2020年10月27日，娄底市人民检察院和娄底市工商联共同举办以“服务‘六稳’‘六保’，护航民企发展”为主题的“检察开放日”活动　　(曾　叶　摄)

【接受监督】2020年，娄底市检察机关认真履行向人大报告工作的宪法责任，梳理娄底市五届人大四次会议对检察工作的意见建议21条，逐一组织落实。向市人大及其常委会专题报告检察建议工作，按照审议意见改进工作。配合省、市人大常委会的专项监督调研。重视与人大代表的日常联络，指派专人走访，赠阅报刊杂志，邀请代表132人次参加检察开放日活动。定期向政协、民主党派、工商联和无党派人士通报检察工作，听取意见建议。邀请政协委员、人民监督员、特约检察员、民营企业家代表200余人次走进检察机关，参加检务公开活动。推进检务公开，发布程序性信息6148条、法律文书3177份、重要案件信息91条，接待律师阅卷992人次。两级检察院“两微一网”发布检察信息2000余条。组织公开听证16件次，邀请人大代表、政协委员、人民监督员等90余人参加听证。

(曾　毅　张　丽)

## 法　院

【概况】2020年，娄底市两级法院受理各类案件56403件，审执结54854件，员额法官人均结案数逾200件。是年，市中院获得全国刑事审判工作先进集体、全国司法宣传工作先进单位和全国党建创新优秀案例、全省案例工作先进单位等称号，3个案件入选湖南法院十大典型案例，诉源治理、破产审判、智慧法院建设等多项工作获省、市领导批示肯定，9个集体、32名个人获省部级以上表彰奖励。

【疫情防控】2020年，娄底市两级法院派出干警740人次参与一线防控。新化法院通过先予执行迅速腾空园区厂房，确保口罩生产企业及时入驻。依法打击哄抬物价、造谣传谣等违法犯罪行为，娄星区法院审结涉疫虚假信息案，判处被告人邓某某有期徒刑1年；双峰法院审结虚构医用口罩诈骗案，判处被告人廖某某有期徒刑11年。运用智慧法院，在全省率先实现与公诉机关、看守所互联互通“云庭审”，开展网上立案、跨域立案3468件，网上接收诉讼材料2538次，在线调解2837件，在线开庭1261件。“零接触”定分止争，获最高法院推介。为疫情防控提供司法服务和保障，妥善审理涉企案件5756件，开展执行积案清理，执行到位1.79亿元。冷水江法院开展“一企一策”精准帮扶，为企业健康发展纾困解忧。

【刑事审判】2020年，娄底市审结一审刑事案件3125件4832人，其中判处五年以上有期徒刑直至死刑761人，适用缓刑、管制或免予刑事处罚542人，为308名未成年人封存犯罪记录。严惩暴力犯罪，审结杀人、抢劫、强奸等犯罪案件344件585人。审结危险驾驶、交通肇事等危害公共安全犯罪案件476件574人，严惩娄星区治超办原工作人员王某某等人利用查超治超索要、收取财物行为。涟源法院依法审结李某等生产销售假药案，入选国家药监局典型案例。严惩职务犯罪，审结湖南中医药大学原校长谭某某等重大职务犯罪案件31件42人；审结贪污挪用扶贫资金、农资补贴等群众身边腐败案件8件12人；开展职务犯罪财产刑专项执行行动，执行到位3亿元。审结黄赌毒犯罪案件732件1213人，涉及毒品200多千克。严惩盗窃、诈骗、抢夺等多发性财产犯罪，涟源法院依法审结涉“中国人际网”“国际孙中山扶贫基金会”特大传销案，对“人人国际”特大电信网络诈骗案38名被告人，分别依法判处十年六个月至一年六个月不等有期徒刑。

【民商事审判】2020年，娄底市审结民商事案件22960件。审结教育、医疗、就业、消费等案件4586件。维护“一老一小”合法权益，审结婚姻家庭案件4361件，调撤率48.4%。持续开展为农民工讨薪活动，审结890件，挽回工资3000万元。助力集中化解房地产“无籍房”办证难题，指导、协调解决13个楼盘抵押查封问题，推进“鸿都苑”等涉破产企业楼盘办证工作。坚持创新引领，审结知识产权案件183件，调解中国音集协诉多家KTV著作权纠纷系列案。严格规制高利借贷行为，审结民间借贷案件4157件，降低融资成本。支持“剑成置业”等困境企业重整，复工续建“湘华雅阁”等烂尾楼盘。

【行政审判】2020年，娄底市依法审结行政诉讼案件1462件，非诉行政执行案件715件。驳回行政相对人起诉、诉讼请求186件。判决撤销变更具体行政行为、确认行政行为违法63件。经法院协调撤诉76件。裁定准予行政机关申请非诉执行632件。双峰法院通过设立行政诉讼巡回法庭、完善行政审判协调机制，提升行政争议化解实效。

【执行工作】2020年，娄底市执结案件21857件，执行到位32.87亿元。针对涉民生、工程机械、金融机构等重点领域，开展专项执行，执结涉民生案件1593件，到位金额8094.21万元；涉工程机械案件87件，到位金额1450.1万元；涉金融机构案件3762件，到位金额6.41亿元。全年拘留201人次，罚款400万元，以涉嫌拒执罪向公安机关移送43人。发布执行悬赏信息120余条、失信被执行人名单12193人次，在各类媒体曝光688人次。娄星区法院在全省打击拒执犯罪工作推进会上作经验发言。健全监督管理，严禁超标的查封财产，办结执行异议复议案件638件。探索守信激励修复，及时将60名履行义务的被执行人移出“失信黑名单”。完善网上公开拍卖机制，组织网络司法拍卖1227次，成交8.25亿元，为当事人节省佣金2674万元。

【扫黑除恶】截至2020年年底，在扫黑除恶专项斗争中，全市审结涉黑恶案件247件852人，判处五年有期徒刑以上刑罚213人。高质量审结中央督办的尚某某等23人，省级督办的曾某某等17人、袁某某等30人黑社会性质组织案，“尚某某案”被全国扫黑办作为典型案例发布，审理经验被最高法院推广。严格落实“两个一律”“一案三查”，累计摸排移送反馈涉黑恶线索161条。依法严惩“保护伞”，审结10件11人，判处湘西中院原副院长钟某某有期徒刑13年、涟源市政协原主席贺某某有期徒刑8年。加大涉黑恶案件财产刑适用力度，依法判处追缴违法所得、罚金和没收财产8.75亿元。建立“黑财清底”专项台账，推行“四查一建议”，执行到位率98.43%。强力推进“尚某某案”财产执行，向市财政移交追缴罚没财产7.4亿元。

2020年7月30日，娄底市中级人民法院一审宣判尚某某等23人涉黑案（市中级人民法院 供图）

【服务保障“三大攻坚战”】2020年，娄底市两级法院防范化解重大风险。坚持守土有责，守土尽责，成功调解“广圆怡郅园”“东山领秀”等重大房地产纠纷案。稳妥推进非法集资陈案化解处置工作，审结非法集资案件65件。新化法院成立专班推进涉案资产处置清退工作，处置14件，到位金额4.14亿元。以大数据评估社会矛盾风险，形成《“平安娄底”司法大数据决策参考》，服务党委政府决策。积极助推脱贫攻坚。全面对接贫困地区司法需求，审结土地流转、征收补偿案件901件，对纠集他人阻挠扶贫工程建设的被告人刘某某，以寻衅滋事罪依法判处有期徒刑3年。关注因案致贫、因案返贫，为困难当事人缓减免交诉讼费532万元，提供司法救助248万元。全市两级法院选派20名干警驻村帮扶，443名干警结对帮扶。围绕“长江经济带生态环境保护修复任务”，开展“环境资源审判巩固年活动”，成立驻生态环境局法院联络室，审结破坏环境资源犯罪案件82件。探索补种复绿、增殖放流等恢复性司法举措，冷水江法院对非法捕捞的多名被告人，在判处刑罚的同时，责令缴纳环境修复资金，公开赔礼道歉。

【深化改革】2020年，娄底市两级法院推动多元共治，主动融入市域治理现代化体系建设，与司法局、妇联等17家单位联合出台诉调对接文件，在矛盾多发乡镇、街道设立72个诉源治理工作站，设立家事、金融等调解工作室24个。是年，法院新收案件同比下降17.55%，诉前化解纠纷8246件。创新便民举措，全面升级“一站式”诉讼服务，系统集成咨询引导、立案受理、保全鉴定等诉讼服务项目，依托诉讼服务大厅、诉讼服务热线、移动微法院，实现“就近可办、掌上能办、一号通办、一次办好”。全面推进“阳光司法”，公布审判流程信息26385条、裁判文书54997份，开展庭审直播13155场。全市法院诉讼服务质效指标位居全省第一。巩固扩大繁简分流，审结速裁案件6860件，平均结案周期17.6天。完善法律统一适用机制，实行类案强制检索和类案自动推送。制定员额法官、法官助理、书记员权责清单，细化院庭长对“四类案件”的监管。全市法院一审案件发改率同比下降24%，涉诉信访总量同比下降23%。

【队伍建设】2020年，娄底市两级法院坚持党对法院工作的绝对领导，认真贯彻《中国共产党政法工作条例》，及时向市委、市委政法委请示报告重大事项65次。推进“融合式”党建，设立“党员责任区”，促进党建与审判执行双提升。市中院党建工作获评全国优秀，被市委《改革简报》推介。推进干部作风集中整治，坚持不懈纠治“四风”。开展“两个坚持”专题教育和“三个以案”警示教育，严格执行“三个规定”，明确法官和当事人、律师交往“负面清单”。完善司法巡查和审务督察，制定审判执行风险点及风险防控措施清单，发放廉政监督卡10万份，分析总结风险点65项。强化监督执纪问责力度，全市全年诫勉谈话5人，责令检查5人，党纪立案3人。遴选员额法官29名，组织干警参加各类培训133期3380人次。

【接受监督】2020年，娄底市两级法院主动接受人大和政协监督。认真贯彻市五届人大四次会议决议，虚心听取代表、委员提出的意见建议，逐条研究整改。主动向代表、委员通报工作，定期发送手机报，邀请代表、委员视察法院54场284人次。按期办结代表建议7件、委员提案3件，办结率、满意率100%。对接纪检监察体制改革，建立工作协调会商机制，支持、配合派驻纪检监察组履职，接受派驻监督。依法接受检察机关诉讼监督，认真审理抗诉案件，及时办理检察建议，共同维护司法公正。广泛接受社会和舆论监督，多渠道汲取智慧，聘任特约监督员125名，人民陪审员参审案件5526件。常态化开放法院,邀请各民主党派、工商联、无党派人士和各界代表走进法院,增进了解。依法维护律师执业权利,有效保障律师发挥职能作用。加强与媒体沟通,回应社会关切。　(彭祁琏)

## 司法行政

【概况】2020年,娄底市司法行政聚焦工作重点,全面推进法治娄底建设,社区矫正和刑释人员安置帮教、行政复议、人民调解、律师管理等工作走在全省前列,行政复议工作跻身全国先进行列。是年,市司法局获评司法部“2020年国家统一法律职业资格考试工作表现突出单位”“全省法治政府创建示范单位”“市政府法治政府建设真抓实干先进单位”,全省仲裁工作技能比武团体一等奖;离退休干部党支部获得全省“离退休干部先进集体”称号。

【全面依法治市】2020年,中共娄底市委全面依法治市委员会第二次会议审议通过《市委全面依法治市委员会关于推进乡村建设的若干措施》《市委全面依法治市委员会办公室关于全面推进依法治市若干问题的意见》等文件。市委全面依法治市委员会办公室和四个协调小组分别召开工作会议,制定立法、执法、司法、普法守法四个协调小组工作细则和督办制度,研究各自领域法治工作重大问题。全面梳理娄底市在落实中央全面依法治国委员会和省委全面依法治省委员会的决策部署,优化法治化营商环境、依法治市体制机制建设、行政执法“三项制度”执行、民法典贯彻实施、“谁执法谁普法”普法责任制落实等方面情况。完成省委依法治省办到娄调研全面依法治省工作。

【法治政府建设】2020年,市司法局开展《娄底市农村住房建设管理条例》《娄底市文明行为促进条例》的立法审查。加强规范性文件和重大行政决策事项审查,审查市委、市政府文件100件,审查包括市政府会议纪要及行政决策事项249件,政府合同25件。创新行政执法监督渠道,聘任26名行政执法特邀监督员。完成对5个县(市、区)及市直单位10340名行政执法人员的基础数据采集。办结行政复议申请57件,其中维持33件,驳回2件,综合纠错15件,经调解后撤回7件。立卷登记行政诉讼案件40件,胜诉率97.5%,指导市直机关与县(市、区)政府办理案件130余件次。以两办名义印发《娄底市2020年度法治政府建设考核方案》,突出对党政主要负责人履行法治建设第一责任人职责、完善依法行政制度体系及行政执法“三项制度”贯彻落实等情况的考核,推进法治政府建设工作。召开法治政府建设示范创建推进会,通过自愿申报、初审推荐、集体评议等程序,向上级申报综合示范创建项目1个(国家税务总局娄底市税务局)和单项示范创建4个(娄底市司法局行政复议、涟源市“屋场会”、冷水江市公安局“城乡社区警务管理改革”、双峰县“矛盾纠纷多元化解‘六个一’工作模式”)。11月,市委书记、市长分别就党政主要负责人履行推进法治建设第一责任人职责和法治政府建设情况向省委依法治省办督察组进行述职,通过座谈报告、个别谈话、查阅台账、评查案卷、现场测评等方式,反映娄底市在法治建设方面的做法和成效。

【公共法律服务】2020年,市司法局拓展公共法律服务广度、深度,运用人民调解员、律师、法律援助、公证、司法鉴定、仲裁等法律服务资源,做好涉疫矛盾纠纷化解、企业法治体检、涉疫法律援助、脱贫攻坚帮扶等工作。组织律师开展“民营企业法治体检”、脱贫攻坚百日行动、服务农民工公益法律服务、一村(社区)一法律顾问等活动,在2000余个村(社区)举办普法讲座,组织120余名律师在70余家企业开展120场专题讲座和论坛,400余名律师对接中小企业开展体检活动260余次。全市各级法律援助机构扩大民生事项援助范围,将残疾人、农民工等特殊群体和优抚对象作为公共法律服务的重点对象。建立由优秀律师组成的值班律师库,实现全市人民法院、人民检察院、看守所法律援助工作站全覆盖。公证机构涉足新兴行业公证领域,微信证据保全公证、互联网公证进入公证业务范围,全年办理公证案件5978件。是年,全市完成司法鉴定5209件,法律援助1983件。仲裁委秘书处受理民商事案件305件,涉案标的额约2亿余元。全市239名基层法律服务工作者、9664名人民调解员、27名法律援助工作人员、600余名律师、17名公证员、800名法润三湘公共法律服务志愿者等多方力量参与公共法律服务。

【普法工作】2020年,市司法局扎实推进"谁执法谁普法"普法责任制落实。完成娄底新星南路"法治文化一条街"和石马法治文化公园等法治文化阵地建设。将《中华人民共和国民法典》纳入全市各级党委(党组)理论学习中心组进行集体学习及国家工作人员学法用法考试内容。11月25日,组织召开2020年市直正处级单位领导班子成员法治培训班,全市约400名处级领导班子成员参加培训。组织典型案例旁听庭审活动,学习宣传《中华人民共和国民法典》。融合线上线下优势,开展"防控疫情、法治同行"专项法治宣传活动。利用"村村响"法治广播节目和电影下乡等载体加大农村法治宣传教育力度。"七五"普法总结验收完成。

2020年11月25日,娄底市召开2020年度市直正处级单位领导班子成员法治培训班

(市司法局 供图)

【矛盾纠纷化解】2020年,市司法局拟制《关于加强诉源治理,进一步推进矛盾纠纷多元化解工作的实施方案》,整合20余个行业部门力量,完善全市大调解工作格局。联合市中级人民法院出台《关于加强诉调对接工作推进多元解纷机制建设的实施意见》,通过诉调对接化解矛盾纠纷8140起,诉前调解案件占一审立案数37.18%,民事案件诉讼数同比减少32.5%。全市排查矛盾纠纷30052起,其中村(居)调委会受理矛盾纠纷15824起,乡镇(街道)调处中心受理纠纷3938起,县级调处中心受理纠纷2890起,其他受理纠纷7471起,成功化解29721起,调解成功率98%以上,全市没有发生一起因调处不当或不及时而激化矛盾的事件。

【特殊人群管控】2020年,市司法局抓好社区矫正信息化建设,发挥"智慧矫正一体化平台"技防优势,发挥矫正小组在日常监管中的积极作用,依法开展对社区矫正对象的监督管理。通过组织全市性培训、刊发新闻稿件,发放宣传册等,组织《中华人民共和国社区矫正法》学习宣传贯彻工作。加强刑满释放人员"三率"核查,依法做好刑满释放人员的安置帮教工作。推进扫黑除恶专项斗争工作,加强对律师代理涉黑涉恶案件的指导,规范律师代理行为,落实律师办理涉黑涉恶案件接案审查、请示报告、集体研究和备案制度,实现律师办案的政治、法律、社会效果"三统一"。

【戒毒工作】2020年,娄底市开展戒毒医疗巩固攻坚年活动和"指挥中心"规范提升年活动。利用执法管理平台,开展流转申报和审批。实施以戒毒医疗大队、入所教育大队、回归指导大队为主体,四级高级警长、机关科室民警为力量补充的运作模式,规范戒毒人员四区流转。通过社会购买服务,与医联体合作单位娄星区人民医院、中南大学湘雅二医院精神卫生研究所、湖南人文科技学院、娄底市慈爱社会工作服务中心等科研院校、社会机构进行合作,开展戒毒医疗、戒毒心理康复、中药戒毒、运动戒毒等专题研究。戒毒教育矫治工作,以家文化为戒治文化主题,开展优秀家教、家风、家规教育。开展"一队一品"建设,组建威风锣鼓队等特色戒治文化团体,提升戒治效果。加强应急处置演练,全年成功处置5起戒毒人员突发疾病事件。在疫情防控常态化形势下,落实戒毒安全管理制度,开展"百日安全竞赛"活动,收治工作初具规模,全国统一戒毒工作模式进入实体化运行阶段,恢复收治后累计收治戒毒人员412人。

(周湛滨)

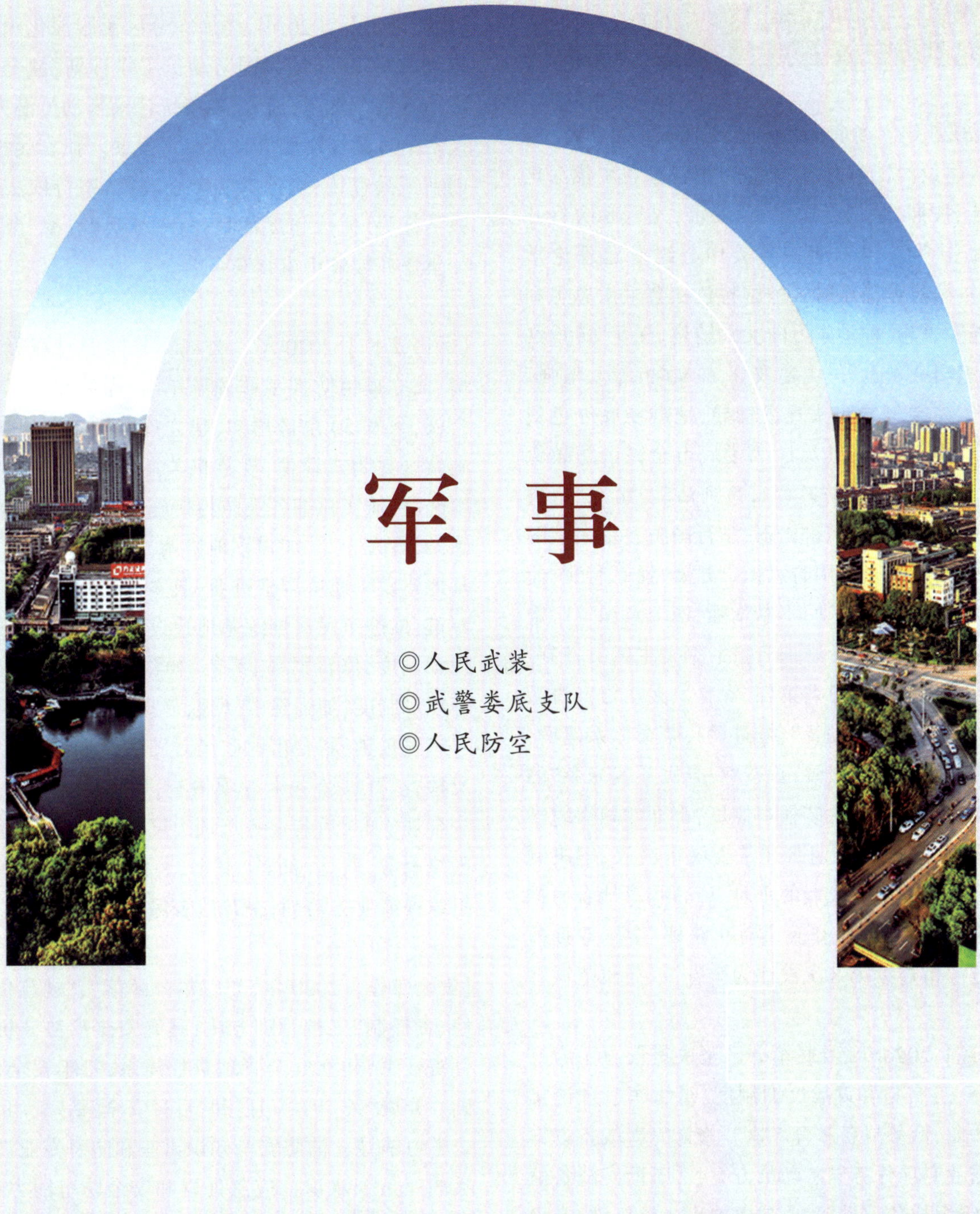

# 军 事

◎人民武装
◎武警娄底支队
◎人民防空

# 人民武装

【概况】2020年，娄底军分区把政治建军摆在首位，把握部队建设的正确方向。紧跟习主席思想步伐深化理论武装，按照“学懂弄通做实”要求，先后8次召开常委会集中学习，4次组织党委中心组专题理论学习，学习贯彻习近平新时代中国特色社会主义思想和习近平强军思想，推动学习向实践转化。深化“传承红色基因、担当强军重任”主题教育，抓实“五看五增强”专题教育，主要领导带头宣讲辅导，挖掘娄底红色资源，命名珠山公园、烈士陵园为娄底市全民国防教育基地，开展第20个国防教育日系列活动，组织“奋进新时代，聚力强军梦”演讲比赛，举行国防教育大型图片展览3次，强化全民国防意识。开展“强军有我、使命在肩”群众性实践活动。不断增强“四个意识”、坚定“四个自信”、做到“两个维护”，贯彻军委主席负责制。信息服务工作在全省排名第四。深化民兵学习宣讲活动，举办首个“民兵活动日”，推进民兵荣誉体系建设，规范民兵预建党组织设置，营造“我当民兵我光荣”的社会导向。落实党管武装根本制度，市委专题组织学习习近平强军思想，定期召开常委议军会议，解决制约国防后备力量建设发展的重难点问题。军地合力推进双拥模范城市创建，娄底市首次获评“全国双拥模范城”，涟源市连续第8次被评为全省“双拥模范城”。

【军事训练】2020年，娄底军分区坚决贯彻习主席开训动员令，落实党委议战议训制度，组织军事理论集中学习4期、形势战备教育5次。修订完善战备方案和应对强敌专项任务国防动员方案，常态落实战备值班力量，组织战备拉动演练、战备值班业务培训，升级改造作战指挥中心信息系统，坚持每天不定时抽查人武部战备值班情况，保持规范有序战备状态。召开军事工作业务培训会，抓实首长机关训练，组织1期专武干部训练、1期民兵“四会”教练员训练、16期基干民兵分队训练，完成全市训练任务。军事业务能力提升，参加全省基干民兵新质力量比武竞赛，获得1个第三名、1个第四名。

【国防动员】2020年，娄底军分区紧跟深化国防动员体制改革步伐，编制国防动员工作计划，健全两级国防动员组织机制，细致、准确统计录入动员潜力数据，推动国防动员实质准备向纵深发展。抓实兵役登记，创新征兵宣传，刚性落实激励政策，坚持依法、阳光、廉洁征兵，完成年度征集任务，征兵“五率”考评位列征集任务数较小市州第一名。

【保障工作】2020年，娄底军分区面对新冠肺炎疫情，成立疫情防控工作领导小组，先后5次召开专题会议，下发50余份通知，建立疫情防控五项制度，实施营区封闭式管理，规范机关运转流程，常态组织卫生洗消，抓实抓细各类防控措施，确保军分区部队“零感染、不失守”。加强军地协调，召开娄底市民兵训练基地建设军地协调推进会，成立合建领导小组和工作专班，推进市民兵训练基地建设。对表新政新规、健全规章制度，修订财务、接待、物资集中采购、车辆管理等规章制度，加强经费管理，严把预算执行、使用管控和审核报销，联合市财政局对民兵训练费使用管理情况检查，开展公务卡专项清查，确保经费开支合理合法合规。加大后装业务培训力度，结合年度预算编制，围绕财务、营房、油料、卫生、装备、采购等业务工作，组织保障业务培训，提升后装保障工作规范化水平。

【安全工作】2020年，娄底军分区落实“规范化、经常性、责任制”三种管理方法，召开安全形势分析会，签订责任书，建立健全管理责任体系，打牢安全发展基础。开展“条令学习月”和“百日安全”活动，组织新条令学习辅导、消防安全知识讲座和防恐专业训练，官兵职工条令意识，应急处置和安全防范能力得到提升。紧盯“17个关键要素”，采取“四不两直”方式，常态组织安全检查督查，排查隐患，查纠问题，及时堵塞安全管理漏洞。

【党管武装】2020年，娄底军分区落实议军会议、第一书记和国动委主任述职、党管武装绩效考评，规范第一书记任职程序，强化各级党管武装意识。协调将军分区作战指挥中心信息系统升级改造建设工程列入娄底市市本级政府投资项目，开展依法保护国防设施行动，维护国防安全利益。督促完成文职人员落户和退役军人、随军家属安置工作，为立功现役军人送喜报，军地合力推进全国双拥模范城市创建、退役军人“双带双促”、光荣牌悬挂、最美退役军人评选表彰等工作。

【从严治党】2020年，娄底军分区把贯彻民主集中制作为强班子的核心，军分区、人武部党委坚持民主集中制，带头树新风扬正气，在推荐使用干部、重大经费开支、兵员征集等问题上，坚持原则标准，按照程序规范开展工作。传达学习省军区纪检监察工作会议和各类违规违纪通报精神，传阅上级编印的《忏悔录》，如实填报个人有关事项，搞好抽查核查。坚持问题导向，开展师级以上领导干部落实有关待遇规定情况清查和违规参加社团、发表言论专项清理整治、军队油料卡专项清查，严纠基层“微腐败”。（周　良）

## 武警娄底支队

【概况】2020年，武警娄底支队贯彻习近平强军思想，落实中国人民武装警察部队（以下简称武警部队）和武警湖南总队（以下简称总队）党委决策部署，紧紧围绕“三场硬仗，争创先进”年度目标，集中精力抓建设打基础，把备战打仗作为第一要务，刚性落实议战议训，聚焦谋战务战的工作重心，上百项建设任务在建率和完成率都为100%。强抓实战化训练，部队实战化军事训练水平提升。完成烈士公祭安保、武装押解、武装联勤巡逻等各类临时勤务，完成跨区域增援益阳抗洪抢险任务。

【军事训练】2020年，武警娄底支队抓住练兵备战主责主业，推进训练场地建设，开展群众性岗位大练兵，立起战斗力标准，常态化组织首长机关训练、预备特战队员等集训，在热点问题上实行军事训练“一票否决”制。是年，在总队“巅峰”特战比武中，1人取得个

2020年7月26日，武警娄底支队官兵赴益阳沅江一线执行抗洪抢险任务　（贵上芬　摄）

人全能和突击第一名，被表彰为“十大特战极限勇士”，立二等功；抗洪抢险任务中，3人被湖南省政府表彰为“抗洪抢险先进个人”；“十三五”规划落实中，1人被总队表彰为“‘十三五’规划执行先进个人”；支队每季度评选“军事训练标兵”，持续释放“训练有为、训练有位”的实战信号。

【政治建设】2020年，武警娄底支队推进“传承红色基因、担当强军重任”主题教育常态化制度化，规范政治教育秩序和政治环境氛围，“导、讲、谈、理”政治教育创新做法在《人民武警报》刊发。开展“指尖阅读”活动，引导官兵走出“一人一机一世界”。开展“五红”活动，组织“四会”优秀政治教员比武、“讲故事的人”强军故事会，“八一”军民联欢晚会。为困难党员和特困官兵发放慰问金，精准帮建涟源市杨名冲村。在各大新闻媒体刊稿100余篇。是年，支队1人获评总队十佳“四会”政治教员；1人被总队评为“新闻舆论工作先进个人”；娄星中队党支部因工作突出被总队表彰为“优秀党支部”；1人参加娄底市“奋进新时代，聚力强军梦”演讲比赛，获三等奖。每季度评选表彰“践行强军目标十佳官兵”。抓好党风廉政工作，坚持民主集中制选人用权，常态纠治基层“微腐败”，持续纯正部队风气。

【后勤保障】2020年，武警娄底支队着眼后勤转型，抓好战勤编组建设，分多个批次集中组织驾驶员、卫

生员等专业培训。常态开展应急拉动，组织大比武。完成训练场地建设和购发训练器材。“清仓归零”工作得到总队党委考察认可。参与驻地脱贫攻坚，11户帮扶对象全部脱贫。做好新冠肺炎疫情防控、健康体检工作。4人被总队表彰为“装备管理三化达标先进个人”；2人被总队表彰为“抗击新冠肺炎疫情先进个人”。

【基层建设管理】2020年，武警娄底支队开展“条令年”活动，分阶段组织“百日安全竞赛”及手机使用管理清理整治等，依托涟源中队推进正规化试点，梳理规范日周月季工作。深化总队《军队基层建设纲要》培训成果，将政工例会开到基层。先后组织新《军队基层建设纲要》学习宣讲、组织党支部书记培训，提升一线带兵人自主抓建能力。是年，为单位困难党员和特困官兵发放慰问金，为多名官兵家属协调就业，为多名官兵提供法律援助，解决数十名官兵子女入学问题。支队所属娄星中队、双峰中队被表彰为“四铁”先进单位，涟源中队被总队评为“执勤标兵中队”。

（贵上芬）

## 人民防空

【概况】2020年，娄底市人民防空系统坚持城市人员防护和重要经济目标防护并重，履行战备职能，服务经济发展。启动重要经济目标防护工作，人防训练演练、日常指挥通信和信息保障工作加强，人防实战化水平提升，人防行业专项整治获省纪委专项督查组肯定。人防各项建设取得新进步。

【人防建设】2020年，强化人防领域安全质量监管，全面开展人防安全生产“大排查、大管控、大整治”和人防领域春夏火灾防控活动，严防人防工程质量安全事故。加快单建式人防工程建设，人防教育基地建成，民兵人防训练基地建设启动。举办庆祝新中国人民防空创立70周年系列宣教活动，展示娄底人防建设成果，市民国防观念和人防意识增强。围绕“战时防空、平时服务、应急支援”的使命任务，以打仗为牵引，以打赢为目标，重点突出人防组织指挥能力建设，贴近实战开展训练演练，组织指挥体系能力得到提高。

（李　敏）

# 经济综合管理

◎发展和改革
◎重点建设项目事务管理
◎自然资源和规划
◎市场监督管理
◎国有资产管理
◎财政
◎税务
◎审计
◎统计
◎国家统计调查
◎公共资源交易

# 发展和改革

【概况】2020年,娄底市发展和改革工作以项目建设为重点,以高质量发展为主题,以供给侧结构性改革为主线,注重需求侧管理,落实三去一降一补,分批分类推进企业项目复工复产,抓牢抓实抓细"六稳""六保"各项工作任务,在坚决打好打赢疫情阻击战的同时,深入指导调研,开展进企业察项目解难题专项活动。全年地区生产总值增长4%,增速居全省第三位;固定资产投资增长8.6%,增速居全省第七位;城镇居民人均可支配收入增长5.4%,增速居全省第二位,主要经济指标增幅总体居全省前列。 (陈 燕)

【"十四五"规划】2020年,娄底市发展和改革委员会(简称娄底市发改委)组织相关市直部门和各县(市、区),开展"十四五"规划研究编制。组织20个重大前期课题、40个市级专项规划编制、全市"十三五"规划实施总结评估和"十四五"发展思路研究。4个特别重

2020年11月26日,娄底市"十四五"规划关于优化空间布局征求意见座谈会召开

(市发改委 供图)

大课题邀请"国字号"咨询机构进行调研,多次组织召开研讨会,形成一系列课题报告。在中国城市和小城镇改革发展中心的支持下,科学编制《娄底市国民经济和社会发展第十四个五年规划和二〇三五年远景目标纲要(征求意见稿)》,征求市人大、市政协、市级离退休老同志、各县(市、区)政府、娄底经开区和万宝新区管委会、市直相关部门及专家学者、企业家代表等各方各面的意见,通过网络、媒体公开征集建议,修改形成《娄底市国民经济和社会发展第十四个五年规划和二〇三五年远景目标纲要(草案)》,经市第五届人民代表大会第五次会议审查批准。提出建设先进制造业强市、产教融合城市、综合交通枢纽城市、文明幸福城市的发展定位。规划"一核一廊""一体两翼"市域经济新布局。推进涟源撤市设区纳入规划,明晰打造先进制造业"双引擎",构建现代化工业体系等发展路径。湖南省"十四五"规划纲要首次明确将娄底市调整纳入长株潭地区一体化发展板块,建设长韶娄经济走廊,将娄底市打造成为长株潭都市圈的拓展区和辐射区、先进制造配套区、现代物流服务区。 (陈健强)

【项目建设】2020年,娄底市推动"娄底三一产业园"建设,推进"百亿油缸""三一重卡配套""华菱涟钢工程机械高强钢生产线""废钢资源回收及加工"等重点项目和"华菱安赛乐米塔尔汽车板有限公司二期项目"等高新项目的实施。3月7日、4月28日、9月29日,全市组织开展3批次150个重大项目集中开(竣)工活动,总投资505.31亿元。从"十四五"规划引领入手,谋划一批重大工程项目,征集"十四五"规划项目2761个,总投资12082亿元、"十四五"计划投资10632亿元,推送申报全省"十四五"规划重大工程项目464个,计划总投资5137亿元,"十四五"计划总投资4520亿元,申报纳入国家"十四五"规划思路的重大工程项目15个。 (颜 伟)

【投资管理】2020年,娄底市建立"固定资产投资暨产业投资协调联席会议制度",月调度全市固定资产投资、产业投资、工业投资、工业技改投资、高新技术产业投资推进情况。全年固定资产投资增长8.6%,增速居全省第七位,产业投资增长14.3%,固投及产业投资绩效评估综合得分居全省第二、二类地区第一。是年,实施市本级政府投资计划实施项目106个,年度投资计划86.67亿元。累计发行三批次专项债券项目39个,项目总投资366.65亿元,发债金额54.28亿元,33个项目争取抗疫特别国债资金7亿元。组织开展三批次150个重大项目集中开(竣)工活动,全市累计新开工5000万元以上项目270多个,13个省"五个100"项目、30个省重点项目、227个市重点项目,超额完成年度投资计划。申报2021年地方政府专项债券资金需求项目,经省财政厅审核,审核通过项目

102 个，总投资 664.68 亿元，专项债券资金需求 263.31 亿元。（颜绍平）

【基础设施】2020 年，娄底市委托铁四院开展湘潭至娄底城际铁路的可行性研究。铁四院编制安张衡铁路《规划研究》。娄底西站货场完成项目可研评审，被列入《娄底市 2020 年重点项目实施计划》。春田民用机场进行项目预可研审查。桥头河通用机场完成可研编制。推进涟水复航、资水航运建设工程项目等水运工程项目前期工作。（陈玲娜）

【国家产业转型示范区建设】2020 年，娄底市完成示范区建设方案修编，编制《娄底市推动制造业竞争优势重构、打造智能制造产业名城工作方案》《娄底市推动老工业城市工业遗产保护利用、打造"生活秀带"工作方案》。推动建立示范区建设联席会议机制，推动以长株潭娄 4 市为整体统筹布局的产业链重构，形成长沙"创新谷"、株洲"动力谷"、湘潭"智造谷"、娄底"材料谷"四轮驱动的区域融合发展新格局。5 月，娄底市骡子坳老工业区彩色水泥厂老旧厂房改造项目等 10 个产业转型升级重点项目经国家发改委批复，总获中央预算专项资金支持 6542 万元。7 月，在国家发改委等 5 部门关于产业转型升级示范区建设的进展评价中获"全国优秀"。以华菱涟钢和三一集团为首，实施智造强市战略，打造钢铁新材料和工程机械"双引擎"，推进"三高四新"战略，钢宝利、三一中兴液压、电将军、博盛科技等 36 个数字工厂、数字车间建成投产。（朱雄军）

【农业发展】2020 年，娄底市发改委围绕保障重要农产品供给、促进城乡融合发展、深化农村综合改革、推动农民持续增收、补齐乡村产业发展短板等"三农"领域面临的新形势新挑战，开展专题调研，谋划"十四五"农业农村经济发展思路。按照国、省要求，结合"十四五"农业农村发展、林业草原发展、水安全保障和水资源配置，研究提出"十四五"农业农村重大建设项目储备库。争取水利基础设施网络、农业基础设施、生态保护与修复、湘西地区开发产业发展等专项资金，争取中央及省级涉农资金 25446 万元。围绕农业基础设施提升工程、现代农业产业发展工程、水利网补强提质工程、自然生态治理与修复工程、农村民生保障工程等领域，抓好项目监管，逐级落实和细化监管责任体系，加大项目实施、工程管理等关键环节的监督检查力度，强化政策落实和项目推进。（陈洁）

【园区经济】2020 年，娄底市编制《三一娄底产业园发展规划》，成立工作专班，推进三一产业园建设，三一液压油缸智能生态工业城、三一路机灯塔工厂、三一先进装备产业园、石牛汽车等项目加快建设，打造先进制造业高地。全市园区工业固定资产完成投资 349.9 亿元，增长 19.1%，占全市园区固定资产投资的 67.3%。全年实现高新技术产业主营业务收入 1253.4 亿元，增长 6.9%，占技工贸总收入的 49.7%。新增省级以上创新服务平台 15 个，新增安地亚斯、三泰新材等国家省"专精特新"小巨人企业 15 家（国家级 4 家）。VAMA 获评第五批国家级绿色制造工厂，电将军获评国家绿色设计产品称号。园区研究开发费用总额 44.51 亿元，增长 6.2%。技术合同交易额实现 25.52 亿元、占 GDP 的比重 1.52%。申报省预算内园区新动能培育专项项目，争取资金 722 万元（全省 7000 万元）。新化高新区获批省电子陶瓷特色产业园。园区"两主两特"产业发展格局形成，钢铁新材、工程机械两大引擎优势明显。全年园区主导产业主营业务收入 1752 亿元，主导产业集聚度 72.7%。全市省级及以上园区规模工业增加值增长 6.8%，高于全市 1.3 个百分点，占全市规模工业增加值比重 68%。完成园区区域评估改革，推进 6 个省级以上园区调区扩区工作。建设标准厂房 188.7 万平方米（建成 62.7 万平方米、在建 126 万平方米），投入使用 61.3 万平方米，引进企业 100 余家，解决就业近 6000 人。（朱太貌）

【服务业发展】2020 年，娄底市推动租金减免政策落实，全市受益服务业企业和个体工商户 3628 个，累计减免房屋租金 5531 万元。下发《关于开展住宿餐饮行业应对疫情影响加快复工复业新增就业补贴申领的通告》，全市发放新增就业补贴 470 万元。制定《娄底市服务业示范集聚区创建指南》，首批创建 4 个市级服务业示范集聚区。指导推荐"湖南省农友机械集团有限公司""湖南创一电子科技股份有限公司"2 家企业，成功申报认定为省第一批先进制造业和现代服务业融合发展试点企业。全年新增规上限上服务业企业 313 家，其中规模以上服务业企业 80 家，批零住餐企业 190 家，房地产企业 43 家。累计在库联网直报服务业企业 1268 家。遴选 50 个（总投资 818 亿元）招商服务业项目赴上海招商，现场集中签约 12 个项目，总投资约 21.7 亿元。争取国、省预算内资金扶持服务业项目 13 个，获得预算内资金 3415 万元，带动投资近 3.5 亿元。（罗晶兰）

【资源环境】2020 年，娄底市首次启动区域节能评估，指导全市 6 个产业园区研究分析园区 2020 年和“十四五”能源消费情况，预测能源消费目标任务，编制区域节能报告，完成评审并批复区域节能报告。推进锡矿山砷碱渣无害化处置项目建设，加强现场督查督办，汇报协调解决项目建设过程中的重要问题，每周调度进展情况，项目投料试运行并通过阶段验收。开展能源消费监测，做好能源消费现状摸底调查，推进全市重点用能单位能耗在线监测系统建设与接入，提升节能监管信息化水平和宏观调控能力；推进城市环境基础设施建设，推进城镇污水处理系统建设，推进生活垃圾焚烧发电、医疗废弃物无害化处置和餐厨废弃物资源化综合利用等项目建设。（粟　君）

【能源发展】2020 年，娄底市保留煤矿 23 对，核定产能 337 万吨。完成涟源市腾飞煤业有限公司石坝井、新化县韩家山煤的煤矿安全改造，娄底市新化金滩、娄底湘旺煤炭储煤基地项目开工建设。是年，生产原煤 420 万吨。新化槎溪 110 千伏输变电工程、双峰有恒 110 千伏输变电工程等 17 个项目合计 34 万千伏安变电容量建成投产，完成电网投资 10.7 亿元。通过分级管控、分类施策、负控跳闸、拉路限电、企业轮休、限制空调等措施，保障民生、关键公共设施和重点工矿企业生产用电，保障电网平稳运行和电力的可靠供应。加快“气化娄底工程”，邵东—双峰输气管道开工建设。70 兆瓦新化维山风电场、20 兆瓦冷水江风电场、3×6 兆瓦冷水江分布式光伏项目和娄底市、新化县、双峰县生活垃圾焚烧发电项目开工建设，涟源安平镇风电、中电建新化吉庆风电、大唐华银伍家湾分散式风电场、龙源湖南涟源金石光伏发电等项目完成前期工作。是年，新能源装机 39.81 万千瓦。国网娄底供电公司九仑储能电站项目开工建设，全市建成 766 个充电桩。（陈鸿翔）

【重点领域改革】2020 年，娄底市推进并完成全市 33 项经济体制改革任务和 30 项社会体制改革任务。供给侧结构性改革进一步深化，关闭石灰窑 51 家、采石场 89 家，限期关闭退出煤矿 6 处，升级改造 9 处。营商环境持续优化，实现企业设立登记 5.5 小时办结，项目报审“帮代办”实施，240 个政务服务事项实现“一次办”，工程建设领域实现“一窗受理”，房屋和市政工程建设项目审批事项由改革前的 71 项压减至 47 项，审批时长由 230 个工作日压减至 100 个工作日以内。构建科技创新体制，全年发明专利申请突破 2630 件，增长率位列全省第一，全年全市通过科技型中小企业 257 家，同比增长 123.5%。财税体制改革持续发力，湖南省政府采购电子卖场在市直单位启动，政府债务绩效管理改革在湖南省财政厅 2020 年度全省预算绩效管理业务培训班上作典型经验介绍。完成向部、省申报居家社区养老服务改革试点，成功创建“全国双拥模范城”，工伤保险基金实现市级统收统支。深化学前教育改革，全市学前教育毛入学率 85%，普惠性幼儿园在园幼儿占比 86%。公办幼儿园推行“五个一批”建设，持续化解大班额。实施药品集中带量采购，全年三批集中带量采购为患者和医保基金节省费用 12200.56 万元。（梁　鹏）

【社会信用】2020 年，娄底市建立信用征集和修复工作机制，印发《关于切实做好信用修复工作的通知》《关于加强信用信息记录归集工作的通知》等文件，围绕打造“诚信娄底”，推进联合奖惩、信息共享、信用创新、信用修复和重点领域失信问题专项治理。征集市、县 70 多家信源单位数据，征集信用信息 1517155 条。其中双公示信息 69707 条，红黑名单 10721 条。收录企业的信息 40.7 万户，自然人的信息 106 万条。其中娄底地区二代征信系统建立信用档案企业户数 4.52 万户。建立驾驶行为失信人员联合惩戒机制，编制印发《娄底市机动车驾驶人交通行为信用实施联合惩戒方案》。组织职能部门开展诚信教育进行业、进社区、进街道、进企业、进学校活动，评选 8 个诚信经营店、2 个诚信行业、2 个诚信单位、1 个诚信示范街。（熊志军）

【易地扶贫搬迁】2020 年，娄底市建成集中安置点 289 个、住房 19206 套，68514 名搬迁群众乔迁新居。实现集中安置点社区管理全覆盖，完善服务功能和配套设施；实现集中安置点扶贫车间全覆盖，建设和联系对口帮扶的扶贫车间、经营主体 280 余家，受益搬迁群众近 3000 人，开发公益性岗位 850 个，优先保障

2020 年 10 月 26 日，娄底市召开决战决胜脱贫攻坚易地扶贫搬迁和农村危房改造扶贫专场新闻发布会　　（市发改委　供图）

就业困难的搬迁群众；扶持带贫产业项目 380 余个，带动 1.1 万余名搬迁群众参与产业发展实现增收。采取就业帮扶、产业带贫、政策兜底等方式，累计帮助 2.6 万余名搬迁群众稳定就业。采用信息化手段，推行搬迁户收入监测机制，实现“零就业”家庭动态清零。在省易地扶贫搬迁工作年度考核中，实现 2017–2020 年连续 4 年名列脱贫攻坚一类市州第一；在国家“十三五”易地扶贫搬迁典型案例评比中，获评 9 个先进集体和个人，其中市发改委获评全国易地扶贫搬迁工作“担当有为集体”。（周宇款）

【营商环境】2020 年，娄底市建立优化营商环境自评价机制和市级领导挂点联系重点娄商工作机制。市发改委开展支持企业应对疫情影响和复工复产政策落实情况的调研、暗访暗查和“回头看”，走访企业 82 家，与 78 家企业负责人座谈，电话调度 687 家企业和 55 个重点建设项目，梳理 44 个问题交办 14 个部门整改。出台《娄底市营商环境投诉举报处理实施细则》，受理 32 起企业投诉举报事项，投诉事项 100%得到处理。加强公共资源交易管理，开展全市工程建设项目招投标突出问题专项整治，出台《娄底市工程建设项目招投标突出问题专项整治工作实施方案》，对 23 家招投标代理机构及 19 名评标专家的违规问题进行公开通报曝光，将两家代理机构列入黑名单，解聘 5 名评委。公布《娄底市公共资源交易代理机构名录》，汇编《公共资源交易法律法规选编》，出台《公共资源交易管理联合执法监督机制》《娄底市公共资源交易评标（审）专家劳务报酬标准》等制度机制文件 8 个。开展项目建设领域扫黑除恶专项整治，印发《全市项目建设领域扫黑除恶专项整治工作方案》，联合公安机关开展全市项目建设领域涉黑涉恶和“三强”违法犯罪行为专项整治，对 413 个项目进行涉黑涉恶线索摸排，查破“三强”刑事案件 32 起，刑拘 47 人，查处治安案件 102 起，治安拘留 89 人，教育训诫 1220 余人次，通报损害经济发展环境的典型案例 4 起。（曾正群）

【价格调控】2020 年，娄底市及时足额发放临时价补，缓解困难群众生活压力。1 月，开始实施双倍标准临时价格补贴。全年累计发放临时价格补贴 7498.9 万元，21.1 万名困难群众受益。保障企业复工复产，稳定水电气价，根据省相关文件要求，推进农业水价综合改革。下调天然气价格，可为居民和企业减轻负担近 600 万元/年。清理转供电主体 127 个，一般工商业终端用户 9266 户。阶段性降低用电成本，全年累计优惠 9366 万元。（刘七星）

## 重点建设项目事务管理

【概况】2020 年，娄底市重点建设项目事务中心申报并经省政府审核确定年度省重点建设项目 30 个，送审并经市委政府研究确定年度市重点建设项目 227 个。全市 30 个湖南省重点建设项目年度计划投资 94.75 亿元，完成投资 156.03 亿元，为年计划的 164.67%，其中列入考核范围的 23 个项目年度计划投资 75.75 亿元，完成 141.43 亿元，为年计划的 186.71%，投资进度排名列全省第一位。227 个市重点建设项目，年度计划投资 378.28 亿元，完成 512.63 亿元，为年计划的 135.52%，同比增长 22.6 个百分点。是年，娄底市被湖南省人民政府评为全省重点项目建设优秀市州。

【重大项目集中开（竣）工活动】2020 年 3 月 7 日，娄底市在娄底经开区举行第一次重大项目集中开（竣）工活动，其中开工项目 41 个，竣工项目 9 个，总投资 137.99 亿元。集中开（竣）工活动采用“视频连线、云上同步”的创新做法，联络各县（市、区）项目开工（竣）工现场。4 月 28 日，在娄星区组织开展湖南省重大项目集中开工暨全市第二次重大项目集中开工活动，33

个项目总投资125.48亿元。9月29日，组织开展全省第二次重大项目集中开(竣)工暨全市第三次重大项目集中开(竣)工活动，集中开竣工项目67个。其中，开工项目39个、竣工项目28个，总投资241.84亿元。

【产业项目现场观摩讲评会】2020年8月25日，娄底市召开全市产业项目建设现场观摩推进会，市委、市政府主要领导带队，县(市、区)和园区党政负责人参加，现场观摩年度新开工、新竣工的三一中兴液压油缸灯塔工厂项目、涟钢工程机械用高强钢生产线建设项目、娄底高新区三一产业园项目、涟钢高速棒材生产线项目等10个重大产业项目。

【重点项目集中攻坚行动】2020年9月，娄底市启动为期4个月的重大项目集中攻坚行动，列出119个省市重点、地方政府专项债和湖南省“五个100”重点项目攻坚目录，做到“半月一晒榜，一月一点评”。将娄底经开区三一中兴百亿油缸项目、华菱涟钢技术改造项目(棒三线)、娄星区(娄星工业集中区)创新创业基地建设项目等措施到位、推进有力、形象进度快、完成投资排名靠前的项目评为月度“奋进奖”，极大地激发全市上下干部职工干事创业的热情。

【督查督办】2020年，娄底市重点建设项目事务中心坚持对项目建设情况进行督查督办。湖南省重点项目龙琅高速公路建设过程中，涟源段“世禄养猪场、辉宏煤坪、河东农村合作社”3处个案处理影响全线施工进度。5月14日，会同市政府督查室在涟源市专题交办督促，5月29日、6月2日2次再次进行项目现场督办，直接参与和帮助协调征地补偿和资金支付等相关工作。12底，龙琅高速如期实现通车60千米的建设目标，龙琅高速公路建设项目被省政府评为2020年全省优秀省重点建设项目。6月、10月，市重点建设项目事务中心分两次统一对全市227个市重点项目进行地毯式现场督导，比对年度任务和实际建设进度，提炼和推介好的建设做法，打通项目建设“中梗阻”和“马拉松”现象，推动项目如期落实落地。

【疫情防控与复工复产】2020年新冠疫情期间，娄底市重点建设项目事务中心坚持责任到人，分工蹲守在各重点、重大项目工地一线，点对点服务协调，帮助解决项目防疫措施到位和建设施工困难问题。每名干部包干负责对接服务10~15个项目，与项目一线员工同吃同进，一批项目本身和当地难以协调处理的问题及时得到重视和落实；在疫情常态化防控期间，坚持对省、市重点建设项目每月一通报，编发《重点项目要情》，通报项目建设推进情况，推介项目建设经验。全市省、市重点项目开工复工率和人员到岗率在湖南省日调度中，进度排位全省第一，全市103个省、市重点续建项目于2月19日全部复工。

【脱贫攻坚】2020年，娄底市重点建设项目事务中心多次召开脱贫工作会议并入村开展帮扶工作，帮助涟源市渡头塘镇扬名冲村协调解决基础设施建设、资金筹措等方面的问题和困难。10月，党委书记、主任带头开展“三送”活动，为扬名冲村全体党员宣讲《发挥村级班子带头引领，做一名合格的农村党员》主题党课，送去书籍38套。每月组织全体党员、干部职工分组下沉扶贫点开展结对帮扶，因户施策，全村贫困户104户313人全部达到“一超过，两不愁，三保障”标准，实现整体脱贫。抗击疫情稳岗就业外出务工133人交通补贴全部到位，发放农资补贴5万元，自主产业奖补6万元，危房改造4户11人补助12.1万元，救助资金1万元，发放小额贷款36万元。山塘清淤17口12万元，农网改造全部到位，总投资110余万元涉及6个组150余户的安全饮水提质改造工程完工。增设中型通讯信号发射塔1座，金秋助学捐款1.56万元，对所有贫困户进行慰问3万余元。

(唐明月　傅小银)

## 自然资源和规划

【概况】2020年，娄底市自然资源和规划管理工作按照“两统一”职责要求，紧盯重点、真抓实干，取得明显成效。其中违法用地整改、耕地保护监督、地质灾害防治等工作位于全省前列；“放管服”、污染防治、化解政府性债务等8项工作受到市政府真抓实干通报表扬；“无籍房”办证全省排名第一；全年土地出让和用地报批创历史新高；平安建设(综合治理)、建议提案办理、优化经济发展环境等工作被评为全市先进单位。

【国土空间规划】2020 年，娄底市推进国土空间规划和生态红线优化调整工作。完成基础数据收集、整理，形成“一张图”数字工作底图，形成资源环境承载能力和国土空间开发适宜性评价等 3 个专题研究成果，模拟划定 5 个县（市、区）城镇开发边界，评估并调整生态保护红线，搭建“多规合一”信息平台。打造城镇特色，完成娄底市 5G 移动通信基站、中心城区城市空间再利用拓岗就业等一系列规划编制，完成城市东进战略、中心城区通风廊道、中心城区城市色彩专题研究以及万豪广场区域更新研究；完成经开区湘中物流园、娄星区粮食仓储用地、万宝新城等 10 余项控规修改；完成大汉道路、甘桂路、富园路等 17 千米市政道路工程施工图设计；编制全市 60 个试点村多规合一村庄规划。

【确权登记】2020 年，娄底市自然资源和规划局推进农村宅基地和集体建设用地房地一体确权登记颁证工作。完成全市农村房地一体权籍外业调查 858361 户、确权登记公告 858361 户、颁证 341593 户，超出湖南省自然资源厅下达计划 7.59%。创新优化不动产登记，完成不动产区块链信息共享平台 2.0 和区块链电子证照系统上线及试运行，实现与民政、公安、公积金等部门数据共享对接以及与银行、电力、自来水系统联合应用。实现区块链技术共享数据存证，确保数据使用安全。12 月 1 日起，市本级全面启用区块链不动产登记电子证照。

【资源保护】2020 年，娄底市严格落实耕地保护责任，经湖南省自然资源厅批准建设占用耕地 74.4 公顷，全部执行“先补后占、占一补一、占优补优、占水田补水田”原则。省自然资源厅下达 2020 年度补充耕地任务 165 公顷，其中耕地 55 公顷、水田 110 公顷。经省厅确认完成补充耕地指标 724.6 公顷，其中水田 164.4 公顷，旱地 376.9 公顷，旱改水 183.3 公顷，超额完成省厅下达 2020 年度补充耕地任务，连续 21 年实现耕地占补平衡。兑现“旱改水”承诺，兑现完成时间先于全省大部分市（州）。完成全市永久基本农田划定目标面积 147770 公顷，永久基本农田储备区划定 6333 公顷。推进农村乱占耕地建房摸排整治，自然资源和规划、农业农村等 21 个部门为成员单位的市级农村乱占耕地建房整治行动协调机制。拟订分类整治方案，利用遥感影像强化违法占用耕地监测，拆除 3 处占用耕地新增违法建筑。推动矿山地质环境保护和恢复治理，督促全市矿山企业设立地质环境恢复治理基金账户，建立矿山地质环境恢复治理工作专项台帐，严格管控矿山地质环境综合防治方案和矿山地质环境恢复治理分期验收流程，完成 43 个矿山地质环境保护与恢复治理项目验收，其中新化 15 个、涟源 16 个、娄星区 8 个、双峰 2 个、冷水江 2 个。推动矿业转型绿色发展，编制全市砂石土矿开采专项规划，将全市砂石土矿采矿权数控制在 82 个以内，关闭 62% 的矿山；采矿权由“十二五”期末 409 个整合优化至 149 个；编制全市 254 家矿山矿产资源储量年报或资源核实报告；全市 61 家矿山被纳入绿色矿山建设范围，7 家矿山企业成功申报省级绿色矿山；9 家矿山企业被纳入省级绿色矿山名录库，其中有 4 家获得国家级绿色矿山称号。完成娄底市山水林田湖草生态保护修复试点工程，投资 4.76 亿元，累计修复耕地 203.67 公顷，新增林地 432.5 公顷，解决 22753 人饮水问题，消除 4 处地质灾害隐患点，完成 43 个矿山地质环境保护与恢复治理分期验收，露采场、矸石堆植被覆盖率 85%，土地荒漠化、石漠化现象基本消除。开展全域土地综合整治试点，完成新化县 2019 年度国土空间综合整治试点省级资金子项目，整治土地 7.6 公顷。娄星区蛇形山镇、新化县槎溪镇申报为全国首批全域土地综合整治试点乡镇。抓实地质灾害防治，汛期对全市 1608 处地质灾害隐患点进行排查、巡查、复查。建立市县区与地勘单位地灾防治技术指导中心并配备无人机、GPS 等专业仪器设备，推进地质灾害防治技术支撑体系建设。会同气象部门建立气象预警会商机制，发布 6 期地质灾害气象风险预警，完善灾害防治体系。全市发生地质灾害 163 处，其中滑坡 137 处，崩塌 16 处，塌陷 5 处，地面沉降 1 处，泥石流 4 处，直接经济损失 1207.5 万元，紧急转移 6 人，成功避险 3 处，实现地质灾害“零伤亡”。成功入库国家级地质灾害治理项目 6 个，竣工完成 2018 年以前省下达娄底市综合防治体系建设重大地质灾害治理项目 17 个。通过广播、电视等网络媒体，到学校、社区开展防灾减灾宣传，提高社会防灾减灾意识。

【保障发展】2020 年，娄底市强化建设用地计划管理，以“要素跟着项目走”为原则，按“可报尽报、应审尽审、省配指标、全程监管”工作模式，围绕“三一娄底产业园”等重大项目建设，强化用地报批、供给与服务。全年呈报湖南省自然资源厅办理农用地转用和土地征收项目用地117宗，面积573.7公顷，经省审批66宗，面积308.1公顷，其中市本级20宗，面积194.2公顷，重点保障薄板产业园、三一重卡、三一液压油缸等一批省市重点项目用地。全年办理乡镇企业、乡(镇)村公共设施和公益事业项目农用地转用审批用地68宗，面积50.9公顷，有效保障乡村振兴项目用地。全年出让土地40宗，其中社会福利设施和医院用地1宗；工业用地7宗，面积54.6公顷；商住用地32宗，面积104.2公顷，成交总价39.28亿元。收取土地出让金41亿元。开展"三调"统一时点更新与专项调查，核实修改国家下发监测图斑45527个、省级下发不一致图斑21370个，自主补充提取不一致图斑23807个，完成38658个图斑外业调查举证。对全市统一时点更新成果进行"互联网"在线和外业实地核查。全市三调成果全部通过国家级内业及外业核查，工作进度和成果质量位于全国前列。规范土地储备专项债券资金使用，完善土地收回收购补偿制度，提高政府供给土地和市场调控能力。全年确权土地56宗，面积119.2公顷；收回土地14宗，面积36.4公顷；新增入储土地2宗，面积18.6公顷。坚持"四榜公示"，实行"阳光征迁"，实施征地拆迁项目43个，征收土地481.5公顷，拆迁房屋713栋。推进"四个攻坚"与"月清三地"。按照省土地管理月调度机制要求，一体部署、一体推进，全年完成处置批而未供土地521宗，面积1263.2公顷；处置闲置土地256宗，面积1327.7公顷；处置存量违法用地181宗，面积65.5公顷。推进行政审批"三集中三到位"，将依申请类事项全部进驻政务服务中心和市"互联网+政务服务"一体化平台，实行不动产登记具体业务统一受理、统一出件，初步实现"一站式"服务。全年受理业务314宗，按承诺时限办结率100%。核发新版《建设项目用地预审与选址意见书》31份、"建设用地规划许可证"65本；核发"建设工程规划许可证"77本、规划条件核实证明25份。同时，利用市政府门户网、市政务服务大厅、网上办事大厅、政务App等平台，推进政务服务"五办五公开"，做到办理状态可查、全程电子监控和监督。

**【测绘管理】**2020年，娄底市自然资源和规划局开展基础测绘。完成水洞底镇52.47平方千米1:1000全数字化地形图新测，对2019年娄星区范围内31个测量标志点进行维护并验收；开展全市测绘地理信息市场巡查抽检；加快"多测合一"管理平台建设，成为湖南省首批达到上线标准的市(州)。全年完成全套勘测定界项目91个，航飞影像160余份，对城区大范围影像进行更新；完成湖南煤化新能源有限公司，娄底市创业发展集团有限公司等10余个项目测绘工作。根据《测绘地理信息技术标准管理办法》要求，结合娄底市项目工程特点，专项制定《测绘产品检查验收制度》和《质量手册》，逐步实现测绘质量管理规范化、标准化、程序化。开发不动产落宗辅助系统与农房一体属性数据自动入库系统，助力农村房地一体确权登记等不动产发证落宗工作；通过搭建三维建模集群等技术手段，提高测绘效率。响应疫情防控部署要求，投入100万元为测绘仪器安装人脸识别智能测温系统。成功通过ISO90001、ISO14001/45001等质量及安全管理体系认证，保障测绘产品质量。开展"智慧娄底"平台建设试点，完成"智慧娄底时空大数据平台"建设方案编制。

**【依法行政】**2020年，娄底市自然资源和规划局推进法治建设。出台《娄底市自然资源和规划局行政应复应诉工作制度》《娄底市自然资源和规划局局领导出庭应诉工作制度》；参与《娄底市农村住房建设管理条例》《娄底市资江保护条例》立法调研；对《湖南省实施〈土地管理法〉办法》《湖南省铁路安全管理条例》《娄底市仙女寨区域生态环境保护条例(征求意见稿)》等法律法规提出修改建议。组织听证13次，办理行政复议案13件，办结行政诉讼案件46件，其中征地拆迁23件、城乡规划管理4件、行政处罚2件、林权纠纷4件、依申请信息公开6件、其他类型7件。出台《娄底市自然资源领域安全生产"打非治违"专项行动工作方案》《娄底市自然资源和规划局关于开展安全生产月活动的通知》等系列文件。对612家生产经营单位进行检查，责令停产停业44家，取缔关闭21处，立案查处29起，移送公安(司法)1起，收缴罚没款114.5万元，没收矿产品1900吨，实现安全生产"零"事故。推进"违建别墅"专项清理整治，摸排房屋2872处，对全市16栋违建别墅进行整改。严格控违拆违。全年控制违法建设6万平方米，组织规模以上拆除行动9次，拆除6700平米，立案47起。

**【民生服务】**2020年，娄底市自然资源和规划局加快推进"多审合一、多证合一"改革。完成"多规合一"协同平台建设和数据整合，制定审批服务指南，联合发改、住建等部门建立分段并联审核审批机制，提高工程建设项目审批效率。推进容缺性审批改革，对用地报批前期拟征地资料实行容缺审查，将规划、土地管理的6个环节合并为3个办理。通过批前公示、批中公开、批后公告和项目现场公示、网上公示、听证会等方式保障人民群众的知情权、参与权，维护相关利益人的合法权益。开展集中化解房地产办证信访突出问题专项行动。市委办、市政府办联合印发《关于成立娄底市集中化解房地产办证信访突出问题专项行动领导小组的通知》《娄底市集中化解房地产办证信访突出问题专项行动工作方案》，联合市住建（人防）局（办）、市财政局、市税务局、市公安局印发《关于集中化解房地产办证信访突出问题专项行动的实施意见》。围绕“民生优先、容缺办理，流程再造”工作思路，实行“一对一”项目专班和“一案一策”包案制度，9月28日启动集中攻坚行动，截至年底，全市办证50478户，税费收入5.385亿元，直接惠及15万余人，其中，中心城区完成不动产首次登记78个，不动产转移登记31349户，创下日办证2065本的历史纪录。开展信访积案化解集中攻坚，接待群众来访488批，1300余人次，妥善处理上级转办、群众来访、信访复查等各类信访积案，维护群众权益，化解信访矛盾。（杨小熠）

## 市场监督管理

【概况】2020年，娄底市场监管系统抓改革、守底线、促创新、优服务、惠民生，1项工作获国家级荣誉，10项工作在全省或全省同类地区排名第一，6项工作获省级先进，6项工作获市真抓实干表扬；积极应对新型冠状病毒感染的肺炎疫情，担负防控指挥部“市场监管和供应保障组”牵头工作，出台《应对疫情支持企业复工复产十二条措施》，全市新增市场主体同比增长18.5%，增长率位列全省第一；强化监管执法，“双随机、一公开”抽查覆盖率100%，一般程序案件立案4274起，打击传销工作全省并列第一；一体推进实施知识产权、质量强市、标准化三大战略，湘村高科获得第六届省长质量奖提名奖，7个项目获批省级标准化试点示范，2个省地方标准获批立项。发明专利申请率335.3%，增长率全省第一。商标注册量同比增长27.6%，商标受理窗口受理量居全省第二位；严管抓细食品、药品、特种设备、产品质量四大安全，食品安全工作评议考核排名全省第三。药品不良反应报告新严比例在全省排名第一，药械化安全综合考评排名全省第二。全省市场监管安全执法评价四次通报排名均在前三，特种设备安全监管考核全省排名第二。对53种605批次产品质量开展监督抽查，参与交通问题顽瘴痼疾集中整治，立案45起，查封非法非标车辆47台。

【机构改革】2020年，娄底市市场监督管理局根据《娄底市市场监督管理局职能配置、内设机构和人员编制规定》《关于市市场监督管理局内设机构调整的通知》《关于市市场监督管理局调整有关机构编制事项的通知》，配置完成办公室、政策法规科等内设机构34个，机关党委和离退休人员管理科单独设立，根据工作实际，在办公室加挂网络和数据管理办、消保科加挂“12315”投诉举报中心牌子，规格为正科级。下设娄底市市场监管综合行政执法支队、娄底市食品药品检验检测所、娄底市市场监管事务中心3个副处级单位，1个正科级派出单位（娄底市市场监督管理局经济技术开发区分局），5个正科级事业单位，2个基层监管所。9月28日，娄底市市场监督管理综合行政执法支队挂牌成立，执法支队设综合科、人事科等4个副科级内设科室、6个正科级直属大队。在娄星区设立的派出机构及其所属单位分别下放娄星区政府，实行分级管理。

【市场秩序】2020年，娄底市强化市场公平竞争，调整和理顺市公平竞争审查工作联席会议机制，组织22家成员单位对2019年12月31日前制定的规章制度、规范性文件进行清理。市级层面开展“双随机、

2020年7月23日，娄底市诚信计量承诺活动在市市场监管局举办，21家企业递交《诚信承诺责任书》（市市场监管局 供图）

一公开"27项联合抽查任务，抽取检查对象6587户，随机抽查事项清单、任务覆盖率100%。依法将5613家企业、747家农民专业合作社列入经营异常名单，将15户个体工商户记载为异常状态。实施质量强市战略，调整市质量强市领导小组成员单位，出台《关于进一步加快质量发展促进质量提升的实施意见》，湘村高科获得第六届省长质量奖提名奖。推动政府将知识产权工作纳入"大质量"范畴，发挥"双打"领导小组作用，与科技、工信、发改等部门形成助推合力，以一企一策调动发明创造积极性，宣传鼓励高校科研院所和个人稳妥申报。全年申请专利5588件，同比增长79.8%，授权2571件，同比增长44.4%；发明专利申请2725件，同比增长335.3%，增幅全省第一；发明专利授权137件，同比增长73.4%；每万人发明专利拥有量1.71件，居省同类地区第二。带动商标工作开展，娄底商标受理窗口受理量居全省第二位，全市拥有注册商标2.68万件，新增地理标志证明商标5件，马德里商标国际注册44件。娄底市成为全国第三批参与"百千万对标达标专项提升行动"试点城市，是湖南省获批参与该专项行动的3个城市之一。全市新增147家企业自我声明公开各类标准530项，4个省级农业标准化示范区、3个省级新兴优势产业工业标准化试点项目通过考核验收，26项电子陶瓷等产业企业标准获评第一批湖南省企业标准"领跑者"，7个项目获批2020年省级标准化试点示范，2项湖南省地方标准获批立项。新建社公标8项，免费检定计量器具2万台件，为企事业单位节约检定费用300万元。聚焦中心工作，扫黑除恶，累计摸排消费欺诈、套路贷、传销等各类线索45条，均已办结。协助司法冻结股权58起，涉及金额5.85亿元。开展创文管卫工作，对专业市场和"五小门店"的环境卫生、门前三包、车辆违停、"牛皮癣"、占道经营等不文明行为进行整治。将禁食陆生野生动物执法检查列入创文管卫重点，监测电商平台961个次，监测网店1.19万家，监测商品信息42.98万条，监测广告39.03万余条次，检查农(集)贸市场1.3万个次、农家乐4510个次、电商平台110个次，野生动物人工养殖户300余户次，与林业部门、公安部门协同配合，查处涉野生动物案件10起，缴获捕兽夹、诱鸟器等作案工具114件，查获野生动物死体28只，其中国家二级重点保护动物松雀鹰1只，9名犯罪嫌疑人被依法采取刑事强制措施。长江禁捕退捕专项行动发布《关于深化"长江禁捕打非断链"专项行动举报奖励的公告》，获《中国市场监管报》专题推荐。全力推进脱贫攻坚工作，直接帮扶资金约70万元，争取项目资金1600万余元，帮扶的两个村通过省、市、县验收，国家普查和贫困户见面率98.6%，全县排名第一，如期脱贫。帮扶的张刘村成为新化县标杆村，袁家溪村成为先进村，两支工作队获先进工作队。

**【安全底线】** 2020年，娄底市市场监督管理工作贯彻落实党政同责，市食品安全委员会由市委书记和市长担任"双主任"，建立党政"双一把手"负总责、抓全面，分管副市长调度指挥，市市场监管局班子分片包干，县(市、区)属地负责的工作机制。围绕民生领域突出问题开展整治，以米、水、油"三放心"、特殊食品、校园食品"二净化"和"一培训"为重点开展十二大攻坚行动。统筹疫情防控，检查重点环节食品生产经营单位4.73万家次，责令整改单位8912家次，体检式帮扶重点企业189家，立案查处455起；责令停产停业90家，取缔无证单位83家；约谈5名乡镇主要负责人、35名相关县(市、区)局分管责任人、不合格企业106家、告诫生产经营企业135家次。全市各级各部门完成食品和农产品抽检12075批次，合格率为98.21%，对抽检不合格产品，均及时采取下架、封存、召回、销毁、发布消费警示等措施。组织开展"万名食品生产经营单位负责人大培训"，举办食品生产经营单位负责人培训班127期，培训企业负责人1.19万人，质量管理员9597人。市委常委会第41次会议和市政府第21次常务会议专题研究食品安全工作，审议通过《娄底市深化改革加强食品安全工作的实施方案》和《娄底市落实地方党政领导干部食品安全责任制职责分

2020年7月31日，娄底市市场监督管理局举行液氧槽车泄漏事故应急综合演练

(市市场监管局 供图)

工》两个文件。娄底市获食品安全工作A级(先进)市,食品安全公众满意度调查比2018年提高4.8分。开展疫苗、网售药品、口罩生产企业、化妆品“线上净网线下清源”等11个专项整治,检查药械化生产企业32家,经营企业3151家,各级各类医疗机构2185家。加强防疫药品监管和供应,指导回春堂药业产新冠肺炎预防汤剂14批次,23万多瓶;颗粒8批次,30万多袋。指导13家流通企业采购抗病毒药品8435件,医用口罩79.35万只,消毒产品1.45万件。配合疫情防控下架退热药物9.75万种次,实行预约、平价、定点供应医用口罩,投放成人口罩758万个、儿童口罩32万个。起草《娄底市疫苗监管局际联席会议制度》,成立疫苗评估领导小组、召开工作推进会、组建跨部门工作专班,推进疫苗评估工作。建立“市县双审、对口联系、试点先行”工作机制,将报告审核责任下沉、关口前移,ADR(药品不良反应监测报告)上报质量获新突破,全年全市药品、化妆品不良反应和医疗器械不良事件及药物滥用监测报告分别为4760份、702份、1671份和1010份,达到每百万人口1256份、185份、441份和266份,ADR严重报告占比19%,排名全省第一,MDAE(医疗器械不良事件报告)任务完成量占比排名全省第一。娄底市药品审评认证与不良反应监测中心获评2020年全国药品不良反应监测评价优秀单位,娄底市药品安全工作排名全省第二。制定《娄底市特种设备安全专项整治三年行动方案》,调整市特种设备安全专业委员会成员单位组成和职责分工。开展“年关守护2020”、特种设备安全隐患专项治理、“十大战役”和“强执法防事故”工作,检查生产经营单位9663家,下达特种设备安全监察指令书984份,立案308起,处罚金额380.23万元。推行电梯安全强制责任保险,印发《娄底市电梯安全责任保险实施方案》,全市特种设备注册登记率100%,定期检验率100%。是年,全省市场监管安全执法评价四次通报排名均在前三,特种设备安全监管考核全省排名第二,获评2020年度全省特种设备安全监察工作优秀单位、娄底市安全生产工作优秀单位。制定下发《2020年娄底市产品质量安全监督抽查方案》,涉及53种产品,抽查产品605批次,检查生产经营单位183余家,立案查处违法案件10起,涉案货值55.3万元,处罚金额26.48万元。开展市场监管系统交通问题顽瘴痼疾集中整治行动,摸排市辖区内车辆和电动自行车销售企业256家。

2020年11月3日,娄底市食安办、市市场监管局、市消费者委员会共同主办食品安全周“问检于民、你点我检”活动 (市市场监管局 供图)

【高效执法】2020年,娄底市市本级办理一般程序案件109起,入库罚没款700余万元。1月,冷水江李某武生产销售假冒注册商标食品案(非法制售假冒坚果案)、湖南李某等人生产销售假药案入选中央依法治国办联合五部门发布15件食药监管执法司法典型案例。9月,查处涉案金额数百万元的双峰县荷叶镇张某、龙某未经许可生产食品案(假冒竹筒酒案)被省局挂牌列入重点督办案件,且被推荐总局挂牌督办,于12月9日移送娄底市公安局;双峰县某卫生室使用“关节再生胶囊”假药案、新化县袁某等人涉嫌生产销售假药和未经注册的医疗器械案等2个案件被省公安厅、省检察院、省药品监督管理局联合挂牌督办;持续优化消费环境,全市“12315”系统接到消费者投诉举报咨询3.3万件,同比增幅124.85%,争议金额2423.65万元,为消费者挽回经济损失932.4万元;《伸向养老钱的黑手》《直播里的陷井》被评为湖南省市场监管部门十大法治创新案例和普法故事视频。是年,市市场监督管理局获2020年度全省市场监管系统打击传销工作第一名,被评为全市优化营商环境先进单位。

【六稳六保】2020年,娄底市市场监督管理局落实“六稳”政策,全市市场监管系统检查各类市场主体30万户次,查获非法制售口罩92.7万只,整改问题1万余起,查办沃尔玛、步步高价格欺诈案,公布10起口罩案。落实“六保”政策,开展“出实招、办实事、助实业、创实效”行动,提出“四个一批”工作思路,推行行政审批“容缺受理、数据互认、组织并联”模式，下放审批权限，精简审批流程，设立“企业开办帮代办”，企业开办压缩至5.5小时。出台《应对疫情企业复工复产十二条措施》等7个文件，派出12支队伍全力支持企业复工复产。是年，全市新增市场主体4.1万家，新增企业9685户，新增注册资本551亿元，同比增长18.5%，增长率位列全省第一。助力企业出质股权数额9699万元、担保债权融资13240万元、办理动产抵押金额21578万元、减免企业电费7695万元。《逆风奔跑的市场监管人》登陆“学习强国”，《疫情就是军情 市场就是战场》在娄底市委“娄底工作”刊发。

【党的建设】2020年，娄底市市场监督管理局选举产生新一届机关党委、机关纪委、工会，改选18个基层支部。聚焦四大方面29个“是否”开展作风整治，推进廉政教育“六个一”活动，宣讲廉政课23堂。开展“主动履职责、带头作表率”活动，组织220名志愿者分别“进商场、进超市、进社区、进企业”开展疫情防控志愿服务，全局18个支部534名党员干部捐款11.06万元。非公党建新组建党组织2个，发动23个党支部140名党员捐款14.36万元，送免费爱心餐17.68万元。开展“五学”活动，举办“悟初心、担使命”党务干部培训，强化线下学习阵地，新建图书室，获“2020年度书香机关”“满城都开文明车”组织奖。向市委组织部推荐提拔副处实职2名，提拔正科实职12名，科级干部进一步使用7名、重新任职32名。职级晋升一级调研员1名、二级调研员3名、三级调研员3名、一级至四级主任科员3名，引进高层次人才6名。起草《行政处罚程序内部管理办法》《关于开展全市系统典型案例和优秀案卷评选活动》，梳理归纳18类法制工作，建立8类台账，审查文件170件，清理规范性文件33件、证明事项34项、清理权力清单712项。发布宣传报道475篇，省级以上稿件240篇，累计采编图文2000余张，撰写文字10万余字，电视、广播、网络、报纸多个平台进行报道。其中，交通问题顽瘴痼疾整治非标车行动获央视报道，《中国市场监管报》10月15日二版头条推介娄底市市场监督管理局落实“六稳”“六保”工作经验。报送政务信息230条，省委办采用1篇、省政府办采用2篇，获评全市党委信息工作优秀单位和政府信息工作优秀单位。（曾　敏）

## 国有资产管理

【概况】2020年，娄底市国资委监管企业资产总额380.06亿元，同比增长4.2%；净资产104.18亿元，同比增长8.1%；实现营业收入15.21亿元，同比增长62.1%；实现利润1.42亿元，同比扭亏为盈。组织13名同志常驻企业、社区担任疫情防控联络员、网格长，9家监管企业复工率100%。全年各企业为中小企业、租户减免租金1189.63万元。外部董事管理办法、考核办法出台，外部董事的选聘和管理更加规范，5家企业配齐26名董事、10名监事。市国有资产经营公司、娄底市化工研究所的改革完成。市粮食储备库与市保安公司联合开展混合所有制改革，成立市国储粮油加工公司。以管资本为主推进职能转变，取消监管事项4项、下放4项、授权3项。监管企业整体资产负债率同比下降1%，上缴2019年度国有资本收益1251.66万元。

【“企业经营管理提升年”活动】2020年，娄底市国资委在监管企业开展“企业经营管理年”活动，活动分两个层面推进，各企业在财务管理、成本费用控制、投资管理、工程项目管理、合同管理等环节，找问题症结，开展自查自纠；开展专题培训、督导检查、健全数据报送共享机制、转变监管职能、做好考核评价。组织清资产、清呆账、清库存“三清”行动和股权投资、项目管理专项检查（又称“三清两查”），重点解决企业财务管理不规范、建设项目重投轻管、投资效益较差、成本费用偏高、合同管理不到位等突出问题和薄弱环节。“三清两查”行动发现5个方面42个问题和风险点，通过下发专项整改提示函，要求企业限期整改。“企业经营管理提升年”活动取得成效，企业退出股权投资项目9个，投资额2479万元；重点企业、重点领域管理费用同比下降3%。

【“三供一业”分离移交】2020年，驻娄央、省企“三供一业”等企业办社会职能分离移交工作涉及企业29家，居民近10万户。娄底市国企改革办、市国资委8次召开调度会议，解决移交工作遇到的困难和问题，3次开展专项检查，推动工作进度。全年中央、省、市财政及企业投入资金约12.5亿元，完成供水分离移交86145户，供电分离移交81398户，供气分离移交20049户，物业分离移交84690户。涟钢卫生防疫站、涟钢市政设施及公园、影剧院的分离移交完成。

【退休人员社会化管理】2020年，娄底市委办、市政府办下发《娄底市国有企业退休人员社会化管理实施方案》，明确将尚未实行社会化管理的国有企业退休人员移交到企业所在地县(市、区)实行社会化管理，新办理退休人员管理服务工作与原企业分离，由属地县(市、区)政府部门、单位、乡镇(街道)和社区(村)提供相应管理服务。市国企改革办出台《关于全市国有企业退休人员社会化管理移交工作若干问题的意见》，市委组织部制定《娄底市国有企业退休党员党组织关系转接标准》，市社保中心制定《娄底市国有企业退休人员档案移交标准》。建立调度通报、联络协调、部门配合等工作机制。市国企改革办、市政府督查室先后2次督促指导各县(市、区)做好党组织关系接转、人事档案移交、资产划转、社区管理服务等工作，统筹协调解决工作中的重点难点问题。全市41家国有企业管理的退休人员35615人，其中党员8502人，全部按社会化管理要求完成人事档案移交、党组织关系接转、资产移交等工作，提前一个月完成省政府下达的目标任务，驻娄国有企业退休人员全部由所在社区提供社会化管理服务。

【粮食库存与轮换】2020年，娄底市储备稻谷3.2万吨、市级储备油0.19万吨。仓储管理实行现代智能化，政策性粮食质量合格率100%，所有粮食均专仓储存、专账记载。全年12次赴常德、益阳、湖北等产粮区实地调研，把握市场价格走势，完成稻谷和油脂轮换任务。夏粮收购过程中严格执行国家收购政策，接受社会各界的监督。 (朱吾健　陈　瑞)

## 财　政

【概况】2020年，娄底市地方一般公共预算收入80.61亿元，同比增长5.1%，增幅排名全省市(州)第一位。税收占比68.47%，比上年提升0.31个百分点，收入质量排名全省市(州)第五位。收回和列支消化暂付款项6.91亿元，其中市本级1.42亿元。财政评审由外请专家评审方式改为“三审制”，全年市级评审财政投资项目金额12.66亿元，审减金额2.2亿元，审减率17.4%。

【服务经济】2020年，娄底市财政引导、推动、扶持产业升级，帮助企业渡过难关，为企业发展营造良好环境，培育新的经济增长点。扶植重点产业发展，围绕十大产业链和先进制造业“双引擎”建设，安排专项债券21.3亿元，重点支持百亿油缸生产基地、三一“5G+工业互联网”先进工程机械制造产业基地、“5G+智慧产业园”基地、联创小镇基地等项目建设。优化财政金融服务，出台《关于落实金融支持企业疫情防控和复工复产有关措施的通知》等系列助企纾困政策，降低疫情期间企业融资成本。组织10家重点企业申报中央专项再贷款优惠贷款1.06亿元，综合融资成本降至1.6%以下。财政为企业贴息贷款159户次、6亿元，发放政府性融资担保贷款9.46亿元，综合担保费率降至1%。落实减税降费，全市新增减税降费14.28亿元，其中应对疫情和促进企业复工达产税费减免9.35亿元。及时更新并公布行政事业性收费、涉企行政事业性收费和政府性基金目录清单，遏止乱收费现象。

【民生保障】2020年，娄底市财政压减一般性支出，优先用于“六保”“六稳”。全市民生支出占比71.89%。支持推进重点民生实事，市级财政投入3.29亿元，支持生活垃圾填埋场环保拆迁。安排配套资金2500万元，建设自然村通水泥(沥青)路2364千米，建制村通达率100%。投入资金4397万元，用于锡矿山区域环境综合治理。安排资金4063万元，支持“公交都市”创建。安排资金6000万元，用于淘汰不安全落后小煤矿

2020年11月17日，财政部湖南监管局到娄底市调研财政工作 (市财政局 供图)

奖补。落实社保政策提标,企业基本养老金实现“十六连调”,城乡居民医保财政补助提高到550元/人/年,基本公共卫生服务财政补助提高到74元/人/年,农村低保提高到4020元/人/年,重度残疾人和困难残疾人补贴标准提高到65元/人/月。支持文教事业发展,全市全年投入13.2亿元,消除义务教育大班额1666个、普通高中大班额433个。安排资金1144万元,完善市图书馆、市国家综合档案馆配套建设。安排创文管卫专项经费8395万元,助力娄底市入选第六届全国文明城市。

【三大攻坚战】2020年,娄底市统筹整合涉农资金12.25亿元。争取一般债券资金1660万元,支持乡村振兴、蔬菜发展等扶贫事业发展。争取上级财政农业项目资金32.5亿元,其中“三农”领域补短板项目229个,资金25.6亿元。推进政府采购支持消费扶贫,全市完成采购额2918.58万元,总体完成比例128%。支持污染防治,完善生态环境保护长效机制,促进生态环境质量全面改善,中心城区空气质量优良率达到国家二级标准。在全省率先全面签订流域横向生态保护补偿协议,获得省流域生态补偿奖励。坚守债务风险底线,制定政府性债务化解年度工作方案和责任清单,出台10个方面措施,推动化债工作和任务落实。全市政府性债务总额下降,市本级综合债务率保持在全省二类地区,政府债务风险总体可控。市本级获评全省隐性债务化解成效突出地区,获得省财政厅2.5亿元债务限额奖励。

【乡镇财政管理】2020年,娄底市发放各类惠民惠农补贴资金172项20.72亿元,其中惠民惠农类资金145项17.01亿元,扶贫类资金27项3.71亿元。开展县级预算编制审核,对涟源市、冷水江市、双峰县、新化县、娄星区进行县级预算编制审核并出具初审意见。开展乡村财政财务管理和星级财政所考评,冷水江市铎山镇、娄星区杉山镇、双峰县梓门桥镇财政所被评为省级星级财政所。推进乡镇财政改革,在娄星区试点代理村级财务记账。

【财政改革】2020年,娄底市加强预算绩效管理,对中心城区社区创文管卫资金、化解大班额专项资金等4项专项资金的8个项目实施绩效重点监控,涉及资金10.63亿元。对土地储备专项债券和棚改专项债券支出项目、娄底一中附属实验学校整体支出项目等10个资金项目实施第三方重点评价,涉及评价资金11.9亿元。实施政府采购制度改革,规范政府采购限额标准以下的小额采购行为,推广使用政府采购电子卖场,市本级9月1日正式运行,县(市、区)12月底前全部上线,全年全市入驻供应商500余家,入驻采购单位1303家,完成交易1135笔,总交易额2103.81万元。出台《中共娄底市委办公室 娄底市人民政府办公室印发〈关于深化娄底市市直行政事业单位国有资产管理体制改革的意见〉的通知》和《娄底市财政局 娄底市机关事务管理局关于印发〈娄底市市直行政事业单位国有资产管理办法〉的通知》,创新资产管理机制,提升资产管理效能。

【会计管理】2020年,娄底市财政局组织全国会计专业技术资格考试和全国注册会计师考试。贯彻实施政府会计准则制度,举办政府会计准则制度培训班,对政府会计准则制度实施情况开展调研。加强注册会计师行业管理,全年,10家会计师事务所完成验资、审计、评估项目约2800个,所有项目达到《行业公约》最低收费标准。全市10家会计师事务所实现总收入2650万元,3家评估事务所实现收入420万元。

【融资担保】2020年,娄底市鼓励政府性融资担保降费和业务开展,财政予以奖励和风险补偿。完善农业信贷融资担保体系,湖南农担娄底分公司全年发放农户贷款22636万元,在保户数325户,在保余额26461.2万元。实现政府性融资担保机构规范管理和出资人职责划转,完成娄底市兴娄融资担保有限公司出资人职责划转。(李赐甫 刘晓宇 梁 霜)

## 税 务

【概况】2020年,娄底市税务入库各项收入176.26亿元,同比增收16.84亿元,增长10.56%。其中入库税收收入127.21亿元,同比增收2.96亿元,增长2.38%;入库社保非税收入49.06亿元,同比增收13.88亿元,增长39.46%。。落实减税降费政策,减免各项税费41.48亿元,其中新增减免税费5.59亿元。推进社保费征收职责划转和个税首次汇算清缴工作。

【税收征管】2020年，娄底市开展税收征管质量5C评价试点工作。实施数据管税，加强征管质效指标数据监控，下发整改数据20380条，推进娄底市“1+6”市、县一体财税信息共享平台建设，建立房地产、酒店、药店、建安、土砂石、商品混凝土等行业和增值税、土地增值税、房产税、城镇土地使用税等税种的立体式预警模型20余个，采集32家单位涉税数据2300余万条，通过风险分析实现税收贡献2.3亿元。在全市范围内开展“互联网+发票有奖”活动，加大电子发票服务平台的推广力度，加强发票代开后续管理，封堵税收漏洞。强化税费种管理，增值税发票风险快反成为内部监督管理新手段，小税种管理成效较好，10个财行税种中有9个实现正增长。开展无籍房办证工作专项行动，完成101个项目的税费核算，出具96个项目可办证证明。

【依法治税】2020年，娄底市税务局着力构建“制度完备、执法规范、依法履职、公平公正”的“大法治”格局。制定出台《关于加强新时代依法治税提升税收治理能力的工作方案》，统筹规划和推进依法治税工作。开展权责清单公示，完成全市税务系统147项权责事项468张《权责事项信息表》的编制、公示工作。落实行政执法公示、执法全过程记录、重大执法决定法制审核制度等“三项制度”，规范税务行政处罚裁量权。推进普法和法治政府建设工作，纳入全省“两个”创建先进集体与示范单位评鉴。发挥稽查职能，查处骗取疫情防控税收优惠专项行为，联合打击“三假”，查补入库税款2.4亿元。

【税收改革】2020年，娄底市税务局社保非税征管职责划转平稳有序，6617户新划转企业参保单位和1573户机关事业年金参保单位征收工作平稳推进。理顺机关事业单位社保费征缴机制，推行“银行端查询缴费模式”，完成缴费基数申报辅导、催报催缴、欠费清理、收入分析、政策宣传辅导等工作。推进城乡居民“两险”工作，城乡居民养老保险参保缴费人数105万人，征缴进度106.71%(不含政府代征部分)，征缴率居全省第二。城乡居民医保费参保缴费人数352.89万人，医保参保人数占全市常住人口的99.68%，征缴率排名全省第二，完成全面小康决胜年“六覆盖”指标任务。对个税改革工作落实情况进行同级督察督导，围绕个税申诉开展专项督导，完成首次个人所得税年度汇算，是年对16.8万人的税收所属期为2019年度的个人所得税进行年度汇算，其中办理补税0.3万人，补缴税款850万元；办理退税5.9万人，退税2500万元。

【税收服务】2020年，娄底市税务局支持复工复产、复商复市，组建党员先锋队55支，派出党员干部280余名，分别到50余个社区，解决企业复工复产难题158项次，解决防疫物资2万余个(件)。落实减税降费政策，释放减税降费红利，成立189支税收政策网格服务小分队，走访9685户次纳税人，向99564户次纳税人推送税费优惠政策，全年减免各项税费41.48亿元，其中新增减免税费5.59亿元。推广“最多跑一次”，落实“五办五公开”，实现“企业开办一日办”。构建电子税务局和自助办税终端等“非接触式”服务新格局，通过“银税互动”为790户纳税人获得贷款3.88亿元，集中化解房地产办证难问题。中心城区清理欠税6.2亿元，入库1.79亿元，协助办证4万余本。在全市优化营商环境工作考评中获得市直单位第一名，在全省纳税人满意度调查中获得第三名的好成绩。

（罗　涛）

## 审　计

【概况】2020年，娄底市审计局在全省率先对市本级“四大家”领导机关、五大常委单位和其他市级领导担任一把手的单位开展审计监督，对市纪委市监委、市委组织部、市委宣传部、市委统战部、市委政法委等47家单位开展财政财务收支审计。全年安排审计项目103个，查出各类违规违纪金额15694万元，经审计增收节支2261万元，资金拨付到位5311万元，政府投资审计核减金额1.86亿元，督促被审计单位整改到位问题403个，消化历史遗留问题165个。

【政策措施落实情况跟踪审计】2020年，娄底市审计局采取“上审下”模式，分季度对娄星区、双峰县、新化县、涟源市4个县(市、区)跟踪审计，重点关注三大攻坚战重点任务推进、支持民营企业和中小企业发展及相关部门是否拖欠农民工工资情况等，严肃查处弄虚作假、隐瞒实情、上有政策、下有对策、有令不行、有禁不止等问题。针对政策执行中的偏差和问题，提出对策建议，为党委政府决策提供参考依据。

【财政预算资金绩效审计】2020 年，娄底市审计局开展 2019 年度市本级财政预算执行和其他财政收支审计，开展娄底第一次财政一级预算单位财务数据采集报送工作，涉及市、县 1221 家单位，发现财务疑点问题 10 万余条。采取“预算单位自查申报+审计重点核查”的模式，对市直 238 家预算单位的资产情况管理、临聘人员管理情况进行审计，实现市直预算单位重点事项审计全覆盖。财政同级审计发现问题 85 个，发现管理不规范金额 260897.35 万元，违规金额 10058.36 万元，移送案件线索 12 起，提出审计建议 23 条，向娄底市审计委员会报送审计专报 2 篇。

【领导干部经济责任审计】2020 年，娄底市审计局按照市两办新规定要求，科学制定经责审计报告和结果报告模版。完成 13 个单位 14 名领导干部的经济责任审计，查出违纪违规和管理不规范金额 11086 万元。组织实施洪江市委书记、市长任期经济责任审计，查出问题金额 52543 万元，其中违规金额 20410 万元、损失浪费金额 134 万元、管理不规范金额 31999 万元。

【自然资源资产离任审计】2020 年，娄底市审计局根据省审计厅统一部署，开展洪江市党政领导干部自然资源资产离任审计。铺开乡镇主要领导干部自然资源资产离任审计。开展冷水江市锡矿山区域环境区域综合治理专项资金跟踪审计和娄星区湖南煤化卫生防护区建设等项目专项资金审计调查。

【民生项目资金审计】2020 年，娄底市审计局对新化县实施扶贫专项资金审计，发现扶贫资金发放不精准、扶贫资金运用绩效不理想等 13 个问题，查出违规金额 461.3 万元，管理不规范金额 37.5 万元，资金未落实到位 3.7 万元；每季度对湖南省建工集团总承包建设的易地扶贫搬迁项目进行跟踪审计，形成审计专报，发现项目管理中存在违规转分包、易地扶贫搬迁对象识别不精准等问题；对 5 个县(市、区)和娄底市本级保障性安居工程跟踪审计，清理出未完成 2019 年棚改开工任务 1232 套，未完成 2019 年棚改“基本建成”任务 1799 套，未完成 2019 年租赁补贴发放任务 1424 户。

【政府投资审计】2020 年，娄底市审计局修改出台《娄底市政府投资项目审计监督办法》，制定出台《娄底市政府投资项目审计工程造价咨询中介机构管理实施细则》，对购买中介服务进行规范，强化对中介机构的监管。完成政府投资项目审计 286 个，建设单位送审金额 11.11 亿元，审计审定金额 9.57 亿元，审计核减 1.54 亿元；完成政府投资项目工程预算审计 8 个，业主送审金额 4.89 亿元，审计审定金额 4.74 亿元，审计核减 0.15 亿元。 (曹阿乔)

## 统　计

【概况】2020 年，娄底市统计工作重点针对省委巡视组巡视娄底县(市、区)发现统计工作上存在的问题和市委巡察组巡察市统计局及人大评议统计工作反馈的问题，狠抓数据质量工作，提升统计数据质量。市统计局成立数据质量控制领导小组，在贯彻落实国家统计局、湖南省统计局出台的关于数据质量的各项文件的基础上，相继印发《娄底市统计数据质量评估管理办法》等一系列文件，加强制度建设。在全市范围内开展“五查五看”专项行动，查摆县乡党委政府、统计机构履行统计法定职责，落实防范和惩治统计造假、弄虚作假责任制等方面存在的问题和不足，针对每个具体问题细化整改措施，明确整改责任人和整改时限，建立整改台账，对照问题清单的整改进度，进行销号管理。按照统计执法“双随机”抽查办法，在全市范围内开展统计执法检查，重点加大对指报、代报等行政干预统计数据和拒报、迟报、瞒报统计数据等违法行为的执法检查，对所有存在的问题认真梳理、及时通报、限时整改。定期开展“一套表”调查单位清查活动，对不符合条件的企业坚决清退出库，杜绝“空壳企业”，全年清退 177 家企业。加大业务培训和统计法制宣传力度，增强全社会严格遵守统计法律法规的意识和主动性，营造依法统计的良好氛围。是年，创建省级文明单位，统计分析、国民经济核算等 14 项业务工作被湖南省统计局评为优秀或良好，“七人普”“放管服”改革、固定资产投资、创新引领 4 项工作被市人民政府评为真抓实干成效明显单位，综合治理、安全生产等多项工作被市委、市政府评为优秀。

是年年末，娄底市地区生产总值1679.94亿元，同比增长4.0%，居全省第三位；第一产业增长4.4%，居全省第一位；第二产业增长5.1%，居全省第二位；第三产业增长3.0%，居全省第十位；规模以上工业增加值增长5.7%，居全省第一位；建筑业增加值增长5.6%，居全省第一位；固定资产投资增长8.6%，居全省第七位；社会消费品零售总额同比下降2.4%，居全省第三位；地方财政收入增长5.1%，居全省第一位；城乡居民人均可支配收入分别为32161元和14143元，同比分别增长5.4%和9.4%，增幅分别居全省第二位和第四位。

【统计服务】2020年，娄底市统计局改进《统计月报》《统计年鉴》《统计手册》等统计产品形式和指标内容，提升《决策参阅》《统计调研信息》等统计产品的数量与质量，更新"娄底市统计局门户网站"和统计微信公众号，通过各种传统和现代媒体，发布统计数据信息，探索数据解读新闻发布会、在线访谈等新产品开发，为党委政府及社会公众提供统计查询服务。定期组织召开统计系统经济形势分析会，对重点行业和企业实行日调度周分析，向市委、市政府提供情况分析和工作建议。

【第七次全国人口普查】2020年，娄底市统计局按照国务院人普办《第七次全国人口普查方案》和湖南省人普办的统一安排部署，提前谋划，全面动员，精心组织，压实责任，各项工作顺利推进。市人民政府将"七人普"写入政府工作报告，24个市直部门协同合作，全力攻坚。完成各级人普机构组建，完成普查试点、建筑物标绘和小区划分工作，推进"两员"选聘和业务培训，进行普查宣传动员，完成入户登记。出台考核考评制度和分片包干联系指导制度，每名班子成员分片包干全市5个县（市、区）、娄底经开区的普查监管工作，针对普查环节开展4轮集中督查，确保普查质量。该次普查，全市划分普查区2097个、普查小区13035个，标绘建筑物91.43万个，选聘普查指导员2873人、普查员12326人，开展各类培训500余场次。全市普查登记的现有人口、户籍人口、常住人口、出生人口、死亡人口总量与历史数据、部门数据、人口现状基本一致，通过国务院人普办、湖南省人普办的事后质量抽查，得到湖南省人普办的充分肯定。

【产业帮扶】2020年，娄底市统计局将驻村帮扶重点转向发展农业产业的"造血式"扶贫。在巩固养猪、养牛等养殖产业外，重点推进20公顷翠冠梨、金秋梨种植项目扩建和33.33公顷中药材种植项目。利用当地优势，推进20余公顷荒地流转，新建种植特色观光旅游果园项目，把养猪场规模逐步扩大到年产生猪1000头以上。扩大稻花鱼养鱼基地规模，发动村民加大水果品种及其它观赏林种植，打造"水果+林木+垂钓+体验"的特色农业旅游项目。（谢正华）

## 国家统计调查

【概况】2020年，国家统计局娄底调查队高质量开展脱贫攻坚普查、新冠肺炎疫情防控工作，普查期间，连续下发工作提示22期，交办各类工作提醒近200条，撰写涉及"疫情"的重要信息20余篇，多篇被市政府主要领导批示及被省政府刊物采用，为地方党委政府战"疫"决策提供重要参考。是年获2020年度湖南省文明标兵单位，2020年度娄底平安建设优秀单位和绩效考核优秀单位等称号。

【脱贫攻坚普查】2020年，国家统计局娄底调查队完成娄底市1136个村100210户的普查任务。建立全方面的普查数据质量管控体系。对"两不愁三保障"和安全饮水等26项主要数据指标实行24小时动态监控。华学健等市级领导每日到娄底队会议室调度工作，对当天普查数据进行深度分析，对存在的困难和问题进行调度，对发现的存疑问题，由市脱贫普查办以工作提示的形式，下发到各个普查工作组，实时督导普查工作。

【数据质量提升】2020年，国家统计局娄底调查队牢固树立和落实"底线红线数据线，线线都是生命线"的理念，执行统计法及其实施条例，反对和制止在统计调查上的弄虚作假行为，常规调查数据质量得到提升。全年修订和完善相关业务制度12个，通过"请上来，送上门"的方式不定期开展各类业务培训20余次；加强住户分户分点常住人数、四大类收入、人均消费支出等重要指标的数据审核，加强户与户之间、各类别指标之间、历史年份之间、收支和家庭经济状况之间的数据比对。建立住户、农业数据集体评估机制，做好价格调查基期和住户调查样本轮换工作，推进电子记账和E调查。落实湖南省高质量发展统计监测的要求，理顺工作机制、强化工作保障，城镇调查失业率数据质量稳步提升；贯彻落实《湖南粮食畜牧业统计调查数据归口管理实施方案》精神，向市委、市政府相关领导专题汇报农口归口管理有关事项，争取资金支持，与统计、农业农村、畜牧水产、气象、商粮等部门构建良好的协调联动机制，建立农情观察员制度，全面掌握娄底农业发展形势，确保归口管理数据有序衔接。

【民生服务品牌塑造】2020年，国家统计局娄底调查队塑造专项调查品牌。受娄底市文明办的委托，分别于6月、8月、12月开展三次文明城市模拟测评，通过创新测评模式，完成卡片设计、分类汇总评分等各项工作，形成测评结果及报告在全市创文推进大会上予以通报，推动相关问题整改落实，获得娄底市委、市政府主要领导的高度肯定。受市行政审批局委托，开展上半年全市市直部门政务服务“好差评”调查，坚持问卷设计、系统调试、人员培训、数据分析等多方面的高标准高要求，测评结果得到高度肯定和认可。塑造分析服务品牌。是年，按照“跟得上形势，贴得近群众，服务领导决策”的要求，围绕社会经济热点问题，认真策划选题，撰写有地方特色的重要信息和调研报告。

（方祖花）

## 公共资源交易

【概况】2020年，娄底市公共资源交易中心坚持稳中求进、守正创新，规范平台建设，完善体制机制、优化制度流程，提升综合服务水平，实现娄底市公共资源科学高效公平配置。是年，通过简政放权，创新监管，优化服务，激发市场主体的活力和创造力，PPP项目大幅减少，政府采购交易额下降，交易效率和质量提升。全年全市累计完成交易项目2119个，同比下降7.83%，交易总额195.5394亿元，同比增长41.90%。其中工程建设交易项目445个，交易额95.50亿元，节约金额3.65亿元；政府采购交易项目1465个，交易额32.20亿元，节约金额2.33亿元；土地矿产资源交易项目176个，交易额67.56亿元，溢价增收金额6.25亿元；国有产权交易33个，交易金额0.28亿元，溢价增收0.03亿元；PPP项目1个，金额5.03亿元。

【交易平台建设】2020年，娄底市公共资源交易中心重点推进信息化建设，加强现场管理，出台《娄底市公共资源交易中心现场见证监督管理办法》，进一步明确和加强交易现场的管理。对中心交易过程风险精准摸排，所有职工干部围绕“风险防范、风险预警”，提出风险点，每个岗位防范交易风险、预防交易风险，完成整个公共资源交易的流程再造，形成新的交易流程图。根据《湖南省公共资源交易“一张网”电子化平台建设方案》要求，落实经费，协调部署所需网络硬件资源，合理建设符合本地实际的配套系统及评标场所设备，降低交易成本，提高交易效率，实现全市工程建设招标投标全流程电子化交易和远程异地评标常态化，促进公共资源交易规范化、透明化。

【工程建设项目招投标专项巡视】2020年，娄底市公共资源交易中心贯彻落实《湖南省公共资源交易中心关于做好工程建设项目招投标专项巡视问题整改工作的通知》，紧密结合自身工作实际，建立健全各项规章制度，对表专项巡视提出的问题，认真研究整改方案，列出整改清单，落实整改目标。通过完善全流程电子化招投标系统、全面对接省中心平台系统推进“一网三平台”建设、推进远程异地评标完善交易场所、创新监管技术四个方面，落实专项巡视反馈问题整改任务，推动工程建设招投标工作持续健康发展，推动招投标领域治理体系和治理能力现代化。

（严天笑）

# 园　区

◎娄底经济技术开发区
◎万宝新区

## 娄底经济技术开发区

【概况】2020年，娄底经济技术开发区（简称娄底经开区）规模工业增加值增长6.8%，规模工业总产值增长6.75%，固定资产投资增长8.7%，新增规模工业企业20家。地方财政收入增长8.97%，其中区本级地方财政收入增长31.23%，区本级税收13.65亿元，同比增长21.23%，税收在1000万元以上的企业30家、在500万元以上的企业50家。

【疫情防控】2020年，娄底经开区制定新冠肺炎疫情防控“严格防控稳企，主动服务暖企，精准政策惠企”三大举措，实施网格化管理，将全区划分为76个网格，设置36个疫情防控卡点，加强流动人口排查、隔离观察、医疗预防救治和物资保障，实现零疫情、零感染、零病例。推进复工复产，选派229名驻企防疫联络员，为园区企业发放口罩20余万个、测温仪300余个、消毒液2000余千克、酒精1500余千克。2月24日，在全省园区中率先实现规模以上企业和重大项目100%复工复产。推进政策惠企工作，财政出资1000万元，与市兴娄担保公司建立融资担保体系，在保余额1.79亿元，惠及企业25家。组织多场政银企对接活动，全年有15家金融机构为企业提供贷款60亿元，惠及企业370家（次）。争取省级以上扶持资金1.4亿元，惠及企业76家；兑现企业优惠政策资金2.55亿元，惠及企业 62 家。

【项目建设】2020年，娄底经开区48个重大产业项目同步推进，高强钢一期、中兴液压灯塔工厂、二建经投、中厚机械等16个项目竣工投产。占地533.33公顷的四大专业园区开建，薄板深加工产业园水电路气讯等市政公用基础配套工程即将完工，生态电力科技谷22栋标准厂房建成，液压油缸智能生态工业城完成36.67公顷土地征拆平基并交付企业，重卡零部件产业园首期26.67公顷土地交付使用。娄底海关正式开关运行。江龙路开建，湘阳东街改造工程竣工通车，秋浦大桥获评湖南省优质工程、建设工程芙蓉奖，涟水河生态修复、澄清保护圈及黑石边岸坡整治项目完成。完成土地丈量370.67公顷、房屋丈量460栋，签订土地协议323.33公顷、房屋协议289栋，倒房210栋，清表腾地246公顷，用地获批135.4公顷，处置闲置土地137.13公顷，处置供而未建非净地138.47公顷。争取发行政府专项债14.7亿元、抗疫特别国债1亿元，投资集团开展筹融资，推进项目建设。

【产业发展】2020年，三一集团入驻5个项目，总投资100亿元，拉动相关配套产业投资100亿元，其中液压油缸基地总投资52亿元，是继VAMA之后引进的最大项目。重卡零部件配套企业签约入驻4家。薄板深加工产业园引进企业15家，涟钢棒材改造、高强钢竣工投产，中钢智能工业园、云传智能、中佳华悦等项目强力推进，全区钢铁新材产业技术工艺逐步升级，产业结构明显优化。工业企业主营业务收入增长11.3%，其中钢铁新材产业链完成产值659.3亿元，工程机械及配套产业完成产值77.7亿元，申报省级上市后备企业7家；VAMA完成产值62.6亿元，增长20%；中兴液压完成产值29.6亿元，增长29%。承办第十一届“湘博会”，全年签约项目68个，内联引资增长15.6%，进出口额增长17.2 %，实际利用外资增长16%。企业研发经费增长31.4%，专利申请量增长90%，其中发明专利申请量380件，增长270%。引进科技创新人才5人，新增高新技术企业16家，高新技术产业增加值增长8.8%，占规模工业增加值的83.3%。VAMA获评第五批国家级绿色制造工厂及省级企业技术中心，电将军获评国家绿色设计产品称号，安地亚斯、三泰新材获批国家级专精特新“小巨人企业”，五江高科获第四届“中国创翼”大赛全国二等奖、全省第一名，奕翰电子获“创客中国”大赛全省第二名。

2020年9月15日上午，湖南省第十一届农业机械、矿山机械、电子陶瓷产品博览会（简称“湘博会”）在娄底经开区新合作国际商贸城开幕

（娄底经开区 供图）

2020 年 12 月 26 日，娄底海关开关揭牌仪式现场
（娄底经开区 供图）

【营商环境】2020 年，娄底经开区以企业需求为导向，深化“母亲式”服务，开展“周一进工地、现场解难题”，为企业解决项目建设、生产经营中的矛盾问题。出台《关于在全区开展营商环境整治的实施意见》和《政务服务“好差评”测评实施方案》，由企业和社会公众对部门服务进行不记名打分，把评价权交给企业和社会公众，打分排名结果予以通报并追责问责。推进商事制度改革，企业开办登记即交即办，“证照分离”无缝对接。深化行政审批制度改革，396 个服务事项完成流程再造，两批“一次事一次办”涉及的 89 个事项全部实施，57 个事项下放到办事处，10 个事项下放到村（居）委会。开展“全程代办”，143 个项目进入代办流程，38 个电力企业迁入登记，助推 33 个项目投产。投资服务中心坚持 24 小时热线服务，帮助企业解决问题 300 余个。开展施工环境优化活动，处置三强行为 35 起，拆除违法建设 7.9 万余平方米。新增个体工商户 832 户，增长 11.29%，新发展各类企业 790 家、增长 33.8%。

【民生保障】2020 年，娄底经开区打好打赢三大攻坚战，扶贫领域问题清单全部清零，剩余 35 户 121 人全部脱贫，无一例返贫致贫户。加强政府债务管理，守牢投资集团资金安全链，推进民间融资风险处置，加强食药品安全监管，开展道路交通顽瘴痼疾整治，信访工作获全省“三无”县（市、区）称号，安全生产连续 11 年无事故；河长制常态化推进，环保督察交办及反馈问题全部整改到位，空气自动站等 4 个环保项目建成投用，空气质量优良率 97.4%，地表水达到Ⅲ类或优于Ⅲ类水体比例 100%。解决一批民生领域历史遗留难题，10 个安置基地配套设施建设完成，推进正式水电抄表到户，梅子湾二期加快建设，“无籍房”办证完成 353 户。为 5547 名被征地农民争取到再次参保机会，1047 人完成缴费并享受补贴 2140 万元。成功签约湖南师大附属春元学校，提升园区教育品质，投资修建春元、春晖、陶瓮等学校基础设施，招聘教师 23 名，引进高中教师 10 名，安排 10 名定向培养生回区任教，增加公办幼儿园 9 所、学位 1813 个，公办园在园幼儿占比 47.35%。稳定就业形势，2013 人实现就业；推进医疗卫生事业发展，完成村卫生室标准化建设；提高城乡低保和救助水平，实现居民参保、社会救助兜底保障全覆盖，成立残疾人康复训练中心，两个办事处获普惠保险示范乡镇创建先进单位称号。全区第七次全国人口普查登记阶段各项工作完成。实施乡村振兴战略，推广种植旱稻 133.33 公顷，高登河路改造全线拉通，方甲围堤实现除险加固，完成农村集体产权制度改革和 4970 户农村房地一体确权登记，新增改厕 946 所，13 家村级垃圾分拣站投入使用，10 个村被评为省级绿色村庄。园区道路全面绿化，改造农贸市场 3 个，投资 1800 余万元对背街小巷进行白改黑提质。

【党的建设】2020 年，娄底经开区以党建为统领，以作风集中整治为抓手，加强基层建设，推进村（居）两委换届，新建改扩建村级办公场所 13 个，加快基层公共服务“一门式”全覆盖，强化党支部“五化”建设，实施“标杆引领”计划，实现两新党建“双强六好”，把握意识形态工作领导权主动权，增强新社会阶层人士的向心力凝聚力。扛起全面从严治党主体责任，出台落实主体责任“双清单”，狠抓扶贫领域腐败和作风问题、工程建设项目招投标突出问题等专项整治，严查隐形变异“四风”问题。（胡 伟）

## 开发建设投资

【概况】2020 年，娄底经济技术开发投资建设集团有限公司（简称经开投）全面贯彻执行《娄底经济技术开发区平台公司转型发展实施方案》，建立现代企业制度，修订完善制度 19 项，新增制度 8 项，化解代建公益性项目历史包袱，积极开展经营性项目，逐步消化现有存量债务，全面完成各项任务目标。全年实施工程项目 20 个，完成总投资约 13.8 亿元。

【项目建设】2020 年，经开投实行项目建设“挂图作战”，开展项目建设大比拼暨百日奋战。秋浦大桥竣工验收通车，获评“湖南省优质工程、湖南省建设工程芙蓉奖”。薄板产业园作为实施“三高四新”战略主战场和钢铁新材“双引擎”建设的关键载体，签约项目17个，投资规模157亿元，完成土地征迁272.5公顷，项目建设进展获省政府表彰通报。三一产业园项目4月开工建设后，一个月内完成三一液压油缸智能生态工业城项目一期39.67公顷土地及临时道路水电工作，实现土地提前交付。海关大楼(对外贸易服务中心)从5月破土开工到与娄底商检海关完成交接历时仅6个月，在海关总署验收开关项目时获高度评价。电力科技谷税收增加，50家入园企业全年实现产值160余亿元，22栋标准厂房竣工。产投、资管公司全年实现资产收购近2亿元。文旅投工业研学旅行项目展开新局面。

【多元化经营】2020年，经开投全年实现资产总收购约1.9亿元，完成长沙银行不良资产(高盛板业)、市创投13.47公顷土地的资产收购，融湘江不良资产、娄底农商行股权收购、双信一期、电将军等收购项目稳步推进，持续跟进中科金谷、旺达收购款的支付工作。在经营性项目上进行有益尝试，推进保安公司合作项目、主材甲供项目，探索煤炭贸易等项目。清产核资，理顺结算关系、租赁关系，成立资产租赁小组，收取租金203.53万元，完成4宗10.93公顷土地的出让工作与6宗15.11公顷土地的挂牌准备工作。双创成果展示中心完成建设70%。

【履行社会责任】2020年，经开投启动安置基地及配套工程建设，吉星、迎春、民福三大安置基地道路硬化完成，经开区十几年以来安置工作的老大难问题得到解决。无籍房办证工作取得突破，凤阳馨居的住宅楼办证工作全面完成，迎春安置小区符合棚改政策的用户全部办理到位，青山楼、春和园两个小区被列入市无籍房范围内。根据娄底市委安排，公司作为驻村帮扶牵头单位，与市移民局、市贸促会组成驻村帮扶工作队常驻涟源市斗笠山镇明镜井村开展驻村帮扶工作，建设基础设施、饮水工程、亮化工程等。是年，贫困户人均纯收入12165元，比上一年增加约4000元，所有贫困户全部脱贫。

(刘师师)

## 万宝新区

【概况】2020年，娄底市万宝新区统筹推进疫情防控和经济社会发展，全年固定资产投资同比增长8.6%，其中产业投资同比增长65.3%，高新技术投资同比增长319%；财政总收入5.51亿元，同比增长13.81%；地方一般公共预算收入2.83亿元，同比增长12.79%；内联引资106.28亿元，同比增长14%；实际到位外资8965万美元，同比增长24.1%；其他营利性服务业营业收入15.42亿元，同比增长14.02%；进出口总额1000万美元，同比增长16.82%；新增“四上”(规模以上工业、资质等级建筑业、限额以上批零住餐、国家重点服务业)企业14家；发明专利申请166件，超出目标任务151件。税收、产业投资、高新技术投资、内联引资、营利性服务业营业收入等主要经济指标增幅位列全市第一。

【疫情防控】2020年，娄底市万宝新区贯彻落实省委、市委决策部署，成立高铁南站防控联动指挥部、驻企联络组，抓好外防输入和常态化疫情防控工作。采购和筹集口罩124951个、医用手套21150双、红外线测温设备2台、测温枪和测温仪79支等。向79家企业派驻61名驻企防疫联络员，出台扶持企业复工复产激励政策，企业复工率和到岗率100%。

【项目建设】2020年，娄底市万宝新区从全年125个计划项目中选取15个项目重点推进，实施挂图作战，建立并完善一个项目一个领导小组，一个小组由一位委领导和一个部室牵头负责实施推进的“五个一”工作机制，全年重点项目投资42.6亿元，完成目标任务的

2020年12月26日，娄底首个保税仓——万宝公用型保税仓库揭牌仪式现场　(张丽艳　摄)

144.9%。娄底市金海学校项目短短七个月时间，从开工到建成开学，创造了娄底项目建设的“新区速度”。万宝公用型保税仓、58科创新经济产业园等9个项目竣工营运，移动公司生产调度中心、5G+智慧产业园等10个项目开工建设，达安基因娄底医养中心、电商物流园等8个项目快速推进，奥特莱斯等23个项目开业运营。文昌科技在省证监局成功报备，徐骏教授团队研发的铝基复合材料大型构件直接形成技术及其应用获得2019年度湖南省技术发明奖一等奖。

【数字经济】2020年，娄底市移动互联网产业园引进湖南五八科创有限公司、中电鹰硕(深圳)智慧互联有限公司、链兴(北京)咨询有限公司等企业，新增200余家中小微企业，实现产值24.6亿元。娄底市叶家军

2020年9月15日，首届娄底电商节在娄底市移动互联网产业园顺德造直播小镇开幕

(张丽艳　摄)

文化传媒有限公司、娄底市万晟天宝商务信息咨询有限公司、湖南纵联电子商务有限公司等企业快速发展。推进直播和电商融合，举办首届娄底电商节，实现助农直播销售额4386万元。出台《娄底市区块链产业发展规划》，发行首支规模1亿元的区块链产业投资基金；成为全国首家获得省级批文的区块链产业园，区块链政务大数据平台入选《湖南省“数字新基建”100个标志性项目名单(2020年)》；智慧政务、链城数科、德方智链等企业运行并研发10余个区块链应用场景，中标承接中央部委、省市区块链项目11个；与中国电子科学研究院、浙江大学、北京邮电大学合作，筹建链城数据研究院。打造全省首家网络视听文化产业园，娄底市网络作家协会和短视频协会在新区成立并入驻，150余家影视广告、视频直播公司注册落户新区。湘谷大数据中心建成600个机柜，承载京东、今日头条、金山云、陌陌科技等互联网企业的大数据存储。手拉手公司成为国家标准《中小学、幼儿园安全防范要求》编制单位，“学安宝”平台拥有各类用户53万余人。

【民生实事】2020年，娄底市万宝新区通过开展“百日攻坚行动”“进村入户巩固月”“脱贫质量提升行动”，实现挂点扶贫村整体脱贫。落实隐性债务化解方案，累计还本付息10.74亿元，减少隐性债务9378万元、关注类债务3.04亿元。完成红太阳公司固废和危险化学品处置、娄底大道城区段污水管网建设。金海学校、振翩学校竣工投入使用，新增学位7000余个。推进征迁安置工作，处理各类遗留问题，推进香泉湾、丰园等5个安置小区建设。化解“无籍房”办证难问题，为169棚户区改造项目办理23本总证和1040本分证，为新世界建材城一期办理31本总证和1100本分证。排查和协调处理社会稳定风险隐患问题和矛盾100余件，处置信访、市长热线投诉问题400余件。汛期成功处置万宝隧道山体滑坡等26个险情。获“2020年度全市安全生产工作优秀单位”“2020年度全市维稳工作先进单位”。

【营商环境】2020年，娄底市万宝新区在疫情期间出台九条扶持复工复产措施；出台和完善《关于鼓励娄底南·联创小镇互联网直播和短视频企业发展的试行办法》《关于加快推进企业上市的若干意见》《万宝新区“创新引领、开放崛起”人才奖励补贴实施办法》等扶持政策，全年资金支持、优惠政策兑现8858.8万元，减免税费3686万元。开通娄底首列始发高铁娄底南至深圳北G6044次列车。

【党的建设】2020年，娄底市万宝新区制订党委理论学习中心组年度学习计划，全年开展党委理论学习中心组学习15次，集中学习28次。新成立中共娄底市众德汽车销售服务有限责任公司支部委员会等3个企业党支部。探索互联网企业党建新路径，推出“e路跟党走、链上新时代”党建新品牌，互联网企业联合党支部成为省级标杆党支部。开展干部作风集中整治，查摆出党委班子四大类12个方面40个问题，35个问题整改到位。巡察反馈问题52个，48个整改到位，4个取得预期整改效果。巡察整改督查反馈的6个问题整改到位。全年清退打处非补助39840元、工会活动经费8721元，收缴工会会费55257元，对21名干部职工23人次进行严肃问责追责，给予警告处分2人次，降低岗位等级处分1人次。　(柳叶妮)

# 农业


◎综述
◎畜牧水产和农机管理
◎林业
◎水利
◎水文
◎移民事务

## 综 述

【概况】2020年，娄底市在确保全市粮食、蔬菜、生猪等主要农产品供给充足的同时，重视耕地安全利用、农村宅基地管理、安全生产等各项重点工作，市委常委会、市政府常务会多次开会调度部署，推动各项工作的开展。农村宅基地管理有序推进，成立娄底市农村宅基地改革与管理工作领导小组，出台《关于规范农村宅基地审批管理的通知》，颁布实施《娄底市农村住房建设管理条例》，双峰县和冷水江市所有乡镇建立农村宅基地审批管理协同工作机制。农民教育培训成效明显，培训现代农业带头人605人，贫困地区培育高素质农民3087人（其中培育产业扶贫带头人772人）。农业农村经济安全运行，化肥实现负增长，农药实现零增长，全市农业农村各个领域没有发生重特大安全事故，无农业投入品使用事故、无各类农产品质量安全重大事故。是年，全市第一产业增加值完成199.55亿元，同比增长4.4%，增速居全省各市（州）第一位；农村居民人均可支配收入14143元，增长9.4%，增速居全省各市州第四位。

【粮食生产】2020年，娄底市委书记、市长等市领导多次调度、调研粮食生产，市委办、市政府办出台《关于发展粮食生产坚决遏制耕地抛荒的通知》，整治耕地抛荒、强化生产服务和督查指导，粮食作物扩面增产。是年，全市粮食播种面积24.37万公顷，粮食总产156万吨，其中水稻种植面积18.84万公顷（早稻播种面积6.01万公顷，中稻6.41万公顷，晚稻6.43万公顷）；旱粮面积5.52万公顷，比上年增加0.49万公顷，总产28.9万吨。推进受污染耕地安全利用和农业机械化，全市626.67公顷严格管控区全面退出水稻生产，水稻耕种收综合机械化率75.1%。

【生猪生产】2020年，娄底市落实中央、省生猪生产政策措施，建立健全工作责任机制，加强统筹调度，推动生猪产能恢复。全市开工建设的新建、改扩建规模场310家，其中110家建成投产，新五丰、唐人神、正邦、大北农等龙头企业37个规模场全部开工建设，16家建成投产，双汇投资的30万头生猪、5000万羽肉鸡养殖和150万头生猪、5000万羽肉鸡屠宰深加工冷链物流项目开工建设。全市存栏生猪265万头，出栏生猪335万头，生猪存栏达到省政府下达任务的123.2%，生猪出栏达到省政府下达任务的121.8%，全市存栏肥猪充足，猪肉价格稳中有跌。畜禽粪污治理全部达标，规模养殖场粪污治理设施装备配套率100%，整市利用率逾85%。

【蔬菜生产】2020年，娄底市落实“菜篮子”市长负责制，建立健全责任考核机制。全市蔬菜播种面积5.89万公顷，总产175万吨，产值39.6亿元，主要蔬菜自给率30%以上，供给结构和质量优化，实现“由有到优”的跨越，打造桥头河萝卜、双峰辣椒、青树坪淮山、龙山百合、新化魔芋等地方特色蔬菜品牌。

【乡村产业】2020年，娄底市积极应对新冠肺炎疫情影响，帮助涉农生产企业复工复产、解决困难，召开银企战略合作对接会，采取一系列措施，促进农村二、三产业发展。是年，全市从业人员6.55万人。全市农产品加工企业1387家，国家级龙头企业3家、省级53家、市级211家，其中新增国家级龙头企业1家、省级16家。全市农产品加工业实现总产值（现价）约601亿元、营业收入约585亿元，同比分别增长16%、17%。全市休闲农业企业1803家，比上年增加22家，申报国家五星级休闲农庄1家，新增省五星级休闲农庄8家、四星级29家、三星级8家。全市休闲农业经营收入实现30亿元，较上年增长0.2%，接待游客903万人次，较上年增长4%。全市农民合作社7107家，比上年增加904家，入社成员14.08万户。全市家庭农场总数2267个，比上年增加232个，其中省级示范家庭农场57个，新增26个。

【项目建设】2020年，娄底市农业农村局围绕决战脱贫攻坚和“三农”领域补短板，推进项目建设，争取财政资金支持，夯实农业发展基础。推进“千企帮千村万社联户”行动，实施产业扶贫项目780个，联结贫困人口203839人。实施中央“三农”领域补短板项目库项目196个，总投资0.9亿元，其中投入7000万元建设田头仓储保鲜冷链设施195个，补助财政资金1983万元；国家级优质湘猪产业集群项目、中央省级畜禽粪污资源化整县利用推进项目等项目获批并有序实施。上年度9000公顷高标准农田项目工程建设全部完工，当年度高标准农田建设项目完成项目建设总投资 16093.93 万元，占年度项目计划财政资金总投资的 63%。

【农村人居环境整治】2020 年，娄底市推进农村生活垃圾治理，在全市 1912 个行政村推行“三次多分法”垃圾分类处理模式，1890 个村（居）建立村级垃圾分拣中心，75%的镇区和居民集中区按要求配备分类投放垃圾桶，除新化县以外的县级回收集散中心建设完成并投入使用，垃圾回收体系建成。开展以“三清一改”为重点的村庄清洁行动，分类推进农村户厕和农村公厕建设，完成省定改（新）建农村户用厕所 16031 户和农村公用厕所 43 座建设任务。全市 26 个村获县级美丽乡村示范村，10 个村获市级美丽乡村示范村，涟源荷塘村等 4 个省级美丽乡村建设示范创建村、新化油溪桥村等 4 个省级美丽乡村精品示范创建村以及娄星区和铎山镇全域美丽乡村建设等 3 个层次的示范创建活动成效明显。新化县吉庆镇油溪桥村获评全国首届“村级乡风文明建设”优秀典型案例。

【农村改革】2020 年，娄底市完成农村集体产权制度改革任务，1951 个涉改村（社区）确认成员身份 358.59 万人，建立成员名册档案与备案制度，471 个村组（村级 468 个、组级 3 个）开展股份合作制改革、量化资产总额 3.68 亿元，1951 个涉改村（社区）及 3 个涉改组均建立新型农村集体经济组织，其中 1931 个村、3 个组在农业农村部门赋码登记。完成农村土地承包经营权确权登记颁证“回头看”工作，组织开展农村土地承包经营纠纷调解仲裁，推进确权登记颁证档案整理入馆和信息应用平台互联互通工作，双峰县通过省级档案质检验收。

【禁捕退捕】2020 年，娄底市委、市政府把禁捕退捕工作作为一项重要政治任务来抓，成立市委书记为第一组长的工作领导小组，多次召开市委常委会、专题会听取工作情况汇报，研究解决相关困难和问题并率队调研督导，推动全市禁捕退捕各项重点工作任务落实。新化县、冷水江市等相关县市核定并录入全国内陆渔船管理系统退捕渔民 501 户，完成退捕渔民捕捞证回收、720 艘渔船和所有渔网拆解处置、退捕资金发放工作，1350 艘“三无”船舶全部处置上岸；建档立卡退捕渔民实名信息 584 人中，411 名有就业能力且有就业意愿的渔民就业率 100%，583 名应参加养老保险的退捕渔民参保率 100%；全市开展联合执法 260 余次，查获非法捕捞案件 60 起，刑事案件 31 起。

【农业机械化】2020 年，娄底市农机化工作以推进现代农业为主线，全年完成水稻机耕面积 17.36 万公顷，水稻机插面积 6.47 万公顷，水稻机收面积 15.33 万公顷，机械化植保面积 8 万公顷，水稻综合机械化水平 75.08%，同比增长 1.5%；油菜播种面积 3.01 万公顷，机播 1.71 万公顷，油菜综合机械化水平 56%，同比增长 2.2%。创建省级现代农机合作社 27 家、省级示范社 5 家，全市经工商注册登记的农机合作社 287 家，其中有 194 家进入湖南省“千社”工程。农机推广服务“331”机制的实施情况位居全省先进，实际灭失或报废变型拖拉机 4459 台，3579 个“问题清单”实现清零。农机产业实现稳外贸、稳预期的目标，产业销售收入增长 30%以上，工业增加值增速 7%，税收增速 9.5%，新增 4 家规模企业，农机产业链总投资 12 亿元，是年度计划投资的 2 倍，农机自营出口 1477 万美元，同比增长 111.3%。（曾 杨）

## 畜牧水产和农机管理

【概况】2020 年，娄底市畜牧水产和农机事务中心疫情防控与复工复产两手抓，推进生猪生产稳产保供、重大动物疫病防控、畜禽水产品质量安全监测，开展第十七届渔业人工增殖放流、第十一届“湘博会”农机会展工作，促进新品种新技术推广，持续推进农机社会化服务，完成全省“一村一碾米机”配送任务，在涟源市举办全市首届农机技能大比武，成立首家丘陵农机研究院，完成首个农机特色小镇建设规划编制工作，超额完成省里下达的生猪生产保供任务，重大动物疫情保持平稳，畜禽水产品质量安全和农机安全总体可控，农机产业产销两旺，农业机械化水平稳步提升。是年获全省动物疫病防控工作先进、农机事务工作综合先进。

【养殖生产】2020 年，娄底市生猪出栏量 305.63 万头，年底，存栏生猪 259.64 万头，超额完成省里下达的出栏和存栏任务。是年，全市新建、改扩建存栏 500

头以上养猪场项目318个,其中存栏1万头以上的规模场45个,建成投产109个。存栏牛53.08万头、羊40.82万只,存笼家禽2044万羽。年出栏生猪500头以上规模户1513户、牛50头以上322户、羊100只以上182户、肉鸡2000羽以上437户,年存栏蛋鸡2000羽以上62户。放养水面0.89万公顷,其中名特优养殖面积642.67公顷。

【动物疫病防控】2020年,娄底市畜牧水产和农机部门抓实各项防控措施不放松,重大动物疫情保持平稳。全市排查猪场52564个、生猪129万头,监测采样5580个,检测样品均无阳性。开展消毒灭源,消毒总面积超过1000余万平方米,累计消耗各类消毒剂和消毒药品200余吨;在关键路口设立检疫消毒站38个,24小时值守。查获违规调运生猪238起、无害化处理生猪743头、生猪产品8800千克,行政拘留7人、移送公安机关2人;严厉打击私屠滥宰,查处私屠滥宰违法行为34起,取缔私屠滥宰窝点12个;加强市场流通监管,查扣问题生猪产品5吨,刑拘3人。春、秋两季动物集中免疫开展有效,其中牲畜口蹄疫猪、牛、羊分别免疫357.1万头、55.34万头、62.22万头;高致病性禽流感免疫家禽2100万羽;小反刍兽疫免疫35.45万头,免疫密度达到100%。

【质量安全监测】2020年,娄底市畜牧水产和农机部门开展政府抽样检验和畜禽水产品风险检测,在规定时限内完成检验任务。市本级对各县(市、区)屠宰场、农贸市场、养殖户等动物产品兽药残留监测组织样品197批次,猪牛羊尿样84批次。包括例行监测组织样品172批次(猪肉80批次、猪肝30批次、牛肉20批、禽肉25批次、禽蛋30批次、水产品12批次),猪牛羊尿样25批次;监督抽查组织样品25批次(禽肉10批次、禽蛋10批次、水产品5批次),猪牛羊尿样59批次。经实验室检测,“瘦肉精”(克伦特罗、莱克多巴胺、沙丁胺醇)、氟喹诺酮类药物(恩诺沙星、环丙沙星、沙拉沙星和达氟沙星等),磺胺类药物总量(磺胺间甲氧嘧啶、磺胺二甲嘧啶、磺胺甲噁唑、磺胺二甲氧嘧啶、磺胺喹噁啉等)等药物残留,结果均为合格。

【人工增殖放流】2020年6月,娄底市人民政府举办,市农业农村局、市畜牧水产和农机事务中心共同承办第十七届水生生物增殖放流活动,放流草鱼大规格鱼种0.2万尾、鲢鳙夏花鱼苗300万尾(鲢鱼220万尾、鳙鱼80万尾),银鱼受精卵1亿粒,投入资金18万元。是年举办人工增殖放流活动4次,投放各类规格鱼种鱼苗2000万尾,银鱼受精卵1.2亿粒。

【“一村一碾米机”配送】2020年4月,省委书记杜家毫到双峰县考察农机企业,提出“一村一碾米机”构想。娄底市先行先试,开展“一村一碾米机”管理运营探索,推动“小农机”进村入户、“经营服务”入户,在8个村创建村级农业综合服务中心,以4种经营模式进行试点实践。全省全年配送21392台,全部由双峰县湖南省劲松机械有限公司(劲松机械)、湖南省农友机械集团有限公司(农友集团)等农机生产企业负责生产并配送到村。“一村一碾米机”活动在全国农机系统得到好评,中央、省、市媒体宣传推介,助推“湘产农机出湘”。

【农机购置补贴】2020年,娄底市加大市级累加补贴力度,第十一届“湘博会”期间,对现场购置补贴机具的购机者,按国补资金的30%~40%实行市级累加补贴,双峰县在市级补贴的基础上再按国家补贴资金的15%实行县级累补。展会期间销售各类大中型机具3495台(套),成交额2.07亿元,比上年度分别提高197%、72.5%。市级累加补贴1885.54万元,比上年度提高288%。截至12月31日,全市申请补贴资金5697.85万元,补贴机具22792台。是年,涟源市、新化县成为果园田土宜机化项目县,双峰县成为机抛秧作业补贴项目县、秸秆还田项目试点县,娄星区成为水田深翻耕作业补贴项目试点县,涟源市、娄星区、双峰县成为钢架大棚补贴试点县,涟源市、新化县成为自主品目补贴试点县。

【农机社会化服务】2020年,娄底市继续推进农机合作社建设,全市新建省级现代农机合作社9家,省级示范社6家,“全程机械化+综合农事”服务中心2家,截至年底,194家现代农机专业合作社进入湖南省“千社”工程(2014年,湖南省政府计划两年内将1000个为水稻生产提供全程服务的现代农机合作社列入“百企千社万户”现代农业发展工程,省、市、县财政给予一定补贴。2015年底项目完成。2016年湖南省农机工作会议发布,“十三五”期间继续扶持建设现代农机合作社,每年由财政扶持建设500家),新化县兴隆农

2020 年，插秧机和无人植保机作业现场

（市畜牧水产和农机事务中心 供图）

机服务专业合作社、娄底市南阳农机合作社等 28 家合作社被评为“省农机示范合作社”。农机合作社完成全市 60%以上的机耕机收、80%以上的机插工作。9—10 月，阴雨灾害天气影响中稻收割，各级农机部门组织 250 余家农机合作社，以低于市场行情 20%以上的价格帮助农户收割水稻，抢烘稻谷 23.6 万吨。开展技术服务和培训，春耕和双抢期间，组织 9 万余台耕种收农机下田作业，6000 余万元农机具和零配件供应市场。组建 26 个农机技术服务小组，建立 490 余人的农机大户服务群，开展在线培训、指导和答疑。4 月，联合市、县人力资源和社会保障部门在涟源市七星街镇举办全市首届农机技能大比武，进行机插秧、飞防植保两个项目的比试；全年举办培训班及现场演示会班 11 场，培训育秧手和插秧机手 800 余人。分获全省机插秧技能大比武、“强技能、稳就业”农机维修技能大比武两个第一和第三届全国农业行业职业技能大赛湖南省选拔赛农机修理工技能竞赛优秀团体奖。是年全市水稻机耕面积 17.53 万公顷，机插面积 6.54 万公顷、机收面积 16.28 万公顷，分别占水稻播种面积的 95.3%、35.5%、88.5%。

【农机产业】2020 年，娄底市加快农机产业转型升级，出台基础设施、资金、人才等一系列扶持政策。完成《双峰县永丰农机特色产业小镇修建性详细规划》编制和农机发展中心建筑设计。邀请 2 名“两院”院士专家团队进驻农机产业园，设立院士工作站。联合 19 家科研院所同 35 家企业开展产学研合作，组建 3 个国家级研发平台、10 个省级研发中心。组织 11 个企业 45 个农机产品的现场演示评价会，申报纳入省农机购置补贴目录。双峰农机产业实现国内国外双循环新突破，对接中国国际农业机械展览会、中非经贸博览会等展会，借力“互联网+”，设立对外网上销售旗舰店，助推农机“出海”，56 家农机企业实现网上销售，28 家企业在泰国、印度尼西亚、越南、南非等国家设立销售服务站。是年，劲松机械销售碾米机 90000 余台，实现产值 1 亿余元，同比增长 50%，农友集团完成销售 2.6 亿元，增长 19%。农机产业销售收入增长 40%，农机外贸自营出口 1837 万美元，同比增长 86%，小型农机销售同比增长 30%。 （潘文武）

2020 年，第十一届湘博会农机千人订货会现场

（市畜牧水产和农机事务中心 供图）

## 林　业

【概况】2020 年，娄底市林业工作在造林绿化、林业产业、自然保护地整合优化、资源管护方面取得新进展。是年，森林公安机关转隶到市公安局。娄底市林业局成功创建省级文明单位，获全省整合优化先进集体、全省禁食野生动物工作先进集体，野生动物人工繁育退出补偿获国家林草局肯定和全省先进，生态廊道建设、自然保护地优化整合等工作被省林业局评为优秀等次，获全市平安建设先进单位、安全生产先进单位，离退休党支部获评全省“示范离退休党支部”。

【造林绿化】2020 年，娄底市争取中央、省营造林资金 7285 万元，位居全省第一。完成营造林 3.92 万公顷，其中人工造林 0.6 万公顷，封山育林 1.3 万公顷，退化林修复 0.59 万公顷，森林抚育 1.43 万公顷。锡矿山难造林地植绿复绿 266.67 公顷。出台《关于推进生态廊道建设的实施意见》，是全省采取市、县（市、区）

两级合并编制《娄底市生态廊道建设总体规划》的市，争取省财政生态廊道建设试点资金 760 万元，占总量的 16%，位居全省第一。全市省级生态廊道建设规划总面积 2.29 万公顷，位居全省第五位。在长韶娄高速沿线涟源市花山岭开展难造林地绿化攻坚试点，造林 733.33 公顷。以联村建绿为抓手，全年义务植树 977.3 万株，为省定任务的 102.9%。全市 888 家单位在 230 个村开展联村建绿工作，完成植树任务 89.9 万株，建立大小义务植树基地 126 个。

【疫情防控】2020 年新冠肺炎疫情期间，娄底市林业局实行党组书记、机关党委书记、党支部书记三级书记抓防控工作责任制，树立系统防控思维，全方位、全覆盖，构建立体化、网格化防控格局，履行野生动物保护和林业系统人员防护等疫情防控职责，部署、制定防控工作方案，落实野生动物繁育场所封控，关闭全市自然保护地，开展疫情防控督查，展开全市林业系统干部职工(含家属)排查。1 月 22 日，发出全面禁止野生动物交易紧急通知；1 月 28 日起，向全体市民发出禁捕禁售禁食野生动物倡议书，市政府出台、发布《关于加强野生动物资源保护全面禁止食用野生动物的通告》，实现全系统人员零感染，全市野生动物零疫情、零交易、零上访。按照“五到位”(组织领导到位、存栏数量核实到位、筹措资金发放到位、繁育动物处置到位、风险管控到位)的要求，推进野生动物人工繁育退出补偿工作，全市退出野生动物繁育主体 136 家，处置动物 11.09 万千克、1.65 万头(只)，动物处置率 100%；补偿资金 1683 万元，补偿资金到位率 100%；9 月 2 日，国家林草局在核查娄底市退出补偿工作时给予充分肯定。是年，协同森林公安机关破获野生动物刑事案件 16 起，抓获犯罪嫌疑人 24 人，查获野生动物 200 余头(只)。

【林业产业】2020 年，娄底市林业局对接全省林下经济、森林康养、竹木加工、油茶四大千亿产业。5 月 29 日，组织各县市林业局、国有林场和黄精种植大户 100 余人召开全市黄精产业推进会，省内外媒体争相报道，增强“新化黄精”产业的影响力。9 月 8—10 日，和新化县政府承办首届中国黄精产业发展研讨会暨湖南省第三届黄精高峰论坛。中国科学院院士朱玉贤带领 12 位博士生导师和国家林学会林下经济分会领导等 600 余人出席论坛。全市黄精产业种植面积 3333.33 公顷，新增 2000 公顷，总产值 5 亿元以上。全市竹木加工产业产值 49.4 亿元，其中竹产业 16.8 亿元，同比分别增长 5%和 8%。以大熊山森林公园和龙山森林公园为主体，实现一、二、三产业融合发展，龙山国家森林公园列入全国首批森林康养基地，大熊山国家森林公园列入全省首批森林康养示范基地。推动油茶造林和低改，全市新造油茶林 1233.33 公顷，低改 1533.33 公顷，争取资金 850 万元。开展油茶培训 25 次(班)，培训人员 1900 余人次。全市油茶鲜果产量 9.01 万吨，茶油产量 4505 吨，油茶产业总产值 15.6 亿元，同比增长 23.8%。

【自然保护地整合优化】2020 年，娄底市自然保护地整合优化预案通过省级评审，全市自然保护地由 17 处归并到 15 处，调出 6770.68 公顷，将生态良好、人迹稀少的空缺地，按就近的原则补进 8812.6 公顷，优化自然保护地边界问题 9 处，解决历史遗留问题 15 处。整合优化后总面积为 50438.6 公顷，占全市国土面积的 6.22%。将水府庙国家湿地公园在娄星区和娄底经开区范围内的 1016 公顷面积全部调出。对自然保护地内自查的违法违规问题开展督查整改和生态修复，根据县(市、区)政府的销号申请报告，组织专班实地核查，对涟源市龙山国家森林公园旅游设施等 13 个问题予以销号。双峰县荷叶镇富托村小微湿地试点建设工程，完成综合治理面积 3.34 公顷，通过省林业局验收。水府庙和龙湾湿地公园完成湿地修复 18 公顷，涟源杨市镇山水林田湖草建设项目，综合治理面积 97.1 公顷，有效拦截农业面源污染和农村生活污水，为全省湘江流域综合治理示范试点。

【资源管护】2020 年，娄底市严守林地生态保护红线，执行林地分级管理、差别管理、定额管理和用途管制。开展查处打击各类违法占用林地专项行动，推进采石场专项整治，强制关闭退出涉林采石场 63 家，限期整改采石场 101 家，指导企业办理使用林地审核手续 67 家。森林督查实现常态化，年度核查图斑 1575 个、即时图斑 405 个，查处整改历年违法违规小班销号率 95%以上，国检双峰县森林督查被评为优秀。完成林地、生态公益林和天然林三大数据库有效整合，建成森林资源“一张图”管理、“一个平台”监测、“一套数据”的监管评价体系。全市处理林业行政执法处罚案件 182 宗，双峰县的林业行政处罚案卷质量在全省行政执法案卷评查中排名全省第一。推进行政执法“三项制度”落实，加强行政职权清理，深化以行政许可为主的“放管服”改革，落实“互联网+监管”体系建设工作。完成娄底市森林火灾高风险区综合治理项目一期建设任务，建设完成林火视频监控系统前端26套、中控设施5套、森林消防水池9座、生物防火林带200千米。在全省率先实现省、市、县视频监控系统互联互通。全年全市未发生重特大森林火灾，森林火灾年发生率、年受害率远低于省限指标。（曾庆凯）

## 水　利

【概况】2020年，娄底市水利系统践行“节水优先、空间均衡、系统治理、两手发力”的治水方针和“水利工程补短板、水利行业强监管”总基调，实施水安全战略，确保防洪安全、供水安全和生态安全。全年争取水利建设资金19.5亿元，涉及市本级及6个县市区77个项目，投资完成率93.7%。6月底，完成巩固和新增农村通自来水人口7.89万人的民生实事任务，投资6439万元。组织开展六轮防汛检查，成功应对18轮强降雨。创“五长共治”(河长+监督长+督察长+警长+检察长)体系推进河长制。全市1617处取水项目整改提升，完成双峰县节水型社会、市卫健委等5家公共机构节水型单位的创建。是年，娄底市荣获湖南省河长制工作真抓实干激励表彰，娄底市水利局获评全国河长制工作先进单位，2人获评全国河长制先进工作者和优秀河长。

2020年3月22日，娄底市水利局在孙水公园举行主题为“坚持节水优先，建设幸福河湖”宣传活动

（市水利局　供图）

【水旱灾害防御】2020年，娄底市水利系统突出以防为主，守住水旱灾害防御底线。多次召开会议专题研究部署水旱灾害防御工作，开展六轮督查，派出30个工作组，排查整改水工程度汛安全隐患415处。应用娄底智慧水利信息系统和水利云平台，智慧防汛，精准研判，启动水旱灾害防御Ⅳ级应急响应2次，发出水旱灾害防御预警11期，与市气象局联合发出山洪灾害气象风险预警8期。科学精准调度水库调洪蓄水，调控洪水7.2亿立方米、拦蓄洪水2.89亿立方米，其中12次调度白马、大江口水库，提前预泄腾出库容，发挥水库拦洪错峰削峰作用。合理拦蓄尾洪，雨季结束时，全市水库、山塘最高蓄水量6.86亿立方米，较历年同期均值增加25%。紧盯超标洪水、水库失事、山洪灾害三大风险点，预警信息提前覆盖强降雨区域，开展点对点实时督导，督促各类责任人开展网格化巡查预警。全年未垮一堤一库一坝、无人员因洪涝灾害死亡、未出现重大山洪灾害和水工程灾险情、没有因干旱造成人畜饮水困难和农作物受灾。

【河湖管理】2020年，娄底市河长制工作突出问题和效果“两个导向”，创新“五长共治”体系，落实责任追究办法和正向激励措施，创新“卫片图斑+无人机航拍+视频监控”工作手段。做到“扭住一条主线、强化两项措施、破解三治难题、突出四个重点、实现五长共治”。扭住河长履职尽责一条主线，压实“河长责任链”，14名市级河长带头巡河护河，2970名河长排查整治河湖日常管护问题2322个，解决河湖突出问题103个。强化惩处激励两项措施，出台正向激励措施和责任追究办法，出资200万元奖补美丽河湖，出资50万元奖励先进单位和个人，对涟源市2起典型案例进行通报问责。破解治污治乱治淤三治难题，完成湖南省重点工作任务16项，建设生态廊道28千米，完成骨干山塘清淤6000口、河道疏浚190千米，省级交办37个“四乱”问题全部整改销号。抓好思想观念转变、基层基础夯实、常态联合执法、突出问题整治四个重点，组织河长制进党委中心组、进党校巡回宣讲，加强基层一办两员建设、落实护河员保洁员1970名。对资江娄底市境内142.5千米全流域视频监控。建立常态联合执法机制和队伍，投入2000万元开展车田

2020年，娄底市涟水流域水资源保护和水生态修复工程——二大桥至三大桥段　（市水利局　供图）

江水库网箱退养，组织集中执法76次，退养网箱30万平方米、拦网20万平方米。实施“五长共治”，市人大交办解决重点问题17个，市纪委监委对12人追责问责，联合市公安局打击水事违法犯罪问题81个，市检察院开展涉水公益诉讼4人次，14个国控省控断面水质13个达到Ⅱ类水标准。

【饮水安全】2020年，娄底市完成民生实事项目164个，完成投资6439万元，巩固和新增农村通自来水人口7.89万人。将重点民生实事任务纳入脱贫攻坚“百日攻坚”行动，纳入市委书记亲自组织的脱贫攻坚“双周调度”，各县（市、区）筹资饮水安全资金2亿元。强化农村饮水安全工作政府、部门、供水单位“三个责任”，出台县级运行管理办法，印制并发放农村饮水安全“明白卡”26万张。推进农村饮水安全“三化”建设，各县（市、区）完成农村供水保障“十四五”规划，城乡供水一体化列入市级111个专项债项目中，争取地方政府专项债券4.39亿元。全市农村自来水普及率91.11%，农村供水水质提升，农村饮水安全保障率100%。

【水利规划】2020年，娄底市启动水安全规划体系构建，以水安全规划为统领，以“十四五”水安全保障规划为总规，以水资源配置规划、水利基础设施空间布局规划为支撑，同时启动城市防洪、水库、水土保持等多个专项规划。完成河道划界成果一张图、《娄底市水安全规划》技术咨询、《娄底市“十四五”水安全保障规划》《河流岸线利用保护与开发规划》等规划的初稿，完成《娄底市水利基础设施空间布局规划》《娄底市水资配置》等资料收集、调研工作。推进引资济涟前期工作，在湖南省水利厅对引资济涟方案论证的技术咨询中，获得“确有必要、基本可行”的结论，引资济涟项目作为湖南省5个重大水利项目纳入全国“十四五”规划150个重大水利项目库。白马灌区现代化建设与梅山大灌区、半山水库扩建纳入湖南省水安全战略规划。

【项目建设】2020年，娄底市投入水利建设资金19.5亿元，争取中央和省级资金5.32亿元，地方专项债券4.39亿元，主要用于中小河流治理、中型灌区节水改造、水土保持、病险水库除险加固、涟水流域生态修复与保护、娄星区农村水系综合整治试点等项目。完成湘江资江娄底流域截污与水体治理三年行动和山塘清淤三年行动，完成截污与水体治理任务52千米。实施“小水源、微田园”战略，累计清淤山塘1.8万口，新增蓄水量1800万立方米。完成青峰河、涟溪河流域11千米截污与水体治理任务，推进曲尺岭和扶珂水库新建工程、中小河流治理及小型病险水库除险加固项目，完成梅花洞、湘波和双江3个中型灌区续建配套与节水改造，完成涟源市塅江泵站技术预验收工作。娄底市涟水流域水生态修复与水资源保护工程，通过采取超常规措施，克服新冠疫情、汛期高水位、雨季等不利因素的影响，完成中央投资9000万元的涟水流域水资源保护与水生态修复工程项目。

2020年，娄底市娄星区山塘清淤项目现场
（市水利局　供图）

【工程管理】2020年,娄底市水利局开展6次质量监督检查,完成3座大中型水库和245座小型病险水库除险加固竣工验收,完成35个项目(标段)招标。开展2次在建项目农民工工资支付情况督查,制定《娄底市水利工程建设领域2020年根治欠薪百日攻坚冬季专项行动工作方案》,对28家企业进行市场监管评分,组织项目法人对74个项目的施工单位、17个项目的监理单位和12个项目的代理机构进行信用评价。对266座小型水库开展安全运行专项检查,完成215座水库安全鉴定(认定)。完成小型水库维修养护及小(1)型水库水雨情监测及视频监控系统建设,完成157座大中型水利工程及小(1)型水库工程管理范围和保护范围划定。

【水资源管理】2020年,娄底市县域节水型社会达标建设稳步推进,双峰县完成创建工作。完成水利行业节水机关创建工作,投入160万元打造高标准、引领性节水标杆,实现水利行业机关节水率23%以上。市水利局等7家单位被确认为湖南省第一批省级节水

2020年8月29日,水利部水规总院、长江水利委员会、省水利厅现场调研引资济涟工程

(市水利局 供图)

载体,32家市直机关完成公共机构节水型单位创建。出台《孙水河水量分配方案》,为孙水流域11个乡镇级行政区用水划定"硬杠杠"。推进娄底市孙水河饮用水水源地安全保障达标建设,投入100万元用于完善孙水河饮用水水源地生态流量、视频监控、水文信息采集等监测体系。全市1617处取水项目整改提升工作全部完成,全市26家年取水量50万立方米及以上工业和服务业用水单位及重点灌区纳入重点监控用水单位名录管理。推进湘江保护"一号重点工程",锡矿山地区饮水安全工程、水源工程、青峰河涟溪河综合治理工程有序推进。

【水电站管理】2020年,娄底市分2次抽查60座水电站,发现问题24个,现场下达安全隐患交办函13份。娄底市市委、市政府高度重视小水电站清理整改,各县(市、区)人民政府和相关部门履行政府主体责任和部门监管指导职责。全市10座退出类小水电站完成清理整改,140座整改类水电站完成手续办理,123座小水电站监控设施完成安装及数据上传。是年,娄底市小水电清理整改真抓实干考核全省排名前列。

【水库移民】2020年,娄底市纳入后期扶持的大中型水库移民人口319636人,涉及全市6个县(市、区)89个乡(镇、场、办事处)1603个村。娄底市落实大中型水库移民后期扶持资金42650万元,实施移民项目2769个,移民年人均可支配收入12127元,比上年增长15.49%。开展28个重点移民村整村推进工作,投入资金5620万元。完成764人移民避险解困任务的92%。实施移民培训项目14个,开展农业技能培训和就业技能培训6039人次。

【改革创新】2020年,娄底市水利局贯彻落实中央、省、市"放管服"改革部署,按照"三集中三到位"要求,梳理完善水利政务服务事项190项,办结行政审批件67件,行政审批按期办结率100%,无差错率100%。完善"双随机一公开"监管机制,"互联网+监管"目录清单、实施清单填报率100%。创新水利项目招投标监管,大力推行水利项目电子招投标,实现水利项目招投标全过程电子化、公开化、透明化、高效化。加大对行政处罚、行政检查监管力度,开展行政检查22次。

【立法工作】2020年,娄底市水利局开展《娄底市资江保护条例》(以下简称《条例》)立法调研与起草工作。成立以市人大副主任、分管副市长为组长的立法工作领导小组和分管副市长为总召集人的立法工作专班,组织生态环境、农业农村、住建、交通等单位开展2次立法调研,从水域岸线保护、水污染、水环境、水生态修复、执法监管等方面梳理资江存在的突出问题,形成《〈娄底市资江河保护条例〉立法调研报告》和

《娄底市资江保护条例（草案送审稿）》,《条例》由总则、水资源管理与保护、水污染防治、水生态修复等8章组成,共66条。

【安全生产】2020年,娄底市水利局贯彻落实“水利工程补短板、水利行业强监管”总基调,把强监管摆在更加突出的位置,开展水利行业安全生产专项整治三年行动、安全监管“强执法防事故”行动、落实企业主体责任年活动和和水利工程建设领域施工起重机械脚手架等坍塌事故专项行动,突出重点领域、关键环节、重要时段安全监管,强化执法监督,实施重大隐患“一单四制”,水利行业安全生产形势持续稳定,实现“零伤亡、零事故”。

【扫黑除恶】2020年,娄底市水利局收集上报17条线索,所有线索完成研判处置,形成闭环,实现线索清零。出台与扫黑除恶专项斗争和涉黑涉恶违法犯罪防范打击长效机制相关制度方案22件,完成湖南省水利厅扫黑办督导,按要求对全市水利系统开展扫黑除恶工作情况进行调度,完成资料整理上报。（陈 雯）

## 水 文

【概况】2020年,娄底市水文局聚焦主责主业,为娄底市防汛抗旱减灾、水利建设与管理、水资源管理与保护、农村饮水安全、水生态文明建设等提供水文资料。是年,承担娄底市孙水河水源地安全保障达标建设项目,服务娄底市水资源配置专项规划和水安全现状基础调查评价等项目,编制《水资源质量状况通报》和《水质检测报告》,开展涟水流域水生态水环境监测工作,为全市夯实水安全基础,维护河湖健康,持续改善河湖生态健康提供技术支撑。

【防汛抗旱】2020年,娄底市发生17轮明显的降水过程,其中,涟水娄底段(7月27日)和孙水娄底城区段(6月10日)发生超警戒水位洪水,湖南省娄底水文水资源勘测中心发布8次13个河段洪水预警,8站次洪水预报,发送水情预测预报材料1200余份,发送预警短信81批次近2万余条。

【农饮监测】2020年,娄底市水文局设立的湖南省市河湖水质监测中心娄底分中心具备重金属、苯系物、石油类等70个参数的检测能力,主要承担全市境内地表水、地下水、农村饮水供水工程的水质检测工作和突发性应急水污染事件水质监测工作。全年完成248个农村安全饮水工程的水源水、出厂水、末梢水总计395个水样的水质检测。其中水源水指标检测近30项,出厂水和管网末梢水指标检测近40项。编制《农饮通报》8期,检测报告近300份。

【信息化建设】2020年,娄底市水文局通过与市水利局对接,将娄底市水情信息植入娄底市水利局微信公众号平台,实现水文业务信息、服务产品的共享,为各级政府和社会公众提供实时水文信息,及时推送水文预警。

【文化建设】2020年,娄底市水文局开展驻村帮扶、道德讲堂、“一元捐”爱心助学等活动,连续五年保持“省级文明单位”称号,双峰、冷水江、新化县水文局获“省水文系统文明单位”称号。职工李广军创作的《因为你是干部》《武汉,我们在一起》入选湖南公共文旅云举办的2020年“艺抗疫情 云游湖南”活动优秀作品。是年,李广军获水利部“优秀水利文艺工作者”称号。（刘春波）

## 移民事务

【概况】2020年,娄底市纳入后期扶持的大中型水库移民人口319636人,其中新化县231047人、冷水江市14972人、涟源市32357人、双峰县23564人、娄星区5932人、市经济开发区11764人,涉及全市6个县(市、区)、89个乡(镇、场、办事处)、1603个村。是年,存量资金清理、整村推进、避险解困、移民培训、资金监管等重点工作强力推进,娄底市在湖南省移民工作绩效评估中获得优秀等次。移民年人均可支配收入12127元,比上年增长15.49%。

【移民民生改善】2020年,娄底市落实大中型水库移民后期扶持资金42650万元,实施移民项目2769个。其中发放直接补助资金12965万元,受益移民21.82

万人。投入各类移民项目资金29685万元，扶持移民项目建设2761个，其中扶持移民生产开发建设项目890个，帮助移民发展种养殖业和二、三产业；实施移民培训项目14个，开展农业技能培训和就业技能培训6039人次；实施农田水利、基础设施和生态环境项目1857个，进行库区及移民安置区公路、渠道、山塘整治等基础设施和教育、文化、卫生等公益事业建设。开展贫困移民精准扶持，实现所有建档立卡贫困移民全部脱贫。是年，库区和移民安置区发展短板补齐，移民生产生活条件改善。

【移民资金项目监管】2020年，娄底市库区移民事务中心对娄底市移民资金项目实施全过程监管，实现政策落实、资金安全、项目高效、干部安全目标。开展移民存量资金清理，按月上报存量资金消化情况，存量资金消化纳入移民资金使用绩效评价范围。推行“阳光行动”，所有到村资金项目实行“四议两公开”，坚持县上网、村上墙，在市纪委互联网+监督系统中公示。应用湖南省移民综合管理信息系统对移民资金项目进行信息化监管。开展专项监督，实行内审、稽察、监测评估、绩效评价及纪检监察监督的“4+1”全方位监督制度，聘请第三方专业人员对涟源市开展移民资金内部审计，对双峰县、冷水江市、娄星区开展稽察，配合湖南省移民管理机构对娄底经开区开展移民资金内部审计，对新化县开展稽察，对所有县（市、区）开展绩效现场评价。

【整村推进】2020年，娄底市推进对全市重点移民村实施整村推进精准扶持。是年，全市安排移民资金5620万元，建设各类移民项目224个，对28个重点移民村实施整村推进。在精准扶持推进重点移民村建设过程中，注重组织领导和责任落实、示范带动和规划引领、部门联动和资源整合，坚持基层主导原则，加强工作的指导和监督，严把移民村确定和移民项目选择关。

【特困移民避险解困】2020年，娄底市纳入湖南省第四批特困移民避险解困范围，避险解困计划投入专项资金1528万元，搬迁特困移民764人。截至12月底，完成年度任务92%，避险解困项目进度居全省前列。

【移民后扶“十四五”规划】2020年，娄底市严格按湖南省水利厅的工作部署，做好移民后扶“十三五”规划实施的总结评估和“十四五”规划编制工作。7月，组织全市移民工作机构对规划编制工作进行专题培训与安排部署。截至12月底，县（市、区）移民“十四五”规划基本完成，全市规划投入移民专项资金28亿元，建设移民项目12000余个。

【三峡移民专项扶持】2020年，娄底市安排三峡工程后续工作专项扶持资金126万元，对政府集中组织外迁至冷水江市和涟源市的三峡移民开展专项项目帮扶，支持三峡移民安置区安稳致富和发展社会经济、建设与保护生态环境、防治地质灾害等，帮助解决生产生活方面存在的突出困难和问题。

（周友仁）

# 工 业

◎综述
◎国网娄底供电公司
◎湖南华菱涟源钢铁有限公司
◎湖南省煤业集团涟邵实业有限公司
◎湖南神斧集团一六九化工有限责任公司
◎湖南省煤业集团金竹山矿业有限公司
◎大唐华银金竹山火力发电分公司
◎锡矿山闪星锑业有限责任公司
◎华达汽车空调(湖南)有限公司
◎湖南省地质矿产勘查开发局四一八队

# 综　述

【概况】2020 年,娄底市把打造钢铁新材和工程机械"双引擎"作为实施"三高四新"战略的主攻方向,将产业项目建设作为振兴实体经济的关键举措。是年,钢铁新材、工程机械"双引擎"引领全市 10 条新兴产业链快速增长,全市"双引擎"产业营业收入增长 12.6%,占全市规模工业的 52.3%,规模工业增加值增长 12%,同比增长 5.7%,增速排名居全省第一;全市新增规模工业企业 141 户,工业固定资产投资同比增长 18.8%,增幅居全省第五位,其中技投改资同比增长 15.8%,增幅居全省第四位,有 5 个项目列入省"五个 100"的"100 个重大产品创新项目",全市制造业增加值同比增长 7.5%,占全市国内生产总值的比重达到 27%。全年累计完成投资 2.07 亿元,完成年度投资的 141%;全市工业固定资产投资同比增长 18.8%,其中工业技术改造投资同比增长 15.8%,完成全年目标任务;六大高耗能行业增加值增长 5.5%,低于全市规模工业增速 0.2%,高技术和高加工度工业增加值分别增长 64.9%和 15.6%,高于全市规模工业增速 59.2%和 9.9%。

【疫情防控物资保障】2020,娄底市工业和信息化局(简称市工信局)是新冠肺炎疫情防控物资保障组组长单位,统筹负责全市防疫物资的生产、政府采购、调配和管理工作,组建指挥、综合、调配、运输、仓管、财务、宣传和信息保障 8 个小分队。出台《娄底市新型肺炎疫情防控制物资管理办法》,对全市的疫情防控物资按照急用优先、重点保障、就近调配、及时调配的原则进行统调统配、集中安排,全市调配普通医用口罩 1362328 只、民用口罩 1736845 只、N95 口罩 62221 只、医用防护服 45915 件、隔离服 10878 件、各类消毒酒精 59400 余桶/瓶、消毒液 7280 余桶/瓶、一次性头罩 52200 个等。

接收全市所有捐赠,捐赠信息分批在《娄底日报》、娄底新闻网进行公示,接受社会各界的监督。市本级接收社会捐款 20558793.76 元。其中,市物资保障组 11567500 元、市慈善总会 1830034.89 元、市红十字会 4015588.37 元、市侨联 2486599.5 元、第一人民医院 12210 元、康复医院 84808 元、市中心医院 562053 元。接收社会捐赠普通口罩 965194 只、N95 口罩 11969 只、红外测温仪(枪)256 把、防护服 31839 件、一次性鞋套 46050 只、一次性帽子 44800 个、75% 500 毫升酒精 31055 瓶、手术衣 1735 件、隔离衣 7113 件、84 消毒液 33675 千克、医用护目镜 6554 副、手术帽 76500 个、检查手套 769790 双。

【助力复工复产】2020 年,受疫情影响,娄底企业停产影响严重,为推动企业克服疫情,及时复工复产,娄底市先后下发《关于切实做好全市工业和信息化企业新型冠状病毒感染的肺炎疫情防控和当前安全生产工作的紧急通知》《全市工业和信息化企业员工返厂复工应急预案》《关于全市规模工业企业实行网格化管理的紧急通知》《关于派驻指导组协助县市区做好工业企业安全有序复工复产相关工作的通知》等文件,成立工业企业疫情防控及复工复产工作领导小组,成立 7 个指导组入驻县(市、区)指导督促相关工作,加强对重点行业、重点企业、新经济增长点及主要产品的动态监测和预警,工业经济总体呈现恢复增长、逐月回升态势,规模工业增速从 1—2 月的-2.5%回升至 1—10 月的 4.7%,1—10 月累计增速跃居全省第一,全年增长 5.7%。

2020 年 2 月 27 日,湖南省工信厅批复同意依托娄底万宝新区设立湖南省首个区块链产业园(娄底万宝)

(市工信局　供图)

【优势产业链建设】2020 年,娄底市以钢铁新材、工程机械"双引擎"打造新兴优势产业链。成立由市委书记、市长任总召集人,分管工业的副市长任召集人的"双引擎"建设工作专班,明确"双引擎"总体思路、产业定位及发展目标、推进措施和组织领导，各县(市、区)建立相应的机构等。制订《关于加快钢铁新材和工程机械“双引擎”建设、打造先进制造强市的实施意见》和《关于建立“双引擎”建设综合协调推进工作机制的通知》。打造“双引擎”支撑效应，围绕龙头企业打造制造业产业集群，形成具有国际竞争力和市场占有率的产业基地。是年，华菱涟钢年钢产量1000万余吨，销售收入600亿余元；华菱安赛乐米塔尔汽车板有限公司(VAMA)年产值同比增长20.1%，累计实现利润3.67亿元；三一中兴液压和中源新材，全年产值分别增长29.4%和17.7%。全市“双引擎”产业实现主营业务收入1116.4亿元，占全市规模工业的52.3%。全市10条工业新兴优势产业链有规模以上企业601户，同比增加40户，链上规模企业实现工业总产值1339.94亿元，占全市规模以上工业总产值的81.9%。其中年产值过100亿元的企业有3户，10亿~100亿元的有14户。娄底工程机械及配套产业集聚骨干企业80余家，钢铁新材料产业集聚规模以上企业100余家，总产值突破千亿元，全市形成“轴带引领，核心驱动，园区联动”的“双引擎”产业发展格局。

**【高新技术产业】**2020年，娄底市高新技术产业稳步发展。全市全年高新技术产业入统企业380家。全市实现高新技术产业总产值1478.41亿元，同比增长8.8%；实现高新技术产业增加值347.11亿元，同比增长9.5%，高新技术产业增加值占国内生产总值的比重为20.7%。完成本年度研发经费7090万元，突破关键技术17项，申请发明专利24项，获授权发明专利8项，有2家国家级企业技术中心，15家省级企业技术中心，52家市级企业技术中心。新增销售收入28.4亿元，上缴税收2.5亿元。分两批申报高新技术企业认定121家，通过114家，增量71家(创娄底市历年来最高增量)，增速43.03%，总量236家。湖南省新化县鑫星电子陶瓷有限责任公司承担的“先进装备用高性能新型流延陶瓷基板关键技术的研究及产业化”项目和湖南华菱涟源钢铁有限公司承担的“工程机械用轻量化高品质超高强度钢的关键技术开发及应用”项目完成实施计划。市工信局成立质量工作领导小组，制定《2020年度质量强市和质量提升工作思路和目标》，下发《关于做好2020年全市工业质量品牌和知识产权工作的通知》，确立质量建设的目标任务、工作重点、工作措施，组织10家工业企业参加省工信厅主办的“湖南工业企业质量信誉承诺活动”，指导试点企业建立和运行品牌培育管理体系，湖南格仑新材股份有限公司、冷江华科高新材料有限公司、涟源康麓生物科技有限公司和湖南五丰机械有限公司4家企业被确定为“2020年湖南省工业品牌培育试点企业”。推荐娄底光华机械设备制造有限公司为2020年“湖南省工业质量标杆”企业，娄底市安地亚斯电子陶瓷有限公司为2020年“湖南省工业领域知识产权运用标杆”企业。

**【中小企业政策措施】**2020年，娄底市为促进中小企业发展，出台《娄底市促进民营经济高质量发展的若干措施》《关于全市规模工业企业实行网格化管理的紧急通知》《娄底市有效应对新冠肺炎疫情支持中小企业平稳健康发展的若干措施》《娄底市实体企业技改创新奖补制实施细则》《娄底市工业新兴优势产业链发展规划》和《娄底市产业链工作评价办法》等相关文件。着重培育企业成长为“小巨人”，是年，全市培育省小巨人企业15家，国家级小巨人企业4家。截至2020年末，全市有省级小巨人企业60家、国家级小巨人企业5家，形成龙头带动，产业链联动发展的产业集群。组织落实娄底市经开区特色载体项目建设，形成大中小企业融通发展格局和产业生态链。

**【中小企业科技创新】**2020年，娄底市组织中小企业参加全省技术创新“破零倍增”行动计划，推荐湖南三泰新材料股份有限公司等81家创新性较好的工业企业进入湖南省“破零倍增”行动重点企业名单，其中湖南中南神箭竹木有限公司等7家企业成功申报2020年湖南省小巨人企业。截至2020年末，全市参与破零倍增行动企业1062家，其中重点企业中发明专利破零企业29家，发明专利产品销售额9.37亿元，发明专利产品利润1.46亿元，发明专利产品税收0.57亿元，发明专利产品出口4.16亿元，新增研发费用投入2.78亿元，研发费用占主营业务收入比重5.13%。

**【数字经济】**2020年，娄底市利用湖南省首个互联网产业特色小镇——娄底南·联创小镇的集聚优势，先后引进陌陌科技、58集团、浪潮集团等一批知名企业，带动480余家中小微企业入驻，形成视频直播、电子商务、创新创业、区块链、大数据和网络信息安全六大板块。其中区块链板块发展尤为突出，先后上线政务区块链网络平台，不动产区块链信息共享平台等10余个区块链应用平台。发出全国首张不动产区块链电子凭证，建立第一条政务联盟链，娄底南·联创小镇获批成为全省首个区块链产业园。是年，全市互联网和大数据产业实现产值24.6亿元。引导中小企业应用互联网、云计算、大数据、人工智能等新一代信息技术，加快数字化、网络化、智能化转型。

【企业融资】2020年，娄底市出台《娄底市有效应对新冠疫情支持中小企业平稳健康发展的若干措施》，市财政安排专项资金1亿元，其中8000万元用于风险补偿，2000万元用于贷款贴息。兴娄担保公司降低担保门槛提高风险容忍度，担保费减半收取，全年免担保费615万元，免收担保保证金7000万元。金融机构对35567家企业新发放贷款95亿元，对653家中小微企业26.8亿元贷款审核实施延期还本安排，对316家中小微企业贷款利息6133.57万元审核实施临时延期付息安排，对75家企业开展无还本续贷5.08亿元。全年新发放贷款平均利率同比下降0.37个百分点，为企业减少融资成本2亿余元。助力湖南德方智链公司开发"链企银"金融数据综合服务平台APP，打造政银企数据共享机制。着手申建省中小企业续贷受理中心娄星分中心，为企业提供续贷、担保和抵解押一站式服务。建立企业"白名单"制度，是年全市有39家企业入库省白名单，精准推介融资需求，实施差别化信贷政策。多次举行金融支持稳企业保就业政银企对接活动，8月21日政银企对接活动中，银行签约企业218家，授信金额114.12亿元，其中现场签约企业20家，授信金额10.08亿元。配合财政、人民银行等部门制订中小微企业财政贴息政策，为128家新增贷款小微企业提供300余万元财政贴息，引入公私募基金，签订7份投资协议，中小企业融资难问题得到有效缓解。

【创客中国大赛】2020年，娄底市在2020创客中国湖南省中小企业创新创业大赛决赛中获得省企业组二等奖、三等奖各1个，创客组三等奖1个。其中奕瀚电子的5G新核芯陶瓷TVS（功率半导体芯片）获得全国5G专项大赛一等奖。娄底市被评为全省优秀组织奖。

【工业项目建设】2020年，娄底市工信局牵头的16个市领导联系重点项目总投资184.1亿元，年度计划投资39.77亿元，完成投资51.03亿元，完成比例128.3%。全市工业固定资产投资同比增长18.8%，技改投资同比增长15.8%，分别居全省第五位和第四位。其中，249个投资5000万元以上产业链项目，总投资757.8亿元，累计完成投资434.6亿元，有5个项目列入省"五个100"的"100个重大产品创新项目"，全年累计完成投资2.07亿元，完成年度投资的141%。

【工业节能减排】2020年，娄底市工信局牵头组织对娄底市钢铁、水泥、锑冶炼、铝合金、建筑石膏、烧结墙体材料、陶瓷等行业以及湖南省工业和信息化厅、湖南省发展和改革委员会关于印发《2020年湖南省工业通信业节能监察重点工作实施方案》的通知确定的双峰海螺水泥有限公司、冷水江金富源碱业有限公司、华润雪花啤酒（中国）有限公司娄底分公司等18家企业进行节能专项监察，推进钢铁、火电、水泥、焦化、有色等行业重点企业节能减排技术改造升级。推进工业三废特别是冶炼废渣、矿渣、粉煤灰等大宗工业固体废弃物及余热、余气、余压的综合利用，全市有工业固体废物资源综合利用企业24家，是年，全市工业固综合利用量956万吨，产值66.7亿元。全市规模工业增加值能耗下降3.0%，万元规模工业增加值能耗同比下降7.67%，万元工业增加值用水量69立方米，规模工业固体废物综合利用率91%。根据《中共娄底市委办公室娄底市人民政府办公室关于印发娄底市锡矿山区域环境综合治理攻坚战三年（2018-2020）行动计划的通知》要求，牵头负责指导、督促、协调锡矿山区域产业转型升级工作。按照"绿色、循环、低碳、精细"的转型策略，以环境改善、工艺改进、新技术研发和锑产品精深加工为抓手，推动一批新工艺、新技术、新装备的应用升级和新产品的研发创新，助推涉锑产业高新化、集约化和规模化发展。叁玖锑业的硫化锑项目至10月底累计生产硫化锑800余吨，产品出口780吨，创汇350万美元。狮子山锑业总投资4亿元，年产10万吨锑矿的竖井建设项目11月正式投产。从第四季度开始，市工信局重新被调整为高灯河责任联系单位，着手对高灯河"四乱"问题进行排查整改，对高灯河存在的河道日常保洁有差距、高车洗砂厂环保措施整治不到位及双江乡废弃锰矿、钒矿矿井水直排的问题进行治理。

【新材料工业】2020年，娄底市有5家新材料企业通过湖南省新材料企业认定。规模以上工业企业新材料的产值同比增长7.8%。文昌科技、安地亚斯、创一电子、三泰新材、天益高科、鸿瑞新材等一批高成长性企业产销两旺，电将军、博盛新材料等储能材料项目进展顺利。

【“地条钢”整治】2020年，娄底市黑色金属和压延加工业增加值同比增长9.5%，对打击“地条钢”持续保持高压状态。根据国家、省两级政策要求，5月，清查上报工业用中频炉102台。9月，再次对“地条钢”违法违规生产经营活动进行无死角全覆盖排查，建立动态监测、持续发力、三级联动等长效机制。10月，组织市生态环境局、市场管理局等职能单位对全市进行检查，确保全市无“地条钢”生产企业。

【化学工业】2020年，娄底市化工行业增加值增速同比下降9.6%。根据《湖南省沿江化工企业搬迁改造实施方案》文件精神，省人民政府于6月发布《关于发布湖南省沿江1公里范围内化工生产企业搬迁改造名单的公告》，全市有7家化工企业在名单中。为加强全市沿资江化工产业污染防治，推进距离资江干流岸线1公里范围内化工生产企业(《化工行业分类表》的子行业中化工产品为主导的生产企业)搬迁改造，经市人民政府审议通过，出台《娄底市沿江化工企业搬迁改造实施方案》。7月14日，市政府召开娄底市化工企业搬迁改造工作布署会议。11月6日，娄底市7家化工企业搬迁台账上报省工信厅。

【建材工业】2020年，娄底市建材行业完成增加值同比增长2.5%。根据《关于印发娄底市城市规划区内烧制建筑用砖厂整体关停退出方案的通知》要求，对城市规划区内25家烧制砖厂制定“一厂一策”方案，全市砖瓦轮窑15家改造升级、淘汰或关停到位。3月27日，湖南省工信厅领导一行对娄底市水泥企业错峰生产情况进行检查，了解企业对该项工作的建议和意见，4家水泥熟料生产企业按要求完成一季度错峰生产任务。10月23日，市工信局与生态环境部门对4家水泥生产企业进行错峰生产大检查。9月30日，市淘汰落后办下发《关于在全市范围内迅速开展打击石灰土窑“死灰复燃”专项整治工作的通知》。10月10日，市人民政府召开《关于省级环保督察通报娄底市石灰土窑环境污染等问题整改工作专题会议》。10月16日，市淘汰落后办下发《关于组织开展对全市淘汰落后和“散乱污”企业整治工作进行督查的通知》。11月4日，将水泥生产企业10月环保在线监测数据进行公布，对停窑进行实时监测。截至是年年底，全市排查出20家石灰土窑，按照“两断三清”的要求均拆除到位。

【消费品工业】2020年，娄底市医药制造增加值完成4.72亿元，增长18.2%，食品制造业增加值完成41.49亿元，增长0.76%。纺织工业完成增加值2.79亿元，增长1.63%。轻工完成增加值31.81亿元，下降17.9%。消费品工业项目建设持续推进，完成投资48亿元；消费品工业新入规企业42家，占全部工业的32.8%；消费品工业多数行业开工率较高，用电量明显增加，其中，医药制造业的中成药生产同比增长49.06%；体育用品同比增长44.77%；食品制造业同比增长18.3%；轻工业中木材加工和木、竹、藤、棕、草制品业同比增长16.01%。湖南邬辣妈农业科技发展有限公司、娄底市五江实业有限公司、双峰县荣诚鞋业有限公司、湖南中南神箭竹木有限公司、湖南味菇坊生物股份有限公司产值分别增长20%、-10.66%、1.22%、-34.5%、20.78%。

【陶瓷工业】2020年，娄底市有先进陶瓷材料企业236家，包括规模以上企业82家，高新技术企业31家。其中，新化县陶瓷企业225家，含48家规上企业，24家高新技术企业(新化高新区有50余家先进陶瓷材料企业，90%以上是规上企业，其中高新技术企业23家)。娄底经开区有先进陶瓷材料企业7家，其中5家规上企业，4家高新技术企业。冷水江经开区有4家陶瓷企业，均为规上企业，3家高新技术企业。出现以鑫星电陶、美程陶瓷、安地亚斯、创一电子等为代表的行业龙头企业，培育汇鑫电陶、新华源科技、长江电子等一批骨干企业。创建院士专家工作站1个、省级工程技术研发中心2个、省级工业设计中心1个和省级企业技术中心4个，国家电子陶瓷产品质量监督检验中心入驻娄底，在湖南人文科技学院创建“先进陶瓷与粉体材料湖南省重点实验室”“功能粉体材料与电子陶瓷湖南省应用基础研究基地”。全国工业陶瓷标准化委员会结构陶瓷分技术委员会、湖南省电子陶瓷标准化委员会也入驻娄底，思博科技的工业互联网平台，长江电子引入的工业互联网平台基本建成。全市形成结构陶瓷、特种陶瓷、功能陶瓷和精细陶瓷等几大产品体系，包含电真空器件、陶瓷金属化、新能源汽车用陶瓷、电光源、温控器、壳体、保险管、水阀片、发夹板陶瓷、磁性材料等5000余个品种产品。是年，全市先进陶瓷材料产业链实现工业生产总产值112.6亿元，其中规模工业总产值85.2亿元，同比增长15.8%，规模工业增加值25.65亿元，增速37.1%，高新技术产业产值70.36亿元，高新技术产业增加值19.78亿元，同比增速8.7%，上缴税收1.43亿元，税收同比增速2.06%，全市企业研发经费支出2.69亿元，占规模工业增加值比重10.5%。其中，新化县先进陶瓷工业生产总产值105.1201亿元，含规模工业总产值77.81亿元，同比增长16.3%，规模工业增加值23.66亿元，增速38.3%，高新技术产业产值62.86亿元，高新技术产业增加值16.45亿元，同比增速8.36%，上缴税收1.32亿元，税收同比增速14.9%；娄底经开区先进陶瓷工业生产总产值3.53亿元，含规模工业总产值4.2亿元，同比增长12.5%，规模工业增加值1.15亿元，增速35.4%，高新技术产业产值3.94亿元，高新技术产业增加值2.16亿元，同比增速9.74%，上缴税收604万元，税收同比增速-68.2%；冷水江经开区先进陶瓷工业生产总产值4.06亿元，含规模工业总产值3.19亿元，同比增长11.7%，规模工业增加值0.84亿元，增速29.2%，高新技术产业产值3.56亿元，高新技术产业增加值1.17亿元，同比增速9.25%，上缴税收465.8万元，税收同比增速-5.2%。

【电子信息】2020年，娄底市电子信息规模制造企业规模以上企业99家，电子信息产业总产值126亿元，增长7.6%。1—5月，受疫情等影响，电子信息制造业普遍受影响较大，一度跌幅20%以上。6月份后，电子信息产业快速恢复，电子信息制造业产值同比增长30%以上。

【通信基础设施建设】2020年，娄底市光纤宽带覆盖率124.48%，固定家庭宽带用户普及率79.15%，移动宽带用户普及率97.15%。依托工信部电信普遍服务试点，在农村偏远地区新建4G基站399个，全市行政村4G网络覆盖率和光纤通达率实现两个100%，自然村4G网络覆盖率和光纤通达率分别为98%和90%。5G网络覆盖速度加快，累计开通5G基站1180个，市中心城区和产业园区等重点区域完成5G信号覆盖，5G移动电话用户85.21万户。

【智慧娄底建设】2020年，娄底市"智慧娄底"以"三中心一平台"为核心，启动"智慧娄底"子项目15个，全市社会治理体系和社会治理能力的智能化、现代化水平逐步提高，实现优政、惠民、兴业三大目标。放管服改革成效明显，"云上娄底"大数据中心成为行政审批、发改、政法、住建、城管、水利、民政、信访等市直单位业务上云的统一支撑平台，各部门信息化运维成本相比自建系统降低50%以上，行政协同能力增强。"互联网+政务服务"一体化平台将传统"一窗一体式"服务升级为前台综合受理、后台分类审批、统一窗口出件的"指尖办理"服务模式，实现不见面审批、高频事项掌上办、一网通办，群众等待时长平均缩短20%，业务好评率100%，业务办结率99%。城市社会治理水平持续提升，社会治理网格化管理服务平台及"平安e通"移动客户端先后上线，通过调用"三实"信息和三维地图信息，对全市人、事、地、物、情、组织等社会重点要素动态管控、重点人群重点监控。创建综治网格8000余个，录入实有人口279.2万人、实有房屋83万套，上报并处理矛盾纠纷1600余起。智慧城管系统以感知、分析、服务、指挥、监察"五位一体"为目标，搭建起"大城管"框架。灾害防控智慧水利大数据平台系统完成对全市主要干支流和中型水库的视频监控部署，接入气象预警预报实时数据、水文站水位数据、重要水库建视频监控、山洪灾害数据等，实现雨情、水情、工情全天候实时监测。

2020年8月26日，娄底市社会治理网格化建设调度会议召开 （市工信局 供图）

【两化融合】2020年，娄底市制造业与信息产业不断融合创新，钢铁、有色冶金、电力等支柱行业重点企业实现"两化融合"，其中华菱涟钢的生产工艺现代化、操作自动化、管理精益化水平位列国内钢铁行业前列，17家企业列入省两化融合管理体系贯标试点企业，湖南省农友机械集团有限公司企业列入省两化融合贯标标杆企业，15家企业与咨询服务机构签订合同开展两化融合贯标工作，27家企业通过两化融合贯标认定，位列全省第五，信息化对传统制造业带动作用明显，对全市经济增长贡献率超过30%。工业互联网发展基础牢固，鼓励企业"上云上平台"，推进"产业云"建设。是年"上云"企业数量4816家，"上平台"企业285家，16家企业被评为省"上云上平台"标杆企业。华菱涟钢和三一集团两家制造业龙头企业分别推出以经营制造大数据中心为核心和以树根互联根云为核心的工业互联网平台。优势制造业企业智能化脚步加快，农友机械获国家智能制造企业应用模式项目支持，福晶电子、美程陶瓷等6家企业获评省级智能制造示范企业（车间），市经开区引进的智能生态工业城项目完成签约。三一中兴液压油缸灯塔工厂项目一期建设完成，正在启动二期建设。

【减费降税和企业清欠】2020年，娄底市深化"放管服"改革，落实"六稳""六保"任务要求，为企业纾困解难，为企业排忧减负，市政府出台《关于做好2020年全市清理拖欠民营企业中小企业账款工作的通知》《2020年全市减轻企业负担工作实施方案》和《政府部门和大型国有企业拖欠民营企业中小企业账款投诉举报处理暂行办法》等规范性文件，清理拖欠民营企业账款478.24万元，至6月底，全部支付到位。至11月底，新增减税降费135938.06万元（含应对疫情和促进企业复工达产税费减免86652.01万元），其中增值税48142.95万元、企业所得税1932.65万元、个人所得税11585.62万元、房产税506.09万元、城镇土地使用税449.12万元、耕地占用税422.45万元、城市维护建设税3137.21万元、其他税种106.14万元、教育费附加1485.33万元、地方教育附加990.15万元、文化事业建设费等政府性基金2628.34万元、养老保险费49283.5万元、失业保险费2348元、工伤保险费12920.51万元。加强对企业用电和天然气价格监管，清理规范转供电环节加价行为，清理转供电主体127个，一般工商业终端用户9266户。督促国网娄底供电公司落实减免电费5%政策，释放红利2494万元。出台疫情期间非居民天然气价格下调实施方案，对娄底管输费下调0.075元/立方米、娄底居民用天然气销售价格下调至2.715元/立方米、非居民用天然气销售价格下调至3.405元/立方米，全年为娄底居民和企业减轻负担近400万元。

【移动互联网产业】2020年，娄底市运行不动产区块链信息共享平台、政务区块链网络服务平台、"链企银"金融数据综合服务平台等多个平台，"不动产区块链信息共享平台"实现7个部门、12家银行、3个公司数据互认，在线抵押业务办理时间只需6个小时，缩短为原来的15%。12月1日起全市全面启用区块链不动产登记电子证照。"链企银"金融数据综合服务平台有12家金融机构和3500户企业接入，39个中小企业融资产品上线，受理企业融资7.8亿元，在线完成中小微企业贷款12笔，融资额近3000万元。万宝新区省级移动互联网产业园发展"新经济"，形成视频直播、区块链、大数据、电子商务、网络信息安全、创新创业六大板块，获批湖南省移动互联网产业园、湖南省大数据产业园、全国首家省级区块链产业园。万宝新区瞄准疫情所带来的"宅经济"新机遇，立足优势，推进互联网新模式、新业态发展。是年，实现产值24.6亿元，同比增长25.5%，税收7687万元，同比增长19.2%。娄星区移动互联网产业园以吉星金融大厦为主体，向裙楼扩展辐射，引进金融、保险、互联网等服务企业，园区有各类企业67家。是年，娄星移动互联网产业园实现销售收入5.5亿元，企业缴纳税收2500万元。

【区块链产业】2020年，娄底市在研项目包括区块链反电诈侦办平台、区块链招投标、城市物流环保平台、区块链智慧巡检等多个项目。区块链主体企业申报专利20项、软件著作权17项，授权发明专利2项，通过GB/T19001和ISO9001质量管理体系认证以及BT/T22080信息安全管理体系，完成网信办区块链信息服务备案项目1个，新研发城市数据基础服务平台、区块链+公租房等多个项目。智慧政务、链城数科、德方智链等企业积极参与全国区块链产业发展，承担工信部、市场监管总局、应急管理部等多个部委重大项目，取得浙江省、江苏省区块链总体规划编制和重庆市等省市项目10余个，在成都市和北京市实施不动产区块链信息共享平台。金融数据综合服务平台入选人民网信息技术助力复工复产优秀案例。

【新型墙体材料】2020年,娄底市新型墙体材料实现从逐步"限粘""禁实、推新"向全面"限粘""禁实、推新"的阶段性转移,新墙材企业的转型升级和发展速度加快,全市全年扩建新墙材生产线5条,新建新墙材企业5家,新增新墙材产能1.3亿标块砖,新增转型新墙材企业7家,新增省认定新墙材企业5家。全市全年新墙材总产量完成9.3亿标块砖,占墙材总量的91.5%。实现节约土地64.67公顷,节约能源6.9万余吨标煤,利用工业废渣13.5万吨。 (罗建新)

## 国网娄底供电公司

【概况】2020年,国网娄底供电公司(简称娄底供电公司)坚持"四个导向",聚焦"强基础、强制度、强执行",全面启动"本质安全、坚强电网、稳健经营、服务群众"四大攻坚战,较好地完成年度目标任务。全年完成售电量95.37亿千瓦时,同比增长4.84%。电网最高负荷195万千瓦,创历史新高。公司企业负责人业绩指标综合排名全省第二。同业对标指标综合排名全省第八。示范县级供电企业创建指标综合排名全省第四。提质增效指标综合排名全省第一。

【安全生产】2020年,娄底供电公司扎实推进"反违章、控风险、守底线"、安全大检查大整顿和安全生产专项整治三年行动。全面完成省公司安全巡查157项问题整改。成立9个专业安委会,定期组织安全述职。严格各级领导干部履职管理,当年累计下现场、进班组检查1.7万余次。查处特别严重违章180起、严重违章357起,处罚769人次77万元,下岗科级干部24人次、员工18人次。定期组织班组建设检查和安全管理评价考核,夯实基层基础。开展"珍爱生命、共建平安"主题活动,印发作业人员保命措施卡7790张。严格基建核心分包队伍资质、施工能力审查,核心分包队伍压减率33%。完成疫情防控、全国两会、湘博会、三考、迎峰度夏等保电任务,顺利完成省公司年度安全目标,获评娄底市安全生产优秀单位。

【电网建设】2020年,娄底供电公司高质量完成全市"十四五"电网规划,总投资64.9亿元。全年开工项目投资估算19亿元,完成电网基建投资8.4亿元,均创历史新高。严格项目设计方案把关,节省低效投资3000余万元。《关于35千伏电网差异化发展原则的应用》获国网经研体系工程技术进步奖一等奖。投产主网工程17项、变电容量34万千伏安、输电线路115千米。完成配网结算金额8.78亿元,全面解决2017—2019年历史欠账。市委、市政府主要负责人多次专题调度电力工作,建立"双线调度"机制,由政府出台专题通报13期,有效解决搁置10年的乐坪变电站选址等问题。完成各县(市、区)电网建设推进协议签订,优化电网发展环境。完成35千伏及以下线路集中检修193条、35千伏变电站综合治理17座,10千伏线路故障率同比下降61.45%,配变停运率同比下降35.49%,配变平均停电时长同比下降40.07%。建立由市发改委、市工信局和公司合署办公的有序用电调度机制。

【经营管理】2020年,娄底供电公司推进提质增效专项行动,建立"正、负面清单"。制定增供扩销八项措施,增售电量4.4亿千瓦时。完成"扩需增发""减弃扩需"专场交易2.14亿千瓦时。接收用户资产1.22亿元,反窃查违挽回经济损失945万元。实现综合能源营收4864万元,完成电能替代电量1.15亿千瓦时。全面签订各县市区充电设施建设战略合作协议,建设直流充电桩50根。开展"一停多用""能带不停"作业,增售电量3840万千瓦时。持续压降非生产性费用,压降率达23%。超额治理C、D类不合格台区1037个,台区线损率降幅排名全省第三。严格施工控制价审核,核减不合理工程成本1573万元,完成工程决算审

2020年4月16日,国网湖南省电力有限公司到新化县供电公司开展"宣贯新战略,夺取双胜利"专题调研 (国网娄底供电公司 供图)

计 8.2 亿元，核减 932 万元。推动省管产业单位业扩市场覆盖率增长至 82%，同比提高 43 个百分点。实现省管产业单位合同承揽 8.18 亿元、营业收入 6.17 亿元，完成营业收入年度目标的 128.5%。

【供电服务】2020 年，娄底供电公司高、低压业扩全流程平均接电时长分别同比下降 16.8%、5.7%。持续推广“三零”“三省”服务，减免客户办电成本 3719 万元。全力服务产业园区建设，相关工作得到市委市政府、园区和重点企业赞誉。推广网上国网应用 34.8 万户、微信公众号 70.2 万户，线上办电率提升至 99.5%，服务满意度达 94.18%。查处服务严重违章 21 起、一般违章 90 起，投诉考核 977 人次 26 万元，百万客户投诉量同比下降 76%。治理低电压台区 1355 个，完成高停高跳线路检修 169 条。统筹运维、网改资金 8000 余万元，全面完成 427 个贫困村、220 个挂牌督战非贫困村问题台区整改。光伏扶贫实结电费 617 万元，完成消费扶贫 124 万元。电网建设项目现场招聘贫困户 60 人，教育扶贫录取建档立卡贫困生 23 名。公司 7 个驻点帮扶村全部脱贫，顺利通过国家普查验收。

【改革创新】2020 年，娄底供电公司全面完成 25 项改革任务，下放事权 13 项。全力落实“六稳”“六保”降价政策，阶段性减免企业电费 9586 万元。组织电力市场化交易 50 亿千瓦时，降低企业用电成本 1 亿元。签订冷水江经开区增量试点项目区域划分协议。设立安全管控中心、智能运检中心，组建电动汽车公司娄底事业部及各县公司新兴业务事业部。深化研设一体化改革，完成经研所(设计公司)机构调整。组建老年实体公司监管平台，劳动服务公司清算关闭。完成退休人员社会化管理移交，离退休队伍保持稳定。发布大数据应用创新成果 12 项，推广省公司大数据应用 21 项，数据治理排名全省第五。顺利完成国家网络安全防护演习，省公司模拟社工拦截率 100%。同业对标典型经验被省公司采纳 23 篇，排名全省第二。《能源区块链服务模式探索与实践》《提高物资质量检测结果准确率》等多个创新项目获省公司及以上重要奖项。

2020 年 4 月 28 日，国网湖南电动汽车服务有限公司娄底事业部举行揭牌仪式

（国网娄底供电公司　供图）

【队伍建设】2020 年，公司加大优秀青年干部储备，选拔“80 后”四级正职领导人员 2 名、“85 后”四级副职领导人员 5 名，组织 65 名“90 后”担任公司专责、班组长等关键岗位。构建“5+3”绩效考核体系，兑现奖励 64.7 万元、考核 61.7 万元，开展提醒谈话 44 人次。强化工作表扬、批评事项管理，奖惩事项 83 项、责任人 148 人次。加强管理穿透力建设，督办闭环各类重点工作、基层诉求 541 项。解除供服职工劳动合同 13 人，纳入待岗管理 34 人，清退社会化用工 22 人。按“一所一策”原则优化调整 76 人次，实现供电所运检核心岗位配置率 100%。工资分配向高风险岗位、一线生产人员倾斜，全年一线技能人员人均增收 4285 元。

【党的建设】2020 年，娄底供电公司扎实推进“转抓强”主题活动，深化“大学习”“大讨论”“大教育”，整改各类问题 586 项。落实作风建设 36 条硬性措施，组织人员下基层服务指导 1378 人次。压实基层党建工作“4+4”责任清单，完成 118 个党组织“两个标准化”建设。发挥共产党员服务队模范作用，组织各类活动 280 余次。大力实施“党建+”十大重点工程，开展“党建+向落后开战”“联学联创”，公司党建绩效连续三年排名全省前列。加快纪检工作市县一体化建设，获省公司管理创新成果第一名。强化“三清湘电”廉洁文化教育，组织廉洁巡讲 98 次。全面完成省公司巡察反馈问题、典型共性问题整改，积极配合国网巡视下沉检查。开展扶贫领域腐败和作风问题专项检查，发现问题 135 项，全部整改销号。保持监督执纪高压态势，运用“四种形态”处理 77 人次。投入专项资金 8801 万元，持续改善员工办公、就餐环境。顺利通过全国文明单位复查，双峰公司成功创建全国文明单位和全国厂务公开民主管理先进单位。《引入"利益相关方参与"的配电网项目后评价指标体系》获评国网公司社会责任根植重点项目和省公司十佳项目。公司3名职工分获湖南省劳动模范、国网公司劳动模范和国网疫情防控先进个人。新化公司获省公司先进集体,公司三个班组获省公司工人先锋号。扎实推进保密、离退休、统战、舆情、群团等工作,公司系统保持和谐稳定。

(张帅涛　陈亮项)

## 湖南华菱涟源钢铁有限公司

【概况】2020年,涟源钢铁集团有限公司(简称涟钢)践行"三高四新"战略,助力娄底"双引擎"建设,党建引领、攻坚克难,完成各项生产经营任务。首次迈上产钢1000万吨台阶,累计产钢1037.5万吨、生铁802.5万吨、商品坯材1000万吨,同比增长9%、3.72%、7.86%,实现销售收入567.23亿元(其中,钢铁主业452.62亿元、集团实业114.61亿元)。落实厂办大集体改革工作,退休人员社会化管理平稳移交。是年被评为2020年度湖南省国资委系统"文明标兵单位"、湖南省"平安建设单位";获得中国钢材市场优秀品牌(板材类)、湖南省省属国企十大创新工程等大奖。

【疫情防控】2020年,涟钢面对疫情,战"疫"稳产做到"四个靠前"(即疫情防控响应靠前、措施保障靠前、党员干部奋战靠前、社会责任履行靠前),累计投入1650余万元,第一时间构筑防线、发放物资、支援战"疫",确保厂区、社区零疑似零感染,取得抗击疫情、稳定经营的双胜利。2月14日,涟钢向娄底市捐赠1000万元,用于抗击疫情。落实"六稳""六保"工作,以项目建设为契机,为地方提供就业25.5万工日。向湖南省红十字会捐赠防护口罩80000个、娄底市第一人民医院口罩10000个、娄底中心医院口罩20000个及防护服100件、涟源市人民医院口罩17000个,发放抗击疫情和节日慰问消费券2000万元。

【生产经营】2020年,涟钢焦、矿、铁、钢、材年产量分别比历史最好水平高4.67万吨、2.9万吨、29万吨、85.2万吨、71.8万吨,其中铁、钢日产最高水平分别是2.42万吨、3.4万吨。铁前稳定运行,炼钢综合铁水单耗实现"破七见六",轧线综合成材率提升至97.33%,2250热轧线、热处理线、冷轧线、CSP线同比分别增产10.08%、6.7%、4.58%、25.31%。能源日自发电量973万千瓦每小时。产供销运组织有力、高效联动,实现增产增效5.2亿元。32项主要技术经济指标进入行业前五,其中6号和7号高炉利用系数、210转炉厂利用系数、2250热轧板厂日历作业率、棒材厂(棒一线)一次成材率等11项指标达到行业第一。全年内部工序降低成本及费用5.9亿元。资产负债率降至51.8%。推进"三项制度"改革,主业劳动生产率提升至1382吨钢/人·年。

【科技创新】2020年,涟钢推进科技创新。加快产品结构调整,聚焦热处理高强钢、耐磨钢、中高碳等细分市场,全年开发新产品57个,累计替代进口品种36个。实现超薄规格2.0毫米厚度淬火板供货。DP600DH、DP780DH超深冲高延伸率汽车用钢成功供应VAMA。品种钢(含VAMA基板)销量515万吨,同比增长14%,其中高盈利品种销量增长20%以上。品种钢比例72%,实现创效11.3亿元。新增行业标杆客户17家。普材、螺纹钢省内市场销售占比分别为97%、84%。强化前沿技术研究,NM300TP板坯修磨率由7.7%降至2.8%,成材率提升至92%,解决极限厚度规格Q420B性能不稳定问题。优化轧制工艺,成品板形质量改善。加速推进体系认证,通过国军标质量管理体系认证,铁道货车用高耐蚀钢S450AW、高强度耐候钢Q550NQR1通过中铁检验认证中心检测及认证。LG1500完成广汽新能源、东风小康、长安汽车认证流程。发挥CTS、EVI技术服务作用,开展焊接技术支持,客户满意度提升。新开发10余家耐磨钢新客户,高端耐磨钢市场占有率60%,高级别薄规格工程机械用钢市场占有率80%。加快创新成果转化,完成发明专利申请80项,受理55项,同比增速30%。"面向多品规高精度轧制的CSP过程控制系统关键技术"等3个项目分获冶金科技进步一、二、三等奖。"混凝土搅拌车用轻量化钢板的研发与应用"获2020年中国创新方法大赛湖南赛区决赛一等奖。数字化转型迈出重要一步,设备智能运维中心、智能协同管控中心、云数据中心相继投运,实现生产、设备状态管理数字化、可视化、智能化高效管控。其中设备智能运维中心7月正式成立,成为涟钢设备运行监控和调度中心,监控公司9个主体单位206台套设备,838个监控点，对关键设备的异常状态早知道、早预报、早诊断，实现主动维修、状态预知维修。坚持“人才强企”战略，与国内一流科研机构、行业标杆企业战略合作，先后与华为、东北大学成立钢铁全流程智能制造协同创新中心和10余所科研院校建立战略合作关系。

【安全环保】2020年，涟钢开展安全生产专项整治三年行动，落实“安全生产月”活动要求，开展52场次应急演练、安全知识竞赛、讲座等系列活动。自查发现问题隐患376项，逐项督促落实整改。组织公司涉危险化学品、高温熔融金属和行车等安全专项检查，整改现场隐患问题290余项。开展“谁违章，谁下岗”专项活动，增强员工安全意识，实现安全生产“零工亡”目标。建设绿色生态涟钢，落实习近平总书记在长江经济带发展座谈会上的重要指示精神，打响“蓝天保卫战”。累计投入40余亿元，先后实施烧结机脱硫废气治理、焦炉烟气脱硫脱硝工程、一炼轧厂一次烟气湿法改干法除尘、焦化厂煤场加盖等超低排放改造项目100余项，外排废水达标率100%，厂区降尘量比上年下降20%以上，PM10、SO2、NO2等各项环保指标达到或优于国家标准。与2015年比较，吨钢能耗较降低121.8千克标准煤/吨钢，厂区降尘量降低5.85吨/平方千米·月；加强余热余压循环经济利用，自发电装机容量44.2万千瓦。加大绿化投入力度，新增绿化面积6万平方米，厂区绿地覆盖率40%，新增洒水车、雾炮车等抑尘设施20余台，厂区面貌焕然一新，被评为湖南省“绿色工厂”，申报工业旅游和国家AAA级旅游景区。

【项目建设】2020年，涟钢围绕产品结构调整、超低排放、智能制造等方面加快项目建设。棒材改造项目(棒三线)1月12日开工建设，项目总投资3.9亿元，年设计产能140万吨，6月18日建成投产。高端家电用镀锌板项目11月14日开工建设，总投资4.5亿元左右，项目建成后形成年产40万吨高档镀锌产品能力，品种全面瞄准替代进口，满足高端家电市场需求；推进一炼轧厂、210转炉厂精炼炉高效化等重大项目改造；实施210转炉厂、一炼轧厂屋顶三次除尘等重大环保改造项目75个，同比增长208%，总投资27.61亿元，同比增长372%。

【党建工作】2020年，涟钢党委运用矩阵思维构建具有企业特色的“111151”引领型党建工作模式(坚守1个主题、运用1个路径、创建1个平台、健全1个机制、落实5个抓手、实现1个目标)，以“一区、两线、三持续”推动指标改善、党建提升、企业发展目标，是年，建立党建协同区54个。各基层党组织以“不忘初心、牢记使命”主题教育常态化长效化制度化为主线，紧扣“年产钢1000万吨”中心任务，54个“党建协同区”累计打破生产纪录100余项次。推进强基提能专项行动，落实党建重点任务，实施“书记联项目”“党员先锋行”项目500余个，支部“五化”合格率100%。建立党员奋斗登高机制，坚持党管干部党管人才，持之以恒抓作风，激励干部担当作为。加强党风廉政建设，弘扬“厉行节约、反对浪费”新风尚，严格监督执纪问责。开展“冲刺1000万吨钢”主题宣传。推进“逐级向上、力争一流”群众性创新创效活动。开展青年“五小”(小发明、小创造、小革新、小设计、小建议)活动、厂区微马、职工篮球赛等活动，发挥统战、保卫、女工、后勤等各系统的优势，凝聚合力。

【精准扶贫】2020年，涟钢对口扶贫新化县油溪乡丰竹村，在全村脱贫出列的基础上，继续投入116万元，修通硬化公路10余千米，建设安全饮水工程2个，安装太阳能路灯，整修山塘渠道，成立稻田养鱼合作社，新建农副产品加工厂，对50余名村民开展技能培训实施智力脱贫，消费周边县市农产品1577万元。

(彭志益　何伟波)

## 湖南省煤业集团涟邵实业有限公司

【概况】2020年，湖南省煤业集团涟邵实业有限公司(以下简称涟邵实业公司)按照“一主两翼”发展战略开展各项工作，顺利完成洪山殿棚户区改造项目洪山小区建设，892户煤矿工人实现异地安置。

【项目建设】2020年，涟邵实业公司立足房地产发展，成功开发“枫华府第”“华泰尚都”“涟邵北苑”项目。“枫华府第”地处河西岳麓山以南含浦科教园区，总建筑面积约10万平方米，是一个集商品住宅、公寓和商业一体的综合小区。“华泰尚都”项目位于芙蓉苑南面，总建筑面积68586平方米，为湖南省首座

2020 年，洪山殿棚改项目洪山小区

（涟邵实业公司 供图）

律政专业楼宇。“涟邵北苑”项目是集住宅、商铺为一体的综合小区，位于万富东街，总建筑面积 28044.64 平方米。

【社会职能改革】2020 年，涟邵实业公司推动企业办社会职能改革，完成“三供一业”和退休人员社会化移交，实现 1148 份人事档案移交和 352 名退休党员党组织关系 100%转接。配合上级部门做好中央下放破产矿区“三供一业”分离移交资金在涟邵片区涉及娄底、湘潭 8 个县（市、区）（单位）的清算。

（万 玉 唐伟军）

## 湖南神斧集团一六九化工有限责任公司

【概况】2020 年，湖南神斧集团一六九化工有限责任公司围绕转型发展、棚改项目推进、产业结构调整、抢占市场份额等方面开展工作，实现公司安全稳定发展，利润稳步增长。投资 8.1 亿元的一六九星城棚户区改造工程 12 月完成竣工验收，全面开展交房及不动产权证办理工作。全年实现营业收入 2.7 亿元，爆破作业服务收入 4000 余万元，实现产业价值链延伸。是年，投入安全资金 294 万元，落实安全生产责任制，以安全标准化建设和安全文化建设为工作重心，强化安全生产管理，全年安全生产形势平稳，公司未发生一起轻伤以上的安全生产事故，实现第 12 个安全年。

【技术改造】2020 年，湖南神斧集团一六九化工有限责任公司投资近 5000 万元的年产 12000 吨改性铵油生产线搬迁项目完成工信部、省工信厅的验收并全面投产。全年组织小改小革 13 项（举例），申报实用新型专利 9 项（举例），有效降低生产成本，增强企业的科技核心竞争力。

【疫情防控】2020 年疫情期间，湖南神斧集团一六九化工有限责任公司相继出台《关于做好春节期间新型冠状病毒防治的通知》《关于做好新型冠状病毒应对防范措施的通知》《关于积极应对新型冠状病毒感染的肺炎疫情倡议书》《如何预防新型冠状病毒感染的肺炎节后复工手册》等系列文件，组建抗疫志愿服务队，全面摸排风险源，管理人员及党员干部站在抗疫第一线，缴纳“特殊党费”5 万余元，做到疫情防控与复工复产两不误，公司职工及区域内常驻人口疑似病例为零，确诊病例为零。

（梁 良）

## 湖南省煤业集团金竹山矿业有限公司

【概况】2020 年，湖南省煤业集团金竹山矿业有限公司（简称金竹山公司）总用工 3421 人，在岗 2699 人，退休职工 6700 余人，辖 9 个生活小区，公司有职工、家属约 3 万人。是年，原煤产量全年计划 60 万吨，实际完成 54.81 万吨，为计划的 91%；开拓进尺预算计划 595 米，实际完成 397 米；在岗员工全年人均工资 4.3 万元，与上年度基本持平。

【安全生产管理】2020 年，金竹山公司建立完善现场监管工作制度，落实下矿下井带班制度，派驻矿井专职安监员，继续推行违章电子台账管理，改进连队安全学习会制度，完善公司、矿井两级微信管理平台，持续开展安全警示教育日活动，安排专项资金完成矿井安全生产系统改造。开展“煤矿安全集中整治三年专项行动”“狠反三违、根除隐患、确保安全”“大排查、大整治、大管控”和机运专项整治等活动，是年，组织各类安全教育培训 165 期，参培 6230 人次。公司树立“开展安全生产标准化建设，就是为安全固本、为生产赋能、为效益筑基”理念，三矿井安全生产标准化达国家二级，一平硐煤矿连续实现第 9 个安全年，塘冲矿连续实现第7个安全年，土朱煤矿连续实现第6个安全年，全公司连续实现第6个安全生产年。疫情防控工作管理人员到位、工作措施到位、防疫物资到位、信息排查到位，全年全公司未出现确诊或疑似病例。

【节支降耗】2020年，金竹山公司注重过程管理，推行预算管理，修订完善《对生产矿井的管理考核办法》《资金管理办法》《费用管理考核办法》等经营管理制度。非预算计划开支，一律不予报销，对外接待一律在内部食堂安排，取消出差补助，堵塞工资发放漏洞，清理息工、吃空饷人员，全面排查、清收挂名不上班人员的社保金。对长期旷工人员，及时依法办理劳动关系处置。成立煤质监管机构，实施销售部、矿井、客户三方化验、热值比对制度，质监机构从采、制、化、销对煤炭销售全程跟踪监管，销售部与主要用户金竹山电厂衔接，维护公司合法权益，扭转商品煤发热量指数被动受损的局面，实现利益最大化。制定矿井水电费管理考核办法，完善计量管理，提高生活水费、电费回收率，扼制生活水费、电费摊入生产成本的习惯做法，减少浪费。盘活存量资产，对非煤资产排查清理。

【环保民生】2020年，金竹山公司投入资金800余万元，完成矿井煤坪煤仓封闭、喷淋工程、污水处理扩容项目、煤坪硬化、雨水收集池等环保工程建设，加强矿井工业广场整治，矿区环境改善。投入资金安装一平硐矿电热烧水装置，淘汰锅炉供热。完成医院住院楼电梯安装、机关灯光球坪改造、“两堂一舍”和公房修缮等民生工程。完成退休人员社会化职能管理移交。

（马幸华）

## 大唐华银金竹山火力发电分公司

【概况】2020年，大唐华银金竹山火力发电分公司（以下简称金电分公司）在习近平总书记“推动四个革命，加强一个合作”的能源战略思想指导下，把握高质量发展主题，融入湖南“三高四新”使命任务，开展资源摸排锁定、项目指标申报等新能源前期开发工作。摸排资源总容量266万千瓦，27个新能源项目纳入湖南省“十四五”能源规划储备库。分别与娄底市、冷水江市、双峰县等政府签订“新能源开发合作协议”，推动娄底市率先实现碳达峰、碳中和为目标，聚焦“重金属污染区、采矿塌陷区、石漠化区”三大版块，采用“风电、光伏开发+生态治理+储能”的模式，打造娄底市千万千瓦级国家级绿色清洁能源基地。是年，金电分公司获“娄底市工业经济优秀调度企业”“娄底市女职工工作先进集体”称号，公司职工颜克铭获湖南省劳动模范称号，职工陆亮珍获娄底市劳动模范称号。

【安全环保工作】2020年，金电分公司落实党中央国务院关于安全生产工作的各项要求，完善安全生产管理体制机制，抓监督促保障，抓问责促落实，“制度管总、作风兜底”的安全生产作风建设得到加强。通过推进安全生产专项整治三年行动和反违章管理，组织开展安全风险辨识与风险控制评估、重大危险源评估、季节性安全环保大检查、隐患排查治理等工作，防范各类安全风险。全年未发生人身伤亡、设备损坏、误操作事故，未发生性质恶劣、造成不良社会影响的各类事件。

2020年12月9日，大唐华银金竹山火力发电分公司与娄底市人民政府签订新能源框架合作协议

（大唐华银金竹山火力发电分公司 供图）

【扭亏为盈】2020年，金电分公司以“保安全、保供应、抢电量、降煤价”为抓手，应对迎峰度冬期间省内雨雪冰冻天气、电力供应紧张局面，确保极端天气电力稳定供应和岁末年初平安稳定，燃料单日接卸屡创新高、电量连破历史纪录，在前10个月亏损的情况下，后两个月一举扭亏增盈，完成全年各项目标任务。

【党建引领】2020年，金电分公司推进全面从严治党，制定落实“中央企业党建巩固深化年”专项行动工作措施，促进党建工作和企业中心工作深度融合。以高质量党建引领高质量发展，发挥党支部的战斗堡垒作用、党员的先锋模范作用、群团组织的桥梁纽带作用，职工干事创业热情高。 （黄 彬）

## 锡矿山闪星锑业有限责任公司

【概况】2020年，锡矿山闪星锑业有限责任公司在新冠疫情全球爆发、世界经济急剧衰退、锑品市场持续低迷的情况下，积极应对全球经济和锑品市场变化，克服资金紧张、原料采购艰难、生产经营被动等困难，滚石上坡，砥砺前行，确保生存和稳定。全年生产精锑及锑白原料15652吨，生产氧化锑18736吨，生产黄金1611千克，销售锑品26517吨，实现收入165903万元（含资产、飞水公司）。

【深化改革】2020年，锡矿山闪星锑业有限责任公司实现退休人员社会化管理，完成5251名退休人员的社会化管理移交，移交退休人员发放社会化管理服务联系卡。推进厂办大集体改革，完成冷水江锡矿山建材厂、冷水江锡矿山建筑安装公司、冷水江锡矿山新星实业总公司三家厂办大集体所有人员的安置工作。推进医院移交工作，与冷水江市政府签订医院移交框架协议，将锡矿山中心医院全体在编人员和占用、使用的资产，按现状、成建制、整体移交冷水江市政府管理达成协议。

【科技创新】2020年，锡矿山闪星锑业有限责任公司开展鼓风炉高砷锑氧锑砷分离新技术小试、砷碱渣无害化处理晶化剂试验、乙二醇母液除砷试验、粗锑火法精炼除铜新工艺探讨与研究。起草的《绿色设计产品评价技术规范 三氧化二锑和乙二醇锑》《粗锑》《锑冶炼行业绿色工厂评价要求》通过全国有色标委会审定。申报国家《镍钴/钨/锑战略金属冶金固废清洁提取与无害化技术》重点研发项目成功。申请专利26项，受理23项，授权专利9项。截至2020年底，拥有有效专利61项，其中发明专利42项、实用新型19项。

（杨晓春）

## 华达汽车空调（湖南）有限公司

【概况】2020年，华达汽车空调（湖南）有限公司开发一汽大柴J6F项目、三一搅拌车项目、三一重卡项目、一汽解放虎V轻卡等5个项目。通过I-ATF16949:2016质量体系、产品认证和GB/T24001-2016/ISO14001:2015环境管理体系GB/T45001-202020/ISO 45001:2018职业安全健康管理体系监督复审。全年销售汽车空调压缩机63.93万台，同比增长35.7%；实现销售收入3.86亿元，同比增长34.2%；创利税6032.8万元，同比增长44.5%。是年，获娄底经开区纳税“上千万元”奖、一汽解放发动机事业部2020年“优秀供应商”、汉马科技集团2020年度“优秀供应商”称号。

【生产管理】2020年，华达汽车空调（湖南）有限公司投入369余万元用于安全生产。加强“源头”工作管理，开展多种形式的安全检查，及时发现并整改事故隐患。投资365万元新建一条活塞生产线并投入生产，投资388万元新建前缸盖自动生产线。组织开展“安全生产集中整治”与“安全生产月”专项活动，安全生产零事故、零灾害、零损失。

【新品开发】2020年，华达汽车空调（湖南）有限公司坚持以市场为导向，在产品创新中以满足客户要求为主开发高性价比的HD13新型压缩机，具有体积小、成本低的优势。开发高可靠性压缩机，质保里程50万余千米。开拓新市场，开发11个新市场和24个新车型。 （彭 芳）

## 湖南省地质矿产勘查开发局四一八队

【概况】2020年，湖南省地质矿产勘查开发局四一八队（简称“418队”）实现经营总量4.62亿元，其中预算外实现经营收入3.39亿元。在对外经营中，地质勘查业全年签订合同254个，实现结算收入3009万元；地质环境业全年签订各类合同180个，实现结算收入

5272 万元，大地质技术服务业全年新签各类经济合同 441 个,实现结算收入 1.7 亿元;工程施工业实现结算收入 546 万元，多种经营业全年实现经营收入 7973 万元。经营规模及经济效益在全省地勘单位中位前列。

【地质找矿】2020 年,418 队承担国家各类地质项目 9 个,其中湖南省涟源市后溪矿区方解石矿详查项目本年度完成野外工作并通过野外验收,野外验收结论为优秀。初步估算全矿区控制+推断方解石资源量 811.3 万吨,矿床规模为中型。湖南省涟源市狮子山矿区饰面用灰岩矿、建筑石料用灰岩矿详查项目当年度完成野外验收和成果报告评审,野外验收结论为优秀。初步估算建筑石料用灰岩矿控制资源量 6067.3 万吨,矿床规模为中型。湖南省雪峰弧形构造带北东段金锑矿深部成矿预测与靶区优选通过对典型矿床对比研究、野外调研及综合分析,提出脉型金锑矿床的垂向分带规律及新的找矿思路，初步确定 9 个找矿远景区。优选 11 个找矿靶区。

【地灾防治】2020 年,418 队安排地灾巡查 800 余人次,分赴涟源、冷水江、双峰、新化、娄星区等县(市、区)协助地方政府开展地质灾害巡查、应急调查、排危除险、抢险救灾等技术工作,排查地灾点 1500 余个,应急处置 60 余次,为娄底市减灾防灾提供地质技术支撑。

【环境地质】2020 年,418 队承担娄底市冷水江锑煤矿区(冷水江市域)山水林田湖草生态保护修复第四标段(勘查、设计、施工)总承包项目,项目总投资约 8300 万元,占地面积 86.67 公顷,主要工作是对以往矿业活动导致的地质灾害隐患、山体裸露、地表荒漠化及采矿压占土地等地质环境问题进行修复,在完成新增及修复林地的同时,将项目区打造成兼具一定生态观光、休闲功能、科普教育的人与自然和谐相处的生态修复工程示范区,项目进入竣工交验阶段。

【勘测施工】2020 年疫情期间,418 队与中铁电气化局、中铁通讯信号公司、省建工集团、湖南水利水电设计院、宇邦集团、中铝集团、三峡集团等公司建立新的合作关系,在岳阳、常德、衡阳等市开辟新的业主,扩大项目承接量等。承接的重点项目“农村宅基地和集体建设用地房地一体全籍调查项目”,做到提前谋划、

2020 年 5 月 24 日,418 队技术人员在涟源市斗笠山镇沙坪村开展地质灾害应急演练 （文琴 摄）

提前部署，疫情期间组织 125 人的团队进行线上培训,召开专题会议就项目的筛选、质量的把控、风险的防控、人员的组织进行认真的研究。承担新化、涟源、冷水江等 7 个标段的任务,中标工作量约 12.1 万宗,完成全部的外业调查工作,正在进行内业整理与发证前的资料准备工作。

【多种经营】2020 年,受疫情影响,418 建材市场一季度基本处于停业状态，根据国家相关文件精神,418 队对自有门面的租金减免近 600 万元。疫情稳定后,有序组织建材市场复工，组织商户开展促销活动,同时加大广告投放,开展招商工作,出租率 99.99%。对 418 华天大酒店运作给予大力协助,酒店的 200 余名员工实现“零”裁员,月基本工资按同期娄底酒店行业员工工资的 120%发放。疫情过后，酒店加大营销力度,对酒店硬件和服务质量进行全面提升,下半年酒店的经营得到全面复苏,全年经营创收 3200 万元。

【疫情防控】2020 年,面对疫情,418 队将疫情防控宣传遍布全队。特别是在防控过程中涉及的行政法规和政策导向,疫情防控领导小组及时安排疫情防控志愿者在家属区、418 队建材市场和办公楼入口处进行宣讲。疫情期间,在做好排查工作的同时,消毒防控不留死角,坚持每日两次对全队生活小区、建材市场、办公楼等公众场所喷洒消毒剂进行杀毒灭菌。复工后,及时安排队职工医院熬制一批口服中药,为到岗上班的职工发放中药 7000 余杯，每日免费为职工提供口罩等防护物资。疫情防控投入防疫物资 30 余万元,累计发放口罩 6 万个、消毒液 2200 升、75%酒精 700 升、

电子测温仪40把、体温计30个等,确保疫情期间近万名职工及家属无一例感染。队党委组织全队党员和职工群众捐款124634元,上缴至娄底市慈善总会,统筹用于疫情防控工作。

【助力扶贫】2020年,418队因地制宜,精准施策,实现贫困户141户500余人如期脱贫,完成既定工作目标。针对帮扶村观桥村集体经济和贫困户产业发展存在的问题,安排驻村扶贫工作队与湖南省回春堂制药有限公司签订产业发展协议,建立以公司经营、村集体入股、贫困户及普通群众参与的"公司+贫困村+贫困户"发展模式,补齐村集体收入短板。鼓励贫困户发展产业,对有意向发展产业但无技术或无资金能力的贫困户提供养殖培训、支持办理小额信贷,采用以奖代补、组织职工购买助销农产品的方式鼓励贫困户发展产业。发挥地勘测绘优势,利用相关影像资料,绘制"观桥村脱贫攻坚作战图",将全村贫困户地理位置、贫困属性、帮扶责任人具体信息、建档立卡与预脱贫时间等信息标绘于地图上,精准开展脱贫攻坚工作。提供资金及技术支持,解决当地群众安全用水问题;组织队职工医院医生入村,为全体村民开展免费体检义诊,发放常规药物;协助村里建立卫生室、硬化马路、维修山塘、修建水渠等解决村民生活实际问题。实现贫困户141户500余人如期脱贫,完成既定工作目标。

2020年12月22日,418队志愿者组织娄底市锡矿山中心学校学生到冷水江锑煤矿区山水林田湖草生态保护修复区,进行地质知识科普教育

(文 琴 摄)

【文明创建】2020年,418队配合娄底市创建全国文明城市工作,开展文明创建宣传活动。在家属院、办公场地、418队建材市场、418华天大酒店等公共场所制作大型宣传橱窗20余个、宣传牌100余块,发放《娄底市文明守则》500余本、入户问卷调查表600余份、"弘扬文明新风 共建文明娄底"倡议书800余份。组织志愿者开展文明劝导、交通疏导、创建宣传等工作。利用418家居建材广场和418华天大酒店等公共场所的LED显示屏,滚动播放创建全国文明城市宣传标语,开展创文宣传。(刘 瑞)

# 城乡建设·环境保护


◎住房和城乡建设管理
◎城市管理
◎供水
◎公共交通
◎保安
◎燃气供应
◎规划
◎美丽乡村建设
◎环境保护

# 住房和城乡建设管理

【概况】2020 年,娄底市完成建筑业总产值 455.66 亿元,增长 10.5%,全省排名第一;建筑业增加值 134 亿元,增长 5.6%,全省排名第一;入库税收 18.48 亿元,增长 25.91%。房地产业全年投资 133.67 亿元,增长 16%,全省排名第二;销售面积 353.52 万平方米,增长 8%,全省排名第四,在湖南西部 7 个市(州)中排第一;入库税收 17.2 亿元,增长 16.35%;全年新增三星级以上物业示范小区 30 个。建筑业、房地产业税收占全市税收的 28%,为全市 GDP 增长、财税增收做出积极贡献。绿色建筑全面推广,城镇绿色建筑比例 48%,超额完成省定目标,创建一星建筑 24 个、二星建筑 3 个。装配式建筑产业纳入全市十大工业新兴优势产业链,年产值突破 100 亿元,中心城区新开工装配式建筑占比 37.8%,超额完成省定任务,娄底远大、二建经投、娄湘建筑装配式基地相继投产,娄底获批国家级"钢结构装配式住宅试点推进城市"。

【疫情防控和复工复产】2020 年,娄底市住房和城乡建设局启动疫情防控,开展行业防疫,确保疫情期间供水、供气安全稳定运行。组织"抗击疫情、勇担责任"募捐活动,9 家建筑业企业、12 家房地产开发企业捐款捐物 120 余万元。371 家物业公司成为社区网格化管理主力军,126 名疫情防控联络员,驻点帮扶建筑工地、房地产开发企业、人防地下商业街复工复产,全市 258 个建筑工地 22 天复工到位,12 万名建筑业、房地产业从业人员无一起疫情病例发生。克服疫情困难,启动吉星路与长青街交叉口交通环岛改造项目,12 天主干道通车,26 天全部竣工,30 天建成星星实验学校人行天桥。3 天完成市中心医院第二医疗区一期工程,4 天完成二期改造任务。

【三大攻坚战】2020 年,娄底市住房和城乡建设局按照市委"百日攻坚行动"双周调度要求,一周一调度,选派 6 名党员干部完成双峰县井字镇等 7 个村和新化县曹家镇益福村等 3 个村的驻村帮扶工作。派出 5 个农村危改督查工作组、1 个监督组、39 名精干力量,赴各县(市、区)督查指导农村危房改造工作,完成四类重点对象农村危房改造 2847 户,占全省任务的 21%,拨付危改资金 5730 万元。各县(市、区)农村危改工作取得好的成绩,娄星区率先完成任务,冷水江市推出"修缮加固+重点帮扶新建"的整村危改模式,涟源市任务最重完成效果好,新化县农村危改工作统筹兼顾城乡环境整治、文化传承和社会帮扶,双峰县结合"空心房"整治、拆旧建新整体推进,在脱贫攻坚"国检"中,危改工作获得较好评价,双峰县住建局(人防办)被评为全省脱贫攻坚先进单位。全市易地扶贫集中安置项目建设监管到位,289 个项目全部竣工。青树坪、桥头河、洋溪、禾青等 13 个乡镇污水处理厂建成通水运行,118 个非正规垃圾堆放点整治完成销号,3 个乡镇垃圾中转站建成,186 个建筑工地落实"六个 100%"扬尘污染防治措施,城市污水处理厂污泥无害化处理率 100%,中心城区一污、二污一级 A 提标改造完成正式运行,二水厂二期改扩建工程开工建设。防范化解重大金融风险,坚持稳地价、稳房价、稳预期,建立房地产业健康发展长效机制,开展打击房地产领域违法行为专项整治,打击违规预售、哄抬房价、非法集资建房行为,防范城建项目投资风险,全年城建项目未增加政府债务。

【民生实事】2020 年,娄底市开展"无籍房"办证"百日攻坚"活动,106 名工作人员到一线、到楼盘解决办证问题。中心城区 103 个"无籍房"项目有 92 个完成竣工验收和消防验收,新增的 15 个棚改项目完成竣工验收。包案指导的 51 个项目,有 46 个正式公告办证,25 个办结,累计办证 16827 套,追缴住建人防规费 1.81 亿元。城镇老旧小区改造完成省定任务,全市 93 个老旧小区、13124 户全部开工,其中列入省重点民生实事的 42 个项目、6786 户全部竣工。出台既有多层住宅增设电梯政策,启动全市老旧小区加装电梯工作,市人大政协住宅小区等老旧小区加装电梯投入使用。全年完成棚改项目 41 个 7971 套,开工率 100%,累计完成投资额 28.4 亿元,完成年度计划的 141%,住房保障工作排名全省前列,娄底市住房保障服务中心、双峰县住房保障服务中心被评为全省住房保障先进单位。安置基地建设任务清零,投资 2.8 亿元,完成新佳、泉水、丽春等 8 个安置基地建设任务,解决 815 户 1630 人的征拆安置问题,其中市委书记带案下访的新佳安置基地提前 1 个月完成。

【城乡建设】2020年，娄底市实施重点项目103个，完成投资105亿元，乐坪大道东延线、华星路综合开发建设、薄板产业园配套设施项目有序推进，宁邦中心区域、电力科技谷、先锋实验学校路网工程完成。是年年底，全市常住人口城镇化率50.75%，同比提升1.5%。特色小镇建设持续推进，投资12亿元，完成160个城镇基础设施建设项目。制定出台《娄底市农村住房建设管理条例》，启动全市农村房屋安全排查整改，自建经营性用房排查全面完成。

2020年，娄底市长青街与吉星路交叉口交通环岛改造现场　（市住建局　供图）

【深化改革】2020年，娄底工程项目行政审批制度改革推进，行政审批事项由71项压减至47项，审批时长由230个工作日压减至140个工作日。"交房即交证"工作推行，碧桂园豪园一期实现"交房即交证"，钢都花园三期等14个项目试点推进。经营类事业单位改革实施，市直16家经营类事业单位中，改革住建（人防）系统占12家，首批8家全部按时改革到位。

【行业治理】2020年，娄底市住房和城乡建设局开展安全生产专项整治三年行动，推进安全质量标准化、监督规范化和监管信息化，全年未发生安全生产事故，创建"芙蓉奖"4项、省优工程11项。实行"先报建再开工"，遏制违法违规建设行为。完成人大政协建议提案74件，获得人大评议满意结果；推进"无欠薪工地"行动，220个项目落实劳务实名制。全市工程档案电子化工作、造价管理获全省通报表扬。举办全市建设工程质量检测技能大赛，组织建设行业培训考试1.4万人次。

【文明创建和综合治理】2020年，娄底市住建（人防）行业在创文国检考核中圆满完成任务。市住建局（人防办）二办公区院内改造完成，老干活动中心建成使用。对"十佳最美住建（人防）人""十佳勤政廉政标兵""十佳建设标兵"等6个十佳进行表彰。处理"12345"市长热线678起，全年接待处理来信来访190批、1764人次，没有一个人进京上访、没有一个群体赴省上访。（李　敏）

## 住房保障

【概况】2020年，娄底市发放公租房补贴9149户，金额1037万元，完成任务率103.5%。中心城区完成公租房实物配租202套。制定出台《娄底市中心城区公租房乱象整治工作方案》，全力整治公租房乱象，完成公租房承租户入户调查走访7508户，核查出公租房转租转借线索420条，累计清退到位110户，整改到位286户。截至年底，全市棚改开工7971套，开工率100%，完成投资38.9亿元。基本建成7457套，完成任务率125.73%。是年，娄底市房屋交易中心被湖南省文明办评为"省级文明窗口单位"，房屋交易和物业管理工作、住房保障工作被湖南省住建厅评为"工作突出单位"。

【房地产市场管理和服务】2020年，娄底市完成房地产业开发投资133.67亿元，同比增长16%，增幅全省排名第二。完成商品房销售353.5万平方米，同比增长8%，增幅全省排名第四。完成房地产税收17.2亿元，同比增长16.37%。

制定出台《娄底市房地产开发企业信用信息管理暂行办法》，提高房地产信用意识。落实"无籍房"办证工作，解决历史遗留问题。清查核实各类规费缴纳历史数据，追缴物业维修资金1.4亿元，开展保障性住房配建费、房屋测绘费、白蚁防治费等规费追缴工作。在市政务服务中心等地增设5个物业维修资金交存窗口，网签备案随到随办。将棚户区改造项目纳入"无籍房"办证工作范围，棚改房实现网签备案，办结洪源小区棚改房不动产登记证书1220户。推动房地产市场监测分析平台建设，通过对房地产市场各类数据收集、整理，通过大数据分析，定期出台《娄底市房地产市场分析报告》，报市委、市政府领导作为决策参考。

完善房地产市场和住房保障服务机制，着手"保障性住房网签备案系统"研发、省政务服务一体化平台和政务监管平台数据录入工作;中心城区新建商品房网签备案 18078 宗,二手房转让业务和网签备案 7164 宗。商品房预售许可 177 宗,预售面积 190 余万平方米。对中心城区 40 个房地产开发项目实施预售资金监管,监管资金 51.1 亿元,拨付使用 33.4 亿元。房地产档案馆完成中心各类档案移交、整理、扫描、录入、上架归档各类档案 181698 份。房地产测绘收入实际完成 198 万元,完成任务率 165%,出具测绘报告 1200 份。

【老旧小区改造】2020 年,娄底市老旧小区改造工作全面铺开,成立中心城区老旧小区改造工作联席会议制度,各县市区成立老旧小区改造工作领导小组或协调机构,实行全市老旧小区改造工作半月通报制度,对不能按期实现开工和完工的项目,启动问责机制,由市人民政府对相关责任人予以问责。在争取中央、省补资金的基础上,中心城区统筹使用住保资金用于老旧小区改造,按 2000 元/户的标准给予补助,根据项目建设进度设置浮动奖罚标准。市人民政府出台奖补政策:对中心城区符合条件的多层住宅(不含自建房)按 10 万元/台的标准实施补贴(出资方式为市财政预算安排 4 万元,市住房保障资金中统筹安排 4 万元,娄星区、经开区财政预算安排 2 万元)。是年,中心城区先后加装电梯开工 10 台,完成改造老旧小区 93 个 13124 户,其中列入省重点民生实事的 42 个项目、6786 户在年底前基本竣工。截至 12 月底,所有项目全部开工,累计完成投资 5.17 亿元。

【物业管理】2020 年,娄底市住房保障服务中心规范行业服务行为,归集物业维修资金 4.96 亿元,全市物业管理覆盖率提升到 52%,比上年增加 3%。实现物业管理重心下移,将物业行业事权、日常监管、矛盾纠纷的调处、维修资金的使用审批等职能移交娄星区,构建市、区、街道、社区四级监管体系。开发新的物业专项维修资金信息管理系统上线运行,对历史数据进行全面整理,用时半年,将 1600 张左右"大票"近 2 个亿的维修资金归集到具体户室,制定派息方案,为下一步向业主派发利息奠定基础。（李　刚）

## 市政设施维护管理

【概况】2020 年,娄底市市政维护管理处完成市政设施日常维护管理投资 3146 万元,创文交办任务 1221 万元,各类应急抢修项目产值 3000 余万元,新建工程产值 3200 万元。全年制止违法破占道行为 74 起,审批临时占道许可 23 起,收取城市道路占用费、城市道路挖掘修复费 50 万元。先后对 200 余件市创管办反馈的整改清单、市住建局反馈的交通顽障痼疾整治问题清单及"12345"市长热线反馈交办的问题进行整改,均完成并及时销号。市民满意度达 90%以上。

【日常维护】2020 年,娄底市市政维护管理处对湘中大道、吉星路、内环线、涟滨街、秀石街、氐星路、长青街、乐坪街、丽春路等的路面、人行道和路缘石、下水道及桥梁、地下通道等市政设施进行维护,完成产值 3146 万元。沥青混凝土 32490 平方米,各类路缘石校正更换 43820 米,透水砖维修 15310 平方米,彩板维修 8160 平方米,花岗岩板维修 16320 平方米,清理雨水口 9590 座,清理检查井 5047 座,检查井更换 2972 座,雨水口更换 5262 座,排水疏通 218200 米,管道清淤 560 米,路面注浆 3485 平方米。

【应急处置】2020 年,娄底市市政维护管理处根据市委市政府的部署,完成市中心医院第二集中救治中心一、二期改造工程,娄星路二中段地面塌陷、东方豪苑 19 号栋沉陷抢修工作,娄底市生活垃圾焚烧发电项目场平工程,长青街檀香路人行道成形改造、华天酒店内坪排水系统提质改造等应急、抢险及突击任务,累计完成产值 3000 万元。（曾　舜）

## 国有土地上房屋征收

【概况】2020 年,娄底市房屋征收系统以安置基地建设攻坚"清零"、固定资产盘活、经营类事业单位改革为中心开展工作。全年启动房屋征收项目 11 个,提请市(县)人民政府发放征收决定 6 份,拟征收户数 920 户,征收房屋建筑面积约 14.6 万平方米;启动安置小区建设 16 个,城建项目建设 5 个,总投资约 4.2 亿元。市本级全年接待来访群众 40 余批 200 余人次,参与或组织信访协调会、案情通报会等 10 余次,网上办信 4 件,答复省委巡视组交办件 9 件,特护期间无一例赴省进京上访案例。

【国有土地上房屋征收补偿】2020 年,娄底市本级坚持规范程序,启动房屋征收项目3个,完成老干活动中心和黄金海岸项目征收工作,征收户数42户,征收房屋建筑面积1.5万平方米,发放补偿资金2474万元;涟源市启动房屋征收项目2个,完成中山街棚户区改造和娄底高新区石牛汽车标准化厂房建设项目征收工作,征收户数76户,征收房屋建筑面积2.48万平方米,发放补偿资金9109万元;冷水江市启动房屋征收项目1个,完成温金公路项目征收工作,征收户数19户,征收房屋建筑面积0.32万平方米,发放补偿资金605万元;双峰县启动房屋征收项目2个,完成县湘中农产品综合批发市场和文星城市棚户区改造项目征收工作,征收户数91户,征收房屋建筑面积0.85万平方米,发放补偿资金4873万元;新化县启动房屋征收项目3个,完成G59官新高速新化段项目征收工作,征收户数22户,征收房屋建筑面积0.66万平方米,发放补偿资金2100万元,月光潭棚户区改造项目和新化县梅山古镇保护与建设二期项目完成入户调查工作,拟定征收补偿方案。

【安置小区建设管理】2020年,娄底市本级完成新佳等6个安置小区基地建设"清零"任务,建设安置基地653.5个,安置户数1307户。完成金谷农贸市场的分类升级改造和檀山湾安置小区道路改造工作,共投入改造资金约720万元,顺利通过国家卫生城市复检和全国文明城市的测评工作。冷水江市城东生态城移民安置小区一、二安置点及拓宽部分(锦和家园、裕富家园)建设和和盛家园基础工程建设基本完成,和盛一路、大洲路道路建设已完成征迁和项目招标工作。双峰县井湾三期等7个安置小区的基础配套设施建设全面铺开,县城中河泥水综合治理等3个城市建设项目扎实推进。完成茶场、宾园路及农副产品市场二期安置小区400余安置户的不动产登记办理和茶场安置小区整体移交工作。同时,全市房屋征收系统挂牌出让土地14宗,成交10宗,完成土地出让收入约5.16亿元。

【经营类事业单位改革】2020年,娄底市国有土地上房屋征收中心根据中央、省、市的统一安排部署,遵循"方案最佳、效果最好、矛盾最小"的原则,完成经营类事业单位改革工作,剥离娄底市金谷大市场管理处、娄底市钢城拆迁安置小区管理处、娄底市罗家拆迁安置小区管理处、娄底市檀山湾拆迁安置小区管理处4个二级机构的经营性职能,相关公益职能整合至娄底市国有土地上房屋征收中心,涉及人数113人。

(朱筱丹)

## 房　改

【概况】2020年,娄底市住房制度改革领导小组办公室(市房地产开发管理办公室)完成开发企业2019年信用评价工作171家,审核新成立的开发企业29家,审核开发企业申报各类业务66件。组织市场巡查36次,立案查处违法违规企业1家,责令限期整改企业14家,约谈企业负责人21人。办理房地产项目资本金监管手续24个。调处房地产领域信访案件64件,其中国家信访局15件、省信访局12件、省厅督办件1件、书记市长信箱13件,"12345"热线23件,所有案件均按时办结。返回公有住房维修资金5万元;出具无房改房情况证明31人次。

2020年3月19日,娄底市住房制度改革领导小组办公室党支部开展"雷锋精神传湘中'疫'线帮扶暖人心"活动　(市房改办　供图)

(刘保平)

【产业管理】2020年,娄底市房地产市场运行良好,主要经济指标增速较快。全年完成商品房销售面积353.5万平方米,同比增长8%。完成开发投资133.67亿元,同比增长16%,增速全省排名第二。房地产税收17.2亿元,同比增长16.37%。娄底市住房制度改革领导小组办公室(市房地产开发管理办公室)着力建立和完善房地产业发展的长效机制,建立房地产市场联席会议制度,出台《娄底中心城区房地产市场联席会议制度》;完善房地产项目资本金监管制度,出台

《房地产项目资本金监管内部操作细则》;建立房地产开发企业诚信制度,出台《娄底市房地产开发企业信用信息管理暂行办法》;建立房地产市场巡查制度,出台《娄底中心城区房地产市场巡查制度》;推进新建商品房交房交证试点;配合编制娄底中心城区"十四五"住房发展规划。 (刘保平)

【重点工作】2020年,娄底市"无籍房"办证稳步推进。根据市住建局(人防办)"无籍房"办证工作统一安排部署,主要负责该项工作的前期工作及整体情况的调度和综合。截至12月31日,"无籍房"办证103个项目中完成竣工验收和消防验收达到办证条件的项目89个,15个棚改项目全部出具竣工验收情况说明;市住建局(人防办)包案的51个项目,新增办证住房8944套,累计办证住房12963套,化解比例68.76%;完成前8批95个房地产开发项目和15个棚改项目合计110个项目的住建人防规费核算,110个项目欠缴住建人防规费22094.17万元,追缴城市基础设施配套费997.87万元、人防易地建设费961.8万元,收缴追缴物业维修资金14990万元。开展新冠肺炎疫情防控,联合市住建局房产科、市住保中心,向中心城区在建的37个房地产开发项目派驻20名疫情防控联络员,指导、帮助企业一手抓疫情防控,一手抓复工复产。组织调研,向市委市政府和局办提出帮助房地产企业纾困的建议措施,引导企业充分发挥市场主体作用,整合资源要素。精准扶贫取得实效,作为涟源湄江镇跑马村的帮扶单位,投入资金10万元,抽调1名骨干力量常年驻村扶贫,6名副科实职以上干部与贫困户结对帮扶,全年入户走访5次。是年,跑马村顺利通过湖南省脱贫攻坚实地考核检查。 (康　森)

## 城市建设投资

【概况】2020年,娄底市城市发展集团有限公司实现营业收入8.18亿元,同比增长357%;利润总额7653万元,同比增长357.2%;完成投资16.16亿元;缴纳税费0.4亿元,带动全市税收约1.2亿元;资产总额增加至293.52亿元;资产负债率较年初下降5.1%。营业收入、利润总额、实际投资等重要经济指标在市国资委监管企业中均名列第一。是年,获娄底市平安建设(综治工作)考核评估优秀单位等称号。

【融资化债】2020年,娄底市城市发展集团有限公司还本付息32.29亿元,融资到位资金28.34亿元,化解隐性债务0.82亿元,承担市本级80%关注类债务化解任务,将19.48亿元关注类债务转化为经营性债务,助力娄底市退出政府债务风险一类预警地区。取得娄底市首单最大金额债务置换批文7.5亿元,节约成本9545万元。3月,以5.0的利率发行9亿元中票。9月,以3.92的利率发行5亿元短期融资券。推进民间融资重点企业风险化解,湖南金韶房地产开发有限公司持有的长沙市雨花区高铁新城花侯路地块由长沙市政府以10亿元收储,首期回款7亿元,为娄底市风险企业九龙集团的处置奠定基础,同时化解其他风险企业不良债务额1.12亿元。

【项目建设】2020年,娄底市城市发展集团有限公司履行城市建设主责,聚焦项目建设,承建项目18个,其中财政预算项目1个、其他拟专项安排项目3个、其他项目8个、PPP项目4个、前期项目2个,全年实际完成投资20.343亿元。完善城市路网,完成法院转盘改造主体工程,双科街、宁邦中心6条配套道路大部分施工段建成,早元街基本建成,平安路、铁西路完工,娄底市第一条钢结构立交桥华星路立交桥合拢。8月,湘阳街右拐弯多年的交通梗阻得到解除。停滞11年的老干活动中心项目在一个月完成征拆、两个月完成前期工作,12月28正式开工建设。南垅、富冲、杉树山、竹山4个安置基地完成验收移交,实现任务清零。市商业局家属区、长青居民点、市五金百货公司家属区、童家社区老旧小区改造项目、中级人民法院家属区等6个老旧小区全部改造完工。星星实验学校北校区如期建成交付,新增42个班2100个学位,秋季开学招生。生活垃圾焚烧发电项目完成场坪工程,涟水河生态修复工程完成形象进度,纪检办案中心二期项目完成主体施工。娄底桥头河通用机场列入全省"1+13"通用机场骨架网和2020年省重点项目,取得可研批复并完成土地预征。

【转型发展】2020年,娄底市城市发展集团有限公司围绕"城市建设与片区开发、房地产开发与经营、城市资源运营、金融配套服务"四大主业,谋划和拓展经营性项目,市场竞争能力、盈利能力、抗风险能力增强。大科城中村控规方案和出让方案提交娄底市自然资源和规划委员会审议通过;老街片区征拆工作进展顺利，涟水河沿河路风光带完成建设；城发·文庭项目销售回笼资金1.95亿元，实现经营性收入1.4亿元；面向市场，创新信贷产品，与蚂蚁金服合作线上开展“小贷星”业务，全年发放贷款55笔4.12亿元，实现净利润1100万元，同比增长218%；所持湖南煤化新能源有限公司股权于年初转让给湖南华菱涟源钢铁有限公司，实现溢价收益1.12亿元；加快城市资源运营步伐，全年储备土地18公顷，完成征地拆迁35.33公顷，挂牌出让土地13.33公顷，实现土地出让收入5.3亿元；智慧停车收费系统正式上线，一期1275个路内停车泊位启动收费，停车泊位周转率由4.0提升至9.6；共享小店首批招租完成；加大资产盘活力度，全年完成租金收缴1806万元。

【党的建设】2020年，娄底市城市发展集团有限公司坚持党的领导，制定“聚焦主业、经营城市，做优秀城市运营商”的发展战略。围绕建党99周年，开展困难党员慰问，举行“情暖贫困群众、助力脱贫攻坚”主题党日暨“七一”表彰会，表彰27名优秀党员，募集爱心捐款22.78万元。组织优秀选手参加市直机关“华菱涟钢杯”男子篮球赛，获得比赛乙组冠军。坚持“透过工作查作风、整改作风促工作”，开展警示教育、内控内审，组织关键岗位廉洁谈话80人次。出台覆盖工程、财务等方面的制度10余个，处理信访积案40余件、解决“12345”市长热线问题210件。加强宣传队伍建设，全年在《湖南日报》、湖南卫视等主流媒体刊登新闻40余篇，发行城发简报20期，策划《战“疫”促发展、城发在行动》《党建铸魂赋能、迸发城发力量》系列报道。

【创文管卫】2020年，娄底市城市发展集团有限公司贯彻执行创文管卫工作要求，“全天候、全方位、高标准、无死角”推进项目现场管理和闲置土地管理，对中心城区闲置土地、在建工地、交安设施、安置基地等创文点开展现场督查40余次，下发交办函70余份、督查通报2份。建设星星实验学校北校区、早元街、秀石街、城发星庭、城发文庭5处创文宣传示范点，绿化闲置土地83255平方米，对闲置土地及在建工地围挡、围墙公益广告进行提质上档，新建围墙、围挡4600余米，高标准制作公益宣传画5300平方米、彩绘1400平方米。投入1570万元完成长青街与吉星路交叉路口交通环岛改造，主动修复道路提质改造及风貌整治工程PPP项目已开工未完工的9个项目主车道、人行道、路沿石破损及路面硬化500余处。全年投入创文工作经费约1000万元。（陈婷婷）

## 城市管理

【概况】2020年，娄底市城市管理和综合执法工作以解决市民最关心的热点和难点问题为重点，切实提高城市管理水平，充分发挥综合执法保障作用，为成功创建全国文明城市、建设富饶美丽健康祥和新娄底做出新贡献，圆满完成年初确定的各项目标任务。市城市管理和综合执法局连续6年保持省级文明标兵单位。

【市容市貌管理】2020年，娄底市容品质得到新提升。加强马路市场的常态治理，结合全省交通顽瘴痼疾整治要求，开展整治和规范化管理。坚持教育疏导为主、扣押处罚为辅的原则，日均疏导流动摊担1000余个，取缔各类摊点9600余例，依法登记保存违规经营工具600余件。开展人行道上违法停车集中整治，劝离违停车辆12000余台，开具违停告知单6500张，依法拖移违停车辆100余台。加强“门前三包”的责任落实，整改“门前三包”乱象16857余家，下发限改通知书1700余份，立案查处门店乱象121例，清除违规棚点或活动伞棚550处，登记保存占道物品342车，规范促销庆典217处。开展共享单车乱象整治，登记保存600余台次乱停乱放共享单车。抓好大气污染防治工作，中心城区大中型餐饮企业油烟净化设施全部安装到位。

【环境卫生管理】2020年，娄底市城市管理和综合执法局抓实垃圾收运规定的执行，实行定点、定时、定线、定标准，加强单位院落上门收集对接工作，完善垃圾收运体系，做到生活垃圾及时清运，确保城区每天600余吨生活垃圾日产日清。做好道路清洗全覆盖，每天安排机械清洗车辆清洗城区主干道不少于2次，高压微洗车针对道路沿石、拐角、绿化带通道、公交站台、果皮桶进行精细清洗，多功能扬尘车对城区扬尘产生高的路段进行降尘，做到全方位覆盖。落实快速保洁机制力度，着重解决突发性污染及时处置和门店

2020年9月8日上午，娄底市餐厨废弃物资源化利用和无害化处理项目正式签约

（市城市管理和综合执法局 供图）

垃圾及时保洁问题。开展大排查、大清理、大清运、大清洗、大维护活动，确保道路现本色、无扬尘。

【园林绿化建设】2020年，娄底市城市管理和综合执法局开展园林增绿提质、增花添彩，对娄星南路、甘桂路、珠东街等道路实施绿化提质改造，打造长青东街"紫玉兰一条街"、新星南路"樱花一条街"、吉星路"月季一条街"。开展城区道路补栽补植，完成公园增花提质和补栽补植工作，栽植樟树、竹柏等乔木亚乔木3666株，红继木、茶花等灌木772066株，鸢尾、萱草等地被植物160800株，一串红、孔雀草等草花25800株，草皮10880平方米，麦冬9225千克。严格验收苗木质量，确保施工质量和苗木成活率。做好绿化养护工作，城市园林绿化景观有崭新的变化。举办第一届月季花展销会，展出月季品种130余个10万株，打造"龙腾花海""牛气冲天"等造型和小品。

【综合管理】2020年，娄底市城市管理和综合执法局对渣土治理进行源头管控，严查超装超载及运输途中抛、撒、滴、漏，推行118台新型智能环保型渣土车，确保城区扬尘指数稳步下降。启动路灯提质改造项目，完善路灯重大特大事故应急处理预案，确保亮灯率和设备完好率98%。对户外广告招牌进行日常巡查监管，拆除各类违规设置、存在安全隐患、影响市容市貌的户外广告招牌、横幅等2656处，计4.7万平方米。发布迎春节、抗疫情、创文管卫等公益广告6782平方米。公园广场管理重点做好乱扔、乱贴、乱摆、乱停、损绿、不文明遛狗等行为的管理，快速推进10个学雷锋志愿服务岗（亭）建设，常态化为市民提供雨伞、充电、免费热水、药箱等便民服务。

【综合执法】2020年，娄底市城市管理和综合执法工作以城管综合执法体制改革为契机，以综合执法工作为主线，推进队伍综合执法素质和执法能力的提升。根据新的三定方案对行政处罚事项、权力清单进行梳理，就新移交的执法职能加强执法培训，提高执法人员的业务素质和办案技能。强化执法保障，利用"律师驻队"工作模式破解执法中存在的难题，驻队律师介入当事人逾期不履行行政处罚的案件。加强执法办案工作，全年办理行政执法一般程序案件1030件，办理简易程序案件3295件，办理违停案件2082件。推进行政审批提速增效，市城管执法局窗口全年受理包含行政许可与其他服务事项的业务1810件，许可1794件，不予许可16件，提供业务咨询1000余次。

【助力文明城市创建】2020年，娄底市城管部门作为创文管卫任务中的重要职能单位，围绕工作任务，加强组织领导，成立工作专班，统筹部门协作，科学精细管理。城管系统上下全员上阵，全力以赴，加强市容环境卫生乱象的整治，开展马路市场、店外经营、门店垃圾、违规户外广告、共享单车乱停乱放、人行道违法停车行为等一系列突出问题的整治。组织开展"我文明我代言""不文明 随手拍"暨千名城管文明网红助力文明创建活动、宣传推进文明城市创建。以各公园、广场等窗口为重点，加强雷锋志愿服务站建设，坚持常态化开展志愿服务，形成创文管卫工作的强大合力。

【项目建设】2020年，娄底市城市管理和综合执法局

2020年11月30日，娄底市城市管理和综合执法局督查市生活垃圾处理中心项目建设

（市城市管理和综合执法局 供图）

推进垃圾综合处理项目、第三库区二期续建工程和堆存污泥原位固化处理服务项目、渗沥液处理系统升级改造项目、餐厨废弃物处理项目建设完成投入使用，环保拆迁项目第一、二期安置补偿全部到位。建设“智慧城管”项目，优化指挥调度系统，完成视频监控平台建设，完善指挥大厅及配套设备设施建设，“12319”城管服务热线全线开通，微信公众号全面推广，项目正式投入使用，实现城市智慧化监控，全年受理投诉5430件，受理率和办结率100%，满意率99.93%。加快推动甘桂公园建设，一期建设工程完工并开园。

【民生实事】2020年，娄星广场星湖黑臭水体治理取得实效，采取打捞和清运漂浮物、及时清理淤泥、修整沿湖乔木、补充自来水、投放生石灰、建设人工浮岛等多项治理措施，星湖湖体水质明显提升，达到黑臭水体整治的长制久清效果要求。发展娄底特色“地摊经济”，设立自产自销农产品疏导区（点）35处、一般性流动摊贩疏导点20处、夜市经济集中疏导区（点）22处、大型商场卖场便民促销疏导点19处，为自产自销农产品摊担、城市弱势群体、社区困难群众、下岗失业人员提供5000余个经营摊位和临时就业岗位。推进驻村帮扶工作，注入帮扶资金101万元，为涟源市金石镇灌溪村贫困家庭解决实际问题80余起。

【城管文化】2020年，娄底市城市管理和综合执法局开展党建、工会、团队活动，巩固省级文明单位成果，带动和引导城管文化建设的开展。举办凝聚人心、具有城管特色的“砥砺奋进，活力城管”广播体操比赛；

2020年11月10日上午，娄底市城市管理和综合执法局“砥砺奋进，活力城管”广播体操比赛开幕式在娄底市体育中心举行

（市城市管理和综合执法局 供图）

开展城市管理广播《城管面对面》访谈栏目，做好政策法规宣讲，讲述基层城管故事；组织志愿服务，开展双联和困难职工帮扶、职工医疗互助等帮扶活动，打造温暖和谐的“城管大家庭”；弘扬城管工匠精神，环卫处2人被授予“省五一劳动奖章”称号；开展5场“全市优秀共产党员”朱建勋同志先进事迹巡回宣讲会，700余人倾听先进典型事迹，营造城管队伍中学先进、赶先进、做先进的浓厚氛围。

【县市区亮点】2020年，娄星区实行全域常态管理，积极开展城中村及城乡结合部整治，推进城乡环境卫生全面提质。建立农村垃圾治理新模式，扎实有效推进农村“厕所革命”，改（新）建户厕8010座，16个美丽乡村和58个美丽屋场示范点实现旱厕清零。冷水江市围绕创建新一轮省级文明城市工作抓治理、强管理，积极开展交通问题顽瘴痼疾、城区共享助力车、城区餐饮油烟污染等专项整治。信和一路改扩建工程，民心一路、民心三路建设工程，得月桥危桥改建工程，涟溪桥公租房小区外配套设施建设工程等项目陆续竣工。涟源市按照宜居宜业的城市管理目标，推进市容市貌、环境卫生和市政设施建设，完成洪水岭一期景观工程、幸福水库黑臭水体治理项目建设，对交通桥、幸福桥、石梅桥护栏及人民桥、三角坪、双江街下水道进行改造，新建垃圾中转站（公厕）5座、公共停车场2处。双峰县从抓实“三个转变”入手，充分发挥督查考核“指挥棒”的作用，完成艺芳街、文成路等地段的增绿提质和补栽，推动城市样板街建设，服务地摊经济发展，重点消除卫生盲区死角，集中力量攻克城区整建工作顽疾，推动城市管理迈上新台阶。新化县全面开展城区建筑垃圾（渣土）综合整治行动，搭建建筑垃圾监控平台，实现渣土清运公司化运作、密闭环保车运输。县生活垃圾焚烧发电、建筑垃圾分类处置及资源化利用、城区公厕建设、“夜宵城”建设工程等项目建设得到有力推动。经开区进一步完善执法机制，推进市容市貌网格化管理，规范中心城区市容秩序，对环境卫生清扫保洁和重点区域、地段进行专项整治。重拳打击突击抢建、偷建，控违拆违工作取得实效。万宝新区认真落实环卫保洁、绿化养护，针对渣土运输、施工场地设置及车辆停放等问题开展专项整治。严格控制违法建设，依法拆除违法建设面积5000余平方米。（江中和 肖瑶）

# 城市管理行政执法

【概况】2020年,娄底市城市管理行政执法实现执法权限法定化、执法责任明晰化、执法行为规范化、执法活动公开化、执法文书标准化,制定出台《关于规范人行道静态停车执法工作的实施办法》。履行娄底中心城区15米以上街路人行道静态停车执法职能,发挥"律师驻队"工作模式优势,介入当事人逾期不履行行政处罚的案件8起。装备新的"牛皮癣"小广告语音追呼系统、执法记录仪、车载喊话器等执法装备。是年,一般程序案件立案1030件,简易程序案件立案3295件,违停案件2082件。整改门前三包乱象19000余家,下发限改通知书2100余份,立案查处门店乱象190例,清除违规棚点或活动伞棚590余处,登记保存占道物品373车,规范促销庆典259处。

【全国文明城市创建】2020年,娄底市城市管理行政执法支队进行宣传引导,发放创文管卫、城市管理法律法规宣传资料3万余份。组织禁燃、创文管卫工作宣传车巡回宣传50余个工作日,通过新闻媒体播放

2020年,娄底市城管执法支队与娄底一中高1922班联合开展"文明创建、人人参与、团员先行"文明志愿劝导活动 (市城管支队 供图)

各类温馨提示和通告20余次,督促商场、宾馆、沿街门店利用电子显示屏滚动播放创文管卫宣传标语覆盖率80%以上。组织开展市民群众、中小学生、媒体记者参与城市管理活动3次。配备100余个小喇叭由协管员在停车乱象、市容乱象较多的区域反复播放。合力攻坚创文管卫工作,在娄底市创文管卫工作推进大会后,多次组织召开党委扩大会议传达精神、研究落实。迎检期间,支队全员取消休假,班子成员全部下沉挂点大队带班跟班,机关人员全部下沉一线,支队全体人员17小时严防死守,查漏补缺,严管严控。巩固创文成果,按照"守成果、促提升、保长效"的工作思路,建立城市管理长效机制,多次组织召开巩固提升创文管卫成果工作部署会,分析存在问题,研究解决方案,以问题为导向安排部署工作,出台《创文管卫常态化管理规定》。

【思想政治及组织建设】2020年,娄底市城市管理行政执法支队健全常态化党建述职考评机制。"七一"前夕,组织全体党员160人分三批次赴彭德怀故居和陈赓故居开展红色教育活动。7月,组织党纪条规应知应会知识测试,科级干部以下党员120余人参加考试,内容涵盖《中国共产党纪律处分条例》《中国共产党党和国家机关基层组织工作条例》《党委(党组)落实全面从严治党主体责任规定》。9月底分批次开展"传承红色记忆,传承半条棉被精神"主题党日观影活动,开展疫情防控学雷锋活动及"寻初心、守初心、践初心""诵读红色经典"等主题党日活动120余次,活动覆盖支队100%的党员。11月,制定《党支部换届选举工作实施方案》,按差额选举办法产生各支委会成员,组织完成10个支部的换届选举工作。12月,组织支队党务工作者轮训暨党员教育培训班,120余人参加。是年,组织《中国共产党党和国家机关基层组织工作条例》《习近平谈治国理政》第三卷及习近平总书记考察湖南重要讲话精神、党的十九届五中全会精神等专题学习12次。推荐4名入党积极分子参加市直工委组织的培训,吸收2名预备党员,5名预备党员转正。

【队伍建设】2020年,娄底市城市管理行政执法强化机制建设。6月,出台《2020年度市城管执法支队规范化工作考评细则》。9月,出台《娄底市城市管理行政执法支队执法人员着装管理规定(试行)》,规范工作考评机制,正规着装管理。加强作风纪律建设,年初,传达学习十九届中央纪委四次全会精神,反复领会习近平总书记关于加强党风廉政建设的重要论述,组织学习市纪委监委下发的有关违法违纪行为通报。9月,出台《关于进一步加强作风建设的实施方案》。在创文迎检期间,出台《创文管卫特别时期的特别规定》《创文管卫攻坚阶段绩效考核调整办法》,成立两个督查组,对创文整治工作、人员履职尽责、街面见勤率、着装规范、

服务群众等方面进行检查，发出整改图片6000余张，下发《支队作风建设督查情况通报》4份，推动支队上下全面转变工作作风。是年谈心谈话474人次，提醒谈话1人次，行政警告处分1人次。受理群众举报投诉3起，查实无违纪违规行为2起，查处执法程序不规范问题1起。

【行政体制改革】2020年3月，根据娄底市委机构编制委员会《关于印发〈娄底市城市管理行政执法支队职能配置、内设机构和人员编制规定〉的通知》文件精神，娄底市城市管理行政执法支队更名为娄底市城市管理综合行政执法支队，机构、职能进行调整。内设综合科、人事科、法规科、执法案件处罚中心、市容秩序科、督查考评科、财务装备科7个科室，规格为副科级；下设城东执法大队、城南执法大队、城西执法大队、城北执法大队、万宝执法大队、住建执法大队、违法建设执法大队、环保执法大队、广告(灯饰、照明)执法大队、园林(绿化)渣土执法大队10个大队，规格为正科级。娄底市将住建、自然资源和规划、环保、水利、市场监管、交警等全部或部分行政处罚权进行移交，具体由市城市管理综合行政执法支队行使。娄底市城市管理行政执法支队根据文件精神，研究制定"三定"方案，推进城管综合执法机构改革实施。

【执政为民】2020年，娄底市通过调查摸底、实地察看、征求摊担群体意见、研究讨论，7月份出台《娄底市城市管理领域实施"五支持三禁止"助力经济发展惠民生保就业的规定》，在中心城区设立自产自销农产品疏导区(点)35处，一般性流动摊贩疏导点20处，夜市经济集中疏导区(点)22处，大型商场卖场便民促销疏导点19处。是年，娄底市城市管理行政执法支队办理市长热线交办件、城管指挥调度中心投诉件、信访件2059件，满意率99.95%。

【专项整治】2020年，娄底市组织开展人行道净化专项行动，全面清理人行道违规设置的障碍物、构造物，全年清理地锁、隔离墩等障碍物、构筑物2000余处。组织违法停车集中整治，在人行道上新施划机动车、非机动车停车位18000余个，设置禁停标识牌和温馨提示牌300余块，劝离违停车辆12000余台，查处违章车辆1616台，依法拖移违停车辆100余台。开展不文明养犬行为集中整治，清捕流浪狗50余只。开展户外广告和"牛皮癣"广告治理，拆除违规广告招牌2115块、横(条)幅1582条，清理牛皮癣广告119495处，追呼违规电话23个，单向停机违规电话2个。开展共享单车乱象整治，登记保存600余台次的共享单车，对3家共享单车企业处罚3万余元。开展大气污染防治工作，对150家大中型餐饮未安装油烟净化设施的单位进行跟踪督促，全年40余家大中型餐饮企业新安装油烟净化设施到位。开展"车窗抛物"专项整治，全程跟踪摄像，采取行为罚诫和严管重罚的方式严格查处。(刘小武)

2020年8月15日，娄底市城管执法支队开出履行娄底市中心城区人行道静态停车执法职能后的首张违停处罚单 (市城管支队 供图)

## 环境卫生

【概况】2020年，娄底市环卫处主要负责中心城区近760万平方米主次干道的清扫保洁、机械清扫清洗、洒水降尘、人工清洗，机械化清扫率90%；城区日均约600吨生活垃圾及时收集、运输、压缩中转、无害化处理；管理、维护环卫垃圾站34座、公厕69座、大型中转站1座，拥有各种环卫专业车辆151台。配合主管局开展生活垃圾综合处理项目、处理场环保拆迁，检查指导社区环境卫生工作；受市城管执法局委托进行环境卫生、餐厨垃圾管理执法工作。对东升物业、玉诚物业、理雍物业、美中物业、智达物业所承包的路段环卫质量进行考评考核。

【控制扬尘】2020年，娄底市环卫处加强清扫保洁，对城区道路实行夏季4:30—22:00、冬季4:30—21:00的人工清扫保洁制。加强重点商业繁华、人流、车流密集路段，及早、中、晚上下班高峰时段的保洁，加大绿化带、树穴和道路两侧可视垃圾的清理，路面质量达到“五无五净”标准。强化道路洒水降尘与清洗，以晚班洗路为主，白班洗路为辅，增加机械化作业面和频率。洒水车辆晚上对主次干道进行直冲为主横冲为辅的冲洗(夏季 22:00—3:00，冬季 21:00—2:00)；白天每台车辆配备 2~3 名清洗人员，主干道进行一天一次的轮回冲洗，非机动车道进行三天冲洗一次的轮回清洗，步行板进行一周冲洗一次的轮回清洗。高压微洗车针对道路沿石、拐角、绿化带通道、公交站台、果皮桶进行精细清洗，2 台 18 吨多功能扬尘车每天两次对城区扬尘产生高的路段进行有针对性降尘，严控城区扬尘指数。防治沿街渣土抛洒，以所、物业公司为单位，出动车辆人员不间断巡查路面，特别是以城乡结合部、施工工地周边道路为重点，及时处置突发道路污染。加强与渣土管理部门对接，联合整治防治渣土车辆沿街抛洒问题，减少道路扬尘污染源头。严控垃圾焚烧，将辖区路段按网格区域负责制，加强监管巡查。在环卫负责区域内全年未发生焚烧垃圾、树叶等污染大气事件。

【垃圾填埋】2020 年，娄底市环卫处按照湖南省住建厅 7 月 13 日的建议书督导意见，邀请湖南省专家现场指导，委托第三方编制运行规划，加大投入，严格规范垃圾场内管理。委托湖南省工程勘察队 418 队进行填埋区域地形测量，委托湖南省建筑设计院编制填埋作业规划，按照制定的分层分区作业规划方案进行垃圾填埋作业。填埋作业时垃圾堆体严格按照设计的封场高度堆放垃圾，控制堆体边坡不小于 1:3；每天将作业面控制在 600 平方米左右，控制裸露区域，作业后用膜进行临时覆盖；对填埋区的临时性封场 HDPE 膜进行排查、修补整改，对库区周边的锚固沟、排洪沟等清淤疏通；加强和改进消杀除臭工作，加强场内沼气管理，每天对作业区和市生活垃圾处理中心周边进行不少于 2 次的灭蚊、消杀、除臭；制定完善垃圾填埋监管制度规定，配备安保人员，加强对垃圾进场、填埋、消杀等各个环节的日常管理。强化常态管理，严格按照规范方案填埋作业，建立门卫管理制度，日夜巡查监管，规范台账登记，加大消杀除臭工作，每天由村镇环保小组进行 2~3 轮全方位巡查监督，全面规范场内运行管理。

【项目建设】2020 年，娄底市垃圾场污泥原位固化并投入使用。渗沥液处理保持安全状态，通过外运至娄星工业园区污水厂和租赁设备现场处理两种方式处理渗沥液积液 3 万多吨，库区积液降至大坝安全位置。加快渗沥液处理升级改造项目建设，完成土建施工和主系统设备采购。配合协同做好焚烧发电项目施工复工的场内管理和维稳工作。推进装配式环保公厕建设，完成文艺路环保公厕建设安装，启动月塘街驿站型装配式环保公厕选址场地硬化及主体结构生产。

（罗云云）

## 园林绿化

【概况】2020 年，娄底市风景园林处克服新冠肺炎疫情影响等不利因素，积极推进复产复工，举办全市第一届月季花展销会，开工建设甘桂公园，推进园林绿化建管工作，提升园林绿化品位，全力创建全国文明城市。

2020 年 10 月 22 日，娄底市甘桂公园开工建设

（市风景园林处 供图）

【疫情防控】2020 年，娄底市风景园林处成立疫情防控工作领导小组，设立党员先锋岗 9 个，向社区派出疫情网格防控志愿者 11 人，82 名党员干部报名参加疫情防控一线工作，干部职工捐款 5.55 万元。投入经费 7.84 万元，购置和领取口罩、消毒液、防护手套、连花清瘟胶囊等防疫用品和药品。做好疫情排查统计上报工作，对 400 余名职工(包括合同工)，逐一排查家庭成员情况，对涉及武汉和境外回娄人员按要求上报，做好每日健康监测工作。疫情期间，采用广播不间断播放宣传疫情预防知识。做好公园等公共场所疫情防控，所有游乐项目、门店暂停营业，暂停群众聚集的公共文体活动，劝离聚集游客 472 次，劝离未戴口罩

游人 2985 人次，劝导流动摊担 202 人次、溜狗游客 237 余起。根据娄底市城管综合执法局关于“管行业必须管疫情防控”的安排部署，开展娄底城区花木及鲜花销售门店疫情防控的实地上门督查工作，组织人员分区域逐条街道进行摸底排查，调查门店 84 家，98%的门店按照社区网格化管理相关要求落实疫情防控措施。

【复工复产】2020 年 3 月上旬，娄底市石马公园、青山公园和春园公园的门店、游乐项目按照相关要求复工开放，门店游乐项目业主按相关要求做好消毒防疫工作并建立工作台账，做好从业人员个人防护。娄星区杉山镇中心卫生院作为娄底市中心医院收治疑似病例的第二医疗区进行改造并投入使用，市风景园林处承担改造项目的绿化施工任务，43 名党员突击队队员克服困难，加班加点，按时完成绿化施工任务。4 月，举办全市第一届月季花展销会，免费展出月季品种 130 多个 10 万株。

【创文管卫】2020 年，娄底市风景园林处对照创文管卫标准，分解任务，全面部署，责任到人。干部职工下沉一线，班子成员基层带班，分路段承担绿化养护任务。机关工作人员，分派至绿化处各所队，开展街道绿化整治。组织 230 名干部职工参加“我文明我代言”“不文明随手拍”暨文明网红助力创建活动。做好分配的公交站台文明劝导工作，开展对廖家社区“创文管卫”帮扶活动，组织干部职工参与“满城都开文明车”活动。4 月，开展爱国卫生月活动，印发专门文件，各单位各科室迅速部署安排，统筹组织实施，广泛动员参与，加强督促检查。重点开展工作环境、公共场所、社区环境和职工食堂四项环境卫生大扫除。活动期间，清理卫生死角 50 余处，清除垃圾 16 吨。

2020 年 4 月 24 日，娄底市第一届月季花展销会开展　　（市风景园林处　供图）

【园林增绿提质】2020 年，娄底市风景园林处成立全民共建共享公园建设工作领导小组，推进公园绿地建设。制定《娄底市风景园林管理处增绿提质、增花添彩工作实施方案》，对娄星南路、甘桂路、珠东街等道路实施绿化提质改造，进行城区道路补栽补植和公园增花提质。栽植樟树、竹柏等乔木、亚乔木 3666 株，红继木、茶花等灌木 772066 株，鸢尾、萱草等地被植物 160800 株，一串红、孔雀草等草花 25800 株，草皮 10880 平方米，麦冬 9225 千克。　　（潘新杰）

## 供　水

【概况】2020 年，娄底市全年生产水量 5995 万立方米，销售水量 4934 万立方米。水质综合合格率 99%，管网抢修及时率 100%，自来水产销差率 17.7%，第二污水处理厂污水排放达标率 100%。娄底市水业有限责任公司全年收入 18716 万元，实现利润 1528 万元。

【安全供水】2020 年，娄底市坚持安全供水与疫情防控“两手抓两手硬”，加强制水工艺、设备管理和安全管理，保证水厂安全生产；加强管网运行管理，排查管网漏损隐患，对城市主干管网失效阀门进行集中更换，对老旧管网有计划地进行改造，供水管网运行安全稳定；严格落实水质检测和监测制度，确保娄底中心城区安全优质供水。

【污水处理】2020 年，娄底市水业有限责任公司坚持二污提标改造项目建设与生产运营齐抓共管，全年处理生活污水 1697 万吨。提标改造工程建成运行后，污水排放符合一级 A 标，出水 COD、氨氮、总磷、总氮、PH 值五项提标达到地表水四类水质标准，出水 100%达标。

【工程建设】2020 年，娄底市根据城市道路建设情况和用水需求，完成城区配套供水管网建设，湘阳街 DN1200 输水管同步道路改造，累计铺设管道 8 千米，完成投资4000万元;完成薄板产业园创新一街(华星路—耀春路)DN200主管、秋浦东街(娄涟公路—电力科技谷)DN300主管安装并通水,园区项目如期开工建设,全力保障企业复工复产。推进垃圾填埋场及周边村组给水工程建设,安装管道31380米,完成投资4000万元;加快推进征迁安置工作、切实解决历史遗留问题的要求,及时配套完成安置基地管道安装工作;完成恩口煤矿、铁路"三供一业"改水到户工程;完成桃圃街、波月街等主水管工程和思源小区、对江移民小区等老旧小区主水管改造工程建设,全年安装供水管道210771米。

【营商环境】2020年,娄底市水业有限责任公司通过创新服务体系,简化服务流程,不断提升服务质量,优化用水营商环境。在政务中心服务窗口受理用水报装等业务,在"互联网+政务"服务平台开通过户、销户、校表申请等业务,通过减资料、减环节、减时限及容缺办理,简化报装流程。娄底市经开区娄底市对外贸易服务中心大楼基建给水工程项目,从申请到通水用时三天。落实《"一站式"服务管理制度》《客户投诉处理管理制度》《客服工作流程》等服务制度,实行首问责任制、限时办结制等服务机制,主动对接联系用户,抓好工程项目文明施工。加快推进抄表平台、客户服务平台等建设,通过信息化建设促进服务能力的提升。

【管理提升】2020年,娄底市水业有限责任公司推进精细化管理,开展"经营管理提升年"活动和"三清两查"工作,加强成本费用管控,规范财务管理、工程项目管理、合同管理,抓好制度落实等举措,提升公司精细化管理水平,全年人工、折旧外管理费用下降5%。稳步推进内部改革,优化机构设置,构建大党建工作格局,成立党群工作部;进行抄收改革,制定《抄收管理暂行办法》,对小口径水表抄收进行劳务外包,全面加强对抄收人员的考核管理;改革巡线模式,组建机动勘查定漏组和片区巡线组,漏水点查出量同比增长2倍,产销差率同比下降0.18%;改革GIS数据采集工作考核模式,基本实现GIS数据采集与管网建设同步进行;对公司制度重新进行梳理、修订、完善,建立职责明晰、系统完善的制度体系,全年组织7期制度学习培训,参培人数361人次。 (彭 艳)

## 公共交通

【概况】2020年,娄底市公共交通有限公司完成营运收入约3695.3万元,同比减少16%。完成营运里程1700万余千米,服务合格率98%。事故频率为0.028次/车万千米,为安全目标指标的14%。春运期间,发送班次59986趟次,完成运营收入约230万元,运送乘客约193.3万人次,安全营运113万千米,趟数率、正点率、服务合格率96%以上,全年没有发生疫情传播,无安全生产较大事故和死亡事故。

【城乡公交】2020年,娄底市新开通8条城乡线路(108路骡子坳—水洞底锻造厂,109路骡子坳—市政府—水洞底锻造厂,106路双江—义坪,115路高铁南站—梨子,116路大树村—高铁南站—仙女寨,118路水洞底锻造厂—文建村,119路仙人阁—水口—泽溪,121路水洞底锻造厂—新田),计划内城乡17条公交线路全线开通。根据市场需求城区新开通25路高铁南站—迎春安置小区,完成城区10路、23路,城乡108路、109路、116路线网优化。将105路、106路线路优化合并为105路义坪—双江—万家坪,调整102路、117路、121路、112路、5路、23路、17路、16路运力配置,新增城乡站点50余个,完成100个招呼站建设的选址工作。

【疫情防控】2020年疫情期间,娄底市公共交通有限

2020年1月29日,娄底市公交公司工作人员在高铁南站为乘客测量体温 (潘丽娜 摄)

公司严抓疫情防控工作，按照规定，落实每台公交车"日消毒、趟通风、不开空调、勤通风"要求，登记好车辆日常消毒情况台账，督促驾驶员"戴口罩、勤洗手、测体温、勤消毒、少聚集"，公司全体人员坚持每日上报"电子健康卡"信息。驾驶员坚守疫情防疫工作第一战线，公交线路从未全部停运。 (徐亚玲)

## 保 安

【概况】2020年，娄底市保安服务有限责任公司(简称娄底市保安公司)有合同制员工3104人、办公大楼面积4864平方米、技防联网视频接处警平台4套，服务客户369家，资产评估总值1.24亿元。公司产权清晰、权责明确、政企分开、管理科学，党委、董事会、监事会和经理层各司其职、各负其责，协调运转、制衡有效。是年，营业收入16088万元，利润总额216万元，资产总额12476万元，净资产收益率6.4%，管理费用对比上年同期下降5%。

【业务发展】2020年，市保安公司主营三大业务，人力防范业务、技术防范业务、金融武装守押业务，分别承担全市重点单位、大型企业重点部位的门卫值守和院落巡逻任务，全市所有银行的营业网点、金库和部分商业门店的联网报警值守，视频智能分析、网点人力巡防，政府"雪亮工程"社会面视频资源接入业务，全市中、农、工、建、农商行、邮政、邮储、华融湘江、招商银行、交通银行、长沙银行等所有金融机构的现金押送、守护任务，全市金融武装守护押运服务覆盖率100%。在经营方面，市保安公司拥有一群固定服务客户，在三大主营业务以外，拓展物业公司、劳务派遣、汽车维修、汽车租赁、驾驶人培训考试、涉案财务管理、职业技能培训等业务。 (刘让华)

## 燃气供应

【概况】2020年，娄底华润燃气有限公司承担央企义务，履行社会责任，全力抗疫保供。全年营业额1.6亿元，销气量4400余万平方米，新增居民用气户数10000户(截至2020年底，全市16.97万户)，开通使用燃气工商业用户965户，疫情期间让利88.49万元。拥有调压柜、调压箱484个。推进老旧管网改造和隐患整改工作，完成市政管网改造13.99千米，完成庭院管网改造42.71千米，完成维修任务4万余个。

【党员教育】2020年，娄底华润燃气有限公司开展"各级书记带头讲、鼓励全体党员上台讲"微党课活动3次。创新党员教育方式。摒弃"以文传文、以会传会"传统，由"一人讲""读报式""填鸭式"变成"大家讲""身边人身边事"，提高党员教育质量。

【驻村帮扶】2020年，娄底华润燃气有限公司驻村工作队落实疫情防控网格化管理部署，筹措疫情防控物资。支持村民春耕生产，开展消费扶贫，落实"五个一批"(发展生产脱贫一批、易地搬迁脱贫一批、生态补偿脱贫一批、发展教育脱贫一批、社会保障兜底一批)，落实"四个不摘"(不摘责任、政策、帮扶、监管)，打好打赢脱贫攻坚战。协助培养村级后备干部3名，发展入党积极分子3名、预备党员1名。

【安全检查】2020，娄底华润燃气有限公司在国庆节、中秋节等节日开展安全检查。主要检查燃气施工、危

2020年7月12日，娄底华润燃气有限公司举办天然气管道泄漏事故应急抢险救援演练(梁搅巍 摄)

险作业现场、城市综合体燃气安全使用情况，通过现场询问、实地查看，了解用气方的安全用气状况、安全责任落实及燃气安全监管运行等情况。加强公司安全管理，提高管理人员、一线从业人员安全生产业务知识和实际操作中的安全规避风险意识。 (梁搅巍)

## 美丽乡村建设

【概况】2020年，娄底市开展省级美丽乡村建设示范村、省级美丽乡村精品示范村和全域美丽乡村建设示范创建活动。是年，有26个村获县级美丽乡村示范村，10个村获市级美丽乡村示范村。新化县吉庆镇油溪桥村获评全国首届“村级乡风文明建设”优秀典型案例。美丽乡村示范创建累计投入1.84亿余元，其中：财政投入1.22亿余元，社会投入4493万元，村民自筹1710万元，引导带动社会资本投入新农村建设资金2亿元。娄星区全域美丽乡村建设整合涉农资金1.2亿元。实行项目奖补，冷水江市预算2000万元，新化县安排3000万元。

【美丽乡村示范村创建】2020年，娄底市各县（市、区）参照省市美丽乡村建设办点模式，择村办点，部门帮扶，乡镇实施，开展各项示范创建。是年，县级美丽乡村示范创建村26个，建设项目52个，投入建设资金4209万元，其中：财政投入2543万元，社会投入765万元，村民自筹901万元。市级美丽乡村示范创建村10个，其中娄星区万宝镇石塘村、新化县荣华乡龙湾村、娄底经开区大埠桥办事处西阳村、冷水江市铎口镇槐花村、涟源市桥头河镇竹则村、双峰县荷叶镇荷塘村6个村接受帮扶单位支持，全年完工建设项目38个，投入建设资金4753.5万元(财政投入3355.5万元、社会投入872万元、村级自筹526万元)。荣华乡龙湾村、荷叶镇荷塘村、杨市镇板桥村、大埠桥办西阳村4个村开展省级美丽乡村示范村创建活动，投入建设资金1014万元，其中地方配套475万元，其他资金539万元，建设项目28个。新化县吉庆镇油溪桥村、冷水江市铎山镇眉山村、娄星区杉山镇万乐村、涟源市茅塘镇石门村4个村开展省级美丽乡村精品示范村创建活动。

【全域美丽乡村创建】2020年，娄星区和铎山镇列入全省“一市十县百镇”全域推进美丽乡村建设试点。娄星区围绕美丽公路、美丽河流、美丽屋场、美丽家园、美丽经济“五个美丽”目标，构建“一乡三镇四带五片多点”美丽乡村建设大格局。创建“四好农村路”全国示范区，建成乡村产业路、生态样板路、文化旅游路、通组通户路1580千米；完成城乡公交一体化改革，开通城乡公交线路17条。实施水系连通及农村水系高登河综合整治项目和孙水河、涟水河美丽河道整治项目，完成河道治理10.6千米。全区分三批建成区级美丽乡村示范村32个、美丽屋场示范片106个、美丽庭院示范户1080户，整洁型村庄达到80%以上。持续开展文明村镇创建活动，倡导文明新风，推进移风易俗，全面修订完善村规民约，弘扬新乡贤文化。杉山镇万乐村和蛇形山镇秋湖村获评全国文明村。推进美丽农业建设，推广测土配方施肥、水肥一体化、农作物病虫害统防统治等实用成果转化13项，培养“一乡一特”“一村一品”、莫言醉、花溪谷等一批农业企业，每年新增游客3万余人。

铎山镇以统筹城乡融合发展为总揽，以农村人居环境整治10个全面和10个试点示范行动为抓手，以9个省级美丽乡村(新农村)示范村为引领，突出全域农村人居环境整治，推进全域美丽乡村建设。编制村庄规划24本、发展规划1本，形成“一品、两片、九村”的美丽乡村规划布局。杨梅产业、葡萄产业、耐火材料产业、花桥牛席特色业发展较好，注册农业经济合作组织从80家发展至170家，建成10家民宿旅馆，改造26家牛席酒店，“一村一品”格局初步形成。完成厕所改造1737座，处置垃圾填埋场11处，建成垃圾分拣中心24个，发放圈养家禽围栏4500米，拆除空心房238栋，房屋风貌改造4300栋。开展“最美院落”“好婆婆”“好媳妇”“最美乡贤”“美丽院落”“星级文明家庭”等评选活动。规范镇、村便民服务中心运行，严格实行坐班值班制度，落实“首问责任制”“全程代办制”，打通“一站式”服务、“一门式”办理在基层落实的“最后一公里”。

【乡风文明】2020年，娄底市持续开展全市精神文明建设，推进新农村建设工程。以领导办点村、省市县三级美丽乡村示范创建村为主阵地，在村级组织中心、文化长廊、墙体石壁等位置，悬挂横幅标语、安装宣传厨窗、描绘墙体彩画，宣传社会主义核心价值观。发挥红白理事会、妇女禁赌会、反封建迷信会等民间组织的作用；制定《村规民约》；评比“星级农户”“五好家庭”；倡导婚事新办、丧事简办。开展群众性文体活动，建设老年活动室、农家书屋、健身场、休闲文化广场等文化娱乐设施，成立广场舞队、龙狮队、腰鼓队等群众性活动团队，开展广场舞比赛、篮球赛、联谊会等文体活动，活跃村民的业余文化生活。

【农村实用人才培训】2020 年，娄底市加大农村实用人才培训力度，组织农村改厕技术人员和市级领导办点村支部书记 30 人，参加娄底市农业农村局举办的农村改厕技术培训班；组织示范创建村村主任 15 人，参加全省农村实用人才培训班；组织 7 名科技特派员驻村，传授农业技术；组织农业系统农技人员“五送”下乡 120 人次，送科技、送技术、送文化、送政策、送温暖；组织示范创建村各类农业新型经营主体 50 余人参加省农博会；组织村支两委班子成员、村民代表 25 人次，赴益阳市赫山区、浏阳市学习农村改厕和美丽乡村建设经验。

【乡村旅游】2020 年，娄底市围绕市委、市政府中心工作，积极对接长株潭城市群，融入大湘西旅游圈，全力推动各具特色的休闲观光和体验式旅游活动的开展，美丽乡村与乡村旅游互促互补同步发展。呈现一批特色旅游和农业观光项目，如槎溪镇的杨家边村铅字打印博览室，为文印小镇建设注脚；禾青镇的炉竹村泽宏生态园以生态建设促乡村旅游；吉庆镇的油溪桥村依靠群众，自力更生，建设美丽家园；双峰县荷叶镇石林村流转土地 100 余公顷，打造荷花基地、栀子花基地、油菜基地，建设湘军文化产业园，发展乡村旅游等。（曾 杨）

## 环境保护

【概况】2020 年，娄底市生态环境保护工作以改善环境质量为核心，以打好污染防治攻坚战为抓手，持续推进“碧水”“蓝天”“净土”保卫战和锡矿山区域环境综合治理攻坚战，深入落实环保督察反馈交办问题整改，全市生态环境质量总体持续改善。全年，娄底中心城区无重污染天气发生，与 2019 年比较，空气质量优良率为 95.9%，提升 8.2%；环境空气质量综合指数为 3.56，下降 0.58；$PM_{2.5}$ 均值浓度为 33 微克/立方米，下降 7 微克/立方米；$PM_{10}$ 均值浓度为 55 微克/立方米，下降 11 微克/立方米；娄底中心城区空气质量达到国家二级标准。全市纳入考核的 14 个国、省控地表水断面中，13 个达到Ⅱ类水质标准，1 个达到Ⅲ类水质标准，水质改善情况居全省前三位。7 个县级以上“城市集中式饮用水水源地”水质全部达标。

【工作机制完善】2020 年，娄底市委、市政府先后 16 次召开全市性的生态环境保护工作部署、调度、推进会议。调整设立市突出环境问题整改和配合环保督察工作领导小组，重新组建市生态环境保护委员会，下设污染防治攻坚战工作专班和蓝天保卫战工作专班。各县市区也对照完善机构的职能职责。及时向市人大常委会报告生态环境保护工作，高标准办理人大代表建议案，办结率、见面率、满意率均达 100%。市政府领导先后 3 次约谈工作滞后的责任单位，督促各级各相关部门严格落实环境保护“党政同责、一岗双责”等要求。

【产业结构优化】2020 年，娄底市实施“创新引领、开放崛起”战略，制定《娄底市高质量发展监测指标体系（试行）》，推进“加速转型、奋力赶超”，加大生态环境源头治理力度。完成整治“散乱污”工业企业 388 家，关闭石灰窑 51 家、采石场 89 家。坚持新办企业一律进园区，引导企业开展清洁生产，创建绿色制造企业，培育引进一批高新技术企业和资源综合利用企业。

2020 年 5 月 25 日，省生态环境厅到娄底调研生态环境工作（市生态环境局 供图）

【突出环境问题整改】2020 年，娄底市完成中央和省环保督察反馈指出的整改问题 44 个，其余 13 个整改任务完成序时进度，完成率 80%。涟源汇源煤气、新化阳星锑品和锡矿山砷碱渣无害化处理线三个年度重点整改任务均对照方案完成并上报销号。阳星锑品历史遗留的 7795.6 吨砷碱渣全部外委处置；涟源汇源煤气公司污染治理和卫生防护距离内房屋搬迁问题完成整改;锡矿山砷碱渣无害化处理线技改项目建成投入试运行。是年,省环保督察"回头看"交办娄底14批次信访件164件,办结61件。全国、省、市人大常委会《水污染防治法》等贯彻实施情况执法检查指出的29个问题,整改完成22个,其余达到序时进度。

**【污染防治攻坚】** 2020年,娄底市、县两级投入资金18亿元,较2019年增长7.8%。狠抓重金属污染治理、关闭煤矿废水治理、饮用水源地达标整治、城市黑臭水体治理、危险废物排查整治和重点排污企业达标整治,全市"夏季攻势"124项年度任务完成;污染防治攻坚战33项年度任务全部完成。

水污染防治方面,全市完成13个乡镇污水处理厂主体设施建设;6个省级及以上工业园区均实现"一园一档",污水稳定达标排放;乡镇级以下饮用水水源划分162处,全部完成审批;一污、二污提标改造完成并投入运营;在娄底经开区白鹭村建设并启用船舶垃圾收集站;地级、县级城市建成区和乡镇黑臭水体消除比例达到100%。

大气污染防治方面,全市12个钢铁超低排放改造项目全部完成;3个工业窑炉年度专项治理任务全部完成;270个加油站、2座储油库均完成油气回收治理;完成全年淘汰23台老旧柴油货车的任务;228个建筑工地均达到扬尘防治"六个100%"的要求;中心城区170家规模以上餐饮企业油烟废气净化设施全部安装完成;市生态环境局和市气象局会商机制初步建立,基本达到3天准确预报、7天趋势预报的能力。

土壤污染防治方面,完成娄底轻中度污染安全利用类耕地1.55万公顷和严格管控类措施的重度污染耕地41.78公顷的工作任务,实现受污染耕地安全利用率91%的目标;完成2020年度土壤污染防治项目储备库建设;开展危险废物专项大调查大排查,强化危险废物管控;扩大医疗废物处置中心的处置能力,增加1条10吨/天的蒸煮线,年处置能力5000吨;病虫短期预报准确100%,农药使用量1193.6吨,实现全市农药减量2.6个百分点;全年未发生因耕地土壤污染导致农产品质量超标事件,未出现因疑似污染地块或污染地块再开发利用不当事件。娄底市于2018年打响锡矿山区域环境综合治理攻坚战,三年规划实施项目86个,截至2020年底,完成73个。砷碱渣无害化处理线投入试运行,历史遗留的7500余万吨一般固废全部处理完毕。与2017年相比,青峰河万民桥断面砷、锑年均浓度分别下降77%、31.1%,砷浓度在2019年8月达标的基础上稳定;涟溪河民主桥断面砷稳定达标,锑浓度下降33.3%。

**【生态环境安全监管】** 2020年,娄底市出台"三线一单",按照生态保护红线、环境质量底线、资源利用上线和生态环境准入清单,严把项目审批关,建设项目环境影响评价和环保"三同时"执行率100%;重新修订《娄底市生态环境局建设项目环境影响评价文件审批程序规定》,为环评制度探索出一套可复制、可推广的"娄底模式"。同时,加强与司法联动,成立市中级人民法院驻市生态环境局工作联络室和市人民检察院驻市生态环境局工作联络室。全年全市立案查处环境违法案件138件,其中移送行政拘留7起、查封扣押1起、限产停产1起、环境污染犯罪1起,罚款金额1140万元。

（王　琛）

# 交 通

◎综述

◎公路建设养护

## 综　述

【概况】2020年,娄底市完成交通投资29.86亿元,同比增长7%。龙琅高速主线通车60千米,新溆高速大熊山连接线、益娄连接线建成通车;G59官庄至新化高速公路建设顺利推进,G60高速公路扩容工程土地丈量、房屋拆迁登记有序开展,G59新化至新宁高速公路召开工程可行性研究报告咨询评审会。新开工8个干线公路项目58千米,实施路网有效衔接项目4个,建成林场路10千米、旅游资源产业路144千米。完成自然村通水泥(沥青)路建设226千米、农村公路窄路加宽112千米、农村公路安保工程1187千米。

2020年8月31日,娄底市交通运输综合行政执法支队、娄底市交通建设质量安全监督站、娄底市水运事务中心、娄底市道路运输服务中心正式挂牌

(市交通运输局 供图)

完成站场建设8959万元,为年度目标任务的150%,审验危货运输车辆403台,危货运输电子运单填报率83.19%。开展“两客一危”车辆实车查验,强制报废柴油货车23台。3家机动车维修企业完成M站建设,5家正在筹建中。落实驾培实时监控和报表制度,完成5851名营运驾驶员从业资格考试。

【疫情防控】2020年疫情期间,娄底市交通运输局落实“一断三不断”,对入娄公路通道和108个卡点进行防疫检查。执行“三不一优先”,严禁随意阻断交通,安排应急运输车辆310台,协调调度生活物资畅通运输92批次。复工复产阶段,撤除公路检疫点,恢复公共交通,组织农民工返岗包车197辆发送4699人,农民工返岗运送高铁专列9列发送4601人,普铁5趟发送3200人,发送包车旅客1.25万人次。注重冷链物流疫情防控,推动运输业复苏。

【行业治理】2020年,娄底市交通运输局所属副处级以上二级行业发展机构和市、县两级交通运输行政执法支队正式挂牌,“三定”规定出台。“三集中三到位”改革扎实推进,全年办理“线上审批”“一网通办”事项5600余件,受理行政许可事项11219件、公共服务事项15110余件,办结率100%。公路、航道养护率稳步提升,公路市场监管体系持续完善,信用评价、人员履约管理、招投标管理、造价管理等方面得到加强。

【平安交通建设】2020年,娄底市交通运输局开展安全“隐患清零”、交通问题顽瘴痼疾集中整治等专项行动,检查生产经营单位3355家次,暂扣或吊销许可证14个,整改交通建设工程质量安全隐患516处。取缔非法砂石码头39处,撤销渡口44处,规范提升渡口142处,查处非法涉渔“三无船舶”1200余艘,取缔钓鱼平台5处。完成铁路专用线道口标准化改造19处,平改立1处,取缔非法道口5处,新建人行便道62处,整治普铁安全隐患1017处。579台旅游包车和三类以上班线客车全部主动安装安全防范智能终端,368台危货运输车辆安装智能终端,1596台农村客运车辆安装联网联控动态监管平台。全年未发生较大及以上生产安全事故,实现“三坚决两确保”目标。

【城乡公共交通】2020年,娄底市投放新能源公交车辆423辆,优化合并公交线路5条,新开通25路公交车,确定城区公交专用道35.85千米。三大桥公交枢纽站建成投入使用,公交东站停保场、恩口客运站、骡子坳首末站以及蛇形山等城乡公交首末站建设进展顺利。完成116台社会客运车辆及8家运营公司的收购(补偿),开通城乡公交线路17条,沿途设置站点706个,通公交车里程253.1千米。娄星区、娄底经开区6个乡镇、2个办事处所辖123个村、8个社区实现城乡公交一体化,受惠群众约30万人。　(谢普仁)

## 交通建设质量安全监督

【概况】2020年，娄底市交通工程质量安全监督在建干线公路、农村公路大桥项目21个，总里程206.24千米，受监的农村公路项目121个，里程453.249千米，中小桥48座。开展在建干线公路、农村公路大桥项目质量安全综合检查4次，施工原材料专项检查2次，监理工作质量专项检查2次，工地试验室专项检查2次，开展人员履约专项检查1次，开展质量巡查53次，抽检工程实体质量679点，抽检施工原材料210组。开展农村公路综合检查2次。全年下发检查通报10份，下发《责令改正通知书》1份，发现并处理较大质量问题4起。娄底市干线公路基建程序不断规范，干线公路受监率100%，未发生任何质量安全责任事故。桥涵结构物混凝土强度抽检合格率100%，路面结构层厚度抽检总体合格率100%，波形梁钢护栏立柱长度、立柱壁厚、波形梁板厚度抽检合格率100%，隧道锚杆长度、抗拉拔力、隧道二衬强度抽检合格率100%，钢筋保护层厚度和钢筋间距的合格率提高。（刘 晖）

【质量监督】2020年，娄底市交通工程质量安全监督管理处以市重点工程、投资额较大的项目、施工技术复杂的大型桥梁和隧道、管理较薄弱、质量安全隐患较突出的项目为监督重点项目，对这些项目的事中、事后监管，加大巡查频率。对新化资江四桥、新化琅天公路及大桥等重点项目采取一月一巡查制度，发现问题及时督促整改到位，加强事中监管。严审项目入监，审查冷水江温金公路、双峰青仁公路、S236冷水江井湾里至乙伍塘公路、双峰双荷公路、涟源城区至沪昆高铁邵阳北站公路等8个项目的质量监督申请手续，及时办结，进行质量监督交底，告知重点监督内容，警示法律法规规定的底线等。强化综合检查，每季度开展质量安全综合督查，主要对受监项目的基本建设程序、参建单位合同履约情况、省厅（局）、市局相关文件规定的落实情况、从业单位的质量管理行为、施工工艺、项目实体工程质量、原材料及半成品质量、内业资料管理情况以及存在问题的整改情况和监督指令的闭合情况等进行督查，对督查发现的问题及时督促进行整改。规范检测行为，全年开展对在建项目工地试验室专项检查2次，对存在较多问题的工地试验室督促整改。加大对第三方检测单位检测行为的监督力度，规范监理行为，开展对监理工作质量的专项督查2次，主要对监理机构人员到岗履约情况、监理工作程序执行情况、监理计划的制定和落实情况、监理对开工报告、施工组织设计、专项施工方案等的审批和督促落实情况、监理巡视、旁站及内业资料管理情况等进行督查。强化人员履约，明确专人负责项目从业单位关键管理人员的考勤管理，人脸识别考勤系统正常运转，将人员履约与企业的信用评价结合，进行动态管理，实行从业人员考勤与单位（个人）信用评价挂钩，进行每月一公示，一季一通报。严控材料质量，开展2次施工原材料的专项检查，对沥青、钢筋、水泥、碎石等主要原材料进行抽检，检测不合格的，督促清理出场。严格验收检测，对检测报告的数据进行全面核对，确保检测数据的真实可靠和检测频率符合要求，出具交工检测意见3份，质量鉴定报告5份。强化责任落实，建立监督责任落实制度、质量问题及隐患跟踪落实督办制度，层层落实监督责任，督查中发现的问题及隐患，指定专人负责督办，负责验收签认，确保监督指令的有效闭合。开展行业培训，10月22—23日，举办全市交通建设质量安全管理人员培训班。全市各干线公路项目从业单位负责人、相关责任人110余人参加培训。（刘 鹏）

【安全监督】2020年，娄底市交通工程质量安全监督管理处把交通工程建设质量安全监管作为中心工作，坚持党委会上每季至少1次专门听取安全部门的工作汇报，专题研究安全生产工作，按照“一岗双责”“党政同责”“三个必须管”的要求，制定班子成员安全生产责任清单，实行领导干部安全生产分片包干联系制度和按业务分工常态化安全生产督查两项制度，全系统逐级签订安全生产责任状，层层压实安全生产责任，确保责任到班子、到岗位、到项目。开展安全“隐患清零”“安全生产专项整治三年行动”“坚守公路水运工程质量安全红线”“建设项目防汛保障工作”和“交通问题顽瘴痼疾集中整治”等专项活动。加强督促检查，跟踪安全生产问题及隐患整改和落实，对重大安全隐患专门下发交办单，通过整治，消除安全隐患，安全生产违法违规行为大幅下降。在“交通问题顽瘴痼疾集中整治”中,对在建和已完工未竣工的交通建设项目交安设施情况进行专项检查,发现安全隐患 152 处,按照安全隐患整改“一单四制”要求,下发交办单 11 份和关于完善交通安全设施的函 3 份,要求相关责任单位限期整改。开展“安全生产专项整治三年行动”活动,“坚守公路水运工程质量安全红线专项行动”“隐患清零”等行动,对在建干线公路项目安全开展安全专项检查 4 次,施工安全专项整治行动 4 次,重要时期敏感时段安全督查 4 次,安全巡查 8 次,重大安全隐患交办单 14 份,发现安全隐患 522 起,全部督促整改到位,全市交通工程建设领域受监项目没有发生一起安全生产责任事故,安全生产形势总体稳定可控。开展建设项目安全设施专项督查 5 次,对未按照设计及规范要求设置的工程项目,严格要求督促整改,下发关于完善交通安全设施的函 5 份。加强安全生产宣传教育,年初制定安全宣传教育和培训计划,按计划组织实施,“安全生产月”期间,开展安全生产宣传教育“五进”活动,围绕“消除事故隐患,筑牢安全防线”主题,先后走进新化资江四桥项目部、湖南省长湘工程监理有限公司等 3 个项目和企业,到施工现场发放《公路水运工程施工安全管理手册》宣传资料和印有“生命至上、安全第一”字样的宣传用品,组织参建单位人员观看安全生产警示片,学习相关安全生产法律法规,结合雨季汛期和夏季高温施工特点,就如何做好公路建设项目安全生产工作进行座谈。全年发放安全宣传资料 500 余份,发放安全宣传用品 250 个,悬挂安全宣传横幅 19 条,播放安全警示片 10 场次,上安全教育课 4 场。 (刘杰国)

【造价管理】2020 年,娄底市交通工程质量安全监督管理处完成 S238 新化温塘至冷水江金湾公路改建工程(冷水江段)等 5 个项目造价审查,累计完成审查投资 58393.04 万元,核减投资 5676.86 万元,核减率 9.72%。对在建干线公路 G234 娄底至双峰公路新建工程(含双峰段、娄星区段)、S342 双峰青树坪至太平寺公路改建工程、新化琅塘至天门公路工程等 8 个项目进行造价审查,全年进行造价监督检查 1 次,对存在的问题,下发整改通知并督促进行整改。完成地方材料单价调查 360 批次,现场调查 180 人次,按月发布娄底各县(市、区)地方材料参考价 12 次,重新复核料场并配合省厅造价站对娄底市部分料场进行抽查,材料调查与发布工作得到省厅的赞扬,被省厅评为 2020 年度造价管理先进单位。 (康光明)

## 道路运输服务

【概况】2020 年,娄底市道路运输发挥保安全、惠民生、促发展作用,完成春运、黄金周等重大节假日应急运输及煤、气、油等重点物资运输,落实国防战备及新冠肺炎疫情防控、防汛救灾应急运输保障工作。站场建设全年完成投资 8959 万元,完成目标任务的 150%。完成涟源古塘客运站的竣工验收和娄底汽车南站的提质改造验收工作、冷水江禾青客运站初步设计评审、娄底汽车站和涟源汽车站提质改造初步设计评审工作、新合作湘中国际物流园多式联运中心和诚通物流园及双峰物流园“司机之家”的验收工作。开展“群众满意车站”暗访检查、长途客运实名制工作和客运站质量信誉考核工作,全市客运站“三优三化”水平提升,“三不进站、六不出站”管理加强。开展出租车行业创文管卫工作,制定实施创文常态化整改实施方案,每月进行考核,将考核结果纳入年度出租车服务质量信誉考核内容,全市 11 家出租车企业被评为 AA 级企业。组织 1900 余名巡游出租车驾驶员进行继续教育学习,培训网约出租车驾驶员 130 余人。依法查处出租车经营不规范、行车不文明、服务质量低劣等违法违规行为,检查出租车 2000 余台次,查处出租车违法行为 70 起、扣分 220 台次、责令整改 170

2020 年 3 月 9 日,娄底市道路运输管理处运政服务中心工作人员助力企业复工复产

(市道路运输管理处 供图)

台次。出租车行业从业人员整体素质提高，出租车企业服务意识加强。投诉处理及时、规范、高效，全年受理投诉728起、求助电话112起、咨询电话72起，回复率100%，满意率达98%以上。是年，获湖南省道路运输行业政务信息工作先进单位、娄底市平安建设（综治工作）考核评估优秀单位等称号。（王胜泉）

【运输服务】2020年，娄底市各级道路运输管理机构督促道路危险货物运输企业履行安全生产主体责任工作在全省考核中达标率连续保持在99.6%以上。加强道路危险货物运输电子运单管理工作，8—12月，全市危险货物运输企业车辆制作使用电子运单31376台次，电子运单填报率83.19%。完善汽车维修电子健康档案系统建设，组织汽车维修行业管理人员参加全省汽车维修技能扶贫培训。联合市公安局交警支队出台《娄底市驾驶培训监管服务平台与公安交警考试系统联网对接实施方案》，保障驾培质量、规范教练车和教练员服务行为。推进三级协同系统新开发模块的应用，解决系统操作过程中存在的问题，确保行业三级协同系统正常运转。（刘长庚）

【安全监管】2020年，娄底市道路运输管理按照安全生产工作要求，坚持预防为主的原则，强化人防、物防、技防建设，开展“平安单位”“平安运管”“平安车、站”创建，防范化解安全风险。完善“一岗双责”安全监管制度，落实分级分片包干责任制，推进企业安全生产标准化和行业监管标准化建设，开展道路运输安全“隐患清零”、顽瘴痼疾专项整治、安全生产月等活动。全年开展执法行动1500余次，出动执法人员5000余人次，检查生产经营单位550余家次，查处隐患100余条，处罚营运车辆946台，处罚从业人员240人次。强化重点营运车辆动态监管，把农村班线车辆、重型载货车辆及半挂牵引车辆纳入动态监管范畴，提高科技兴安水平。开展企业安全生产标准化考评，参评的77家企业达标率100%。组织企业主要负责人和安全管理人员进行培训考核，组织道路旅客运输企业质量信誉考核，全市全年无较大以上安全责任事故。（罗克瑜）

2020年7月6日，娄底城区出租车驾驶员参加娄底市第16届爱心送考启动仪式（刘长庚 摄）

【依法治运】2020年，娄底市道路运输管理处按照“有黑扫黑、有恶除恶、有乱治乱、固本强基”要求，组织打击超限超载、出租车市场营运秩序专项整治行动，查处非法从事城市客运车辆135台、违法超限车辆96台，吊销从业资格证41个。开展农村道路运输市场秩序整治，查处非法从事道路客运经营的面包车34台。推进道路运输行政执法信息化建设，推行法律文书电子化使用，规范运政执法工作，完成行政复议答辩28件。及时处理协调“衡阳到娄底”等班线的营运矛盾、娄底城区少数出租车驾驶员的信访诉求和冷水江市出租车司机要求取消共享电动车的问题。（罗昌求）

【行业改革】2020年，娄底市道路运输管理处完成道路运输机构改革。根据中共娄底市委机构编制委员会《关于印发〈娄底市道路运输服务中心职能配置、内设机构和人员编制规定〉的通知》规定，设立娄底市道路运输服务中心，作为娄底市交通运输局管理的副处级公益一类事业单位。原娄底市道路运输管理处承担的道路运政的行政处罚以及与行政处罚相关的行政检查、行政强制职能划归娄底市交通运输综合行政执法支队。深化道路运输“放管服”改革，推进政务服务“三集中三到位”“只跑一次”和“一件事一次办”行政审批制度改革，完成400余台客运车辆的年度审验工作。（龙 欣）

## 水 运

【概况】2020年，娄底市境内资、涟两水系有通航河流14条、有船水库8座，通航里程326千米，其中资水干流航道111千米，为Ⅵ级；涟水干流航道41千米，为Ⅶ级；渡口 169 道。全市登记在册船舶 467 艘，127516 总吨(其中，常年在外港参运货船 80 余艘，运力约 10 万吨)，5612 客位，115136 载重吨。完成货运量 194.61 万吨、水路客运量 40.33 万人。娄底市水运事务中心 8 月 30 日挂牌，职能配置、内设机构和人员编制规定方案 12 月 22 日公布，新的工作职责职能重新调整，原机关内设直属海事处工作职责职能下放娄星区实行属地管理。核定全额拨款事业编制数 26 名，内设科室由原来 9 个调整为 7 个。领导职数保留 1 正 3 副，副科级领导职数 7 名。

【水运安全监管】2020 年，娄底市开展安全生产"百日行动"、"隐患清零"、"十大战役"、6 月 "安全生产月" 及汛期水上安保等专项工作和"安全生产大检查大管控大整治大督查"活动、"企业安全生产主体责任年"活动及非法码头专项整治、运输船舶专项整治、强执法防事故专项活动，市水运事务中心坚持集中整治

2020 年 6 月 19 日，娄底市水运事务中心、涟源市水运事务中心开展水上交通安全知识进校园宣传活动 (周乐元 摄)

与经常性工作相结合，加大日常监管力度，增加日常现场巡查检查频次，安全巡航检查每月不少于 1 次，做到及时巡查、及时发现、及时处置。全市累计开展安全检查 244 次(1200 人次)，巡航 15 次，检查各类船舶、渡口、码头 1400 余次，纠正违法违规行为 80 余起，排查隐患 70 起，责令现场整改 53 起、限期整改 17 起，行政处罚立案 3 起。全市水上交通安全"四项指数"及船舶污染水域事故控制为零，没有发生一般等级以上的水上交通事故，连续 18 年保持稳定。

【运输航务管理】2020 年，娄底市有水上客运公司 9 家(其中包括是年新成立的 2 家)。市水运事务中心对双峰县鑫旺航运公司、冷水江市资江水上旅游公司、新化县金宏水上客运公司、梅山平安水上客运公司等 9 家公司进行年度核查，全部合格。春运期间，全市水上日均投放客、渡船 246 艘，5300 客位，发送旅客 35 万余人次(含渡运)。

【船舶检验】2020 年，娄底市水运事务中心完成船舶各类检验 424 艘次，128349 总吨，功率 43124 千瓦，6492 客位。在册航行外港船舶 124 艘，122293 总吨位，功率 35715 千瓦，载重吨 157020。渡运船舶 174 艘，2110 总吨位，功率 2098 千瓦，3918 客位。

【水运环境保护】2020 年，娄底市完成白鹭船舶污染物收集站建设任务。娄星区改造渡口码头 2 处；制作安装文明公约牌 16 块、饮用水源地警示牌 10 块、船舶垃圾收集点专用牌等专用标志牌 10 余处。新化县投入 186 万元，更新更换"三牌一线"392 块(个)，设置警示牌 100 块、投放岸线航标 84 座，设置桥涵灯 42 个。投入 164 万元对 6 处碍航险滩进行疏浚，分离行人渡与汽渡通道两处，龙溪码头两岸人行道全部硬化。市水运事务中心开展船舶与港口污染防治专项行动，实施《娄底市船舶污染物接收转运处置监管联单制度和联合监管制度》，境内湘江支流涟水、孙水、侧水和资江流域的新化县、冷水江市水域内的船舶开展船舶防油污、防生活污水整治与水资源环保宣传以及巡查督查工作，完成非法砂石码头整治平整复绿工作和砂石码头规划布局、船舶污染物排放及接收相关工作。完成 16 艘 400 总吨以下的货运船舶生活污水处置装置安装任务。完成娄底白鹭码头船舶垃圾收集站建设工作，所有船舶都配置垃圾桶，所有机动船舶均安装油水分离器或者接油盘、污油桶等防油污设施。

【水运扫黑除恶】2020 年，娄底市水运事务中心建立扫黑除恶日常排摸工作责任制，将各县(市)水运中心主要负责人确定为排摸工作第一责任人，确保摸排形成常态。建立责任倒查追究制，严肃追责问责，

以问责倒逼工作责任落实。向社会公布举报电话、设立举报电子信箱，发动广大群众举报犯罪，提供线索。 (周乐元)

## 公路建设养护

【概况】 2020年，娄底市公路建设养护中心投资3.2366亿元改造干线公路101千米，投资9850万元完成大中修及灾毁恢复重建工程34.944千米，投资450万元实施普通国省道预防性养护里程305千米，投资1105万元完成交通问题隐患整治703处，投入使用不停车超限检测系统19套。全市公路部门完成去行政化改革。

【公路建设】 2020年，娄底市公路建设养护中心完成投资3.2366亿元，为年度干线公路目标185.7%。新开工S238新化温塘至冷水江金湾公路等7个项目干线公路改造项目101千米，双峰县城S331灯塔至G320绕城线公路等4个路网有效衔接项目有序推进。是年全市干线公路建设年度考核排名全省第一。

【公路养护】 2020年，娄底市公路建设养护中心投资9850万元，完成G320、G354等路段大中修及灾毁恢复重建工程34.944千米；投资450万元，实施普通国省道预防性养护里程305千米。是年，娄底市以保障工作零失误，干线公路优良路率近100%的优异成绩通过“国评”，迎“国评”工作获全省公路系统先进单位。全市普通干线公路优良路率93.54%，超出全省1.71个百分点；路面平均PQI为90.53，超出全省0.56。

【公路治超】 2020年，娄底市公路建设养护中心完成12套不停车检测系统计划建设任务，投入使用不停车超限检测系统19套。安装货物源头治超综合监管系统企业65家，累计安装162家，约谈违规货物源头企业191家，处罚125家。检测货运车辆421018台次，查处超限超载车辆3541台次，卸载货物50423.17吨，查处并恢复非法改装车辆585台。获全省治超工作年度综合考评优秀单位。

【行业治理】 2020年，娄底市公路建设养护中心投资1105万元完成交通问题隐患整治703处，查处国省干线涉路违法案件329起，拆除非公路标志1607处，制止违法建筑物123处，有效改善公路安全通行环境，实现路域环境治理常态化。全市公路路产保护和安全生产工作均排名全省第一。公路路网监控平台进一步完善，全市国省干线路面设置监测点位167路，对重点路段和重点时段的安全监管实现全覆盖。交通执法体制改革工作完成，全市公路部门完成去行政化改革。

【国储中心建设】 2020年，国家区域性公路交通应急装备物资(湖南)储备中心有序推进。该项目占地13公顷，总建筑面积26000平方米。项目概算投资6.18亿元，建设工期24个月。项目完成规划选址、工可批复、施工图设计及施工图设计批复、施工和监理招标等前期工作，进入建设阶段。作为独立迎检项目，代表湖南省接受“十三五”国评，获得满分。 (王威涛)

# 通信·邮政

◎电信
◎移动通信
◎联合通信
◎铁塔建设
◎邮政

## 电 信

【概况】2020年,中国电信股份有限公司娄底分公司(简称娄底电信公司)按照“更快速度、更具价值、更趋平衡、更加精准”的工作要求,聚焦“规模、增长、结构、真实”发力,围绕收入抓发展,加快转型升级,激发经营活力,调优发展模式,以信息化产品助力疫情防控和复工复产,推动企业高质量发展。是年,娄底电信公司承接国家惠民工程,开展第六批普遍服务项目及农村4G建设项目,与市政府签订5G建设发展战略合作协议,携手联通、铁塔联合开展5G网络建设。响应当地党委政府战“疫”部署,快速开通娄星区杉山镇防疫隔离医院网络传输专线,保障医疗诊断、医生内部办公、在线大会诊等高带宽需求。中心城区4G网络覆盖率100%、5G网络城区室外覆盖率90%,行政村光网覆盖率99%。全年新增IP城域网出口带宽400G、IDC出口带宽1200G。实现云网一体、安全可靠、速率更高、服务更快的家庭和政企信息化产品的高品质优势。

【客户服务】2020年,娄底电信公司践行以人民为中心的发展思想,持续开展行风建设及纠风工作,落实规范携号转网服务、用户信息安全及涉通信诈骗停机工作。打造以客户为中心的服务体系,开展客户工单“10分满意”专项行动,提升客户满意度。围绕公司发展战略,坚持服务问题导向,聚焦客户感知,提供“优质、便捷、放心、安全”的高质量服务。 (刘 宏)

## 移动通信

【概况】2020年,中国移动通信集团湖南有限公司娄底分公司(简称娄底移动公司)坚持提质增效,运营支出同比降幅6.8%,网络维修费降幅为19.62%,电费降幅为3.6%,压降电费成本587万元,清理无效资产120套,报废固定资产82万元;强化风险防控,推进“法治移动”建设;压实安全生产责任,加强隐患排查整治,全年未发生重大安全生产责任事故;坚持党建引领,深化党业融合,推进从严治党。全年通信服务收入12.06亿元,增幅3.66%,排名全省第五,增幅较上年提升9.79个百分点;净利润2.21亿元,增长0.75亿元,行业收入增幅差较上年提升4.4个百分点。

【全业务运营】2020年,娄底移动公司CHBN(移动市场、家庭市场、政企市场、新兴市场)全向发力,存量客户迁转5G约20.73万户,净增119元及以上套餐13.43万户,在全省5G“五优”年度竞赛中排全省第一;净增宽带用户5.36万户、净增电视客户3.06万;完成政企信息化收入8295万元,同比增幅9.5%,IDC(互联网数据中心)业务创收646万元,签约百万以上大单18个、金额2696万元;惠生活、视频彩铃等新型产品业务收入494万元,同比增幅152.74%。

【网络建设】2020年,娄底移动公司开通5G基站715个,实现全市城区、县城区重要区域5G连续覆盖,获“‘5G领跑’湖南移动5G网络建设劳动竞赛”一等奖;核心城区MR(测量报告)覆盖率97.09%,提升0.52个百分点,宏站弱覆盖小区比例从12.1%降低到8.39%;高负荷小区稳定在0.15%以下。新建及扩建小区701个,新增分纤箱7615个,新增端口8.59万个;完成339个低零小区攻坚,总体接入率36.8%,排名全省第四;新增34台OLT(光线路终端),完成41个OLT上行链路10GE改造,上行带宽增加700G。

【客户满意度】2020年,娄底移动公司客户满意度KPI指标得满分,四项满意度均领先友商,其中手机客户满意度领先2.7%、排名全省第五,资费满意度领先0.99%、排名全省第五,家宽客户满意度领先1.76%、移动网络质量满意度领先3.51%;投诉管理控制事项均达到降幅目标,投诉处理满意度82.6%,排名全省第二。

【社会责任】2020年，娄底移动公司全员助力抗疫，保持通信畅通、服务不停、支撑有力，为100余名防疫人员开通免催免停服务，免费发送疫情公益短信840万余条，累计出动保障人员8200人次，保障车辆1450台次，基站发电380多起；云视讯、移动办公云等信息化应用助力180余家学校实现网上学习，支撑50余家单位疫情防控工作调度，为地方社会复工复产提供支撑，防疫和助力复工复产工作得到市委、市政府肯定。推进电信普遍服务，完成7个重大活动网络安全保障任务；深化网络信息安全治理，全年累计上报32次1500余户疑似数据，协助公安部门成功抓捕诈骗1次，关停违规号卡10万张。（贺石松）

## 联合通信

【概况】2020年，中国联合网络通信有限公司娄底市分公司（简称娄底联通）市场运营综合评估在全省排名靠前，市场经营持续保持较好发展态势。国家赋予联通L900基站建设以及该频点下10M带宽，"钉钉、小程序、企业官网、智能社保"联合创新产品全面铺开。互联网+大背景下、"云计算、大数据、物联网"等为基础的ICT项目在各县（市、区）取得突破。

【移动网络】2020年，娄底联通始终致力于构建以用户体验为核心的服务体系，以满足用户全方位的感知诉求。5G共建共享开通287个基站，娄星区城区实现面上连续覆盖，政府单位、商圈等区域重点覆盖，覆盖率94.5%，下载均值650M。建成开通LTE基站234个，改造2G精简基站459个。以"双路由、双上联"为标准积极打造安全高效承载传输网络，网络承载能力提升、网络安全性加强。NPS得分上升至26.74。

【客户服务】2020年，娄底联通以打造"百倍用心、10分满意"服务口碑为目标，紧盯重点、热点、难点投诉问题的解决，实现客户满意度和服务质量的双向提升。用户有效申诉同比压降19%，携转申诉定比2019年12月控降46%，均达到省公司管控值。在投诉处理方面，按日对重复、不满意、未解决投诉工单，责任到人，锁定分析，强化处理人员知识要点及技能的补强，制定个性化和温度化的服务话术，提高用户对企业的信任。是年，投诉用户满意度较年初提升0.61分。在宽带装移修服务触点方面，"8910060"固网服务热线全年受理在线咨询、故障诊断和修复指导等69540次。针对服务过程中发现的虚假回单、装移修不及时等问题，通过网业服联动沟通平台实时预警，并对疑难问题与专业部门及基层单元共商处理方案，推动宽带装移修问题深度解决。是年，宽带装移满意度9.76分，宽带修障10分，全省排名第一。

【农村网络建设】2020年，娄底联通在网络信息化扶贫行动中发挥行业优势，突出行业特点。在信息惠农工作上，投资约500万元用于农村基站建设，累计开通站点85个，解决151个村庄（包含扶贫村）的4G覆盖问题，实现农村覆盖率同比提升2.3%；在农村网络质量提升上，累计投入680人次，210车次，对全市58个重点乡镇开展全区域优化调整工作，实现重点乡镇有效人口集中区域的全覆盖；全年农村宽带投资316万元，建设项目155个，建设宽带端口24358个，覆盖45个乡镇179个行政村，雪亮乡村建设摄像头1400个，覆盖近400个行政村。

【参与"智慧娄底"建设】2020年，娄底联通积极参与"智慧娄底"建设，利用5G网络以及领先业界的云计算、大数据、物联网和ICT集成能力，围绕5G及区块链等领域开展技术研究和模式探索，在智慧城管、智慧党建、雪亮工程等大项目中开展业务合作，助力娄底信息化进程。9月16日，湖南联通党委书记、总经理谭明在娄底市政府组织的四大基础电信企业共同推进5G建设洽谈会暨战略合作协议签订仪式上，代表湖南联通现场与娄底市人民政府签署关于5G建设的战略合作协议。（陈天骏）

## 铁塔建设

【概况】2020 年,中国铁塔股份有限公司娄底市分公司(以下简称娄底铁塔)承接 5G 建设需求 1442 个,交付率 95%。开展“百日攻坚”专项行动,解决重大矛盾疑难站址 89 个。承接室分需求 106 个,承接规模及类别完整性均位于全省前列。是年,被列入全市产业项目建设集中攻坚的四大类 119 个项目中，娄底铁塔 5G 基础设施建设项目被授予省重点项目“奋进奖”。

【战略合作】2020 年 9 月 16 日，湖南铁塔及三家电信企业省级分公司与娄底市人民政府召开共同推进 5G 建设洽谈会,签署深入推进娄底市 5G 信息基础设施建设战略合作协议。协议各方按照“政府扶持、企业建设、社会协作、合作共赢”的原则,围绕娄底市 5G 全域覆盖的建设目标,推进全市 5G 产业的发展和信息消费的增长。

【两翼业务】2020 年,娄底铁塔发展智联业务及能源业务,在水利、农业农村、综治等行业均获得突破。其中智慧渔政项目通过建设资江流域智慧渔政高空视频监控系统,截至是年年底,安装高空摄像头 44 部,通过可视光和热成像功能实现对资江水域航行船舶、移动目标进行 24 小时自动识别,覆盖资江新化、冷水江段干流 80%以上水域。（钟佳汝）

## 邮 政

【概况】2020 年，娄底市邮政业业务总量累计完成 153363.95 万元，同比增长 32.42%。业务收入完成 77580.34 万元，同比增长 8.94%；快递业务量完成 4081.73 万件,同比增长 44.70%;快递业务收入完成 37512.19 万元,同比增长 23.35%。支撑娄底电子商务交易 67.5 亿元。全市拥有各类营业网点 496 处,从业人员 4000 余人,日均服务地方百姓 28 万人/次;有邮政普遍服务营业场所 100 处,其中,城市 16 处,农村 84 处;设投递段道 190 条,邮件处理场所 88 处,通邮行政村 1920 个,通邮率 100%;设邮筒(箱)116 个,智能包裹柜 29 组、邮政报刊亭 51 处、村邮站 1673 个,三农服务站 60 处,便民服务站 2613 处,实现“村村设所、乡乡通邮”。邮政普遍服务和特殊服务寄递时限达到国家规定标准，邮政业消费者申诉处理满意率 100%。处理“12345”市长热线行业投诉、咨询工单 84 条,办结率与满意率为 100%。在 2020 年度全省快递业务量收 20 强县中,冷水江、新化、双峰分别位列第八、第九、第十一位。

【疫情防控】2020 年,疫情期间,娄底市邮政管理局全体党员干部彰显责任担当,坚守疫情防控一线。主要负责人连续 21 天战斗在疫情指挥一线,11 次赴寄递企业现场督查疫情防控工作,2 次动员党员干部 13 人次捐款 4500 元。统筹行业防疫物资调配,疫情高峰期间协调调配消毒水 4 吨,桶装酒精 1200 斤,瓶装酒精 600 瓶,防护口罩 40000 个,一次性医用手套 9000 双,纱手套 4000 双,测温枪 150 个。出台邮政快递车辆便捷通行、支持快递企业进小区等多个文件,为通行受影响的快递企业出具便利通行证明 14 份。引导全行业复产复工,2 月中下旬,全市 43 家快递企业基本复工,一阶段快递员复工率 70%。3 月上旬,全市 4000 名邮政人整装上岗,复工率 100%。

【三大攻坚战】2020 年,娄底市邮政管理局将安全生产与舆情管控作为全局工作的重中之重,落实三项制度,总实名率连年排名居全省前列。推进新化县县级机构设立,推进“绿盾”工程建设,统一建立“一企一档”企业信息台账,开展直达一线快递员安全法律法规大宣讲,防范应对各类风险点。驻村帮扶投入帮扶经费累计 30 余万元,结对帮扶 14 户,2 个行政村。发挥行业优势,做优做强双峰永丰辣酱、新化白溪豆腐、涟源“金秋梨”与娄星区“红薯”系列农产品。打造双峰“金银花”和新化红米、黑米、贡米、渠江薄片(茶叶)等线上农特产品品牌 120 余种。开展绿色邮政治理,全市“瘦身胶带”封装比例 90%、电商快件不再二次包装率70%、循环中转袋使用率92%，新增包装废弃物回收装置130个（其中国家标准23个、企业内部标准107个），电子面单使用率100%。8月11日的《人民日报》第15版头条对娄底市快递行业绿色发展成效进行专题报道。

【从业人员权益保障】2020年，娄底市邮政管理局引导企业为全市快递企业电动三轮车统一购买电动三轮车第三者责任险，推动娄底地区快递员购买工伤保险，推动设立“娄底市快递行业风险基金”，提高快递企业抗风险能力和保障快递员合法权益。开展“关爱快递员”系列活动，“快递小哥”出现在2020年全市新春团拜会现场荧屏上；联合市总工会、团市委等相关单位开展慰问帮扶。

【邮政普遍服务】2020年，娄底市邮政管理局完善政企联席机制，按季度通报普服运行情况。实行党报党刊单独投递、优先投递，县级城市党政机关当日见报率100%。强化邮票发行监督检查，邮票发行满意度100%。落实普遍服务标准，实施“放心消费工程”，巩固提高乡镇局(所)服务达标率。推动邮政综合服务平台建设，巩固警邮、政邮、税邮合作网点，在100%村村通邮的基础上，拓展通邮的广度和深度。推进社会监督方式创新，创新模式受到省局肯定并在省内推广。

【快递市场监管】2020年，娄底市邮政管理局“绿盾”工程加速推进，技防手段不断深化，数字监管体系日渐形成。是年，开展执法检查569人次，检查企业165家，立案处罚20起，处罚金额36.8万元；协同打击反电诈工作，发现有效线索信息25起，配合公安机关抓获犯罪嫌疑人4名，查获涉电诈手机卡383张；与公安、文化部门联合查处堵截3起异地揽件安全风险案件，查处非法出版物24件；娄底顺丰快递移交公安机关毒品案件线索11起。（魏立伟）

# 金融


◎综述

◎中国人民银行娄底市中心支行

◎中国银行娄底市分行

◎中国建设银行娄底市分行

◎中国工商银行娄底市分行

◎中国农业银行娄底市分行

◎中国农业发展银行娄底市分行

◎湖南省农村信用社联合社娄底办事处

◎中国邮政储蓄银行娄底市分行

◎中国人民财产保险股份有限公司娄底市分公司

◎中国人寿保险股份有限公司娄底分公司

◎市保险行业协会

◎市兴娄融资担保有限公司

◎市创业发展集团有限公司

## 综　述

【概况】2020年,娄底市金融系统发挥金融支持实体经济发展的作用,助力企业复工复产,推进企业上市,加快多层次资本市场体系建设,强化银企对接,提升服务实体经济质效;推动金融服务和金融信贷产品创新,促进辖内农商银行改革;全力攻坚民间融资风险资产处置,做好涉众型领域风险防控,有效处置金融机构不良风险和重点企业风险;推进扶贫小额信贷。

【金融产业】2020年,娄底市银行机构各项存款余额首次突破2000亿元大关,达到2203.65亿元,比上年净增235.95亿元,增长11.99%;各项贷款余额达到1335.87亿元,比上年净增163.33亿元,增长13.93%,每月增速均保持在14%左右;存贷比达到60.62%;保费收入完成62.52亿元,增长3.52%,保险深度3.72%,保险密度为1563元/人。市金融办以召开重点项目对接会、发放重点项目推介函和项目册等多种形式,引导银行机构加大重点项目对接力度,全年中长期贷款余额新增110.2亿元,同比增加36.9亿元、增长17.5%,增速比上年同期提高5.7个百分点。全年民营企业贷款净增17.2亿元,小微企业贷款净增31.6亿元、涉农企业贷款净增79.4亿元、分别增长15.3%、15.1%、17.4%。保险赔付支出18.59亿元,同比增长18.37%。全市新增担保额9.57亿元,新增担保户数198户,新增小额贷款金额4.13亿元,解决新增就业人员16000余人。

【金融改革】2020年,娄底市地方政府金融管理机构和银行保险监管机构改革顺利推进,起草关于推进辖内农商银行改革的调研报告、请示、实施方案等文件,多次组织专题研究和召开会议,坚持农商银行姓"农"的市场定位和服务宗旨,做强做大辖内农商银行。推动辖内政府平台公司参与农商银行质押股权竞拍工作,涉及1.8亿股股权,化解经营性风险,提升农商银行抗风险能力和服务经济发展能力。坚持回归本源,联合金融监管部门改进、完善考核激励机制,加大正向激励力度,健全"敢贷、愿贷、能贷"的长效机制,推动不断增加小微企业贷款、制造业中长期贷款、涉农贷款等重点领域和薄弱环节的信贷投放,落实小微企业延期还本付息政策,提高普惠小微企业信用贷款比例,增加小微企业首贷。借助互联网、大数据等金融科技技术加强对风险评估与信贷决策的支持,提高贷款需求响应速度和授信审批效率。

【服务实体】2020年,娄底市人民政府金融工作办公室(简称市政府金融办)组织银企对接会11余次,签约项目117个,签约金额216.12亿元。联合人民银行娄底市中心支行、娄底银保监局编印金融政策口袋书和信贷产品手册,发放手册2万余份,指导更多企业知晓并运用金融政策,解决融资难题。组织娄底市人民政府和湖南省农村信用社联合社战略合作协议签约活动,现场签约3.2亿元。新发放企业贷款平均利率4.81%,较上年同期下降0.37个百分点,较上年末下降0.14个百分点。全市银行机构及时对接企业3772家,对3567家企业新发放贷款95亿元;对653户中小微企业26.8亿元贷款审核实施延期还本安排;对316户中小微企业贷款利息6133.57万元审核实施临时延期付息安排;对75户企业开展无还本续贷,涉及贷款金额5.08亿元。全市担保机构支持复工复产业务150笔,发生担保贷款金额7.72亿元,为复工复产企业免收或减收担保费用615万元;小额贷款公司对复工复产企业加大贷款发放力度,累计发放贷款3.74亿元,同比增长20.7%。

2020年8月21日,娄底市举行金融支持稳企业保就业政银企对接活动　　（市政府金融办　供图）

【企业上市】2020年,市政府金融办草拟《娄底市人民政府办公室关于进一步推进企业上市的若干意见》。提高企业上市财政奖励补助标准,扩大奖励补助范围。娄底市财政对进入首发上市程序的企业,奖

2020年3月20日，湖南省美程陶瓷科技有限公司(简称美程陶瓷，代码100018HN)在湖南股权交易所科技创新专板成功挂牌　　(市政府金融办 供图)

励标准由原来的200万元提高到300万元（科创板350万元)。落实国家、省、市有关企业在股份制改造、重组、上市过程中的税收优惠政策，降低上市成本。建立拟上市(挂牌)企业问题清单制度，定期收集汇总，针对问题明确责任单位和责任人，切实将各个问题解决落实到位。是年，围绕娄底市精品钢材及薄板深加工、工程机械及汽车零部件、节能环保、先进储能、现代文印、食品加工及生物医药、现代农机装备、先进陶瓷、装配式建筑、互联网和大数据10条工业新兴优势产业链企业，按分层分类培育原则，筛选一批业务突出、市场竞争力强、发展前景广阔、具有较好上市基础的45家企业进入娄底市上市后备企业资源库。按优中选优原则，32家企业进入湖南省上市后备企业资源库，重点培育上市。对后备企业实行“跟踪服务、定期培训、动态管理”，形成持续培育、持续报备辅导、持续挂牌上市的良好格局。

【风险处置】2020年，市政府金融办牵头制定支持民间融资风险资产处置工作的政策，印发《关于打非及破产企业资产处置的若干意见》，统筹协调破解娄底市民间融资涉案风险资产处置中税收申报、财产接管、信用修复等难、重点问题和瓶颈问题，为高效推进民间融资风险处置工作，理顺涉案风险资产处置程序提供政策支持。结合娄底市打处非工作特点和实际，制定出台《娄底市民间融资风险资产处置攻坚年行动方案》，明确年度攻坚目标和“时间表”“路线图”。民间融资风险陈案化解率达到90.47%，且立案三年以上陈案已100%化解，超额完成绩效考核任务。全年全市风险事项资产处置到位96起，防范化解风险工作表现突出受到省处非办通报表扬。制定印发《关于建立娄底市防范化解涉众型非法经营活动稳定风险联席会议制度》。完善娄底市地方金融风险监测预警联动工作机制，印发《关于深入推进金融放贷行业领域突出问题专项整治工作的通知》《娄底市深入推进金融放贷行业领域突出问题专项整治工作方案》等系列文件，明确落实好辖内各部门责任及各行业领域监管部门，消除监管真空，推进“行业清源”。

【金融扶贫】2020年，娄底市金融系统坚持对扶贫小额信贷收放工作实行常态化调度和督查，实行一周一调度一通报，在关键节点，实行一天一调度一通报。全年全市扶贫小额信贷新增9843笔3.85亿元，完成省定指标的101.59%，各县(市、区)完成率超过100%，全市到期贷款逾期率0.29%，远低于1%以内的要求。组织人保财险、人寿保险、平安财险、太平保险等4家后盾单位开展驻村帮扶，解决贫困户“一超过两不愁三保障”问题，实现村级集体经济稳定提升。摸排解贫困户就业和生产生活受新冠疫情影响情况，宣讲市里出台应对疫情影响的到户政策措施，帮助贫困户消除疫情恐慌，积极推荐就业机会，有劳资能力和半劳动力的94户139人全部返工(包括本地务工)，实现稳定就业。全年新增就业15人(包括扶贫车间和蓝思科技等)。村级基层组织建设持续加强，通过多方筹措资金，村级平台服务中心扩改建投入使用，村民活动广场实现硬化绿化。基础设施和公共服务逐步完善，推动先后启动4条村组公路建设，自来水工程第一期竣工，第二期工程项目启动，重修花屋古井，解决村民安全洁净用水需求。　　(杨　军)

## 中国人民银行娄底市中心支行

【概况】2020年，中国人民银行娄底市中心支行(简称人行娄底市中心支行)按照市委、市政府和上级行工作部署，统筹疫情防控和高效科学履职，取得明显成效。金融“暖春行动”、普惠金融等30余项工作被上级银行或地方党政推介，金融支持稳企业保就业、征信服务等50余项工作被《金融时报》“新湖南”客户端及上级行微信公众号等新闻媒体宣传报道。是年获得人民银行总行金融稳定工作先进集体、模范职工之家、女职工文明示范岗以及2019—2020年度湖南省金融扶贫专项竞赛先进单位、推进湖南省普惠金融发展(2016—2020)组织推动奖、全市反恐怖工作先进单位、全市平安建设(综治工作)考核评估优秀单位等称号。

【支持实体经济】2020年,人行娄底市中心支行强化稳健货币政策传导,先后10余次召开市级银行机构、法人银行机构主要负责人会议、信贷调控联席会议,强化宣传引导,疏通传导渠道。全市全年累计投放再贷款再贴现110.5亿元,同比增长63.4%,银行各项贷款余额1335.9亿元,新增163.3亿元,增长13.9%。推进金融"暖春行动",运用专项防疫再贷款资金,向12家疫情防控重点保障企业发放贷款1.31亿元,平均利率为2.72%。推动"战疫芙蓉人才贷"落地,向5家企业发放贷款3450万元,平均利率3.42%。做好复工复产金融服务,组织22家银行开展"行长早春行"活动,全年组织银行机构走访对接企业7900余家,摸排融资需求358.9亿元,发放贷款311.9亿元。推动两项直达工具落地见效,全年为1.65万户小微企业、个体工商户办理延期还本付息29.5亿元;发放信用贷款13.6亿元,惠及1.45万户小微企业和个体工商户。推进LPR(贷款市场报价利率)改革落地,先后5次开展现场督导,引导利率平稳下行。全市企业贷款加权平均利率同比下降21个基点,其中普惠小微企业同比下降63个基点。

2020年3月13日,中国人民银行娄底市中心支行开展金融"暖春行动"活动

(中国人民银行娄底市中心支行 供图)

【维护金融稳定】2020年,人行娄底市中心支行加强金融风险监测,依托金融风险监测预警系统,按月收集银行、证券、保险、民间融资及相关企业数据,完善金融风险监测数据库。做好央行评级和风险核查工作,开展流动性和偿付能力压力测试。强化风险缓释措施,引导银行机构通过展期、延期回售、债务重组及降低利率等方式缓释风险。落实存款保险制度,开展存保核查,全年收缴保费1529.39万元。制定工作方案和应急预案,组织全市557个银行网点(含离行自助网点)在规定时点,同步启用存款保险标识。严格金融风险监管,推进"断卡"行动,向公安机关移送电信网络诈骗线索16起,其中立案2起,破获2起,抓获犯罪嫌疑人8人。在全省首次对租售银行账户的3个存款人处以2万元罚款,联合市公安局对96名买卖银行卡或银行账户的个人实施惩戒,打击买卖租售银行账户等违法行为。推进"查处分离"试点,开展综合执法检查1次,查出违规问题27个,合计罚款7.6万元。

【提升金融管理服务水平】2020年,人行娄底市中心支行改善支付结算环境,制定《2020年娄底市移动支付便民工程实施方案》,推动冷水江市创建移动支付示范引领县,双峰县、新化县和涟源市创建电子支付示范县。以公交为重点,在58条线路、585台公交车上加载"云闪付"移动支付功能。优化助农取款服务点布局,全辖助农取款服务点4681个,办理业务96万余笔,金额4.9亿元。优化现金服务,全年投放发行基金130.5亿元,回笼147亿元,满足全市现金需求,银

2020年10月19日,中国人民银行娄底市中心支行组织全市金融机构到双峰县花门镇藕风村开展央行支付系统宣传

(中国人民银行娄底市中心支行 供图)

行机构配备现金消毒设备589台，消毒现金986亿元，确保群众用上放心钱。全年收缴假币1.68万张，面额143.52万元。办理公共预算收入业务99.91万笔，金额272.5亿元，同比增长13.9%；办理公共预算支出37.3万笔，金额571.8亿元，同比增长26.8%。开通抗疫资金拨付“绿色通道”，拨付防疫款705笔，金额1.69亿元。服务减税降费政策落实，办理退库业务7.3万笔，金额10.3亿元，同比分别增长32.4%和33.4%。征信供给能力不断加强，全年为14.3万人次和3200余家次企业提供征信查询服务，为1167人284户企业办理疫情期间征信记录维护。外汇管理服务全面提升，全年办理跨境收支19.5亿美元，同比增长11.72%。其中为外向型企业办理贸易融资2.37亿美元，同比增长41.1%。金融消保工作取得突破，成功开发湖南省金融消保环评信息系统并在全省人民银行系统推广应用。推进普惠金融示范县创建，提升普惠金融服务水平，双峰县获评湖南省普惠金融工作成绩突出县。（黄怡昕）

## 中国银保监会娄底监管分局

【概况】2020年，中国银保监会娄底监管分局（简称娄底银保监分局）统筹做好疫情防控和复工复产金融服务，引导辖内银行业、保险业持续提升服务实体经济质效，防范化解金融风险。是年，娄底市银行机构各项存款余额2203.65亿元，同比增长11.99%，增速全省排名第一；各项贷款余额1335.87亿元，同比增长13.93%；小微贷款余额241.8亿元，同比增长15.1%，其中以信用和保证方式发放的贷款占比47.8%；保险公司资产总额143.99亿元，同比增长13.2%；保费收入62.52亿元，同比增长3.52%；保险深度3.72%，保险密度为1563元/人。

【疫情防控和复工复产】2020年，娄底银保监分局引导辖内银行业、保险业用好助企惠民金融政策，助力经济复苏发展。会同市财政局、市发改委等部门出台《金融支持小微企业贷款贴息实施细则》《关于深入开展“信易贷”支持中小微企业融资的通知》等文件；协调推进“百行进万企”“稳就业保就业”政银企对接等专项行动；开展自查督查、走访调研，推动延期还本付息、减费让利等政策落实；累计为14266户企业新增贷款216.41亿元，为2312户中小微企业的42.94亿元贷款实施延期还本付息，新发放企业贷款平均利率为4.81%，较上年同期下降0.37个百分比，降低综合融资成本近2亿元。

【金融风险防控】2020年，娄底银保监分局强化贷款质量真实性管理，摸清信用风险底数。加大不良贷款处置力度，全年处置不良贷款18.08亿元。推进风险防控关口前移，针对三季度辖内部分民营企业贷款出现快速劣变情况，摸清风险底数，形成《关于辖内银行业信用风险情况的报告》，研究具体处置措施，加强与湖南银保监局、娄底市委市政府的沟通汇报，协调政银企工作合力，最大程度缓释化解风险，保持辖内金融稳定。开展案件风险排查、市场乱象整治“回头看”、股权和关联交易整治等专项工作，提升机构合规经营水平。加大违规行为处理力度，下发行政处罚决定书18份，处罚5家机构、12名人员，其中对机构罚款230万元，对个人罚款5万元。抓实案件风险防控，组织辖内银行、保险机构开展员工涉刑案件（风险）信息摸底排查，组织辖内49家机构142人开展案防培训工作会议，督促机构准确把握新政策，落实案防工作要求。

【普惠金融工作】2020年，娄底银保监分局辖内19家银行的普惠型小微企业贷款余额为236.01亿元，信贷计划完成率为129.76%；贷户数5.7万户，较年初增加8693户；贷款平均利率为6.03%，较年初下降0.4个百分比。辖内19家金融机构涉农贷款余额463.81亿元，信贷计划完成率为197.58%，其中普惠型涉农贷款余额169.17亿元，信贷计划完成率为120.04%。精准扶贫信贷余额97.26亿元，较年初增加34亿元；扶贫小额信贷余额4.92亿元，较年初增加0.85亿元，惠及建档立卡贫困户13.71万户。推动定点扶贫村入户帮扶和消费扶贫工作，定点扶贫村156户贫困户如期脱贫。

【金融基础服务】2020年，娄底银保监分局先后6次清理排查辖内银行、保险机构的“村村通”工程建设及运行情况，梳理整改存在的问题，引导辖内银行金融机构下沉网点，延伸金融服务触角，全市“村村通”基础金融服务总体保持全覆盖且运行良好。85个乡

(镇)设立标准化物理网点 649 个，乡(镇)网点覆盖率 100%；2097 个行政村依托服务站点、ATM 或 POS 机具、保险协保员及电子银行业务，行政村金融服务覆盖率 100%。

【打击非法金融活动】2020 年，娄底银保监分局督促辖内银行、保险机构开展金融领域扫黑除恶专项斗争，防范整治非法集资，防范外部风险向金融领域蔓延。开展"打击治理电信网络新型违法犯罪"工作，辖内各银行机构排查可疑对公账户 2504 个、可疑个人账户 174 个，采取有效管控措施，发现涉电诈账户 8 个，协助公安机关抓获电诈嫌疑人 17 人，劝阻受骗群众汇款 11 次。

【消费者权益保护】2020 年，娄底银保监分局积极应对疫情常态化防控形势，增强部门联动力度，推进金融纠纷调解机制建设。是年，接收处理各类信访举报投诉 156 起，有效化解缠访闹访群访 22 余人次，辖内银行业保险业调解机构化解纠纷调解 2832 起。加强金融知识普及宣传教育力度，开展"3·15"宣传周、金融知识普及宣传月活动，组织 604 个网点 426 块电子显示屏进行宣传，动员员工 24651 人次，通过短信、官网、微信、微博等发送原创宣教信息 1514 条，转发消费风险提示或"以案说险"信息 4.87 万条，发放宣传资料 63.33 万份。24 次在娄底电视台、娄底日报等新闻媒体上进行普惠金融知识普及报道，覆盖金融消费者 184 万人次。 (胡 蕾)

## 中国银行娄底市分行

【概况】2020 年，中国银行股份有限公司娄底分行(简称中国银行娄底分行）本外币存款余额为 224.2 亿元，较上年新增 20.01 亿元。其中，公司存款新增 6.86 亿元，个人存款新增 13.15 亿元，位居全省中行系统第三。外币贷款余额为 95.64 亿元，较上年新增 10.46 亿元。银保监口径普惠金融贷款较上年新增 1.81 亿元。个人贷款较上年新增 9.28 亿元，贸易融资较上年新增 2.23 亿元。票据贴现累计发生额 37.04 亿元，较去年同期增加 15.05 亿元，余额较上年新增 4.07 亿元，位居全省中行系统第一。不良贷款余额为 25271.19 万元，较上年新增 15589.65 万元，贷款不良率为 2.64%，较上年增加 1.5%。中国银行冷水江市原金竹西路支行和原新城路支行合并迁址更名为布溪支行，原长青中街支行迁址更名为文化广场支行，新世纪支行作为娄底首家 5.0 版网点对外营业。

【党建工作】2020 年，中国银行娄底分行注重预备党员、共青团员和入党积极分子培育。是年，3 名预备党员转正，6 名优秀员工被吸收为入党积极分子。发展"党建共建"单位 5 家，上线"复兴壹号"平台 2 户。组织开展"三星""最美中行人"等评先评优活动以及团员青年突击队活动、"三八抗疫达人""五四青年节"等主题活动。强化纪委监督执纪，与 10 家单位签订廉洁伙伴协议，完成全辖 2019 年以后费用公开、宣传品管理、车辆管理、负责人履职待遇支出等监督检查以及对新化支行和涟源支行的巡察工作。对全行普惠金融业务、金融扶贫以及重点产品处置工作实施监督。

【支持实体】2020 年，中国银行娄底分行发放疫情防控相关企业贷款 46210 万元；支持 41 户中小微企业复工复产，发放贷款 14980 万元。对受疫情影响较大的企业，通过批复延期、调整还款计划、延迟贷款期限等方式进行纾困，累计办理批复延期业务 5750 万元，涉及企业 6 户；累计办理到期贷款延期业务 3764 万元，涉及企业 9 户。贯彻落实利好政策，发放人民银行、省委组织部"战役人才贷"项目 300 万元；利用人民银行再贷款资金支持全省地方性重点保障企业，累计发放贷款 2540 万元。为受疫情影响的建档立卡贫困户提供精准金融支持，累计投放贷款 700 万元。根据省行下达的税融贷、科技贷、中银企 E 贷、烟草贷等客户清单，统筹推进，责任到人，实现清单客户 100%对接营销。截至是年年底，实现普惠重点产品余额新增 1000 万元。组织惠三湘"百场千户"活动 7 场，累计投放资金 6500 万元，与 40 家企业客户达成融资意向。通过和财政局开展风补合作，对 13 户企业投放贷款 3220 万元。

【国结业务】2020 年 2 月，中国银行娄底分行办理湖南省金融系统第一笔包括电子提单在内的信用证项下全流程电子交单业务，全年开立电子交单信用证 7 笔，金额合计 5500 万美元。4 月，开立全省首笔公积金期房贷款履约保函，全年开立保函 87 笔，金额合计

7361万元。全行累计办理跨境人民币业务量1.4亿元,国际结算业务量6.16亿美元。

**【内控合规】** 2020年,中国银行娄底分行建立健全"大风险"体系,扎牢全行风险管控工作基础。组织实施"内控案防攻坚年",开展各类专项治理、宣传培训活动,落实全年各项检查评价工作。开展常规核查,对各类检查中发现的问题进行整改和问责。组织开展证照保密、舆情排查、文优服务和后勤管理等系列专项检查,加大对人防、技防、物防投入,开展各类应急预案演练,及时妥善处置各类突发状况,应对新冠疫情力促复工复产,确保没有发生大的差错事故与安全事件发生。

2020年7月18日,中国银行娄底分行在湖南人文科技学院举办首届职工气排球比赛

(中国银行娄底分行 供图)

**【企业文化】** 2020年,中国银行娄底分行主抓文优服务和技能训练,全辖网点整体服务水平继续保持全省前列。在省行统一组织的技能测评中,全行实测106人,参测率为100%,综合能手率100%,业务技能能手率98.5%,总成绩排名全省第一。在全辖重点推广气排球运动,举办首届职工气排球联赛,11月份在省分行组织的系统内气排球比赛中,娄底分行代表队获第一名。制定实施县支行职工之家(含青年公寓)建设计划,4个县支行11个职工小家、3个县支行青年公寓建设基本完成。

**【社会责任】** 2020年,中国银行娄底分行贯彻落实党中央和总、省行各项工作要求,履行疫情防控工作主体责任,推进全面复工,支持娄底复工复产和抗击疫情,全行累计办理防疫资金支付3000万余元,号召全

2020年2月19日,中国银行娄底分行为娄底市康复医院医护工作者赠送保险

(中国银行娄底分行 供图)

行捐款约10万元,向490名医护人员赠送保险4.9亿元。对口定点扶贫村新化县水车镇柳白村顺利实现脱贫,全行全年消费扶贫金额累计45万元,排名全省前列。举办"防范非法集资""防范电信网络诈骗"、金融知识进校园、春节送温暖等各类公益活动。协助警方破获银行卡网络诈骗案件21起,抓获犯罪嫌疑人31名,当场缴获现金330余万元、作案车辆5辆、作案手机38部,涉案金额数千万元。 (罗 浩)

## 中国建设银行娄底市分行

**【概况】** 2020年,中国建设银行娄底市分行(简称建行娄底分行)一般性存款时点余额414.9亿元,时点存款比年初新增48.5亿元,新增四行占比39.77%;其中个人存款时点余额303.3亿元,比年初新增36.96亿元,新增四行占比41.93%;个人存款时点网均新增1.28亿元,湖南省地市行排名第一;对公存款时点余额111.6亿元,比年初新增11.6亿元,新增四行占比34.16%。机构时点存款较年初新增8.8亿元,全省地市行排名第一;新增四行占比56.7%,余额四行占比30.7%,较上年末提升2.62%。一般性存款日均新增30.1亿元,全省地市行排名第五。各项贷款余额230.1亿元,余额四行占比38.46%,较年初提升1.22%;比年初新增30.6亿元,新增四行占比52.85%;其中个人贷款(含信用卡)余额97.1亿元,比年初新增21.5亿元;对公贷款余额132.9亿元,比年初新增9.16亿元。

普惠金融贷款余额 32.2 亿元，比年初新增 10.51 亿元，普惠金融贷款余额、新增分别占当地四大行的 53.5%、58.4%。实现中间业务收入 3.21 亿元，四行占比 50.8%；实现拨备前利润 6.5 亿元，四行占比 40.7%。全行不良贷款余额 5.5 亿元，不良贷款率 2.39%；全行逾期贷款（含信用卡）余额 12191.71 万元，较年初减少 1314.27 万元；逾期率 0.53%，比 2019 年末下降 0.14 个百分点。对公活跃人民币结算账户净增 2397 户，全省排名第二，户数及新增四行第一。全年新增私行客户 34 户，AUM 新增 5.56 亿元，排名全省第三。住房租赁业务平台支付 9855 笔、合同备案 9383 笔，娄底市商品房预售资金监管系统、全国公租房系统两大数字房产平台上线运用。全年实现信用卡分期交易额 18.2 亿元，完成率地市行排名第二，信用卡条线创收 1.66 亿元。

【履行社会责任】2020 年，建行娄底分行开展防疫抗疫金融服务工作，加大信贷投放力度，疫情期间娄底建行新增贷款 37 亿元，同比多增 25 亿元；累计 8.52 亿元贷款实行无还本续贷、延长贷款周期政策，为辖内 768 余家小微企业减费让利超 1800 万元，获娄底市人民银行授予的“2020 年娄底市金融支持稳企业保就业工作先进集体”、娄底市银保监局授予的“2020 年普惠金融工作先进单位”等称号。做细做实定点扶贫工作，完成 3 个扶贫捐赠项目，改善定点扶贫村落后贫困面貌，对口帮扶的 5 个贫困村实现全部脱贫。

【乡村金融战略】2020 年，建行娄底分行依托金湘通平台深耕乡村金融业务，金湘通（裕农通）服务点拓展 3651 户，较年初新增 505 户，全年实现乡村金融发卡 7.69 万张，累计发卡 37.74 万张。乡村金融时点存款沉淀 19.96 亿元，较年初新增 10.35 亿元。全年交易笔数 130 万笔、交易金额 7.16 亿元，其中助农取款交易 31.4 万笔，交易金额 3.49 亿元；民生类缴费交易 93.05 万笔，交易金额 1.91 亿元。在中国建设银行 2020 年度“裕农通 建行动”活动中被授予卓越分行奖。

【深耕客群经营】2020 年，建行娄底分行突出以客户为中心的理念，在老年客群、商户客群、私行客群、代发客群等重点客群上持续发力，带动存款、客户快速增长。提质增效发展商户业务，个人商户客户比年初净新增 1432 户，全省排名第一；个人商户年累计日均存款余额 26.3 亿元，比年初新增 3.7 亿元，全省排名第一；全年个人商户交易总金额 129.3 亿元，同比增幅达 61.86%。近三年新增个人商户 28652 户、带动各项存款增加 13.8 亿元（年日均）。在“三大规定动作”基础上创新老年客群拓展维护方式，开展“爱心义剪”“进社区送温暖”“以老带新”等系列活动，三年来新增老年客户 92219 户，带动各项存款增加 49.5 亿元（月日均）。

【重点项目推进】2020 年，建行娄底分行抢抓机遇，实现贷款投放新高度。面对疫期复杂形势，分行党委早部署、早作为，强化重点项目营销，全年实现审批落地项目 23 个，取得审批批复金额 30.5 亿元，实现投放 16.5 亿元，重点支持薄板产业园、生态电力科技谷、高溪仓储物流、中厚机械、龙琅高速、中铁城市路网完善 PPP、双峰生活垃圾焚烧发电、娄双大道化债、新化人防工程等项目。落实对公业务转型，加大资管投行业务发展力度，支持双峰交投 4.2 亿元地方隐性债务置换化解工作。加大对全市教育、医疗、涉农、扶贫、绿色环保等民生领域的信贷支持力度，推广线上产品，新增涉农贷款 13.28 亿元、人行口径绿色贷款 2.1 亿元，发展云义贷授信客户 1340 户，授信金额 3.5 亿元。

【不良资产处置】2020 年，建行娄底分行处置表内不良贷款 5.83 亿元。下半年，处置清泉集团、三迅新能源、湘中矿业等重点项目不良贷款 3.86 亿元。全行累计现金回收 5133 万元、盘活上迁 3489 万元，贷款本金损失降到最低限度。全行表外核销回收金额 4426 万元，完成省行全年计划 170.91%。（彭木兰）

## 中国工商银行娄底市分行

【概况】2020 年，中国工商银行娄底分行（简称娄底工商银行）在职员工 561 人，全年校园招聘入职 5 人，社会招聘 3 人，接受退役军人安置 2 人，离职 9 人，退休 27 人。辖内有 8 个一级支行，27 个物理网点和 22 个离行式自助银行。全年实现拨备前利润 2.78 亿元，计提资产减值准备 2.45 亿元。各项存款余额 231.2 亿元,较年初增加 23.5 亿元。各项贷款余额 110.3 亿元,较年初稍有下降。

【党建引领】2020 年,娄底工商银行围绕全行发展目标,压实各层级党建工作"主体责任",党委书记带头为全体党建党务工作者和市分行本部党员上党课,全行全年累计集中组织党员学习 544 期次,累计培训 4100 人次。成立党建工作督导小组,将支行党建工作纳入年度考核。对省分行党委巡察组反馈的问题立行立改,整改提升。组织警示教育活动,对行内、行外发生在身边的案件进行警示教育。推进干部队伍建设,推进人员结构优化调整,制定娄底分行 2020—2022 年干部队伍建设规划。是年,提拔正科级干部 1 人,副科级干部 5 人,公开选拔行长助理 4 人,民主推荐总经理助理 2 人,晋升经理(三级)18 人。

【实体经济支持】2020 年,娄底工商银行服务国家战略,支持实体经济,围绕客户需求解决重点问题、开拓大型市场。向五江高科、新化大熊山风电场、新化维山风电场、新化县生活垃圾焚烧发电 PPP 项目一期、新化县大洋江路(白沙洲西路—S225)改扩建项目隐性债务化解等重点项目累计新增投放资金 8.15 亿元。完成新化北控水务安全饮水一期工程、娄底首创水务第一污水处理厂三期扩建及提标改造工程项目、五凌电力新化维山风电场等 6 个重点项目的审批,融资金额 18.6 亿元。树立"不做小微就没有未来"的发展理念,充分利用上级行在普惠金融的优惠政策,深耕民营和小微企业市场,全年累计发放普惠金融贷款 6.6 亿元,其中小微企业普惠贷款 6.2 亿元、个人经营贷款 4353 万元。

【民生服务】2020 年,娄底工商银行坚持"稳中求进"发展总基调,坚持疫情防控与经营发展统筹推进,做好"六保"落实"六稳"。全行参与捐款人数 532 人,捐款金额 16 万元。积极响应"春润行动""春融行动""春暖行动"号召,疫情期间,发放贷款 5.6 亿元,减免利息 568 万元,为 34 户企业办理线上贷款 3083 万元,支持企业复工复产及降低融资成本。维护农民工合法权益,全年开通农民工工资专户 245 户,通过工行专户发放工资 191 户,累计发放农民工工资 8.4 亿元,占全市通过"工银安薪"平台项目发放工资的 63.51%,同业占比第一;累计发放 1.3 万人次,占全市通过"工银安薪"平台项目发放工资人次的 61.54%,同业占比排名第一。

【创新转型】2020 年,娄底工商银行把握市场需求,加快创新转型步伐,推动特色业务发展,致力形成新的经济增长点。累计办理票据贴现业务 58 亿元,同业排名第一,湖南工行系统内排名第二,其中"工银 e 贴"、票据业务收入、利润均排名全省第一。累计销售养老金理财 11.85 亿元,日均余额 3.1 亿元,销售额和任务完成率均全省排名第一。办理国际结算业务量 8.14 亿美元,办理结售汇业务量 4.16 亿美元,国际业务拓展客户 8 户。全年新拓企业年金客户 4 户,拓户总额和任务完成率在湖南工行系统内排名第一。

【风险防范】2020 年,娄底工商银行将信用风险管控作为第一要务。夯实信贷基础管理,贯彻落实国家宏观调控政策,严把信贷准入和审查审批,认真做好评级授信尽职调查工作。全力清收转化潜在风险贷款,加强潜在风险贷款分类管理和风险排查,户数比年初减少 10 户,余额较年初减少 1.71 亿元。加强不良贷款清收处置,累计清收处置不良贷款 3.32 亿元,不良贷款余额和不良率分别比年初下降 1.71 亿元、2.45%。加强特殊资产管理,处置受托资产 2.77 亿元。

【内控合规】2020 年,娄底工商银行坚持将安全稳定运营作为最基本的底线要求,绷紧内控案防这根弦,强化各类风险防控。围绕"优制度""学制度""用制度""守制度"四个板块,开展 2020 年内控合规"制度治理年"主题活动,邀请领导专家开展法纪教育,组织全行员工学习合规红线手册,在总行组织的内控合规网络知识竞赛中取得全省第一名的成绩,全年没有发生案件及较大监管处罚。完成案件风险排查项目 10 个,排查业务笔数 6305 笔,全行内部风险暴露水平比上年末下降 68.49%,内部风险度比上年末下降 33.71%,风险率比上年末下降 52.94%。开展人民币单位银行结算账户风险排查,提升全行反洗钱工作水平。

(杨泓晓)

## 中国农业银行娄底市分行

【概况】2020 年,中国农业银行娄底分行(简称农行娄底分行)回归本源、专注主业,创新金融产品和服务,助力疫情防控、服务实体经济、乡村振兴和脱贫攻坚。截至年末,全行各项存款余额258亿元,各项贷款余额162亿元,贷存比达62.8%,连续三年居四大行第一。是年,综合考核居全省系统第二,领导班子考核居全省系统第一,获农行湖南省分行经营管理先进单位、优秀二级分行领导班子、党风廉政建设及内控案防先进单位等多个综合奖项。

【助力疫情防控】2020年,农行娄底分行闻令而动,开辟绿色通道,对防疫资金拨付业务实行“特事特办、急事急办”,为140余家单位及时提供防疫资金支付服务。用好用活信贷政策,助力企业复工复产,为辖内169家企事业单位提供信贷支持,新增实体经济授信18亿元。向8家定点防疫医院投放贷款6900万元,向2家重点防疫企业投放贷款3200万元。主动为企业纾困解难,通过办理贷款展期、设定还款宽限期等措施,为16家受困企业办理信贷业务28笔、金额5亿元。履行社会责任,为当地多家医院开通线上问诊平台,先后3次组织向疫区捐款,金额达20万元。主要做法被“学习强国”平台和人民网、新华网、《湖南日报》等媒体报道。

【服务实体经济】2020年,农行娄底分行融入娄底产业项目建设规划,支持湘中棚户区改造、电力科技谷、娄星工业集中投产学研、冷水江中广核风电场、娄底市中心城区停车场建设、娄底华菱薄板深加工产业园西部项目等一批重点项目,项目贷款余额70亿元,比年初净增24亿元。开展“进百园万企”专项行动,为娄底经开投等4家省级以上园区平台公司授信13亿元,支持园区内70余家企业发展。推出双峰、新化、冷江、娄底园区平台公司债务置换项目,授信14亿元。推进普惠金融,创新推出纳税e贷、抵押e贷、资产e贷、药商e贷、烟商e贷等系列产品,支持小微企业458户,投放贷款5亿元。普惠贷款余额11亿元,比年初净增5亿元,超额完成监管目标。

【服务乡村振兴】2020年,农行娄底分行推出文印贷、农机贷、生猪贷、乡村振兴带头人贷等特色金融产品,农户贷款余额11亿元,规模居全省系统第一。与农担公司通力合作,发放惠农担农户贷款1.5亿元,助力新兴农业主体发展壮大。为401个行政村、4万户农户建立农户档案,惠农e贷余额7亿元,比年初净增3亿元,居全省系统第一。推进家门口银行建设,新建4个惠农通综合服务站,累计布放惠农服务点2829个,县域行政村电子机具覆盖率100%;为295万市民提供社保医保代缴服务3.2亿元,占全市征缴总量的60%,满足广大村民“足不出村”即可自助缴纳社保医保、水费电费等需求。

【助力打赢脱贫攻坚战】2020年,农行娄底分行落实加大信贷投放、推进产品创新、延伸服务网络“三大任务”,对新化县、涟源市两个国家扶贫重点县单独配置信贷计划,执行扶贫贷款利率优惠政策。扶贫重点县贷款、精准扶贫贷款分别净增11.4亿元、5.35亿元,带动贫困人口3.5万人,直接帮助贫困地区销售农副产品322万元,超额完成金融扶贫任务。先后派驻7名干部驻村扶贫,累计投入150万元资金支持扶贫村基础设施建设和产业发展。金融扶贫工作考核连续三年居全省系统前列,被人民银行长沙中心支行和湖南省总工会评为湖南省金融扶贫专项竞赛先进单位。

(龚仲秋 孙雄武)

## 中国农业发展银行娄底市分行

【概况】2020年,中国农业发展银行娄底市分行(简称农发行娄底市分行)以国家信用为基础,以市场为依托,筹集支农资金,支持“三农”事业发展,发挥国家战略支撑作用。全力服务“六稳”“六保”,加大信贷支农力度,支持疫情防控和复工复产,全力服务脱贫攻坚、粮食安全和乡村振兴。是年年末,各项贷款余额

2020年9月25日,中国农业发展银行娄底市分行召开产品推介会 (农发行娄底市分行 供图)

111.47 亿元,较上年末净增 27.52 亿元,增幅 32.78%;存款日均余额 21.24 亿元, 比上年末时点余额减少 4.74 亿元;不良贷款持续保持零余额,信贷资产质量持续向好;全年账面利润 0.66 亿元,同比增加 0.11 亿元。贷款增量排名农发行全省第一。

【党建工作】2020 年, 农发行娄底市分行坚持把不忘初心、牢记使命作为加强党的建设的永恒课题,全行召开党员学习会议 15 次,专题讨论 3 次,专题党课 4 次,参加党员 316 人次。制定《中共中国农业发展银行娄底市分行委员会推进党支部标准化规范化建设开展"夯实基础年"活动方案》,按照分步推进的办法,聚焦打基础、固根基,抓好支部班子、党员队伍、基本制度、党建载体、活动场所建设。开展"四爱"教育,把"爱党铸忠诚、爱国担使命、爱农有作为、爱岗作贡献"作为鲜明主题,纳入理论学习、员工培训、青年学习小组学习和员工日常教育中,开展"弘扬五四精神,承担青年责任""我与农发共成长"系列活动。

【主要业绩】2020 年, 农发行娄底市分行累放贷款 34.36 亿元。疫情期间,投放 500 万元粮油购销流动资金应急贷款支持粮食供应, 支持企业收购中晚稻 2197 吨, 稳定当地粮食市场价格和消费需求; 投放 8200 万元产业化龙头企业应急贷款支持生猪、蔬菜等农副产品供应,保障"米袋子"、护住"菜篮子"。助力脱贫攻坚,投放扶贫贷款 25.72 亿元,年末贷款余额 42.07 亿元, 较上年末净增 24.25 亿元, 增幅 136.08%。持续支持长江大保护,投放长江大保护贷款 5 笔,金额 7.64 亿元,增幅 64.20%,较上年末净增 7.64 亿元。支持夏粮及秋粮收购,执行国家粮食收购政策,发挥政府储备稳定市场"压舱石"的作用。粮棉油贷款余额 7.03 亿元, 累计投放粮棉油贷款 2.49 亿元,支持粮食收购 11.31 万吨,累收 2.85 亿元。基设条线贷款余额 82.04 亿元,支持全市道路、桥梁等基础设施建设及棚户区改造。重点发展"园区经济",审批园区贷款 23 亿元,实现投放 18.87 亿元。 (肖讷敏)

## 湖南省农村信用社联合社娄底办事处

【概况】2020 年,湖南省农村信用社联合社娄底办事处(简称省联社娄底办事处)坚守"服务三农,服务小微企业、服务地方经济"市场定位,以"建设有温度的百姓银行"为目标,以"党建共创、金融普惠"行动和"压不良、控风险"为重点,围绕"调结构、控风险、强管理、提素质"为主线,扎实做好"六稳"工作,全面落实"六保"任务。截至 2020 年末,娄底市农商银行系统各项存款余额 523.54 亿元,净增 48.74 亿元;各项贷款余额 356.8 亿元,净增 38.61 亿元;存贷款总量、增量

2020 年 9 月 17 日, 娄底市农商银行系统召开不良贷款"百日攻坚"会议

(省农村信用社娄底办事处 供图)

继续在全市金融机构中领跑, 市场份额分别占 23.76%、26.71%;与上年度比较,表内不良贷款余额 7.61 亿元,下降 0.79 亿元,不良贷款率 2.13%,下降 0.51 个百分点;全年总收入 30.45 亿元,实现经营利润 9.28 亿元。

【党建引领】2020 年,娄底市农商银行系统不断加强基层党的建设,发挥党建引领作用。严格干部选任标准和条件,全年提拔正科级干部 5 名,副科级干部 5 名;开展标准化支部建设,全市农商银行 89 个党支部中有 82 个党支部完成标准化建设, 达标率 92.13%,打造了 5 个示范党支部;推进"党建共创,金融普惠"行动,与 89 个乡镇(街道办事处)签订合作协议,明确金融组织员 89 名;与 2032 个行政村(社区)签订合作协议, 明确金融协理员 2032 名; 设立党员服务站 326 个,明确金融联络员 1990 名;全年走访客户 35.4 万户,信息采集 27.5 万户。

【发展质量提升】2020 年,娄底市农商银行系统按照高质量发展要求, 围绕 "建设有温度的百姓银行"目标,大力开展普惠金融工作,创新"微易贷""康祥贷""福耕贷"等 20 余个信贷产品,推广小微企业、个体工商户便民卡及福祥 e 贷, 全年新增客户 17240 户,新

增便民卡34796张，授信金额45.58亿元，用信金额24.75亿元。通过化解存量、控住增量，加大表内外不良贷款自主现金清收力度，自主现金收回表内不良贷款本息合计1.95亿元，现金收回表外不良贷款本息合计0.87亿元，在全省综合排名第三。

【社会服务】2020年，娄底市农商银行系统坚持支农、支小、支微的发展定位，服务"三农"、服务小微、服务县域经济市场定位，全年涉农贷款余额208.86亿元，占各项贷款总量的58.54%，增长15.11%；农户和新型农业经营主体贷款保持较快增长，高于各项贷款增速4.15%；小微企业贷款余额252.19亿元，占贷款总量的70.68%，增长10.66%。对15.3万户建档立卡的贫困户授信22.54亿元，发放贷款18.36亿元，占全市扶贫小额贷款总额的92.62%。做好防疫抗疫金融服务工作，对18.7亿元存量贷款平均调低利率2.54个百分点，减少利息收入0.47亿元，为3.87亿元贷款实行无还本续贷、延长贷款周期政策。上缴各项税收2.57亿元。

【企业文化】2020年，娄底市农商银行系统加强员工教育培训，通过实施"引进来"和"走出去"相结合战略，培训员工19149人次，员工年均参加培训9.01次。发挥榜样力量，弘扬"奋斗者"精神，推进"十百千万"(塔基是"万"字号的专业人才，塔身是"千"字号的骨干人才，塔顶是"百"字号的领军人才，塔尖是"十"字号的精英人才)人才队伍建设工程，选拔对存款组织、贷款营销、客户拓展、压降不良等方面做出贡献的385名员工作为"塔基"专业人才。做好"农信之星"评选工作，推荐省级"农信之星"10名，表彰市级"农信之星"37名。 (黄荣强)

## 中国邮政储蓄银行娄底市分行

【概况】2020年，中国邮政储蓄银行娄底市分行坚守金融服务实体经济的本源定位和国有大型零售银行的战略定位，服务娄底经济社会发展。截至年末，各项存款余额261.67亿元，年净增19.62亿元，增量排娄底市第五位；各项贷款余额80亿元，年净增23.92亿元，增量排娄底市第三位，同比增6.38亿元，同比增长42.36%，排娄底市第一位。

【助力打好三大攻坚战】2020年，中国邮政储蓄银行娄底市分行防范化解重大风险，零售信贷不良率1.09%，较年初下降0.46个百分点。助力脱贫攻坚，金融精准扶贫贷款结余2.23亿元，净增4093万元，完成全年计划的341%。推进绿色金融和绿色建设工作，绿色信贷结余4851.46万元，超绿色银行三年规划2020年目标2451.46万元，较上年增幅204.82%。

【服务实体经济】2020年，中国邮政储蓄银行娄底市分行落实中央"六稳""六保"工作任务，加大对小微民营企业金融支持力度，普惠型小微企业贷款余额11.37亿元，年净增2.88亿元，完成湖南省分行计划任务的138%。加大"三农"支持力度，涉农贷款余额27.95亿元，年净增1.47亿元，完成湖南省分行计划任务的113%。是年，获2020年娄底市金融支持稳企业保就业工作先进单位、2020年度娄底市普惠金融先进单位。

2020年11月19日，中国邮政集团到娄底市分行调研指导工作(中国邮政储蓄银行娄底市分行 供图)

【资产质量】2020年，中国邮政储蓄银行娄底市分行严控增量、化解存量，是年逾期额、逾期率、不良额、不良率均下降。逾期额较年初减少434万元，逾期率较年初下降0.48%。不良额较年初减少348万元，不良率较年初下降0.46%，降幅全省排名第一。不良率低于湖南省分行年度控制目标0.13个百分点，在全省排名较2019年底前进4位。

【内控合规】2020年，中国邮政储蓄银行娄底市分行开展案件警示教育、内部员工行为专项排查、反洗钱延伸检查、内控风险防控评价、消防安全管理培训，提升员工风险防控水平能力及合规意识。全年未发生严重违法犯罪事件、重大资金案件、重大安全事故。

（唐 果）

## 中国人民财产保险股份有限公司娄底市分公司

【概况】2020 年，中国人民财险保险股份有限公司娄底市分公司（简称人保财险娄底市分公司）建有“三农”营销服务部 17 个，城网营销服务部 3 个，在各乡镇建立农业保险办公室 75 个、“三农”服务站 65 个、村级服务点 1823 个。选聘乡镇农业保险专（兼）干、村级协保员 1842 人，构建覆盖全市、县、乡、村四级的服务网点体系。公司经营的产品类型主要有车险、财产险、货运险、责信险、意健险、农险、社保 7 大类，100 余个险种。全年实现保费收入 84230 万元，累计提供商业保险风险保障约 1.51 万亿元，处理各类赔偿 11.25 万余件，赔付支出 32239 万元，缴纳各种税金 5669.5 万元。

【保险业务】2020 年，人保财险娄底市分公司实现保费收入 84230 万元，同比增长 11.75%，市场份额 41.37%，位居娄底财险行业第一。全年累计承担社会风险责任近 1.5 万亿元，处理各类赔案 112535 件，支付各类赔款近 5.5 亿元。10 月份发生水稻“寒露风”自然灾害，省、市、县三级公司启动大灾应急机制，开展“寒露风”灾害农险理赔。双峰县支公司赶赴现场查勘，对农作物损失进行核定，发挥“三农”保险基层网络体系作用，会同县财政、农业等职能部门，结合科技服务的手段，完成全县所有受灾农户损失面积和受损程度等情况的准确核定，开设理赔绿色通道，简化理赔流程，加快理赔进度，应赔尽赔，即核即付，为广大受灾农户提供优质高效的理赔服务。11 月 20 日，2200 多万元“寒露风”灾害保险赔款全部赔付到位。

【防范经营风险】2020 年，市人保财险娄底市分公司在承保、理赔上严格管理，足额提取各类准备金，保障被保险人的权益。坚持依法经营、合规发展，重视风险防范，没有因违规行为受到行政处罚，也未出现重大经营风险和各类责任事故。开展防范非法集资、扫黑除恶工作，以悬挂标语条幅、电子屏滚动播出、张贴海报等形式，对非法集资和黑恶势力的特征、主要表现形式、常见手段等进行宣传警示。通过营业网点进行宣传，提高客户正确识别和自觉抵制非法集资活动的意识和能力。通过柜台宣传累计 600 余人/次，发放宣传资料 2500 余份。通过开展专题培训、晨夕会宣导、微信宣导等方式对公司从业人员宣传保险业，对保险从业人员开展专题教育。全年对普通从业人员进行宣传教育 462 人次。

【完善服务机制】2020 年，人保财险娄底市分公司恪守“人民保险，服务人民”的宗旨，一切以客户为中心开展保险服务工作。梳理客户投诉处理流程，执行客户投诉 2 小时响应机制，强化客户投诉快速处理机制、案件时效和案件处理率的考核，提高案件处理率，缩短案件结案周期，让客户享受优质便捷快速的服务。开展降赔减损专项行动，严格目标管理，强化考核问责，夯实理赔过程管理，开展理赔队伍作风建设，提升公司竞争力。推进非车险“精益工程”的执行落实，商业非车险赔付率同比下降 2.3%，非车险理赔结案率 98.3%，车险理赔线上化处理率 96.68%。推行警保联动工作，促进农村“两站两员”工作的开展，全市在各乡镇累计建站 36 个。

【扶贫工作】2020 年，人保财险娄底市分公司发挥保险在现代金融、社会保障、灾害救助、社会风险管理和农业生产保障“五大体系”建设中的重要作用，服务当地经济社会发展。是年，公司领导班子 10 余次到扶贫结对帮扶点慰问帮扶对象。开办扶贫特惠保、金农保等一系列扶贫保险项目，为 50 万余名群众提供风险保障，支付赔款 1000 万余元。其中，“扶贫特惠保”在 5 个县（市、区）推广，为 34 万余户建档立卡贫困户提供 700 亿余元的风险保障，累计支付赔款 800 余万元。落实一对一扶贫帮扶任务，全市系统扶贫捐款及慰问困难群众、特困户、残疾人等累计 200 万余元。

（王 珏）

## 中国人寿保险股份有限公司娄底分公司

【概况】2020 年，中国人民财产保险股份有限公司娄底市分公司(简称“中国人寿娄底分公司”)总保费同比增长 5.59%。长期险首年标准保费达成率 81.64%,首年期交保费达成率 81.8%,10 年期及以上首年期交保费达成率 73.51%,10 年期及以上保障型产品保费达成率 64.9%。短期险保费达成率 100.31%,其中银保渠道保费达成率 195.43%,排名全省系统第三,五年期保费占比 54.5%。

2020 年 10 月 8 日,中国人寿保险股份有限公司湖南省公司领导到娄底分公司开展业务辅导会议

(中国人寿娄底分公司 供图)

【队伍发展】2020 年,中国人寿娄底分公司大个险全年月均增员率 9.37%,达成目标的 104.15%;月均持证人力目标达成率 82%。全年季度有效人力目标达成率 64.6%;月均三晋率达成 61.71%,目标完成率 102.85%;月均十三留达成 14.22%,目标完成率 71.1%;月均七留 45.8%,目标完成率 91.6%;月均一年内新人长举 21.66%,目标完成率 54.15%。四季度主管考核达标率全省第一。稳定一支 30 余人的专职民生主管队伍,实现民生业务保费同比增长 18.26%。

【客户服务】2020 年,中国人寿娄底分公司增值服务,举办“健行人生,与爱同行”2020 年国寿 700 健行活动,组织 VIP 客户在清泉大酒店参加“星级专享,幸福加倍”客户服务节权益回馈发布会、全市三星级以上 VIP 客户参加“牵手国寿 共享未来”为主题的大型红酒答谢晚宴次活动、国寿小画家活动、“3.15”消费者权益保护教育宣传周活动、金融知识普及宣传月活动。保全服务,保全智能化通过率 99.02%,自动审核通过率 98.61%,集团 E 化 85.28%,销售人员保全服务率 19.89%,达到省公司下达 120%的满分值。柜面管理推行“柜面+销售”创新服务,缩短客户办理业务的时间,减少客户等候时长,提升客户满意度。是年,运营中心被省公司评为“五星柜面”,新化支公司运营服务部被评为“三星柜面”。

【风险防控】2020 年,中国人寿娄底分公司始终坚守风险底线,为高质量发展提供坚实保证,严格检查防范风险,对相关问题责任人员和销售人员进行通报批评和经济处分,对违规行为问责,公司合规管理与风控管理工作进入良性发展轨道。在反洗钱工作中,连续 2 年被评为市“反洗钱优秀单位”,连续 5 年被评为 A 类公司,所辖 4 个县支公司评级均为 A 类公司,位列当地保险行业第一。

【履行社会责任】2020 年,中国人寿娄底分公司在新农村合作医疗、城乡居民大病保险、女性特定疾病保险、老年人意外伤害保险、计生家庭保险、村干部保险、农村小额保险、学生儿童保险、全国公安干警保险、私人建房意外伤害保险等领域均有涉及。是年,续签大病保险服务合同,经办新化县城乡居民意外伤害保险业务,政策性健康保险业务达成率 111.23%,同比增长 61.79%。新冠肺炎疫情期间,1 个工作日内将 4 万元关爱金转入冷水江一名确诊“新冠肺炎”客户的银行账户中,成为全省系统内首例特别针对“新冠肺炎”的关爱捐赠。对抗击新冠肺炎疫情期间因新冠病毒肺炎导致的省内身故医护人员捐赠身故保障金 50 万元/人,对省内确诊医护人员捐赠疾病保障金 10 万元/人,对在抗击一线意外身故的省内医护人员捐赠意外死残给付金 10 万元/人。捐赠抗疫防疫一线人员目标人数 13386 人,提供风险保障总金额 93.702 亿元。

(曾 翠)

## 市保险行业协会

【概况】2020 年,娄底市保险行业协会有会员 31 家,其中财产保保险公司 16 家,人寿保险公司 15 家。全市保险业实现保费收入 62.52 亿元(数据统计范围仅限会员单位,下同),比上年同期增加 2.13 亿元,同比增长 3.52%,赔、给付支出 20.84 亿元,较上年同期增加 3.24 亿元,同比增长 18.41%。保费规模全省排名第 12 位,增速全省排第 14 位。保险深度为 3.72%,全省排名第 7 位，保险密度为 1586.17 元/人，排名全省第 9 位。设立县级保险机构 69 家(其中财险 35 家，寿险 34 家)、营销服务部 75 家、农村服务网点 4700 余个、保险专业中介机构 30 家(含县级机构)、保险兼业代理机构 26 家(其中车商类 2 家、银邮类 15 家)，保险从业人员 21388 人，城区设有道路交通事故快处快赔服务点 3 个、保险纠纷调解服务点 4 个。

【履行社会责任】2020 年，娄底市保险业为全市提供商业保险风险保障 3 万亿余元，上缴代缴税费 2.02 亿元(其中代缴车船税 1.22 亿元)。16 家市级保险机构、18 家县级保险机构帮扶扶贫点 19 个，结对帮扶 512 户，直接参与扶贫 775 人，驻点扶贫专员 22 人，累计投入各项扶贫资金 3013.39 万元(其中扶贫特惠保补充资金 2573.29 万元)，投入扶贫保险产品 15 个，帮助脱贫 407 户。疫情期间，捐赠风险保障 284.7 亿元，捐赠现金 7.46 万元，为 227 家企业提供保障 23.8 亿元，完成防疫抗疫和助力复工复产任务。共建

2020 年 7 月 8 日，娄底市保险业开展“7·8”全国保险公众宣传日主题活动　（市保险行业协会 供图）

“警保联动”服务站 69 个，快处快赔处理交通事故 5564 起。

【维护消费者权益】2020 年，娄底市保险业协会利用“3·15”国际消费者权益保护日“7·8”全国保险公众宣传日、金融知识宣传月等时点集中宣传，结合当地政府和监管要求，组织开展反洗钱、防范非法集资、普惠金融等专题宣传，提高保险宣传的广度和深度。是年，协会收到各类保险信访投诉 121 件，其中，财险 13 件、寿险 108 件；收到监管、省协转办投诉件 17 件；市政府热线转办件 3 件；参与各类案件调解 55 次，涉案金额 210 万元。加强与司法部门的联系，发挥人民调解委员会和诉调中心的作用，实施案件简繁分流，降低保险消费者诉讼成本，化解保险合同纠纷，通过人民调解渠道全年受理案件 2346 件，涉案金额 2578 余万元，调解成功率 98%。搭建反保险欺诈工作的交流平台，加强行业理赔队伍的组织互动，推进反保险欺诈工作。为 4 家保险公司挽回经济损失 110 余万元。与市中级人民法院对接，多次召开协调会，对涉保案件审判标准和流程进行改进，推动落实省高级人民法院出台的保险审判和处理规范。

【推动行业发展】2020 年，娄底市保险业协会按照银保监会关于开展保险市场乱象治理“回头看”的要求，开展行业自律。加强车险监督，集中分析车险市场发展存在的问题，研究治理措施，对车险市场违规行为进行监督，全年下发警示函 41 次，确保车险综合改革平稳有序推进。加强与《娄底日报》、娄底新闻网等媒体合作，正确引导保险新闻舆论，做好舆情监测，推动保险正能量宣传。全年在《娄底日报》刊发稿件 14 篇，在娄底新闻网推送保险新闻 5 篇，通过协会微信公众号发布稿件 45 篇，推送关于如何防范非法集资、保险知识微视频等文章 42 篇。　（梁　巍）

## 市兴娄融资担保有限公司

【概况】2020 年，娄底市兴娄融资担保有限公司累计担保发生额 9.5 亿元，较上年同比增长 39%，累计担保户数 178 户，较上年同比增长 28%，其中新增担保发生额 3.98 亿元，较上年同比增长 19.5%，新增担保户数 73 户，较上年同比增长 10.6%。在所担保的客户中，小微企业户数占比 93%，金额占比 88.8%，新增户数占比 42%，新增额度占比 43%。在保余额 8.84 亿元，在保户数 164 户。担保放大倍数 2.9，远超全国和全省平均水平，年度代偿率为 1.21%，低于全省同行业平均水平。

【社会效益】2020 年，娄底市兴娄融资担保有限公司降低费率，免收保证金。根据国家有关政策要求，疫情期间公司为中小微企业减免担保费 800 万元，免收保证金 7600 万元。累计为 490 家中小微企业提供融资担保近 26 亿元，累计拉动社会就业约 13000 人，新增

就业岗位5000余个。按行业口径测算，累计拉动产值104亿元，按平均税赋5%计算，累计拉动全市新增税收约5.2亿元，通过担保培植或扶持的中小微企业约300家。组织全体员工参与抗疫捐款、扶贫爱心捐款、公交车文明劝导等多类公益活动。全年组织员工疫情防控和爱心捐款2万余元，扶贫及社区帮扶投入30余万元。

【体系建设和风险防控】2020年，娄底市兴娄融资担保有限公司与再担保体系成功续约。公司取得湖南省再担保公司8亿元的授信，全年累计申报项目157笔，金额6.5亿元，在全省排列第五位。为加快娄底市政府性融资担保体系的建设，近距离、高效率地解决各县（市、区）中小微企业的融资难题，公司推动县（市、区）担保办事处的试点，新化办事处试点成功。是年，分险合作成功推进。“银担”风险分担方面，公司与农业银行、中国银行、工商银行等16家银行达成2:8风险分担合作协议；“政担”风险分担方面，与冷江市、新化县、市经开区达成分险合作协议。通过探索协商方式加快资产处置，实现追偿回款200余万元。

（黄　俊）

## 市创业发展集团有限公司

【概况】2020年，娄底市创业发展集团有限公司(简称娄底创发公司）实现营业收入3.23亿元，同比增长909%；年度投资完成16亿元，同比增长60%；资产总额增加至86亿元。公司还本付息4.8亿元，取得融资授信12亿元，化解隐性债务0.52亿元，将3.27亿元关注类债务转化为经营性债务，公司关注类债务清零，助力娄底市退出政府债务风险一类预警地区。严控融资成本，综合融资成本维持较低水平，为娄底实体经济提供转贷资金8.2亿元。

【项目建设】2020年，娄底创发公司履行产业发展主责，聚焦项目建设，实施重点建设项目32个，其中在建项目19个、前期项目13个、地方政府专项债券安排项目2个、PPP项目3个。国省干线美丽公路建设项目、公交都市创建(城乡公交一体化、站场建设)两个续建项目完成投资3.14亿元，其中城乡公交一体化项目开通城乡公交线路17条。娄底市康复养老中心改扩建项目一期完成建设，娄底市殡仪馆建设项目完成主体结构施工。竞得新化县全域土地综合整治与高标准农田建设项目。智能制造装备基地项目年度投资完成率456%，娄底市涟水南岸(江龙滩大桥至东二环+白鹭村段)综合治理项目完成率432%。主干路网加速建设，乐坪大道地下管廊完成350米，华星路隧道掘进完成850米，涟水南岸综合治理项目完成路基500米。潭湖片区(孙水河以西)支路网约10条支路全面开展设计工作。年内完成土地报批51.33公顷，完成土地征收47.67公顷，签订房屋协议33户，方石、水洋动迁区域达规划建设用地的70%。智慧娄底PPP项目30个子项目14个实现上线运营。完成安杰采石场收购，商品混泥土搅拌站建设前期工作。中心城区长青加油站完成营收2100万元，高丰路站完成开工建设前所有工作，充电桩建设全年投资600万元。11月启动废钢贸易，累计完成贸易量55000余吨，交易金额3亿元。

（梁　斌）

# 商　贸

◎商务粮食
◎供销合作
◎烟草专卖
◎盐业
◎石油经营

# 商务粮食

【概况】2020年，娄底市聚焦“两稳一促”，推动商务和开放型经济行稳致远，稳外贸、稳外资，扩大高水平开放；深化流通改革，促消费、惠民生，巩固商贸服务优势；加快新旧动能转换，推进内外开放联动、双向投资互动、内贸外贸一体、线上线下融合；以抗疫保供为重点，推动复工复产复业，保持全市商务粮食持续健康发展。是年，市商务粮食局获全省商务系统促消费考核优秀单位、全省商务工作（内贸）先进单位、电商扶贫先进市州、第五届中国国际食品餐饮博览会组织优胜单位、湖南省电子商务师职业技能大赛优秀组织奖等称号。在全市真抓实干激励考核中，在深化“放管服”改革、积极推进产业项目建设、积极实施开放崛起战略、全力推进现代服务业发展、积极落实粮食局安全责任等方面得到通报表彰。安全生产、建议提案、保密、信息宣传工作被评为全市先进。

2020年9月15—17日，第十一届“湘博会”在娄底举行。图为开幕式现场　　（市商务粮食局 供图）

【外经合作】2020年，娄底市完成进出口总额144.3亿元，同比增长14.9%，增幅居全省第七位、较上年前进3位。其中，出口40.9亿元，同比下降14%；进口103.4亿元，同比增长32.4%。12月26日，娄底海关正式建成并开关运行，娄底万宝诚通物流园公共保税仓获批开仓运行。娄底市对外承包工程完成营业额1386万美元，总量居全省第三位；累计外派对外劳务合作人员89人，对外实际投资额161万美元，新增中方合同投资额150万美元。与开展贸易往来的非洲国家增至38个，与坦桑尼亚基诺多尼市签订友城协议。娄底职业技术学院获批对外劳务特色培训基地。

【市场运行】2020年，娄底市社会消费品零售总额增幅稳居全省第三位。全年新增限上企业193家，净增长132家，完成省定任务率429%，其中新增大个体53家。持续开展第二届“乐享娄底 幸福生活”消费季活动，“让汽车为2020提速”的娄底市第27届汽车展销会，销售各类车辆1210台，销售额2.7亿元，创税2700余万元，入保金额约750万元，同比第26届分别增长58.79%、80%、67.2%、66.7%。“五一”期间，全市各大商店超市的销售均呈现大增长，以百货为例，天虹百货和步步高百货“五一”前三天销售额较去年同期，分别增长34.50%和35.25%。

【电子商务】2020年，娄底市实现电子商务交易额368亿元，培育跨境电商企业200余家，完成进出口业务1591万美元。电子商务进农村全覆盖列入全市十大民生实事之一，市商务粮食局联合发改委等11部门印发《推进电子商务进农村全覆盖工作实施方案》，整合供销、邮政等资源，推进电商进农村，全年全市电商销售农副产品零售额17.31亿元，完成年度目标任务11.97亿元的144.6%。培育打造顺德造?直播小镇、世茂优播等一批直播基地，举办首届娄底电商节，全网销售总订单1221290单，交易总额4386万元。是年，市商务粮食局获“2020年湖南电子商务师职业技能大赛优秀组织奖”，其中一等奖2人次、二等奖9人次、三等奖33人次。

【市场流通】2020年，娄底市引进奥特莱斯、海底捞、华为、小米等高端消费品牌。庆阳牧业创新营商模式，开办16家直销店。湘中果蔬获评绿色仓储企业，娄底天虹、娄底步步高、双峰永福百货、万豪城市广场、湖南百花商贸有限公司参与创建全国（湖南省）绿色商场（超市）展。湖南湘沃农牧有限公司、娄底市大妹种农民合作社等5家养殖场为市级活体牲猪应急储备企业，承储活体牲猪5750头；涟源市德信食品有限公司、娄底市庆阳牧业食品有限公司两家为省级冻猪肉储备企业，储备冻猪肉470吨。

【市场秩序】2020年，娄底市完成16个娄底中心城区农贸市场分类提质改造，全市281处马路市场取缔到位，取缔率100%，完成中心城区21个农贸市场（含活禽交易市场）、商场超市、商业步行街、加油站的创文管卫工作。加强对拍卖、二手车、报废汽车等特殊行业监管，全市拍卖成交100余场次，成交1亿余元，成交额提升10%。

【粮油管理】2020年，娄底市继续实施“优质粮油工程”，全市优质大米面条占有率65%，较上年提高5个百分点，优质食用油占有率60%，提高3个百分点，建设粮油安全溯源体系和“好粮油”产品实体店30余家，申报国家级“好粮油”产品2个，获得湖南好粮油产品称号3个；推进“千亿产业工程”，争取“千亿产业”专项扶持资金360万元，扶持的项目有新化县省级特色粮油产业发展县，湘军粮油溯源体系建设；推进智能粮食管理系统建设，按照“统筹规划、统一标准、需求为导、应用为主、整合资源、促进共享、经济适用、适度超前、统一管理、稳步推进”的建设原则，建成结构完整、功能齐全、信息共享、多级联动、覆盖全市、方便扩展、安全稳定、较为完善的全市粮食流通管理信息化体系，实现“粮食进出可知、粮温粮情可调、粮源粮质可溯、资金流向可查、库区安全可控、粮政管理可循”目标；市粮油质量检测中心提质升级完成，双峰县、新化县、娄星区3个县级粮油质检站建成运行，县（市、区）建成高标准粮食产后服务体系42家，日烘干能力4100吨。是年，全市收购粮食10.4万吨，完成中央、省、市、县四级储备粮轮换任务。以城镇常住人口加15%的农村人口10天消耗的口粮量为准，5个县（市、区）新增6800吨的应急成品粮储备。组织首次市、县联动粮油应急演练，演练分启动、原粮出库、应急加工、配送4个单元开展，确保应对各种条件下的粮油应急供应保障。

开展超标稻谷处置监管、政策性粮食出库监管、稻谷收购检查、春秋两季政策性粮食库存检查、政策性粮食销售出库监管专项检查、粮食收储和销售出库政策执行情况大排查、涉粮问题整改“回头看”专项行动等工作，落实粮食安全省长责任制考核，发挥考核指挥棒作用。督促县级政府承担本地区粮食安全主体责任，加大执法监督力度，确保重金属超标处置稻谷不流入口粮市场，防止出现“出库难”等现象。

【疫情防控和企业复工复产】2020年疫情期间，娄底市商务粮食局加强全市生活必需品的监测预警和市场保供稳价工作，投放冻猪肉270余吨，完成省级冻猪肉470吨，市级生猪储备5750头，实时掌握市场供应动态。在各地封路等情况下，协调粮油贸易商和粮油加工企业复工复产8家，投放市场大米6500余吨，食用油300吨，保证疫情期间全市粮油供应保障率100%。通过国内、国外两个渠道采购防疫物资，采购医用一次性口罩93.2万个、N95口罩400个、护目镜170个、84消毒液5000千克及喷雾器36个，为行业企业复工复产提供防疫物资保障。牵头组织财政、人社等相关部门与小微企业代表召开工作座谈会，研究商讨在减税降费、企业用工补贴等方面出台支持措施。出台支持酒店餐饮企业复工复产的实施意见，落实批零住餐企业租金减免政策，落实酒店餐饮企业就业补贴资金470万元。协调开展外经贸企业融资对接，为双峰荣诚鞋业、湘中矿业集团等外经贸企业提供授信贷款约2000万元。（李艳红）

## 投资促进事务

【概况】2020年，娄底市投资促进事务以“产业项目建设年”活动为契机，创新方式招商，全年对接客商近100批次，全市引进重大招商项目82个，总投资约484.5亿元，注册65个，履约率79.2%，其中“三类500强”企业项目9个，总投资109亿元，新增总部企业80家，实现税收8.94亿元。

【夯实基础工作】2020年，娄底市升级招商宣传片，组织对原宣传片修改，突出产业链招商，充实新内容，新增新画面，融入娄底发展的新思路新理念。编印招商项目册，根据娄底市产业政策和资源禀赋，收集整理重大产业招商项目77个，总投资1100亿元，编印成册。完成省厅招商云平台相关工作，建立对接粤港澳大湾区加强招商引资的工作机制，完善招商引资数据库。

【创新方式招商】2020年，娄底市投资促进事务创新方式，改“面对面”为“屏对屏”，以电话、微信、邮箱等方式对接客商、洽谈项目。组织部署全市的重点产业链春季招商行动，10余场专链精准招商活动均转移到线上进行，成功对接一批项目，签约一批项目。3月26日，举行中心城区招商引资项目集中签约仪式，签约项目8个，总投资26.8亿元。11月，贯彻市委常委会会议纪要，选派力量在广州市设立粤港澳大湾区招商工作站，对接深圳、东莞、佛山、珠海、韶关等地异地娄底商，联系30余家企业。

【助推项目履约】2020年，娄底市利用娄商联合会平台，推进"娄商返娄"，筹备第六届娄商大会，专门建立市级领导联系重点娄商制度。6月23—29日，举办湖南—长三角经贸洽谈周娄底活动，签约省级招商项目16个，总投资97.6亿元。9月，在上海举办2020年娄底市现代服务业投资贸易洽谈会，邀请参会客商50余名，现场签约项目12个，投资额27.1亿元；参与筹办第十一届"湘博会"，现场签约招商项目20个，总投资114亿元。组织参加首届湖南(岳阳)口岸经贸博览会，第十七届东盟博览会。组织、协调市委书记、市长分别率队在珠三角、长三角地区的招商活动，围绕钢铁新材和工程机械"双引擎"产业，进行招商。加强项目跟踪管理，根据"产业项目建设年"活动和"项目建设大比拼"要求，认真摸排签约项目的履约、开工、投产情况及存在问题，配合做好政策兑现，及时向市委、市政府汇报，提升跟踪效果，促进项目快上快进快成。强化项目投资，全程代办服务，推进建立"绿色通道"，派员在市政务中心帮代办窗口常驻，开展代办服务。

（彭展平）

## 供销合作

【概况】2020年，娄底市完成供销合作社综合改革阶段性目标任务。完成乡镇基层社建设80个，实现涉农乡镇全覆盖，完成村级供销(基层)社建设1539个，超额完成覆盖80%的行政村目标。5个县(市、区)供销社全部组建惠农服务公司，建成乡镇惠农服务中心123个，建成村级惠农服务社1954个。截至12月底，以乡镇村基层社、农民合作社与专业合作社联合社和县、乡、村三级惠农服务平台为内容的基层供销组织建设任务取得阶段性成效，双峰县供销社创建"全国百强县级社"。

【为农服务】2020年，娄底市供销系统开展土地托管服务。县(市、区)供销社规范化建设和土地托管、冷链物流、农村电子商务、示范基地(天柱山禽业等)项目建设完成。实施"企业+基地+网店"和"合作社+网店"模式推销农副产品，参与消费扶贫，培育"梅山农哥"产品品牌，服务农产品流通。组建农合会体系，助力乡村振兴。市农合会由6家单位发起组建，首批登记入会团体会员62家，个人会员5人。推广双峰县青树坪镇供销社发展模式，青树坪镇政府根据供销社综合改革的总体要求，在县供销社的指导下，重建青树坪镇供销合作社，由该镇分管农业的政协联工委主任分管供销社工作，由该镇农业综合服务中心(镇政府下辖机构)主任担任供销社主任，农业综合服务中心成员为镇供销社干事，办公室设农业综合服务中心。镇供销合作社下设土地流转中心、专业合作社联合社、农业产业化开发服务有限公司3个机构，各机构各司其职，互相配合，协调运转，形成为农服务新模式，市、县联合社建设和治理水平得到提升，治理机制优化。构建农村生活垃圾分类回收处理新体系，实现"拨改投(股、债)"改革试点，市供销社完成社有资产注资过户，建设打通农村电商最初和"最后一公里"的家利多电商模式、青树坪镇供销社镇社合一服务"三农"特色发展模式。加快农村电商物流建设，总结推广涟源市供销社家利多电子商务公司"县配送中心+村级配送点"模式，在涟源市20个乡镇、办事处460个行政村(社)建设村级电商综合服务站，实行物流一天一配送，460个行政村实现县域内上行快递物品24小时内到县城，下行物资24小时到村到户。公司与3000多个生产厂家合作，线上线下年销售2.2亿元，农产品年销售5200余万元，为农户年配送各种快递物资100余万件。

【资产管理】2020年，娄底市供销合作联社率先在全省突破社有企业资产注资。市供销社资产划转过户组建全资公司和社有控股公司，盘活社有资产。将娄底市供销社资产管理公司更名为娄底市现代农业投资有限责任公司，注入实物资本1.47亿元，负责娄底市供销合作社所有社有资产的经营与管理、资产租赁、投资开发。重点支持农业产业融合、农业社会化服务、农产品冷链物流建设、农村土地整理、再生资源回收等。实行"拨改投(股、债)"改革，将政府及部门对涉农企业的资金扶持由原来的无偿投入改为股权或债权投入，制定《关于探索实行“拨改投”改革的试点方案》，确定由娄底市现代农业投资有限责任公司为涉农企业“拨改投(股、债)”改革实施单位，首批实施“拨改投”改革试点单位为承担2020年商业流通发展专项资金项目的娄星区、冷水江及新化3个县(市、区)供销社，项目资金额度216万元，合计资金总额648万元。

【农村生活垃圾分类回收处理】2020年，娄底市供销合作联社发挥“双线运行”独特优势，构建农村生活垃圾分类回收处理新体系。在全市推行“三次多分法”新模式和充分发挥财政补贴与市场运作双轮驱动作用。建立“村分拣中心—县集散中心—市循环利用基地”的分类回收处理体系和自上而下全方位的指导监督体系。组织开展个性化、全覆盖垃圾分类培训100余场次，培训覆盖人群1万余人次，发放宣传资料1.5万余册。夯实基础，开展示范创建活动，全市5个县(市、区)和经开区新建或升级改造村分拣中心1878个，实现覆盖率99.16%。组织开展“三个创建”验收行动，创建验收示范县级集散中心4家、示范乡镇40个、示范村(居)50个。织密县级集散中心收运网络，县级集散中心负责对辖区内村级分拣中心暂存可回收物和有害垃圾实施收运，按照垃圾类别进行精分、初步加工、打包存储，最终根据处理效果不同，委托具备资质企业进一步处置，实现低值可回收物资源化利用和有害垃圾无害化处理。是年，全市建成县级集散中心5家，总建筑面积28746.4平方米，新建和改建项目总投资额2300余万元。在1528个村级分拣中心开展回收作业，回收覆盖率81.3%。累计回收低值可回收物资14075.92吨，累计回收有害垃圾63.4吨，其中农药废弃包装物26%。形成闭环，实现垃圾循环利用价值。全市分拣出废玻璃5349.48吨，废纺织物2664.08吨，废橡胶2056.57吨，大件垃圾1134.76吨，废杂塑料708.47吨，通过不同处理渠道处理，实现资源化利用。开展垃圾分类，乡镇、村(社区)投入垃圾处理经费降低。各乡镇、村(社区)通过垃圾分类，解决部分贫困户、高龄人群就业问题。销售废纸板、废旧金属等高值可回收物，增加部分收入，对细分出的低值可回收物和有害垃圾实现源头补贴，提高村保洁员的待遇。 (陈新颖)

## 烟草专卖

【概况】2020年，娄底市烟草专卖经济效益实现“三增一降”，销量增加，销售卷烟14.9万箱，同比增长0.14%；税收增加，娄底烟草系统上缴税收9.17亿元，同比增长5.16%；效益增加，商业增加值同比增长6%；人均产值同比增长6.79%；费用率降低，三项费用率同比下降0.28个百分点。烟草专卖行政执法力度进一步加强，累计查处各类涉烟违法案件763起(其中国标网络案2起、大要案152起、真烟涉刑案4起)，拘留24人、逮捕16人、判刑10人。查处各类违法卷烟4486.39万支，同比增长40.31%，违法真烟查获量全省第六、人均查获量全省第二。

【营销服务】2020年，娄底市烟草专卖局(公司)强化规范经营，修订完善制度22项，并将主要业务流程固化到省级营销平台，实现关键环节信息化管理。加强运行调控，工商协同从货源组织协同向营销策略协同延伸，打通数据壁垒，实施工商网配8家，库存周转次数同比增加7.75次，全省第一；在“2662”体系的基础上，完善“三维三层”标签体系和“建管用”标签维护机制，创新档位+标签+信用评价投放方式。二类烟、创新品类、重点骨干品牌、省外烟销量占比分别居全省第一、第二、第二、第六。深化网格管服提质升级，建立以客户信用评价为核心的“三全六化”网格管服体系，完善细化55项信用评价指标至77项，实现网格管服

2020年3月31日，娄底市烟草专卖局(公司)启动全市诚信体系项目建设 (柳 荫 摄)

全方位，为全省系统信用体系建设提供样本。运用网格化管理考核平台、惠人达己微平台、一线人员办公平台，各级网格逐月对标考核，实现市场管服工作闭环管理。开展“我与客户共成长”主题活动，零售户月均整条零售价格到位率全省第四，客户满意度较2019年前进4位。推进卷烟零售终端建设升级，4项卷烟营销相关基础指标居全省系统前列。

**【专卖监管】** 2020年，娄底市烟草专卖市场综合治理工作被纳入娄底市政府平安建设工作考核，成立深化

2020年5月19日，娄底市烟草制品零售点合理布局规定听证会在娄底市烟草专卖局(公司)举行 (柳 荫 摄)

打击涉烟违法犯罪专项行动领导小组，烟草市场治理力度加强。开展市场清整专项行动，治理涉烟违法犯罪行为，对违法经营户停业整顿5户、劝退歇业6户、取消经营资格38户。落实“放管服”改革要求，发布新版《烟草制品零售点合理布局规定》，推行“就近办、所站办、网格办”，全覆盖开展许可证清理，联合市场监管部门成立电子烟市场检查专项工作专班。落实“三项制度”，办案规范化水平提升。

**【企业管理】** 2020年，娄底市烟草专卖局(公司)推进“十四五”规划编制，分层分批开展座谈调研10场次，收集意见建议30余项，形成规划草案。全面运用“久久”卓越绩效管理平台，累计录入任务4860项、下发督办单191份，逐步构建“干好干坏不一样，干多干少不一样”的考核机制和干事氛围。实行两级三层目标体系动态监测，实现对标范围推进到岗位单元、对标管理与工作改善紧密相连、对标结果与绩效激励挂钩。完善创新考评、奖励等保障体系，取得专利4项、软件著作权2项，评审精益、QC课题46个，兑现创新奖64万余元。落实财务共享中心建设前期准备，建立预算考核体系，常态化开展资金安全飞行检查，电子结算率稳控在99.75%以上，盘活闲置资产，搭建起非营利主体财务管控平台。开展常规审计和专项审计，推进重点工程项目结算对审。推进“636”直营终端改造升级，优化经营模式。强化法治娄烟建设，组织《中华人民共和国民法典》宣贯活动4期、1300余人次，加强案件、制度与外发文件的合法性审查，推进依法治理与业务深度融合，修订《常用合同范本库》，汇编《常用法律法规规章手册》。强化规范意识，严格落实“三个保障机制”和规范经营监管要求，加强对采购项目实施过程的管控和制度的刚性执行，开展项目清单管理。落实安全生产责任，开展安全队伍素质年建设活动，通过安全生产标准化二级企业评审，被评为娄底市安全生产先进单位。推进“制度建设年”，出台制度管理规定，组织“制修废”制度162项，规范双岗值班管理、信访舆情管控、机要保密，全年未发生重大负面舆情、赴省进京信访事件和泄密事件。推进文化软实力建设，搭建“一楼四厅八板”企业文化宣展中心，编纂出版四编、二十一章、七十九节、101万字的《娄底烟草志(2004—2018)》。4篇学会论文在行业内外获奖，上线信息化体系建设+货源投放、电子物流小票、一卡通移动办公平台等项目支撑服务生产经营。

实施中长期干部队伍建设规划，形成干部工作调研材料40余份、1万余字，完成人事档案复审复核361卷，提拔科级干部7人、调整19人次，1人获评全省系统“担当作为优秀干部”。搭建夜间课堂、赋能课堂等平台，开展“每月一课”“微拍大家学”“考一遍”等活动，举办技能、创新培训15期，自主完成烟草制品购销员四级证书复核10人次。出台中长期人才队伍建设实施方案，16人入选行业人才库，自主评审初级政工师2人，1人获评“全省系统先进个人”。搭建全员积分评价“大数据”平台，运用积分数据实现全员客观、精准评比。规范劳动用工管理，新招聘大学生6人，系统内调入5人。推进收入分配向基层、一线、所站及贡献突出人员、创新人才倾斜，规范退休人员待遇管理，全面完成退休人员社会化管理，移交人事档案237卷，转移党组织关系108人。践行社会主义核心价值观，参与社区网格化疫情防控、文明劝导等公益活动，开展“湘阅读 工力量”“走向春天”等工会活动，组织抗疫募捐11万余元、义务献血7500毫升。两名干部职工被娄底市委、市政府分别评为“百名最美扶贫人物”“劳动模范”。 (潘震球)

## 盐 业

【概况】2020年，雪天盐业集团股份公司娄底市分公司(简称娄底市盐业分公司)实行“人、财、物、产、供、销”统一管理，负责娄底市及5个县(市、区)的食盐和工业盐的销售供应，承担省经信委下达的全年800吨食用盐储备任务。全年购进各类盐13032吨，完成计划16290吨的80%，销售各类盐14009吨，完成年计划16290吨的86%，销售小包盐9432吨，完成年计划11790吨的80%，销售中高端小包食盐3334吨，完成年计划3510吨的95%，实现利润总额240万元。

【市场经营和管理】2020年，娄底市盐业分公司为确保盐产品市场供应，落实集团“三能”要求，促进市场化转型。践行干部能上能下，推行员工能进能出，实现薪酬能升能降。积极调结构，树品牌，拓市场，确保效益稳定提升。实现小包盐外贸出口零的突破。规范管理堵漏洞，开源节流增效果。严控费用开支，取消县市公务用车，全年可控费用降费50万元以上。加强物业管理，盘活闲置资产，是年完成物业收入202.4万元，实现盈利30万元。

【品牌宣传和服务】2020年，娄底市盐业分公司推进“雪天”品牌地推宣传模式。开展“全员营销、全员导购”活动，分公司领导班子、机关各部门及县市分公司内勤共同参与，在节假日及周末分组进入社区、大中型商店超市开展地推导购促销活动，营造雪天品牌地推销售氛围。推进“雪天乐购”小程序上线运行。以物流配送为主、门店自提为辅，与当地社区优秀的便利店(电商资源)签订《雪天乐购线下体验店合作协议》，引进带有本土特色的家乡食品丰富平台商品库，提高消费者对平台的粘性。

【党建工作】2020年，娄底市盐业分公司推进党组织改选工作。4月30日，选举产生娄底市盐业分公司新一届支部委员会，推进退休党员社会化移交，减轻县市分公司层级党建事务性工作，党建工作在分公司支委会的统一领导下更加规范。创新党建工作方式，支部主题党日活动通过网上视频会议方式组织。党组织改选后，加强对基层党员的学习教育，规范党组织活动的开展。

(欧阳建华)

## 石油经营

【概况】2020年，中国石化销售股份有限公司湖南娄底石油分公司(中国石化湖南娄底石油分公司)全年实现成品油经营总量43.2万吨，上缴税收2700万元，获得省公司管理模式创新、协助政府应急救援两个特别贡献单项奖，被省公司评为信访稳定工作先进单位。

【经营】2020年，中国石化湖南娄底石油分公司实施差异化营销策略，开展“百日攻坚创效”“持续攻坚创效”“大干70天消除负增长”“红亮热洁”等专项工作。落实省公司国省道统筹调度机制，避免跨区域价格竞争造成内耗。及时调整竞合策略，以点带面，提前布局，抢占先机，以谈促和，分区域动态优化加油站竞争布局，收紧无效、低效价格优惠。坚持“直面终端客户、聚焦价值创造、扩大经营规模、强化市场控制”，加强竞争对手信息收集，建立客户复工复产动态和用油需求变化定期监控机制，提前掌握并锁定客户需求，开发有效直批客户82个，实现新增直批销量5596吨。开展多种形式的专业化运营培训，提升门店的陈列及员工的业务操作水平，全口径营业额首次突破1.5亿元。

【管理】2020年，中国石化湖南娄底石油分公司督促员工做好个人防护，定期消杀营业场所。完善电子钱包“一键加油”“一键到车”等功能，做到“加油不下车、购物不进店、全程无接触服务”。落实安全生产专项整治三年行动计划，HSSE(健康、安全、公共安全、环境)管理能力得到提升，检查库站209项次，检查问题1818条，落实整改1816条，查处“三违”行为92起，累计罚款4.01万元。从严油品进存销数质量管理，全年未发生等级上报数质量事件。严控库站损耗管理，开展油库发油、油站卸油、施工现场等高风险作业环节以及“五套”违纪违规专项整治，实现风险源头治理、全程管控。探索运行“一线吹哨 部门报到”全员参与基层治理体系，自下而上畅通员工反映问题渠道，开展“大家来找茬”，受理员工反馈线索187项。自上而下推动落实整改，调整督查体制，建立综合督查大队，建立“线索、责任、整改”清单化管理，问题整改率96.26%，立行立改率74.87%。组建课题攻关团队，研发审批小程序，审批效率提升，从线下审批3.75天提升至线上审批2.2小时。

【网建】2020年，中国石化湖南娄底石油分公司实施轻资产发展战略，成立并运营涟源、冷水江、双峰三家县域合资合作项目，县域合资公司覆盖率80%，纳入发展规划站点32座，在建2座。竞得诚通物流园、新诚意、三一路、高丰4宗加油站土地，在建站点5座，终端网络完整性和稳定性得到巩固。关停长达20年之久的双峰柘塘加油站改建并复营，争议长达15年之久的新化跑马岭加油站建成并投营。完成集中加油站整体改造工作、加油站亮化改造8座。加大电子钱包推广工作力度，81座全资站点实现全覆盖，消费占比8.29%。

【改革】2020年，中国石化湖南娄底石油分公司推进大部制改革，实现组织机构和岗位整合优化，部门整合至5个、在编人数由70人精减至42人，机关基层管理人员由16人精减至9人。推进县公司改革，整合优化岗位设置，精减冗余人员，在编人数由43人精减至35人。推进油库大班制改革，精减班组数量，优化岗位设置，班组从5个整合成3个，用工从36人精减至29人。推进站长全体起立、竞聘上岗工作，调整站长35人，调整比例41.67%，新聘站长22人、后备站长4人，站长平均年龄下降1.68岁。坚持增量增资（费）、减量减资（费）的总体要求，采用全额、零基、梯度累进兑现等方法，探索并运用自营自管站升油工资制度、科学核定委托家庭管理加油站吨油费用标准，按照机出零售实际完成、价格到位率等兑现薪酬与费用，形成多劳多得、多销多得的市场化薪酬总额决定和分配机制。

【党建】2020年，中国石化湖南娄底石油分公司以党的政治建设为统领，落实全面从严治党主体责任，推进党的组织领导、深度融合、基层建设、思想宣传以及群众工作，推动党建优势转化为可持续发展能力。开展“组织力提升工程”自查自纠，推进加油站党员覆盖专项工作，5000吨以上加油站党员覆盖率100%。优化基层管理人员专业、年龄等结构，80后干部16人，90后1人，80后基层正职3人，80后副职主持工作2人。落实重要岗位轮岗交流机制，完成基层管理人员轮岗交流人员7人，站长岗位人员调整35人。加大违规违纪查处力度，正风肃纪，“微腐败”整治高压态势加强，解除委托家庭管理合同3项、解除劳动合同12人。编制“百日攻坚创效”青年员工优秀征文汇编3期，制作干部员工风采剪辑，组织青年员工座谈，激发青年员工干事创业激情。全年内外部各级媒体发布稿件283篇次。开展法制宣传教育，全员依法治企意识提升。是年，获省公司篮球联赛冠军、民法典知识竞赛团体三等奖。

（张慧怡）

# 科 技

◎综述
◎气象

# 综　述

【概况】2020年，娄底市加大政府引导和工作力度，全社会研发经费投入总量30.5亿元，占地区生产总值比重为1.82%。全年新增高新技术企业71家，较上年增长43.03%，增速居湖南省第五位。市内企业（高校科研院所）获省财政研发奖补资金支持3127.63万元，居全省第六位、二类地区第二位，其中涟钢获得顶格奖补1000万元。12月发布的《湖南省市州综合创新能力排名（2020）》中，娄底市综合创新能力位列第五。娄底市高新区成功进入科技部最新一批拟升级国家高新区现场考察名单，在最新发布的湖南省级及以上产业园区发展综合评价中位居省级产业园区第五位。获全省创新引领真抓实干园区类表彰奖励。市科技局获省科技厅2020年创新创业大赛和科普工作优秀单位。

【科技创新平台】2020年，娄底市新增国家级创新服务平台1个、省级创新平台4个、星创天地4个、众创空间3个、科技企业孵化器1个，其中先进钢铁材料技术国家工程研究中心华中分中心是国家级创新服务平台。华菱安赛乐米塔尔汽车板有限公司、冷水江钢铁有限责任公司、涟源康麓生物科技有限公司的技术中心被认定为省级企业技术中心，湖南省新化县鑫星电子陶瓷有限责任公司的水基流延氧化铝陶瓷基板材料研究及产业化研究中心被认定为省级工程研究中心，瑞生源杨梅产业星创天地、梅之鲜栀子星创天地、新化桑果星创天地、涟源市玳玳酸橙星创天地被认定为省级星创天地，娄底颐高创业小镇、新化高新新印云创空间、典卡姆众创空间被认定为省级众创空间，新化高新科技企业孵化器被认定为省级科技企业孵化器。

【科普活动和科技馆建设】2020年，娄底市科技局组织“科技下乡”活动，到双峰县永丰镇杨联村发放科技培训教材、相关法律及科普资料5000余份，为群众答疑解惑200余人次，为村里送去帮扶资金20000元，给村民发放价值12000余元的书包、雨伞、一次性杯子、种养殖书籍等。8月23—29日，组织45家单位在娄星广场开展“科技活动周”宣传活动，展出宣传图片812幅，发放宣传资料25312份。组织人员参与省、国家大型科普竞赛活动，推荐选手彭李博参加全国科普讲解大赛获二等奖。推荐的《揭开恐龙大灭绝之谜》科普作品获第九届湖南省优秀科普作品二等奖。是年，市科技局3次安排相关人员到北京市、浙江省等多家科技馆学习收集相关资料，分别于2月、4月和5月完成《娄底市科学技术馆布馆初步设计方案》公开征集、专家评审和行政比选工作，6月初完成布馆初步设计方案综合优化和科技馆建设项目立项可研编制，6月底在市投资评审中心评审专家提出意见的基础上进行多次补充修改，8月份获立项批复，委托设计装饰公司对初步设计方案进行优化设计，协同万宝新区完成建筑工程原始资料补充工作。完成科技馆招投标工作。

【创新创业大赛】2020年，娄底市科技局组织举办中国创新创业大赛（湖南赛区·娄底分赛区）暨“娄底高新区杯”娄底市第三届创新创业大赛，全市74家科技型企业和团队参赛，参赛项目涵盖新能源、新材料、节能环保、生物科技、电子科技、生态农业等行业，评选出一等奖1项、二等奖2项、三等奖3项、优秀奖23项。推荐29项创新成果参加省创新创业大赛，11项获奖，其中湖南格仑超熔科技有限公司的新能源电力系统熔断器研发及其产业化项目和湖南奕瀚电子科技有限公司的5G新核芯全球首创的TVS集成芯片项目获国家比赛优秀奖，湖南格仑超熔科技有限公司的新能源电力系统熔断器研发及其产业化项目和娄底市新越鼎建材科技有限公司和纳米无机材料研发及产业化项目获省里比赛三等奖。

2020年8月21日，娄底市第三届创新创业大赛颁奖仪式在娄底高新区涟商总部举行。图为颁奖现场
（市科技局　供图）

【科技计划项目】2020 年，娄底市推荐申报国家、省科技计划项目 75 项，63 项获立项支持，获资助 0.53 亿元。实施市本级科技计划项目 60 余项。推进的两个“省 5 个 100”重大科技创新项目累计完成投资 1.5674 亿元，完成全年计划投资的 100.67%；累计完成研发投入 0.1004 亿元，完成全年研发投入的 111.56%。2 个项目申请专利 13 项，其中授权 6 项，发表论文 1 篇，实现销售收入 1.69 亿元。高新技术产品增加值 1.15 亿元。

【高新技术产业】2020 年，娄底市组织申报高新技术企业 121 家，新增 71 家，较 2019 年增长 43.03%，增量和增速都大幅超过省定目标值，增速居全省第五位。截至是年年底，娄底市高新技术企业 236 家，相比“十二五”末增长 306.9%。实现高新技术产业总产值 1478.41 亿元，同比增长 8.8%；实现高新技术产业增加值 347.11 亿元，同比增长 9.5%；高新技术产业增加值占 GDP(1679.94 亿元)的比重为 20.7%，同比增长 3.7 个百分点。全市高新技术产品入统企业 379 家，较 2019 年同期增长 138 家，增长 57.26%。（谢 玉）

## 气 象

【概况】2020 年，娄底市气象局全面加强气象综合观测业务质量，以智能网格预报为重点，强化精准预报能力，扎实做好防汛防疫等气象服务保障，继续深化气象改革开放，有序推进气象现代化建设。是年，娄底市气象局评为省级文明标兵单位，获娄底市安全生产先进单位，被授予娄底市“书香机关”称号，继续保留“平安单位”“文明院落”称号。

【基础业务】2020 年，娄底市地面测报与农气观测错情率为零，气象数据传输及时率和数据可用率保持 99%以上；4 月 1 日起，实现地面气象观测自动化业务运行。全市预测预报质量提升，24 小时天气预报准确率保持 89%以上，未来五日天气预报准确率保持 87%以上；晴雨预报（PC）84.71 分，高温预报(PC) 72.50 分，低温预报(PC)86.94 分，风向风速(PC)98.28 分；准确及时发布暴雨、高温、雷电、冰雹等灾害性天气预报预警。全市开展基层防灾减灾“六个一”(一本账、一张图、一张网、一把尺、一队伍、一平台)标准化建设，绘制气象灾害风险地图；联合娄星区政府，完成娄星区 5 个街道办事处和 2 个防汛部门气象防灾减灾智能终端的安装和调试，提升基层气象灾害防御能力。完成决策服务对象和防汛抗旱责任人 5331 人及重要灾害性警示短信服务对象 259 人的数据更新。

2020 年，娄底市开展“道路交通安全‘道安监管云’项目”建设。图为涟源市白马大桥交通站

（市气象局 供图）

【气象服务】2020 年，娄底市气候异常，极端降水事件天气多发，降雨主要集中在 5 月 29 日至 9 月 26 日，全市平均降雨 1049.1 毫米，较常年同期偏多 88%，冷水江市、涟源市和娄星区均位居历史同期第一位。加强监测预报预警工作，迎战强降雨 21 轮，制作发布各类气象信息服务 361 期，启动气象灾害应急响应命令 9 次，发布各类气象灾害预警信号 482 期，重要灾害性警示短信 66 次，专题气象服务短信 191 次，服务 63.6 万人次。6 月 9 日，全市遭遇入汛以来最强降雨过程，引发地质灾害 37 起，12.5 万人受灾，人员零伤亡，堤库坝零垮塌。针对全市 911 家新型农业

2020年6月2日，娄底市气象局与市水利局联合签署《共同推进水旱灾害防御合作框架协议》

（李响炮 摄）

经营主体，开展“直通式”服务20余次，发布农业气象情报84期，制作早稻、晚稻产量定量预报；协同市农业农村局等决策部门开展关键农事季节及农业气象灾害监测预警等服务；做好涟源伏口金秋梨“一县一特”优质农产品气候品质认证申报工作。与市应急管理局、市自然资源局、市水利局等部门签署合作协议，完善多部门信息共享机制；探索建立新型预警业务，联合市自然资源局发布地质灾害气象风险预警11期，联合市水利局发布山洪灾害气象风险预警7期。召开气象灾害风险趋势会商和重大气象信息新闻发布会4次。做好专业气象服务，开展基于高分辨率卫星遥感在冷水江锡矿山区域生态环境修复中的应用；完成娄星区工业集中区、新化经济开发区园区区域气候可行性论证。

【气象现代化建设】2020年，娄底市气象现代化重点项目建设有序推进。完成突发事件预警信息发布系统建设，市级系统对接11家预案单位，其中市应急管理局、市自然资源局启用突发平台分别发布重要警示信息24期、16期，冷水江市、新化县完成国家突发事件预警中心建设。全市完成“道安监管云”交通站建站任务21个。娄底市新一代天气雷达可行性研究报告分别获中国气象局及娄底市发展和改革委员会批复，召开两次项目推进专题协调会和一次市长办公会明确建设任务。全市建成6个农田小气候观测站，全年数据运行正常。

【气象依法行政】2020年，娄底市气象局完善气象法治建设，联合娄底市安委办下发《娄底市安全生产委员会办公室关于进一步加强防雷安全监管工作的通知》，将防雷安全列入安全生产执法检查的重要内容。履行安全生产监管职责，开展防雷及升放气球安全生产执法检查146次，出动执法人员425人次，检查生产经营单位146家，下达执法文书34份，立案调查9起，注销资质证1家，现场行政处罚6起，全年安全生产无事故。推动审批服务“三集中三到位”改革工作，依法依规做好行政审批服务，核准防雷装置设计审核46项，防雷装置竣工验收10项，审批升放无人驾驶自由气球或者系留气球活动403项。

【气象宣传工作】2020年，娄底市气象局以直击气象灾害、应对气候变化为主题，结合全市频发灾害性天气，开展气象科普宣传。组织开展科技“三下乡”“3·23”世界气象日、“5·12”防灾减灾日、“6·4”环保日、科技活动周、安全生产月、全国科普活动日等主题活动，采取“线上+线下”双向互动模式，在气象科普开放日、气象科普讲座进社区、进校园等基础上增加微博、微信、抖音等多种宣传手段，普及气象灾害应急知识。

（翟婧媛）

# 教 育

- ◎综述
- ◎学前教育
- ◎普通中小学教育
- ◎中等职业教育
- ◎高等教育

# 综　述

【概况】2020年,娄底市各级各类学校1904所,教职工5.85万人,学生82.85万人。其中幼儿园852所(民办544所),教职工1.52万人,在园幼儿12.85万人。义务教育学校982所(民办17所),教职工3万人,学生52.97万人。普通高中39所(民办9所),教职员工0.81万人,学生8.65万人。中等职业学校22所(民办9所),教职员工0.2万人,学生3.82万人。特殊教育学校6所,教职员工164人,学生967人(学校)。高职院校2所(民办1所),教职员工0.16万人,学生2.75万人。成人高等教育学校2所,教职员工52人,学生1.19万人。全日制本科院校1所,教职员工0.14万人,学生1.72万人。培训机构386个(所)。

【教育发展规划】2020年,娄底市启动"十四五"教育事业发展规划编制工作,申报2020年省、市级重大项目,市教育局完成《娄底市"十四五"规划纲要及二〇三五远景目标》教育部分的起草及修订,配合市委、市政府提出"产教融合城市"重大战略,参与编制"产教融合城市"专项规划。是年,开展城区中小学幼儿园布点工作,提出联播高级中学、中国传媒大学娄底附属学校规划意见,协调、争取落实华慧民办普惠性幼儿园土地手续,争取娄底卫生健康职业学院在娄底筹设,提出2021—2022年中心城区学校建设思路。配合市自然资源与规划部门开展土地调规,完成大科小学、新合作湘中国际物流园配建学校调规,参与水洋新区中小学幼儿园规划工作。制订高中阶段学校招生计划。下达高中阶段学校招生计划46831个,其中普通高中学校计划27161个,中等职业学校计划19670个。

【教育经费】2020年,娄底市教育经费收入93.23亿元,其中一般公共预算安排的教育经费65.42亿元,政府性基金预算安排的教育经费4.81亿元,企业办学中的企业拨款108万元,民办学校中举办者投入8.05亿元,事业收入13.57亿元,捐赠收入1006万元,其他教育经费1.27亿元。全年教育总支出为92.02亿元,其中工资福利支出为50.41亿元,占总支出的54.8%;商品和服务支出为12.89亿元,占总支出14%;对个人和家庭的补助支出6.9亿元,占总支出的7.5%;基本建设及资本性支出20.98亿元,占总支出的22.8%;其他支出8347万元,占总支出的0.9%。

【教师队伍建设】2020年,娄底市选送1030名公费定向培养师范生,其中400名为市州计划。安排定向培养毕业生就业519人,全市招聘特岗教师768人。其中引进高层次人才25名,市直学校公开招聘教师及教辅工作人员145名。举行2020年教师节暨娄底市名校长教育名师优秀教师表彰大会,5名名校长、20名教育名师、100名优秀教师得到表彰。娄底一中校长范彦江被评为全国先进工作者。完成新一轮援疆教师选派工作,全市选派8名教师到新疆吐鲁番市支教。开展为期3天的"立德修身、仁爱乐教"暑假师德师风建设专题教育活动。组织40名教师参加省教育厅举办的"厚植爱国情怀、涵育高尚师德,加强新时代教师队伍建设"网络培训示范班,举办市级网络培训示范班,440人参训。开展春秋两季两次教师资格认定工作,其中市级认定高中(中职)教师资格541人,县(市、区)认定初中及以下教师资格1890人,全市中小学教师资格注册合格1236人。完成国培示范性项目培训64人,国培项目计划培训6800余人,省培项目计划培训160人,组织535名教师进修适岗培训。开展市农村教学点教师全科培训87人,开展全市贫困县教学点教师全员关怀培训820人。开展市级幼儿园、特教、市直中小学教师各项专业能力培训1329

2020年9月10日,娄底市召开庆祝2020年教师节暨全市名校长、教育名师、优秀教师表彰大会,会议表彰"名校长"5名、"教育名师"20名和"优秀教师"100名　　(市教育局　供图)

人。是年，全市18人被评为湖南省第十一届特级教师，13人被评为全省中小学系列正高级教师。全市中小学教师系列高级职称评审通过558人，中职学校中级职称通过21人，市直中小学教师一级职称通过57人。对全市第一届563名骨干教师开展任期考核，480人通过，开展第二届全市骨干教师认定评选工作，直接认定市级骨干教师686名，评选产生426名。遴选推荐全省第四批培训师3名、第二届乡村优秀青年校长高端研修项目人选16名、第二届乡村优秀青年教师高端研修人选2名、第四届高中校长高端研修项目人选5名、第四届优秀高中教师高端研修项目人选5名。安排169名“三区”支教老师到农村学校支教，有44位教师参与2020—2021学年中央银龄讲学计划。

【学校德育工作】2020年，娄底市教育局被评为全国未成年人思想道德建设先进单位，娄底一中等4所学校被评为第四批省级心理健康特色校。全年市教育系统举办2020年中小学思想政治课教师“立德树人”教学风采竞赛，省级决赛中获小学组三等奖1名、初中组一等奖1名、高中组三等奖1名。全市各学校开展志愿帮扶、经典朗诵、开学第一课、“八礼四仪”进校园、“扣好人生第一粒扣子”等系列主题活动。开展“新时代好少年，美好生活劳动创造”主题教育读书活动。开展“学宪法讲宪法”系列活动，组织全市师生参加“宪法晨读”活动、举办中小学生“学宪法讲宪法”演讲比赛和知识竞赛、组织学生参加线上“宪法小卫士”行动，动员教师参与“我与宪法”微视频征集活动，推进“律师进校园”法治宣传专项公益活动，开展“青少年普法传月”活动，协助娄底市人民检察院到娄底一小开展“法治相伴 快乐成长”法治进校园宣讲活动，检察长李芳芳为娄底一小120多名师生做“祖国在我心中、法律伴我成长”的专题讲座。评选一批“新时代娄底好少年”，全市获全国教育系统先进集体2个，创建3个全国文明校园和一大批省、市级文明校园，中小学文明校园创建参与率实现100%覆盖。

【校园安全】2020年，娄底市推进校园安防“四个百分之百”建设，全市中小学校和城市幼儿园100%配备专职保安员，各县(市、区)增配1123名专职保安并持证上岗。全市中小学校和城市幼儿园100%实现封闭式管理。各级财政投入3500余万元，完善全市中小学校和城市幼儿园一键式紧急报警装置和视频监控系统，建成市县两级校园安防平台，与属地公安部门联网。争取公安部门和当地政府支持，落实设置城镇“护学岗”。开展校车安全顽瘴痼疾整治行动，全年未发生有人员伤亡的校车安全事故。将安全教育列入教学计划，进入课堂，贯穿教育教学全过程，结合“4·15”国家安全教育日、“5·12”防灾减灾、“6·26”国际禁毒日、“119”消防安全日、“12·2”交通安全日、军训及开学第一周等重要时间节点，开展安全教育活动。推进防学生溺水网格化管理，全年巡查重点水域3.1万余处，排查整治涉水隐患614处，制止学生户外游泳行为130人次，增设立警示牌9700余块、防护栏420余处，组建县乡应急救援队160支，增配救生衣3400余件，救生圈3900余个，救生长杆2500余根。学生防溺水工作经验在《湖南教育快讯》刊发并推介。

【教学研究】2020年，娄底市教科所以指导研讨为重点，引领教师在把握课程标准，挖掘课程育人功能方面下功夫。先后对娄底一中、娄底二中等40余所学校进行定点研究和指导。组织3次大型的送教下乡活动。重视“三考”工作，完善中考考试命题，适应中考改革。召开普通高中教育教学研讨会、娄底市2020届高考复习备考研讨会。疫情期间，组织30多名心理健康咨询师为1000余名学生提供线上心理健康咨询服务。是年，在湖南省中小学心理健康教育活动月特色主题活动案例评选中，娄底四中“从心出发，与爱同行，在抗疫中成长系列活动”获省一等奖，娄底八小的“5·25”心育特色主题活动案例获二等奖。在全国高中学生数理化生奥赛中，生物获全国一等奖1名、二等奖12名、三等奖31名；化学获二等奖6名、三等奖18名；物理获二等奖84名、三等奖54名；数学获二等奖14名、三等奖26名。在第41届湖南省青少年科技创新大赛中，获一等奖4项、二等奖5项、三等奖2项；科技实践活动一、二、三等奖各1项，科学影像作品一等奖3项、二等奖3项、三等奖5项；少儿科幻绘画一等奖1幅、二等奖2幅、三等奖7幅；科技辅导教师作品一等奖1项、二等奖1项、三等奖2项。在全省、全国的教学比武活动中，全市有100余名教师分别获得一、二、三等奖。立项省教育科学规划课题10项，省教育学会课题35项，省教育科研工作者协会课题32项。

【教育信息化】2020年，娄底市娄星区成功申报教育信息化融合应用试验区，娄底一小等5所学校确认为省教育信息化创新应用试点学校，全市完成1400个多媒体教室覆盖任务。是年,通过项目申报争取省教育信息化经费近400万元。全市评选出20个优秀线上教学案例送省参评,在双峰一中举行“线上教学”现场经验交流会。全市中小学教师参加“一师一优课,一课一名师”活动,晒课24442节,评出市优课243堂,获省优课39堂,省教育信息化课题立项5个。组织教师参加全省教育信息化作品征集比赛,获一等奖4个、二等奖15个。推送6名校长和9名教师参加教育部组织的人人通专项培训,组织全市分管局长、站长(主任)等20余人参加全省“三个课堂”深化应用培训,组织全市机器人及创客教育骨干教师培训2000余人次,组织全市中小学电脑制作活动、全市中小学机器人竞赛、全市中小学编程应用大赛及全省中小学电脑制作展示活动,有两组选手参加全国线上展示活动。全市“网络名师工作室”开展不同形式的“线上、线下”研修活动,通过多种方式发动和组织全市中小学师生收看“我是接班人”网络大课堂(22堂),开展教学App的排查备案。

**【教学仪器】** 2020年,娄底市用于教育装备经费3777万元,其中实验室建设和普通实验仪器装备经费682万元,新建实验室41间。完成初中物理、化学、生物实验操作技能考试。初中八年级54817人,九年级49106人参加实验操作考试,参考率和合格率分别为99%、100%。冷水江市接受省级初中实验教学质量抽查,学校平均成绩为95.2分,在全省8个抽查县市中名列第二。开展中小学实验教学活动,选送10个案例送省现场展示,获一等奖3个、二等奖5个、三等奖2个。市教育局获活动优秀组织奖。全市有2个实验教学说课案例,经省遴选参加全国中小学实验教学现场说课活动(全国共158个,其中湖南5个),参赛教师被评为全国中小学实验教学能手。推荐优秀实验教学论文参加全省第三届中小学实验教学创新优秀论文评选,获一等奖9篇、二等奖25篇、三等奖41篇。组织对全市中小学校实验室危险化学品储存等安全防范进行督查,抓好“回头看”,审查全市1251所中小学校图书1220.23万册,清理下架非法图书、不适宜图书和外观差(无保存价值)等三类图书27.96万册,占比2.29%。

**【语言文字工作】** 2020年,娄底市组织普通话测试12批次,6491人参加测试。全市成功创建国家级语言文字规范化示范学校2所,省级13所,市级50所。组织开展大中小学生经典诗文朗诵大赛,全市获一等奖1个、二等奖4个、三等奖4个。娄底市第三中学《等你归来》获中学组一等奖,获总决赛亚军。在湖南省中小学师生书法大赛中,娄底市获省一等奖的作品代表湖南省参加“笔墨中国”汉字书写大赛,获全国一等奖4个、二等奖2个、三等奖5个。组织师生参加“中国诗词大会”湖南赛区选拔赛,娄底二小的刘琼老师入选2020年“中国诗词大会”全国千人团。推进全市社会语言文字工作,全市各级各类学校针对建档立卡贫困子女进行普通话专项培训,开展助力推普脱贫攻坚活动。是年,双峰县完成教育部随机抽查的县域普通话普及情况调查任务。

**【教育考试】** 2020年,高考时间因疫情推迟为7月7—8日。娄底市高考报名33653人,除职高院校单独招生录取学生外,参加统考26609人,全市设6个考区,16个考点。12月5日,组织950人参加2021年高考美术统考。是年,全市录取26978人,录取率80.17%。其中提前录取一批7038人、本科一批4217人、本科二批4811人、本科三批1532人。高职专科8568人。空军出飞15人,海军出飞1名,民航出飞4名。普通高中学业水平考试,全市26539人报名,比上年增加1080人。103800人参加初中学业水平考试(其中初三49100人、初二54700人),比上年增加6797人。全国硕士研究生招生考试4903人参考,比上年增加887人,同比增长18%。成人高考报名9590人。高等教育自学考试报名总人数11607人,总科次34876科,机考报名506人。全市20022人报名参加中小学教师资格考试笔试,11416人参加PETS考试,指导湖南人文科技学院实施全国计算机等级考试(NCRE)组考,2635人参加机试。指导、监督湖南人文科技学院、娄底职院、潇湘职院实施全国大学英语四六级考试(CET)和职业英语能力组考,15434人次报名参考。

**【大中专毕业生就业创业服务】** 2020年,娄底市高校毕业生8725人,比上年增加4.43%,其中本科生4193人,专科生4532人。印发《关于应对新冠肺炎疫情影响,实施保就业促创业五大行动实施方案》《娄底市应对新冠肺炎疫情做好高校毕业生就业创业工作十四条措施》,明确两年内事业单位空缺岗位主要用于专项招聘高校毕业生(含择业期内未落实工作单位的高校毕业生),其中县以下(含县)事业单位拿出50%以上的招聘计划面向高校毕业生招聘,市属国有企业从新增岗位中拿出不低于50%的岗位专门招聘应届高校毕业生。疫情防控期间,中小微企业吸纳高校毕业生稳定就业1年以上并按规定缴纳社会保险费的,按1000元/人的标准给予一次性吸纳就业补贴。完善毕业生就业信息发布平台,推送就业信息。开展线下招聘活动,举办8场招聘会及76场专场招聘会,为毕业生提供16300个就业岗位。推送2000余个高校毕业生就业岗位,3所高校121名大学生应征入伍。

**【教育扶贫】**2020年,娄底市教育局配合省教育厅扶贫办到冷水江市开展3次扶贫督查。全年资助贫困学生36.99万人次,资助金额3.19亿元。其中资助家庭经济困难幼儿21142人次,资助金额1058.22万元;资助义务教育阶段贫困寄宿生和建档立卡等非寄宿生146251人次,资助金额5058万元。全市普通高中

2020年10月28日,娄底市教育局召开教育扶贫专题新闻发布会通报教育扶贫情况

(市教育局　供图)

免学杂费16641人次,免学费总额1390.04万元,普高免教科书16377人次,免教科书总额521.46万元,全市发放普高国家助学金38756人次,资助总额4148.03万元。为每位中职生办理"中职学生资助卡",发放中职助学金39418人次,发放金额3950.5万元,75360人次中职学生免除学费,免学费金额9551万元。为4767人办理贷款4053.01万元,发放励志奖助学金9598人次,资助金额20.21万元。发放大学新生路费补助98万元,资助贫困大学新生1638人。对受疫情影响导致家庭贫困等发放资助92.38万元,资助学生14393人次。安排169名教师到"三区"支教。开展"教育扶贫"专题集中整治"回头看"工作,接受市政协教育扶贫民主监督。严格按网格化划片包干摸排,落实"三押一"措施,全返复学711人,送教上门730人,全市无一人因贫困辍学,帮扶贫困家庭高校毕业生就业创业,2020届高校毕业生中,1264名有就业意愿的建档立卡贫困学生全部就业。

**【教育督导】**2020年,娄底市教育督政工作全面开展。指导新化县顺利通过国家义务教育基本均衡验收,全市5个县(市、区)分获"国家义务教育基本均衡县市区"称号和"全省教育强县市区"称号。围绕全省8项教育改革重点交账任务开展督查,组织对县(市、区)政府"乡村振兴"和"真抓实干"激励考核评估。对各县(市、区)政府开展职业教育、义务教育优质均衡发展、消除大班额和芙蓉学校建设等六个方面的工作进行考核评价,其中冷水江市受到省政府激励表彰。推进普通高中多样化特色化发展,完成对涟源三中、涟源六中、新化四中、娄底二中、双峰二中和冷江一中六所普通示范性高中督导评估,全市普通示范性高中督导评估三年规划完成。组织对全市191所幼儿园进行办园行为督导评估,全市2017—2020年幼儿园办园行为督导评估三年规划完成。开展"三类学校(园)"评估。组织对义务教育标准化教学点、乡镇寄宿制学校及农村公办幼儿园建设项目107所项目校(园)开展实地抽查评估验收,基本合格3所(娄星区2所,新化1所),合格104所。常态化挂牌督导全市33个督学责任区,96名专职督学,551名兼职督学。组织国家义务教育质量监测,娄星区和涟源市接受科学和德育两门学科的国家级质量监测,双峰县在2019年的语文、艺术国家质量监测中,多项监测指标优于全省平均水平,双峰县教育局在全省质量监测分析会上代表娄底市做典型经验介绍。

**【教育宣传】**2020年,娄底市教育系统党务信息和政务信息报送工作位居省、市前列,娄底教育信息公众号有粉丝9.3万人,发布信息2221条,居各市州第一。《娄底教育》电视专栏播出98期,在省级及以上媒体发表新闻报道1122篇,其中在中央电视台、中国教育报、湖南日报等媒体刊发新闻报道38篇,《娄底教育行风悄然好转的背后》在中国教育报头版刊发。娄底三中的《你笑起来真好看》课间操、娄底一小《体育老师秀武术,没想到被小学生KO》等视频在人民网、央视新闻、《光明日报》、央视频、新华社、《中国教育报》等中央媒体广泛传播。是年,办理省厅、市委网信办交办的舆情50多件,做到处置回复100%。教育阳

光服务中心重新移交办公室管理，有关业务工作移交12345市长热线，全年教育阳光服务中心接待来访来电800余人次，完成省教育阳光服务平台下派任务120余件，完成“12345”市长热线下派工单126件，市长热线回复率100%。 （刘树新 李 金）

【特殊教育】2020年，娄底市特殊教育学生3159人，其中随班就读1154人，送教上门1038人。特殊教育取得进展，残疾儿童接受义务教育的人数增加，全市适龄三类特教儿童入学率95%以上。各级政府增加资金投入，落实义务教育阶段特殊教育学校生人均公用经费6000元补助标准基础，对义务教育阶段残疾学生实行“三免一补”政策。加强师资队伍建设和专业人员的培训，基本落实特殊教育的特教津贴。重视特教的内涵发展，执行国家三类特殊教育学校义务教育课程标准，改革教育教学方法，提高教育教学质量。加强顶层设计，开始形成普特融合、学段衔接、医教结合、送教上门的特殊教育支持保障体系。

【成人教育】2020年，娄底市经省教育厅批准备案的成人高等教育函授站11所。成人高考报名9590人，比上年增加95人，录取8060人，其中专升本3016人，高中起点本科445人，高职专科4599人。全市有1174人报名参加成人外语学位水平考试，其中报考英语科1168人，报考日语科6人。全市有职业培训机构（含培训项目）300所，老年大学1所，社区大学1所。承办娄底市全民终身学习活动周，建立3所社区学校、4个学习中心。疫情期间，利用娄底市老年(老干部)开放大学平台，组织“万众一心，抗击疫情”原创作品比赛活动，征得作品120幅，其中16个作品获奖。

【民办教育】2020年，娄底市有民办学校968所，其中幼儿园544所，普通中小学校28所，中等职业学校9所，校外培训机构386所，高职院校1所。民办幼儿园在园幼儿67057人，小学学生20400人，初中学生20483人，高中学生11273人，中职学生8440人。娄底市民办学前教育、培训教育加速发展，中等职业学校较快发展，中小学阶段民办学校平稳发展。每个县（市、区）兴办1~2所优质民办学校，出台促进民办教育发展的《民办教育联席会议制度》《校外培训机构管理办法》，在财政支持、建设用地、税费减免、教师支持、规范管理等方面提供政策支撑。落实“以奖代补”项目，市本级民办教育发展专项资金由最初的每年30万元逐步增至200万元。推动民办学校建设，落实公办民办学校5个同等待遇，即布局建设同等规划、建设规范同等对待、资金项目同等安排、奖励考核同等实施、日常管理同等要求。开展社会力量办学行为的专项清理整治工作，全市无证幼儿园全面清零，组织民办学校年度办学水平评估，评估结果在《娄底广播电视报》、湖南省民办教育网、娄底教育网及微信公众平台等媒体进行全面公示，落实民办学校公示制度。

（刘树新 李 金）

## 学前教育

【概况】2020年，娄底市落实学前教育生均公用经费拨款制度，通过“五个一批”，全市227所项目园增加学位36541个，完成省定任务的144.1%，在全省排名第四。公办幼儿园在园幼儿占比47.8%，普惠性幼儿园覆盖率86%。其中通过“控股一批”，增加学位24268个；通过“移交一批”，增加学位7974个；通过“盘活提升一批”增加学位236个；通过“扩容一批”，增加学位761个；通过“新建配建一批”，增加学位3302个。

【学前教育管理】2020年，娄底市印发《娄底市幼儿园“小学化”专项治理工作方案》《娄底市第三期学前教育三年行动计划》《娄底市城镇小区配套幼儿园治理工作实施方案》等文件加强幼儿教育管理。全面实施科学保教，贯彻落实《3~6岁儿童学习与发展指南》。截至年底，完成33所小区配套园治理任务中29所建成幼儿园的治理任务。提高普惠性民办园在民办园中的比例，明确“各县（市、区）普惠性民办幼儿园保教费的收费标准应控制在当地省级示范幼儿园保教费标准的1.5倍以内”。 （刘树新 李 金）

## 普通中小学教育

【概况】2020年，娄底市普通中小学校1021所，教职员工3.81万人，学生61.56万人。全市义务教育巩固率99.6%，高中阶段普及率91.3%。103800名学生（其中初二54700人、初三49100人）参加中考，比上年增加 6797 人。录取高一新生 29620 人，比上年增加 2019 人。

【基础教育管理】2020 年，娄底市完成投资 13.2 亿元，实施学校新改扩建项目 58 个，增加学位 37925 个，消除义务教育大班额 1666 个，完成省定任务的 113.57%。消除普通高中大班额数 433 个，完成省定任务 131.21%。新化县、冷水江市、涟源市 3 个县市消除超额人数分别排名全省前三。芙蓉学校建设项目 7 个，投入 8.3 亿元，完成省年度投资计划额度的 189%，位居全省第二。新化县芙蓉学校、涟源市芙蓉学校、涟源市金石镇芙蓉学校、娄星区万宝镇芙蓉学校 4 所投入使用；双峰县印塘乡芙蓉学校、冷水江市禾青镇芙蓉学校、新化县洋溪镇芙蓉学校完成主体工程。累计投入 6500 万元，实施乡村学校建设项目 536 个，开展同步课堂，实现城乡优质教育资源实时共享。推进校园安防建设，全市学校增配 1123 名专职保安并持证上岗。是年，学考平均分、合格率、优秀率高于全省平均分，娄底一中、娄底一小被评为全国文明校园。

（刘树新　李　全）

## 娄底市第一中学

【概况】2020 年，娄底市第一中学全员动员，全过程防控，以网格化管控为治理方式，确保师生健康平安，实施停课不停教、不停学的举措，确保高考、中考的顺利进行。调整学校班子队伍，调整中层机构管理职能，强化初、高中学段的综合治理，优化学校管理模式，党建、德育、教学、教研都取得好成绩。通过派遣驻村队员、消费扶贫、爱心义卖、农户帮扶等措施，完成对新化县天门乡长峰村的脱贫攻坚任务，特别是对长峰小学实施物资援助、送教下乡、励志助学，取得很好效果。接受市委巡查组对学校的常规巡查。

【教育教学】2020 年高考，娄底一中参考学生 1187 人，一本上线率突破 50%，二本上线率 73%。中考成绩名列城区第一，在全市 4.8 万余名考生中，前 10 名，娄底一中占 5 名，学校实现教学质量稳步提升和高质量追求。是年，学校获“平安校园”“全国文明校园”称号。

【管理创新】2020 年，娄底一中调整学校班子队伍，调整中层机构管理职能，强化初、高中学段的综合治

2020 年 11 月 16 日，娄底一中举行第八届六十华里远足活动　（娄底一中　供图）

理，探索学校管理模式的优化。学校党建和意识形态工作得到加强，党员活动日、民主评议、党委民主生活会、党支部“三会一课”、党委中心组学习、干部和群众之间谈话谈心、党员教师教学竞赛、志愿者活动、疫情捐款、慰问帮扶等活动开展得扎实有效，对疫情、舆情、网络、媒体的正面引导和负面管控主动及时，对重大活动、重要事件的宣传适时适度。（阳春树）

## 娄底市第五中学

【概况】2020 年，娄底市第五中学紧紧围绕疫情防控和教育教学两个重点工作，坚持立德树人，推进深度学习课堂，以问题为导向，坚持常规规范管理，提高教学质量。坚持以学定教，优化教学过程，分层辅导。领导干部帮包年级组，举行老教师示范课、青年教师汇报课、优秀教师展示课等。是年，446 人参加高考，600 分以上 13 人，一本上线 107 人，二本上线 200 人。刘育林、张四槐等 31 名教师辅导学生参加国家、省、市、县各级学科奥赛和体育、文艺类竞赛，4 人获国家级二等奖，6 人获国家级三等奖，2 人获省级一等奖，3 人获省级二等奖。组织学生参加湖南省“三独”比赛，1 人获省级三等奖。学校获得娄底市文明校园、娄底市工会先进集体等 20 余项荣誉。

【德育文化】2020 年，娄底市第五中学落实立德树人根本任务，养德于心，润德于行。以校园为主阵地，加强思想政治教育，培养健康合格的人才，以课堂教学为主渠道，通过国旗下演讲、宣传栏、刊物、播放专题讲座等德育系列途径，加强对学生的爱国主义、集体主义和社会主义教育，树立正确的世界观、人生观、价

值观。组织每周升旗仪式、收看新闻等活动；举行新团员入团仪式，开展"高举团旗跟党走"学习教育活动；举办体育文化节，培养学生健康的思想感情。组织学生开展假期社会实践活动。组织专业教师开展"525"心理健康教育活动月活动，提高师生的心理健康水平。落实各项学生资助政策，提高家庭经济困难学生认定、资助标准、资金发放精准化水平。开展班级志愿服务活动，以班级为单位对校园环境进行清扫活动，强化校园德育环境，努力创建文明学校。加强班主任队伍的建设与管理，以身立教，增强教书育人的社会使命和责任感，尊重学生，热爱学生，保护学生。开展纪律卫生安全教育，贯彻执行《学校卫生工作条例》。联合综治办开展安全教育活动、防溺水活动，举办消防安全应急演练活动。开展环境卫生整治倡议、"网络安全"主题系列活动，引导学生科学、健康地使用网络。对留守儿童进行安全环保教育。深挖丰富校园文化，形成校园特色，增加学校师生元素。

【教学研究】2020年，娄底市第五中学加强教师专业化培训，组织教师参加市教科所组织的各类教研活动及湖南省暑期远程培训、智慧校园高端培训。组织高三教师到衡水中学等地参加复习研讨，组织青年教师参加省、市组织的各类培训活动，承办娄底市高中物理青年教师实验教学竞赛。教师培训覆盖率92%以上，各级论文获奖83篇，各级教学竞赛获奖51人次，湖南省在线备课大赛中7支团队获奖。张四槐《生物科技创新活动促进高中生"科学探究"核心素养发展的理论与实践研究》取得阶段性成果。

【校庆工作】2020年，涟钢中学(娄底五中)建校60周年，在涟钢集团公司的支持下，修建东大门，翻修足球场，更新换课桌、电教设备，修缮校园道路。举办涟钢中学(娄底五中)建校60周年系列纪念活动，编纂涟钢中学(娄底五中)建校60年来校史《涟钢中学60周年》，建设校史馆，举办"六十如歌·畅想年华"主题文艺表演。总结办学经验，展示办学成果，开拓发展空间，宣传推介学校。

（周　逸）

## 中等职业教育

【概况】2020年，娄底市中等职业学校22所、高等职业学校2所(其中民办1所)。是年，中职招生22311人，其中全日制16311人，非全日制6000人，招生占比42.11%。公办中等职业学校新增学位4750个。

【职业教育管理】2020年，娄底市出台《娄底市人民政府关于加快发展现代职业教育的实施意见》，投入9.23亿元，建设娄底职业技术学院公共实训基地、娄底幼儿师范学校升专科、涟源工贸中专和娄底一职的省卓越校建设、新化楚怡工业学校提质扩容等一批重点项目。与湖南人文科技学院共建电子陶瓷产业学院，组建楚怡职教集团，入围省级示范性职业教育集团(联盟)培育单位。疫情期间，学校自建和共建在线课程总数447门，在线课程资源建设总量47839个，线上授课32506课时，在校学生19362人，其中15438人参加线上学习，线上学习学生62314人次，在线课程累计访问总人数111940人。全年完成278名教师参加国培省培任务。组织教师开展职业能力比赛和教育教学能力比赛，在全省职业院校技能竞赛中，获一等奖9个、二等奖27个、三等奖64个。

（刘树新　李　金）

### 冷水江市工业中等专业学校

【概况】2020年，冷水江工业中等专业学校强化制度管理，建立健全各项规章制度，新修订《中共冷水江工业中等专业学校委员会议事规则》《冷水江工业中等专业学校干部职工学习制度》《冷水江工业中等专业学校财务管理制度》等23个规章制度。注重对教师、学生培养教育，30名教师参加国家级、省级培训，4名学生被湖南师范大学录取，3名学生获湖南省职业院校中职学生技能大赛二等奖。湖南省冷水江市锡矿山独立工矿区冷水江工业中等专业学校创业实训基地建设项目主体工程建设完毕。

【政治建设】2020年，冷水江工业中等专业学校加强党的政治建设，提高党员干部政治素质，构建正气充盈的政治生态。坚持党委中心组理论和干部学习制度。把中心组学习成员扩大到各科室负责人和思政课教师，先后6次聘请专家学者做专题辅导。学校教职员工每半个月进行一次政治理论学习。整章建制，强化制度意识。梳理各项规章制度，制定和修改学校党委行政、财务、办公用房、公务用车、公务接待、教育教学、校园安全等内控管理制度。开展作风集中整治和师德师风建设。开展作风集中整治和“立德修身仁爱乐教”师德师风专题学习教育活动，加强上下班考勤管理、仪容仪表、佩戴工作牌和党徽上班。强化基层党建，发挥党员先锋模范作用。寒假期间，45名党员干部参与新冠肺炎疫情防控工作，党员90人次参加文明劝导市民过马路等志愿活动。

【教育教学质量】2020年，冷水江工业中等专业学校严抓教育教学管理，对口升学工作持续保持良好态势，在湖南省对口高考招生名额下调的情况下，242名学生报名参加高考，230名学生顺利考入大学，10名学生考上本科院校，其中邓哲宇等4名学生被湖南师范大学录取。6月，在娄底市中职学校教师职业能力竞赛中，苏建民老师团队获得一等奖，苏旺老师团队、李丽老师团队获得三等奖。在7月份举行的娄底市中职班主任基本功竞赛活动中，段晔、李长枫、余旺3人荣获三等奖。8月，冷水江工业中等专业学校旅游9班被省教育厅评为2019—2020学年度湖南省中等职业学校省级“先进班集体”。10月，在娄底市中职学校思政课教学比赛中，王彧崑老师团队荣获第二名。11月，在2020年娄底市中学生田径运动会上，冷水江工业中等专业学校田径队蝉联团体总分第一名(中职组)。12月，在2021年湖南省职业院校中职学生技能大赛中，李超吕、肖茜林和曾圣哲均获中职组机械装配技术、装配钳工技术和数控加工技术(数控车)项目二等奖，张仁涛等4名学生获3个项目三等奖。

【师资队伍】2020年度，冷水江工业中等专业学校强化教风、学风整治，党委班子成员入教室听课125节。对新分配来校的专业课定向师范生和年轻教师加大培养力度，开展师徒结对帮扶，促进青年教师快速成长。安排30人次参加国家级、省级培训，开展数控车铣1+X证书的试点工作，选派邹同合、张劲松等2位老师参加由武汉华中数控股份有限公司与湖南工业职院组织的数控车铣培训师和考核师培训与考证工作。组织评选53名校级骨干教师，其中叶志强、张劲松、邓华、李丽、刘三、苏社雄6人被评为冷水江市骨干教师。申报2个省级职业院校教育教学改革项目，潘丽红的精品课程和邹同合的职业教育教学团队等项目成功立项。验收2016年两个改革项目，其中6个省级在研课题。在娄底市第五届教学成果评选中，杨杰华，李丽等两人荣获三等奖。9月，在娄底市职业教育教学成果评选中，胡秋初、邓华主持的湖南省职业院校教育教学改革研究项目分别获三等奖。

【学生管理】2020年度，冷水江工业中等专业学校落实立德树人根本任务，强化素质教育。利用军训、国旗下讲话、社团活动课对学生开展预防教育、法制教育。举行全校师生员工参加的大型法制教育活动，邀请法制副校长进行专题讲座。加强对学生的禁毒思想教育，组织学生参加全国青少年禁毒知识竞赛，满分率100%。以学校教育为主体，家庭教育为基础，社会教育为延伸，构建学校、家庭、社会三结合的德育网络。加强“留守学生”的管理工作，让“留守学生”得到关爱。学生管理严字当头，食品卫生安全为先，保持校园平安和谐稳定。尊重学生的主体地位，在校园“正文化”引领下，通过“思政教育”“德育教育”，引导学生增强自信心、激发荣誉感。培养一批以蒋雅妮、陆诗锋、潘欣欣、段颖琪、阳翅鹏为代表的优秀学生。

【品德教育】2020年，冷水江工业中等专业学校发挥学生干部队伍和团委的作用，开展学生广播体操、篮排球比赛，校园募捐、文艺会演等德育主题活动，利用校园网站、校园广播、宣传橱窗、板报专栏等宣传阵地，加强德育宣传。做好校园绿化、文化工作，发挥班主任在德育工作中的主体作用，开展文明班级和文明学生评选活动，加强环境建设和校园文化建设。

（苏 旺）

## 娄底幼儿师范学校

【概况】2020年，娄底幼儿师范学校全额拨款事业编制318名，实有在编在岗204人，其中高级教师70人，硕士研究生42人；在校学生4004人，秋季招收新生1310人。顶岗实习供需见面会顺利组织实施，安置在娄底市区域内(娄星区、双峰、新化、冷水江)学生135人(总人数208人)，占学生总数的65%。是年，学校被评为“湖南省五四红旗团委”“2020年度娄底共青团工作红旗单位”“2020年度全市平安创建（综合治理)优秀单位”等。

2020年10月，娄底电大组织农民大学生前往新化县油溪桥村开展实践教学活动　（娄底电大　供图）

【师资培训】2020年，娄底幼儿师范学校加强教师业务培训和对外交流活动，鼓励和组织专业教师赴省内外参加各种学术会议，派遣教师去兄弟院校参观交流学习，邀请专家到校举行各类讲座。暑假期间，学校开展以“立德修身 仁爱乐教”为主题的师德师风集中教育活动，展开专题讨论，要求教师立足本职找差距，严肃认真撰写剖析材料，收到自我剖析材料或心得体会180份，师德师风问题整改清单179份，整改措施353条，印制《2020年暑假师德师风建设集中教育活动综合材料》1本。

【机制管理】2020年，娄底幼儿师范学校围绕升专建设和抓好党建促发展目标，狠抓班子自身建设、学校管理。班子成员带头执行请示报告制度，副科以上干部如实报告个人重大事项。遵守中央八项规定、省委“九项规定”和市委“约法三章”。强化执行力与落实力，落实选人用人制度。坚持推行学校各项工作制度化、规范化、程序化，强化执行力与落实力。传达上级交办的事项落实不打折扣，重大事项和日常工作有议事规程，定期召开行政会、教代会、教师大会；按规定配备内设机构和人员，按编制使用教职工，按政策聘请临时工作人员，是年增加学校全额拨款事业编制92名，学校编制紧张问题得到缓解。学校每月定期或不定期对学生食堂、超市、桶装水进行质量抽检管理督查，落实陪餐制度，提出相关整改意见，督促学生食堂、超市、桶装水供应单位按规定要求整改。学生食堂举办三次让利全体学生免费就餐活动。对岗位职责进行量化考核，建立严格可行的奖惩制度；制定新的绩效工资分配方案、政府奖励绩效发放办法和职称评审推荐量化考核办法，提交教代会通过；完善教育督导自查自评制度和学生资助制度。强化党风廉政建设，落实《中国共产党问责条例》，抓好“四风”整治，有效运用监督执纪“四种形态”；加强廉政教育、纪律教育和警示教育，把党章和党纪党规学习教育抓在经常。

【教育教学】2020年，娄底幼儿师范学校推动学校教育教学工作，组织学生利用录播、微格教室进行试讲与说课；组织学前一年级和小幼教二、三年级学生观摩四年级学生的教学比赛活动；强化班级的“三字一话”（毛笔字、钢笔字、粉笔字、普通话）训练和达标。利用信号屏蔽仪等高科技手段抓考风考纪，促进教风、学风转变。组织教师资格证国考备考工作和学生技能竞赛，小学教育四年级学生参加2020年小学教师资格证考试，总通关率80.3%。学生参加各类比赛，获得市级荣誉22项、省级荣誉27项、国家级荣誉14项。

【教研教改】2020年，娄底幼儿师范学校实施骨干教师“传帮带工程”，对新进入学校的所有青年教师进行教学指导，通过帮扶指导、压担子、创建良好平台等方式加强对骨干教师及名师的培养，以点带面促进教师队伍的整体提升。组内开展各种集体教研，精心组织7堂公开课和27名新进教师的汇报课展示。开展各类知识讲座11次。组织教师参加湖南省职业学校教师职业能力竞赛课堂教学比赛及论文评比活动，获得省级荣誉29项、市级荣誉2项。有16位教师参编教材，有3个省级课题接受中期检查。娄底市中小学幼儿园音乐名师工作室入驻学校，11月2—6日，举办娄底市初中音乐教师线下培训。

【升专工作】2020年1月6日，娄底市人民政府市长召开调度会议。4月26日，市政府召开“全市公办幼儿园建设和娄底幼师升专有关工作会议”，会议决定快速推进娄底幼儿师范的升专扩建工作。8月31日，冷水江市人民政府召开第十次专题会议。9月29日，市委副书记一行到校调研、调度。11月19日，市委将学校升专扩建情况报告湖南省省委副书记乌兰，得到明确批示。截至12月1日，所有EPC总包的10栋建筑基础工程全部完工，学生宿舍5号、6号栋开始楼层钢结构装配。老校区升级改造、幼儿园建设方案基本确定,进入设计阶段。迎评评审材料准备工作基本到位,建设经费保障到位。上半年,在市发改委的支持下,争取地方政府专项债券1.2亿元,11月向湖南省发改委申报中央预算内投资1亿元,政府专项债券使用率和拨付率100%。 (苏 芍)

## 娄底技师学院

【概况】2020年,娄底技师学院有教职员工266人,其中在职职工166人,中共党员105名,其中在职党员62名。招收各类新生1252人,开展技能培训4212人次(其中建档立卡贫困户508人次),争取高技能人才培养项目资金700万元,承办省级、区级技能大赛2场,师生60人次在国家、省、市各类大赛中获奖。与三一重工娄底中兴、中源和健缘医疗等10余家企业开展校企深度合作,共同开设20个企业冠名班;与本地优质企业对接产教融合,尝试开展产品试制。是年,入选2020年湖南省"双创"示范基地,获准为2020年湖南省首批职业技能等级认定社会培训评价组织试点单位,被认定为省、市两级退役军人职业技能培训机构。获评娄底市2020年度优秀领导班子。

【党建工作】2020年,娄底技师学院以"党的一切工作到支部"和支部"五化"建设达标提质为抓手,履行党建工作责任。巩固拓展"不忘初心、牢记使命"主题教育成果,严格落实"三会一课""主题党日"等制度,开展党性教育、红色教育、微心得、微党课比赛和"三表率一模范"建设,组织党员参加疫情防控、创文管卫志愿服务活动,6人获得社区颁发的志愿服务证书,党支部战斗堡垒作用增强,党员先锋模范作用发挥明显,党建基础工作扎实规范。

【干部作风集中整治】2020年,娄底技师学院党委围绕政治建设、宗旨意识、真抓实干、自身建设四个方面,从"作风"和"工作"两个维度查摆问题、深挖根源、扎实整改,开展干部作风集中整治。通过上级点、自己找、群众提,班子查摆问题14个,班子成员个人查摆问题42个。坚持边学边查边改,突出抓好检视问题整改。以干部作风集中整治为契机,开展师德师风建设。集中精力攻克"老大难"问题,解决历史遗留问题。推进安置基地建设,政府专项债项目5、6栋学生公寓开工建设。化解存量债务,BT债务基本结清。与长沙银行合作,置换高息债务1.3亿元,每年节约融资成本1000余万元,学院发展步入良性发展轨道。家属院的改造基本到位,水电抄表到户改造有序推进。

【技能竞赛】2020年,娄底技师学院师生60人次在国家、省、市各类大赛中获奖。蝉联全国数控技能大赛湖南选拔赛团体一等奖,7名教师获"湖南省技术能手",5名教师获"湖南省青年岗位能手"。第二届全国技工院校教师职业能力大赛湖南选拔赛,13名参赛教师全部获奖,学院获团体一等奖。第一届全国职业技能大赛取得3个优胜奖,1名选手入选国家集训队。竞赛工作在全省技工院校中排名前三。

【意识形态工作】2020年,娄底技师学院始终坚持党对意识形态工作的全面领导。严格落实意识形态工作责任制,形成党委书记带头抓,分管领导具体抓,其他班子成员协助抓的工作格局。加强政治学习,加大对全院师生的正面引导,强化理论武装。全年按要求完成党委理论学习中心组学习12次;每季度组织职工开展政治学习,将社会主义核心价值观融入教材和课堂。加强学生思想政治教育,思政课开设力度不断加大,院领导进课堂上思政课。开展课程思政,以理想信念教育为主要内容上好每周一次的班会课。维护网络安全,出台《落实网络安全责任制实施方案》,加强对校园网站、微信群等信息传播平台的监管,抓好舆情引导和管控。

【统战工作】2020年,娄底技师学院注重发挥民主党派和党外人士参政议政作用,选拔使用5名非党人士为中层干部。在干部作风集中整治、班子民主生活会、教师节座谈会等重大活动或会议中听取党外知识分子的意见建议。支持民盟组织开展工作,明确一名党委委员联系民盟工作,保证工作经费、提供活动场所,加强相互沟通交流。党外知识分子投身学院发展,在教育教学各方面为学院赢得诸多荣誉,民盟娄底技师学院支部被民盟娄底市委会授予"优秀集体"荣誉称号,谢学民获娄底市先进工作者,宁湘参与的CAD机械设计团队获第一届全国职业技能大赛优胜奖。

(宁 谨)

## 娄底市第一职业中学

【概况】2020年,娄底市第一职业中学结合学校工作实际,提出"学习(政治、业务)、规范(三会一课等)、融合(党建与教育教学行政工作)、培养(入党积极分子、骨干教师、年轻干部)、创优(党建、教育教学)"党建工作思路,改善办学条件,加强校园安全建设,创建文明校园环境,规范管理、紧抓教学,努力提高教育教学水平,夯实基础建设,优化专业结构,成功申报省卓越校建设,稳步实施卓越校建设方案。突出现代服务、汽车制造与检测两个特色项目建设。9月,被评为教育部国防教育特色学校。

【校园安全建设】2020年,娄底市第一职业中学筑牢新型冠状病毒感染肺炎疫情"安全墙",严防疫情向校园蔓延。学校全面安排部署,健全制度保障,成立疫情防控工作领导小组,制定和完善疫情防控工作方案和制度,制定《开学工作方案》《传染病疫情及突发公共卫生事件的报告制度》《学生晨午检制度》《因病缺勤登记、病因追踪制度》《复学证明查验制度》等。落实疫情常态化管理,完善筛查工作,把好师生入学关,严格学校值班值守制度,学校实施开学前"封闭式"管理,禁止任何无关人员进入学校。重视学生的防疫健康知识教育和抗疫心理健康教育。以安全教育平台为抓手,夯实安全基础。完成平安寒假安全教育专项活动、第25个全国中小学生安全教育日活动、2020年国家安全教育日专题活动、"5·12"防灾减灾教育专题、新冠肺炎防控专题教育、全国中小学生预防溺水专题教育、平安暑假专项活动、2020年秋季安全第一课、"119"消防教育专题活动、《2020中小学生防范恐怖袭击》专题教育、"12·2"全国交通安全教育专题活动等平台教育专题,每个专项活动的完成率98%以上,安全教育平台综合得分排名全市第一名。

【文明校园创建】2020年,娄底市第一职业中学树立典型,表彰先进,进行榜样教育。获省级先进班集体1个,省级三好学生3人,优秀干部1人,优秀实习生1人;获市级先进班集体2个,市级三好学生7人,市级优秀学生干部2人,市级优秀实习生2人;获得2020年中等职业教育国家奖学金6人;获校级优秀班级16个,优秀班主任16人,三好学生755人,优秀学生干部307人;学校表彰一等奖奖学金29人,二等奖奖学金47人,三等奖奖学金73人,发放奖金金额28300元。每月定期进行"操行之星"表彰,评比表彰"操行之星"985人,发放文明寝室奖奖金9840元。在湖南省2020年暑期社会实践活动中,"让青春益点娄星之手拉手"爱心医疗卫生服务团队获湖南省三下乡暑期社会实践活动优秀团队;朱伟琼、李朵、王鑫等人获湖南省三下乡暑期社会实践活动优秀个人;《美好生活劳动创造》征文(演讲)比赛获全国一等奖2个、全国二等奖2个、全国三等奖3个。是年,学校获娄底市共青团工作先进单位。

【教育教学水平】2020年春季学期,娄底市第一职业中学停课不停学,学校教务科组织各教学部开展线上教学培训,严格按课表、按教学进度备课授课和作业批阅。以教学教研成果量化为杠杆,以"三教"改革为抓手,聚焦师资内涵发展,教研教改氛围浓厚,申报湖南省教育教学改革项目8个。组建专家团队,编写教学大纲、课次教学提纲和教学考一体化题库,每期动态调整,其中语数英、德育题库入选湖南省文化公共课普测题库。立德树人,践行思政、铸魂育人,重视思政教学守正与创新。申报省级思政教学团队,获得中职思政教学能力比赛省级一等奖1个、二等奖2个、三等奖1个。推行"绷带式"学生管理,创新行为规范训练"1233"模式,每月根据学生行为规范表现,表彰"操行之星",设学生文明监督岗,实时跟踪形成教育档案。

【基础建设】2020年,娄底市第一职业中学加强学校硬件建设。新建380平方米汽修车间,完成护理实训室改造工程、男生宿舍热水管改造及主电路改造工程、女生宿舍屋面防水处理工程和精艺楼304、305机房提质升级改造工程。改善学生的住宿和实训条件。食堂礼堂项目争取到第三批政府专项债券资金3000万元。用债券资金置换出中央基础能力建设资金310万元。

(王　玮)

# 高等教育

【概况】2020年，娄底市有普通高等教育学校3所，分别是湖南人文科技学院、娄底职业技术学院和潇湘职业学院(民办)，是年普通高校招生1.37万人，在校学生4.05万人。成人高等教育学校2所，分别是娄底广播电视大学和涟钢职工大学。

## 湖南人文科技学院

【概况】2020年，湖南人文科技学院录取普通高考新生4269人，专升本学生98人，到校率均为98%。招收研究生58人，授予硕士学位65人。签约引进博士92人，送培博士85人(海外博士79人)。过渡性岗位招聘17人，非编硕士专任教师和辅导员招聘14人。专技岗新增正高职数5个、副高13个、中级64个。252名专技人员实现职级晋升。举办第四届“湘语杯”湖南省语测系统羽毛球比赛，启动实施校城融合发展战略，召开第二届校友代表大会并完成理事会换届工作。是年，学院获得包括国家基金项目在内的省级及以上科研项目立项82项，其中国家自科项目1项、国家社科项目1项、教育部人文社科项目2项、省自科基金项目8项、省社科基金项目9项、省教育厅项目61项。组织开展10余场次高水平“人文科技大讲坛”。获评2020年度湖南省社会综合治理先进单位、湖南省平安单位、湖南省就业创业“一把手工程”优秀单位。

【教学】2020年，湖南人文科技学院围绕“建设特色鲜明的应用型大学”目标，推进党建领校、人才强校、质量立校、学科兴校、开放扬校、平安保校、基建美校7大工程，高水平应用特色学院建设取得新进展。论证出台《“十四五”专业建设规划》，形成国家、省、校三级优势特色专业建设体系，评定6个校级一流专业，立项10个省级一流专业，3个本科专业获国家级一流专业建设点，申请撤销5个本科专业，调整已开办专业的师范性与非师范性，物流管理等4个专业取得学士学位授予资格。

《运动解剖学》获得国家级线上线下混合式一流本科课程认定。思政实践课程省级立项12门、校级立项50门。立项18门校企合作课程，建设40门课程教学案例库，推进54门校级MOOC课程视频教学资源的录制。教改研究项目省级立项30个、校级66个，省级课程思政建设综合研究课题6项。教师参加教学竞赛获省一等奖64项。

严格落实“停课不停教、停课不停学”，开展线上教学。上学期开展在线教学的课程为921门，开课率81.3%；从事线上教学的教师645人，占比85.3%。4159名学生（含专科生125人）顺利完成毕业设计(论文)教学环节。

学生参加学科竞赛获得119个奖项，其中国家一等奖1个，国家二等奖2个，国家三等奖4个，省级一等奖、省级二等奖、省级三等奖112个。获第六届湖南省大学生模拟法庭竞赛团体二等奖，湖南省大中学生排球锦标赛男、女队冠军，湖南省大学生武术跆拳道比赛学院组团体第一、湖南省大中学生乒乓球比赛中获团体总分第一。在体育舞蹈锦标赛等省级各类体育赛事中获得53金46银27铜。

【社会服务】2020年，湖南人文科技学院新增校外实践教学基地21个、校企合作创新创业教育省级基地2个、立项建设校级创新创业教育基地6个。校政企联合共建的先进钢铁材料技术国家工程研究中心华中分中心入驻学校，选派11名科技特派员为娄底市产业链建设提供智力支持，与370余家企业签订人才培养或社会服务合作协议，年内签订横向项目460个，合同金额7308万元，进校金额5979万元。

【学生服务】2020年，湖南人文科技学院以“十大育人”为基础，全面实施思想政治工作提升工程。校领导及中层领导干部通过宣讲党的十九届五中全会精神、到寝室看望返校学生、开展清洁晒被子活动等方式开展“三联系”工作。开展劳动教育实践活动，推进学生文明养成教育与学风建设。推进线上线下心理咨询和心理危机干预，开展心理健康教育系列特色活动。联合网络招聘平台，推进毕业生就业，年均就业率88.8%。完成第6栋、第7栋学生宿舍维修改造，建成学院路北大门、与职院南校区分隔围墙。阳光公寓学生食堂项目、金工实训中心项目等大型基建项目完成招投标手续。

(彭旭军)

## 娄底职业技术学院

【概况】2020年，娄底职业技术学院有两个校区，占地60余公顷，建筑面积37万平方米，固定资产69012.79万元，教学仪器设备值8949.35万元。在职在编教职工1104人，教授及正高级53人，副教授及副高级337人，全日制大中专学生19245人。内设机构及附属单位41个，其中党政管理机构14个，教学教辅单位22个，附属单位2个，纪检机构和群团组织3个，开设护理、会计、临床医学、建筑工程技术、机电一体化等47个专业，其中国家级骨干专业1个，央财支持提升服务产业发展能力专业2个，国家级生产性实训基地1个，省级一流特色专业群2个，省专业教学资源库2个。是年，学校被评为“湖南省现代大学制度建设先进高校”，获湖南省普通高校就业创业工作“一把手工程”优秀单位、2020年度湖南省高校易班建设先进单位、湖南省高校心理健康教育先进单位，成功入选湖南省高校大学生创新创业孵化示范基地、湖南省智能智造公共实训基地、湖南省商务厅第一批对外劳务培训基地，通过湖南省文明高校认定，成功申报省级示范职教集团。在中国科学评价研究中心、中国教育质量评价中心联合科教评价网发布的2020年中国高职高专院校竞争力排行榜中，专科院校排名第183位，在湖南73所高职院校中排名第12位。

【招生就业】2020年，娄底职业技术学院招录大专新生5385人，完成年度招生计划的112%，高考录取投档线高于全省最低录取控制线150分以上。村干部定向培养工程稳步推进，招录娄底市村干部定向培养生271人。2020届毕业生就业率82.46%，高于全省平均水平，建立困难毕业生就业台账，开展就业困难毕业生的帮扶和求职创业补贴的申报发放工作，开展“一对一”精准帮扶。

【教学工作】2020年，娄底职业技术学院动态调整专业结构，成功申报国控中医学专业，将旅游管理专业整合并入家庭农场专业群，与区域产业结构发展人才需求相适应的专业结构体系基本形成。线上教学有序高效，《多措并举 停课不停学“娄职模式”稳步推进线上教学》等3个案例被评选为湖南省职业院校线上教学优秀案例；申报教育部第三批1+X证书制度《宠物护理与美容》等6个试点项目；机电一体化技术教学团队入选2020年湖南省职业院校专业教学团队；申报省优秀教材5本，省高等职业教育精品在线开放课程10门，省高等职业教育精品在线开放课程建设项目4个。在湖南省大学生体育舞蹈锦标赛中获3金4银；教育部第三批现代学徒制试点项目畜牧兽医专业接受省级现场检查验收，畜牧兽医专业教学资源库入围2020年湖南省职业教育专业教学资源库建设项目；4个课题立项为国家级、省级教育科学规划课题，9个项目立项为2020年湖南省职业教育教学改革研究项目。参加湖南省教师职业能力竞赛，获一等奖1项、二等奖2项、三等奖12项。组织学生参加国家级、省级技能竞赛及创新创业大赛，学生在省级及以上专业技能竞赛中获得一等奖7项、二等奖14项、三等奖25项。

【师资建设】2020年，娄底职业技术学院组织完成2020年度高校教师系列职称评审，分门别类地对党政管理人员、工勤人员及教师进行大练兵。确定5名省级青年骨干教师培养对象，用公开招聘等方式新进25人；全年组织702人次教师参加专业培训、80名专业教师下企业实践，完成30个新进教师岗前培训。

【科研与社会服务】2020年，娄底职业技术学院与美和易斯等20家企业及项目合作签约，成功申报“湖南省示范职教集团”。争取省市级课题28项，获湖南省社会科学鉴定省内先进成果1项、娄底市第十二届社会科学优秀成果奖7项。与娄底市经济开发区湖南山

2020年11月18日，娄底职业技术学院通过湖南省文明高校实地评估，被评定为2020年度“湖南省文明高等学校”　　（娄底职业技术学院 供图）

力泰机电科技有限公司和绿一佳公司等企业开展科研合作，打造服务娄底中小企业和农业科技服务品牌，建立横向科研社会服务中心3个。为娄底本土开展高技能人才培训、安全监管、新型职业农民培训等10余类培训项目，培训社会人员近1万人次。

【党建与思想政治建设】2020年，娄底职业技术学院执行党委理论学习中心组制度，坚持意识形态工作责任制，党委中心组集中学习13次，开展财政供养人员经商办企业清理、干部职工作风集中整治和"630专项行动"，开展谈心谈话450余次，警示教育3次，正面典型示范教育2次，履职约谈 3人次，受理信访举报6件，案件查处6起。发展新党员165名，培训入党积极分子1363人。扎实做好学校第三次党代会筹备工作，完成两委换届选举，选举产生第三届党委委员和新一届纪委委员。在疫情期间开展"你有困难我来帮" 活动，733名党员为新冠肺炎疫情防控工作自愿捐款134349元。民盟娄底职业技术学院支部获民盟娄底市委模范集体称号，九三学社娄底职院支社获娄底市社务先进集体称号。

依托全省民族团结进步教育基地，开展民族团结进步宣传教育工作，全年接待社会各界300余人参观，《基于藏汉文化融合的"三年三循环、实践不断线"育人模式创新研究与实践》被评为湖南省第二届民族教育优秀教育教学成果奖二等奖。以易班优课构建有温度的网络思政育人新阵地，选优配齐思政课专职教师35人，建设思政金课2门，思政教育品牌活动10个，德育基地12个。立项省级高校思想政治工作研究课题4项，教师在2020年湖南省职业院校教师职业能力竞赛思想政治教育教学能力比赛中获三等奖 3项，学生在湖南省大学生学习贯彻习近平新时代中国特色社会主义思想暨第六届思想政治理论课研究性学习成果展示竞赛中获得一等奖 1 项。

【对外交流与合作】2020年，娄底职业技术学院与德国 F+U 护理学校合作培养学生20人；对接娄底农机远销东盟三国，以校企合作形式在东盟三国建立农机技术培训点；在境外专业性组织担任职务的专任教师1 人，协办国际文化交流活动 2 次。（贺雅琴）

## 娄底广播电视大学

【概况】2020年，娄底广播电视大学（简称娄底电大）围绕巡察整改回头看、干部作风集中整治、高校绩效工资改革工作，落实党的教育方针和立德树人根本任务。继续发展远程开放教育，拓展非学历教育，打造终身教育品牌，办人民满意的电大。

【思政教学】2020年，娄底电大党委将意识形态工作纳入学校思想政治学习的重要内容，纳入班主任工作绩效和学生评优评先考核指标。利用网络课堂，加强教职工和学生的思想政治教育。组织教职工和学生参加由国家开放大学2月24日主讲的"爱国与成长"的"开学第一课"和"4·15"全民国家安全日邀请中国人民公安大学教授毛欣娟的"国家安全面临的形势与对策"专题讲座。5月8日，学校召开"加强电大意识形态工作，落实课程思政"为主题的教学研讨会。是月，学校组织全体师生参加国家开放大学课程思政培训视频会议。6月，组织相关教师参加湖南电大召开的2020年春季思政课教学工作视频会议，落实课程思政要求，巩固教师的课程思政理念。10月，组织全市电大申报省校开放教育政法类网络教学团队，30名政法类教师报名参加。把意识形态教育引入开放教育和"农民大学生"课堂。根据教学计划，学校开设6门思政课程。聘请专家学者为学生上思政课，组织学生参加社会实践，通过理论学习和社会实践，使思政课程教学落到实处。11月28日，学校副校长、副教授杨

2020年12月28日，娄底职业技术学院承办2021年度湖南省职业院校两项技能竞赛

（娄底职业技术学院 供图）

遂生对全体新生作《中国共产党党史》专题讲座；邀请新化县油溪桥村党支部书记、村委会主任彭育晚到娄底电大指导老师如何更好地培养新时代农民大学生。开展全市电大课程思政教学设计大赛，收到全市电大系统提交的作品14份，在省电大组织的复赛中，获二等奖1名、三等奖2名。

**【农民大学生培养】** 2020年，娄底电大农民大学生培养计划坚持以面授教学、网上教学和实践教学相结合的教学理念，加强监督指导。面授课坚持教师、学员上课签到制度。网上教学，班主任以电话、微信群、QQ群的形式通知督促，组织学员集体参加网上学习。探索农民大学生的培养模式，对专业性强的课程在各行业中选聘专家学者担任教学任务，组织面授课教师前往石井镇松江村进行实践教学基地调研，组织农民大学生前往新化县油溪桥村开展实践教学活动，探索乡村振兴新思路。

**【拓展学习】** 2020年，娄底电大发挥干部网络教育平台优势，组织抗疫专题培训和党的十九届四中、五中全会精神专题培训。党的十九届四中全会精神专题培训班开展优秀论文评选活动，评选优秀心得体会和研究论文15篇推荐至省校。制作的特色微课精品课程新化油溪桥精准扶贫纪实“激流勇进油溪桥”和新化丽云山庄乡村振兴纪实“桑青果红归巾帼”参加省校微课精品课程的比赛，分别获得二、三等奖。打造本地区学习品牌，弘扬传统文化。调研考察秦汉胡同书院为学习品牌，推荐中心医院吉资江为湖南百姓学习之星，洪源社区彭怀义家庭为学习型家庭。承办2020年娄底市全民终身学习活动周。是年建立社区学校3所，学习中心4个。

**【职业培训】** 2020年，娄底电大与县(市、区)教育部门协调联系，进行乡村教师专业适岗培训，组织教师网上学习和考核，督促辅导教师和班主任批改作业。探索职业培训，与娄底市德辉职业培训学校等培训学校或公司签订劳动力培训或者专技培训的合同，通过第三方进行职业培训和专技培训办学实践。

**【村(社区)人才定向培养】** 2020年，娄底电大响应湖南省电大的要求，开展村(社区)基层组织人才定向培养试点工作。4次组织各县(市)电大负责人召开会议，对专业设置、经费补贴、招生对象、集中上课的具体操作形式等方面进行广泛探讨，为学校村(社区)基层组织人才定向培养工作的奠定组织基础。是年，基层定向招生全日制学生826人。 (陈　丹)

# 文化·体育


◎综述

◎图书发行

◎广播电视

◎史志

◎档案

◎社会科学

◎体育

# 综　述

**【概况】**2020年,娄底市文化旅游广电工作坚持以完成现代公共文化服务体系建设三年行动、旅游厕所建设新三年行动和打造旅游品牌为抓手,创新推动文旅融合和高质量发展,各项工作取得优良成绩。是年,娄底市文化旅游广电体育局复排大型传统湘剧1个,创作小戏小品39个,以乡村振兴为题材新创大型现代花鼓戏《油溪情歌》。全市选送306件"艺抗疫情"作品参选省厅"艺抗疫情·云游湖南"主题活动,总量居全省市(州)第四位,优秀作品居全省前列,总浏览数450万居全省第一。

**【社会文化活动】**2020年,娄底市文化旅游广电体育局开展戏曲、舞蹈、小组唱、正音、快板、经典诵读、书法等文化公益培训活动,累计培训2万余人次。博物馆、纪念馆接待观众68万余人次,完成送戏下乡活动429场次,开展群众文化活动500余场次。举办全市"两会"期间娄底市群众文化优秀节目专场汇报演出、文化旅游产业博览会文艺演出、"欢乐潇湘·文化娄底"精准扶贫文艺展演等。举办"非遗过大年·文化进万家"剪纸版画烙画艺术作品展、"巾帼心向党礼赞新中国"女性业余美术大赛作品展、"画语我心"李淑南国画作品展、"决胜脱贫攻坚·丹青共绘娄底"主题画展等展览活动。新时代乡村业余文艺宣传队工作深受大家欢迎,《人民日报》大篇幅进行报道。

**【文旅广体市场管理】**2020年,娄底市文化旅游广电体育局推进"放管服""三集中、三到位"改革,梳理行政审批事项109项,政务服务清单125项,权责清单473项,办理行政审批事项68项。落实行业疫情防控常态化措施,实现"零"感染。开展行业安全生产隐患大排查大整治,强化"双节"、"两会"、元旦、国庆、校园周边等重要时段、重点区域的文旅市场监管,开展行业扫黑除恶斗争,开展"黑导游"、旅游交通顽瘴固疾、"百日利剑""平安文化""校园及周边文化环境""剑网2020"等专项整治行动,整个文旅市场总体平稳有序。全年出动执法人员35606人次,执法车辆5141台次,检查文旅广体经营场所66805家次,停业整顿文化经营场所165家、娱乐场所2家,查处违规电影院10家、旅游社1家、高危体育项目经营单位7家,收缴违规游戏游艺设备13台,收缴"卫星锅"436个,收缴接收设施52套,调解旅游纠纷16起,办理省扫黄办挂牌督办案2件、省扫黄办大案要案7件。疫情期间,"村村响"工程28700只应急喇叭每周平均播放各类疫情防控信息3500条以上,每周播放总时长达980个小时。

**【公共服务基础设施】**2020年,娄底市投资600余万元新建娄底职业艺术学校教学楼,投资2600余万元建设市图书馆后续配套工程,投资600余万元建设市文化馆数字文化馆。市博物馆评定为国家三级博物馆,新增备案非国有博物馆2家。县级图书馆文化馆总分馆制工作超额完成建设任务,全市建成县级文化馆分馆56个、县级图书馆分馆58个。新建合格基层综合性文化服务中心138个,争取900万元为双峰县每个村配备音响、乐器等价值2万元的设备。完成旅游厕所建设68座,百度地图电子标注率100%。完成市级射击训练中心、网球场提质改造,建成新化油溪桥文化体育广场,建设中心城区健身步道1条。完成直播卫星户户通建设任务3837户。是年被列为全国第二批社会足球场地设施重点推进城市,争取中央、省社会足球场地建设专项资金3870万元,新建社会足球场66片,完成率131.43%,居全省第三位。

**【文旅产业】**2020年,娄底市22家A级旅游景区景点除湄江旅游景区封闭改造外全部开放,180家星级乡村旅游区(点)全部恢复营业。争取大湘西地区文化生态旅游精品线路建设项目和大湘西地区乡村旅游精品景区项目资金1380万元、省级专项资金3276.75万元。全市体彩销售3.77亿元。组织全市58家文旅企业和景区约400人参展2020年湖南(国际)文化旅游产业博览会暨文化与旅游装备展,17种旅游商品参展。举办"徒步洪家山 放飞新梦想"等一系列旅行主题活动。开展阳光娱乐节、文旅消费季等活动,免费发放100万元"传奇娄底"全域旅游卡。全年接待游客4771.1万人次,实现旅游总收入424.59亿元,分别恢复至上年的90.17%和93.82%,恢复比居全省前列。

**【非物质文化遗产】**2020年,娄底市文化旅游广电体育局开展第六批市级"非遗"项目和"非遗"代表性传承人评审，评定公布16个市级“非遗”项目和18名市级“非遗”代表性传承人。举办“非遗”过大年文化进万家、全市第二届和第三届“非遗”进校园成果展等“非遗”公益活动，配合市政协组织“非遗”工作对口协商，组织编写全市首本“非遗”专著《娄底非遗》。

【文物与考古】2020年，娄底市文化旅游广电体育局对全市省级以上文保单位开展安全专项检查，督促整改文物安全隐患30余处、文物违法行为10余起。争取各级财政投入文物保护资金2346万元，修缮保护一批文保单位。完成全市所有省级以上园区工程建设区域文物影响评估工作和各类不可移动革命文物47处、国有馆(库)藏革命文物930件(套)的核查工作。

【旅游事业】2020年，娄底市大熊山景区进入国家AAAA级旅游景区公示名单，协调推进紫鹊界、曾国藩故居AAAAA级旅游景区创建工作。新创建全省乡村旅游重点村4个。组织参展中国红色旅游博览会，推荐申报全国红色旅游发展典型案例3个、省红色旅游专项资金项目4个，首次公布6条“传奇娄底”精品旅游线路。举办全市旅游景区及乡村旅游培训班，开展“致敬白衣战士、共享娄底美景”等主题宣传活动。创新景区营销方式，举办“传奇娄底·金秋的乐队”首届原创音乐文化旅游节，创作推出《遇涓江》《国藩颂》《娄底姑娘》等一批景区题材原创音乐作品，抖音、今日头条相关访问量接近3亿人次。联合省文化馆主办“乡村文旅好韵味 网红带你逛潇湘”总决赛。旅游品牌宣传实现多元化，有旅游专场宣传、各级主流媒体宣传、网络宣传、硬体广告宣传和节庆活动等。组织参加“锦绣潇湘任你游”湖南文化旅游推广周、粤港澳大湾区湖南旅游对接暨湖南文化旅游新商机国际(线上)研讨会等系列活动。（李海军）

## 文化市场综合执法

【概况】2020年，娄底市文化市场综合行政执法工作坚持以“疫情防控、安全生产、创文管卫、意识形态”为重点，加强执法业务培训，提高全市文化市场综合行政执法法制化、信息化、规范化水平，科学监控，推动文化市场健康繁荣发展。全年全市文化市场通过平台立案278件，办结274件，警告196家次，责令改正189家次，取缔2家次，办结案件覆盖演出、艺术品、

2020年7月3日，娄底市文化市场综合行政执法支队工作人员在冷水江市知言书店仓库进行检查

（市文化市场综合行政执法支队 供图）

文物、歌舞娱乐、游艺娱乐、印刷出版、广电、旅游、社会艺术水平考级、网络文化等多个市场领域。发起的日常检查次数为10967次，出动人员23709人次。查处督办案件5件，办结3件，移送2件；查处举报案件11件，办结11件。是年，获湖南省第四届文化市场综合行政执法技能比武活动团体三等奖、全省综合行政执法考评先进单位。

【文化市场综合行政执法体制改革】2020年，娄底市根据省、市有关文件精神，印发《关于印发〈娄底市文化市场综合行政执法支队职能配置、内设机构和人员编制规定〉的通知》，设立娄底市文化市场综合行政执法支队，副处级，由市文化旅游广电体育局管理。内设综合、财务、人事、执法监督4个科，副科级；下设直属娱乐、网络、新闻出版广电、体育文物、旅游5个执法大队，正科级。核定全额拨款事业编制47名，从原娄底市文化市场综合执法支队划入36名，从市旅游质量监督管理所划入2名，从原市文物管理处划入2名，从原娄星区旅游质量监督所划入2名，从原娄星区文物管理所划入5名。原娄底市文化市场综合执法支队成建制撤销，原核定的编制和领导职数一并撤销。

【娱乐市场监管】2020年，娄底市文化市场综合行政执法支队筑牢意识形态“主阵地”，开展演出娱乐市场专项整治，会同公安、消防、食品药品监督等相关职能部门，对辖区内的酒吧、KTV等娱乐经营单位开展专项检查，对有为顾客提供演唱设备行为的两家酒吧下

达整改通知书,责令立即整改;开展游戏游艺市场专项整治行动,对全城区学校周边游戏设备进行整治清理,对娄底市一中、一小、四中、华达子弟学校、星星实验小学、长井小学周边的游戏游艺市场进行持续整治;开展扫黑除恶专项斗争,召开娱乐场所业主参加的扫黑除恶专项斗争工作推进会议,听取业主意见和建议,走访调查线索,宣传发放《扫黑除恶线索举报奖励办法》,利用电子显示屏、扫黑除恶宣传牌加大扫黑除恶宣传力度,发动人民群众检举揭发黑恶势力违法犯罪线索。8月,支队会同公安部门对中心城区娱乐经营场所开展联合行动,对经营业主和从业人员进行尿检,排查有组织的在公共娱乐场所、互联网从事"黄、赌、毒、枪"的线索,打击毒品违法、涉黑涉恶犯罪活动,出动执法车辆30余台次,执法人员120余人次,检查场所150余家次。

【网吧市场监管】2020年,娄底市文化市场综合行政执法支队加大对网吧的政策宣传和整治力度,联合公安、教育、电视媒体等部门对娄底三中、四中、六中等学校周边开展专项行动,警告网吧12家,立案查处3家,停业整改3家;以"利剑""校园周边""高考学考""暑假专项""创文管卫""消防安全""净化校园周边、文化环境""平安文化"等集中专项整治行动为牵引,对网吧违规经营特别是违规接纳未成年人行为,坚持全覆盖、无死角、零容忍,保持露头就打、打就打痛的高压态势;按照省厅要求,对全市网吧安装"文网卫士"技术监管平台,"三率"(在线率、服务端安装率、客户端安装率)提高至80%以上,基本做到全覆盖。支队加大对网吧市场违法违规行为的打击力度,全年网吧市场立案47起,行政处罚47家,受理举报16起。

【新闻出版市场监管】2020年,娄底市文化市场综合行政执法支队根据国家、省、市"扫黄打非"五大专项行动和国家版权局"剑网2020"行动要求,结合年度核验、安全生产和创文管卫工作要求,开展"两节""两会"期间出版物市场大排查、"七一"期间全市"扫黄打非"工作交叉检查、印刷复制行业专项检查、春秋两季教材教辅发行出版物市场专项检查、"十一"期间"全覆盖"风险隐患排查和消防大检查,全年全市办结全国、省"扫黄打非"工作办交办线上盗印发行出版物案件13起,办结率87%,其中2起刑事立案列为省"扫黄打非"挂牌督办案("7·18"谭某某案同时被列为公安部挂牌督办案),6起行政处罚案被列为省"扫黄打非"大案要案,主办和指导办理案件8起,捣毁窝点3处。

【广电市场监管】2020年,娄底市文化市场综合行政执法支队积极开展非法卫星地面接收设施、影院市场整治行动。从5月始,支队开展较大规模的城区非法卫星地面接收设施整治"夏季行动""秋季行动""冬季行动"3次,出动辅警42人次、市场监管执法56人次、文化执法400余人次,出动执法车辆110车次,发放法律宣传资料1280余份,整改通知书90余份,收缴"卫星锅"323个、成套设施3套、高频头97个,拆除"卫星锅"86个;支队和市场监管局配合,截断电子器材店销售卫星锅的渠道。支队加强电影市场的执法检查,全年查处电影院7家,罚款4万元;和公安部门联手建立新的管理机制,多次和市公安局治安支队开会协商,将"卫星锅"的拆除纳入小区治安考核内容,已进入法律依据和资料准备阶段。

【体育旅游市场监管】2020年,娄底市文化市场综合行政执法支队开展《文化和旅游市场暑期专项整治行动》和《维护旅游市场正常秩序行动》等专项行动,对辖区内的旅行社、导游、景区(点)、星级宾馆(酒店)、涉旅社会商品零售企业、体育项目、艺术品经营及社会艺术考级等场所进行监督检查,严查违法违规行为,打击假冒伪劣旅游商品,全年出动执法人员685人次,车辆332台次,检查巡查体育项目经营者、艺术品交易市场、艺术培训学校(调研艺术考级)、旅游社及旅游景点636家次,给予警告85家次、行政罚款7家次、罚款金额2.2万元,责令整改42家,停业整顿2家,成功调解旅游纠纷8起,向县(市)发出文物"督办函"4份。

【疫情防控】2020年,娄底市文化市场综合行政执法支队认真贯彻执行习近平总书记"疫情就是命令,防控就是责任"的指示精神,从1月24日10时开始,支队全体取消休假,全力以赴投入持续防控工作中。1月24日,将歌舞娱乐、游艺、网吧、网络电竞、影院、印刷厂、书店、旅行社等275家人员密集场所全部关停到位,关停后,做到防控不停歇,巡查全天候,出动执法人员、督查人员1523多人次,出动车辆803多台次，检查经营单位6292家次，责令整改3起，核查处理各类情况反映42起，确保全市文化市场人员密集场所持续关停；通过手机短信、微信群各种接地气的方式，向各协会、业主、从业人员发送疫情信息、防护知识、防控措施1300余条，张贴宣传单530余张，发放口罩3250个，宣传资料2600余份；根据娄底市推动企业积极复工复产的要求，支队从2月18日起，帮扶、督查和指导复工企业84人次，复工企业40家，赠送复工防疫指南145册。 （李正规）

## 图书发行

【概况】2020年，湖南省新华书店有限责任公司娄底市分公司（简称娄底市新华书店）设中心书城5个，娄底本部及4个县市分公司在职职工（含正式、临聘、劳务派遣及其他人员）468人。市公司门店“娄底图书城”营业面积1900平方米，陈列图书品种数量4万余种。“碧桂园书城”营业面积1500平方米，陈列品种数量3万余种，获得第七批湖南省社会科学普及基地、全国最美新华书店、抗疫特别致敬、优秀商家等多项称号。32家标准化校园书店服务各中小学校，其中有6家被授予娄底市“全民阅读示范基地”荣誉牌，5家中心门店、23家校园书店被团省委、团市委先后授予“青年之家”“青少年阅读基地”称号。

【抗击疫情】2020年，娄底市新华书店承担社会责任，落实新冠肺炎疫情防控责任。参与“街道社区一线抗击疫情志愿服务”活动，胡丽、谢朝东、申小鹏、陈浩4名员工获志愿服务证书。开展“我是党员我带头、复工复产在行动”活动。开展“抗击疫情爱心捐款捐赠”活动，发起员工爱心募捐，为娄星社区、娄底一中、娄底二中等7家单位捐赠抗疫资金15万余元。

【教材教辅发行】2020年，娄底市新华书店贯彻落实政策，遵循学生自愿原则，发挥中小学教材教辅发行主渠道作用，以提高技术为牵引，推动业务创新，实现教材和“一科一辅”业务基本自愿扫微信码征订，完成“课前到书，人手一册”政治任务。开通电话购书热线，做好点对点服务，解答学校和家长提出的问题，坚持“新华+”战略，推动线上线下无缝对接。

【助力全民阅读】2020年，娄底市新华书店以“书香娄底”共享阅读卡为基础，引导干部职工以《总书记推荐书目》等优秀图书为重点学习内容。承办以“阅读与扶智同行，书香与扶贫同路”为主题的2020年“书香娄底”全民阅读活动启动仪式，推进书香机关建设；开展“学习新思想，做好接班人”主题阅读活动，助力书香校园建设；策划《我从山中来》《玉落尘音》等娄底作家新书发布暨作品研讨会，传播娄底风土人情和文化底蕴；组织“爱尚杯”全国汉字规范字书写大赛，“抗击疫情，坚守责任，湖南新华，与您同在”，智慧父母研讨会等大型公益活动，举办 “我是书城小店长”实践活动40余场，打造娄底“城市文化客厅”优秀形象。

【网点建设】2020年，娄底市新华书店实施网点建设工程，加强实体门店基础设施建设。全年完成八中、楚英、五小、仁德校园书店新（改）建；冷水江市分公司锑都书城改扩建完成；上报娄底图书城改扩建、早元街泊富书城及写字楼、新化县分公司教育培训中心回购等12个项目建设规划。

【融合发展】2020年，娄底市新华书店推进线上线下融合发展，实现经营“产品”向经营“用户”转变。创新微信公众号内容，新增“共享学习吧”等版块。定期在公众号发布新书、好书推荐、发送店内重大活动信息、分享读者读书心得、传播正能量。推出“组合拳”，发布“口碑帖”，借助微信群、书香娄底、共享新阅读微信公众号转载信息；开通电话购书热线，做好点对点服务，利用阅达书城、书香阅读公众号网上书城开展线上订购。疫情期间，联手创数、A佳教育、人教点读App推出免费网上教学，值班人员线上回复信息5000余条，接听电话500余个，送货上门10余次，服务购书读者400余人次，销售图书800余册。 （李　路）

## 广播电视

【概况】2020年，娄底市广播电视台7个二级媒体发稿23050条，完成自采稿件11473条，其中重点报道129组，系列报道170组；完成对上报道483条，其中新华社2条，中央电视台17条，中央人民广播电台14条，中央级新媒体65条，湖南卫视184条，湖南经

2020 年 9 月 22 日，娄底市广播电视台公益扶贫“脉动九峰山”直播活动在双峰县石牛乡举行

（市广播电视台 供图）

视 47 条，湖南电台 130 条。《湖南首趟务工人员始发专列前往广东》等农民工专列报道，在中央电视台、央广网、湖南卫视、湖南经视等央、省媒体推出，中央电视台《新闻直播间》《朝闻天下》和央视客户端 3 个重点新闻栏目齐推，全媒体、多角度、立体化报道娄底市积极为贫困务工人员返岗的重要举措。《湖南涟源：废弃矿场变身扶贫产业园》《湖南新化：千年手工制茶孕育“茶旅融合”》等稿件通过新华社微视频推送，获得 100 万 + 的浏览量。全台紧紧围绕创建全国文明城市、国家卫生城市管理、疫情防控、安全生产、森林防火、禁毒、普法、环境保护、国防建设等重要内容，认真做好公益宣传，积极承担媒体的社会责任。全年累计制作公益广告、宣传片 120 余个，播出各种公益广告、宣传片、宣传标语 6.5 万条次。9 月 22 日，以落实中央提出的消费扶贫精神为主题的“脉动九峰山”公益扶贫直播活动，在双峰县石牛乡举行，多家单位与双峰石牛乡现场签订 230 万元扶贫产品销售协议书。活动采取网络直播的形式，线上推介双峰石牛乡的优质旅游资源、优质农副产品，用文艺的形式展示双峰的新农村建设成绩，实际成交额 260 万元。在年度的新闻奖项评选中，有 21 件作品获娄底新闻奖，6 件作品获湖南广播电视奖，6 件作品获湖南新闻奖，8 件作品获湖南广告信息节目奖，5 件作品获湖南省播音主持作品奖和论文奖。广播消息《新化文印走进非洲》获 2020 年度中国经济新闻奖；广播新闻专题《邹玖霖：在秦人社区扶贫的日子》、电视系列报道《记者走基层系列报道：垄上春行》获 2020 年度“湖南广播电视奖”一等奖；在全省广播电视公益广告扶持节目评选中，交通广播选送的公益广告作品获得一类扶持。

【事业发展】2020 年，娄底市广电传媒大厦完成土地挂牌及立项等相关前期工作和主体工程可行性研究报告、建筑设计招标工作，进入实性质整体设计阶段，发射台铁塔建设进度加快，老旧小区改造完成。综合频道、公共频道、教育频道 3 个电视频道信号进入 IPTV 传输，地方节目覆盖范围与影响扩大。机关办公场所完成搬迁，实现机关与大多数媒体的集中办公。全台媒资系统建成并投入使用，历史影像资料的收集、整理、存储工作进展顺利。全年媒体完成创收 2769.79 万元，全年广播、电视累计播出 78000 个小时（不含湖南广电移动电视有限公司无线数字电视 4 个频点），微波 4 个波道安全传输 35040 个小时。湖南有线娄底网络有限公司数字电视前端播出 8760 小时，娄底中心城区有线电视网络期末基本用户 12.6 万户，累计净流失 9135 户；期末宽带用户 3.4 万户，累计净流失 541 户；期末双向业务用户 3.1 万户，累计新增 10677 户；累计智能机顶盒销售数 11905 台。

【队伍建设】2020 年，娄底市广播电视台开展《习近平谈治国理政》第三卷和《党组工作条例》《党员教育管理工作条例》等理论文献、方针政策和党纪法规的学习。规范“三会一课”制度，注重学习效果，建立 “学习强国”激励通报机制，参学率 98%以上，平均学分居市直机关前 10 名。台党组全年研究部署党建工作 10 余次，层层压实“一岗双责”党建责任，每月开展 1 次主题党日活动。5 名党组成员每人联系 1~2 个支部，到党建联系指导单位参与重大新闻宣传和重大活动的策划，带头上党课，以普通党员身份过双重组织生活、评议党员，开展基层党建督查考核、双述双评工作。按照基层党支部“五化”要求，开展基层党组织突出问题整治，制定问题清单，重点整治党员意识差、党费交纳不及时、支部组织生活会不严谨等问题，加强和充实机关党委力量，组织到期支部进行换届选举，启动“三表率一模范”机关主题创建活动。在为 11 名招录员工办理入编手续的基础上，完成新一轮专业技术人员的招聘考试，梯队建设有新进展，一批 35 岁左右的骨干走上中层领导岗位。员工黄黎明获 2020 年度湖南省先进工作者称号，综合频道记者章娜获湖南省抗击新冠肺炎疫情先进个人称号。（王静海）

## 《娄底日报》

【新闻宣传】2020年，娄底日报社突出政治核心，强化舆论引领，在打赢疫情防控阻击战、推动复工复产、决胜脱贫攻坚、创建全国文明城市等方面发挥党报党网主流媒体的责任和担当，确保党媒主题主线宣传到位。《娄底日报》紧扣市委中心工作，刊发10个系列、100余篇评论员文章，开辟《在习近平新时代中国特色社会主义思想指导下——新时代新篇章新作为》等专栏57个，刊发稿件1.5万余篇。是年，在湖南新闻奖、全省市州报好新闻奖、全国城市党报好新闻奖、全国晚报赵超构好新闻奖评比中，86篇(件)作品获奖，其中一等奖35件。获全国城市党媒抗击疫情新闻宣传先进单位、全国报纸自办发行先进集体、市安全生产先进单位、市首届文化创意大赛先进单位等称号。党组书记、社长获全国地方融媒体创新发展突出贡献人物、首届湖南报业营销创新十佳个人称号。

【媒体融合】2020年，娄底日报社推进报网融合，4月，娄底新闻网并入娄底日报社。并入之后，报社有报网微端屏等多个平台，集纸质媒体、网络媒体、移动媒体于一身，融合发展进入新阶段。与《长沙晚报》合作，建成集采、编、播、发于一体的"中央大厨房"。把握媒体融合发展机遇，实现人员融合、机构融合、资源融合。加大人才引进和培训力度，对新闻人才采取短期培训、专题培训等形式，提升专业能力和理论功底，建设一支政治过硬、本领高强、能打硬仗的全媒体新闻队伍。

【助力脱贫攻坚】2020年，娄底日报社班子成员进新化县琅塘镇龙凤村帮扶6次，中层干部均在4次以上。作为帮扶牵头单位，自筹措资金60万元，帮助协调资金135万元，提供扶贫项目资金990万元，完成村里通组公路硬化、小型河道坎建设等工程，对村里的山塘进行整修、清淤，完成饮用水统一供给工程、垃圾分拣中心建设。对村级活动中心办公场地进行整体装修，新建农民文化广场、养鸡场、油茶林种植基地，龙凤村全部实现脱贫。

【意识形态】2020年，娄底日报社坚持党管媒体，成立以党组书记、社长为组长，班子其他成员为副组长，各部门负责人为成员的意识形态工作领导小组，制定下发《意识形态工作责任制实施方案》，党组领导班子对意识形态工作负主体责任，党组书记、社长为意识形态工作"第一责任人"，履行"一岗双责"，带头抓意识形态工作，带头管阵地，建立健全监督检查考核、追责问责等制度机制。掌握意识形态阵地的领导权、管理权，围绕中央的方针、路线、政策和市委、市政府中心工作、重点工作进行系列宣传。加强社会主义核心价值观等舆论主流宣传，开辟新闻专题和新闻专栏宣传。加强对新闻工作者的业务培训，改进对会议和领导同志活动的报道，完善新闻发布制度和重大突发事件新闻报道快速反应机制。对报社采编管理制度、采编校差奖惩办法、考核实施办法等制度进行修订完善，维护网络意识形态安全，成立网络安全领导小组，完善各项网络安全制度。出台新闻稿三级审稿责任制度，保障出版刊播政治安全。

【党的建设】2020年，娄底日报社推进"三个表率、一个模范"机关创建、支部"五化"建设。全年吸收入党积极分子6名，发展党员1名。"五化"阵地建设规范，全年开展"我为防疫献爱心""身边的警钟""重温半条棉被故事、牢记革命初心使命"等8个主题党日活动。组织"我为党媒写华章 我为党旗添光彩——娄底日报社党员集中培训"活动，党组书记、社长带头讲党课，其他党组成员及党支部书记、以及报社资深记者每月不定期授课。全年开展集中培训30余次，承办市直宣传文化系统基层党组织书记轮训党务工作者培训暨党员集中教育培训班。建立健全绩效考核制度，实现所有人员同工同酬。加强班子队伍建设，严把人员入口关，坚决杜绝选人用人的不正之风。完善内部管理制度，按制度管事管人，实现人事制度改革，通过公开招考，引进19名青年人才，建立竞争上岗制度，报社全体中层干部全部竞争上岗。

(张长青　曾　璇)

## 电视发射

【概况】2020年，娄底市电视发射台有数字电视发射机3台，调频广播发射机5台。3个数字电视频道播出地面数字电视节目26套，发射模拟广播节目5套(中央人民广播电台"中国之声"与"经济之声"2套、潇湘之声、娄底广播电视台交通广播、娄底广播电视台综合广播),发射数字音频广播节目3套(中央电台“老年之声”“乡村之声”和“娱乐广播”),总发射转播功率15.1千瓦,信号覆盖全市大部分县(市、区)及宁乡、湘乡、邵东等周边县市部分地区,覆盖人口约400万人。

【安全播放】2020年,娄底市电视发射台按照国家广电总局统一部署,把安全播出工作摆在重要位置,按期关停4个模拟电视频道,新修订和完善《机房日常管理制度》《交接班制度》《技术维修规范》《安全播出责任追究实施细则》等内部管理规章制度,用制度管人管事。对各类设备系统进行日常维护和预检预测,将故障隐患消灭在萌芽状态,确保设备安全运行;落实机房值班、设备巡查与台账记录及特护期应急保障工作,实现中央、省、市各级广播电视节目安全播出10万余小时无差错与台内停播率基本为零的工作目标。

【升级改造】2020年,娄底市电视发射台投入资金60余万元,开展技术升级与院落改造工作,提升安全播出和后勤保障能力。投资20余万元添置调频发射机备机1台,主发射机出现故障,立即启用备机播出,做到播出不中断。投资28.8万元完成外珠山公园电线路入地改线工程,投资11万元对院落进行美化亮化改造,干部职工工作生活环境得到改善。 (吴迪江)

## 史 志

【概况】2020年,娄底市史志部门以党史研究、党史宣传教育、志鉴编纂等为主开展各项工作。是年,中国娄底市委党史研究室(娄底市地方志编纂室)完成《中国共产党组织史资料》娄底部分的资料征集上报和《湖南省委工作纪事》《湖湘红色印记》娄底部分的组稿工作。完成《中国共产党湖南省娄底历史(1921—1949)》修订工作,进入出版阶段;配合湖南人民出版社对《中国共产党湖南省娄底历史(1921—1949)》进行核对,核对错误144处。指导新化、冷水江、涟源等红军长征经过地党史部门开展《红军长征在湖南》资料征集工作。形成2万余字的《“学思践悟”习近平总书记关于党史国史的重要论述》的党史课件,在市直有关单位和部门进行宣讲10余场。开展党史“三进”活动,与市博物馆共同举办“红色故事进校园”活动,为娄底四小师生讲述娄底老红军初心故事,赠送《娄底红色故事》200本。“娄底史志”微信公众号全年推出61期131篇文章,其中“娄底红色故事”12篇、“娄底古民居”25篇、“娄底读本”9篇、“纪念蔡畅诞辰120周年”纪念专辑8期。推送的文章多次被湖南日报、新湖南APP、华声在线、新湘评论等省级媒体转发,全年微信点击约73753次。2月,在全省率先启动《万众一心 众志成城——娄底市全力抗击新冠肺炎纪事》编写工作,年底形成12章约40万字的书稿清样。《娄底市志(1990—2017)》(稿)省级评审会如期召开,《娄底年鉴(2020)》公开出版发行。

2020年12月28—30日,《娄底市志(1990—2017)》(稿)省级评审会召开(市委党史研究室 供图)

【党建示范】2020年,中共娄底市委党史研究室机关党支部被市委党建工作领导小组确定为基层党组织“五化”建设三个被观摩单位之一。11月5日上午,市委组织部部长,市委秘书长,市委组织部、市直机关工委相关领导,市直部分正处级单位党组织书记,部分副处、正科级单位党建工作主要负责人等50余人到市委党史研究室现场观摩。观摩团观摩了党史党建文化长廊、党员活动中心,通过观看党建幻灯片、党史党建成果展览,聆听讲解、查阅资料、现场提问等形式,学习借鉴机关党支部“五化”建设工作开展情况。下午,在市直机关党支部“五化”建设达标提质工作推进会上,党支部书记江六阳作典型经验发言。

【《娄底市志(1990—2017)》(稿)省级评审会召开】2020年12月29日,《娄底市志(1990—2017)》(稿)省级评审会召开。省地方志编纂院和市人民政府有关领导出席会议。省地方志编纂院、各市(州)地方志编纂室专家,市直相关单位部门负责人,县(市、区)地方志工作负责人等近110人参加会议。《娄底市志(1990—2017)》编纂工作从2018年重新启动,历时近三年,形成了500余万字的志书评议稿。省地方志编纂院认为,《娄底市志(1990—2017)》是一部合格的评议稿。 (邓 姣)

## 档 案

【概况】2020年,娄底市档案馆积极作为,统筹做好疫情防控、档案查阅利用、涉改单位档案接收和馆藏档案搬迁等工作。全面谋划档案资源体系建设,加强重大活动和突发事件档案、地方特色档案、新载体档案的接收征集工作,推进"娄底记忆"主题展厅布展工作,学习宣传新修订的《中华人民共和国档案法》。在全国文明城市创建、脱贫攻坚、新冠疫情防控等中心工作中,发挥存凭资政作用。是年,娄底市档案学会会员参加湖南省档案学会第28次学术论文评选,获得一等奖3篇、三等奖1篇。

【新馆搬迁】2020年7月,娄底市档案馆启动新馆搬迁,历时三个月,市档案馆整体由市人防办大楼搬迁至娄星区秀石街市体育中心西北角娄底市国家综合档案馆,馆藏30万卷档案全部安全进馆。新馆总建筑面积15737平方米,其中库房面积约5000平方米,查阅利用大厅近200平方米,档案数字化加工场所200平方米,满足娄底市未来30年档案用房需求。

【接收查阅工作】2020年,娄底市档案馆在新冠疫情一级响应和新馆搬迁期间,克服疫情防控和闭馆不利影响,简化查阅利用手续和程序,采取电话预约等方式积极提供查档服务,接待档案查阅利用196人/次,查阅利用档案2412卷(盒),复印3498页,出具证明601份。截至12月底,接收2家机构改革单位处置档案进馆。 (谭 海)

## 社会科学

【概况】2020年,娄底市社科联积极践行三个"服务"职能,围绕市委中心工作开展市级课题管理与服务、市第十二届哲学社会科学优秀成果评奖、市社科理论人才库建设、社科专家基层行等社科理论研究工作,服务市委决策需要、服务社科队伍学研需求。紧扣疫情防控、决胜脱贫攻坚、创建全国文明城市等重点任务,举办2020年娄底市"决战脱贫攻坚 决胜全面小康"社科普及主题活动周启动式系列活动,创新开展社科普及宣传,服务群众理论需求。履行市意识形态联席会议成员单位职责,抓好社科类社会组织管理和社科类论坛讲座审批监管,确保社科阵地安全稳固。

【市社科联三届三次全委会召开】2020年5月22日,娄底市社科联召开三届三次全委会。会议总结市社科联2019年度工作,安排部署2020年度工作,调整补选市社科联第三届委员会常委,下发《关于建立娄底市社科理论人才库的通知》《关于下达2020年度娄底市重点课题的通知》《关于下达2020年度娄底市一般课题的通知》等文件。

【社科理论研究】2020年,娄底市社科联组织开展一系列社科理论研究。3月,围绕全市中心工作,评选出重点课题16项。4月,联合市委宣传部发布《关于开展2020年度"新思想进基层"理论课题研究的通知》,评审出"新思想进基层"理论课题研究委托项目10个,其中9个课题已结题。6月,下发《关于规范2019年度立项课题结题的通知》,截至12月底,2019年立项重点课题结题7个,部分课题成果在相关杂志和网站上刊发。全年撰写调研文章4篇,调研论文《优化娄底营商环境的分析与思考》(作者张智倩)、《我市招商引资的经验与启示》通过《湘中论坛参阅件》呈送给市委政府主要领导。在省社科联组织的"决战脱贫攻坚 决胜全面小康"主题征文活动中,《基于有效阻断农村贫困群体脱贫返贫的职业教育支持研究》(作者刘康民)获一等奖,《娄底市金融精准扶贫工作实践、成效、问题及改进建议》(作者肖劭琛)获二等奖,《哲学社会科学工作对乡村德治工作的作用探究》(作者刘佑萍)获三等奖。10月,召开娄底市第十二届哲学社会科学优秀成果评审会,评选出包括郭超群撰写的编著《司法改革的基层视角——"娄星模式"的理论阐述与经验总结》在内的特别奖作品4项,仇德辉撰写的专著《统一价值论》在内的一等奖作品3项,严旭撰写的专著《中国传统法律文化与现代法治研究》在内的二等奖作品 8 项，彭龙富撰写的系列论文《领导干部人际关系艺术研究》在内的三等奖作品 15 项。12 月 4 日，中共娄底市委、娄底市人民政府在娄底日报对娄底市第十二届哲学社会科学优秀成果进行表彰通报。

【社科普及宣传创新】2020 年，娄底市社科联创新开展社科普及宣传，6 月，联和市委宣传部、市农业农村

2020 年 6 月 18 日，娄底市“决战脱贫攻坚 决胜全面小康”社科普及主题活动周启动式在新化曹家镇举行 （市社科联 供图）

工作局、市扶贫办在新化曹家镇联合举办 2020 年娄底市“决战脱贫攻坚 决胜全面小康”社科普及主题活动周启动式。启动式现场通过主题文艺节目表演、扶贫脱贫故事分享、脱贫攻坚知识有奖问答等方式，开展扶贫政策法规咨询、农业科技书籍捐赠、抗疫宣传义诊等活动，发布主题活动周系列活动 7 项，分别为“决战脱贫攻坚 决胜全面小康”扶贫故事会主题征文活动、“决战脱贫攻坚 决胜全面小康”主题展览、农技书刊与资料捐赠、抗疫宣传和助农义诊、“弘扬红色家风、激发脱贫斗志——蔡和森蔡畅故居行”活动、“‘文化扶贫—书法进扶贫村’启动式暨纪念曾彩初先生诞辰 100 周年”活动、“感悟曾氏好家风、助力建设好家庭”活动。推出《社科之光》之疫情防控 24 期，聚焦新冠肺炎的病理知识等进行重点解读；推出《社科之光》之文明大讲堂 6 期，对肖光盛、梁艺、黄黎明等好人好事进行专题报道；推出《社科之光》之科普在线 12 期，普及市民关心的社科知识和生活常识。根据《湖南省社科普及条例》加强对娄底市的 4 处省社科普及基地的管理，督促各基地积极开展社科普及活动，推选的湖南人文科技学院“潇湘家庭文化实践基地”被评为省级社科普及基地。11 月，组织召开全市社科理论界学习十九届五中全会精神座谈会，会议组织学习《中共中央关于制定国民经济和社会发展第十四个五年规划和二〇三五年远景目标的建议》，与会社科理论专家作交流发言，会后，在《娄底日报》“学与思”栏目、《湘中论坛》杂志专版刊发与会专家座谈发言材料。

【“社科专家服务团涟源行”活动】2020 年 11 月 11—13 日，娄底市社科联承接省社科联组织的“社科专家服务团涟源行”活动。活动围绕“如何整合旅游资源，促进湄江风景区提质升级”主题展开实地考察调研。组织省政府智库专家、省远景经济发展研究院院长、教授北冰等省业内专家 10 余人开展现场集中咨询研讨，并由湖南师大旅游学院副院长、教授许春晓执笔撰写专题调研报告，为涟源市委、市政府推进湄江景区升级改造，适时推出景区运营及面临的具体问题提供务实的工作思路。

2020 年 11 月 12 日，省社科专家服务团在娄底涟源湄江国家地质博物馆参观湄江风景区鸟瞰图 （市社科联 供图）

【社科理论人才库建立】2020 年 5 月，娄底市社科联下发《关于建立娄底市社科理论人才库通知》。市社科联三届三次全委会进行再宣传再发动，要求各有关单位充分考虑各单位学科建设情况、推荐人选的学术影响和学术贡献，切实把符合条件的人选纳入社科理论人才库。8 月通过单位推选、考察座谈、社科联党组审议等程序，27 名社科理论专家纳入首届社科理论人才库。

【社科阵地管理】2020 年，娄底市社科联规范管理社科类社会组织，严格按照《社会团体登记管理条例》，加强对学会协会的登记、注销、换届、年检及其他日常工作的管理，指导市金融学会等 13 家学会完成年检、市新闻工作者协会完成换届工作，指导娄底市湘中美学文化研究院成立，推选“娄底市君子文化研究会党

支部”为两新组织党建示范创建点。规范社科类论坛平台的设置和讲座活动的开展，严格按照市委有关文件要求，切实履行好社科联牵头管理社科类论坛的审批监管职责。对市人大机关四期“道德讲堂”讲座，涟源市“涟水大讲堂”的“艺术与生活”“乡村旅游与乡村振兴”两期专题讲座、市文旅广体局“娄底市民文化大讲坛”第1期讲座、万宝新区十周年成就展示暨招商座谈、区块链论坛等活动及时审批备案，并派员现场进行监听。（李向红　蒋　兰）

## 体　育

【体育事业】2020年，娄底市完成全民健身计划(2016—2020)实施效果评估，推广居家锻炼指南和办法20余套，完成国家体育总局布置的2020年全民健身状况调查。市体育公园各场馆接待免费低收费健身人群300万人次。投资288万元，完成位于娄星区钢城东路军分区苇场建设的射击训练馆的提质改造，恢复射击项目，增加射箭项目。召开第十三届省运会总结表彰暨第十四届省运会动员部署工作会议，制定《娄底市参加省以上重大体育比赛奖励办法》《娄底市安置退役运动员实施细则》，其中《娄底市安置退役运动员实施细则》是省内首个市州层面出台关于退役运动员的规范性文件。承办全国乡镇农民足球赛、全国青少年校园足球夏令营初中组第三营区活动、第三届“高铁直达城市”湖南省气排球邀请赛、省社会体育指导员交流展示大赛、省青少年锦标赛5项赛事，举办市直机关男子篮球赛、全民挑战日等全民健身活动200余次。开设“足球+英语”线上直播公益课堂，在线学习人次累计1亿余人，被国家体育总局作为典型经验在全国推广。（李海军）

【学校体育】2020年，娄底市5所中小学校成功申报全国青少年校园足球特色学校，1所幼儿园成功申报全国足球特色幼儿园，双峰县曾国藩幼儿园被推荐为全国足球特色幼儿园示范园。12月，成功举办娄底市第一届全国青少年校园足球特色学校足球联赛，举办校园足球教师裁判员培训班。是年，组队参加湖南省中学生田径、足球、排球、篮球等单项比赛，娄底二中田径代表队获全省第四名，娄底一中、娄底二中、娄底三中、涟源一中四支代表队进入全省田径前30强；娄底三中高中男足代表队获全省第二名，娄底二中高中女足代表队获全省第五名，娄底二中初中女足代表队获全省第三名；冷水江市第六中学高中男子排球代表队获全省冠军，娄底二中男子篮球代表队获全省第三名。娄底一中附属实验学校等10所中小学校成功申报全国青少年校园篮球体育传统特色学校，双峰县青树坪镇中心小学等5所中小学校成功申报全国青少年校园排球体育传统特色学校。（刘树新）

【竞技体育】2020年，娄底市培养和输送优秀体育后备人才，对重点项目、重点运动员进行布局和对接，接受湖南省体育局对田径、摔跤、柔道、跆拳道省高水平后备人才基地和羽毛球、射击省后备人才基地的中期评估检查，组建足球队伍6支。8月，娄底市参加湖南省青少年锦标赛，取得22金、14银、28铜、团体总分1224分的成绩。U12足球队代表娄底参加“玛丽莱杯”全国精英赛湖南赛区的比赛，取得第三名。8月14—21日，湖南省青少年羽毛球锦标赛在益阳、安化羽毛球学校举行，娄底市代表队获男乙双打、男乙混双、男乙男单、男丁男单、男丁男双、女乙女双、女丙女双7枚金牌，团体总分第一。8月18—27日，湖南省青少年网球锦标赛在娄底市体育中心网球场举行，全省各市州的14支代表队约260名运动员参加，娄底代表队获男子乙组双打金牌、团体总分第五。

（伍　晖）

# 医疗卫生

- ◎综述
- ◎卫生计生综合监督执法
- ◎疾病预防控制
- ◎妇幼保健

# 综　述

【概况】2020年，娄底市实现全科医生驻村全覆盖，有注册全科医生（含乡村全科助理医师）1670人，居全省第一。完成免费产前筛查26380人、农村及城镇低保适龄妇女“两癌”免费检查87800人。重点防控出生缺陷，1.5万例新生儿接受遗传性耳聋基因筛查，全市出生缺陷率降至73.72/万。推进市第一人民医院改扩建、市妇幼保健院整体搬迁、市中心医院门急诊综合楼和医技住院综合楼建设等，完成市第二人民医院儿科综合楼建设。推进ICU、呼吸内科、急诊科等重点专科建设。完成新化、涟源、冷水江3个县医院呼吸内科、肾内科建设项目。建设市级临床重点专科53个，13个重点专科创建为省级重点专科。优化医疗服务，市中心医院被国家评为改善医疗服务示范单位。推广“互联网+医疗”，全市19家公立医院与省全民健康信息平台实现互联互通。新化县探索村级远程诊疗体系建设，被评为全国“互联网+医疗健康服务”典型案例。是年，娄底市连续九届获“全国无偿献血先进市”称号。公立医院党的建设、医疗卫生领域扫黑除恶、爱国卫生运动、电子健康码推广等工作在全省作经验发言。市卫生健康委被省委、省政府评为湖南省新冠肺炎疫情防控先进集体，在全省卫健系统年度考核中被评为优秀。

【疫情防控】2020年疫情期间，娄底市医务人员实现13187个网格全覆盖，全市电子健康码注册人数495.3万人，严格落实闭环管理。落实“四早”“四个集中”要求，成立市级专家组和重症救护专家组，对重症和危重患者实行“一人一团队”“一人一方案”救治措施。建成市中心医院第二医疗区，新增救治床位116张。开展康复者血浆治疗、免疫抑制剂救治和ECMO救治。发挥中医药预防救治作用。邀请院士钟南山团队对危重患者进行远程会诊指导。娄底市新冠肺炎确诊病例于3月13日全部“清零”。完善常态化疫情监测预警，建立智慧化预警多点触发机制。做好预检分诊，发挥医疗机构哨卡作用，全市设置发热门诊（诊室）54个。加强核酸检测能力建设，核酸检测机构由原来的1家增至36家，日核酸检测能力由原来的450人份增至70600人份（单检）。加强队伍建设，全市有流调队伍130支，流调队员971人。启动新冠肺炎疫苗紧急使用接种工作，全市设置接种点104个。加强物资储备，筹建方舱医院，应对可能发生的疫情。

2020年9月27日，娄底市举行新冠肺炎疫情防控应急演练。图为点评会议现场　（市卫健委　供图）

【医改惠民】2020年，娄底市卫健委学习推广三明医改经验，推进“三医”联动改革。深化公立医院综合改革，建立“两个分开、三个机制、两项制度、三个支撑”机制。开展现代医院管理制度建设试点，市中心医院、新化县人民医院成为首批试点单位。扩大公立医院薪酬制度改革试点。推进涟源市国家级紧密型县域医共体试点建设。新成立康复医学、创伤救治专科联盟，全市累计有医联体12个。完善多元化综合监管体系建设。推进药品耗材集中带量采购，节约资金约1.2亿元。全市医疗机构实施药品零差率销售，全面取消耗材加成，老百姓看病就医费用明显降低。

【健康扶贫】2020年，娄底市建档立卡贫困人口43.58万人，参保率100%。贫困人口大病专项救治病种扩充到33种，33种大病确诊病例21381人，入院救治及签约管理率100%。“先诊疗后付费”和“一站式”结算全覆盖。全市贫困人口4种慢病（高血压、糖尿病、重性精神病、结核病）签约服务率100%。截至是年年底，全市行政村卫生室1825个，标准化村卫生室建设达标1739个，标准化率95.29%。乡镇卫生院或社区卫生服务中心均配备2名以上全科医生（助理全科医生）。累计减少因病致贫、因病返贫3.65万户10.97万人。

【公共卫生体系建设】2020年，娄底市出台《关于进一步加强全市公共卫生防治体系建设的若干意见》。加强疾控机构能力建设，实现县级疾控中心核酸检测全覆盖。聚焦实战实训，先后组织开展市级层面大规模的新冠肺炎疫情防控和新冠肺炎病毒核酸检测能力提升应急演练。加强重点传染病早期监测和预警，提升全市免疫规划水平，做好艾滋病、结核病防治工作，推进慢性非传染性疾病防控。加强职业病防治，救治救助农民工尘肺病患者582人，合计291万元，建设20个乡镇(社区)尘肺病康复站。市疾控中心被评为重点职业病防治项目工作先进单位。

【中医药管理】2020年，娄底市卫健委发挥中医药优势作用，积极参与新冠肺炎疫情防控救治工作，为全市918家企业发放中药饮片31.8万剂，免费为全市隔离点提供预防中药汤剂1.3万剂，中医药参与救治率98.6%。推进公立中医医院综合服务能力提升，推动中医药信息化建设。实施《中华人民共和国中医药法》和《湖南省实施〈中华人民共和国中医药法〉办法》。举办娄底市首届中医药科普比赛，宣传弘扬中医药文化。

【行风建设】2020年，娄底市卫健委开展行业作风专项整治，推进药品耗材带量采购，节约资金约1.2亿元。拆除违规医疗广告牌537块，实现全市医疗广告清零。清除29台“黑救护车”，收回市中心医院、市二人民医院太平间管理权。开展干部作风集中整治，抓实卫健系统干部作风建设，整改各类问题30余个。

【党的建设】2020年，娄底市卫健委发挥党组织战斗堡垒作用和党员先锋模范作用。火线发展5名抗疫一线医务工作者加入党组织。全体党员干部自愿捐款28万余元支持抗疫工作。加强公立医院党的建设，在公立医院实行党委领导制、院长执行制、纪检监督制管理。组织直属38个基层党支部开展“五化”建设达标竞赛。“学习强国”学习排名稳居全市前列。加强廉洁纪律制度建设，从源头预防腐败，惩处违法违纪行为。（成丽辉）

## 娄底市中心医院

【概况】2020年，娄底市中心医院接诊门急诊病人137万余人次，留观41681人次，体检病人37620人次，年出院病人8.6万余人次，平均住院日为9.8天，完成手术量54963余次，病床使用率92%。医院相继获湖南省抗疫工作先进集体、湖南省先进基层党组织，中国医院科学抗疫优秀保障团队、湖南省新冠肺炎疫情防控医师团队先进集体、湖南省新冠肺炎疫情防控护理工作先进集体、国家药品不良反应监测哨点医疗机构定点单位、首届湖南省疑难危重症病例查房竞赛三等奖、市平安医院示范单位、市文明单位、市健康教育与健康促进工作优秀单位等称号，在市管领导班子考核中被评为优秀班子。配合巡视巡察工作，按照市委第二巡察组的要求落实相关工作。引进以杨吉军为首的重症医学团队6人，公开招聘全日制硕士研究生49人，选送50名中青年骨干到国内一流的医院进修；对部分中层干部进行调整，疫情期间火线提拔干部8人。

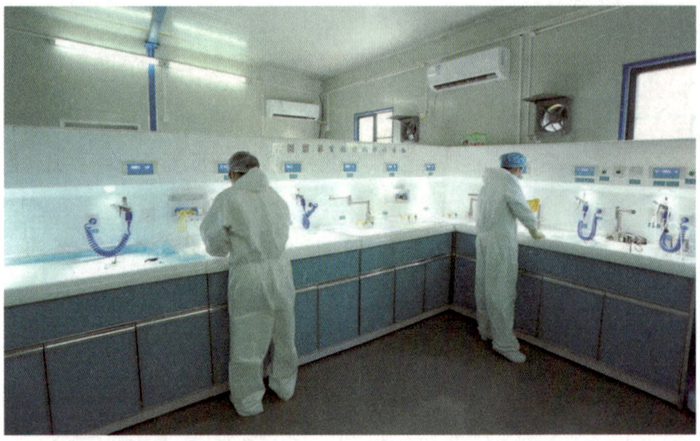

2020年5月20日，娄底市中心医院新建的消化内镜中心投入使用　（市中心医院 供图）

【医疗质量管理与服务】2020年，娄底市中心医院领导带队查房60余次，职能科室开展质量安全督查200余次，组织开展疑难病例全院大讨论、临床医技科室主任和护士长会议等180余场次，举办医院首届疑难病例查房竞赛，举办新冠肺炎、心肺复苏、气管插管、呼吸机应用操作技能培训及竞赛活动50余场次。将抗菌药物、质子泵抑制剂、医用耗材监管和单病种临床路径管理等贯穿于医疗工作始终，滥用抗菌药物现象得到有效遏制。医院坚持优化服务、提质增效，医疗服务能力和服务水平明显增强。依法依规购置4K超高清摄像系统、ECMO等一批先进医疗设备；推进以亚专科为重点的学科建设，对急危重症医学中心、神经外科等学科进行整合；优化业务用房，对皮肤科、神经康复科门诊、纤支镜室、肺功能室、呼吸和消化内镜中心等进行整合、扩容、搬迁；推进五大中心建设，全年接诊急危重症病人10万余人次，抢救成功率95%；开展优质护理服务，优质护理服务率100%；信息化建设取得新成效，体检软件、办公自动化软件上线运行，全院大PACS系统实现整合，实现院内数据整合和信息共享；按照国家卫健委要求，医院抽调近80人开展门诊患者挂号全预约工作，门诊预约挂号率从最开始的30%提高至75%，门诊大厅财务收费窗口从原来的9个减少到2个；优化门诊住院缴费、退费流程，"一医一患一诊室"落实到位，为病友答疑2万余人次，帮助群众解决困难2000余起，接待并处理有效医疗投诉和纠纷582起。和政府相关部门及国网湖南省电力公司沟通，拆除住院部E区旁边的电力开闭所，打通医院南北通行的"肠梗阻"；启动新的门急诊综合楼和医技住院综合楼建设工作，项目预算总投资6.0149亿元，总建筑面积95354平方米。

【医疗技术与科研教学】2020年，娄底市中心医院承办中国红斑狼疮诊疗指南湖南首场巡讲、省头颈腔镜临床医疗技术示范基地学习班、市科学道德和学风建设宣讲报告会、市医学会相关专业委员会年会等学术活动40余场次。带教全日制临床硕士研究生49人，完成182名见习生临床理论和见习教学任务，带教实习医护人员646人，培养基层全科医生129人、在培住院医师157人，接收外院进修医护人员59人。是年，医院完成国家自科基金课题申报2项，获省自然基金项目立项2项、省普惠性政策与创新环境建设计划科普专题1项、省卫健委科研立项2项、省中药管理局立项2项，市科技局科研立项10项，获国家实用新型专利授权9项，软件著作权授权1项，实现省自然科学基金项目立项零的突破；干部职工发表论文100余篇，其中SCI(Scientific Citation Index是美国科学信息研究所ISI编辑出版的引文索引类刊物)论文3篇；在第五届湖南省护理创新大赛上获奖5项，《股骨髓内钉三位一体组合式导航仪》获湖南省医学创新创业大赛器械组一等奖；开展湖南省首例ECMO救治下剖腹产，在全市率先开展流式细胞术、B超引导下PTA、DSA造影下PTA、高阶泌尿腹腔镜技术、经皮穿刺半月神经节微球囊压迫术等新技术、新项目近30项；骨科、心内科等7个重点专科通过重点专科建设项目省级复审，麻醉科、泌尿外科、血液内科、妇科、眼科、肿瘤内科、耳鼻咽喉头颈外科等16个专科申报省市重点专科。

【社会帮扶】2020年，娄底市中心医院到双峰县锁石镇锁石村开展调研走访和送医送药下乡10场次，派专家赴塞拉利昂开展援外医疗；选派专家到麻阳苗族自治县人民医院、双峰县人民医院开展对口帮扶工作；对贵州省六盘水市钟山人民医院等8家医联体合作单位给予多方面支持；派遣8名高年资主治医师到乡镇卫生院开展"医卫特派员"工作；先后选派22名主治医师到市监管中心、纪委办案中心、老市委医务室开展医疗服务工作；全年救治"明天计划"残疾孤儿31例；到机关、社区、农村、企业、学校等开展各类科普宣讲、义诊活动100余场次；组织院内、院外志愿服务活动320余次；承担全市大型活动医疗保障工作10余场次，全年收治"三无"病人51人次，累计减免医疗费90万余元。

【文化建设】2020年1月底至3月上旬，娄底市中心医院党累计发表"抗疫"一线新闻稿件120余篇，文学稿件、家书信件60余篇，其中，在中央电视台、《人民日报》、人民网、《中国日报》、新华网、"学习强国"学习平台、光明网、央广网、《工人日报》、《健康报》等国家级媒体发表稿件37篇，总点击量和关注量500万余人次。采写的《既是护士更是勇士——直击负压病房里的ICU护士》一稿被《China Daily》(中国日报)翻译成全英文刊发为娄底首次，被评为湖南卫生健康"好新闻"奖优秀新闻作品。拍摄制作医院形象宣传片，《白衣勇士》《疫路有你风雨同舟》等多部短视频，获登学习强国平台，并获得全市"战疫密码：中国之治"暨全国两会精神主题微宣讲视频和现场比赛双冠军。医院官方抖音发布作品60余部，3部获得10万+的点赞。

（董　昉　刘紫寒）

## 娄底市中医医院

【概况】2020年，娄底市中医医院设有31个临床医技科室，其中针灸科为国家重点中医专科培育单位，针灸科、推拿科、骨伤科、心血管科为省级重点中医专科，烧伤整形科、肺病科为省级重点中医专科创建单位。建筑面积3.8万平方米，总资产1.9亿余元，开放

2020年10月30日，娄底市中医医院承办娄底市首届中医药科普大赛　　　　（谢　嘉　摄）

床位628张，有职工509人，退休人员92人；卫生专业技术人员402人，高级职称53人，中级职称75人；博士、硕士研究生43人。党员100名，其中在职党员85名，离退休党员15名，下设4个党支部。全年总收入1.61亿元（其中业务收入1.39亿元），较上年同期增长12.58%。

【党建引领】2020年，娄底市中医医院严格落实党委领导下的院长负责制，强化党委领导核心职能，执行党委议事规则，凡“三重一大”都按原则进行决策。修订医院章程，落实意识形态工作责任制、开展意识形态工作研判，推进“党支部五化”建设，抓实“三会一课”，开展主题党日教育，打造党建品牌特色。抓好党员积分管理、党员教育培训、党费收缴管理，建立党务专帐，划拨专项经费。发展党员2名，转正2名。层层压实全面从严治党党委主体责任和纪委监督责任，落实领导干部“一岗双责”，深化职业道德教育，开展干部作风集中整治。对市委第十一轮巡察整改督查组提出的整改意见进行全面梳理和迅速整改。

【疫情防控】2020年，娄底市中医医院成立防控工作领导小组，制定新冠肺炎防控管理工作方案、新冠肺炎医疗救治应急预案，改造发热门诊，组建院感防控和医务人员梯队，对全院全员进行新冠肺炎防控救治培训，在门诊大厅免费投入中药汤剂及一线医务人员预防用药2800余剂，投入薰蒸药品4.1万余元，组建疫情防控队到汽车南站、高铁南站等地方进行体温监测预检分诊。组织研究制定三种协定处方，在院内提供预防中药汤剂免费饮用，开展中药配送上门服务，为全市215家复工企业24439人提供价值169.85万元的免费中药122195剂，为群众熬制预防性中药2万余袋。为集中隔离医学观察者熬制1000余人份，爱心捐款58850元。

【学科建设】2020年，娄底市中医医院实行三级质量监管，修定十八项医疗核心制度，完善二级学科建设，细化学科管理，对泌尿肛肠科单独设科，推进名老中医进病房查房、MDT会诊制度，成功申报省重点科研课题1项《小肠经排刺配合谷刺法治疗肩背部肌筋膜炎的临床观察》，省一般课题1项《古法隔盐灸治疗肾阳虚腰椎间盘突出症的临床疗效观察及护理》，顺利结题2项，申报省级继续教育项目1项。通过湖南省中医助理全科医师规范化培训基地的评估检查并招收43名学员。被确定为娄底市基层卫生技能培训基地，60名基层医疗骨干参加基层医疗卫生技能培训，接收基层进修医师18人，成为娄底职院教学医院。

【人才队伍建设】2020年，娄底市中医医院充实高水平人才储备，引进高层次人才（研究生）13人，组织申报高级职称27人，外派进修学习26人，参加短期培训100余人次，分批选派16名护士长参加省中医药管理局组织的护理管理干部岗位培训，不定期选派护士长参加学术年会、研讨会、西学中培训。组织三基考试，促进专业人员素质提升。进行中层干部调整和选拔，选拔一批临床医技科室管理副职，提拔委管干部2人，交流岗位6人，选拔临床医技科室管理副职15人。

【社会服务】2020年，娄底市中医医院多次组织义诊活动，为居民提供医疗服务，讲授健康知识，切实解决群众生活生产中的实际问题，助力脱贫攻坚，完成村级垃圾分拣中心建设，捐资安装太阳能灯，入户宣讲脱贫攻坚、扫黑除恶、产业扶持等政策，夏送风扇冬送被，春耕送有机肥秋季帮助消费扶贫兜底采购，帮助群众添置家电家具、改造房屋，争取教育扶贫、产业扶贫资金118余万元。开展健康宣教，不断提高广大群众对创建活动的知晓率和参与度。设立志愿服务站，优化门诊服务流程。

【宣传推广】2020年，娄底市中医医院官方网站改版升级，发布党团版块稿件50余篇、医院新闻类稿件90余篇。医院微信公众号、新闻媒体发布稿件120余篇，平均发稿量1周3篇，《中药战役、娄底在行动》《中医助力企业复工复产》两篇稿子在省、市级主要媒体刊发,《中医药助力战"疫"显身手复工复产》被湖南省人民政府官网转载,组织参加全市"战疫密码、中国之治"宣讲比赛获二等奖、全市优秀健康科普宣讲大赛获三等奖,组织开展中医药知识竞赛及中医药技术比武活动。组织参加全市首届中医药科普大赛,获一等奖 2 个、二等奖 3 个。（艾瑟琴）

## 娄底市第一人民医院

【概况】2020 年,娄底市第一人民医院打造高级卒中中心和胸痛中心成为国家标准化代谢性疾病管理中心,开展肝癌、股骨头缺血介入治疗和栓塞止血外周介入等多项领先技术,成立双星司法鉴定所。开展学术讲座和培训 37 场次,申报省市以上科研项目 10 余个,带教医护学生 131 名。开展向阳生长活动健康扶贫,免费手术治疗贫困青少年患者 21 名,减免费用 140 余万元,产业扶贫、消费扶贫 100 余万元,获娄底市脱贫攻坚记功单位。娄底经开区人民医院挂牌,医院占地 1853 平方米、建筑面积 19660 平方米、高 45.6 米的改扩建项目一期主体工程封顶。

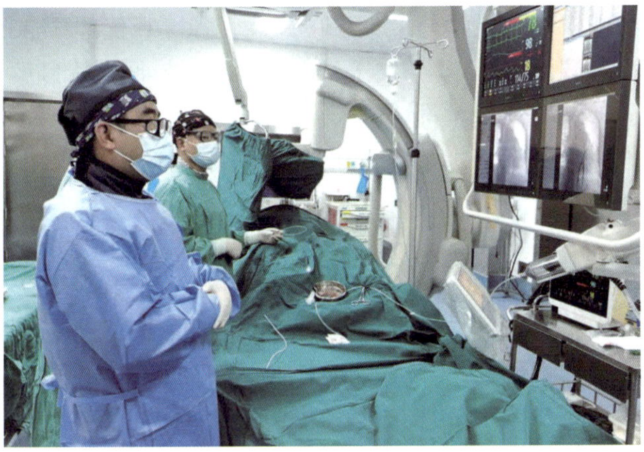

2020 年 12 月 4 日,娄底市第一人民医院成功开展首例大面积肺栓塞溶栓术（鄢　婷　摄）

【疫情防控】2020 年,娄底市第一人民医院 ICU 室 20 人整建制支援娄底市定点救治医院,承担华菱涟钢、娄底经开区疫情防控任务,免费发放防疫中药汤剂 15 万余袋,为 50 余家教育机构和 460 余家企业(门店)开展健康咨询和宣教,发放宣教资料 4 万余份,党员职工自愿捐款 62050 元,实行全院疫情防控周检查、周调度、周通报,常态化督查 67 期,绷紧疫情常态化防控弦,辖区病例零疑似、零确诊和医院零感染。

【队伍建设】2020 年,娄底市第一人民医院用"走出去、请进来、制度化"和"双培养"机制,将党员培养成业务骨干 27 人,把业务骨干培养成党员 9 人,科主任中的中共党员占 69.55%。引进人才 59 人,选任 15 名中层干部。选送 59 人到北京市安贞医院、湖南省湘雅医院等医院进修培训。举办全院中层干部培训班,为医院高质量发展培育高素质人才队伍。从实整治干部作风,查摆 9 个方面问题,提出整改举措 30 条,整改完成巡察组反馈的 13 个方面问题和督查组反馈的 6 个方面问题。审计项目 21 个,审减经费 48 万余元。谈心谈话 1424 人次,提醒谈话 21 人次,履责约谈 10 人次。13 名医师退还 21 人红包 1.47 万元。

【医改推进】2020 年,娄底市第一人民医院挂牌娄底市经开区人民医院,建立健全党委领导下的公卫应急机制,开展医防协同模式,设立公卫办,建立预防宣教、应急处置、专业救治的医地联防联控机制。药品带量采购价下降 15.3%,基药采购占比 37%以上。扩展医保定点支付区域,按病种付费结算 275 例。

【日常管理】2020 年,娄底市第一人民医院组织院长行政查房 30 余次,开展全院大会诊及高风险谈话 50 余次,组织"三基"考试 9 次。建立院感督导员制度,不断加强院感、传染病、慢病和食源性疾病管理,全年质控病历 5760 份,环境卫生学监测合格率 98.92%,处置医疗废物 71.37 吨,无重大院感、传染性疾病事件。执行处方点评制度,全年抽查门急诊处方 4800 张、出院病历 720 份。举办医联体学术会议 20 场,走访基层医院 40 余家,坐诊查房 10 余期,手术指导 20 余例,服务患者 500 余人次,培训医师 75 人。推进优质护理 100%覆盖,建立护理人员弹性调配制度,组建应急机动队。制定全科医生转岗培训细则,接收全科医生和助理全科医生 122 名,结业考核 105 人。（鄢　婷）

## 娄底市第二人民医院

【概况】2020 年,娄底市第二人民医院通过接受市委巡察组巡察、推行绩效考核、支援湖北黄冈等工作,促进职工作风建设，锤炼骨干队伍，履行社会职能。改善医疗环境，启用儿科综合楼，对院内路面实施“白改黑”改造，装修改造规范的发热门诊楼，建好PCR核酸检测实验室，积极应对新冠肺炎疫情。承办《娄底市脑心同治专业委员会成立大会暨第一届学术会》会议，科研项目《糖尿病足病的早期诊治和预防的临床研究》取得质的进展，省中医药管理局立项的《活血利水明目汤治疗视网膜静脉阻塞并发黄斑水肿的临床研究》科研顺利完成揭题。全院业务收入同比增幅4.76%，门诊诊次同比增幅27.87%。获得“娄底市文明单位”称号。

【疫情防控】2020年，娄底市第二人民医院成立新冠肺炎疫情防控工作领导小组和医疗救治专家组，制定疫情防控方案、应急预案和应急流程图，针对不同科室风险程度开展全方位、分层次培训。组织临床科室、门急诊进行应急演练。开展疫情期间义务献血、为社区单位送预防中药、配制预防中药香囊和香薰剂。强化医院防控管理，督导预检分诊、发热门诊、急诊等科室防控措施落实。承担娄底火车站出入口体温检测疫情咨询指导服务工作，先后出动干部职工631人次，对10万余旅客实施体温检测。在娄底市“战疫密码：中国之治”主题微宣讲比赛中获一等奖。

【项目建设】2020年，娄底市第二人民医院儿科综合楼完工投入使用，该项目中央投资2900万元，申请政府专项债券6000万元，总建筑面积12875平方米，集门诊部、急诊科、儿科、内系科室和部分医技科室于一体，新增病床242张、地下停车位60个，配备一批高精尖医疗设备和设施，改善医院的医疗条件和就医环境。

2020年7月10日，娄底市第二人民医院儿科综合楼正式启用　（娄底市第二人民医院 供图）

【业务发展】2020年，娄底市第二人民医院开展主动脉夹层腹膜支架腔内修复术、肝硬化脾亢脾栓塞术、三叉神经痛球囊压迫术、膝关节镜下行关节冲洗并交叉韧带重建术、下肢动脉栓塞腔内溶栓术、下肢血管闭塞再通术、椎间孔镜下行颈腰椎间盘突出摘除术及脑脊液置换，运用中西医结合治疗糖尿病视网膜病变、偏振光治疗急性痛风。推进市级重点专科骨科、心血管内科、内分泌科的专科建设，“卒中中心”神经内科开展的静脉溶栓术、全脑血管造影术和脑动脉内溶栓等技术成熟。12月，新开设以神经、脊柱、肛肠外科为主的外三科。

【医院管理】2020年，娄底市第二人民医院院党委落实主体责任，制定《医院章程》《中层干部选拔任用管理办法》《人才引进、人事招聘管理办法》等规章制度，加强对人、财、物等重大事项规范管理。择优选拔20余名政治过硬、业务技术好、工作能力强、群众认可度高的优秀年轻干部，其中科主任6名、副主任12名、护士长3名、组长2名，落实任前公示、任前谈话、廉政谈话等制度。

【创文管卫】2020年，娄底市第二人民医院加强宣传工作，全员参与创文管卫活动。整治环境卫生，加强医疗废物管理，落实慢性病防控。加强专题宣传、健康教育常态化管理，组织社区义诊、扶贫帮困和健康科普宣传等活动，建好志愿者服务站和母亲关爱室。全院职工充当控烟员，创建无烟医院。出资近5万元扶助铁西社区，用于铁西路破拆处复原、下水道清理、社区文化建设、贫困人员慰问等。

【作风建设】2020年，娄底市第二人民医院纪委坚持原则，加强作风整治，建立风险防范长效机制，切实履行党风廉政监督责任。理顺医院采购流程、规范各项规章制度，对基建工程、干部提拔、医药耗材采购、人才引进等工作进行全程监督。加强执纪问责，对违反“八项规定”的19名干部进行提醒问责谈话，对受到刑事处罚人员职工处理不及时问题负有主要责任的2名院领导和1名科长，进行提醒谈话并责成写出深刻检讨，对1名违纪人员进行批评谈话。

【脱贫攻坚】2020年，娄底市第二人民医院组织18人帮扶小组，对口帮扶新化县科头乡山下村，该村建档立卡贫困户101户367人，低保、特困供养、重度残疾、大病救助人员98人，危房改造50户。通过为村医务室添置医疗设备及用品、装修村活动中心、赠送种养殖专业书籍和生活物品、节日慰问现金、免费住院就诊、消费扶贫等多渠道多方面精准帮扶，累计落实帮扶物资和慰问金11万余元，是年，101户建档立卡贫困户全部稳定脱贫。同时推进基础公共服务设施和产业建设，完成村级文化广场建设、担光坳旅游项目游道修建、新铺子和樟毛冲两座桥梁的设计和招投标，完成公路硬化300米、农田水利灌溉水渠1200米、油茶林种植16.46公顷。（黄继红）

## 卫生计生综合监督执法

【概况】2020年，娄底市卫生计生综合监督执法工作开展多元化综合监管。全年重点检查52家（次）市直管医疗机构的依法执业情况，卫生监督员下达整改意见书52份，立案查处问题较严重的医疗机构25家，罚没金额14万余元。监督检查传染病防治，查处违法行为，全年立案查处16家，罚款5余元。监督巡查各县（市、区）市政供水、农村集中式供水、单位生活饮用水卫生安全。11月26日至12月5日，组织开展对市政供水、农村乡镇集中式供水单位卫生监督安全巡查，立案查处乡镇供水单位2家，向县（市、区）移交案件5起，罚款16000元；对市直管集中式供水单位（4家）和市直管住宿行业二次供水单位（12家）开展不少于两次的监督，全年对供水单位监督检查40余次，下达意见书40余份，立案查处二次供水单位2家，罚款4000元。继续推行公共场所卫生监督量化分级管理及日常监督监测工作，对市直管52家各类公共场所单位开展日常卫生监督检查，制作量化分组评分表104份，下达卫生监督意见书104份，对存在违法行为的9家被监督对象进行立案查处，罚款16200元。全年培训从业人员1000余人次，从业人员健康体检率100%，“五病”调离率100%。持续开展学校卫生监督检查工作，是年，国家下达娄底市市本级“双随机”监督抽查20所学校的任务：监督抽查职业技术学院1所、中职院校1所、初高中6所、小学10所，关闭2所。市卫生计生综合监督执法局对18所学校进行卫生监督检查，对其中3所学校下达警告并责令七日内改正违法行为的当场行政处罚决定书，对12所发现问题的学校出具卫生监督意见书责令限期整改，同时交办给各县（市、区）卫生监督机构按期对整改情况进行监督检查并将结果上报。规范餐饮具集中消毒服务行为，全市监督检查餐饮具集中消毒服务机构12户次，8月抽检餐饮具样品42个，合格42个，合格率100%。开展放射卫生日常监督执法工作，加大对放射诊疗许可、建设项目预防性卫生审查、放射工作人员资质和职业健康监护、个人剂量监测专项整治及放射防护及性能检测等方面的监督执法力度。全年对全市57家市直管医疗机构进行放射卫生执法检查，当场下达卫生监督意见书66份，监督率100%。其中对5家违法情节较轻的单位给予警告、责令限期整改，并进行回访；对4家违法情节较重的单位进行行政处罚，罚款41000元。监督检查母婴保健机构，对4家违法情节较重的单位进行行政处罚，罚款2万余元。

【疫情防控】2020年初，娄底市卫生计生综合监督执法局在市疫情防控指挥部的统一领导下，组织全市各级卫生监督机构对各级各类医疗卫生机构开展监督执法，重点对发热门诊、预诊分诊点、医疗废物暂存点、污水消毒间等开展监督检查。疫情防控期间，全市出动卫生监督员7600余人次，出动监督车辆3300余台次，检查各级各类医疗机构2300余家次、生活饮用水供水单位450余家次、学校（托幼机构、培训机构）600余家次、公共场所5600余家次、出具卫生监督意见书8000余份。抽调12人次到市疫情防控指挥部、市创管办、市直机关工委等机构协助工作，采取“四不两直”方式对全市的疫情防控工作落实情况进行多次督导检查，确保疫情防控各项工作落细落实。

【专项整治】2020年，娄底市卫生计生综合监督执法局开展扫黑除恶专项行动，继续加大对黑救护车、号贩子、医托的打击力度。开展打击非法医疗美容专项工作，在全市范围内监督检查医疗美容机构15家、生活美容机构509家，出动卫生监督人员2096人次，立案2起，罚款12000元，没收违法所得65900元。开展全市学校卫生传染病防控和生活饮用水专项监督检查，制定《关于开展学校传染病防控专项监督检查的通知》,要求各县(市、区)卫生监督机构按文件要求落实。开展全市母婴保健技术服务专项执法检查,对全市18家母婴保健机构的执业资质、依法执业、新生儿疾病筛查、出生医学证明管理等开展监督检查,分别对未取得资质擅自开展孕妇外周血胎儿游离DNA采血工作的两家单位各进行罚款10000余元的处罚,配合市卫健委对医疗机构分管领导、科室负责人进行约谈,确保母婴健康权益。

【执法效能】2020年,娄底市卫生计生综合监督执法局在全市启动职业卫生监督工作。明确专职工作人员,配备职业卫生执法取证装备和现场快速检测设备,邀请省局专家为全市卫生监督执法人员进行职业卫生监督业务知识培训。创造条件开展尘肺病防治攻坚行动,年内所有县(市、区)都消除"零办案"。利用新冠肺炎防控补短板的机会,选调2名医学类监督员,充实执法力量。落实执法三项制度,为每名监督员配备执法全过程记录装备,更新近半数的执法所用电脑,完善执法硬件设施,提升执法能力。完成全年日常监督和国家"双随机"任务,市本级"双随机"办案首次突破10%。全市年内办理卫生执法案件408起,完成罚没收入2117790元,其中市卫生综合监督执法局办案71起,完成罚没收入约40万元。(曾琼阳)

## 疾病预防控制

【概况】2020年,娄底市疾控工作坚持"预防为主"的工作方针,推进"健康中国战略",落实重大疾病防控,提升传染病防控水平,开展各项疾病防控工作,完成各项指令性工作任务。全年检验样品数是上年的3倍,检测项目数是上年的2倍。开展新冠病毒、流感病毒、艾滋病、水质、公共场所、食安风险、雾霾、职业卫生及其它监测九大项,完成检验样品27143份,检测项目77522项。成功处理多起突发事件。

【疫情防控】2020年,娄底市疾控中心围绕综合协调、流行病学调查、疫情分析、核算检测、消毒与场所指导、后勤保障、健康教育与宣传、医疗救治协调、督查等方面成立8个工作组,明确每个工作组的职责,将工作要求责任到组、责任到人,对接国家卫健委适时更新的诊疗方案、防控方案和相关流程开展工作,及时调整防控方案,优化工作流程。组织专家研讨部署娄底市传染病防控工作,下发《娄底市新冠肺炎疫情控制应急预案》《娄底市新型冠状病毒感染的肺炎疫情集中医学观察指导意见(试行)》等各类技术方案,指导全市传染病疫情防控工作的开展;贯彻落实防控策略,加强风险研判,及时发布预警提示。完成简报162期,通过中心公众平台和网站发布温馨提示10余次。组织策划新冠肺炎疫情防控应急演练,提升各参与单位和人员的应对处置能力和水平。主导参与全市20余起重大活动、30余场重大考试,参加市中级法院20余场重大审判的现场疫情防控,为全市重点场所、重点单位、重点人群的疫情防控工作提供技术支持。现场指导企事业单位及重点场所开展预防性消毒10万余平方米,纠正过度消毒问题。完成新冠疫苗紧急接种前期准备工作。

组织举办各类培训班10余起,培训现场流行病学调查人员250余人次。主办疾控机构新冠病毒核酸检测与采样班4期,培训合格检验人员102名、采样人员126名。

开通抗击新冠肺炎答疑电话,加大微信公众号推广力度。组织策划制作大型娄底疾控抗疫宣传片《万众一心众志成城战疫情:抗疫尖兵——娄底疾控系统抗击新冠肺炎疫情工作纪实》、疫情防控知识中英文版宣传片《开学第一课》,提高公众防治知识水平。印发《新冠肺(NCP)炎居家》医学(隔离)须知》《新型冠状病毒公众应对指南》《新型冠状病毒感染个人防护须知》《企业复产后新冠肺炎防控知识指引》等宣传资料8种12万份。撰写宣传报道200余篇,与12家大众合作媒体开展宣传100余次。刊发疫情防控知识公益广告100余小时,发送宣传短信7万条,张贴宣传标语100余幅。

【疾病防控】2020年,娄底市无大面积的传染病暴发流行,无甲类传染病报告。报告乙类传染病17种,其中非典、脊灰、人感染高致病性禽流感、炭疽、白喉、新生儿破伤风、血吸虫病、人感染H7N9禽流感8种乙类传染病无病例报告,报告病例数12116例(按审核日期统计),报告发病率为307.41/10万,发病率较上年同期下降5.27%;报告死亡50例,累计报告死亡率1.2686/10万,死亡率较上年同期下降15.46%。全市报告丙类传染病8种,报告病例数13147例,报告发病率 333.57/10 万，较上年同期下降 72.35%；无死亡报告。全市报告各类突发公共卫生事件 61 起（一般事件 6 起，未分级事件 55 起）、传染病事件 56 起（乙类传染病 46 起、丙类传染病 2 起、其他传染病 8 起）、食物中毒事件 3 起、其他公共卫生事件 2 起。报告发病人数 483 例，死亡人数 4 例，报告突发公共卫生事件数较上年同期上升 85%，病例数较上年同期下降 71%。报告的每一起疫情，得到规范、有效处置。

完成市、县两级配送疫苗全程冷链监控建设，保证疫苗配送县级环节全程冷链监测可溯。将市级冷库进行维护、整合、扩容，冷库容积扩充到 110 立方米；县（市、区）疾控中心购买冷链车、扩大或新建冷库，完善基础建设。建立覆盖全市的冷链三级报警网络平台。市、县两级中央转移支付冷链建设项目基本到位，冷水江市建立覆盖全域的县级温度监测平台。制定《新型冠状病毒肺炎流行期间预防接种防控指引》，就疫情期间预防接种工作要求、疫苗补种工作的实施方案等进行重点培训。开展麻风类疫苗查漏补种评估暨免疫规划疫苗接种率调查工作，经评估，全市疫苗补种率 96.67%，新冠疫苗紧急接种前期准备工作完成。

开展麻风病症状监测，全市报告麻风病疑似症状线索 194 例，麻风病可疑线索报告率 97%，达到省级项目考核优秀标准。做好麻风病疫情监测工作、治疗管理和畸残预防，组织开展麻风病人密切接触者与治愈存活者的随访调查。截至年末，全市累计报告麻风病病例 249 例，治愈存活 47 人，全年无新发病例。依据《全国消除麻风病危害规划（2011—2020 年）》终期评估方案要求，组织开展终期评估自查，完成终期评估自评报告。

结核病防治工作各项指标向好，全年全市发现活动性肺结核 2584 人，病原学阳性 1405 人，病原学阳性率 55.67%，活动性肺结核患者成功治疗率 96.46%。非结防机构网络报告肺结核患者有效网报数 2318 例，到位人数 2275 人，总体到位率 99.14%。新病原学阳性耐药应筛查 1198 人，筛查 1058 人，新病原学阳性耐药筛查率 88.31%。病原学阳性耐药应筛查 1339 人，筛查 1190 人，病原学阳性耐药筛查率 88.87%。高危人群耐药应筛查 141 人，筛查 132 人，高危人群耐药筛查率 93.62%。全市发现利福平耐药/耐多药患者 52 例，纳入治疗人数 42 人，纳入治疗率 80.77%。

组织开展地方病防治专项三年攻坚行动自评工作，各县（市、区）燃煤污染型地方性氟中毒除新化县达到控制标准以外，其他均达到消除标准，完成地方病防治专项三年攻坚行动目标。9 月，国家地方病三年攻坚终期评估组对湖南地方病防治工作进行考核，抽中的娄星区燃煤氟中毒的防治工作受到考核组一致好评。开展碘缺乏病监测，各县（市、区）碘缺乏病达到消除标准。开展登革热媒介伊蚊专项调查，病媒生物监测国家项目结束。

加强慢性病防治工作，从危险因素、重点人群、重大疾病 3 个方面着手，综合防控，统筹推进。完善和规范死因监测、肿瘤监测、心血管疾病监测等监测工作，推进流行病学调查项目。改善健康公园、健康步道、健康社区等环境，开展“万步有约”“三减三健”等全民健康生活行动。实施心血管防治行动、癌症防治行动、糖尿病防治行动，开展病情评估与危险分层工作，规范信息采集和管理。肿瘤、高血压、糖尿病等重点慢性病快速上升势头得到遏制。基层医疗机构标准化建设强力推进，健康档案向居民个人开放，家庭医生签约服务人群覆盖率在 95%以上。实施救治救助贫困严重精神障碍患者，建立完善精神疾病防治网络，推进对重性精神疾病的管理治疗。应对人口老龄化，创新养老模式，家庭养老、社区养老、医养结合共同发展。推进“银龄安康工程”，配合心理卫生服务机构，加大新冠疫情后心理康复服务。

**【卫生监测】**2020 年，娄底市疾控中心按省级监测要求完成中心城区饮用水卫生监测工作，科学布点 50 个，规范采集水样 220 个，上传监测数据 3 万余条，监测结果定期向全市公示。完成 5 个县（市、区）城市、农村饮用水 849 个水样 12 万余条数据的审核上报工作，任务完成率 148%。对各县（市、区）20 家制水工艺落后的农村安全饮水工程进行一对一现场指导，农村生活饮用水合格率比上年提高近 10 个百分点。完成食品中化学污染物和有害因素监测、食品微生物及其致病因子监测 238 份样品的采集和检测工作。核实和处置食源性疾病聚集性事件 74 起，报告食源性疾病病例 2520 例，完成主动监测标本采集 210 份，检出阳性结果 53 份。按照国家卫健委“双随机一公开”监测学校项目工作要求，组织专家对学校的教室人均面积、课桌椅分配符合率、黑板反射比、教室采光和照明、微小气候、外来噪声等 14 个项目，以及学校生活饮用水的色度、浑浊度、余氯、pH 值、臭和味、肉眼可见物 6 项指标进行现场监测，完成全市 20 所学校的监测和指导工作。组织开展对全市 5 个县(市、区)42 所学校(含幼儿园)儿童青少年近视等常见病的监测工作。

【职业病防治与职业卫生技术服务】2020 年，娄底市疾控中心完成尘肺病随访调查 12618 例，娄底市职业病危害现状调查任务数 1092 家。累计报告重点职业病个案卡 22100 例，发现疑似职业病 167 例。调查放射诊疗机构 161 家，职业性放射性疾病监测单位 6 家，职业健康检查人数 406 人。诊断尘肺病 567 例，其中新发尘肺病例 481 例、晋期病例 85 例，复诊病例 5 例。无尘肺病例 15 例，无其他职业病和物理因素所致职业病病例，未出现职业病鉴定病例。农药中毒 8 例，为非生产性中毒。强化医院文化建设，提高医疗质量，深化优质服务，改善就医环境，更新医疗设备。申报娄底市公共卫生医院(娄底市职业病防治医院)二级资质。开通双峰县居民医保。承担新冠病毒核酸检测采样工作，采样 139 人次。接待体检单位 200 余家，承接各类体检人员 10 万余人，功能检查科完成检查 85137 人次。（蒋　媛）

## 妇幼保健

【概况】2020 年，娄底市妇幼保健工作坚持“内强外联、双轮驱动、精品特色、跨越赶超”的发展思路，抓实“三范一树”(班子示范、“三基”规范、党员模范、树清廉医风)，全方位、全周期保障全市妇女儿童健康。是年，娄底市妇幼保健院在职职工 409 人，其中在编人员 110 人，中级以上技术职称 158 人、副高以上职称 63 人，退伍安置 1 人，提拔岗位 15 个，调整岗位 32 个。全年接诊门急诊病人 22 万余人次，住院病人 1.2 万余人次。推进整体搬迁(市儿童医院)项目建设，设立 5 个工作专班，对项目现场工程建设、工程质量、工期进度、安全生产等进行全面、全程管理监督，医技楼、综合楼(二期)主体全部封顶。新建新冠核酸检测 PCR 实验室，选送参加省级以上继续教育培训近百人次，增设“四大业务部”及调整合并中层干部岗位，消化超配职数。获全市工会女职工工作规范化建设先进集体、市卫健系统宣传工作优秀单位等多项荣誉。

【妇幼健康服务】2020 年，娄底市健全三级妇幼保健网络，筑牢妇幼公共卫生防线，全年督导乡镇 28 个、县级医疗机构 24 个、市直医疗机构 4 个。完成两项民生实事(农村与城镇低保适龄妇女“两癌”免费检查和免费产前筛查)，完成率分别为 101.52%和 101.23%。打造出生缺陷综合防控“娄底样本”，全市产前筛查机构筛查率 106.16%，对 72 例严重胎儿畸形进行医学干预；新生儿疾病筛查机构筛查率 98.44%，筛查出阳性患儿 394 例，确诊患儿得到有效治疗和随访管理。

【医疗服务】2020 年，娄底市妇幼保健院坚持“以评促建、以评促改、评建并举、重在建设”的工作主线，启动三甲医院创建。产前诊断中心通过省级校验，危重新生儿救治中心通过市级评审，儿童康复救助定点服务机构通过三星测评。是年，成为湘雅妇科专科联盟和湖南儿童康复联盟成员单位，申报市应用技术研究与开发项目 1 项，开展产后针灸穴位埋线减肥、盆底肌筋膜手法等新技术 4 项，承办国家级、市级学术讲座及培训 17 场；组建乳腺肿瘤诊治 MDT 团队，乳腺导管灌注介入治疗乳腺增生性疾病形成区域特色。

【公益民生】2020 年，娄底市妇幼保健院帮扶新化县曹家镇玉溪村，在 7 月份国家脱贫攻坚普查中，玉溪村面访率和满意度均为 100%(全县仅两个村)。争取中国出生缺陷干预救助基金会项目资金 360 万元，免费为全市 2 万名新生儿进行多种遗传代谢病疾病筛查。耳聋基因筛查纳入 2020 年度市政府民生实事项目，采取“个人自费 40%+政府补助 60%”的方式进行，全年完成 16839 例，中央电视台中文国际频道《中国新闻》栏目以《湖南娄底：耳聋基因筛查 助力脱贫攻坚》进行新闻报道。采用“分包竞价、整体折扣”方式进行耗材带量采购，医院节支 300 万元以上。启用电子卖场规范小额采购行为，降低采购成本。推出 14 项惠民利民优惠措施，减免群众看病支出约 100 万元。开展“守护青春 与爱同行”公益活动，到学校、社区、机关单位开展讲座 20 余场。（胡　晖　袁益华）

# 社会生活

- ◎人力资源和社会保障
- ◎医疗保障
- ◎民政
- ◎应急管理
- ◎消防救援
- ◎扶贫
- ◎住房公积金管理

# 人力资源和社会保障

【概况】2020年，娄底市人力资源与社会保障工作主要围绕“六稳”“六保”开展，10项工作获全省先进，稳就业工作在省政府2020年重点工作综合大督查中获选地区典型经验，就业和根治欠薪工作在省政府真抓实干督查激励考核中获通报表扬。

【返岗复工】2020年，娄底市出台支持复工复产和返城返岗“24+8”条硬核举措，市人力资源与社会保障局组织7支联县进企小分队带动县乡联动进企入户，“点对点服务”保企业用工，提供从家门到厂门“一站式服务”，开出全省首趟农民工返岗直达高铁专列、首批跨省农民工返岗大巴车队、首趟建档立卡贫困户务工专列，创全省“三个第一，”获中央电视台《新闻联播》等媒体报道。是年，全市开出铁路专列13趟，包车689台，点对点输送农民工26162人，返城返岗农民工68.2万人，返岗率99.4%。向607家企业发放稳岗返还资金4351.8万元，稳岗补贴发放进度、应发尽发覆盖率均居全省前列。

2020年5月20日，娄底市召开保就业促创业五大行动暨点对点输送农民工返岗总结表彰会议

（市人社局　供图）

【人社扶贫】2020年，娄底市组织开展就业扶贫百日攻坚行动、就业扶贫质量提升行动，提升贫困劳动力就业创业服务水平。加强就业扶贫载体建设，出台《进一步推动就业扶贫车间建设助力精准脱贫的实施意见》，新建扶贫车间108家，全市累计建成就业扶贫基地120家、就业扶贫车间415家，吸纳就业6458人。在100人以上易扶安置区加大公益性岗位开发力度，安置贫困劳动力7121人。在国家脱贫攻坚普查中，娄底市就业扶贫指标满意率排名全省前列。全市符合基本养老保险参保条件的建档立卡贫困人口33.72万人和符合参保条件的低保对象、重度残疾等贫困人员5.28万人全部参保，待遇发放率100%。为乡镇基层招募“三支一扶”高校毕业生22名。

2020年5月14日，娄底市举行就业扶贫车间集中授牌仪式

（市人社局　供图）

【就业创业】2020年，娄底市开展“保就业促创业五大行动”，以28条具体举措力促农民工、高校毕业生、贫困劳动力、就业困难人员等重点群体充分就业。全市城镇新增就业3.48万人，新增农村劳动力转移就业3.78万人，城镇登记失业率为2.3%，城镇调查失业率为5.8%，排名全省二类地区第二。降低创业担保贷款门槛，全市发放小额担保贷款1.6亿元，带动就业8330人。累计创建省、市级创新创业带动就业示范典型395家、省级创业孵化基地5个。推广使用“湘就业”平台，线上线下累计提供就业岗位16万余个，达成就业意向2万余人次。全市有就业能力且有就业意愿的退捕渔民100%实现转产就业。娄底市职业培训“吃点菜”、办“农民工夜校”等工作经验获人社部总结推介。

【社会保障】2020年，娄底市实施全民参保计划，推进城乡居保全覆盖工作，全市养老保险、工伤保险、失业保险参保人数稳步增长，分别为290.75万人、39.06万人和35万人。落实阶段性减免企业社保费政策，为企业减免养老保险费56130万元、失业保险费2456万元、工伤保险费13582万元。足额发放各项社保待遇，全市发放机关养老保险待遇237639万元、企业养老保险待遇500571万元、城乡居民养老保险待遇

71468万元、工伤保险待遇14810万元、失业保险待遇2849万元。娄底市工伤保险实现省级统筹，工作典型经验获全省推介。

【人事人才】2020年，娄底市52家经营类事业单位完成改革任务，获省里专文表扬。加大人才培养引进力度，全年开展职业技能培训7.04万人次，在长沙举办"创新引领·圆梦湘中"招才引智活动，为市直单位引进高层次人才150名，推荐6人获评省科技创新人才。2000余名乡镇事业单位人员首次纳入岗位管理。首次集中组织市直事业单位公开招考。督促县（市、区）落实中小学教师待遇，确保义务教育教师平均工资水平不低于当地公务员平均工资水平。会同市委组织部、市财政局联合出台《激励关爱疫情防控一线工作人员的八条措施》，一线医务人员各项福利待遇得到落实，全市40名先进个人、13个先进集体获省委省政府抗疫先进表彰。组织人事考试工作，连续17年确保"零事故"。

【人社服务】2020年，娄底市人力资源与社会保障局梳理人社系统清单198项，取消证明材料134项，人社部门17件"一件事一次办"事项全部进驻服务大厅，政务服务即办事项实现30分钟内办结，承诺事项提速50%以上，政务服务事项可网办率82%，在全市政务服务"好差评"测评中获得"好评"。社保卡实现制发卡立等可取，建成即时制卡网点104个，即时制卡9.7万张。开展人社领域聚焦民生保障专项治理，排查整改居民就业政策落实、拖欠农民工工资、就业扶贫3个重点方面的潜在问题。

2020年6月30日，娄底市启动城乡居民基本养老保险全覆盖集中宣传月活动　（市人社局　供图）

【劳动关系维护】2020年，娄底市累计办理劳动用工备案单位3316家，审批劳务派遣公司21家，核验劳务派遣经营单位78家。开展劳动关系"和谐同行"能力提升活动，累计签订集体合同4556家，涉及职工人数31.2万人。开展劳动监察执法，全市立案查处劳动保障投诉举报案件19起，为400人立案追讨工资217.83万元。整治欠薪工作，全市开展专项执法检查6次，2家用人单位列入欠薪"黑名单"，向公安机关移送重大案件2起，在全省根治欠薪工作考核中连续两年获评"A级"等次。调解仲裁，立案处理劳动人事争议案件718件，当期结案率99.8%。　（欧阳婧）

## 医疗保障

【概况】2020年，娄底市医保部门把握正确方向导向，全力服务中心大局，市级统筹工作获评全省二等奖，获得奖金340万元。是年，按全市常住人口394.13万人计算，全年参保率99.45%，参保率居全省第三。其中，在本地参保的城镇职工为38.36万人，城乡居民为351.87万人。全年医保基金收入43.48亿元，支出42.73亿元，年度结余0.75亿元，其中，城镇职工基金收入15.44亿元，支出13.59亿元，年度结余1.85亿元；城乡居民基金收入28.04亿元，支出29.14亿元，年度结余-1.10亿元。

【参保登记】2020年，娄底市医保局联合教育部门开展双职工子女参保登记工作，新增3万余名中小学生参保，在剔除重复参保人员后，参保人数升至390.23万人，参保率99.45%，排名全省第三。城镇职工参保结构不断改善，城镇职工基本医疗保险参保人数为38.39万人，比上年同期增加0.52万人，增长1.38%。其中，在职职工22.16万人，比上年增长2.72%，占参保人数的57.73%，占比增加0.76个百分点；退休人员16.23万人，比上年下降0.41%，占参保人数的42.27%，占比下降0.76个百分点。在职退休比为1.36∶1，优于上年的1.32∶1。

【医保脱贫】2020年，娄底市全年资助贫困人口参保44.79万人次、金额6339.48万元，确保100%资助、100%参保。执行建档立卡贫困人口住院费用报销比例提高10%政策,人均提高待遇315元;落实贫困人口享受大病保险起付线减半政策,平均补偿5534元;通过医疗救助等多重保障,全市县域内贫困人口结算8.16万人次,医疗总费用7.24亿元,报销6.45亿元,实际报销比例89.11%,比上级要求高4.11个百分点。全市累计减少因病致贫、因病返贫3.65万户10.97万人。是年,医保领域以“零扣分”“零问题交办”通过国家、省市扶贫验收考核。

【医药服务】2020年,娄底市推进医保支付方式改革,推行以按病种付费为主,以按人头、按床日付费等相结合的多元复合式医保支付方式,完善按病种付费管理。完善和扩大按病种收付费工作,新增胃息肉等54个病种,并对原106个单病种中部分不合理收付费标准进行调整,规范口腔疾病门诊治疗费用包干结算。

【集中采购】2020年,娄底市医保局通过督查、通报、约谈等多种举措,推进全市公立医疗机构开展第一、二批国家药品集中带量采购和省抗菌药物专项集中采购,分别完成约定采购量的265.37%、120.32%、189.23%,做到“四个确保”,即确保质量、确保供应、确保使用、确保回款。三批集中带量采购药品价格平均降幅60.3%,全年为患者和医保基金节省费用1.28亿元。

【基金监管】2020年,娄底市医保局开展“打击欺诈骗保、维护基金安全”集中宣传月活动。探索建立基金监管分层网格化机制,明确市、县两级医疗保障部门监管责权,对定点医药机构日常监管全覆盖。完善智能网审规则增补动态调整机制,智能网审效能提升增速273%。建立255人的协助执法人员名录库,聘请60名社会监督员参与基金监管。组织医药机构开展自查自纠。出重拳打击欺诈骗保,全市退缴自查自纠资金1.27亿元,解除协议3家,暂停协议146家,行政处罚560.59万元,移交司法部门1家,移交卫健部门1家。

【经办服务】2020年,娄底市医保局修订《娄底市医疗保障经办政务服务事项办事指南》,优化流程、简化资料、方便群众。应用手机、网络、信息技术等新兴科技,搭建QQ、网络、微信、APP等办事平台,实现“网上办”“手机办”“异地办”“一次办”。推进异地就医联网结算工作,解决群众“跑腿垫资”问题。是年,全市城乡居民住院72.2万人次,合规费用35.68亿元,基金支出23.2亿元,政策范围内报销比例65.03%;城镇职工住院10.63万人次,合规费用8.18亿元,统筹基金支出6.49亿元,政策范围内报销比例79.37%。

【巡察整改】2020年9月9日,娄底市委第二巡察组向局党组反馈巡察情况,涉及党的领导、党的建设、全面从严治党3个方面68个问题。9月14日,市医保局召开党组会议,专题研究巡察整改工作,系统学习《被巡察党组织落实巡察整改责任实施办法(试行)》,班子成员分别认领各自问题,就巡察整改工作明确要求。9月18日、9月22日,党组2次专题会议研究巡察整改方案,一条一条制定整改措施,一项一项明整改责任科室和责任人。9月24日,巡察整改方案报市纪委市监委驻市卫健委纪检监察组审核,于9月29日通过,之后报市委第二巡察组审核通过,并予以印发各相关科室和责任人,按照方案推进相关整改工作。截至年底,68个问题整改到位,向市委第二巡察组报告巡察整改进展情况,获通过。（刘智勇）

## 民 政

【概况】2020年,娄底市民政局全力以赴战疫情、保民生、抓项目、促发展,娄底市民政工作被评为全省“优秀”市州,乡村振兴、养老服务、“放管服”改革、重大资金项目争取、审计整改5项工作获评市真抓实干奖,脱贫攻坚、法治政府建设、建议提案办理、党务信息、政务信息、统计、决算报表编制、固定资产报表、国有企业退休人员社会化管理9项工作被评为全市先进单位,人大评议被评为“满意单位”,继续保持全市文明单位、平安单位等称号。是年,市民政局行政审批服务改革稳步实施,办事流程不断精简,服务效能不断提升,组织开展法律法规专题讲座、主题法律宣传活动8次。全市婚姻登记合格率100%,建议提案办结率、满意率均为100%。

【基层自治】2020年,娄底市开展扫黑除恶工作,清理涉黑涉恶村(居)干部166人,按“一肩挑”要求补选村主任82名。完成村(社区)“两委”换届试点乡镇95个村(社区)的换届选举。基层公共服务“一门式”办理实现村(社区)100%全覆盖,推动县(市、区)民政职能下放乡镇和村(社区)不少于9项,最多18项。新化县油溪桥村“积分管理”、涟源市“屋场会”获评2020年全国“创新社会治理典型案例”。

2020年9月9日,涟源市蓝田街道办事处文艺路社区召开政策宣传屋场会　　（市民政局 供图）

【社会救助】2020年,娄底市将城、乡低保标准分别提高到550元/月、335元/月,城、乡特困人员基本生活标准分别提高到713元/月、435.5元/月,为12.6万名城乡低保对象发放低保资金3.3155亿元。临时救助59134人次,发放资金4896.764万元,落实价格临时补贴116.18万人次5012.01万元,救助流浪乞讨人员9653人次,特困供养人员100%照料。在全市建立乡镇(街道)临时救助备用金制度和市级临时救助制度,建成“区块链+核对”信息平台,成为全国“区块链”技术应用典型案例。兜底保障工作国、省脱贫攻坚实地考核,全部实现问题“零反馈”。

【孤残保障】2020年,娄底市成立全省首个市级孤残儿童特教学校。残疾人“两项补贴”、集中供养孤儿、社会散居孤儿、事实无人抚养儿童、困境儿童等补贴标准分别提高到65元/月、1350元/月、950元/月、475元/月、300元/月。为526名孤儿、2044名事实无人抚养儿童、6308名困境儿童发放基本生活费2073.57万元。发放残疾人两项补贴79.79万人次5231.3万元。开展“梦想榜样·关爱农村留守儿童”“爱在童心·筑梦同行”等20余项儿童关爱保护活动。

【养老服务】2020年,娄底市成功申报居家和社区养老服务改革国家试点地区并通过年度评估。出台《娄底市新建居住(小)区配套养老服务设施建设管理办法》,明确从10月起,市域内所有新建居住(小)区应按标准配建养老服务设施并无偿移交项目所在地人民政府。加大养老服务设施建设工作力度,开展娄底市特困人员供养服务设施(敬老院)提质升级三年行动(2020—2022年),5个城企联动普惠养老项目、3个农村特困人员供养机构新改扩建项目实施,全市第二福利院报批报建稳步推进。

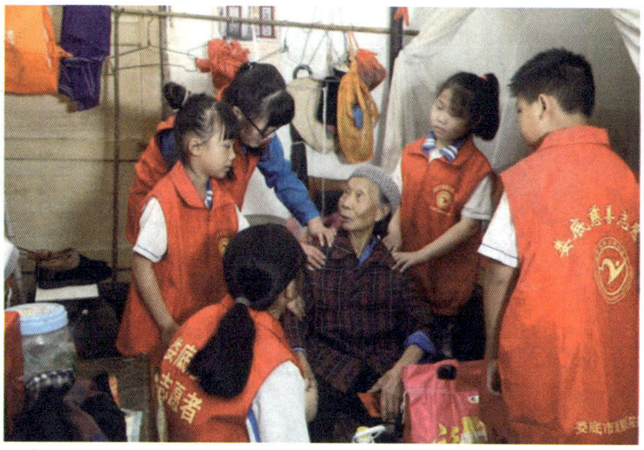

2020年9月5日是“9·5”中华慈善日,娄底市儿童慈善志愿者在慰问老人　　（市民政局 供图）

【区划地名和老区建设】2020年,娄底市推进涟源市六亩塘镇和石马山镇撤镇设街道、新设湖泉镇的审核报批工作,开展邵娄线、怀娄线界线联检工作,地名普查成果转化为应用成果,湖南省地名图录典志和相关地名文化丛书均按体例要求完成资料报送任务,娄底市地名图集和地名录样稿已出。完成中心城区82条背街小巷和11个新建小区标准化命名,摸排上报不规范地名29个。开展“十四五”革命老区振兴发展规划编制调研,对全市老区革命遗址、遗迹等红色资源进行排查摸底,做到底数清、情况明。

【社会组织】2020年,娄底市民政局把党建工作纳入社会组织章程,开展社会组织党员评议、支部书记测评,完成社会组织年检工作。申报全省第二批“十百千”示范性社会组织10家,完成行业协会商会与行政机关脱钩改革3家。引导全市300余家社会组织进驻137个脱贫攻坚重点帮扶村的865个网格开展结对帮扶，落实帮扶资金500余万元，义诊2万余人次，6000余户贫困对象受益，经验做法在省民政厅重点工作推进会议上作为典型向全省推广，相关事迹被《人民日报》《湖南日报》等中央、省级媒体专题报道。

【慈善公益】2020年，娄底市组织开展以“湘中故里名天下，大美湘中看今朝”为主题的“大美湘中”即开型福利彩票全国首发式活动，提升娄底在全国的知名度和美誉度，福彩销售逾1.96亿元。“贫困家庭救助”“生命之光大病救助”等慈善品牌进一步推广，开展“95慈善宣传周”活动。

2020年10月23日，娄底市举办“大美湘中”即开型福利彩票全国首发仪式　　（市民政局 供图）

【殡葬管理】2020年，娄底市民政局举办以“弘扬家国情怀·致敬抗疫英烈·文明节俭殡葬”为主题的娄底市第二届生命文化节，网上直播观看10万余人次，中央电视台《晚间新闻》和《湖南新闻联播》等中央、省级媒体进行广泛报道。市殡仪馆建设项目落地实施，主体工程全部完工。开展执法巡查300余次，劝阻违规、不良殡葬行为2600余次，火化遗体2527具，火化率68.67%，生态安葬率73.37%。（张承程）

## 应急管理

【概况】2020年，娄底市全年关闭煤矿8处，关退非煤矿山10处，关闭马路市场281处。安全生产事故起数和死亡人数同比分别下降24%和15.7%，煤矿、危险化学品、烟花爆竹、校园校车、水上交通、农业机械等重点行业领域实现安全生产。是年，娄底市应急管理局被评为省级文明单位、全省防汛救灾先进集体、市级平安单位、法制政府建设优秀单位、全市优化经济发展环境社会满意度评价优胜单位（全市执法监督类排名第二名），市人大评议应急管理工作为满意，冷水江、娄星区获全省安全生产优秀单位。

【安全生产】2020年，娄底市应急管理局加强对风险隐患的大辨识、大评估、大排查、大整治，实行隐患清零闭环管理。推进安全生产“强执法防事故”行动，全年应急系统现场检查记录9379份、现场处理措施1115次、下达整改指令文书5281份、整改复查意见书6203份、立案304起、实施行政处罚1457起、备案1228起，经济处罚665万元。市安委会印发“1+2+15”三年行动实施方案，成立专项整治三年行动领导小组和工作专班，开展综合督查检查4次，下发《娄底市安全生产专项整治三年行动简报》4期。开展打非治违专项行动，在全市煤矿、危险化学品、烟花爆竹、非煤矿山、工贸企业开展安全生产大排查大整治大管控，按照“零容忍”的标准，消除顽瘴痼疾，实现行业达标。

【防汛抗旱和森林防灭火】2020年，娄底市天气较为异常，降雨整体偏多，汛期资水、涟水流域洪水频发，但总体水情较为平稳，全市主要河流仅孙水干流石安站和涟水干流娄底城区段出现超警戒水位洪水过程。自1月1日至9月30日，全市共经历27次强降雨过程，市防汛抗旱指挥部立足“防大汛、抗大灾、抢大险”，全力抓好防汛抗旱工作，成功应对历次强降雨过程，实现防汛抗旱“五个确保”目标任务，取得未垮一堤一库一坝、无人员因洪涝灾害死亡，未出现重大工程灾险情的胜利。是年，娄底市加大防火宣传和隐患排查力度，落实防火责任制，坚持打早打小打了，打击野外用火违法行为，发现火情快速处置，12小时扑灭率100%。全市没有发生森林火灾和人员伤亡事故。

【应急值守】2020年，娄底市应急管理局推进以综合性消防救援队伍和专业救援队伍为骨干力量，以基层和社会应急抢险救援队伍为基本力量的应急救援队伍建设，批准建设路桥、机械应急救援支队。落实部队、武警、消防救援力量2105人，其他各类防汛应急队伍114支4108人，组建281人的应急管理专家库。开展应急演练和宣传教育，推进全民应急教育，提高群众安全防范能力。完善应急预案，制定总体应急预案和18个分项预案，组织演练15场次。完善应急管理值班值守，落实节假日、特护期领导在岗带班制度和24小时专人值班值守制度，形成集中统一、高效运转的应急值守机制。 （袁兴国）

## 消防救援

【概况】2020年，娄底市消防救援工作坚持“稳中求进”工作总基调，对标“主力军、国家队”职能定位，忠实履职、加压奋进，顺利完成队伍落编定岗，竭力护航疫情防控和复工复产，主动做好季节性灾害应对准备，加快全灾种救援能力转型升级，推动全市消防救援工作和队伍建设实现高质量发展。娄底市消防救援支队在湖南省消防救援总队年度冬训考核和夏训比武中均获评优秀等次；在总队6千米供水测试考核中，水带铺设成绩获全省第一名；政务服务中心窗口连续10年获评全市优秀服务窗口。

【执勤训练】2020年，娄底市消防救援工作聚焦“全灾种、大应急”，深化实战训练，提升队伍攻坚打赢能力。制定训练奖惩规定，搭建消防战训管理平台科学智能辅助练兵活动。加强专业力量建设，举办全市基层指挥员和攻坚组、舟艇操作员、激流救助技术等各

2020年8月26日，娄底市消防救援支队组织激流救助技术培训 （张启东 摄）

类专业培训6轮，培训200余人次，组建高层建筑火灾、地震救援、低温雨雪冰冻灾害、森林火灾、化工火灾、抗洪抢险救援6支专业队伍，结合3D数字化预案、沙盘推演室和实地训演，举办疫情应急处置、大型城市综合体火灾扑救、高速公路救援、地下场所等综合实战演练10次，提升各类灾情事故应对处置能力。建立接警调度岗位练兵机制，组织到市公安局110指挥中心等5个单位参观学习，先后开展集中学习、辖区六熟悉和业务考核25次。组织安全防护、应急避险、自救互救、指挥能力和作战训练安全专项学习和培

2020年10月13日，娄底市消防救援支队与娄底经济开发区管委会共商消防工作与队伍建设事宜

（蒋芹 摄）

训活动，提升安全防护意识。全年娄底市消防救援支队组织开展全员岗位练兵理论考试2次，冬训比武和夏季训练对抗赛4次，连续3年举办全市多种形式消防队伍比武活动，队伍训练水平明显提升，在总队年度冬训考核中获评优秀等次。截至12月31日，全市接警出动1663起，出动人员18008人，抢救被困人员344人，疏散被困人员579人，完成新冠疫情隔离人员社会救助、隔离场所驻点执勤、娄底主城区城市内涝紧急救援和“10·25”怀化雪峰山隧道事故增援任务。

【防火监督】2020年，娄底市消防救援工作坚持责任引领，优化监督模式，强力整治火灾隐患，火灾防控体系不断健全完善。市、县两级政府持续将消防安全纳入对各县（市、区）和市直部门年度平安建设、绩效考评范畴，推动市政法委将消防“网格化”管理纳入全市综治“大网格”，市创管办将社区微型消防站建设和消防车通道整治工作纳入创文工作督导检查内容，形成齐抓共管合力。对照消防安全专项整治三年行动2020年重点项目清单，开展打通消防“生命通道”、重点场所治理、突出风险整治、乡村火灾防控、重点行业管理治理任务。探索推行“每案必查、每案必罚”制度，对亡人和有重大影响的火灾开展延伸调查。制定出台

《疫情防控特殊时期消防监管工作六项措施》,成立6个技术指导组为全市23家三类场所开展上门服务。积极适应放管服改革,按照全市"一件事一次办"服务,坚持"窗口之外无审批",将"开业前检查、行政处罚、出警信息"进行100%公示。年内,全媒体中心建成并投入使用,建成157个消火栓,所有应建专兼职消防队的乡镇、企业均100%完成建队任务,依托大数据、云平台,将560家重点单位和高危单位接入城市远程监控系统,在电信大楼建成监控管理平台,火灾防控工作更加精准。在双峰县"6·17"火灾事故发生后,全市开展消防安全大排查大管控大整治行动和消防安全隐患整治联合"清剿"行动,消除一大批火灾隐患。截至12月31日,全市检查单位4544家,督促整改火灾隐患4605处,临时查封单位73家,责令"三停"单位29家,1家省级和30家市、县级挂牌督办的重大火灾隐患单位完成整改销案。

【政治工作】2020年,娄底市消防救援支队主动融入全市发展大局,在娄底市全国文明城市创建活动中,支队作为创文季度测评单位,走街串巷对35类测评点逐一开展消防隐患排查和宣传教育,组织公交车文明劝导、文明帮扶进社区、"金秋助学"募捐等形式多样的爱民、助民服务活动。是年,支队被表彰为全市"文明单位"和"文明院落"。坚持"抓党建、带队建、促发展"总体思路,推进"践行训词精神、担当神圣使命、坚持五个不动摇"教育实践活动,开展"党委委员帮建支部"活动,举办基层党支部书记培训班,党委领导队伍发展能力提升。结合教育活动开展,组织指战员前往红二军团司令部旧址、李聚奎故居、贺国中故居等红色基地开展主题党日活动,与全省基层党组织建设示范点杉山镇万乐村党支部开展学习交流,邀请娄底市委党校专家对支队党务工作者进行为期3天的党务学习及培训,邀请全国人大代表阳海玲开展两会精神专题授课,着力提升指战员思想境界,激发队伍干事创业热情,助推党建工作水平提升。加强党风廉政建设,严格执纪力度,年内对全市5个大队级单位开展全覆盖政治巡察和大队级主官经济责任审计,有序迎接改制后总队首次政治巡察活动。

【后勤保障】2020年,娄底市消防救援后勤工作着眼长远发展,夯实基层基础,综合服务保障效能得到提升。积极适应地方财务管理制度体系的转变,坚决杜绝无预算和超预算开支,年内组织开展全市财务培训2次,开展财务检查2次和资产盘点3次,查找并整改财务工作问题25项,各大队成立财务机构并独立记账运行,及时防范化解财务风险隐患,提升全市队伍理财水平。支队装备建设从"注重数量规模"向"数量规模和质量效能并重"转变,科学编制全市灭火救援装备年度实施计划,投入1900余万元购置各式消防车6辆、器材装备5916件(套),及时淘汰过期失效装备40余件套,逐步实现基层消防队站车辆装备的更新换代。积极提升装备利用效能,研发装备在线学考平台,组织大队指挥员、消防站指挥员、战斗员等5个岗位人员开展车辆装备"三知三会"(知结构、知性能、知参数、会使用、会维护、会保养)专项练兵活动。充分利用社会联动单位资源,加强与联勤单位建立绿色通道,与13家单位建立联勤保障关系,组织开展战勤保障实战拉动演练3次。年内,支队新合作小型消防站已投入使用。（张启东）

**2020年娄底市各县(市、区)火灾信息一览表**

表11

| 县市区 | 火灾数(起) | 死亡人数(人) | 受伤人数(人) | 过火面积(平方米) | 受灾户数(户) |
|---|---|---|---|---|---|
| 娄星 | 93 | 0 | 0 | 741 | 109 |
| 冷水江 | 45 | 0 | 0 | 273 | 38 |
| 涟源 | 114 | 1 | 0 | 2878 | 119 |
| 双峰 | 72 | 7 | 0 | 2664 | 32 |
| 新化 | 93 | 2 | 0 | 3564 | 55 |
| 经济技术开发区 | 49 | 0 | 0 | 332 | 47 |

## 扶　贫

【概况】2020年,娄底市先后开展"百日攻坚"行动、"进村入户巩固月"活动、"脱贫质量提升"行动。多次获得国家、省级考核检查组的高度肯定,国家脱普办转发推广娄底市"组建三团队、坚持三机制、强化三保障"的做法。省委《工作情况与交流》第5期刊发娄底市"百日攻坚"的工作经验。中央主流媒体全年累计发稿556条推介娄底脱贫攻坚工作。是年,全市贫困人口人均纯收入12211元,比2015年度增长116%。3个贫困县全部摘帽、498个贫困村全部出列,54.22万名贫困人口全部脱贫。

【就业帮扶】2020年,娄底市积极应对新冠肺炎疫情的影响,采取多种措施进行补救。全年,娄底市贫困人口就业16.38万名，比上年增加1.38万名。扶贫车间415家，比上年增加209家，吸纳贫困劳动力4296人，比上年增加1615人。公益性岗位安置贫困劳动力7216人，119家就业扶贫基地吸纳贫困人口2727人。务工信息综合准确率超过95%的省定标准。排查发现返乡回流1714人，全部纳入帮扶台账管理，每周为返乡回流贫困劳动力及有意愿未就业人员发送岗位信息1次，有再就业意愿的816名返乡回流人员全部就业。对“禁食退养”“禁捕退捕”政策涉及对象帮扶到位，142户受“禁食退养”和“禁捕退捕”影响的贫困户、边缘户得到补偿，具备条件的全部实现转产转业。

【“三保障”和安全饮水】2020年，娄底市扶贫办完成巩固和新增7.89万名农村自来水人口的任务。帮助446户房屋受损贫困户改建或修缮住房，1813户农村危房改造任务竣工，3080万元危改补助资金到户。发放困难学生春季学期补贴2864.45万元，送教上门593人，无失学辍学现象。贫困人口和边缘人口纳入基本医疗保险，29种大病救治1万人，4种慢病签约7.4万人、累计服务21.9万人次，“一站式”结算12.16万人次4.95亿万元。

【落实“四个不摘”】2020年，娄底市贫困县和贫困村均制定并围绕《巩固提升方案》狠抓“三个落实”（责任、政策和工作），执行各项扶贫政策。资金投入力度逐年加大，2015—2020年累计投入扶贫资金170.39亿元。1746支工作队5520名驻村干部扎根基层，5.18万名党员干部同贫困群众“一对一”结对帮扶。

【易地扶贫搬迁】2020年，娄底市完成“十三五”易地扶贫搬迁规划，建成集中安置点289个、分散安置点5127个。1.92万户6.85万名搬迁人口入住，拆除1.53万户应拆旧房并完成复垦复绿，入住率、拆旧率和复垦率均达100%。集中安置点均有社区服务中心，配套设施齐全。实施产业类后续扶持项目380个、联结搬迁人口1.1万余人。引入扶贫车间171个、开发扶贫公益性岗位850个，2.66万名搬迁人口实现就业。

（龙田泗）

## 住房公积金管理

【概况】2020年，娄底市归集住房公积金29.82亿元，同比增加3.01亿元，增长11.23%，完成年计划的111.25%，归集总额达到210.83亿元，同比增长16.47%，归集余额100.87亿元，同比增长13.45%。全年新增开户单位276个，缴存职工12925人，全市缴存住房公积金人数22.3万人，缴存单位3599个。提取住房公积金4.63万人次17.90亿元，增长30.8%，历年累计提取30万人次109.96亿元。全年全市发放住房贷款4773户17.63亿元，同比上涨6.10%。历年累计发放87800笔150.48亿元，贷款余额80.88亿元。是年，娄底市住房公积金管理中心在全省住房公积金系统中被评为先进单位，获全市文明单位及综治工作优秀单位称号。涟源市管理部、冷水江市管理部获得或保留“湖南省文明窗口单位”称号。

【资金运营】2020年，娄底市住房公积金增值收益1.81亿元，增长18.75%，完成年计划的150.83%。资金使用率为90.52%，个贷率为80.18%，贷款逾期率为0.02%。风险准备金余额为2.43亿元。提取城市廉租住房建设补充资金11477.64万元，历年累计上交城市廉租住房建设补充资金6.54亿元。

【两大攻坚战】2020年，娄底市住房公积金管理中心继续开展逾期贷款催收、打击非法中介两大攻坚战。从操作细则上进行细化，压实管理部贷后管理责任，建立长效机制。截至12月底，钢城、新化、娄星、双峰4个管理部逾期率为0，其中钢城管理部实现全年5个月所有贷款无一期逾期。是年，全市逾期率降至0.02%，通过司法途径清收逾期贷款215.27万元。

（袁　媛）

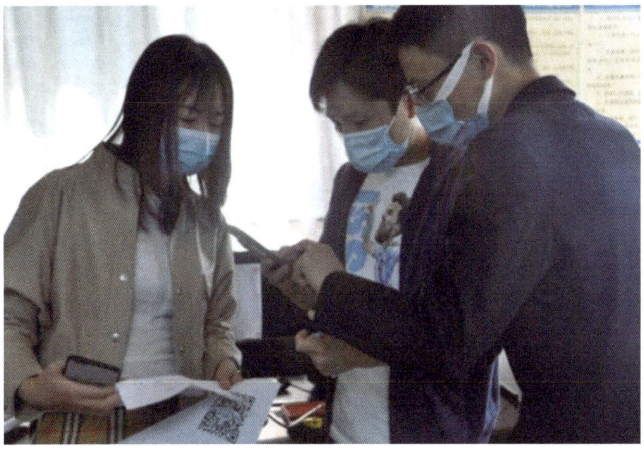

2020年，娄底市住房公积金管理中心工作人员指导缴存职工在微信上办理提取业务

（市住房公积金管理中心　供图）

# 县(市、区)概况

◎娄星区
◎冷水江市
◎涟源市
◎双峰县
◎新化县

# 娄星区

【概况】娄底市娄星区位于湖南省的中部，位于北纬27°35′46″~27°53′31″、东经111°53′24″~112°07′42″。土地总面积628.23平方千米。辖双江乡、杉山镇、石井镇、万宝镇、水洞底镇、蛇形山镇6个乡镇，长青、乐坪、花山、黄泥塘、大科、涟滨、大埠桥7个街道。2020年，年降水量1303毫米，水资源总量4.6亿立方米，森林覆盖率35.11%，水质综合达标率100%，空气质量优良率95.9%。年末常住人口62.04万人，人口出生率8.57‰，自然增长率4.77‰。

地区生产总值585.8亿元，比上年增长4.4%。第一、二、三产业增加值分别为22.61亿元、27.44亿元、288.83亿元，分别增长4.2%、5.4%、3.4%，三次产业结构比为3.9:46.8:49.3。一般公共预算收入14.34亿元，增长6.25%，其中地方一般公共预算收入8.33亿元，增长10.64%。一般公共预算支出29.75亿元，增长2.23%。

农林牧渔业增加值23.3亿元，增长4.2%。主要产品产量：粮食14.65万吨、蔬菜30.16万吨，出栏生猪26.1万头、羊6.13万只、牛0.93万头，出笼家禽(鸡鸭鹅)437.18万羽。有国家级及省级农业产业化龙头企业8家，农民专业合作社352家。

工业增加值212.15亿元，增长5.3%。主要产品产量：焦炭131.5万吨、镀锌管和镀锌带24.9万吨、废旧钢铁30万吨，工业支柱产业有钢铁深加工、资源循环利用、机械制造。有工业园区1家，园区规模以上工业增加值增速8.1%。建筑业增加值62.3亿元，增长6%。

社会消费品零售总额202.6亿元，增长-2.5%(剔除物价因素)。进出口总额6.11亿元，其中进口1.96亿元，出口4.15亿元。实际利用境外资金0.9亿美元，增长21.2%。固定资产投资比上年增长8.4%。其中高新技术产业投资增长57.8%，房地产开发投资增长-13.9%。

境内公路通车总里程1180千米，增加47千米。电信业务总量315.24亿元（2015年不变价），增长36.83%。邮政业务总量15.34亿元(2010年不变价)，增长32.47%；邮电业务总量330.58亿元，增长36.62%。建成5G基站698个，5G网络人口覆盖率38.08%，5G用户23.8万户。

接待国内外游客1347.93万人，增长-35%，其中接待入境游客0.18万人，增长-90%。旅游收入119.94亿元，增长-33.18%，其中入境旅游收入0.028亿元，增长-90%。红色旅游经典景区1个，A级景区1家。

高新技术企业28家，新增12家。专利申请708件，同比增长35.4%。授权专利483件，同比增长42.9%。签订技术合同12项，成交金额1.2亿元。高新技术产业增长值占地区生产总值比重32.77%，具有核心竞争力科技创新项目2项。全市小学80所，普通初中17所，普通高中3所，中等职业学校1所，公办幼儿园63所。幼儿入园率91.04%，小学适龄儿童入学率100%，小学升初中入学率100%，高中阶段毛入学率95.78%。

省级以上非物质文化遗产保护项目2个，艺术表演团体786个，文化馆1个，公共图书馆1个，博物馆(纪念馆)2个，体育场地781个。医疗卫生机构758个，其中疾病预防控制机构2个、医院41个、乡镇卫生院6个、社区卫生服务中心5个，标准病床位7939张，城区内执业医生（含执业助理医生)3827人，注册护士6256人。每千人口医生数6.1名、床位数12.7张。

新增城镇就业0.6376万人，城镇失业率为2.62%。脱贫0.0425万人，贫困发生率为0%，脱贫攻坚期累计脱贫2.5899万人。农村劳动力转移3352万人。城镇居民人均可支配收入37167元，农村居民人均可支配收入22564元，分别增长5.7%、9.6%。

【疫情防控】2020年，新冠肺炎疫情发生后，娄星区迅速启动一级应急响应，构建三级情报网、三类防治网“双网格”管理防控体系，发布13道防疫指令，形成联防联控、群防群治抗疫机制。1月27日，报告第一例确诊病例，12天时间实现本土确诊病例零新增，50天实现10例确诊病例清零。同时，组织企业复工复产，4月底，全区23236家“五小”门店恢复营业，125家规上工业企业全部复工复产，返乡农民工返岗6.2万人。为确保常态化做好疫情防控工作，娄星区进一步健全突发事件卫生应急体系，完善应急预案和技术方案，加强监测、预警和应急决策指挥信息系统建设，提升传染病预防控制和救治能力。

【三大攻坚战】2020年,娄星区脱贫攻坚战工作坚持“五个一”工作模式,开展“百日攻坚行动”“进村入户巩固月活动”“脱贫质量提升行动”,促进产业扶贫、就业扶贫、消费扶贫,电商扶贫专项行动获评全省优秀。建档立卡贫困人口人均年纯收入超过13000元。开展生态环保八大专项整治行动,污染防治攻坚战工作考核全市排名第一。中央和省生态环境保护督察交办信访件124件,销号118件。“夏季攻势”4个方面问题全部整改到位,完成重点环保项目14个。整治“散乱污”企业58家,完成预拌混凝土搅拌站升级改造7家,砂石矿山停产关闭19家。年度环境空气质量优良率95.9%,同比提高8.2个百分点,达到国家二级标准。国家、省、市控断面水质均达到或优于Ⅲ类标准,优良率100%。防范化解重大风险,化解隐性债务5.19亿元,完成累计目标任务149%,关注类债务全部偿还,债务率较上年下降75.65个百分点,防范化解债务工作考评居全市第一。民间融资陈案总数30件,化解27件,其中10件三年以上陈案全部化解;资产处置目标任务40起全部结案。

【民生保障】2020年,娄星区财政各项民生支出年均增长9.73%。城乡居民人均可支配收入分别增加至35161元、22564元,年均分别增长8.8%、9.6%。全区城镇新增就业3.2万人,新增农村劳动力转移就业1.7万人。累计投入21.14亿元,新增学位19290个,化解56人以上大班额591个。建成标准化村卫生室116家,建档立卡贫困户家庭医生签约率100%。低保、特困、残疾人两项补贴标准逐年提高。村级组织活动场所实现全覆盖,公共文化服务体系建设获评全省先进。推进法治娄星建设,获评全国“七五”普法中期先进县(市、区)。深入开展扫黑除恶专项斗争,严厉打击“三贷三霸”、电信诈骗和传销,强力整治黄赌毒。

【城乡发展】2020年,娄星区市容市貌改善,获评推进城区市容环境卫生管理工作成效明显的县市区。开展“十百千、比拼创”美丽乡村建设示范创建活动,成功列入全省10个美丽乡村建设全域推进县市区并通过省级验收。综合交通运输体系更加完善,1560千米农村公路成线成网,农村自来水普及率达92%,全区供水保证率95%以上。

【为民办实事】2020年,娄星区完成8件民生实事:新增城镇就业6376人,新增农村劳动力转移就业3352人;投入8594万元完成23个老旧小区171栋住宅楼改造;持续化解“大班额”,改扩建学校7所,新增学位9365个;完成农户改厕8120户;山塘清淤1000口,沟渠疏浚150千米;建成标准化村卫生室43个,全科医生(助理全科医生)驻村实现全覆盖;城乡公交一体化开通线路17条,投入新型公交车69台;完成新生儿遗传性耳聋基因筛查5664例;棚改工作完成刚性安置2621户,办证1325户,入住率60%;投入近1.2亿元,推进湘煤恩口煤矿、广铁娄底火车站等5个家属区“三供一业”分离移交改造,惠及群众1.5万余户;省级食品安全示范区创建获评全省食品安全工作A级(先进)单位。

【改革创新】2020年,娄星区全面深化改革,推进“一件事一次办”和“五办五公开”改革,46个部门1382个政务服务事项进入“互联网+政务服务”一体化平台,193项“一件事”实现可查可办和跨域通办;精简16个单位178个审批事项,精简率25.9%。“健康快车下基层”活动入选“湖南基层改革探索100例”,老旧小区、城区综合配套设施改革和农村集体土地产权制度改革经验在全省推广。发展开放型经济,完成内联引资33.42亿元,实际利用外资8951万美元,分别增长25.8%、21.2%。新引进投资过亿元项目25个,总投资90.7亿元。“湘博会”签约项目8个,总金额10.1亿元;贸易合同15个,总金额3.25亿元。招商引资和稳外资考核获评全省先进。突出创新引领。全社会研发投入3.2亿元、增长25%,高新技术产业增加值占GDP比重为32.8%,超过市定目标;全年净增高新技术企业12家、增长70.5%,居全市第一。

【政务服务体系标准化】2020年,娄星区统筹资金1.8亿元,138天完成7095平方米区政务服务中心新址改造、装修、进驻,9月15日正式启用运行,按照“应进尽进”原则,进驻单位36家、工作人员132名、事项953个。区财政出资1400万元以奖代投,对10个乡镇街道的政务服务中心按照“统一规划、统一设计、统一标准、统一时间、统一验收、统一奖补”的“六统一”工作模式进行全面新建或改造。出台《娄星区乡镇街道政务服务中心标准化手册》,按照“因地制宜、分类推进、突出重点、创建示范”原则,区政府以奖代投 1.25 亿元新建、提质或改造完成全区 204 个村(社区)综合服务平台建设。成功构建全省领先的区、乡、村三级标准化政务服务体系。

【矛盾化解】2020 年 12 月，娄星区发出投身到解决最难信访问题中去的《倡议书》,号召全体党员干部主动认领办理信访突出问题,开展“我为群众办实事,真心实意解难题”的化解信访突出问题工作。倡议书发出后,区委书记带头到区信访局认领信访案件,全区 72 个单位 284 名党员干部主动认领信访件 411 件,办结 411 件,办结率 100%;解决群众“急难愁盼”问题,重点解决房地产办证信访突出问题。截至年末,办证 34545 户,办证率 81.66%。通过创新信访办理工作模式,推动娄星区信访突出问题的有效化解。

(徐燕明)

## 冷水江市

【概况】冷水江市地处湖南省中部，位于北纬 27°30′49″～27°50′38″、东经 111°18′57″～111°36′40″。土地总面积 437.9 平方千米。辖 1 个乡、5 个镇、4 个街道、1 个经济开发区。2020 年,全市常住人口 32.99 万人,其中城镇人口 26.04 万人,城镇化率为 78.93%;人口出生率 8.6‰，自然增长率 1.5‰。多年平均降水量 1426 毫米,水资源总量 3.21 亿立方米左右,主要矿产资源有煤、锑、铁,储量分别为 44626 万吨、21.4 万吨、600 万吨。森林覆盖率 41.34%，水质综合达标率 93%,空气质量优良率 88.5%。

地区生产总值 238.3 亿元,比上年增长 3.8%;第一、二、三产业增加值分别为 12.3 亿元、106.4 亿元、119.5 亿元,分别增长 4.3%、5.0%、2.5%,三次产业结构比为 5.1:44.7:50.2。一般公共预算收入 16.22 亿元,下降 13.23%，其中地方一般公共预算收入 8.67 亿元,下降 8.03%;一般公共预算支出 30.08 亿元,增长 0.82%。

工业增加值 92.2 亿元,增长 5.4%,其中规模以上工业增加值 83.2 亿元,增长 5.4%。主要产品产量:钢材 299.3 万吨、水泥 236.9 万吨、锑品 7.17 万吨。工业支柱产业有钢铁、有色、电力,产值分别为 134.9 亿元、39.6 亿元、26.8 亿元。有工业园区 1 家,园区规模以上工业增加值 54.6 亿元,增长 4%。先进制造业增加值 75.4 亿元,增长 8.9%。建筑业增加值 14.3 亿元,增长 1.8%。

农林牧渔业总产值 21.5 亿元,增长 4.4%,增加值 12.67 亿元,增长 4.4%。耕地总面积 7.14 千公顷。农业支柱产业:生猪、水果、蔬菜。主要产品产量:粮食 4.05 万吨、蔬菜 7.85 万吨、水果 3.3 万吨、禽蛋 1400 吨、出栏生猪 25.8 万头、羊 7.6 万只、牛 1.7 万头、肉类 25818 吨。市级以上龙头企业 45 家，其中省级 8 家;农民专业合作社 603 家,其中省级以上示范社 15 家。农业机械总动力为 27 万千瓦,农业机械化水平为 70.7%。

社会消费品零售总额 72.33 亿元,下降 2.5%(剔除物价因素)。进出口总额 31.91 亿元,增长 9%,其中进口 23.50 亿元,同比增长 14.66%,出口 8.4 亿元,同比下降 9.09%;主要出口产品品类有锑产品、皮草、耐火材料、鞋类、箱包及小家电等产品。全年新增外贸企业 8 家，实际利用境外资金 0.77 亿美元，增长 18.1%；实际到位省外境内资金 74.93 亿元，增长 25.5%。

接待国内外游客 386.18 万人,旅游收入 34.36 亿元,省级风景名胜区 1 个,为大乘山—波月洞省级风景名胜区;AAA 级景区 2 家,波月洞景区和资江旅游景区。

固定资产投资增长 8.6%。其中，产业投资增长 2.2%，占固定资产投资比重 68.7%；工业投资增长 25.4%,工业技改投资增长 32%,高新技术产业投资同比增长 23.7%。产业投资增长 2.2%,其中技改投资占比为 34.3%,高新技术产业占比为 17.4%。全市新开工房地产开发项目 10 个，商品房销售同比增长 18.1%。房地产开发投资 13.5 亿元,其中住宅投资 9.9 亿元,商业营业用房投资 2.6 亿元。

境内公路通车总里程 1162 千米，增加 6.838 千米，其中高速公路 10.97 千米；邮电业务收入 7.3 亿元，其中，邮政业务收入 0.36 亿元，电信业务收入 6.93 亿元;完成邮政业务总量 0.87 亿元。

有高新技术企业 19 家,新增 6 家,高新技术产业增加值增长 9%,三 A 新材料获批国家专精特新“小巨人”企业;科学研究开发机构 39 家,新增长 17 家;专利申请 317 件,授权专利 9 件;签订技术合同 8 项,成交金额 0.6 亿元,分别增长 30%、50%;高新技术产业增加值增长 28.8%。有基础教育学校（含幼儿园）161 所，其中：高级中学 2 所，十二年一贯制学校 1

所，初级中学 10 所，九年一贯制学校 17 所，小学 57 所（含 12 个小学教学点），幼儿园 73 所，特教学校 1 所。有职业教育中学 5 所。幼儿入园率 85.5%，小学适龄儿童入学率 100%，小学升初中入学率 100%，高中阶段毛入学率 114%。

有省级重点文物保护单位 4 处，国家级、省级非物质文化遗产保护项目分别各 1 个，艺术表演团体 2 个，文化馆 1 个，公共图书馆 1 个，档案馆 3 个。有医疗卫生机构 304 个，其中疾病预防控制机构 1 个、医院 15 个、卫生院 6 个、街道社区卫生服务中心 4 个，病床 2822 张，每千人口医生数 3.48 名、床位数 8.09 张。

有社会福利机构 11 个。新增城镇就业 6281 人，城镇登记失业率为 4.5%。累计脱贫 1.4843 万人，贫困发生率为零。农村劳动力转移就业 0.2213 万人。城镇居民人均可支配收入 39376 元，农村居民人均可支配收入 23114 元，分别增长 5.2%、9.4%。

**【锡矿山区域综合治理】**冷水江积极探索积极探索“污染治理、生态修复、产业转型、民生改善”的变革之路，推进锡矿山区域环境综合治理。至 2020 年底，锡矿山区域环境综合治理累计投资 22.96 亿元，实施项目 66 个。取缔选矿手工小作坊 145 处，锑冶炼小企业由 90 多家关闭至 8 家，淘汰落后产能 17.5 万吨。全面推进 25 个山水林田湖草生态修复项目，开展难造林地无人机精准飞播造林试点以及碳汇草种植试点，完成复绿 4.86 万亩，完成防污抗污林 1.1 万亩，开发林业产业基地 1 万亩。锡矿山区域青丰河万民桥断面砷、锑浓度与 2017 年比分别下降 86.7%、58.4%，资江水质保持稳定，出境郭家桥断面水质达标率均为 100%，断面年均浓度值近 4 年来首次达到Ⅱ类标准，城市空气质量优良天数达 323 天，累积优良率 88.3%，中央电视台《新闻联播》和《人民日报》等国家级媒体多次予以正面报道。

**【警务机制改革】**2020 年，冷水江市创新城乡社区警务体制改革，推行“放管服”改革，以“巡查、管控、服务”六字要诀为核心，突破工作瓶颈。成立 10 家社区网格警务室，按照“2+6”模式配备专职民警和辅警，将身份证办理、驾驶证补换等 5 项窗口业务和一般治安案件处罚等 4 项执法权限下放社区警务室。将社区分类分层次划分为多个警务网格，承办网格单元内治安防范、信息采集、重点人员管理、矛盾纠纷化解等工作，刑事立案同比下降 18.1%，刑事破案上升 17.4%，现行破案上升 32%。92 个行政村和 6 个农村居委会实现治安辅警全覆盖，驻村辅警配发警用电动摩托车，形成独具特色的“驻村骑警”。“驻村骑警”在全省率先实现农村地址标准化管理，实现基础数据信息化管控。在全省率先“破冰”将交管业务下放到乡镇派出所，对派出所民警进行交通事故初级资格培训，真正实现“交所合一”，全面建立“大交管”格局。全市乡镇交通事故发案率下降 48.2%。2020 年，冷水江市社区网格警务及交警业务下放派出所等改革案例入选“湖南基层改革探索 100 例”，是全省司法体制改革领域仅有的 7 项案例之一，也是全省法治政府示范创建仅有的 17 个单项之一，获社会治理创新示范城市、平安创建优秀城市、建设平安城市优秀公安组织、社会治理创新示范案例等四项全国大奖。

**【乡村振兴】**2020 年，完成 11 个省级美丽乡村示范创建任务，完成 3185 个农村卫生厕所新改建任务。禾青镇入选全国第二批特色小镇名单，，铎山镇获评省级美丽乡村建设示范镇。三尖镇光明村获评第十批全国“一村一品”示范村，禾青镇炉竹村获评全国文明乡村，金竹山镇麻溪村、渣渡镇铁山村被评为全国乡村治理示范村，禾青镇里福社区获全国民主法治示范社区，渣渡镇铁山村入选全省休闲农业集聚发展示范村，铎山镇眉山村获评省级精品乡村并入选全省第二批乡村旅游重点村名录。（胡元偶　黄海平）

## 涟源市

**【概述】**涟源市地处湖南省中部，位于北纬 27°27′～28°2′、东经 111°33′～112°2′，土地总面积 1830 平方千米。辖 19 个乡（镇）、街道，1 个高新区，504 个村（社区）。土地总面积 1830 平方千米。2020 年，全市常住人口 113.93 万人，其中城镇人口 22.16 万人，城镇化率 19.4%；人口出生率 1.10‰，自然增长率-0.60‰。年平均气温 17.4℃，最高气温 35.4℃，最低气温-3.2℃。年降水量 2117.3 毫米，森林覆盖率 43.72%，水质综合达标率 100%，空气质量优良率 94%。

地区生产总值 302.9 亿元，比上年增长 4.3%；第

一、二、三产业增加值分别为 50.4 亿元、104 亿元、148.5 亿元,分别增长 5.4%、5.1%、3.4%,三次产业结构比为 16.7:34.3:49。一般公共预算收入 14.20 亿元,增长 4.5%,其中地方一般公共预算收入 7.87 亿元,增长 5.1%;一般公共预算支出 64.3 亿元,增长12.4%。全市金融机构各项存款余额 315.98 亿元,各项贷款余额 195.19 亿元,存贷比 61.77%。全年完成保费收入 5.51 亿元,方正证券交易额 121.1 亿元。全市城镇居民人均可支配收入 25735 元,同比增长 5.3%;农村居民人均可支配收入 12285 元,增长 9.5%。居民消费价格指数 102.4%。

工业增加值 85.4 亿元,增长 5%,其中规模以上工业增加值 84 亿元,增长 5.4%。主要产品产量:水泥 236.4 万吨,比上年减少 2.5%;发电量 22.9 亿千瓦时,比上年减少 8.2%;焦炭 82.8 万吨,比上年增长 13.0%。工业支柱产业有工程机械制造产业、食品药品加工产业、新能源新材料产业,分别是 111.4 亿元、93.8 亿元、62 亿元。有园区企业 161 家,比上年增加 30 家,其中规模以上工业企业 64 家。有省级工业园区 1 家,其中园区规模工业企业增加值增长 7.1%,占全市规模工业增加值的 67.8%。全市先进装备制造产业链规模以上企业 43 家,占全市规模工业企业总数(167 家)的 25.7%,其中高新技术企业 14 家,占全市高新技术企业总数(34 家)的 41.2%;总产值 111.4 亿元,同比增长 14.8%,占全市规模工业总产值的 37.5%。涉及工程机械制造、零部件制造、金属机加工、矿山机械制造、隧道机械制造、专用汽车部件制造、电气机械及器材制造、电器制造,其中以三一路机、三一中源新材料、臂架为拳头产品。建筑业增加值 18.7 亿元,增长 6.0%。

农业总产值 85.4 亿元,同比增长 5.4%,实现增加值 50.4 亿元,增长 5.4%。粮食播种面积 61.87 千公顷,同比减少 3.4%。主要产品产量:粮食 38.8 万吨、蔬菜 44.37 万吨、油料 2.02 万吨、水果 5.05 万吨,禽蛋 0.9 万吨,水产品 2 万吨,出栏生猪 89.3 万头、羊 24.4 万只、牛 6.5 万头,肉类 8.6 万吨。有市级以上农业产业化龙头企业 71 家,其中省级以上 13 家;农民专业合作社 1775 家,其中省级以上示范社 24 家。农业机械总动力 85.5 万千瓦,农业机械化水平为 77.29%。

社会消费品零售总额 141.6 亿元,同比下降 2.5%(剔除物价因素)。进出口总额 7060 万美元,增长 27.3%,其中进口 2352 万美元,增长 1360%,出口 4708 万美元,增长-12.5%。主要出口产品有玉竹、路机、化妆品等。实际利用境外资金 9864 万美元,增长 23%;实际到位省外境内资金 67.28 亿元,增长 18%。

接待国内外游客 557 万人,旅游收入 49.56 亿元,省级风景名胜区 1 个,A 级景区 5 家,其中 AAAA 级以上 1 家。

固定资产投资比上年增长 8.7%。其中高新技术产业投资增长 60.7%,基础设施建设投资增长 1.1%,房地产开发投资增长 13.6%。交通基础建设投资(含高速公路建设)5.59 亿元,增长-38.37%;农田水利基础建设投资 2.34 亿元,增长 10%。

公路通车总里程 993 千米,增加 45 千米,其中高速铁路 26.5 千米、高速公路 146.3 千米,高速公路比上年增加 13.5 千米。电信业务总量 1.82 亿元,增长 10.3%。建成 5G 基站 34 个,5G 网络人口覆盖率 10%,增长 100%;5G 用户 20 万户,增长 12%。邮政业务总量 8084.41 万元,同比增长 2.06%。

高新技术企业 34 家,新增 13 家,科学研究开发机构 1 家,取得省部级以上科技成果 1 项,专利申请 693 件,增长 54%。授权专利 303 件,增长 22.6%。签订技术合同 10 项,成交金额 0.75 亿元,增长 0.87%。高新技术产业增加值增长 11.2%,具有核心竞争力科技创新项目 1 项。

学校 352 所,其中小学 200 所、普通初中 38 所、九年一贯制学校 12 所、特殊教育学校 1 所、教学点 91 个、普通高中 7 所、中等职业学校 3 所,公办幼儿园 38 所;三年毛入园率 85.04%,小学适龄儿童入学率 100%,小学升初中入学率 100%,高中阶段毛入学率 93.82%。

省级文物保护单位 10 处,省级以上非物质文化遗产保护项目 3 个,艺术表演团体 8 个,文化馆 1 个,公共图书馆 1 个,博物馆(纪念馆)4 个,档案馆 3 个。有医疗卫生机构 958 个,其中疾病预防控制机构 1 个、医院 18 个、妇幼保健院 1 个、卫生院(卫生服务中心)21 个。每千人口有医生 3 名。公共体育场地 2 个。

社会福利机构 1 个。新增城镇就业 6305 人,城镇登记失业率控制在 4.3%。累计脱贫 14.3 万人,贫困发生率降为零。农村劳动力转移 20.28 万人。涟源市综治民调得分 92.69 分,同比提升 1.42 分,高于小康指标目标 2.69 分,排名全省第 38 和娄底第一,综治考评总得分排名娄底第一。

是年，涟源市第八次获评“湖南省双拥模范城”，连续三年获评“省综治先进县市”，成功创建“湖南省平安县市”。“互联网+村级小微权力监督”入选“湖南基层改革探索100例”案例名单，“屋场会”群众工作模式获全国“创新社会治理”优秀案例。涟源湘剧成功列入第五批国家级非物质文化遗产代表性项目名录。

【龙琅高速涟源段建成并试运营】2020年12月26日，龙琅高速涟源段竣工通车，长13.5千米，湄江连接线9.2千米，完成总投资3亿元。12月31日，龙琅高速公路60千米建成通车试运营。龙琅高速全长73.712千米，起于涟源市龙塘镇，止于新化县琅塘镇，总投资84.84亿元。开通试运营里程60千米，沿途有涟源段涟源北、湄江南和新化段温塘、油溪桥、梅山龙宫5处收费站。龙琅高速主线采用四车道高速公路标准建设，设计速度100千米/小时，路基宽度24.5米，桥涵设计汽车荷载等级采用公路I级，全线设互通式立体交叉8处，匝道收费站6处，服务区2处、养护隧道管理所1处，路政中队1处，同步建设3条连接线。

【“屋场会”群众工作模式获评全国“创新社会治理”优秀案例】2020年3月，涟源市委常委会议做出在全市范围内召开化解信访矛盾的专题屋场会的安排部署，市委书记率先垂范，并要求市级领导带头下乡参加一次化解信访矛盾“屋场会”，在全市下发《关于召开化解信访矛盾专题屋场会的通知》，要求各地各部门利用好屋场会化解信访矛盾纠纷的工作模式，发动和依靠群众从源头上就地解决问题，实现“矛盾不上交、治理更有效、群众更满意”的长期目标。全市开展“屋场会”5000余场，其中政策宣传类2300余场、信访矛盾纠纷类670余场、脱贫攻坚类2400余场，解决问题1352个，化解矛盾纠纷500余起，排查消除安全隐患200余起。全市信访量大幅减少，赴省、进京上访同比分别下降37.37%、43.03%，进京非接待场所上访同比下降50%，办结信访案件685件，办结率92.6%，其中息访办结476件，息访办结率64.3%。是年，涟源市“屋场会”群众工作模式获评全国“创新社会治理”优秀案例，被省委改革办专刊推介。

【创建平安县市】2020年，涟源市组织召开融资平台债务情况协调会，推进平台公司整合转型，严禁违法违规举债，遏制隐性债务增量，化解隐性债务存量，完成隐性债务化解目标任务7.04亿元。推进民间融资风险处置及“打处非”工作，追赃挽损(资产归集)近2亿元，盘活资产约6.5亿元，兑付金额约1.19亿元，兑付人数1672人。开展安全生产专项整治三年行动，部署“强执法防事故”专项行动，出台做好安全生产工作的六条硬性措施，未发生较大及以上生产安全事故。落实食品安全“四个最严”，确保人民群众“舌尖上的安全”。推进信访“三无”创建，加强诉源治理，推动“事要解决”，信访形势总体向好。保持对黑恶势力的严打高压态势，从严打击电信诈骗犯罪，推进禁毒人民战争，连续3年获评全省综治工作先进县市，成功创建“湖南省平安县市”。

【推进项目建设】2020年，涟源市出台《涟源市2020年推进产业项目建设实施方案》《关于开展 “大干90天项目大攻坚”活动实施方案》等文件，以全链条方式推进项目建设。先后三批次18个重大项目集中开工，总投资59.4亿元。省级重点项目龙琅高速涟源段通车，22个娄底市重点项目开工建设，累计完成投资38.5亿元，为年度计划的106.4%。本级118个重点项目累计完成投资81.2亿元，占年度计划的102.1%。其中，金鑫科技、三合美新材料、华涟智能等41个项目竣工投用或基本建成。三一项目建设“大会战”，三一路机灯塔工厂、臂架灯塔工厂项目相继入驻涟源。

【污染防治】2020年，涟源市树立“绿水青山就是金山银山”理念，走生态优先、绿色发展路子。抓好中央、省环保督察“回头看”反馈问题、全国人大水污染防治法执法检查指出的问题整改销号，打好蓝天保卫战、碧水保卫战、净土保卫战，绝大部分问题整改到位。开展城区大气污染问题专项整治，全市环境空气质量优良率94%，同比上升5.5个百分点。开展饮用水水源保护城镇污水治理，完成84处千人以上集中式饮用水水源保护区划定和饮用水水源保护区规范化建设工程，建成湄江、桥头河、伏口3个污水处理厂，完成11处关闭煤矿废水治理工程和幸福水库黑臭水体治理，全市农村生活污水治理率77.4%，地表水和饮用水水源水质均达到或优于III类标准。关闭11家非法采石场，投入生产的22家煤矸石砖厂全部安装脱硫设施。完成三甲龙塘重金属治理项目，2家涉镉关闭企业整改销号。

(吴树叶)

# 双峰县

【概况】双峰县地处湖南省中部，位于北纬 27℃12′31″~ 27℃41′51″、东经 111℃51′43″~112℃31′7″,土地总面积 1596 平方千米。辖 3 个乡、11 个镇、2 个街道、1 个经济开发区。2020 年，全县年末常住人口 68.59 万人，其中常住城镇人口 27.74 万人，城镇化率 40.49%；人口出生率 8.07‰。全年降水量 1406.1 毫米,比上年增长 7.5 %。全年最高气温 37.9℃,最低气温-3.9℃,年平均气温 18.3℃。全年实现地区生产总值 266 亿元,同比增长 4.3%;规模以上工业增加值增长 5.2%;固定资产投资增长 8.4%;地方一般公共预算收入增长 5.7%；城镇居民人均可支配收入增长 5.6%；农村居民人均可支配收入增长 9.7%。进出口额 11800 万美元，新增破零企业 9 家。新增高新技术企业 19 家,通过全国科技型中小企业评价 52 家,高新技术产业增加值占地区生产总值比重 12%以上。是年,双峰农机在国内国际双循环中实现新突破,典型经验获省政府通报表扬并在全省推介。土地集约利用、公共文化服务体系建设、信访“三无”县建设三项工作获省政府真抓实干专项表彰奖励。成功创建全省平安县,获评国家“十三五”时期易地扶贫搬迁成效明显县、全国农村承包地确权登记颁证工作典型地区、全国科普日组织先进单位、全省粮食生产标兵县。

【疫情防控】2020 年，双峰县第一时间启动一级响应,全县 524 个村(社区)2448 个网格在短时间内建成运行,累计筛查 277808 户,健康登记 17257 人。2 月 24 日，开出湖南首趟务工专列，出台促进经济复苏、扩大消费和稳定就业政策,支持中小企业发展,经济社会秩序快速全面恢复。3 月 21 日,县广播电视台电台台长王德楠,坚守抗疫一线 55 天,倒在工作岗位上,年仅 46 岁。4 月,王德楠入选湖南省文明办“湖南好人榜——敬业奉献类”;10 月,入选“中国好人榜敬业奉献好人”;11 月,被湖南省委、省政府授予“湖南省抗击新冠肺炎疫情先进个人”称号。3 月 22 日,荷叶镇党委委员、纪委书记向卫煌在疫情防控值班时突发心脏疾病去世,年仅 43 岁。5 月,湖南省政府决定,追授向卫煌“湖南省优秀共产党员”称号;9 月 8 日,被党中央、国务院、中央军委授予“全国抗击新冠肺炎疫情先进个人”称号。

【产业发展】2020 年，双峰县农友股份在新三板挂牌上市,农友集团粮食烘干机、劲松机械碾米机市场占有率全国居高，永丰农机小镇纳入全省特色产业小镇。制鞋业由代加工向自主品牌转型。装配式建筑、生物医药产业兴起,双峰经开区被授予全省“高新技术产业园区”。红心脐橙、蛋白桑等特色种植初具规模,永丰辣酱纳入中欧地理标志,中南神箭快速崛起。收回曾国藩故居旅游开发经营权,归古旅游、仙神寨文化康养旅游、湘军文化园等项目快速推进。

【城乡建设】2020 年,双峰高铁北站投入运营,娄衡高速双峰段、娄双大道建成通车,县城到中心乡镇全部建成柏油路,新建或改造农村公路 1400 余千米。新建有恒桥、白玉桥,开通南、北环线,拉通八本街、归朴街,建设河东防洪堤风光带,曾国藩广场投入使用,县城建成区面积拓展至 14.4 平方千米。煤矿、烟花鞭炮生产退出,水府庙水库网箱拦库退出,关闭黏土砖厂 58 家,停产采石场 21 家,退养生猪养殖场 165 家,强力整治黑臭水体、养殖污染和挖山洗砂采石,中心城区和乡镇集镇区全面禁燃。县污水处理厂提标改造工程、农村乡镇天然气支管网项目、邵东-双峰输气管道工程等项目加快推进,青树坪、杏子铺污水处理厂建成投入运行。14 处巩固和新增农村自来水人口项目工程完工。侧水、涓水二期治理工程和南冲灌区节水配套改造项目完成,治理河道 7.27 千米。深江、迷水和四安埠河二期治理工程、农村电网改造完成全年投资任务。建设 5G 基站 177 个。粮食播种面积 7.66 万公顷,粮食产量 50 万余吨。生猪生产恢复到正常年份水平,出栏 75.75 万余头。新增特色农产品注册商标 39 件,新打造省级三星级以上示范农庄 12 家。垃圾分类和集中处理整县推进,收集低值垃圾 4600 吨、有毒有害垃圾 35 吨。改(新)建农村户用厕所 1600 户,打造富托村等 10 个县级美丽乡村示范村,其中益元村、双源村等 5 个村获评市级美丽乡村示范村。

【项目建设】2020 年，双峰县 34 个市级重点项目完成投资 40.1 亿元,完成 125.3%。196 个县级重点项目完成投资 118.6 亿元，完成 110.8%，其中产业项目

113 个，占比 58%，完成投资 69.8 亿元，完成 112.2%。全年开发谋划 126 个项目，其中重大产业、基础设施和社会民生项目 88 个。全县引进项目 50 个，合同利用资金 80 亿元，其中引进“三类”500 强项目 2 个，重大投资项目 14 个。湖南金开新材项目完成土地平整，华视光电光学镜头生产线项目投入生产，兴昂、荣诚鞋业订单增加，“一村一碾米机” 推广全省全面完成。新引进汇康医疗、康凯生物、肝素钠及冷链仓储配送等多家医疗制造项目。山力新材料项目投入生产，诚恩机械二期、东塘农机装备制造产业园等项目有效推进，城乡供水一体化项目前期工作完成，曾国藩文旅小镇项目签订框架协议，仙神寨文化康养旅游核心板块开工建设，双峰国际商贸城投入运营，复兴路人防工程完成主体工程。双峰县人民医院搬迁项目部分投入使用。光甲堂旅游公路、北环线白玉桥、和森路西延线试通车，南环线有恒桥至国藩路段路基拉通，北环线、青花线建设如期推进。G60 沪昆高速醴娄扩容工程完成征地拆迁前期基础工作。

【民生保障】2020 年，双峰县开通 3 列“点对点返岗高铁专列”，中央电视台《新闻联播》进行专题报道。全年 75%的财政支出用于民生领域，城乡居民收入增幅分别为 5.6%、9.7%。培训劳动力 8300 人，帮助 5834 名农民工顺利返岗，全年新增城镇就业 7018 人，农村劳动力转移就业 7810 人，城镇登记失业率控制在 2.89%以内，“零就业”家庭保持动态清零。新建、维修改造校舍 1.6 万平方米，改造学校 25 所，消除义务教育大班额；新增公办幼儿园学位 9265 个，公办园在园幼儿占比由 2019 年底的 29.11%上升为 59.3%；高考本科上线率连续 14 年居娄底市第一。新建村级综合服务平台 99 个，县融媒体中心建设通过省级验收，完成 128 个村级文化活动中心文体设施配置，新建 2 个乡镇级文化馆、图书馆分馆，33 个村级文化馆图书馆分馆服务点启动建设。妇女“两癌”检查 29136 人、免费产前筛查 6255 人、新生儿遗传性耳聋基因筛查 1500 人。征缴五大类保险费 2.6 亿元，农村低保标准提高到 4020 元/年，城市低保标准提高到 6240 元/年。棚户区住房改造 2390 套，中心城区老旧小区改造 2606 户。开展城市精细化管理和常态化文明卫生劝导。县供电公司、洪山殿镇雷锋山村分别获评全国文明单位、全国文明村镇。荷叶镇富托村被评为全省乡村旅游重点村。

【三大攻坚战】2020 年，双峰县落实脱贫攻坚工作“四个不摘”要求，开展脱贫质量“回头看”“百日攻坚”行动、“进村入户巩固月”活动，部署开展“脱贫质量”提升行动，建立防止返贫致贫监测和帮扶机制，重点帮扶脱贫不稳定户、边缘易致贫户；解决“两不愁三保障”突出问题，完成危房改造 602 户，4930 户搬迁对象落实后续帮扶措施；健康扶贫医保报销 14485 万元，贫困人口住院县域内报销比例 92%。所有贫困人口全部实现脱贫。县发改局被评为全国脱贫攻坚先进集体。推进污染防治攻坚战及“夏季攻势”，环境空气质量优良率 94%，集中式饮用水水源地水质达标比例 100%；开展森林城市创建，农村环境综合整治整县推进项目通过省级验收；落实采（碎）石、砖瓦等行业性污染治理和农业面源污染治理，取缔混凝土搅拌站 7 家、整改 19 家。金融风险防范，全面加强小贷、担保及投资公司监管，排查、打击和处置非法集资行为，立案查处 2 起涉嫌非法集资案件；严控债务总量，落实政府债务化解方案，偿还各类债务 2.53 亿元；推进“两项清理”，收缴历年欠款 3970.52 万元，排查国有资产并进行登记，涉及金额 23.16 亿元。

【深化改革】2020 年，双峰县推进乡镇事业单位岗位设置，完成乡镇机构改革。公开选拔 515 名村级年轻后备干部，从村（社区）干部、大学生村官、乡镇事业编制人员中招录 12 名公务员，乡镇机关事业单位人员待遇高出县直 13%。实现基层公共服务（一门式）全覆盖，下放 32 项便民服务事项到村一级受理。推进证照分离、企业登记全程电子化、电子营业执照、企业名称自主申报登记等改革措施，企业开办时间压缩至 1 个工作日，新增市场主体 5015 户，新发展个体工商户 3956 户。推进“放管服”改革，“一件事一次办”“五办五公开”等改革成效明显。完成村（社区）“两委”换届。推进农村改革，推进集体产权制度改革，完成农村土地承包经营权确权登记颁证工作。

【社会稳定】2020 年，双峰县抓实联村工作制和网格化管理，赴省进京上访人次分别下降 22.5%、64.6%。梓门桥镇长来村被评为全国乡村治理示范村，三塘铺镇相思村被评为全省民主法治示范村。完成合村改革和行政区划调整，化解乡镇人员停薪留职、华剑紫金城项目遗留问题、溪口库区用电秩序整顿等“老大难”问题。电动车、摩托车被盗案下降 94%，刑事案件 5

年下降46%。汲取“6·17”火灾事故教训,全县安全生产形势总体平稳,社会大局持续稳定。 (郭友梅)

## 新化县

【概况】新化县地处湖南省中部偏西、娄底市西部,位于北纬27°31′~28°14′、东经110°45′~110°41′。辖25个乡(镇)、3个街道、2个国营林场和1个高新技术开发区。2020年,全县年降水量1904.3毫米,水资源总量47.04亿立方米,主要矿产资源有煤矿、石灰岩矿、锰矿。有国家一级保护动物2种(云豹、穿山甲)、二级保护动物14种,国家一级保护植物13种、二级保护植物9种。森林覆盖率54.96%,水质综合达标率100%,空气质量优良率95.9%。

地区生产总值286.95亿元,比上年增长4%;第一、二、三产业增加值分别为57.12亿元、83.11亿元、146.72亿元,分别增长4.2%、5.3%、3.2%,三次产业结构比为19.9:29.0:51.1。一般公共财政预算收入19.44亿元,增长3.1%,其中地方一般公共预算收入11.91亿元,增长9.4%;一般公共预算支出85.64亿元,增长4.4%。

农林牧渔业增加值58.71亿元,增长4.2%。耕地总面积65.85千公顷。农业支柱产业除粮食生产外主要有生猪养殖、茶叶、中药材、特色水果等。主要产品产量:粮食47.3万吨,蔬菜31.49万吨,茶叶0.37万吨,禽蛋0.82万吨,水产品3.01万吨,出栏生猪88.7万头、羊17.9万只、牛6.71万头,肉类7.53万吨。有市级以上农业产业化龙头企业38家,其中省级以上4家;农民专业合作社3024家,其中省级以上示范社19家。农业机械总动力74.51万千瓦,水稻耕种收综合机械化水平为72.5%。

工业增加值65.6亿元,增长5.1%,其中规模以上工业增加值增长5.3%。主要产品有电子陶瓷、水泥、原煤等。工业支柱产业为:电子陶瓷、先进建材、煤炭,产值分别为70.94亿元、41.8亿元、18.22亿元。有工业园区1家,园区工业增加值39.21亿元,增长20.95%;其中园区规模以上工业增加值38.72亿元,增长21.07%。建筑业增加值17.6亿元,增长6.0%。社会消费品零售总额156.33亿元,增长-2.4%(剔除物价因素)。进出口总额5.5亿元,增长36.3%,其中进口0.12亿元,出口5.38亿元;主要出口产品有皮草服饰、电子陶瓷、文印产品、箱包等。实际利用境外资金0.85亿美元,增长15%;实际到位省外境内资金72.52亿元,增长31%。

年末,金融机构本外币各项存余额464.93亿元,比上年增长11.7%,金融机构本外币各项贷款余额279.14亿元,比上年增长25%。

接待国内外游客1688.11万人次,增长-14.8%,其中接待入境游客0.38万人次;旅游收入150.21亿元,增长1.92%;国家、省级生态旅游示范区各1个;A级景区9家,其中AAAA级以上4家。是年,大熊山被评为国家AAAA级景区。

固定资产投资比上年增长8.6%。其中技术改造投资增长-14.5%,基础设施建设投资增长-15.4%,房地产开发投资增长34.2%。交通基础建设投资15亿元,增长25%;农田水利基础建设投资0.77亿元,增长28%。

境内公路通车总里程8639.8千米,增加698.99千米,其中高速铁路38.1千米,高速公路112.39千米,高速公路比上年增加45千米。邮电业务总量7.35亿元(2015年不变价),增长11.38%,其中邮政业务总量1.29亿元(2010年不变价),增长29.72%;电信业务总量6.06亿元,增长8.12%。建成5G基站203个,5G网络人口覆盖率20%,增长20%;5G用户20万户,增长13.34%。

高新技术企业38家,新增11家;新增创新创业服务机构和科学研究开发机构12家;取得专利申请766件,增长23.55%;授权专利480件,增长26.98%;签订技术合同10项,成交金额0.74亿元;高新技术产业增加值增长145.3%。有学校496所,其中小学379所、普通初中100所、普通高中11所、中等职业学校6所。公办幼儿园24所,幼儿入园率100%,小学适龄儿童入学率100%,小学升初中入学率100%,高中阶段毛入学率55%。

全国、省级重点文物保护单位分别有2处、6处,省级以上非物质文化遗产保护项目2个,艺术表演团体25个,文化馆1个,公共图书馆1个,纪念馆1个,档案馆1个。有医疗卫生机构1338个,其中疾病预防控制机构1个、医院39个、卫生院27个、街道社区卫生服务中心3个,病床5104张,每千人口医生数2.75名、床位数5.9张。公共体育场地261个。

社会福利机构36个。新增城镇就业7688人,城镇登记失业率控制在2.98%以下,城镇调查失业率控制在4.5%以下。累计脱贫0.99万人,贫困发生率为0。农村劳动力转移1.49万人。城镇居民人均可支配收入24197元,农村居民人均可支配收入10753元,分别增长5.4%、9.3%。

**【村级远程医疗体系】** 2020年,新化县委、县政府牵头,光大集团投资援建,在县人民医院、县中医院等6家县级医疗机构及30家乡镇卫生院建设远程医疗诊室,建立39家边远乡村村级远程诊室。是年,全县远程医疗累计会诊5000多例,85%以上属于贫困人口。入选国家卫健委10月10日公布的"互联网+医疗健康"十大创新应用型典型案例。

**【油溪桥村】** 2020年,新化县吉庆镇油溪桥村通过改革创新打造基层治理新模式,推行村级事务全覆盖的"积分制",村支两委一班人带领全体村民,综合山水、生态、农业、民俗等元素,依托境内油溪河奇、秀、美的资源优势和全村"12年植树30万棵、不砍一棵树"的生态优势,以及清代石拱桥、杨洪岩古风雨桥等历史遗存,开发油溪河峡谷漂流景区。做好旅游+文章,制定村级发展十年规划,科学规划产业分区,发展乡村旅游、四季水果、小籽花生、田鱼、甲鱼五大脱贫主导产业。村集体成立2家旅游开发有限公司,村民入股打造休闲度假观光园,开发休闲垂钓等农事体验项目,31家农家乐全部采取积分制管理,实行统一的公司化运作。在全省首个整村创建国家级AAA景区,年接待游客6.5万人次,综合收入上千万元。

**【"上梅红"楼栋"微治理"】** 2020年,新化县上梅镇推行"上梅红"楼栋志愿服务微治理模式,以"党建引领、党员示范、居民自治、共建共享",建立"街道党工委—社区党总支—网格党支部—楼栋(院落)党小组—楼栋志愿者服务队"等一网到底的组织体系,41600名"上梅红"志愿者服务在城区的大街小巷,其中3000多名志愿者认领治理服务事项。街道信访总量下降80%,越级非访下降40%,治安和刑事案件发案率下降32%。完成2800栋房屋6800户拆迁,无一人上访。面对疫情,街道快速搭建疫情防控网格系统,未出现一例新冠肺炎确诊病例和疑似病例。街道治理实现"小事不出楼栋、大事不出社区"。治理模式获评全国城市基层党建创新案例。

(康瑞凡)

# 人　物

◎全国劳动模范
◎全国先进工作者
◎中国好人

## 全国劳动模范

李耀春，男，汉族，1969年2月出生，娄底市双峰县人，创办双峰县梓青种养农民专业合作社，采用“合作社+基地+农户”的模式运营，架起了农民通向市场的致富之路。2020年获全国劳动模范称号。

李耀春自高中毕业返乡至今30余年，立志务农，扎根农村，与“农”结缘，走出了一条规模化经营、精细化管理、社会化服务的可持续发展之路。醉心农业，钻研农技，事事处处彰显出新型农民的时代风采，连续多年被评为“双峰县粮食种植标兵户”，2012年被评为“全省先进种粮大户”，2015年被授予“湖南省劳动模范”。

肖爱达，男，汉族，1977年2月出生，中共党员，钢铁冶金高级工程师，创新工程师，钢铁冶金博士，湖南省科学技术奖励评审专家，涟源钢铁集团有限公司产品研发专家，2020年获“全国劳动模范”称号。

肖爱达始终坚持新发展理念，推动企业和行业高质量发展，加快建设制造强国，属知识型、技能型、创新型技术人才。作为高强钢项目组组长，带领项目团队成功开发世界工程机械用最高强度级别1300兆帕级钢和硬度最高级别HBW600耐磨钢。牵头申报的项目分别获得”国家重点研发计划”“长株潭国家自主创新示范区专项”“湖南省创新创业技术投资”“湖南省重点研发计划”和“湖南省“100个重大产品创新”项目资金支持。牵头成立“湖南省高强结构及工程机械用钢工程技术研究中心”，并获得湖南省科技厅资金支持。先后获得包括两项“湖南省科学技术进步奖二等奖”在内的八项省部级科技奖项，申报并获得资金支持国家级、省部级项目7项。曾获得“娄底市五一劳动奖章”“娄底市湘中青年英才”“娄底市第十届青年科技奖”“湖南华菱集团先进个人”“华菱奋斗者之星”“华菱涟源钢铁劳动模范”“优秀共产党员”“科技之星”等称号。

## 全国先进工作者

范彦江，男，汉族，1963年03月出生，中共党员，湖南省邵阳市隆回县人，娄底市第一中学校长，湖南省教育学会副理事长，2020年获 “全国先进工作者”称号。

范彦江是省教育厅遴选的唯一一个参加了“未来教育家班”“教育家孵化班”“高中精英校长领航班”三个班的学员，是湖南省首批正高级教师、湖南省特级教师、教育部首批中小学校长培训专家库专家、教育部师范类学校专业认证专家库专家，湖南省第十三届人大代表，政协娄底市第三届、第四届委员，中共娄底市第五届代表大会代表，娄底市第一批政府特殊津贴专技人员。

“办有思想的学校，做有信仰的教育；办好一所学校，引领一方教改；成就一代孩子，服务一方百姓。”这是范彦江执着坚定的教育理想。从事教育工作37年，曾获得全国优秀语文教师、湖南省优秀教育工作者、湖南省第七届徐特立教育奖、湖南省优秀共产党员、娄底市优秀校长、娄底市校园文化建设杰出校长等荣誉。2017年，作为全国群众体育“双优”代表受到习近平总书记接见。

谢新星，男，汉族，1979年2月出生，中共党员，湖南娄底人，娄底市娄星区人民检察院民事行政检察科科长，2020年获“全国先进工作者”称号。

2018年5月，谢新星在回家途中发现一正在逃跑的持枪抢劫歹徒，为保护人民群众生命财产安全，他面对持枪男子“谁再追我就打死谁”的生命威胁，不顾个人安危挺身而出，徒手将穷凶极恶的歹徒当场制服并移交给公安机关，现场无一人伤亡。

作为全省首批员额检察官，2015年以来，谢新星先后在侦查监督、民事行政检察部门工作，办理审查逮捕案件619件、立案监督案件86件、审查起诉案件83件、民事行政案件138件，所办案件3次获评全省优秀案件。2017年4月，参加打击辖区内违法屠宰窝点销售注水牛肉的联合执法行动，面对10余名手举杀牛刀抗拒执法的屠夫，谢新星挡在最前面大胆析理说法，配合公安民警现场抓捕，并及时引导民警调取和固定证据。该案的19名被告人均被判处有期徒刑，其中9人被判十五年有期徒刑，并处罚金10万~550万元不等。

## 中国好人

谢瑜，女，1972年2月出生，民盟盟员，娄底市中心医院重症医学科(ICU)主任、娄底市医学会重症医学专业委员会主任委员。1992年参加工作以来，她始终奋战在临床一线，在二十八年的砥砺前行中，在高强度、高压力的工作要求下，坚持以最饱满的热情、最专业的素养、最细致的耐心对待每一位进入ICU抢救的危重症患者，曾获娄底市首届“最美医生”、医院特殊贡献个人、先进工作者等荣誉。在抗击“新冠肺炎”疫情中，她带领团队勇敢“逆行”，不计报酬，不畏牺牲，全力抢救危重症患者，获得省委书记杜家毫的点赞，其先进事迹先后被人民网、光明网、《湖南日报》、红网、《娄底日报》、娄底新闻网等国家、省市媒体报道。2020年当选敬业奉献类“中国好人”。

ICU是守护患者生命的最后一道防线，2010年3月8日娄底市首个重症医学科在市中心医院开科以来，3500余个日日夜夜里，谢瑜兢兢业业、夙兴夜寐。历年来重症手足口病、重症禽流感、各类重症流感等疾病肆虐之时，各类重特大安全事故发生之时，她都主动应对，整日整夜、不辞辛苦地守护在ICU病房中，尽一切手段抢救每一条濒危的生命，仔细把关躺在隔离负压病房危重患者的每一道医嘱，不厌其烦守在床头调整治疗参数，手把手为患者进行各类处置，斟酌每一毫克的用药，努力将不良影响压到最低，将伤亡人数减到最少。在她的带领下，科室年收治危重症患者达1000余人次，收治病种涵盖内、外、妇、儿、感染等多科室多病种，成功抢救数百例急危重症孕产妇、多器官功能衰竭、脓毒血症感染性等各类休克、重大手术后复苏、不明原因危急重症及重特大事故多发伤患者。

2020年1月27日晚，娄底市中心医院接到冷水江的电话，一名61岁的“新冠肺炎”患者需要紧急支援。当晚，该院救治专家团队便前往冷水江进行会诊，评估病人情况后决定转往市中心医院进一步救治。谢瑜带领ICU专家团队全副武装进入负压病房，全力对该患者进行抢救。由于患者呼吸衰竭，通过数小时的救治后，效果并不理想，她便考虑采取俯卧位通气。在反复向上级汇报、沟通后，得到了省里专家的大力支持。可是，对于一个处于深镇静状态、全身插满各种管子，且体型较肥胖的危重患者来说，要从仰卧位变成俯卧位何其困难，稍微操作不当就会危及患者生命。她带领1位医生和1位护士，穿着行动不便的防护服，戴着影响视线的护目镜，克服困难，为患者进行超高难度翻身，他们用了近两个小时才完成，最后3人全身都湿透了。俯卧后，患者鼻咽部的各种液体不停地流出，面部固定管子的胶布脱落了，胃管出来了，气管导管也松动了…… “一定不能让气管脱落”。她和医护人员想尽办法，几经尝试，才重新将患者身上的各种管子固定好，然后带领团队每天为患者进行数次俯卧仰卧通气的交替，密切关注患者病情。穿上防护服，她就是最勇猛的“一线战士”，不考虑感染风险，她的眼里只有病人，病人的一点点好转，就是支撑她一往无前的动力和希望。

2020年1月30日，湖南省委书记杜家毫主持召开医疗专家座谈会，听取大家对疫情防控特别是病患救治工作的意见建议。会上，中南大学湘雅医院首席专家、湖南省新型冠状病毒感染的肺炎医疗救治高级专家组组长、教授艾宇航汇报了谢瑜团队身先士卒，全力抢救危重“新冠肺炎”患者的事迹。与会的领导和专家听完介绍后，都被娄底医务人员不顾个人安危，全力抢救患者生命的奉献精神所感动，不少人现场流下感动的泪水。座谈会现场，这些一线医务人员得到杜家毫的点赞。

在每一次的公共卫生防卫战中，谢瑜都勇挑重担、毫不退缩地冲在最前线。在保障本院工作的同时，她还积极与下级医院加强联系，从不推拒每一个深夜基层医院的会诊请求，千里迢迢的长途接诊、日夜出诊、辛勤奔波的身影，遍布了娄底各县(市、区)；

她还踊跃参与医联体行动，在基层医院进行危重症讲学，帮助基层医生开拓眼界，增强技能，提升区域医疗水平。

王德楠，男，1974 年 6 月出生，中共党员，双峰县广播电视台电台原台长。曾被评为双峰县青年岗位能手、娄底市青年岗位能手，参加工作 23 年来，他每年都被评为优岗或先进个人。2020 年当选敬业奉献类“中国好人”。

王德楠 1997 年 7 月参加工作，2006 年 6 月加入中国共产党，一直在双峰县广播电视台从事采编制等工作，先后担任制作部主任、广播电台台长等职务。2017 年 11 月，双峰县人民广播电台成立，他担任负责人，为讲好双峰故事，传播双峰好声音，从策划节目、修改文稿到审听音频，事无巨细，攻坚克难。每天他都是第一个到办公室，也是最晚离开工作岗位的。为了让电台节目更加丰富，贴近双峰人的生活，他组建电台听众微信群，积极与听众互动，广泛听取群众意见，随时回应听众关切。面对每年春节城区堵车的情况，他积极与交警大队联系，开辟《春运直播间》栏目，春节期间与电台工作人员一道坚守电台岗位，及时播报路况信息。同时，由他提议设立的《幸福生活唱出来》《大家直播间》等专栏，获得听众的一致好评，采编制作的节目先后在省、市和全国的广播电视节目评比中屡屡获奖。

2020 年，面对新冠肺炎疫情开展防控宣传，王德楠在岗位上连续工作了 55 天。从大年初一开始，他就和往年一样，放弃与家人团聚，坚守在工作岗位上，带领电台工作人员奋战在抗“疫”宣传一线。开辟了《战“疫”直播间》专栏，制作播出节目 46 期，把最权威的消息、最及时的疫情动态、最准确的辟谣信息、最全面的抗疫动态和老百姓最关心的问题，第一时间传递给广大群众。1 月，双峰县广播村村响工程安装基本完毕，开始试运行。面对疫情，村村响 526 个村、2104 个村级喇叭承担将党和政府的防控指令及时传达到千家万户、将科学防疫知识传递给广大群众的重任。为此，他一方面到村组调试广播设备，另一方面承担播出节目的编辑工作，任务十分繁重，他没有丝毫怨言，一心扑在工作上，78 岁的父亲生病、正在上高三的女儿每天的学习生活，他都没有时间打理，全交给了他姐姐。面对每天必须及时发布的防控通告，他随时都处于临战状态，带领工作团队确保广播电台和村村响广播正常、准点发声。3 月 16 日上午，他与往日一样在办公室编辑审阅电台稿件，突然感到身体有麻木的症状、行动不便。同事得知后，劝他去医院就诊，但他只是要求同事去药房给他买了一点药，当天一直坚持正常工作。17 日上午 8 点半左右，在双峰县中医院经医师检查，为轻度中风，可以采取住院或输液两种治疗方式。对此他提出，由于正值防控时期，宣传工作任务较重，采取输液和吃药的方式治疗。18—19 日，他一边在家输液和吃药，一边通过县防控工作宣传微信群接收工作指令，通过电话、微信的方式安排广播宣传工作。20 日上午 8 点，来到办公室上班并主持召开部室会议，同事们清晰地记得他安排工作的场景：“现在疫情已经取得了阶段性的胜利，但是我们的工作不能放松，大家要继续坚守好岗位。”晚上 8 点半左右，他还当面向同事安排了“疫情防控工作应急指挥部令”的播出工作。21 日上午 8 点左右，王德楠在家中去世，年仅 46 岁。

王德楠参加工作以来，恪尽职守、勤钻业务、任劳任怨。他用绝对忠诚的品格、守正创新的精神践行了一名新时代新闻宣传工作者的责任与担当，他冲锋在前、无私奉献，用实际行动诠释了一名共产党员的初心和使命。

张宗南，男，1988 年 6 月出生，湖南省涟源市六亩塘镇同兴村人。是涟源市“一村一辅警”中的普通一员，自开展县域警务风险摸排防控以来，无论是新冠肺炎疫情阻击战，还是防汛抗险的保卫战，他都始终站在各项战斗的前列，保障着人民群众生命健康安全。2020 年，当选见义勇为类“中国好人”。

2020 年 7 月 30 日上午 8 时，同兴村一辆中巴车行驶至涟水河河坝时，因洪水湍急，把大巴车直接掀推到河坝口，随着不息的水流，大巴车也一点一点朝河坝口移动，导致中巴车车后轮悬空，随时可能坠落河坝，而车上载有6名成人、5名小孩、2名老人和1名驾驶员，情况非常危急。

接到报警后，涟源市消防救援大队立即出动1辆抢险救援车和7名指战员到达现场，经现场勘察，河坝四周水流汇聚且流速较急，车辆随时有坠入河坝的危险，施救难度大，现场急需调集一台救援工具。张宗南得知后，直接开着家里近20吨重的挖掘机赶往现场，对当地河坝水域很了解的他知道如果大巴车掉下去，车里的人很难自保，他心急如焚，只想着快点再快点，心里不停默念：“千万别掉下去！千万别掉下去！”

张宗南赶到时客车的后部分已经快掉下去了，他赶紧用挖掘机的吊臂，对中巴车进行固定，防止它进一步坠落，但因水流湍急，中巴车只能慢慢向水坝边缘移动，每移动一次，张宗南就用吊臂堵回来一次。他把带来的牵引绳绑在挖掘机上，拖住中巴车，车辆终于固定。消防员开始分批疏散被困人员，经过约15分钟的紧急救援，14名被困人员终于全部平安上岸，随后挖掘机又将车子拖回岸上，他最后一个离开现场。阿里天天正能量获悉张宗南的英勇事迹后，奖励一万元，他却将奖金全部捐献给村里，用于各项公益事业建设。

有人问他，你有没有想过，如果当时你的挖掘机吊臂没有挡住，中巴车掉下去了；或者你自己看不清路，开着挖掘机掉下去了怎么办？他笑着说：“那个时候哪还有时间想那么多，只想着要救人！如果因为自己晚到了一会儿，客车掉下去了，那才会后悔一辈子！而且作为一名驻村辅警，这是我应该做的。”

# 附　录

◎重要文件目录

◎先进集体(个人)一览表

# 重要文件目录

## 2020 年娄底市委重要文件(娄发)目录

表 12

| 序号 | 发文日期 | 文 号 | 标 题 |
|---|---|---|---|
| 1 | 4 月 8 日 | 娄发〔2020〕1 号 | 关于抓实“三农”领域重点工作确保全面建成小康社会的实施意见 |
| 2 | 4 月 13 日 | 娄发〔2020〕3 号 | 关于抓党建促决战决胜脱贫攻坚的实施意见 |
| 3 | 7 月 3 日 | 娄发〔2020〕4 号 | 关于新时代加强和改进人民政协工作的实施意见 |
| 4 | 7 月 29 日 | 娄发〔2020〕6 号 | 关于进一步加强作风建设的若干意见 |
| 5 | 8 月 19 日 | 娄发〔2020〕7 号 | 印发《关于开展干部作风集中整治的实施方案》的通知 |
| 6 | 9 月 29 日 | 娄发〔2020〕8 号 | 关于深化社会治理网格化服务管理的指导意见 |
| 7 | 10 月 19 日 | 娄发〔2020〕9 号 | 关于深入学习贯彻习近平总书记考察湖南重要讲话精神为谱写新时代坚持和发展中国特色社会主义湖南新篇章贡献娄底力量的实施意见 |
| 8 | 12 月 31 日 | 娄发〔2020〕10 号 | 关于印发《娄底市深化改革加强食品安全工作的实施方案》的通知 |
| 9 | 12 月 31 日 | 娄发〔2020〕11 号 | 关于制定娄底市国民经济和社会发展第十四个五年规划和二〇三五年远景目标的建议 |

## 2020 年娄底市委办重要文件(娄办发)目录

表 13

| 序号 | 发文日期 | 文 号 | 标 题 |
|---|---|---|---|
| 1 | 5 月 14 日 | 娄办发〔2020〕2 号 | 关于印发《娄底市推进教育现代化办人民满意教育的若干措施》的通知 |
| 2 | 7 月 30 日 | 娄办发〔2020〕4 号 | 关于印发《娄底市创建全国文明城市和国家卫生城市管理工作问责办法》的通知 |
| 3 | 10 月 12 日 | 娄办发〔2020〕5 号 | 关于进一步加强全市公共卫生防治体系建设的若干意见 |
| 4 | 11 月 2 日 | 娄办发〔2020〕6 号 | 印发《关于进一步加强作风建设化解信访矛盾的有关规定》的通知 |

## 2020年娄底市委办重要文件(娄办)目录

表14

| 序号 | 发文日期 | 文 号 | 标 题 |
|---|---|---|---|
| 1 | 1月23日 | 娄办〔2020〕1号 | 关于印发《娄底市2020年推进产业项目建设实施方案》的通知 |
| 2 | 3月14日 | 娄办〔2020〕2号 | 关于印发《全面小康决胜年工作方案》的通知 |
| 3 | 3月16日 | 娄办〔2020〕3号 | 关于调整市委保密委员会成员的通知 |
| 4 | 3月23日 | 娄办〔2020〕5号 | 关于调整娄底市拥军优属拥政爱民工作领导小组组成人员的通知 |
| 5 | 3月24日 | 娄办〔2020〕6号 | 关于成立娄底市推动矿业绿色发展工作领导小组的通知 |
| 6 | 4月28日 | 娄办〔2020〕8号 | 关于成立全市党员教育管理工作协调小组的通知 |
| 7 | 5月19日 | 娄办〔2020〕9号 | 印发《关于应对新冠肺炎疫情影响实施保就业促创业五大行动实施方案》的通知 |
| 8 | 5月22日 | 娄办〔2020〕10号 | 关于成立市委退役军人安置工作领导小组的通知 |
| 9 | 6月29日 | 娄办〔2020〕11号 | 关于调整一批基层人民武装部的通知 |
| 10 | 7月16日 | 娄办〔2020〕12号 | 关于印发《娄底市从事生产经营活动事业单位改革实施方案》的通知 |
| 11 | 7月31日 | 娄办〔2020〕13号 | 关于调整市国防动员委员会和市委退役军人事务工作领导小组组成人员的通知 |
| 12 | 8月26日 | 娄办〔2020〕14号 | 关于调整、合并和撤销部分议事协调机构的通知 |
| 13 | 8月21日 | 娄办〔2020〕16号 | 关于成立市委干部作风集中整治领导小组的通知 |
| 14 | 9月11日 | 娄办〔2020〕17号 | 关于成立娄底市集中化解房地产办证信访突出问题专项行动领导小组的通知 |
| 15 | 9月27日 | 娄办〔2020〕19号 | 关于印发《娄底市集中化解房地产办证信访突出问题专项行动工作方案》的通知 |
| 16 | 9月30日 | 娄办〔2020〕20号 | 关于印发湖南省第五生态环境保护督察组督察娄底市“回头看”工作动员会相关讲话的通知 |
| 17 | 11月5日 | 娄办〔2020〕22号 | 关于印发《市委落实全面从严治党主体责任清单》《市委常委会成员履行全面从严治党责任清单》的通知 |
| 18 | 12月1日 | 娄办〔2020〕23号 | 关于印发《贯彻落实习近平总书记考察湖南重要讲话精神为谱写新时代坚持和发展中国特色社会主义湖南新篇章贡献娄底力量责任分工方案》的通知 |

续表 14

| 序号 | 发文日期 | 文　号 | 标　　题 |
|---|---|---|---|
| 19 | 12 月 23 日 | 娄办〔2020〕24 号 | 关于调整娄底市平安建设领导小组和成立娄底市社区矫正委员会的通知 |
| 20 | 12 月 31 日 | 娄办〔2020〕25 号 | 关于印发《娄底市落实地方党政领导干部食品安全责任制职责分工》的通知 |
| 21 | 12 月 31 日 | 娄办〔2020〕26 号 | 印发《关于深化娄底市市直行政事业单位国有资产管理体制改革的意见》的通知 |

## 2020 年娄底市人民政府重要文件目录

表 15

| 序号 | 发文日期 | 文　号 | 标　　题 |
|---|---|---|---|
| 1 | 4 月 8 日 | 娄政发〔2020〕3 号 | 娄底市人民政府关于印发《娄底市政府投资项目审计监督办法》的通知 |
| 2 | 4 月 20 日 | 娄政通〔2020〕1 号 | 娄底市人民政府关于市本级农村宅基地和集体建设用地房地一体确权登记颁证工作的通告 |
| 3 | 4 月 28 日 | 娄政通〔2020〕2 号 | 娄底市人民政府关于进一步加强野生动物资源保护全面禁止食用野生动物的通告 |
| 4 | 5 月 25 日 | 娄政通〔2020〕3 号 | 娄底市人民政府关于划定禁止使用高排放非道路移动机械区域的通告 |
| 5 | 5 月 26 日 | 娄政发〔2020〕4 号 | 娄底市人民政府关于印发《贯彻执行〈娄底市仙女寨区域生态环境保护条例〉实施方案》的通知 |
| 6 | 9 月 17 日 | 娄政发〔2020〕5 号 | 娄底市人民政府关于公布娄底中心城区基准地价更新(2020年)及标定地价评估成果的通知 |
| 7 | 10 月 29 日 | 娄政发〔2020〕6 号 | 娄底市人民政府关于印发《贯彻落实〈娄底市大熊山国家森林公园条例〉实施方案》的通知 |
| 8 | 11 月 8 日 | 娄政发〔2020〕7 号 | 娄底市人民政府关于废止、修改和重新公布部分规范性文件的决定 |
| 9 | 12 月 26 日 | 娄政发〔2020〕10 号 | 娄底市人民政府关于印发《健康娄底行动实施方案》的通知 |
| 10 | 12 月 28 日 | 娄政发〔2020〕8 号 | 娄底市人民政府关于发布《娄底市“三线一单”生态环境管控基本要求暨环境管控单元生态环境准入清单》的通知 |
| 11 | 12 月 31 日 | 娄政发〔2020〕9 号 | 娄底市人民政府关于进一步加强和规范农村住房建设管理工作的意见 |

## 2020年娄底市人民政府办公室重要文件目录

表16

| 序号 | 发文日期 | 文　号 | 标　　题 |
|---|---|---|---|
| 1 | 3月26日 | 娄政办函〔2020〕8号 | 娄底市人民政府办公室关于加强“四上”企业培育工作的实施意见 |
| 2 | 4月3日 | 娄政办函〔2020〕11号 | 娄底市人民政府办公室关于进一步推动就业扶贫车间建设助力精准脱贫的实施意见 |
| 3 | 5月26日 | 娄政办发〔2020〕3号 | 娄底市人民政府办公室关于印发《娄底市突发环境事件应急预案》的通知 |
| 4 | 5月26日 | 娄政办发〔2020〕5号 | 娄底市人民政府办公室关于印发《娄底市市直部门审批服务“三集中三到位”改革实施方案》的通知 |
| 5 | 6月10日 | 娄政办函〔2020〕16号 | 娄底市人民政府办公室关于实施工伤保险基金市级统收统支改革的通知 |
| 6 | 7月1日 | 娄政办发〔2020〕7号 | 娄底市人民政府办公室关于实施基本医疗保险和生育保险市级统筹的通知 |
| 7 | 7月2日 | 娄政办发〔2020〕6号 | 娄底市人民政府办公室关于加快推进5G网络建设和应用的实施意见 |
| 8 | 7月15日 | 娄政办发〔2020〕9号 | 娄底市人民政府办公室关于印发《娄底市加快推进区块链产业发展若干措施》的通知 |
| 9 | 9月21日 | 娄政办函〔2020〕26号 | 娄底市人民政府办公室关于明确邵东—双峰输气管道工程项目双峰段建设用地补偿有关事项的通知 |
| 10 | 10月21日 | 娄政办函〔2020〕28号 | 娄底市人民政府办公室关于印发《娄底市居家和社区养老服务改革试点工作实施方案》的通知 |
| 11 | 11月9日 | 娄政办函〔2020〕32号 | 娄底市人民政府办公室关于促进首台首套首批次重大技术装备及新材料推广应用的实施意见 |
| 12 | 11月12日 | 娄政办发〔2020〕13号 | 娄底市人民政府办公室关于印发《娄底市优化审批服务(第一批事项）实施方案》《娄底市行政权力事项调整目录》《娄底市进一步加快推进县市区“互联网+政务服务”工作实施方案》的通知 |
| 13 | 11月17日 | 娄政办发〔2020〕14号 | 娄底市人民政府办公室关于印发《娄底市公共汽车乘车管理规定》的通知 |
| 14 | 11月20日 | 娄政办发〔2020〕15号 | 娄底市人民政府办公室关于加快推进企业上市的若干意见 |
| 15 | 11月27日 | 娄政办函〔2020〕34号 | 娄底市人民政府办公室关于转发市工业和信息化局等单位《娄底市预拌砂浆管理办法》的通知 |
| 16 | 11月27日 | 娄政办发〔2020〕16号 | 娄底市人民政府办公室关于推进生态廊道建设的实施意见 |
| 17 | 12月22日 | 娄政办发〔2020〕19号 | 娄底市人民政府办公室关于印发《娄底中心城区生12月29日活垃圾分类工作实施方案》的通知 |
| 18 | 12月29日 | 娄政办发〔2020〕18号 | 娄底市人民政府办公室关于印发《娄底中心城区声环境功能区划分方案》的通知 |

# 先进集体(个人)一览表

表 17

| 先进集体(个人) | 奖励名称 | 授奖单位 | 授奖时间 |
|---|---|---|---|
| **娄底市** | | | |
| 娄底市 | 全国双拥模范城 | 全国双拥工作领导小组、退役军人事务部、解放军总政治部 | 2020 年 10 月 |
| | 全国文明城市 | 中央精神文明建设指导委员会 | 2020 年 11 月 |
| | 全国无偿献血先进市 | 国家卫生健康委员会、中国红十字会总会、中央军委后勤保障部卫生部 | 2020 年 12 月 |
| **市委办公室** | | | |
| 中共娄底市委办公室 | 《中办通讯》工作先进单位 | 省委办公厅 | 2020 年 10 月 21 日 |
| | 省机要密码工作先进单位 | 省委机要局 | 2021 年 1 月 13 日 |
| | 省级文明标兵单位 | 省文明委 | 2021 年 1 月 23 日 |
| | 绩效评估优秀 | 省委办公厅 | 2021 年 2 月 10 日 |
| **市委宣传部** | | | |
| 市文明办 | 2020 年省新冠肺炎疫情防控学雷锋志愿服务先进单位 | 省文明办 省志工办 | 2020 年 5 月 |
| 中共娄底市委宣传部 | 2020 年《新湘评论》发行先进集体 | 省委宣传部 省委《新湘评论》杂志社 | 2020 年 12 月 |
| | 2020 届全省精神文明建设文明标兵单位 | 省文明办 | 2021 年 1 月 |
| | 2020 年湖南大喇叭“疫情防控”抖音大赛最佳组织 | 湖南广播电视台广播传媒中心金鹰之声 | 2021 年 1 月 |
| | 2020 年全省“学习强国”学习平台推广使用工作先进单位 | “学习强国”湖南学习平台 | 2021 年 1 月 |
| **市委统战部** | | | |
| 中共娄底市委统战部 | 中国统一战线宣传先进单位 | 中共中央统战部中国统一战线杂志社 | 2020 年 11 月 |
| 付嘉名 | 中国统一战线宣传先进个人 | 中共中央统战部中国统一战线杂志社 | 2020 年 11 月 |

续表 17

| 先进集体(个人) | 奖励名称 | 授奖单位 | 授奖时间 |
|---|---|---|---|
| **市直机关工委** | | | |
| 中共娄底市直属机关工作委员会 | 关于“三表率一模范”机关建设路径的调查与思考(一等奖) | 湖南省直机关工委 | 2021 年 3 月 10 日 |
| | 娄底市直机关党支部书记轮训暨党员教育示范培训经验(典型经验推进) | 湖南省直机关工委 | 2021 年 3 月 10 日 |
| | “五式”工作法助推机关党建“灯下黑”“两张皮”问题有效整改(典型经验推进) | 湖南省直机关工委 | 2021 年 3 月 10 日 |
| 陈　旭 | 湖南省 2020 年最美文明实践志愿者 | 湖南省文明办 | 2021 年 1 月 28 日 |
| **市委老干部局** | | | |
| 娄底市关心下一代工作委员会 | 全国关心下一代工作先进集体 | 中国关心下一代工作委员会、中央精神文明推进指导委员会办公室 | 2020 年 10 月 20 日 |
| 仲　沂　康承贵　刘亮光 | 全国关心下一代工作先进工作者 | 中国关心下一代工作委员会、中央精神文明推进指导委员会办公室 | 2020 年 10 月 20 日 |
| **市委网信办** | | | |
| 中共娄底市委网络安全和信息化委员会办公室 | 网络文明建设荣获 2020 年度全省“湖湘好网民新风大典”评选活动“优秀组织奖” | 中共湖南省委网络安全和信息化委员会办公室 | 2020 年 6 月 |
| | 全市网评队伍建设荣获 2020 年全省网评队伍建设先进集体 | 中共湖南省委网络安全和信息化委员会办公室 | 2020 年 12 月 |
| | “世界锑都重现绿水青山”网络主题宣传活动荣获 2020 年全省网上重大主题宣传和重大议题设置优秀创意奖 | 中共湖南省委网络安全和信息化委员会办公室 | 2020 年 12 月 |
| | 2020 年度全省网络安全工作责任制考核评估“全省良好单位” | 中共湖南省委网络安全和信息化委员会办公室 | 2020 年 12 月 |

续表 17

| 先进集体(个人) | 奖励名称 | 授奖单位 | 授奖时间 |
| --- | --- | --- | --- |
| 谢 幸 | 全省网评先进工作者 | 中共湖南省委网络安全和信息化委员会办公室 | 2020 年 12 月 |
| **市人大** | | | |
| 娄底市人大常委会机关 | 湖南省文明标兵单位 | 省精神文明指导委员会 | 2021 年 2 月 8 日 |
| **市人民政府办公室** | | | |
| 娄底市人民政府办公室 | “12345”热线综合考核评估优秀单位 | 省政务管理服务局 | 2021 年 1 月 26 日 |
| | 2020 届湖南省文明标兵单位 | 省文明委 | 2021 年 2 月 8 日 |
| 谢钢金 | 湖南省抗击新冠肺炎疫情先进个人 | 省委省政府 | 2020 年 11 月 30 日 |
| 张 鹏 | 2020 年度全省政府督查工作先进个人 | 省政府督查室 | 2021 年 1 月 28 日 |
| 杨 洁 龙红霞 | 2020 年建议提案办理工作目标管理先进个人 | 省政府办公厅 | 2021 年 2 月 19 日 |
| 方第晓 | 全省脱贫攻坚先进个人 | 省委省政府 | 2021 年 4 月 23 日 |
| **市信访局** | | | |
| 娄底市信访局 | 湖南省信访系统“人民满意窗口” | 湖南省信访局 | 2021 年 3 月 1 日 |
| | 湖南省文明单位 | 湖南省人民政府办公厅 | 2021 年 3 月 10 日 |
| 黄五兵 | 湖南省先进工作者 | 中共湖南省委、湖南省人民政府 | 2020 年 11 月 27 日 |
| 梁绍辉 | 湖南省抗击新冠肺炎疫情先进个人 | 中共湖南省委、湖南省人民政府 | 2020 年 11 月 30 日 |
| **省无委办娄底市管理处** | | | |
| 湖南省无线电管理委员会办公室娄底市管理处 | 2020 年湖南省无线电监测技术分片演练竞赛(湘中片区)优秀组织奖 | 湖南省无线电管理委员会 | 2020 年 10 月 29 日 |

续表 17

| 先进集体(个人) | 奖励名称 | 授奖单位 | 授奖时间 |
|---|---|---|---|
| **市机关事务管理局** | | | |
| 娄底市机关事务管理局 | 国家公共机构能效领跑者 | 国家机关事务管理局、国家发展和改革委员会、财政部 | 2020 年 12 月 15 日 |
| | 省级节水载体 | 湖南省水利厅 | 2020 年 12 月 31 日 |
| **市政协** | | | |
| 政协娄底市委员会 | 2020 年度湖南省政协反映社情民意信息工作先进单位荣获三等奖 | 省政协 | 2020 年 12 月 28 日 |
| | 2020 年度各市州、县市区政协优秀调研报告评选一等奖 | 省政协 | 2021 年 1 月 5 日 |
| | 2020 年度全省政协宣传工作先进单位 | 省政协 | 2021 年 1 月 18 日 |
| | 2020 届湖南省文明单位 | 省精神文明建设委 | 2021 年 2 月 8 日 |
| 娄底市政协办公室驻新化县西河镇三新村帮扶工作队 | 湖南省脱贫攻坚先进集体 | 省委、省政府 | 2021 年 4 月 28 日 |
| 刘邦杰 | 2020 年度湖南省政协社情民意信息工作先进个人 | 省政协 | 2020 年 12 月 28 日 |
| 陈康庄 | 全省政协扶贫行动先进个人 | 省政协 | 2021 年 1 月 14 日 |
| 李　震　刘　明 | 2020 年度全省政协宣传工作先进个人 | 省政协 | 2021 年 1 月 18 日 |
| 谭永忠 | 最美文明实践志愿者 | 省文明办 | 2021 年 3 月 4 日 |
| **市纪委监委** | | | |
| 娄底市纪委监委驻市公安局纪检监察组 | 第三届全省公安纪检监察十大精品案件 | 省纪委监委驻省公安厅纪检监察组 | 2020 年 9 月 |
| | 全省公安机关优秀警示教育片一等奖 | 省纪委监委驻省公安厅纪检监察组 | 2020 年 9 月 |
| 娄底市纪委监委 | 2020 年度全省纪检监察信息工作先进单位 | 中共湖南省纪委办公厅 | 2021 年 2 月 7 日 |
| 杨俊杰 | 全省 2018–2019 年度“百名业务能手”(审查调查类) | 中共湖南省纪委办公厅 | 2020 年 1 月 10 日 |

续表 17

| 先进集体(个人) | 奖励名称 | 授奖单位 | 授奖时间 |
| --- | --- | --- | --- |
| 李思远 | 全省 2018—2019 年度“百名业务能手”(监督检查类) | 中共湖南省纪委办公厅 | 2020 年 1 月 10 日 |
| 刘光华 | 全省 2018—2019 年度“百名业务能手”(监督检查类) | 中共湖南省纪委办公厅 | 2020 年 1 月 10 日 |
| 黄首记 | 全省 2018—2019 年度“百名业务能手”(综合管理类) | 中共湖南省纪委办公厅 | 2020 年 1 月 10 日 |
| 李慰民 | 2020 年度全省纪检监察信息工作先进个人 | 中共湖南省纪委办公厅 | 2021 年 2 月 7 日 |
| **民盟娄底市委会** | | | |
| 民盟娄底市委会 | 民盟思想政治建设和宣传工作先进集体 | 民盟中央 | 2020 年 12 月 |
| | 民盟社会服务工作先进集体 | 民盟中央 | 2020 年 12 月 |
| | 《群言》发行工作突出成绩奖 | 民盟中央 | 2020 年 12 月 |
| | 2020 年度盟务工作考核先进集体(综合奖) | 民盟湖南省委会 | 2021 年 1 月 |
| | 2020 年度组织工作先进单位 | 民盟湖南省委会 | 2021 年 1 月 |
| | 2020 年参政议政工作先进集体 | 民盟湖南省委会 | 2021 年 1 月 |
| | 2020 年度反映社情民意信息工作先进集体三等奖 | 民盟湖南省委会 | 2021 年 1 月 |
| | 2020 年度宣传工作先进集体 | 民盟湖南省委会 | 2021 年 1 月 |
| | 娄底市政协 2020 年度社情民意信息工作一等奖 | 娄底市政协 | 2021 年 1 月 |
| 民盟娄底市中心医院支部 | 中国民主同盟抗击新冠肺炎疫情先进集体 | 民盟中央 | 2020 年 11 月 |
| 吴志奇 | 民盟思想政治建设和宣传工作先进个人 | 民盟中央 | 2020 年 11 月 |

续表 17

| 先进集体(个人) | 奖励名称 | 授奖单位 | 授奖时间 |
| --- | --- | --- | --- |
| **民建娄底市委会** | | | |
| 民建娄底市委会 | 全省脱贫攻坚先进集体 | 民建湖南省委会 | 2020 年 11 月 18 日 |
| | 全省抗击新冠肺炎疫情先进集体 | 民建湖南省委会 | 2020 年 11 月 18 日 |
| | 先进单位二等奖 | 民建湖南省委会 | 2021 年 1 月 11 日 |
| | 参政议政工作先进集体二等奖 | 民建湖南省委会 | 2021 年 1 月 11 日 |
| | 社会服务工作先进集体二等奖 | 民建湖南省委会 | 2021 年 1 月 11 日 |
| | 组织管理信息系统建设工作先进集体一等奖 | 民建湖南省委会 | 2021 年 1 月 11 日 |
| | 新闻宣传工作先进集体二等奖 | 民建湖南省委会 | 2021 年 1 月 11 日 |
| 梁彦喜 | 全省脱贫攻坚先进个人 | 民建湖南省委会 | 2020 年 11 月 18 日 |
| 刘俊霞 | 全省优秀会员 | 民建湖南省委会 | 2020 年 11 月 18 日 |
| 刘俊霞 | 组织管理信息系统建设工作优秀个人一等奖 | 民建湖南省委会 | 2021 年 1 月 11 日 |
| **农工党娄底市委会** | | | |
| 农工党娄底市委会 | 纪念农工党成立 90 周年先进市(县)级组织 | 中国农工民主党湖南省委员会 | 2020 年 8 月 |
| | 纪念农工党成立 90 周年参政议政先进市(县)级组织 | 中国农工民主党湖南省委员会 | 2020 年 8 月 |
| 李 燕 李晓茜 郭超兵 | 纪念农工党成立 90 周年优秀党务工作者 | 中国农工民主党中央委员会 | 2020 年 8 月 |
| | | 中国农工民主党湖南省委员会 | 2020 年 8 月 |
| 郭超兵 | 新冠肺炎疫情防控工作先进个人 | 中国农工民主党湖南省委员会 | 2020 年 5 月 |

续表 17

| 先进集体(个人) | 奖励名称 | 授奖单位 | 授奖时间 |
| --- | --- | --- | --- |
| **九三学社娄底市委会** | | | |
| 九三学社娄底市委会 | 2020 年度机关规范化建设市级组织先进单位 | 九三学社中央委员会 | 2020 年 12 月 17 日 |
| | 2020 年度机关规范化建设市级组织工作成效奖 | 九三学社中央委员会 | 2020 年 12 月 17 日 |
| | 九三学社创建 75 周年全省组织工作先进集体 | 九三学社湖南省委员会 | 2020 年 9 月 1 日 |
| **市总工会** | | | |
| 娄底市总工会 | 全省工会系统“潇湘家书”活动优秀组织奖 | 湖南省总工会 | 2020 年 3 月 19 日 |
| 娄底市总工会女职工委员会 | “湘悦读·家幸福”女职工主题阅读暨第九轮女职工“芙蓉杯”竞赛家庭文明建设活动优秀组织奖 | 湖南省总工会 | 2020 年 11 月 9 日 |
| 娄底市总工会经费审查委员会 | 2019 年度市级工会经费审查工作规范化建设考核特等奖 | 湖南省总工会经费审查委员会 | 2020 年 12 月 8 日 |
| **共青团娄底市委** | | | |
| 团市委新媒体中心 | “网聚‘政’能量共筑同心圆”2020 年各地走好网上群众路线典型案例征集展示活动优秀机构案例 | 中国互联网发展基金会人民网 | 2020 年 11 月 |
| | 青媒奖·十大共青团微博 | 共青团湖南省委宣传部 | 2020 年 9 月 |
| **市妇联** | | | |
| 娄底市妇女联合会 | 湖南省第二届巾帼创新创业大赛“优秀组织奖” | 湖南省妇女联合会 | 2020 年 11 月 11 日 |
| | 2020 年度湖南省妇联舆论宣传阵地建设表现突出单位 | 湖南省妇女联合会 | 2020 年 11 月 26 日 |
| | 湖南省第四期中国妇女社会地位调查优秀组织奖 | 湖南省妇女联合会 | 2021 年 1 月 13 日 |
| 李　芸 | 全国家庭工作先进个人 | 中华全国妇女联合会 | 2020 年 12 月 17 日 |
| 徐宇红 | 2020 年度湖南省妇联舆论宣传阵地建设表现突出个人 | 湖南省妇女联合会 | 2020 年 11 月 26 日 |

续表 17

| 先进集体(个人) | 奖励名称 | 授奖单位 | 授奖时间 |
|---|---|---|---|
| **市科协** | | | |
| 娄底市科学技术协会 | 2020 年全国科普日活动优秀组织单位 | 中国科学技术协会 | 2020 年 12 月 |
| | 2020 年科普中国信息员队伍建设优秀组织单位 | 中国科学技术协会 | 2021 年 1 月 |
| **娄底市归国华侨侨眷联合会** | | | |
| 娄底市归国华侨侨眷联合会 | 全国侨联系统助力脱贫攻坚先进集体 | 中华全国归国华侨联合会 | 2021 年 1 月 21 日 |
| **市工商联** | | | |
| 娄底市工商联 | 2020 年度精准扶贫工作先进单位 | 湖南省工商联 | 2021 年 1 月 6 日 |
| | 2020 年度全省工商联系统优秀调研成果一等奖 | 湖南省工商联 | 2021 年 1 月 20 日 |
| **武警娄底支队** | | | |
| 武警娄底支队 | 2020 年度安全工作先进单位 | 武警部队 | 2020 年 12 月 |
| | “五无”单位 | 武警湖南总队 | 2020 年 12 月 |
| | 机要密码工作先进单位 | 武警湖南总队 | 2020 年 12 月 |
| 武警娄底支队参谋部 | 先进参谋部 | 武警湖南总队 | 2020 年 12 月 |
| 罗江鹏 袁 辉 童任贤 | 抗洪抢险先进个人 | 湖南省政府 | 2020 年 12 月 |
| 顾文川 | ”十三五“规划执行先进个人 | 武警湖南总队政治工作部 | 2020 年 12 月 |
| 谭元华 潘 飞 | 百日安全竞赛优秀个人 | 武警部队 | 2020 年 12 月 |
| 杨光稳 | 个人二等功 | 武警湖南总队政治工作部 | 2020 年 12 月 |
| 潘 鸿 谢 凌 邹东其 | 个人三等功 | 武警湖南总队政治工作部 | 2020 年 12 月 |

续表 17

| 先进集体(个人) | 奖励名称 | 授奖单位 | 授奖时间 |
|---|---|---|---|
| 熊湘平　罗东云 | 嘉奖 | 武警湖南总队政治工作部 | 2020 年 12 月 |
| 张根深 | 新闻舆论工作先进个人 | 武警湖南总队政治工作部 | 2020 年 12 月 |
| 袁　辉　曾　杰 | 抗击新冠肺炎疫情先进个人 | 武警湖南总队政治工作部 | 2020 年 12 月 |
| 马　震 | 机要密码工作先进个人 | 武警湖南总队政治工作部 | 2020 年 12 月 |
| 贺登昊 | 十佳政治教员 | 武警湖南总队政治工作部 | 2020 年 12 月 |
| 潘　飞 | 优秀共产党员 | 武警湖南总队政治工作部 | 2020 年 12 月 |
| 郭　卓 | 优秀党务工作者 | 武警湖南总队政治工作部 | 2020 年 12 月 |
| **市委政法委** | | | |
| 娄底市法学会 | 优秀组织单位 | 泛珠三角合作与发展法治论坛组委会 | 2020 年 10 月 |
| 中共娄底市委政法委员会 | 湖南省 2020 届文明单位 | 湖南省文明办 | 2021 年 1 月 23 日 |
| **市公安局** | | | |
| 娄底市公安局刑事科学技术研究所 | 全国公安基层技术革新奖优秀奖 | 公安部、全国总工会 | 2020 年 |
| 娄底市公安局巡特警支队 | 湖南省抗击新冠肺炎疫情先进集体 | 中共湖南省委<br>湖南省人民政府 | 2020 年 11 月 |
| | 湖南先进基层党组织 | 中共湖南省委 | 2020 年 11 月 |
| 娄底市公安局 | 全省公安机关侦破命案成绩突出单位 | 湖南省公安厅 | 2020 年 2 月 |
| | 全省公安机关扫黑除恶成绩突出单位 | 湖南省公安厅 | 2020 年 2 月 |

续表 17

| 先进集体(个人) | 奖励名称 | 授奖单位 | 授奖时间 |
| --- | --- | --- | --- |
| 娄底市公安局刑侦支队 | 全省公安刑事技术工作成绩突出单位 | 湖南省公安厅刑侦总队 | 2020 年 3 月 |
| | 全省公安刑侦工作成绩突出单位 | 湖南省公安厅刑侦总队 | 2020 年 3 月 |
| | 全省打击治理电信网络新型违法犯罪工作成绩突出单位 | 湖南省公安厅刑侦总队 | 2020 年 3 月 |
| | 全省追逃工作成绩突出单位 | 湖南省公安厅刑侦总队 | 2020 年 3 月 |
| 娄底市公安局“的哥”警务项目组 | 集体三等功 | 湖南省公安厅 | 2020 年 7 月 2 日 |
| 娄底市公安局 | 集体嘉奖 | 湖南省公安厅 | 2020 年 11 月 27 日 |
| 娄底市公安局刑事科学技术研究所 | 全省公安刑事技术工作成绩突出单位 | 湖南省公安厅 | 2020 年 |
| 娄底市公安局法制支队 | 全省公安机关全警实战大练兵法律知识竞赛一等奖 | 湖南省公安厅政治部 | 2020 年 |
| 娄底市公安局刑事科学技术研究所 | 第二届湖南省刑事技术职业技能竞赛团体第三名 | 湖南省公安厅、人社厅、省总工会、团省委、省妇联 | 2020 年 |
| 李　术 | 全国扫黑除恶先进工作者<br>二等功 | 中央扫黑办<br>湖南省公安厅 | 2020 年 4 月 20 日 |
| 王剑凌 | 公安国保荣誉证书 | 公安部国内安全保卫局、湖南省公安厅 | 2020 年 4 月 |
| 刘金辉 | 嘉奖 | 湖南省公安厅 | 2020 年 3 月 21 日 |
| 刘　伟 | 全国禁毒工作先进个人 | 国家禁毒委员会 | 2020 年 |
| 秦智勇 | 一等功 | 公安部 | 2020 年 |
| 卢韶华 | 二等功 | 湖南省公安厅 | 2020 年 6 月 29 日 |
| 肖　芳 | 三等功 | 湖南省公安厅 | 2020 年 6 月 29 日 |
| 曾海清 | 嘉奖 | 湖南省公安厅 | 2020 年 6 月 29 日 |
| 谭清林 | 二等功 | 湖南省公安厅 | 2020 年 8 月 3 日 |

续表 17

| 先进集体(个人) | 奖励名称 | 授奖单位 | 授奖时间 |
|---|---|---|---|
| 张阔如 | 二等功 | 湖南省公安厅 | 2020 年 11 月 27 日 |
| 席　成 | 二等功 | 湖南省公安厅 | 2020 年 12 月 21 日 |
| 陈　玲 | 湖南省巾帼建功标兵 | 省妇联 | 2020 年 |
| 王　鹏 | 全省民族团结先进个人 | 湖南省政府 | 2020 年 |
| 李　雄 | 一等功 | 湖南省公安厅 | 2020 年 |
| **市公安局交警支队** | | | |
| 娄底市交警支队直属二大队 | 2020 年全省公安机关春运疫情防控和交通安保工作成绩突出集体 | 省公安厅 | 2020 年 3 月 12 日 |
| 娄底市交警支队 | 2019 年度业务评估先进单位 | 交警总队 | 2020 年 2 月 18 日 |
| 娄底市交警支队直属一大队 | 2019 年度酒驾醉驾专项整治行动先进集体 | 交警总队 | 2020 年 2 月 18 日 |
| 陈　玲 | 湖南省巾帼建功标兵 | 省妇联 | 2020 年 10 月 3 日 |
| **市人民检察院** | | | |
| 娄底市人民检察院 | 第六届全国文明单位 | 中央文明委 | 2020 年 11 月 |
| | 全国检察机关检务保障工作表现突出集体 | 最高人民检察院 | 2020 年 1 月 |
| | 全国特赦检察工作突出集体 | 最高人民检察院 | 2020 年 3 月 |
| | 第三届全国检察官阅读征文活动组织工作先进奖 | 最高人民检察院 | 2020 年 7 月 |
| | 全省扫黑除恶先进集体 | 湖南省人民检察院 | 2020 年 4 月 |
| | 2019 年度湖南省省直非税收执收收入先进单位 | 湖南省财政厅 | 2020 年 5 月 |
| | 湖南省家庭工作先进集体 | 湖南省妇女联合会 | 2020 年 9 月 |

续表 17

| 先进集体(个人) | 奖励名称 | 授奖单位 | 授奖时间 |
|---|---|---|---|
| 黄 劲 | 二等功 | 湖南省人民检察院 | 2020 年 4 月 |
| 谢凯拓 彭 海 柳 勇 | 全省检察机关扫黑除恶工作先进个人 | 湖南省人民检察院 | 2020 年 4 月 |
| 邓娅玲 | 湖南省优秀女检察官 | 湖南省人民检察院 | 2020 年 7 月 |
| | 2020 年度湖南省巾帼建功标兵 | 湖南省妇女联合会 | 2020 年 9 月 |
| **市中级人民法院** | | | |
| 娄底市中级人民法院刑事审判二庭 | 全国法院先进集体 | 最高人民法院 | 2020 年 1 月 13 日 |
| 娄底市中级人民法院 | 全国法院党建创新优秀案例 | 最高人民法院 | 2020 年 10 月 |
| | 全省法院 2019 年度案例工作先进单位 | 省高级人民法院 | 2020 年 2 月 |
| | 2020 年省两会期间工作表现突出集体 | 省高级人民法院 | 2020 年 4 月 3 日 |
| 袁米娜 | 全国法院特赦实施工作通报表扬个人 | 最高人民法院 | 2020 年 5 月 19 日 |
| 龚安惠 | 全国法院信息化工作先进个人 | 最高人民法院 | 2020 年 12 月 |
| 刘筱岚 | 湖南省三八红旗手标兵 | 湖南省妇女联合会 | 2020 年 1 月 |
| 苏 璞 | 全省法院 2019 年度案例工作优秀通讯编辑 | 省高级人民法院 | 2020 年 2 月 24 日 |
| 王佳乐 | 2020 年省两会期间工作表现突出个人 | 省高级人民法院 | 2020 年 4 月 3 日 |
| 王益平 | 全省法院司法警察授衔培训班优秀教练员 | 国家法官学院湖南分院、省高级人民法院司法警察总队 | 2020 年 5 月 25 日 |
| 梁成文 | 2020 年全国"两会"舆论引导工作先进个人 | 最高人民法院新闻局 | 2020 年 7 月 27 日 |
| 曾宪华 罗湘云 | “基本解决执行难”工作表现突出的个人 | 省高级人民法院 | 2020 年 8 月 13 日 |

续表 17

| 先进集体(个人) | 奖励名称 | 授奖单位 | 授奖时间 |
|---|---|---|---|
| 曾宪华 | 二等功 | 省高级人民法院 | 2020 年 10 月 27 日 |
| 陈友红 | 全省法院 2018–2019 年成绩突出的法官 | 省高级人民法院 | 2020 年 11 月 16 日 |
| 童丁玲 石乃强 李 玲 苏 璞 | 全省法院扫黑除恶专项斗争工作中表现突出的个人 | 省高级人民法院 | 2020 年 11 月 19 日 |
| **市司法局** | | | |
| 娄底市司法局 | 全国司法行政机关 2020 年国家统一法律职业资格考试工作表现突出单位 | 司法部 | 2021 年 2 月 4 日 |
| | 全省仲裁工作技能比武团体一等奖 | 湖南省司法厅 | 2020 年 9 月 26 日 |
| 娄底市司法局离退休干部党支部 | 全省离退休干部先进集体 | 中共湖南省省委组织部<br>中共湖南省委老干部局 | 2020 年 1 月 |
| 李 烨 | 全国司法行政机关 2020 年国家统一法律职业资格考试工作表现突出个人 | 司法部 | 2021 年 2 月 4 日 |
| 谢聪荣 | 先进仲裁工作人员、省司法厅全省仲裁工作技能比武个人一等奖 | 湖南省司法厅 | 2020 年 9 月 26 日 |
| **市发展和改革委员会** | | | |
| 娄底市发展和改革委员会 | 产业转型升级示范区建设被评为“全国优秀” | 国家发改委、科学技术部、工业和信息部、自然资源部、国家开发银行 | 2020 年 7 月 |
| | 全国“十三五”时期易地扶贫搬迁有为先进集体 | 国家发改委 | 2020 年 11 月 3 日 |
| 杨 维 | 全力奋进易地搬迁干部 | 国家发改委 | 2020 年 11 月 3 日 |
| 张 挺 | 2019—2020 年度全省优秀价格认定人员 | 湖南省价格认证中心 | 2020 年 12 月 |
| **市重点建设项目事务中心** | | | |
| 娄底市重点建设项目事务中心 | 重点项目复工复产进度排名全省第一 | 湖南省人民政府办公厅 | 2021 年 2 月 27 日 |

续表 17

| 先进集体(个人) | 奖励名称 | 授奖单位 | 授奖时间 |
|---|---|---|---|
| **市市场监督管理局** | | | |
| 娄底市市场监督管理局政务服务窗口 | 2020 年度湖南省巾帼文明岗 | 湖南省妇联 | 2020 年 9 月 4 日 |
| 娄底市市场监督管理局 | 《化妆品监督管理条例》知识竞赛优秀组织单位 | 湖南省市场监督管理局 | 2020 年 12 月 18 日 |
| | 第六届中国民营企业合作会优秀组织单位 | 湖南省市场监督管理局 | 2020 年 12 月 22 日 |
| | 2020 年全省特种设备安全监察工作优秀单位 | 湖南省市场监督管理局 | 2020 年 12 月 28 日 |
| | 省市场监管部门成立以来十大法治创新案例和普法故事视频大赛优秀组织单位 | 湖南省市场监督管理局 | 2021 年 1 月 29 日 |
| 李纪南 | 湖南省抗击新冠肺炎疫情先进个人 | 中共湖南省委 湖南省人民政府 | 2020 年 11 月 27 日 |
| 彭乐平 | 2020 年度湖南省药品稽查执法“三十佳”稽查能手 | 湖南省药品监督管理局 | 2021 年 1 月 4 日 |
| **市国资委** | | | |
| 娄底市人民政府国有资产监督管理委员会 | 2019-2020 年度市州国资监管工作先进单位 | 湖南省人民政府国有资产监督管理委员会 | 2021 年 1 月 19 日 |
| | 国有企业退休人员社会化管理工作优胜单位 | 湖南省人民政府国有资产监督管理委员会 | 2021 年 1 月 20 日 |
| **市财政局** | | | |
| 娄底市财政局 | 湖南省双拥模范单位 | 湖南省委、湖南省人民政府、湖南省军区 | 2020 年 8 月 18 日 |
| | 2019 年度市县财政部门预算绩效管理工作先进单位一等奖 | 湖南省财政厅 | 2020 年 9 月 4 日 |
| | 2020 年度全省财政外经系统业务工作先进单位 | 湖南省财政厅 | 2020 年 12 月 21 日 |
| | 2020 年度全省财政行政系统业务工作先进单位 | 湖南省财政厅 | 2020 年 12 月 23 日 |
| | 2020 年度财政资环工作先进单位 | 湖南省财政厅 | 2020 年 12 月 30 日 |

续表 17

| 先进集体(个人) | 奖励名称 | 授奖单位 | 授奖时间 |
| --- | --- | --- | --- |
| 娄底市财政局 | 2020 届湖南省文明单位 | 湖南省文明办 | 2021 年 1 月 23 日 |
| | 2020 年度全省财政系统人事教育统计报表综合考评一等奖 | 湖南省财政厅 | 2021 年 5 月 13 日 |
| 娄底市财政局国库科 | 全省财政工作先进集体 | 湖南省人社厅、湖南省财政厅 | 2020 年 12 月 31 日 |
| 唐 瑛 | 全省财政工作先进个人 | 湖南省人社厅、湖南省财政厅 | 2020 年 12 月 31 日 |
| 王 廷 | 2020 年度全省财政监督工作先进个人 | 湖南省财政厅 | 2021 年 1 月 12 日 |

**市税务局**

| | | | |
| --- | --- | --- | --- |
| 国家税务总局娄底市税务局 | 全国文明单位 | 中央精神文明建设指导委员会 | 2020 年 11 月 20 日 |
| 国家税务总局娄底市税务局稽查局 | 打击虚开骗税违法犯罪工作成绩突出的集体 | 国家税务总局湖南省税务局 国家税务总局驻广州特派员办事处 湖南省公安厅 中华人民共和国长沙海关 中国人民银行长沙中心支行 | 2020 年 1 月 14 日 |
| 李 婧 刘伟波 | 税务青年英才 | 湖南省税务局 共青团湖南省委 | 2020 年 5 月 29 日 |
| 陆文勇 | 先进工作者 | 中共湖南省委 湖南省人民政府 | 2020 年 11 月 25 日 |

**国家统计局娄底调查队**

| | | | |
| --- | --- | --- | --- |
| 国家统计局娄底调查队 | 2020 届湖南省文明标兵单位 | 湖南省精神文明建设指导委员会 | 2020 年 12 月 |
| | 2020 年度统计法治工作优秀单位 | 国家统计局湖南调查总队 | 2021 年 3 月 |
| | 2020 年度党建工作优秀单位 | 国家统计局湖南调查总队 | 2021 年 3 月 |
| | 2020 年度居民收支调查工作优秀单位 | 国家统计局湖南调查总队 | 2021 年 3 月 |
| | 2020 年度住户监测工作优秀单位 | 国家统计局湖南调查总队 | 2021 年 3 月 |
| 肖应威 | 湖南国家调查队系统抗击新冠疫情优秀个人 | 国家统计局湖南调查总队 | 2020 年 10 月 |

续表 17

| 先进集体(个人) | 奖励名称 | 授奖单位 | 授奖时间 |
| --- | --- | --- | --- |
| **娄底经开区** | | | |
| 国家税务总局娄底经济技术开发区税务局纳税服务股 | 2020年湖南省巾帼文明岗 | 湖南省妇联 | 2020年9月4日 |
| 国家税务总局娄底经济技术开发区税务局工会委员会 | 2020年湖南省模范职工之家 | 湖南省总工会 | 2020年11月6日 |
| 娄底经开区管委会 | 湖南省2020届文明单位 | 省文明办 | 2021年1月23日 |
| | 全省信访工作“三无”创达标县市区(含园区、管理区) | 省政府办公厅 | 2021年1月26日 |
| 娄底经济技术开发区 | 全省商务工作先进园区 | 省商务厅 | 2021年1月26日 |
| 娄底华菱薄板产业园开发建设有限公司 | 优秀省重点建设项目(娄底经开区汽车零部件产业园项目) | 省政府办公厅 | 2021年2月2日 |
| 娄底中兴液压件有限公司 | 优秀省重点建设项目(三一中兴百亿油缸项目) | 省政府办公厅 | 2021年2月2日 |
| **万宝新区** | | | |
| 湖南文昌新材科技有限公司(铝基复合材料大型构件直接形成技术及其应用) | 2019年度湖南省技术发明奖一等奖 | 中共湖南省委<br>湖南省人民政府 | 2020年6月 |
| 娄底市移动互联网产业园 | 湖南省区块链产业园 | 湖南省工业和信息化厅 | 2020年2月 |
| **市畜牧水产和农机事务中心** | | | |
| 娄底市畜牧水产和农机事务中心 | 农机事务工作综合先进单位 | 省农机事务中心 | 2020年12月29日 |

续表 17

| 先进集体(个人) | 奖励名称 | 授奖单位 | 授奖时间 |
|---|---|---|---|
| **市林业局** | | | |
| 娄底市林业局 | 省级文明单位 | 省文明办 | 2020 年 12 月 |
| | 湘林杯优胜单位 | 省人民政府 | 2021 年 3 月 |
| **市水利局** | | | |
| 娄底市水利局 | 全面推行河长制湖长制先进集体 | 水利部办公厅 | 2021 年 1 月 23 日 |
| | 2019 年度水利建设优秀单位 | 省水利厅 | 2020 年 2 月 17 日 |
| | 节水机关 | 省水利厅 | 2020 年 12 月 28 日 |
| 李立德 | 全面推行河长制湖长制工作先进工作者 | 水利部办公厅 | 2021 年 1 月 23 日 |
| 孙琼莹 | 全国农村饮水安全脱贫攻坚先进个人 | 水利部、国务院扶贫办 | 2021 年 1 月 20 日 |
| 钟江雄 | 2020 年全省防汛救灾先进个人 | 省防指抗旱指挥部 | 2020 年 12 月 14 日 |
| **市库区移民事务中心** | | | |
| 娄底市库区移民事务中心 | 市州移民工作绩效评价获优秀等次 | 湖南省库区移民事务中心 | 2021 年 1 月 22 日 |
| **市气象局** | | | |
| 中共娄底市气象学会支部委员会 | 先进党支部 | 中共湖南省气象局党组 | 2020 年 6 月 30 日 |
| 娄底市气象科普基地 | 湖南省科普教育基地(2020—2025 年度) | 湖南省科学技术协会 | 2020 年 8 月 5 日 |
| 娄底市气象局机关工会委员会 | 湖南省模范职工之家 | 湖南省总工会 | 2020 年 11 月 6 日 |
| 曹正清 | 优秀党务工作者 | 中共中国气象局党组 | 2020 年 6 月 28 日 |
| 蔡海朝 李长青 | 优秀共产党员 | 中共湖南省气象局党组 | 2020 年 6 月 30 日 |

续表 17

| 先进集体(个人) | 奖励名称 | 授奖单位 | 授奖时间 |
|---|---|---|---|
| **国网娄底供电公司** | | | |
| 国网娄底客户服务中心(计量中心)高压计量工会小组 | 湖南省模范职工小家 | 湖南省总工会 | 2020 年 11 月 |
| 刘卫民 | 国家电网有限公司抗击新冠肺炎疫情的先进个人 | 国家电网有限公司 | 2020 年 10 月 |
| 潘慧明 | 国家电网有限公司劳动模范 | 国家电网有限公司 | 2021 年 1 月 |
| 聂贤葛 | 湖南省劳动模范 | 湖南省总工会 | 2020 年 11 月 |
| **湖南华菱涟源钢铁集团** | | | |
| 涟源钢铁集团有限公司 | 第二十一届湖南省企业管理现代化创新成果一等奖 | 湖南省企业管理现代化创新成果审定委员会 | 2020 年 11 月 |
| | 全国质量检验稳定合格产品 | 中国质量检验协会 | 2020 年 2 月 |
| | 全国质量诚信先进企业 | 中国质量检验协会 | 2020 年 3 月 |
| | 全国钢铁行业质量领先品牌 | 中国质量检验协会 | 2020 年 3 月 |
| | 全国质量诚信标杆企业 | 中国质量检验协会 | 2020 年 8 月 |
| | 重大工程建设榜样 | 冶金工业信息标准研究院 | 2020 年 5 月 |
| | 高新技术企业证书 | 湖南省科学技术厅<br>湖南省财政厅<br>国家税务总局湖南省税务局 | 2020 年 10 月 |
| | “文明标兵单位” | 湖南省国资委系统 | 2020 年 |
| | 超薄规格耐磨钢产品创新及产业化应用工程或湖南省属国企十大创新工程 | 中共湖南省人民政府国有资产监督管理委员会 | 2020 年 12 月 |
| | 2020 年中国钢材市场优秀品牌(板卷类) | 中国冶金报 | 2020 年 12 月 |
| 肖爱达 | 全国劳模 | 中共中央 国务院 | 2020 年 11 月 |
| 肖尊湖 | 湖南省劳模 | 湖南省委 省政府 | 2020 年 11 月 |

续表 17

| 先进集体(个人) | 奖励名称 | 授奖单位 | 授奖时间 |
| --- | --- | --- | --- |
| **大唐华银电力股份有限公司金竹山火力发电分公司** | | | |
| 大唐华银金竹山火力发电分公司 | 2020 年度湖南省发电企业“技术监督先进单位” | 湖南省电力技术中心 | 2021 年 1 月 |
| 颜克铭 | 湖南省劳动模范 | 中共湖南省委<br>湖南省人民政府 | 2020 年 11 月 |
| **市住房和城乡建设局(市人民防空办公室)** | | | |
| 娄底市人防办 | 湖南省人防行政执法先进单位 | 湖南省人民防空办公室 | 2021 年 1 月 18 日 |
| 娄底市住房和城乡建设局(市人民防空办公室) | 湖南省 2020 届文明单位 | 省文明委 | 2021 年 1 月 23 日 |
| **市住房保障服务中心** | | | |
| 娄底市房地产交易中心 | 省级文明窗口单位 | 省精神文明建设指导委员会 | 2020 年 4 月 8 日 |
| 市住房保障服务中心 | 住房保障工作突出单位 | 省住房和城乡建设厅 | 2021 年 1 月 8 日 |
| **市环境卫生管理处** | | | |
| 娄底市环境卫生管理处 | 全国住房和城乡建设系统抗击新冠肺炎疫情先进集体 | 国家住建部 | 2020 年 12 月 |
| | 2020 年湖南百万职工技能大比武住建行业(保洁员)职业技能大赛团体二等奖 | 湖南省住房和城乡建设厅、湖南省人力资源和社会保障厅、湖南省总工会 | 2020 年 12 月 |
| **市风景园林管理处** | | | |
| 娄底市风景园林管理处园林绿化服务中心园林花圃 | 湖南省巾帼文明岗 | 省妇联 | 2020 年 9 月 |
| **市保安服务有限责任公司** | | | |
| 娄底市保安服务有限责任公司 | 全省先进保安服务公司 | 湖南省公安厅治安总队<br>湖南省保安协会 | 2020 年 3 月 |
| 申珍凡 | 全国抗击疫情表现突出个人 | 公安部 | 2020 年 12 月 1 日 |

续表 17

| 先进集体(个人) | 奖励名称 | 授奖单位 | 授奖时间 |
| --- | --- | --- | --- |
| **市生态环境局** | | | |
| 市生态环境局 | 第二次全国污染源普查表现突出的集体 | 国家污普办 | 2020 年 10 月 |
| | 2020 年度“全省生态环境保护工作先进集体” | 省人社厅、省生态环境厅 | 2020 年 12 月 |
| | 2020 年度全省生态环境系统“优秀领导班子” | 省生态环境厅 | 2021 年 2 月 |
| 刘建辉　李　华 | “第二次全国污染源普查表现突出的个人” | 国家污普办 | 2020 年 10 月 |
| 欧阳正光　李耀武 | “湖南省第二次全国污染源普查表现突出的个人” | 湘生环委办 | 2021 年 1 月 |
| 肖　镇 | 2020 年度“全省生态环境保护工作先进个人” | 省人社厅、省生态环境厅 | 2020 年 12 月 |
| 刘文波　梁红日　邓有武 | 2020 年度“市州生态环境局优秀领导干部” | 省生态环境厅 | 2021 年 2 月 |
| **市交通运输局** | | | |
| 娄底市交通运输局 | 安全生产目标管理优秀单位 | 湖南省交通运输厅安全生产委员会 | 2020 年 3 月 31 日 |
| 张晓雄 | 湖南省抗击新冠肺炎疫情先进个人 | 中共湖南省委<br>湖南省人民政府 | 2020 年 11 月 27 日 |
| **市移动公司** | | | |
| 娄底市移动公司城区分公司 | 湖南移动发展先锋 | 省公司党委 | 2021 年 6 月 |
| 刘华敏 | 中国移动青年先锋 | 集团公司党委 | 2021 年 6 月 |
| 李俊果 | 集团公司脱贫攻坚先进个人 | 集团公司党委 | 2021 年 6 月 |
| 王满彪　杨　资　罗　艳 | 湖南移动党员先锋 | 省公司党委 | 2021 年 6 月 |
| 龚　丝 | 湖南移动劳动模范 | 中国移动通信集团工会湖南省委员会 | 2021 年 6 月 |
| 贺　博 | 湖南移动工匠 | 中国移动通信集团工会湖南省委员会 | 2021 年 6 月 |

续表 17

<table>
<tr><th>先进集体(个人)</th><th>奖励名称</th><th>授奖单位</th><th>授奖时间</th></tr>
<tr><td colspan="4">市联通公司</td></tr>
<tr><td>娄底市联通公司</td><td>2020 年度平安创建先进单位</td><td>中国联合网络通信有限公司湖南省分公司</td><td>2021 年 1 月</td></tr>
<tr><td>邓华辉</td><td>2020 年度平安创建先进个人</td><td>中国联合网络通信有限公司湖南省分公司</td><td>2021 年 1 月</td></tr>
<tr><td colspan="4">市人民政府金融工作办公室</td></tr>
<tr><td rowspan="3">娄底市人民政府金融工作办公室</td><td>平安建设工作省级领导领衔的议事协调机构奖励</td><td>湖南省打击和处置非法集资工作领导小组办公室</td><td>2020 年 11 月 26 日</td></tr>
<tr><td>防范化解风险工作省级领导领衔的议事协调机构奖励</td><td>湖南省打击和处置非法集资工作领导小组办公室</td><td>2020 年 12 月 31 日</td></tr>
<tr><td>企业股改挂牌工作省属厅局奖励</td><td>湖南股权交易所</td><td>2021 年 1 月 29 日</td></tr>
<tr><td colspan="4">中国人民银行娄底市中心支行</td></tr>
<tr><td rowspan="2">中国人民银行娄底市中心支行</td><td>2020 年中国人民银行金融稳定工作先进集体</td><td>中国人民银行总行</td><td>2020 年 12 月 2 日</td></tr>
<tr><td>中国人民银行“女职工文明示范岗”</td><td>中国人民银行工会工作委员会</td><td>2021 年 1 月 13 日</td></tr>
<tr><td>吴 丹</td><td>中国人民银行外汇管理工作先进工作者</td><td>中国人民银行总行</td><td>2020 年 12 月 2 日</td></tr>
<tr><td colspan="4">中国银行娄底市分行</td></tr>
<tr><td>中国银行股份有限公司娄底分行</td><td>2020 年总行级双户拓展先进二级机构</td><td>中国银行股份有限公司(总行)</td><td>2021 年 2 月</td></tr>
<tr><td>中国银行股份有限公司娄底分行团委</td><td>湖南省分行 2020 年度“五四红旗团组织”</td><td>中国银行股份有限公司湖南省分行(省行)</td><td>2021 年 5 月</td></tr>
<tr><td>袁 巍</td><td>2020 年总行级双户拓展先进个人</td><td>中国银行股份有限公司(总行)</td><td>2021 年 2 月</td></tr>
<tr><td>唐 敏</td><td>管理之星</td><td>中国银行股份有限公司湖南省分行(省行)</td><td>2020 年 4 月</td></tr>
<tr><td>李朝阳</td><td>2020 年度全省“十佳”业务经理</td><td>中国银行股份有限公司湖南省分行(省行)</td><td>2021 年 1 月</td></tr>
<tr><td>宋 丽</td><td>湖南省分行 2020 年度“优秀共青团员”</td><td>中国银行股份有限公司湖南省分行(省行)</td><td>2021 年 5 月</td></tr>
</table>

续表 17

| 先进集体(个人) | 奖励名称 | 授奖单位 | 授奖时间 |
|---|---|---|---|
| 徐咏欣 | 湖南省分行 2020 年度“优秀共青团干部” | 中国银行股份有限公司湖南省分行(省行) | 2021 年 5 月 |
| 汪鱼辉　刘　铮 | 湖南省分行 2020 年度“最美青年员工” | 中国银行股份有限公司湖南省分行(省行) | 2021 年 5 月 |
| **中国工商银行娄底市分行** | | | |
| 中国工商银行娄底市分行 | 2020 年度工银成就集体奖(养老金与资产托管业务) | 中国工商银行湖南省分行 | 2021 年 2 月 |
| | 2020 年度工银成就集体奖(信访工作) | 中国工商银行湖南省分行 | 2021 年 3 月 |
| | 2020 年度工银成就集体奖(风险管理工作) | 中国工商银行湖南省分行 | 2021 年 4 月 |
| 中国工商银行新化县天华路支行 | 2020 年度湖南分行巾帼文明示范岗 | 中国工商银行湖南省分行 | 2020 年 7 月 |
| 中国工商银行涟源市支行 | 教育培训工作先进集体 | 中国工商银行湖南省分行 | 2020 年 9 月 |
| 陈历新 | 网讯资讯建设突出贡献个人 | 中国工商银行总行 | 2021 年 2 月 |
| 肖亦黄 | 2020 年度优秀工会干部 | 中国工商银行总行 | 2021 年 6 月 |
| 彭晓梅 | 2020 年度湖南分行巾帼岗位标兵 | 中国工商银行湖南省分行 | 2020 年 7 月 |
| 王　真 | 湖南分行大行精英标兵 | 中国工商银行湖南省分行 | 2020 年 10 月 |
| 向园芝 | 2020 年医保电子凭证签发专项营销活动优秀网点负责人 | 中国工商银行湖南省分行 | 2020 年 12 月 |
| 龙佳湃 | “手机银行大发展”劳动竞赛活动优秀网点负责人 | 中国工商银行湖南省分行 | 2020 年 12 月 |
| **中国农业银行娄底市分行** | | | |
| 中国农业银行娄底市分行 | 金融扶贫工作先进单位 | 中国人民银行长沙中心支行、湖南省总工会 | 2020 年 10 月 |
| | 金融宣传推广工作先进单位 | 中国人民银行长沙中心支行 | 2020 年 12 月 |
| 邓程蕾 | 全国金融五一巾帼标兵 | 中国金融工会 | 2020 年 3 月 |

续表 17

| 先进集体(个人) | 奖励名称 | 授奖单位 | 授奖时间 |
|---|---|---|---|
| **中国农业发展银行娄底市分行** | | | |
| 中国农业发展银行娄底市分行新化县支行 | 中国农业发展银行湖南省分行文明单位 | 中国农业发展银行湖南省分行 | 2020 年 6 月 3 日 |
| 中国农业发展银行娄底市分行新化县支行工会 | 模范职工之家 | 中国农业发展银行 | 2020 年 8 月 6 日 |
| 王玉圭 | 全国金融五一巾帼标兵 | 中国金融工会 | 2020 年 8 月 27 日 |
| | 2020 年度脱贫攻坚贡献奖先进个人 | 中国农业发展银行湖南省分行 | 2021 年 2 月 1 日 |
| | 脱贫攻坚贡献奖 | 中国农业发展银行 | 2021 年 1 月 12 日 |
| **湖南省农村信用社联合社娄底办事处** | | | |
| 湖南省农村信用社联合社娄底办事处 | 2019 年全市金融工作先进单位 | 娄底市金融改革发展领导小组 | 2020 年 9 月 2 日 |
| 周 娟 | 2019 年全市金融工作个人突出贡献奖 | 娄底市金融改革发展领导小组 | 2020 年 9 月 2 日 |
| **中国邮政储蓄银行娄底市分行** | | | |
| 中国邮政储蓄银行娄底市分行 | 党建工作示范单位 | 中国邮政储蓄银行股份有限公司 | 2020 年 07 月 08 日 |
| | 2020 年度全省消费信贷业务发展一等奖 | 中国邮政储蓄银行湖南省分行 | 2021 年 1 月 16 日 |
| | 2020 年度全省三农金融业务发展二等奖 | 中国邮政储蓄银行湖南省分行 | 2021 年 1 月 16 日 |
| | 2020 年度全省信用卡业务发展三等奖 | 中国邮政储蓄银行湖南省分行 | 2021 年 1 月 16 日 |
| | 2020 年度公司业务发展三等奖 | 中国邮政储蓄银行湖南省分行 | 2021 年 1 月 16 日 |
| **中国人民财产保险股份有限公司娄底市分公司** | | | |
| 中国人民财产保险股份有限公司娄底市分公司 | 2019 年度先进单位 | 中国人民财产保险股份有限公司湖南省分公司 | 2020 年 4 月 |
| 中国人民财产保险股份有限公司娄底市分公司涟钢支公司 | 2019 年度先进单位 | 中国人民财产保险股份有限公司湖南省分公司 | 2020 年 4 月 |

续表 17

| 先进集体(个人) | 奖励名称 | 授奖单位 | 授奖时间 |
|---|---|---|---|
| 聂再红 陈 茜 王 璇 喻军喜 邹 霞 | 2019 年度先进个人 | 中国人民财产保险股份有限公司湖南省分公司 | 2020 年 4 月 |
| **市兴娄融资担保有限公司** | | | |
| 娄底市兴娄融资担保有限公司 | 湖南省优秀融资担保机构 | 省担保协会 | 2020 年 8 月 |
| **市供销社** | | | |
| 娄底市供销社 | 2020 年湖南省供销合作社系统综合业绩考核一等奖 | 湖南省供销社 | 2021 年 1 月 29 日 |
| | 湖南省省级文明单位 | 湖南省文明办 | 2021 年 3 月 |
| **市烟草专卖局** | | | |
| 娄底市烟草专卖局 | 2020 年度全省系统卷烟营销工作先进单位三等奖 | 湖南省烟草公司 | 2021 年 3 月 |
| | 2020 年度全省系统考核等次为优秀的纪检组 | 湖南省烟草专卖局(公司) | 2021 年 4 月 |
| | 2020 年度全省系统工作业绩考核先进单位 | 湖南省烟草专卖局 | 2021 年 6 月 |
| 凌东龙 | 全省系统先进个人 | 湖南省烟草专卖局 | 2020 年 8 月 |
| 李华军 | 全省烟草商业系统“担当作为优秀干部” | 湖南省烟草专卖局 | 2020 年 8 月 |
| 文英华 | 2020 年度全省系统安全生产(保卫)工作先进个人 | 湖南省烟草专卖局 | 2021 年 1 月 |
| 尹庆先 唐世明 谢丽萍 | 年度考核优秀 | 湖南省烟草专卖局(公司) | 2021 年 3 月 |
| 李洪波 | 2017—2019 年度全省卷烟打假工作先进个人 | 湖南省烟草专卖局 | 2021 年 4 月 |
| 李国富 | 全省脱贫攻坚先进个人 | 中共湖南省委<br>湖南省人民政府 | 2021 年 4 月 |
| 刘孟奇 | 全省系统优秀党务工作者 | 湖南省烟草专卖局 | 2021 年 6 月 |

续表 17

| 先进集体(个人) | 奖励名称 | 授奖单位 | 授奖时间 |
| --- | --- | --- | --- |
| **市科技局** | | | |
| 娄底市科技局 | 2020 年湖南省科普讲解大赛优秀组织奖 | 湖南省科学技术厅、中共湖南省委宣传部、湖南省卫生健康委员会、湖南省科学技术协会 | 2020 年 8 月 18 日 |
| | 2020 年全国科学实验展演汇演预赛暨湖南科学实验展演汇演决赛优秀组织奖 | 湖南省科学技术厅 | 2020 年 11 月 14 日 |
| 彭金春 | 全国科普工作先进工作者 | 科技宣传部<br>中共中央宣传部<br>中国科学技术协会 | 2020 年 12 月 11 日 |
| **市教育局** | | | |
| 娄底市教育局 | 全国未成年人思想道德建设先进单位 | 中央文明办 | 2020 年 11 月 |
| | 主题教育先进集体 | 教育部 | 2020 年 9 月 |
| 李耀文 | 主题教育先进个人 | 教育部 | 2020 年 9 月 |
| **娄底市第一中学** | | | |
| 娄底市第一中学 | 全国文明校园 | 中央精神文明建设指导委员会、教育部 | 2020 年 11 月 |
| 范彦江 | 全国先进工作者 | 中国共产党中央委员会、中华人民共和国国务院 | 2020 年 11 月 |
| **娄底市第一职业中学** | | | |
| 娄底市第一职业中学 | 湖南省卓越中等职业学校立项建设单位 | 湖南省教育厅、湖南省财政厅 | 2020 年 3 月 16 日 |
| | 国防教育特色学校 | 中华人民共和国教育部 | 2020 年 11 月 16 日 |
| **娄底广播电视大学** | | | |
| 娄底广播电视大学 | 全省电大优秀分校、全省开放教育教材发行系统先进集体 | 湖南开放大学 | 2021 年 1 月 |
| 李国平 | 优秀书记 | 湖南开放大学 | 2021 年 1 月 |

续表 17

| 先进集体(个人) | 奖励名称 | 授奖单位 | 授奖时间 |
|---|---|---|---|
| 卢再新 | 优秀校长 | 湖南开放大学 | 2021 年 1 月 |
| 杨朝晖　曹聚三 | 全省开放教育教材发行系统先进个人 | 湖南开放大学 | 2021 年 1 月 |

**娄底技师学院**

| 先进集体(个人) | 奖励名称 | 授奖单位 | 授奖时间 |
|---|---|---|---|
| 娄底技师学院 | 第二届全国教师职业能力大赛湖南选拔赛团体一等奖 | 湖南省人力资源和社会保障厅 | 2020 年 9 月 |
| | 2020 年湖南技能大赛·第九届全国数控技能大赛湖南选拔赛参赛单位团体一等奖 | 2020 年湖南技能大赛·第九届全国数控技能大赛湖南选拔赛组委会 | 2020 年 10 月 |
| 谭彦波　邹　鹏　黄　琪　赵菲菲　张吕超　臧树英　王海洋 | 湖南省技术能手 | 湖南省人力资源和社会保障厅 | 2020 年 10 月 |
| 谭彦波　邹　鹏　黄　琪　赵菲菲　王海洋 | 湖南省青年岗位能手 | 共青团湖南省委 | 2020 年 10 月 |

**娄底职业技术学院**

| 先进集体(个人) | 奖励名称 | 授奖单位 | 授奖时间 |
|---|---|---|---|
| 娄底职业技术学院 | 湖南省对外劳务特色培训基地 | 湖南省商务厅 | 2020 年 7 月 22 日 |
| 娄底职教集团 | 湖南省示范性职教集团 | 中共湖南省委教育工委、省教育厅 | 2020 年 11 月 26 日 |
| 娄底职业技术学院 | 湖南省普通高校就业创业工作“一把手”工程先进单位 | 省教育厅 | 2020 年 12 月 11 日 |
| | 2020 年度湖南省高校易班建设先进单位 | 湖南省高校易班发展中心 | 2020 年 12 月 |
| | 湖南省高校心理健康教育先进单位 | 湖南省心理卫生协会、大学生心理咨询专业委员会 | 2020 年 12 月 |
| | 湖南省高校大学生创新创业孵化示范基地 | 省教育厅 | 2020 年 12 月 |
| | 湖南省文明高校 | 湖南省委教育工委 | 2020 年 12 月 31 日 |
| | 湖南省现代大学制度建设先进单位 | 省教育厅 | 2020 年 12 月 31 日 |

续表 17

| 先进集体(个人) | 奖励名称 | 授奖单位 | 授奖时间 |
| --- | --- | --- | --- |
| **市文化旅游广电体育局** | | | |
| 娄底市文化旅游广电体育局 | 2020 年全国体育事业突出贡献奖 | 国家体育总局 | 2020 年 12 月 25 日 |
| | 2019 年度全省非遗保护工作先进集体 | 湖南省文化和旅游厅 | 2020 年 7 月 10 日 |
| | 湖南省 2020 年直播卫星户户通工程建设优秀组织单位 | 湖南省广播电视局 | 2020 年 12 月 2 日 |
| | 2020 年全省文化旅游工作优胜单位 | 湖南省文化和旅游厅 | 2021 年 1 月 14 日 |
| | 湖南省 2020 届文明单位 | 湖南省精神文明建设指导委员会 | 2021 年 3 月 |
| **市文化市场综合行政执法支队** | | | |
| 娄底市文化市场综合行政执法支队 | 湖南省第四届文化市场综合行政执法技能比武活动团体三等奖 | 湖南省文化和旅游厅 | 2020 年 12 月 |
| | 2020 年度全省文化市场综合行政执法考评先进单位 | 湖南省文化和旅游厅 | 2021 年 1 月 8 日 |
| **市卫生健康委员会** | | | |
| 娄底市卫生健康委员会 | 湖南省抗击新冠肺炎疫情先进集体 | 中共湖南省委、湖南省人民政府 | 2020 年 11 月 27 日 |
| | 全省卫生健康重点工作目标管理考核优秀单位 | 湖南省卫生健康委员会 | 2021 年 2 月 23 日 |
| 颜 明 | 湖南省抗击新冠肺炎疫情先进个人 | 中共湖南省委<br>湖南省人民政府 | 2020 年 11 月 27 日 |
| **市卫计执法局** | | | |
| 娄底市卫生计生综合监督执法局 | 湖南省卫健系统执法案例评查优秀案例二等奖 | 湖南省卫生健康委员会 | 2021 年 1 月 |
| | 湖南省卫生健康综合监督平台本底维护第一名 | 湖南省卫生健康委员会 | 2021 年 1 月 |
| **市疾病预防控制中心** | | | |
| 娄底市疾控中心 | 湖南省抗击新冠肺炎疫情先进集体 | 中共湖南省委、湖南省人民政府 | 2020 年 11 月 27 日 |
| | 抗击新冠疫情先进委员单位 | 湖南省预防医学会空气与健康专业委员会 | 2020 年 11 月 |

续表 17

| 先进集体(个人) | 奖励名称 | 授奖单位 | 授奖时间 |
|---|---|---|---|
| 邓国栋 | 湖南好人 | 湖南省精神文明建设指导委员会办公室 | 2020 年 3 月 20 日 |
| | 新时代“最美逆行者” | 中国共产党湖北省委员会、湖北省人民政府 | 2020 年 4 月 12 日 |
| | 最美疾控逆行者 | 湖南省预防医学会 | 2020 年 6 月 |
| 刘伟雄 | 抗击新冠疫情先进委员 | 湖南省预防医学会<br>空气与健康专业委员会 | 2020 年 11 月 |
| 刘建军 | 湖南省抗击新冠肺炎疫情先进个人 | 中共湖南省委湖南省人民政府 | 2020 年 11 月 27 日 |
| 何　颖 | 湖南省抗击新冠肺炎疫情先进个人 | 中共湖南省委湖南省人民政府 | 2020 年 11 月 27 日 |
| **市妇幼保健院** | | | |
| 吴静芳 | 湖南好人 | 湖南省精神文明建设指导委员会办公室 | 2020 年 3 月 |
| | 抗击新冠肺炎疫情<br>全国三八红旗手 | 中华全国妇女联合会<br>国家卫生健康委员会<br>中央军委政治工作部 | 2020 年 9 月 |
| **市第一人民医院** | | | |
| 娄底市第一人民医院 | 省妇联 2020 年度湖南省巾帼建功先进集体 | 湖南省妇女联合会 | 2020 年 9 月 |
| | 省总工会 2020 年湖南省模范职工小家 | 湖南省总工会 | 2020 年 11 月 |
| | 省卫健委 2020 年度医疗机构法治建设工作先进集体 | 湖南省卫生健康委员会 | 2021 年 1 月 |
| 文建福 | 湖南省抗击新冠肺炎疫情先进个人 | 中共湖南省委<br>湖南省人民政府 | 2020 年 11 月 |
| 李慧红 | 在新冠肺炎疫情防控工作中做出重大贡献,记功 | 湖南省卫生健康委员会<br>湖南省中医药管理局 | 2020 年 4 月 |
| 文建福 | 2020 年度湖南省医师奖 | 湖南省卫生健康委员会<br>湖南省中医药管理局 | 2020 年 8 月 |
| **市中医医院** | | | |
| 周晓智　唐彩艳 | 湖南省抗击新冠肺炎疫情先进个人 | 湖南省委、省人民政府 | 2020 年 11 月 31 日 |

续表 17

| 先进集体(个人) | 奖励名称 | 授奖单位 | 授奖时间 |
|---|---|---|---|
| **市中心医院** | | | |
| 娄底市中心医院抗疫一线护理团队 | 湖南省新冠肺炎疫情防控护理工作先进集体 | 湖南省卫健委<br>湖南省中医药管理局 | 2020 年 5 月 20 日 |
| 娄底市中心医院党委 | 湖南省抗击新冠肺炎疫情先进集体 | 中共湖南省委<br>湖南省人民政府 | 2020 年 7 月 12 日 |
| 娄底市中心医院抗疫医师团队 | 湖南省新冠肺炎疫情防控医师团队先进集体 | 湖南省卫健委<br>湖南省中医药管理局 | 2020 年 8 月 |
| 娄底市中心医院党委 | 湖南省先进基层党组织 | 中共湖南省委 | 2020 年 11 月 30 日 |
| 娄底市中心医院 | 2020 年度湖南省红十字会无偿献血先进单位 | 湖南省红十字会 | 2020 年 12 月 10 日 |
| 谢 瑜 | 全国抗击新冠肺炎疫情先进个人 | 中国共产党中央委员会<br>中华人民共和国国务院<br>中华人民共和国中央军事委员 | 2020 年 11 月 30 日 |
| | 湖南省新冠肺炎疫情防控工作先进个人 | 湖南省卫健委<br>湖南省中医药管理局 | 2020 年 8 月 |
| 付颖杰 | 湖南省新冠肺炎疫情防控护理工作先进个人 | 湖南省卫健委<br>湖南省中医药管理局 | 2020 年 5 月 20 日 |
| 李延超 | 2020 年度湖南省医师奖 | 湖南省卫健委<br>湖南省中医药管理局 | 2020 年 8 月 |
| 卿艳华 陈 洁 | 湖南省抗击新冠肺炎疫情先进个人 | 中共湖南省委<br>湖南省人民政府 | 2020 年 11 月 30 日 |
| 李 健 | 湖南省抗击新冠肺炎疫情先进个人 | 中共湖南省委<br>湖南省人民政府 | 2020 年 11 月 30 日 |
| | 湖南省优秀共产党员 | 中共湖南省委 | 2020 年 11 月 30 日 |
| 李红辉 | 湖南省名中医 | 湖南省人力资源和社会保障厅<br>湖南省卫生健康委<br>湖南省中医药管理局 | 2020 年 12 月 3 日 |
| **市人社局** | | | |
| 娄底市人力资源和社会保障局 | 第四届中国创翼创业创新大赛湖南省选拔赛优秀组织奖 | 省人社厅 | 2020 年 9 月 21 日 |
| | 湖南省 2020 届文明单位 | 省文明办 | 2021 年 1 月 23 日 |

续表 17

| 先进集体(个人) | 奖励名称 | 授奖单位 | 授奖时间 |
|---|---|---|---|
| **市民政局** | | | |
| 娄底市民政局 | 全省民政系统优秀单位 | 湖南省民政厅 | 2021 年 1 月 18 日 |
| 娄底市社会福利院 | 全国民政系统抗击新冠肺炎疫情先进集体 | 民政部 | 2020 年 12 月 20 日 |
| **市消防救援支队** | | | |
| 黄修斌 | 优秀党务工作者 | 中共湖南省消防救援总队委员会 | 2020 年 6 月 28 日 |
| **市扶贫开发办公室** | | | |
| 娄底市扶贫开发办公室 | 全国脱贫攻坚先进集体 | 中共中央、国务院 | 2021 年 2 月 25 日 |
| | 全省 2019 年扶贫宣传信息工作先进单位 | 省扶贫开发办公室 | 2020 年 5 月 9 日 |
| | 湖南省 2019 年“互联网+”社会扶贫先进单位 | 省扶贫开发办公室 | 2020 年 9 月 1 日 |
| 禹云华 | 全省最美扶贫人物 | 省扶贫开发领导小组 | 2020 年 10 月 22 日 |
| 夏战胜 | 全省事业单位脱贫攻坚专项奖励记大功 | 省人社厅<br>省扶贫开发办公室 | 2020 年 11 月 24 日 |
| **娄星区** | | | |
| 娄星区 | 全省安全生产和消防工作优秀单位 | 湖南省人民政府 | 2020 年 12 月 23 日 |
| | 全省“平安校园建设先进县市区”项目立项单位 | 湖南省委教育工委、省教育厅 | 2020 年 7 月 6 日 |
| | 新时代好少年主题教育读书活动“美好生活 劳动创造”先进集体 | 教育部关心下一代工作委员会 | 2020 年 8 月 1 日 |
| | 全省教育信息化融合应用实验区 | 湖南省教育厅 | 2020 年 11 月 23 日 |
| | 全省电商扶贫专项行动二类优秀县市区 | 湖南省商务厅 | 2020 年 12 月 30 日 |
| | 全省工业经济运行监测协调工作先进单位 | 湖南省工业和信息化厅 | 2020 年 12 月 24 日 |

续表 17

| 先进集体(个人) | 奖励名称 | 授奖单位 | 授奖时间 |
|---|---|---|---|
| 娄星区 | 全省推动高质量发展成效明显的县市区 | 湖南省人民政府 | 2021 年 2 月 7 日 |
| | 全省防范化解风险和财政管理工作成效明显的市、县市区 | 湖南省人民政府 | 2021 年 2 月 7 日 |
| | 全省养老服务体系发展成效明显的市、县(区) | 湖南省人民政府 | 2021 年 2 月 7 日 |
| | 2020 年国家义务教育质量监测实施优秀组织单位 | 教育部基础教育质量监测中心 | 2021 年 1 月 1 日 |
| | 全省落实制造强省建设等政策措施成效明显的市、县市区 | 湖南省人民政府办公厅 | 2021 年 1 月 26 日 |
| | 全省公路水路交通建设年度目标完成情况好,"四好"交通成效明显的市、县市区 | 湖南省人民政府办公厅 | 2021 年 1 月 26 日 |
| | "健康快车下基层"工作入选"湖南基层改革探索 100 例" | 中共湖南省委全面深化改革委员会办公室 | 2021 年 1 月 6 日 |
| | 全省计生协重点工作优秀单位 | 湖南省计生协 | 2021 年 1 月 13 日 |
| | 全省城乡居保经办管理服务工作优秀单位 | 湖南省城乡居民社会养老保险管理服务中心 | 2021 年 1 月 22 日 |
| | 全省推进"一件事一次办"改革、政府职能转变和深化"放管服"改革成效明显的市、县(市、区) | 湖南省政务局 | 2021 年 1 月 26 日 |
| | 全省实施乡村振兴战略先进县市区 | 中共湖南省委实施乡村振兴战略领导小组 | 2021 年 1 月 26 日 |
| | 全省农村乱占耕地建房问题摸排工作通报表扬 | 湖南省农村乱占耕地建房专项整治行动协调机制办公室 | 2021 年 1 月 21 日 |
| | 全省纪检监察信息工作先进单位 | 湖南省纪委 | 2021 年 2 月 7 日 |
| | 全省食品安全工作先进单位 | 湖南省食品安全委员会 | 2021 年 2 月 9 日 |
| | 全省 2018—2020 年现代公共文化服务体系建设优秀区 | 湖南省文旅厅 | 2021 年 2 月 18 日 |
| | 全省农村人居环境整治先进县市区 | 中共湖南省委农村工作领导小组 | 2021 年 2 月 23 日 |
| | 全省美丽乡村建设示范区 | 中共湖南省委农村工作领导小组 | 2021 年 2 月 23 日 |

续表 17

| 先进集体(个人) | 奖励名称 | 授奖单位 | 授奖时间 |
|---|---|---|---|
| 娄星区 | 全省 123 个县(市、区)国家基本公共卫生服务项目二类地区绩效评价先进单位 | 湖南省卫生健康委员会、湖南省财政厅 | 2021 年 3 月 19 日 |
| **冷水江市** | | | |
| 冷水江市 | 安全生产和消防工作优秀单位 | 中共湖南省委、省人民政府 | 2020 年 12 月 |
| | 保持“平安县市区”称号 | 中共湖南省委、省人民政府 | 2020 年 12 月 |
| | 2020 年度真抓实干成效明显地区 | 省人民政府 | 2021 年 1 月 |
| | 2020 年电子商务进农村综合示范县 | 商务部 | 2020 年 7 月 |
| | 2020 年全国平安创建优秀城市 | 公安部、司法部 | 2020 年 12 月 |
| | 2020 年全国社会治理创新示范城市 | 公安部、司法部 | 2020 年 12 月 |
| | 在非贫困县类被省评为“好”的县(市、区) | 中共湖南省委、省人民政府 | 2021 年 4 月 |
| | 全面小康补短板推进工作优秀县 | 中共湖南省委、省人民政府 | 2021 年 5 月 |
| 曹玉兰 | 全国五好家庭 | 全国妇联 | 2020 年 12 |
| **涟源市** | | | |
| 涟源市 | 湖南省综治工作先进县市区 | 中共湖南省委、省人民政府 | 2020 年 12 月 |
| | 湖南省平安县市区 | 中共湖南省委、省人民政府 | 2020 年 12 月 |
| | 2020 年度湖南省促进就业工作先进县市区 | 湖南省人力资源和社会保障厅<br>湖南省财政厅 | 2021 年 1 月 7 日 |
| 周娇艳 | 全国司法行政系统特赦实施工作中作出突出贡献的个人 | 司法部 | 2020 年 1 月 21 日 |
| 肖三军 | 全国交通系统先进个人 | 国家人力资源与社会保障部、交通运输部 | 2020 年 6 月 |

续表 17

| 先进集体(个人) | 奖励名称 | 授奖单位 | 授奖时间 |
|---|---|---|---|
| 邓 斌 | 2018-2019 年度全国平安医院工作表现突出个人 | 国家卫生健康委员会、中央政法委、最高人民法院、最高人民检察院、公安部、民政部、司法部、市场监管总局、中国银保监会、国家中医药管理局 | 2020 年 11 月 9 日 |
| 李雄飞 | 全国模范人民调解员 | 司法部 | 2020 年 12 月 9 日 |
| 陈 雅 | 全国检察机关案件管理业务能手 | 最高人民检察院 | 2020 年 12 月 21 日 |
| 张宗南 | “中国好人” | 中央文明办、湖南省文明办 | 2020 年 |
| 陈名主 | 公安部嘉奖 | 公安部 | 2020 年 |
| 李爱民 | 污普工作表现突出个人 | 国务院第二次污染源普查领导小组办公室 | 2020 年 |
| 李 玉 | 全国污染源排污许可证全覆盖工作表现突出个人 | 环保部 | 2020 年 |
| 郭定芳 廖利斌 龚光辉 | 湖南省劳动模范 | 中共湖南省委、省人民政府 | 2020 年 |

**新化县**

| | | | |
|---|---|---|---|
| 新化县 | 全省公立医院综合改革真抓实干奖 | 湖南省人民政府办公室 | 2021 年 1 月 26 日 |
| | 全省深化商事制度改革、推进质量强省和知识产权强省工作成效明显县市区 | 省政府 | 2021 年 2 月 5 日 |
| | 全省根治拖欠农民工工资成效明显县市区 | 省政府 | 2021 年 2 月 5 日 |

续表 17

| 先进集体(个人) | 奖励名称 | 授奖单位 | 授奖时间 |
|---|---|---|---|
| 新化县 | 全省电商扶贫专项行动优秀县 | 省商务厅 | 2020 年 12 月 30 日 |
| | 2020 年全省扶贫领域腐败和作风问题专项治理工作先进单位 | 中共湖南省纪委办公厅 | 2021 年 2 月 21 日 |
| | 2020 年全省禁捕退捕工作先进单位 | 湖南省农业农村公厅 | 2021 年 2 月 24 日 |
| 邹晓峰 | 2020 年全国“敬老爱老助老模范人物” | 国家卫生健康委、国家老龄办 | 2020 年 9 月 14 日 |
| 曾海丰 | 全国法院办案标兵 | 最高人民法院 | 2020 年 12 月 24 日 |
| 龚雄夫 | 最美林草科技推广员 | 国家林业和草原局 | 2021 年 1 月 15 日 |

# 索　　引


B

065 保　密

201 保　安

C

149 财　政

192 城市建设投资

193 城市管理

196 城市管理行政执法

D

019 大事记

063 党校教育

183 大唐华银金竹山火力发电分公司

208 道路运输服务

213 电　信

267 电视发射

269 档　案

F

128 法　院

138 发展和改革

191 房　改

290 扶　贫

G

109 共青团娄底市委员会

124 公　安

125 钢城分局工作

148 国有资产管理

153 国家统计调查

154 公共资源交易

178 国网娄底供电公司

190 国有土地上房屋征收

199 供　水

200 公共交通

210 公路建设养护

235 投资促进事务

237 供销合作

266 广播电视

H

180 湖南华菱涟源钢铁有限公司

181 湖南省煤业集团涟邵实业有限公司

182 湖南神斧集团一六九化工有限责任公司

182 湖南省煤业集团金竹山矿业有限公司

184 华达汽车空调(湖南)有限公司

184 湖南省地质矿产勘查开发局四一八队

197 环境卫生

203 环境保护

227 湖南省农村信用社联合社娄底办事处

257 湖南人文科技学院

J

034 建置·区划

036 经济社会发展

060 机关党建

062 机构编制

067 接　待

085 军休工作

088 机关事务管理

105 九三学社娄底市委员会

125 交警工作
126 检　察
207 交通建设质量安全监督

K
157 开发建设投资

L
031 历史文化
068 老干部工作
108 娄底市总工会
111 娄底市妇女联合会
112 娄底市科学技术协会
114 娄底市归国华侨侨眷联合会
115 娄底市工商业联合会
116 娄底市文学艺术界联合会
119 娄底市残疾人联合会
120 娄底市红十字会
121 娄底市计划生育协会
156 娄底经济技术开发区
164 林　业
214 联合通信
251 娄底市第一中学
251 娄底市第五中学
252 冷水江工业中等专业学校
253 娄底幼儿园师范学校
255 娄底技师学院
256 娄底市第一职业中学
258 娄底职业技术学院
259 娄底广播电视大学
267《娄底日报》
274 娄底市中心医院
275 娄底市中医医院
277 娄底市第一人民医院
277 娄底市第二人民医院
282 妇幼保健
293 娄星区
295 冷水江市
296 涟源市

M
202 美丽乡村建设
286 民　政

Q
243 气　象
304 全国劳动模范
304 全国先进工作者

R
036 人口·民族
135 人民武装
136 人民防空
201 燃气供应
284 人力资源和社会保障

S
053 市委办公室工作
080 市政府办工作
090 市政府驻北京联络处工作
090 市政府驻广州联络处工作
091 市政府驻长沙联络处工作
131 司法行政
145 市场监督管理
150 税　务
151 审　计
166 水　利
169 水　文
190 市政设施维护管理
209 水　运
230 市保险行业协会
231 市兴娄融资担保有限公司
232 市创业发展集团有限公司
234 商务粮食
239 石油经营
268 史　志
269 社会科学
299 双峰县
347 索　引

T

059 统　战

083 退役军人事务管理

152 统　计

215 铁塔建设

265 图书发行

271 体　育

W

069 网　信

088 无线电管理

135 武警娄底支队

158 万宝新区

279 卫生计生综合监督执法

X

058 宣　传

082 信　访

098 巡视巡察

162 畜牧水产和农机管理

184 锡矿山闪星锑业有限责任公司

289 消防救援

301 新化县

Y

169 移民事务

198 园林绿化

213 移动通信

215 邮　政

237 烟草专卖

239 盐　业

285 医疗保障

288 应急管理

Z

029 自然地理

048 重要会议

052 重大决策

056 组　织

066 政策研究

074 重要会议

077 重要会议

085 政务服务

094 重要会议

101 中国民主同盟娄底市委员会

102 中国民主建国会娄底市委员会

104 中国农工民主党娄底市委员会

118 中国国际贸易促进委员会娄底支会

123 政法委及综治

141 重点建设项目事务管理

142 自然资源和规划

188 住房和城乡建设管理

189 住房保障

219 中国人民银行娄底市中心支行

223 中国银行娄底市分行

223 中国建设银行娄底市分行

224 中国工商银行娄底市分行

225 中国农业银行娄底市分行

226 中国农业发展银行娄底市分行

228 中国邮政储蓄银行娄底市分行

229 中国人民财产保险股份有限公司娄底市分公司

229 中国人寿保险股份有限公司娄底分公司

291 住房公积金管理

305 中国好人

309 重要文件目录